KB188545

마르크스의 주변부 연구

민족주의, 종족, 비서구사회

이 도서의 국립중앙도서관 출판예정도서목록(CIP)은 서지정보유통지원시스템 홈페이지(http://seoji.nl.go.kr)
와 국가자료종합목록 구축시스템(http://kolis-net.nl.go.kr)에서 이용하실 수 있습니다.
CIP제어번호: CIP2020023249(양장), CIP2020023251(무선)

MARX

민족주의, 종족, 비서구사회

마르크스의
주변부 연구

케빈 앤더슨 Kevin Anderson 지음

정구현·정성진 옮김

한울
아카데미

MARX AT THE MARGINS
On Nationalism, Ethnicity, and Non-Western Societies
by Kevin B. Anderson

차 례

한국어판 서문

　내가 이 글을 쓰고 있는 지금, 코로나바이러스감염증-19는 자본주의가 가치 및 이윤을 창출하기 위해 구축한 바로 그 네트워크를 이용해 글로벌화된 자본주의에 지배된 세계를 유린하고 있다. 어떠한 의미에서 보면, 이 바이러스는 국경과 해양을 가차 없이 가로질러 이동하고 기회와 취약성이 있는 곳이면 그곳이 어디든 사람들을 살상하는, 완전히 획일적인 파괴적 경로이다. 그러나 다른 의미에서 보면, 코로나19의 영향은 국가 간의 사회적 차이나 국가 내부에서의 사회적 차이에 따라 엄청나게 달라진다. 과거 식민지를 경험했던 발전도상국에서, 그리고 모든 국가의 억압받는 소수 인종 및 소수 종족(ethnic)에서 가장 많은 사망자를 보이는 것에서 그것을 알 수 있다.

　이러한 상황은 내가 이 책『마르크스의 주변부 연구』를 쓰면서 맞닥뜨린 상황과 유사하다. 한편으로는 마르크스를 글로벌 자본주의에 관한, 즉 모든 사회를 자신의 지배에 따르도록 강제해 자본주의 사회로 동질화하는 체제에 관한 연구에서 최고의 이론가라고 칭하는 것이 옳을 것이다. 하지만 이 책은 다른 한편으로 마르크스가 자본의 축적 동력에 중심이 되는 바로 그 동질성을 축소시키는 다양한 민족적(national), 종족적, 인종적, 젠더적, 기타 등등의 차이에 매우 민감한 인물이었음을 보이려고 시도한다.

이러한 종류의 변증법은 현대 좌익 담론에서도 등장한다. 수십 년 동안 다양한 조류의 좌파 사상, 특히 학계의 좌파 사상은 마르크스주의를 환원주의, 유럽중심주의, 가부장주의로 여기고 거부해왔다. 이러한 사상의 지식인들은 니체, 하이데거, 보다 최근의 사상가로는 후기 구조주의자인 푸코에 근원을 두는 차이의 급진주의를 제언했다. 이러한 종류의 이론은 좌파 지식인들 사이에서 영향력을 획득했는데, 이 지식인들 중 다수는 인종, 종족, 젠더, 섹슈얼리티를 자본과 계급, 그리고 그 밖의 거대하고 보편적인 개념들보다 더 중요한 것으로 보게 되었다. 이러한 이론들은 어느 정도까지는 1980년대와 1990년대에 신자유주의 헤게모니에 맞서 좌익 사상을 보존하는 데 기여했지만, 이는 상당한 대가를 치러야 했다. 이 이론들이 좌파를 혼란시키는 데에도 일조했기 때문이다. 글로벌화된 자본주의에 맞선 1999년 시애틀 시위가 발생하던 무렵, 그리고 2008년 대불황 이후에는 훨씬 더 분명한 방식으로, 경제적 불평등에 관한 쟁점들이 자본과 계급에 관한 쟁점들과 함께 다시 한 번 좌파 진영에서 대두되었다. 이러한 변화는, 세계 경제가 대불황에서 회복되었음에도 부와 소득의 불평등이 기록적 수준에 도달해 노동대중의 상황이 이전보다 더 나아지지 않게 되면서, 지난 몇 년간 심화되었다. 트럼프 식의 우익 포퓰리즘은 인종주의, 여성혐오, 반(反)이민 정서를 유발하면서 공허한 약속으로 이러한 빈 틈 사이를 파고들었다. 동시에 마르크스주의와 사회주의를 지지하는, 지금까지는 학계 내부보다는 외부에 더 많이 위치했던 새로운 좌익 지식인 세대는 자본과 계급을 다시 한 번 중심에 세웠고, 때로는 차이의 정치를 내세우는 지식인들뿐만 아니라 인종, 젠더, 섹슈얼리티를 자신의 사회 분석의 중심에 두는 사람까지 비난하기도 했다.

이 책을 집필하면서 가진 나의 포부는 이 책이 마르크스에 관한 해석 및 오늘날 좌익 담론 모두에서 이러한 종류의 양극을 진정으로 헤겔적인 지양(Aufheben)으로, 즉 부정과 동시에 보다 높은 차원으로의 존속이라는 방법으로 초월하거나 혹은 지양하는 데 기여하는 것이었다. 내가 이 책의 결론에서 썼듯,

  …… 마르크스가 단선적이지도 않고 배타적으로 계급에 의거하지도 않는 사회적 변화의 변증법적 이론을 발전시켰다고 주장했다. 마르크스의 사회 발전 이론이 보다 복선적인 방향으로 발전한 것과 같이, 마르크스의 혁명 이론도 시간이 지남에 따라 계급과 종족, 인종, 민족주의와의 교차성에 점점 더 집중하기 시작했다. 분명히 마르크스는 포스트모던적 의미에서 차이의 철학자(philosopher of difference)는 아니었다. 왜냐하면 전체를 지배하는 하나의 통일체, 즉 자본에 대한 비판이 마르크스의 지적 기획 전체의 중심을 이루고 있었기 때문이다. 그러나 중심성이 일의성 또는 배타성을 의미하는 것은 아니었다. 마르크스의 성숙한 사회 이론은 총체성의 개념을 둘러싸고 전개되었으며, 그 개념은 단지 특수성이나 차이에 대한 광범위한 관점을 제공할 뿐만 아니라, 때로는 인종, 종족, 민족과 같은 특수한 것들도 총체성에 대한 규정요인으로 삼는다(462~463쪽).

나는 내가 앞의 경우를 증명하는 데 성공했는지 여부에 대한 판단을 독자에게 남겨둘 것이다.

10년 전 처음 출판된 이후 이 책은 수많은 사람들에게서 많은 논쟁을 불러일으켰다. 대부분의 반응은 매우 긍정적이었는데, 마르크스의 후기 저술, 특히 아직도 그 전부가 출판되지 않은 비서구사회 및 전 자본주의 사회와 젠더에 관한 1879~1882년 노트를 다룬 장이 특별히 주목받았다. 어

쩌면 이 독자들은 내가 후기 마르크스를 전적으로 다루는 또 다른 책을 지금 쓰고 있다는 사실을 알게 되면 기뻐할지도 모르겠다.

그러나 이 책은 두 가지 심각한 이의를 불러일으켰는데, 나는 이를 간단히 논의하고 싶다. 놀랍게도 비마르크스주의적 비평으로부터 나온 비판은 지금까지 거의 없었지만, 종종 그렇듯이 마르크스를 지향하는 비판들은 대부분에서는 동의가 될 때조차도 종종 차이점을 표현한다. 물론 이것은 우리의 변증법적 전통의 일부이므로 기꺼이 받아들여야 한다.

이러한 비판들 중 한 부류는 1장과 2장에서 논의된 쟁점들에 관해 마르크스가 어떠한 중요한 방식으로든 정말로 입장을 바꾸었는지 여부에 초점을 맞추었는데, 특히 (종종 비판받곤 했던) 마르크스가 인도와 중국에서의 영국 식민주의에 관해 쓴 1848~1853년 저술과 러시아에 관해 쓴 같은 시기의 저술이 그 대상이었다. 이 책을 이렇게 비판하는 사람들의 대부분은 사이드와 다른 탈식민주의 이론가들이 수행한 종류의 비판에 반대했던 마르크스주의자들이었다. 이에 대해 나는 증거가 꽤 분명하다고 생각한다. 나는 마르크스가 중국을 야만적인 국가로 칭하고 영국의 중국 침략을 긍정적인 관점으로 본 것, 그가 인도에서의 영국 식민주의를 사회 진보의 한 형태로 지지한 것, 또는 그가 차르 체제 러시아를 러시아 일반 대중을 포함하는 하나의 전체로서 두고 반동적인 것으로 간주한 것과 같은 입장은 심지어 마르크스 당대에도 옹호될 수 없다고 여전히 생각한다. 그러나 이와 동등하게 진실인 것은 사이드와 탈식민주의자들이 바로 이 초기에 식민주의의 주요 측면에 대해 강한 반대를 표현했고 심지어 인도의 궁극적인 독립을 요구했던 마르크스의 저술을 무시하면서, 마르크스의 입장들을 대개 우스꽝스럽게 과장하고 단순화한다는 것이다. 이러한 결점들은 탈식민주의자들의 논의를 단순하고 충분한 정보를 갖추지 않은 것으로 약화시킨다. 하지만 이로 인해 인도에 관한 마르크스의 1848~1853년 저술에 담긴 전반적인 내용을 전부 방어하는 것이 조금이라도 쉬워지는 것은 아니다. 바로 이러한 이유 때문에, 마르크스의 입장이 1856~1859년 인도와 중국의 반제국주의적 저항 운동에 대한 지지로 변화한 점, 그리고 마르크스가 같은 시기 러시아 농노의 소요를 프랑스 혁명에 유사한 무언가의 전조가 되는 것으로 묘사한 점을 고려하는 것이 중요하다. 특히 이러한 입장 변화와 묘사가 자본에 관한, 그리고 『요강』에서의 아시아 사회에 관한 마르크스의 깊은 재고를 동반했기 때문이다. 청년 헤겔이 읊조렸듯, 우리로 하여금 진정한 자유를 성취하도록 도와줄 세계에 관한 명확한 관점을 획득하기 위해 우리는 현실을 직면해야 하고 그 직면에서 부정성을 응시해야 한다. 마르크스의 1848~1853년 저술이 지닌 불충분함과 그 이후의 변화 모두를 완전히 이해해야만 마르크스의 독창성이 지니는 가치를 완전히 이해할 수 있다고 나는 여전히 믿는다. 그리고 이 지점에서, 탈식민주의적 비판은 오늘날을 위한 마르크스 사상의 해석과 구체화를 첨예화하도록 만들고 있다는 점을 언급해야 할 것이다.

앞선 비판과 연관되는 두 번째 비판도 마르크스주의자들로부터 나왔는데, 이들은 내가 마르크스와 엥겔스 사이의 차이를 지적했던 것, 그러면서 엥겔스의 공헌은 거의 인정하지 않았던 것에 초점을 맞춘다. 이러한 일단의 비평가들은 엥겔스를 옹호하고 나의 비판을 부정확하거나 아니면 과장되고 불공평한 것으로 여기는 경향이 있다. 이에 관해 나는 엥겔스가 이 책에서 다룬 두 가지 주요 영역, 즉 폴란드와 아일랜드에 관한 혁명적 저널리즘과 조직활동에서, 그리고 인도와 중국에 관한 일부 저술에서 매우 중요한 공헌을 했다고 믿는다는 점을 밝히고 싶다. 아일랜드에 관한 나의 논의에서 또한 중요했던 것은 엥겔스의 가장 위대한 저서인 『잉글랜드 노동계급의 상태』(1844)였는데, 이 책에서 엥겔스는 찬사를 받은 한국 영화 〈기생충〉의 주인공들보다도 훨씬 더 나쁜 상황에서 살았던 맨체스터의 아일랜드 출신 하층 프롤레타리아트를 혹독하게 묘사한다. 당시 지배적이었던 두 가지 정치적 쟁점인 아일랜드와 폴란드의 민족 독립을 회복하기 위한 투쟁에 관해, 엥겔스는 마르크스와 근본적인 차이는 없었다. 엥겔스의 결점에 관해 말하자면, 이 책에서 나의 엥겔스 비판은 엥겔스의 실증주의에 관한 루카치의 철학적 비판에 대체로 동의하면서도, 그 밖의 세 가지 쟁점에 초점을 맞추었다. 세 가지 쟁점이란 마르크스의 1879~1882년 노트의 훨씬 더 섬세한 논의를 연구한 이후에도 계속되는 젠더에 관한 엥겔스의 환원주의적 저술, 미국 남북전쟁에서 북부 연방 측의 세력에 관한 엥겔스의 경시와 오독(이는 모두 두나예프스카야의 저술에서 제시된 것이다), 그리고 엥겔스의『자본』제1권 편집에 관한 것이다. 이 중 젠더에 관한 첫 번째 쟁점은 일단 마르크스의 1879~1882년 노트를 연구하면 꽤 분명해지며, 이는 두나예프스카야와 브라운과 같은 마르크스주의 페미니스트에 의해 수십 년간 잘 다루어진 주제이다. 엥겔스는 젠더 억압을 계급관계와 소유관계의 부수현상으로 축소시키려는 경향이 있는데, 여성들이 약 1만 년 전에 세계사적 패배를 겪었으며 이는 오직 사회주의 혁명만이 바로잡을 수 있다는, 똑같이 단순화된 그의 관점에서 강조되는 것이다. 이러한 공허한 추상은 우리가 자본주의 체제 전체에 대해 반대할 때조차도, 자본주의 하에서 여성들의 특정한 이익, 예컨대 낙태권, 이혼, 동일임금을 위한 투쟁이 필요하다는 점을 애매하게 한다. 남북전쟁에 관해, 엥겔스는 자신의 군사적 전문지식에도 불구하고 남북전쟁에서 북부 연방 측이 지녔던 회복력과 진보적 성격을 극도로 과소평가하면서, 당대 서유럽 좌파가 지녔던 관점, 즉 뼛속까지 자본주의적이어서 사회주의 운동 전망이 거의 없는 이

나라에서는 남부와 북부 모두 반동적이라는 취지의 관점으로 자주 기우는 경향이 있다. 실제로 엥겔스가 북부 연방의 승리 가능성을 의심했다는 점에서는 한참 빗나갔지만, 그의 입장은 오늘날 유럽인들의 입장, 그리고 심지어 글로벌 좌파 대부분의 입장에 선행한다는 점에서 여전히 중요한데, 이 입장에 따르면 미국은 구제할 수 없을 정도로 철저하게 자본주의적 문화를 지닌 뿌리 깊은 반동적 국가라는 식으로 변증법적이지 않은 방식으로 묘사된다. 마지막으로 『자본』에 관해서 마르크스 저술 번역자들, 그리고 심지어 마르크스 연구자들조차도 1권 프랑스어판을 진지하게 다루지 않았다는 점은 마르크스가 독일어로 작성한 글이 영어나 프랑스어로 작성한 글보다 특권화되어 있었음을 시사한다. 이러한 태도는 엥겔스로부터 시작되었던 것으로 보인다. 마르크스 연구자들조차도 마르크스가 3개 국어를 사용할 수 있었으며 그의 주요 저작들 중 일부『프랑스 내전』(영어), 베라 자술리치에게 보내는 편지의 초고(프랑스어), 『철학의 빈곤』(프랑스어))는 독일어로 작성되지 않았다는 점을 때때로 잊어버린다. 『자본』 제1권도 마찬가지인데, 적어도 마르크스 자신이 출판까지 지켜본 최종판인 1872~1875년 프랑스어판에 관한 한에서는 그렇다. 이 판은 서유럽 이외 사회에서 일어나는 혁명에 대한 보다 복선적인 경로를 시사하는 몇 가지 정식을 포함한다. 엥겔스는 마르크스와 주고받은 편지에서 프랑스어판을 폄하하고, 프랑스어판의 모든 이문(異文)을, 심지어 마르크스가 특별히 요청했던 것들까지도 1890년 자신이 만든 소위 최종판에 통합시키지 않는데, 이 최종판은 각국의 『자본』판 대부분의 번역 대본으로 남아 있다. 이와는 대조적으로 마르크스는 프랑스어판을 기준 판으로서 여러 차례 언급한 것으로 보이는데, 때로는 엥겔스가 1890년 판에서 제외시킬 바로 그 문단들을 인용하기까지 했다. 물론 나는 사르트르가 "마르크스로서는 1844년 엥겔스와 함께한 이후 모든 것이 내리막길이었다"라고 썼을 때 그랬던 것처럼, 우리가 엥겔스를 거부해야 한다고는 생각하지는 않는다. 그러나 우리는 레닌, 룩셈부르크, 트로츠키와 같은 여타의 위대한, 그럼에도 마르크스의 수준에는 미치지 못하는 마르크스주의 사상가들을 대할 때 그래야 하는 것처럼, 엥겔스의 공헌을 비판적으로 바라보아야 한다. 여기에서 나는 나의 멘토 두나예프스카야가 이 네 명(엥겔스, 레닌, 룩셈부르크, 트로츠키)을 부정적 의미에서 마르크스 이후 마르크스주의자들로 이론화한 것이 중요한 개념적 척도가 될 수 있다고 생각한다.

　이 책의 비평가들이 제기한 다른 쟁점들도 있지만, 내 생각에는 이 두 가지 쟁점이 계속해서 논쟁과 토론이 필요한 가장 중요한 쟁점이다.

　내가 이 책을 되짚어보면, 그리고 오늘날 위기에 빠진 세계를 보면, 이 책이 제기한 세 가지 쟁점이 오늘날에도 여전히 우리에게 해줄 말이 있는 것처럼 보인다. 그중 하나는 마르크스 당대 및 오늘날에 저발전 사회와 핵심 자본주의 국가의 관계, 이 두 종류의 사회 간 사회적 구조의 차이, 이러한 차이가 혁명의 전망에 영향을 미치는 방식에 관한 것이다. 이러한 맥락에서 마르크스는 소농에 기반한 아일랜드의 급진적 민족주의 운동과 자본주의적 잠식에 직면해 벌어지는 러시아 공동체 촌락의 투쟁을 서유럽에서 확대되고 있는 사회주의적 노동계급 운동의 동맹으로서 바라본다. 또한 그는 1857~1859년에 인도를 지지하는 글을 쓰고 1879~1882년 노트에서 인도의 사회적 기초를 연구하면서, 인도에서의 반식민주의 운동을 지지하게 된다. 이러한 저항의 지점에서 투쟁하고 있는 이들은 유럽 산업 프롤레타리아트의 잠재적 동맹일 뿐만 아니라, 유럽 프롤레타리아트가 보다 폭넓게 행동할 수 있게 하는 기폭제로서의 역할도 할 수 있다. 이러한 종류의 쟁점은 마르크스가 말년에 인도, 알제리, 라틴아메리카, 러시아와 같은 사회에 관해 수행한 방대한 연구의 배후에 있는데, 여기에서 마르크스는 경우에 따라서는 고대 그리스와 로마까지 쭉 거슬러 올라가서, 사회조직과 토지 보유권의 전자본주의적인 공동체적 형태들을 매우 상세히 검토한다. 로마와 아메리카 선주민들로부터 마르크스는 젠더 평등의 요소들과 자신의 당대에는 제한되었던 여성의 권리를 훨씬 뛰어넘는 여성의 사회적 권력을 확인한다. 이 모든 것이 오늘날에 얼마나 유의미한가? 한 측면에서 보면, 이러한 공동체적 사회 형태가 오늘날에는 자본의 동질화하는 힘에 의해 완전히 잠식되었기 때문에, 방법론적인 근거를 제외하고는 별다른 의미가 없어 보인다. 그러나 다른 측면에서 보면, 이러한 종류의 쟁점은 매우 큰 중요성을 가진다. 마르크스가 1879~1882년 노트에서 썼듯이, 때때로 이러한 공동체적 사회생활 형태는 원자화된 자본주의적 외관 아래에서 잠재적인 형태로 지속된다. 오늘날 우리는 이를 볼리비아와 같은 곳에서, 즉 선주민 운동이 자본과 계급에 기초한 보다 심각한 사회적 소요를 자극하는 곳에서 관찰할 수 있다. 더욱 일반적인 측면에서 보면, 우리는 글로벌 자본주의 체제에 맞선 가장 심각한 소요의 근원지들이 가장 부유한 국가 내부보다는 주변부, 즉 중동, 북아프리카, 혹은 라틴 아메리카와 같은 지역에서 계속해서 감지되는 것 또한 관찰할 수 있다. 20세기, 제국주의로부터 가장 큰 영향을 받은 국가들, 즉 한국, 베트남, 콩고, 남아프리카와 같은 국가들은 자본주의에 반대하기도 했던 중요한 저항 형태를 종종 경험했다. 지난 수십 년간 이러한 종류의 운동, 특히 중동, 아프리카, 라틴 아메리카의 운동이 기술적으로 보다 발전한 지역의 운동을 선행하고 고무시키지 않았던가? 이러한 의미에서 마르크스의 후기 연구는 오늘날의 인간 해방을 위한 투쟁들과 공명하며, 이는 마르크스 당대보다도 오늘날에 더욱 그렇다.

앞선 쟁점과 긴밀히 연결되는 두 번째 쟁점은 국가와 혁명에 관한 쟁점, 아니 그보다는 마르크스가 구상한 유형의 진정한 공산주의 혁명(이는 1871년 파리 코뮌 이후 훨씬 명확하고 설득력 있게 구상되었다)에서 국가 및 자본 관계 모두를 폐지하기 위한 과제에 관한 것이다. 마르크스는 파리 코뮌에 관한 글에서 국가의 폐지 대 국가의 접수에 관한 자신의 입장이 바뀌었음을 내비치면서, 보다 단호하게 전자의 접근에 지지를 보낸다. 이것은 이 책 6장에서 논의한 마르크스의 자본주의 주변부에 관한 1879~1882년 연구 노트와 어떻게 관련이 되는가? 마르크스는 알제리 소농들이 프랑스의 식민주의적 강탈에 맞서 자신들의 공동체적 소유를 방어한 것을 파리 코뮌 구성원들이 자본주의 폐지로 향하는 길 위에서 새로운 사회, 무국가 사회를 창조하려 한 과제와 연결시킨다. 게다가 마르크스가 말년에 연구한 몇몇 비서구사회, 특히 아메리카 선주민 사회 역시 무국가 사회였다. 그는 아메리카 선주민 사회의 전반적인 사회적 관계를 면밀히 검토하는 한편, 그들의 젠더 및 가족 관계를 특별한 관심을 갖고 검토한다. 이 모든 것은 마르크스가 정말로 공산주의라고 말했던 것이 무엇인지에 관해 숙고할 수 있는 풍부한 자료를 제공하는데, 이 주제는 최근 후디스, 차토패드히야, 정성진과 같은 이론가들이 예리하게 논의한 바 있다. 20세기에는 두 가지 형태의 국가주의적 사회주의, 즉 스탈린주의와 사회민주주의가 지배적이었다. 전자는 조선민주주의인민공화국과 같은 고립된 예외를 제외하면 원형을 찾아볼 수 없을 정도로 붕괴하거나 변형되었고, 후자는 신자유주의에 직면해 자신이 거둔 이전의 사회적 개선을 방어할 수 없게 되었다. 이렇게 힘을 다한 두 가지 모델을 대신해, 오늘날 글로벌화된 자본주의에 도전하고자 하는 많은 이들은 마르크스로 직접 거슬러 올라가고 있다. 이 지점에서, 내가 6장에서 논의한 마르크스의 전자본주의적 무계급 사회에 관한 후기 저술들은 우리에게 국가주의적·자본주의적 질서에 대한 대안을 제공하는 참고점이 될 수 있다.

이 책을 관통하는 세 번째 쟁점은 2~4장에서 전개되었듯, 노동계급의 해방과 사회주의에 대해 억압받는 민족성과 인종 및 종족 집단이 가지는 관계이다. 여기에서 미국 남북전쟁에 관한 마르크스의 저술들은 노동계급의 단결과 진보에 대한 장벽으로서의 백인 인종주의에 대한 우려를 보여준다. 유사하게, 그는 영국 노동계급이 계급의식 발전에 부정적인 영향을 주는 반아일랜드 편견에 너무 자주 물든다고 봤다. 그러나 마르크스가 억압 이데올로기에 관한 일차원적 이론을 만들어낸 것은 아닌데, 그의 변증법적 분석은 지배적 집단 출신의 노동자들이 자신들의 인종주의를 극복할 수 있다는 조건하에 자본에 맞선 흑인과 백인, 아일랜드인과 잉글랜드인의 계급 단결 가능성 역시 지적하고 있기 때문이다. 여기에서 물질적 환경 및 주체적 환경은 매우 중요한데, 그가 영국 식민주의로부터 조국을 해방시키려는 아일랜드인의 완강한 봉기 또는 자기 해방을 위한 아프리카계 미국인의 투쟁을 지배적 종족 집단 출신의 노동자들로 하여금 그들의 편견을 극복하고 억압받는 소수집단 출신의 계급적 형제자매들과 연대하도록 도울 수 있는 기폭제로 봤다는 의미에서 그렇다. 또한 이러한 봉기는 경제적 관계의 변화를 자신의 강령의 일부로 삼곤 했다. 예컨대 미국의 노예가 작업했던 대규모 농장 체제의 전복, 혹은 그 대부분이 영국인 식민주의자였던 아일랜드 지주에 맞선 반란이 그것이다. 이 쟁점과 관련해서는 폴란드의 민족해방에 대한 마르크스와 엥겔스의 확고한 지지를 지적할 수 있다. 또한 마르크스의 입장 전반이 갖는 정당성을 입증할 뿐만 아니라 그의 인종, 종족, 민족해방에 관한 이론화가 21세기의 이러한 종류의 싸움이 직면한 수많은 쟁점을 해명할 수 있는 영역이기도 한 오늘날의 수많은 투쟁을 지적할 수도 있다. 오늘날 눈에 띄는 이러한 투쟁의 사례에는 중동의 팔레스타인과 쿠르드족, 북아프리카 출신의 이주민과 프랑스 내에 있는 그들의 후손들, 아프리카계 미국인과 라틴계 미국인, 재일조선인, 인도의 달리트 계급, 수많은 국가에서 벌어지는 선주민들의 투쟁이 포함될 것이다. 민족적·종족적 투쟁에 관한 마르크스의 분석은 집단의식의 협소한 형태와 보다 해방적인 형태를 구분한다. 예컨대 그는 아일랜드의 페니언 민족주의자들 역시 지주가 영국인이든 아일랜드인이든 그 모두에게 반대하는 계급 정치를 가지고 있었음을 강조했다. 그는 종족적·민족적 경계를 가로지르는 계급 단결의 가능성을 항상 지적하며, 계급 단결을 획득하는 데 방해가 되는 장애물만을 지적하는 데에 그치지 않는다. 마지막으로 그는 항상 자신의 분석을 자본주의 체제 전반과 자본주의 국가, 그리고 이것들을 해체할 수 있는 사회적 힘들이라는 보다 폭넓은 맥락 속에 위치시킨다.

나는 한국의 독자들에게 나의 간단한 생각들을 전달했는데, 이전의 많은 사람들이 책은 영어, 페르시아어, 일본어, 프랑스어, 터키어, 포르투갈어(브라질)로 출판되었다처럼 한국의 독자들 또한 이 책을 한국의 고유한 맥락과 틀 속에서 읽고 고려할 것이라는 점을 나는 알고 있다. 이는 당연한 일이다. 이러한 대화가 가능하도록 고된 작업을 해준 번역자 정성진과 정구현에게 깊은 감사를 표한다.

코로나19의 전 세계적 유행기에 봉쇄된 채로
2020년 4월 17일 로스앤젤레스에서

2016년 서문

이 책이 출간된 후 6년 동안 많은 사람들이 보여준 반응은 이 책이 애초 목표 중 최소한 하나는 이루었다는 것을 시사한다. 그 목표란 마르크스를 근대 서구 자본주의 사회에 관한 자신의 이론화의 단순한 부속물로서가 아니라 그 자체로서 비서구사회 및 전자본주의 사회에 깊은 관심을 가졌던 사상가로 소개하는 것이었다. 또한 이러한 의미에서 이 책은 마르크스가 19세기 중반 당대의 좁은 틀에 갇힌 근본적으로 유럽 중심적 사상가였으며 따라서 인종, 젠더, 식민주의와 같은 현대적 쟁점에 대해서는 크게 귀를 기울이지 않았다는, 널리 퍼진 주장을 약화시켰을 것이다. 여기에서 내가 말하는 주장이란 에드워드 사이드(Edward Said)가 자신의 유명한 책 『오리엔탈리즘(Orientalism)』에서 했던 주장뿐만 아니라, 미셸 푸코(Michel Foucault)의 "마르크스주의는 물속의 물고기처럼 19세기 사상 속에 존재한다. 즉, 그것은 그 밖의 다른 시대의 사상에서 호흡할 수 없다"(Foucault, [1970] 1966: 262)와 같은 더 폭넓은 철학적 주장을 뜻한다.

이 책 『마르크스의 주변부 연구(Marx at the Margins)』에서 나는 이러한 주장에 응답하면서 마르크스의 1840년대 및 1850년대 초 저술 일부가 오리엔탈리즘과 유럽 중심주의적인 모습을 보였으며, 때로는 진보라는 명목으로 영국 식민주의를 은연중에 지지했음을 기꺼이 인정했다. 그러나 또한 나는 이러한 관점으로 마르크스를 묘사하려는 사람들에게 가장 큰 주목을 받아온 1853년 인도 관련 저술에서조차도 이 관점과는 반대되는 변증법적 흐름 역시 존재한다는 것을 지적했다. 예컨대 인도에서의 영국 식민주의를 야만적인 것으로 묘사한 1853년 서술이나 인도의 독립을 사회적 억압과 정체에 대한 해결책으로 생각하게 만드는 같은 해의 글이 그렇다. 나는 더욱 중요한 것으로서, 마르크스가 1856~1858년 인도와 중국에 관해 쓰던 즈음에 이미 더욱 반식민주의적 입장으로 이동한 것에 주목했는데, 이는 그가 『요강(Grundrisse)』에서 아시아적 생산양식을 논했던 바로 그 시기이다.

그러나 이러한 주장과 글 대부분은 마르크스 연구자들에게 이미 알려져 있다. 특히 1980년대 이후, 즉 마르크스의 ≪뉴욕 트리뷴(New York Tribune)≫ 기사 전부가 『마르크스 – 엥겔스 저작집(Marx-Engels Collected Works: MECW)』을 통해 널리 접근할 수 있는 형태로서 본래의 영문으로 전재된 이후에는 그렇다. 따라서 많은 논평자와 독자들은 이 책에서의 논의가 비서구사회 및 전자본주의 사회에 관해 마르크스가 말년인 1879~1882년에 작성한 거의 알려지지 않은 노트들에 또한 기초하고 있다는 사실을 지적했다. 일부는 여전히 출판되지 않은 이 노트들은 계속 발간 중인 『마르크스 – 엥겔스 전집(Marx-Engels Gesamtausgabe: MEGA²)』 중 서른두 권으로 구성될 방대한 마르크스의 저술 모음 일부에 해당된다. 이 노트들 대부분은 마르크스가 다른 저자들로부터 발췌한 글로, 종종 그의 논평이 덧붙여져 있다.

마르크스의 발췌노트들은 보다 널리 출판된 몇몇 전례를 통해 이미 학자들에게 알려져 있는데, 그중에는 아돌프 바그너(Adolph Wagner)의 정치경제학 서적에 관한 1881년 노트와 미하일 바쿠닌(Mikhail Bakunin)의 국가 관련 서적에 관한 1874~1875년 방주 노트가 있다. 그러나 마르크스의 발췌노트들 내용의 대부분은 심지어 전문적인 학자에게도 잘 알려져 있지 않으며, 이를 다룰 MEGA^2 서른두 권 중 단지 열두 권만 현재까지 출판되었다.

비서구사회 및 전자본주의 사회에 관한 1879~1882년 발췌노트들 중 일부는 MEGA^2 이전에 출판된 적이 있으며, 최종적으로는 MEGA^2 IV/27로 모두 출간될 예정인데, 현재 위르겐 로얀(Jürgen Rojahn)이 편집 중이며, 특히 영어판에는 나 역시 편집자 중 한 명으로 포함되어 있다. 이 노트들은 크게 세 가지 부분으로 나눌 수 있다. (1) 비서구사회 및 전자본주의 사회에 관한 1879~1882년 노트 상당량은 인도와 남아시아, 북아프리카, 식민지와 식민지 이전 시기의 라틴 아메리카, 그리고 북아메리카의 선주민부터 호메로스 시기의 그리스인까지 다양한 문자 사용 이전 사회를 다룬다. 이 자료는 모두 이전에 출판된 적이 있으며, 제6장에서 말년의 마르크스에 관한 나의 논의의 중요한 부분을 이룬다. (2) 발췌노트의 두 번째 부분은 러시아 역사와 인도네시아를 다루며, 어떠한 언어로도 아직 출판되지 않았다. 이 노트들은 이 책에서 간단히 논의한다. (3) 노트의 세 번째 부분은 고대 로마와 중세 유럽을 다루는데, 이 노트들은 이 책의 범위를 벗어나므로 나는 이를 다루지 않았다. 그러나 이 노트들은 이 시기 마르크스의 연구 프로젝트 전반을 파악하는 데 중요하다.

1879~1882년 발췌노트 전체에 관한 연구는 마르크스가 말년에 러시아와 관련해 작성한 편지 및 기타 저술들과 함께, 이 시기 마르크스가 그중 일부는 자본주의로 향할 수도 있을 이행기 농업 사회에 깊이 관심을 가졌던 지적 경력의 시점에 있었음을 시사한다. 그러나 마르크스는 이러한 말년 저술에서 한 가지 점에 대해서는 매우 확고했다. 그것은 모든 비자본주의 사회가 필연적으로 자본주의로 향하는 것은 아니라는 점이다. 이 책 제

6장에서 논의하듯, 마르크스는 1877년 러시아인 친구에게 보낸 한 편의 편지에서, 다가오는 시기에 러시아에서 자본주의가 발전할 가능성에 대한 논의로부터 고대 로마에서 자본주의가 미발전한 것에 대한 논의로 이동한다. 로마에서는 (1) 소농이 땅을 잃고 따라서 생산수단에서 분리되고 (2) 노예를 소유한 귀족이 보유하는 대토지 소유가 형성되고 (3) 화폐자본이 유의미한 규모로 형성되었음에도 불구하고, 자본주의로의 발전은 없었다고 마르크스는 언급하고 있다. "무슨 일이 일어났습니까? 로마의 프롤레타리아는 임금노동자가 아니라 일거리 없는 '군중'이 되었습니다. 이들은 미국 남부의 **백인 빈민**(poor whites)이라고 불리는 사람들보다도 비참했습니다. 그리고 그들과 함께 전개된 것은 자본주의가 아니라 노예제 생산양식이었습니다"(228). 물론 마르크스는 당대 혁명의 가능성과 비교했을 때, 또는 그와 엥겔스가 『공산당 선언(Communist Manifesto)』의 새로운 러시아어판 1882년 서문에 적었듯, 만약 서유럽의 혁명적 노동운동과 결합할 수 있다면 러시아의 농지혁명이 비자본주의적 발전 형태를 이끌 수 있는지 여부와 비교했을 때, 순수하게 사회 역사적 의미에서 하나의 생산양식에서 다른 양식으로 이행하는 것에 대해서는 아마도 관심이 덜했을 것이다.

따라서 우리 앞에는 마르크스가 1877~1882년에 심도 있게 연구한 세 가지 이행기적 비자본주의 농업사회가 놓여 있다. (1) 러시아: 자본주의적 사회관계가 점점 더 침투하고 있는 공동체적 촌락이 있는 곳으로, 자본주의적 사회관계가 구농업 집산주의를 약화시키고 있으며 새로운 혁명적 운동이 성장하고 있는 곳, (2) 인도: 영국 식민주의가 전자본주의 촌락 구조의 대부분을 뿌리째 뽑고 있고 많은 형태의 봉기가 발생하고 있는 곳, (3) 고대 로마: 자유로운 소농에 기초한 농업 체제에서 노예노동에 기초한 농업 체제로 이행 중인 곳이자 평민의 저항과 노예 반란이 모두 실패한 곳.

이 중 첫 두 사회만이 이 책의 여섯 장에서 다루어진다. 나는 로마 노트에 관해서도 언급하고 싶은데, 이것은 내가 알기로 어떠한 언어로도 출판되지 않았으나 MEGA^2 IV/27로 마침내 등장할 예정이다. 로마에 관해 약 3만 단어로 쓰인 마르크스의 노트는 1879년 즈음에 작성된 것으로 추정된다. 이 노트는 코발레프스키(Kovalevsky)의 인도 촌락 관련 저술 및 슈얼(Sewell)의 인도사에 대한 마르크스의 노트와 동일한 공책에, 실제로 그 사이사이에 배치되고 포함되어 있다. 이 두 노트는 이 책의 제6장에서 어느 정도 자세히 논의될 것이다. 로마 노트는 독일의 사회사가인 카를 뷔허(Karl Bücher), 루트비히 프리들렌더(Ludwig Friedländer), 루트비히 랑게(Ludwig Lange)와 루돌프 예링(Rudolf Jhering)을 다루고 있으며, 제국 초기부터 말기까지의 계급, 신분, 젠더와 같은 주제를 다룬다.

마르크스가 뷔허의 『비자유 노동의 반란: 기원전 143~129년(Die Aufstände der unfreien Arbeiter 143~129 v. Chr.)』(1874)에 관해 2000개의 단어로 쓴 짧은 노트는 로마에 관해 다룬 최초의 노트인데, 이는 그가 1877년 러시아 독자들에게 보낸 편지의 주제와 매우 유사하다. 여기에서 마르크스는 구귀족 질서와 함께, 노예에 기초한 대규모 농업이라는 새로운 체제 및 이에 수반해서 등장한 '화폐 과두제'에 따른 사회적 변화에 특별히 주목한다. 그는 다양한 사회집단, 즉 노예, 해방노예, 빈민층 평민(poor plebeian), 부유층 평민(rich plebeian), 하위 귀족(equestrian), 귀족(patrician) 사이의 상호작용을 면밀히 조사했고, 특히 농장과 작업장같이 이전에는 평민의 것이었던 생산수단에서 그들이 분리되는 것을 다루었다. 또한 마르크스는 노예에 대한 로마 프롤레타리아의 반감을 언급했는데, 이를 미국 남부의 백인 빈민과 비교했다. 이 노트는 기원전 2세기 후반에 일어난 노예 및 평민의 반란, 특히 소아시아에서의 노예 반란을 간략히 다룬다.

다음으로 마르크스는 루트비히 프리들렌더가 저술한 『로마 관습의 역사 묘사: 아우구스투스 시대에서 안토니우스 시대까지(Darstellungen aus der Sittengeschichte Roms in der Zeit v. August bis zum Ausgang der Antonine)』로부터 자료를 기록했는데, 이 책은 팍스 로마나(기원전 27년~기원후 192년) 시기를 다룬다. 약 3000개의 단어로 이루어진 마르크스의 상대적으로 짧은 노트는 순수예술 및 로마 기술의 발달과 함께 로마의 사치품, 특히 노예가 제공한 사치품에 중점을 두었다. 놀랍게도 마르크스는 여기에서 프롤레타리아와 노예에 관해서는 거의 지면을 할애하지 않았는데, 이것은 아마도 그가 이러한 주제를 뷔허에 관한 노트에서 다루었기 때문일 것이다. 대신 그는 신흥부유층 해방노예에 대한 자료, 그리고 귀족에 의존하는 비노예 사회계층인 예속 평민(client)이 점점 더 극빈해지고 굴욕적으로 되는 상황에 대한 자료에 집중했다.

마르크스는 또한 세 권으로 구성된 루돌프 예링의 유명한 연구서 『발전의 다양한 단계에서의 로마법의 정신(Geist des römischen Rechts in den verschiedenen Stadien seiner Entwicklung)』에 대한 노트를 남겼다. 예링의 책에 관해 약 4000개의 단어로 쓴 상대적으로 짧은 노트에서, 마르크스는 법 그 자체가 아니라 그 법을 형성시킨 저변의 사회적·경제적 변화에 초점을 맞추었다. 그는 씨족(gens) 또는 클랜(clans)[저자는 이 책에서 부족(Stamm)과 씨족(gens)을 포괄하는 용어로 클랜(clan)을 사용하고 있다_옮긴이] , 그리고 상업활동이 어떻게 이러한 태고의 유대관계를 무너뜨렸는지에 집중하는 것으로 시작했다. 예링에 관한 마르크스의 노트 나머지 부분은 로마의 사회계급 및 신분의 발전을 다루었는데, 특히 이 발전을 원거리 정복 전쟁, 구토지귀족 일부의 새로운 화폐 귀족으로의 변모, 그리고 귀족과 예속 평민(patron-client) 관계 확대의 결과로 다루었다. 또한 뷔허에 관한 노트와 비교했을 때, 그는 자유 프롤레타리아와 노예 간 연대의 부족에 훨씬 더 집중했다.

마르크스는 세 권으로 구성된 루트비히 랑게의 정치, 사회, 법률사 서적 『고대 로마(Römische Alterthümer)』에 관해, 로마 노트에서 가장 긴 2만 단어 분량의 글을 작성했다. 여기서 그는 젠더와 가족에 특별히 초점을 맞추어, 문자 사용 이전 클랜 사회에서부터 발생한 로마 신분제의 기원에 집중했다. 이 주제에는 로마 남성 가장이 아내, 자녀, 손주, 노예, 그리고 그의 후견 아래 있는 성인 여성과 미성년자에 대해 가지는 권력이 포함되어 있다. 마르크스는 로마 문명이 발전하면서, 혼인이 전통적인 클랜 법률보다는 국가에 기반을 둔 세속 법률의 영향권 아래 점차 놓이게 되었다고 지적했다. 이것은 적어도 귀족 내에서는 가장의 권력 약화와 이에 수반한 여성의 권력 상승을 야기했다. 제6장에서 자세히 다룰 루이스 헨리 모건(Lewis Henry Morgan)의 『고대 사회(Ancient Society)』에 관한 노트와 유사하게, 마르크스의 랑게 노트는 이전의 클랜 구조로부터 계급사회의 등장에 따른 "여성의 세계사적 패배"라는 엥겔스의 관점을 약화시키는 경향이 있는데, 적어도 이 노트가 엥겔스의 입장보다 훨씬 더 미묘한 마르크스의 입장을 종종 표현하는 한에서는 그렇다[젠더와 관련해 모건과 랑게 노트를 다룬 브라운(Brown 2012)을 참조하라].

마르크스의 로마 노트가 보여주는 문헌적 증거는, 비서구사회 및 전자본주의 사회에 관해 그가 쓴 같은 시기의 다른 글과 함께, 그가 살던 당대 및 과거의 비자본주의 사회에 관한 폭넓은 관심을 보여준다. 러시아, 인도, 고대 로마에 관해 상당히 집중하면서, 이 노트와 글은 이행, 특히 자본주의로의 이행 가능성에 관한 그의 몰두를 보여준다. 또한 계급 및 소유 관계의 고통스러운 변화가 어떻게 종속계급에 의한 사회혁명의 가능성을 제공하는지, 그리고 반대로 어떻게 그들의 저항이 지배계급에게 무해한 경로로 빛나갈 가능성을 제공하는지를 지적한다. 가장 중요한 것은, 러시아, 인도, 고대 로마에 관한 이러한 말년의 글과 노트가 사회 역사적 특수성과 무관하게 세계를 가로질러 모든 사회에 적용될 수 있는 어떠한 일반적 공식보다 각각의 사회 그 자체에 대한 깊이 있고 구체적인 분석에 마르크스가 관심 있었다는 것을 보여준다는 점이다. 따라서 (이 책 제5장에서 논의하듯) 마르크스가 러시아인에게 보낸 편지와 『자본(Capital)』의 프랑스어판에 썼듯이, 근대 초기 유럽에서의 자본의 본원적 축적에 관한 그의 묘사는 자본주의적 사회관계에 충격받기 시작한 전 세계 모든 사회에 대한 보편적 모델이 아니라, 영국과 이미 자본주의적 산업화의 길을 걷고 있는 국가들에 제한된다.

또한 이러한 점에서, 나는 『자본』 제1권 프랑스어판에서 수정된 본문에 관해 다루는 제5장의 논의가 조셉 로이(Joseph Roy)의 번역, 특히 그 문장력에 관한 다툼이 아님을 되풀이해 말하고 싶다. 이 책 제5장의 논의는 1872~1875년 프랑스어판에 마르크스 자신이 추가한 몇 가지 중요한 서술이 포함되어 있고, 불행하게도 오늘날까지 MEGA^{2}를 포함한 독일어판이나 엥겔스가 편집해 권위를 인정받는 1890년 독일어판의 다른 번역본에는 이 서술들이 반영되지 않았다는 사실에 관한 것이다. 여기에는 기존의 영역본도 포함된다. 이 구절 중 일부는 본원적 축적의 분석 범위를 서유럽에 한정하는, 따라서 당대의 러시아, 인도, 그리고 다른 비자본주의 사회를 따로 한편에 남겨두는 문구를 포함한다. 이 구절은 이 책의 전반적인 논지에서 매우 중요한데, 이 책은 마르크스를 서유럽 및 북미 이외의 사회에서의 발전 및 혁명으로 향하는 다양한 경로의 필요성에 대해 시간이 갈수록 점차 예민하게 신경 쓴, 복선적이고 비결정론적인 사상가로 보는 관점을 옹호한다.

또한 나는 내가 연구했고 이 책의 기저를 이루는 전반적인 이론적 전통에 대해 언급하고 싶다. 나는 수년간 변증법적 관점에 대해 프랑크푸르트학파, 죄르지 루카치(Georg Lukács), 레닌에게서 강한 영향을 받았지만, 나의 기본적인 영감은 조금 다른 사람에게서 나왔는데, 바로 러시아계 미국인인 마르크스주의 - 휴머니즘(Marxist-Humanism) 철학자 라야 두나예프스카야(Raya Dunayevskaya)이다. 유사하게 나는 인종, 젠더, 식민주의, 혁명에 대해 프란츠 파농(Frantz Fanon), W. E. B. 두 보이스(W. E. B. Du Bois), C. L. R. 제임스(C. L. R. James)의 글에서 강한 영향을 받았지만, 여기에서도 나는 두나예프스카야에게 가장 큰 빚을 지고 있다. 나의 성인기 대부분은 그의 마르크스주의 - 휴머니즘 전통을 연구했기 때문에, 나는 이 책과 관련되는 한 두나예프스카야의 저작에 관해 좀 더 말하는 것이 도움이 되리라 생각한다.

따라서 나는 다음에 대해 간단히 언급하려 한다. (1) 헤겔, 마르크스, 변증법에 관한 우리의 이해에 두나예프스카야가 미친 공헌, (2) 오늘날 인종, 계급, 자본에 맞선 투쟁의 교차성으로 불리는 것에 대한 그의 저작.

두나예프스카야는 1940년대 이후에 새로운 마르크스주의자 세대를 위해 헤겔 변증법을 복원하는 것에 관심을 가졌다. 그가 이 작업을 시작했을 때, 처음에는 아프리카계 카리브해 사람으로서 마르크스주의자이자 문화이론가인 C. L. R. 제임스와 함께했는데, 헤겔주의적 마르크스주의의 견해는 기껏해야 극소수파의 위치에 있었다. (매카시즘 이전의) 학문적 좌파에서부터 그가 일했던 트로츠키주의 정당까지, 변증법은 대개 단순한 슬로건이었고 일종의 다원주의적 실증주의가 가득했다. 철학적 관념은 물질적 현실의 반영이며 어떠한 형태의 이상주의도 종교적 반계몽주의, 더 나쁘게는 파시즘으로 우리를 퇴보시킬 위험을 무릅쓰는 것이라고 이야기되었다.

그러나 2차 세계대전의 종식, 나치 수용소와 스탈린주의 강제노역소의 폭로, 그리고 미국의 핵무기가 히로시마와 나가사키에 가한 희생과 함께, 새로운 형태의 급진적 사상이 전면에 등장했다. 계급투쟁과 경제발전에 대한 오랜 관심과 더불어, 인간 개개인의 존엄 또는 청년 마르크스가 표현했듯 사회적 개인에 관련된 더 많은 관심이 좌파 내에서 성장했다. 프랑스 실존주의자들은, 비록 일방적으로 주관주의적인 방식이었지만, 급진적 휴머니즘을 극찬하고 정통 마르크스주의의 결정론을 비판했다. 프랑크푸르트학파는 비록 노동계급 및 다른 피억압계급에 대해 거의 언급하지 않는 형식이긴 했지만, 반기술관료적인 마르크스주의 해석을 제출했다. 두나예프스카야는 최초의 마르크스주의 - 휴머니스트로서 헤겔주의적 마르크스주의라는 형식을 제출했는데, 이는 동서양의 기술관료 국가자본주의에 이의를 제기하고 흑인과 백인 모두를 포함하는 디트로이트의 평조합원 노동자를 다루려는 시도였다.

다음 40년 동안 두나예프스카야는 변증법에 대한 독특한 개념을 발전시켰다. 첫째, 그는 레닌의 1914~1915년 헤겔 노트의 첫 영어판을 번역했는데, 이는 처음에는 C. L. R. 제임스와 그레이스 리 보그스(Grace Lee Boggs)를 포함한 미국 트로츠키주의 내 작은 모임을 위한 것이었다(나는 이에 대해 Anderson(1995)에서 상세히 논했다). 비록 학문적 좌파가 미국에서 이 책이 출판되는 것을 막았지만, 그는 헤겔에 대한 레닌의 혁명적 차용을 헤겔의『논리학(Science of Logic)』과『정신현상학(Phenomenology of Mind)』을 이해하기 위한 발판으로 사용했다. 그는 1953년까지「헤겔의 절대적인 것들에 관한 편지(Letters on Hegel's Absolutes)」를 작성했는데, 여기에 그는 헤겔의 (심지어 오늘날까지도) 거의 논의되지 않았던『정신철학(Philosophy of Mind)』을 첨가했다. 이 1953년 편지는 헤겔의 절대적인 것들을 보수주의적 함의를 가진 폐쇄적 총체성으로 보는, 엥겔스 이래로 이어진 기존의 해석에 도전했다[이 편지들은 두나예프스카야의 저작에 관해 피터 후디스(Peter Hudis)와 내가 쓴 서론을 포함해, Dunayevskaya(2002)로 재출간되었다]. 두나예프스카야는 헤겔 사상에서의 체계와 방법 간의 엥겔스식 구분을 완전히 폐기하면서, 마르크스가 헤겔의 변증법 전부를 비판적으로 전유했다고 주장했다. 두나예프스카야는 세 권으로 구성된 『철학 강요(Encyclopedia of the Philosophical Sciences)』에서 더 상술된 바 있는, 헤겔 체계의 종점이기도 했던 『정신철학』마지막 문단을 자신의 방식으로 비판적으로 전유하면서, 엥겔스에게 직접적으로 반대하는 것으로 이 편지들을 마무리 지었다.

헤겔은 자신의 체계를 논리, 자연, 정신에 관한 삼단 논법으로 마무리 지었는데, 이는 절대정신에 관한 장에서 스스로 사유하는 이념(self-thinking idea), 스스로 확신하는 이념(self-knowing idea) 같은 범주를 가져온다. 두나예프스카야에게 이러한 종류의 헤겔주의적 개념은 20세기 후반에 등장한 새로운 사회적 의식에 관해 말하는 것으로 보였는데, 이는 평조합원 노동자, 흑인과 여타 소수종족, 청년, 여성이 더는 자신들의 해방을 향한 진로를 다른 이가 결정하도록 놔두지 않는다는 것을 뜻했다.

동시에 헤겔의 절대적인 것들이 가진 다른 측면은 또 다른 지점을 논했는데, 그 지점이란 자신이 가는 곳 어디든 죽음과 파괴의 악취로 물들이는 20세기 자본주의의 절대적 발전, 두나예프스카야가 전체주의적 국가자본주의의 한 형태로 간주한 것을 향한 절대적 발전이었다. 이는 『자본』의 절대적인 것에 관한 마르크스의 개념에서 실마리를 잡는데, 여기에서 그는 "자본주의적 축적의 절대적 일반법칙"에 관한 논의에서 제기한 계급 양극화와 잔혹한 착취에 관해 언급한다. 그러나 헤겔의 절대적인 것들은, 두나예프스카야가 『논리학』 독해에서 강조하듯, 하나의 종결보다는 더 깊은 모순 또한 포함한다. 이 모든 것이 그를 자신의 첫 번째 책 『마르크스주의와 자유(Marxism and Freedom)』 초판 서론에서 다음과 같이 쓰도록 이끌었다. "우리는 절대적인 것들의 시대에 살고 있다. 절대적인 압제에 반대하는 투쟁으로부터 뛰쳐나오는 절대적인 자유의 문턱 위에서"([1958] 2000: 23~24). 이것은 반파시스트 저항운동뿐만 아니라, 1940년대 미국 등지에서 등장한 새로운 사회적 의식을 환기시켰다.

확실히, 마르크스주의자로서의 두나예프스카야는 『법철학(Philosophy of Right)』과 같은 더욱 보수적인 헤겔 후기 저작은 거부했지만, 더욱 추상적인 헤겔 초기 저작에서는 혁명적 변증법이라는 의미에서의 모든 변증법의 근원을 발견했다. 처음에 그는 이런 생각을 허버트 마르쿠제(Herbert Marcuse)와의 대화에서 발전시켰다(Anderson and Rockwell 2012). 그는 『철학과 혁명(Philosophy and Revolution)』(1973)에서 헤겔의 『논리학』, 『정신현상학』, 『정신철학』과 같은 저작을 언급하면서 다음과 같이 썼다. "정확히 헤겔이 가장 추상적으로 논하는 곳, 역사의 전체 운동에 반하도록 덧문을 꼭 닫는 것처럼 보이는 그곳에서, 헤겔은 변증법의 근원, 즉 절대적 부정성이 쏟아져 들어오게 한다. 서로 대립하는 살아있는 힘들의 해소가 단순한 사상의 초월에 의해 극복될 수 있는 것처럼 헤겔이 진술하고 있는 것은 사실이다. 그러나 그는 대립물을 논리적 극단으로 이끎으로써 새로운 길, 즉 실천에 대한 이론의 새로운 관계를 열어두었는데, 이는 마르크스가 혁명에 대한 철학의 완전히 새로운 관계로서 해결한 것이었다. 오늘날의 혁명가들은 이 점에 등 돌리면서 위험에 직면하고 있다"(Dunayevskaya [1973] 1989: 31~32).

내가 보기에 이 점은 오늘날 우리에게 유산으로 남아 있는데, 이는 초기 알튀세르주의 흐름이나 심지어 구식의 기계론적 유물론, 실증주의 흐름은 말할 것도 없고, 네그리에서 하버마스까지, 푸코에서 사이드까지 그렇게나 많은 서로 다른 급진적 사상가들이 모두 단결해, 어떠한 비용을 지불하고서라도 어떻게든 헤겔의 혁명적 변증법을 피하라고 우리에게 말하는 시기인 오늘날에 그렇다.

변증법에 대한 두나예프스카야의 개념이 가진 또 다른 측면은 이 책의 주제로 향하는 직접적인 다리를 제공한다. 헤겔주의적 마르크스주의 내의 총체성이나 보편성에 대한 몇몇 설명과 다르게, 보편적인 것이 추상적 보편이 아닌 진정한 해방적 보편성이 되기 위해서는 그 자체를 특수화할 필요가 있다고 두나예프스카야는 주장한다. "추상에서 구체를 거쳐 특수화까지의 운동은 이중 부정을 요구한다. 헤겔은 이러한 절대적 창조성, 즉 온전한 발전 및 그 창조력을 위한 원동력을 망각할 여지를 남겨두지 않았다"(Dunayevskaya [1973] 1989: 25). 이러한 유형의 변증법을 마르크스주의 정치학과 사회학의 영역으로 가져오면서, 그는 인종, 식민주의, 젠더에 관한 현대의 관심이 자본주의의 대단히 중요한 뼈대와 관련 있지만, 자본과 계급에 관한 하나의 분석으로 포함될 수 없고 그 고유의 독특한 요소와 동학을 가진다고 주장했다.

두나예프스카야는 1940년대부터, 그리고 처음부터 C. L. R. 제임스와 함께 미국의 계급 체제에 대해 특별히 탐구했는데, 이 체제는 항상 인종이라는 첨가물과 함께 기능했다. 두나예프스카야는 『시험받는 미국 문명: 전위로서의 흑인 대중(American Civilization on Trial: Black Masses as Vanguard)』([1963] 2003)과 기타 저작에서, 한 세기 전 인민당 좌파에서부터 동시대 미국 노동총연맹(American Federation of Labor: AFL)의 좌파까지의 미국사에서 인종주의가 어떻게 진보적인 계급 기반 운동을 반복적으로 약화시키는지

를 보여주었다. 또한 그는 동시에, 백인성 연구(whiteness studies)나 기타 유
사한 학문적 관점과는 대비되게, 흑인 투쟁의 영향을 받은 백인 노동자가
사회에서 발생한 인종주의를 극복하기 시작한 결정적 시점을 지적했다.
이러한 사례는 1890년대 포퓰리스트 운동의 어떤 국면이나 숙련노동자에
의해 지배되는 AFL에 대한 반대 운동으로서 등장한 1930년대 산별노조협
의회(Congress of Industrial Organizations: CIO)의 어떤 국면에서 발생했다. 그
는 시카고의 공산당 주간지 ≪니그로 챔피언(Negro Champion)≫에서 일하
던 1920년대의 10대 시절부터 사망하기 전 해인 1986년 프란츠 파농에 관
한 마르크스주의 - 휴머니즘적 연구의 새로운 서론을 쓸 때까지 평생 동
안, 미국사의 사회진보 측면에서 하나의 상수는 "전위로서의 흑인 대중"이
라고 강조했다. 이것은 그로 하여금 사회주의 및 마르크스주의와 항상 관
련 있는 것으로 여겨지지는 않는 운동을 검토하도록 이끌었는데, 예컨대
19세기 노예제 폐지론자나 1920년대 흑인 민족주의자 가비(Garvey)의 운
동이 그것이다. 그는 항상 산업 및 농업의 흑인과 백인 노동자 간의 연합
가능성에 관심 있었다. 그러나 피상적이고 잘못된 형태의 계급 단결을 꾀
하기 위해 인종주의에 반대하는 투쟁을 제쳐두지는 않았다.

두나예프스카야 사상의 이러한 관점은 마르크스, 레닌, 트로츠키, 파농,
그리고 마르크스주의 전통에 있는 다른 사상가에 대한 그의 해석에서도
또한 나타난다. 그는 미국 남북전쟁에 관한 마르크스의 글이 지닌 중요성
을 반복해서 강조했는데, 여기에서 마르크스는 북부를 비판적으로 지지하
면서 북부와 남부 사이에 차이가 없다고 보는 이들을 혹평하고 동시에 전
쟁을 노예제에 반대하는 혁명적 투쟁으로 수행하지 못한 링컨의 실책을
비판했다. 그뿐만 아니다. 그는 미국의 남북전쟁이 어떻게 『자본』 제1권
의 구조에 큰 영향을 주었는지에 대해, 또한 어떻게 마르크스로 하여금

"검은 피부에 낙인이 찍히는 곳에서 흰 피부의 노동자는 자신을 해방할 수 없다"(Dunayevskaya [1958] 2000: 84에서 재인용)라고 강력한 어조로 쓴 노동일에 관한 장을 추가하도록 고무했는지에 대해 썼다.

말년에 두나예프스카야는 마르크스의 『민족학 노트(Ethnological Note-books)』를 철저히 조사했는데, 이 노트는 마르크스가 말년에 젠더, 식민주의, 클랜에 관해, 또는 부족 사회형태 및 계급구조에 의한 그 대체에 관해 쓴 것이다. 1972년에 뛰어난 마르크스 연구자 로렌스 크레이더(Lawrence Krader)가 최초로 출판한 이 노트는 마르크스가 쓴 비서구사회 및 전자본주의 사회와 관련한 1879~1882년 노트의 주요 부분을 구성한다. 두나예프스카야는 이 후기 마르크스의 글을 자신의 『로자 룩셈부르크, 여성해방, 마르크스의 혁명 철학(Rosa Luxemburg, Women's Liberation, and Marx's Philosophy of Revolution)』([1982] 1991)의 중심에 위치시키는데, 이는 후기와 초기 마르크스 사이의 분리 같은 알튀세르식의 유형을 만들기 위해서가 아니라, 비자본주의 지역에 자본주의적 침투가 미치는 충격 및 그 뒤를 이어 자본과 식민주의에 대항해 발생하는 새로운 형식의 저항이 받는 영향, 그리고 젠더에 관한 마르크스 평생의 관심을 분명히 하기 위해서이다. 그는 마르크스의 모건 노트를 근거로 해서, 『로자 룩셈부르크, 여성해방, 마르크스의 혁명 철학』의 중심에 1879~1882년 노트를 위치시키는데, 모건 노트는 오늘날 마르크스의 『민족학 노트』로 알려진 것의 주요 부분을 이룬다. 그렇게 함으로써 두나예프스카야는 마르크스와 엥겔스의 모건 독해에 관한 차이에 근거해서 엥겔스의 『가족, 사적소유, 국가의 기원(The Origin of the Family, Private Property and the State)』에 대한 최초의 페미니스트적 비판을 정교화했다. 두나예프스카야가 『로자 룩셈부르크, 여성해방, 마르크스의 혁명 철학』에서 썼듯, "마르크스의 자본주의적 식민주의에 대한 적대감은 증대했다. 문제는 현존 사회의 전복이 얼마나 총체적이어야 하는지, 실천에 대한 이론의 관계가 얼마나 새로워져야 하는지였다. 그 연구는 마르크스(엥겔스가 아니다)로 하여금 새로운 인간관계의 가능성을 볼 수 있게 만들었는데, 이는 이로쿼이족과 같은 원시적 공산주의에서의 성 평등을 단순히 '업데이트'해서 나온 것이 아닐 것이며, 마르크스가 감지한 것처럼 혁명의 새로운 유형으로부터 갑자기 튀어나온 것이었을 것이다"(Dunayevskaya [1982] 1991: 190). 말년의 마르크스에 관한 이 두나예프스카야의 후기 글은 이 책 제6장을 쓰는 데 특히 중요했다.

따라서 두나예프스카야의 저작은 나의 책에 이중적 의미에서 큰 영향을 주었는데, 일반적인 수준에서는 변증법의 측면에서, 더 구체적인 수준에서는 이 책에서 논의되는 주제의 일부를 그가 직접적으로 다루었다는 측면에서 그렇다.

전반적으로 나는 이 책이 마르크스와 그의 유산에 대한 우리 시대의 논쟁에 이바지한 것으로 여긴다. 많은 이가 마르크스를 절망적일 정도로 유럽 중심적인 인물로, 그리고 세계화, 자본, 계급의 일률적인 대서사에 찬성해 인종, 젠더, 식민주의와 같은 특수성을 배제하는 헤겔로부터 도출된 변증법의 한 형태에 사로잡힌 인물로 여기고 거부하던 시기에, 나는 마르크스가 우리 시대의 사상가임을 주장하려 노력해 왔다. 마르크스의 자본 비판은 그의 당대만큼이나 오늘날에도 유효하다. 그것은 과거에 그랬던 것처럼 미묘하고 변증법적이며, 과거에 그랬던 것처럼 전 세계 다양한 사회가 직면한 실제 환경에 관한 구체적인 사회 역사적 연구에 뿌리내리고 있다.

감 사 의 말

10년 넘게 이 연구에 몰두하는 동안, 나는 마르크스주의 및 다른 분야의 학자들에게서 수많은 방식으로 관대한 도움을 받았다. 이 기간 내내 이 책의 중요한 주제에 관한 나의 이해는 『마르크스 - 엥겔스 전집(Marx-Engels Gesamtausgabe: MEGA²)』 편집에 내가 함께한 것으로부터 엄청나게 도움을 받았는데, 특히 다음 사람들과의 대화가 그랬다. 위르겐 로얀(Jürgen Rojahn), 데이비드 노먼 스미스(David Norman Smith), 찰스 레이츠(Charles Reitz), 라스 리(Lars Lih), 게오르기 바가투리아(Georgi Bagaturia), 고(故) 노라이르 테르 - 아코피안(Norair Ter-Akopian), 롤프 헤커(Rolf Hecker), 그리고 위르겐 헤레즈(Jürgen Herres), 맬컴 실버스(Malcolm Sylvers), 제랄트 후브만(Gerald Hubmann), 게르트 칼라센(Gerd Callesen), 레지나 로트(Regina Roth), 카를 - 에리히 볼그라프(Carl-Erich Vollgraf). 또한 나는 미국학술단체협의회(American Council of Learned Societies)의 연구비 지원(1996~1997), 미국철학학회(the American Philosophical Society)의 여행 경비 지원(1996), 퍼듀대학교 인문학연구소의 연구비 지원(2004)으로부터도 도움을 받았다. 퍼듀대학교 정치학과의 버트 록맨(Bert Rockman)과 캘리포니아대학교 산타바르바라 캠퍼스 사회학과의 베르타 테일러(Verta Taylor)는 각각 2007년과 2009년에 강의로부터 벗어날 약간의 자유시간을 내게 허용해 주었다.

더글러스 켈너(Douglas Kellner), 버텔 올먼(Bertell Ollman)과 프리다 에이페리(Frieda Afary)는 각각 원고 전체를 읽고 중요한 지적을 해주었다. 사적으로나 지적으로나 엄청난 지지와 격려를 보내준 나의 파트너 재닛 에이페리(Janet Afary) 역시 같은 일을 해주었는데, 그는 매순간 이 연구를 유심히 지켜보고 격려해 주었다. 또한 수년간 나는 피터 후디스(Peter Hudis)와 자주, 그리고 언제나 유익하게 이 연구에 관해 토론했다. 루이스 듀프레(Louis Dupré), 도널드 N. 레빈(Donald N. Levine)과 윌리엄 맥브라이드(William McBride)는 결정적인 단계에서 격려와 제안을 제공해 주었다. 다음 사람들은 원고의 중요한 일부를 읽고 좋은 제안을 해주었다. 데이비드 블랙(David Black), 파레시 차토패드히야(Paresh Chattopadhyay), 리처드 호건(Richard Hogan), 라스 리, 앨버트 레지스(Albert Resis), 아서 롤스턴(Arthur Rolston), 잭 로즈(Jack Rhoads), 데이비드 로디거(David Roediger), 위르겐 로얀, 이몬 슬레이터(Eamonn Slater). 또 다른 이들은 다양한 학술대회, 다른 곳에서 발표된 글에 대해 지적을 해주었는데, 특히 다음 사람들이 그랬다. 로버트 안토니오(Robert Antonio), 콜린 바커(Colin Barker), 프랭클린 벨(Franklin Bell), 로슬린 볼로(Roslyn Bologh), 조던 캠프(Jordan Camp), 노먼 피셔(Norman Fischer), 크리스 포드(Chris Ford), 앤드루 클라이먼(Andrew Kliman), 로렌 랭먼(Lauren Langman), 데이비드 메이어(David Mayer), 테드 맥글론(Ted McGlone), 데이비드 맥널리(David McNally), 할 오바(Hal Orbach), 마이클 페럴먼(Michael Perelman), 아네트 루빈스타인(Annette Rubinstein), 로렌스 스카프(Lawrence Scaff)와 수지 와이즈먼(Suzi Weissman). 또한 나는 연구조교 일해 준 헤더 브라운(Heather Brown), 알렉산더 한나(Alexander Hanna), 리사 루보(Lisa Lubow), C. J. 페레이라 디 살보(C. J. Pereira di Salvo), 미셸 시에르제가(Michelle Sierzega), 레베카 스털링(Rebekah Sterling)과 미르 야피츠

(Mir Yarfitz)에게 감사를 표하고 싶다. 퍼듀대학교에서 미셸 콘웰(Michelle Conwell)은 많은 기술적 지원과 비서 업무를 맡아주었다.

수년간 나는 다음의 도서관에서 작업하면서 몇몇 사람들로부터 특별한 도움을 받았다. 노던 일리노이대학교의 로버트 라이딩어(Robert Ridinger), 시카고대학교의 프랭크 코너웨이(Frank Conaway), 암스테르담 국제사회사 연구소의 믹 아이젤만스(Mieke Ijzermans). 또한 나는 비네이 발(Vinay Bahl), 데이비드 블랙, 세바스티안 버전(Sebastian Budgen), 폴 뷰일(Paul Buhle), 파레시 차토패드히야, 롤프 들루벡(Rolf Dlubek), 칼 에스타브룩(Carl Estabrook), 에릭 포너(Eric Foner), 우르슐라 프라이드먼(Urszula Frydman), 롤프 헤커, 로버트 힐(Robert Hill), 윌리엄 맥브라이드, 짐 옵스트(Jim Obst), 데이비드 로디거, 위르겐 로얀, 데이비드 노먼 스미스, 단가 빌레이시스(Danga Vileisis)로부터 원 자료에 관한 도움을 받았다.

이 책 일부의 이전 버전은 수많은 학회 모임에서 발표되었는데, 미국 사회학회(American Sociological Association), 역사유물론(Historical Materialism) 학술대회(런던과 토론토), 사회주의 학자(Socialist Scholars) 학술대회(뉴욕), 좌파 포럼(Left Forum) 학술대회(뉴욕), 마르크스주의 다시 생각하기(Rethinking Marxism) 학술대회(애머스트), 그리고 미 중서부 사회학회(Midwest Sociological Association)가 여기에 포함된다. 덧붙여 나는 진지한 질문자에게 답하는 과정에서 이 책 전반을 충분히 고려하는 데 특별히 중요했던 네 번의 기회를 언급하고 싶다. 1996년, 존 라이(John Lie)의 초대로 참가했던 일리노이대학교 사회학과 콜로키엄, 2000년, 리즈 메스트레스(Liz Mestres)와 엘리 메신저(Eli Messinger)의 초대로 참가했던 뉴욕의 브레히트 포럼에서의 논의, 2007년 겨울과 봄, 로버트 브레너(Robert Brenner)와 토머스 메르테스(Thomas Mertes)의 초대로 캘리포니아대학교 로스앤젤레스 캠퍼스의 사회

이론과 비교사 센터에 방문연구자로 있던 일, 그리고 2007년 가을 히 핑 (He Ping)의 초대로 우한대학교에 방문연구자로 있던 일이 그것이다.

또한 나는 출판과정에서 노고와 지원을 보내준 시카고대학교 출판부의 존 트라이네스키(John Tryneski), 로드니 파월(Rodney Powell)과 메리 겔(Mary Gehl), 크리스티 맥과이어(Kristi McGuire)에게도 감사의 말을 전하고 싶다.

마지막으로, 나는 새로운 길을 연 두 명의 뛰어난 사상가를 추모하며 그들에게 이 책을 바치고 싶다. 나의 지적 멘토인 라야 두나에프스카야(Raya Dunayevskaya, 1910~1987)는 자신의 책 『로자 룩셈부르크, 여성해방, 마르크스의 혁명 철학』에서 마르크스의 비서구사회 및 전자본주의 사회와 관련된 글에 대해 독창적인 통찰을 전개한 마르크스주의 - 휴머니즘 철학자였다. 로렌스 크레이더(Lawrence Krader, 1919~1998)는 1972년 마르크스의 『민족학 노트』를 세상에 알린, 지칠 줄 모르던 마르크스 연구자였다.

축약어

『자본』1   Karl Marx, *Capital*, volume I, translated by Ben Fowkes, Penguin edition([1890] 1976)

『자본』3   Karl Marx, *Capital*, volume III, translated by David Fernbach, Penguin edition([1894] 1981)

『요강』   Karl Marx, *Grundrisse: Foundations of the Critique of Political Economy* (Rough Draft), translated by Martin Nicolaus([1857 ~1858] 1973)

KML 1   *Karl Marx Library*, volume 1, edited and translated by Saul K. Padover(1971~1977)

MECW 12   Karl Marx and Frederich Engels, *Collected Works*, volume 12 (1975~2004)

MEGA^2 II/10   *Marx-Engels Gesamtausgabe*, section II, volume 10(1975~)

MEW 1   Karl Marx and Frederich Engels, *Werke*, volume 1(1956~1968)

Oeuvres 4   Karl Marx, *Oeuvres*, volume 4, edited with notes by Maximilien Rubel(1963~1994)

| 서 론 |

1849년, 마르크스는 런던으로 이주해야만 했는데, 1883년에 사망할 때까지 그곳에서 정치적 망명자로 거주했다. 그는 유럽대륙에서 1848년 혁명의 패배를 경험하면서 퇴조기가 가까워졌다는 것을 느꼈다. 이는 1851년 12월 프랑스에서 발생한 보나파르트 쿠데타로 분명해졌는데, 이 쿠데타는 1848~1849년 혁명적 물결의 종식을 알렸다. 이러한 정치적 좌절이 그의 시야를 어느 정도 좁혔다면, 런던으로의 이주는 다른 방식으로 그의 시야를 넓혔다. 마르크스는 세계 유일의 진정한 산업자본주의 경제 중심부에 위치하게 되었는데, 이 시기에 그는 대영박물관에서 자신의 대작 『자본』을 위한 연구에 힘썼다. 또한 런던으로 이주함으로써 그는 세계 최대의 제국 중심부에 놓이게 되었는데, 이곳에서 그는 비서구사회와 식민주의를 더욱 잘 고려하게 되었다.

해체주의 철학자 자크 데리다(Jacques Derrida)는 빅토리아 시대 런던의 정치적 망명자로서 마르크스의 주변성을 잘 포착하면서, 그 주변성을 서구의 지적 전통 내에서 똑같이 주변적인 마르크스의 위치와 연결했다. "마르크스는 우리에게 이민자로, 자신의 생애 내내 그랬던 것처럼 영광스럽고 성스러우며 저주받았지만 여전히 비합법적인 이민자로 남아 있다"(Derrida 1994: 174). 영국에서 마르크스의 주요 소득원 중 하나는 ≪뉴욕 트리뷴≫ 유럽 수석 통신원으로서 일한 것이었다. 또 하나의 소득원은 친구인 프리드리히 엥겔스에게서 받는 재정적 지원이었는데, 마르크스와 마찬가지로 1848년 혁명의 참가자였던 엥겔스는 맨체스터에서 매우 성공한 자신의 가족 소유 제조업 기업의 공동 경영자였다. 마르크스는 모국어인 독일어뿐만 아니라 영어와 프랑스어로도 자주 글을 썼기 때문에, 3개 국어를 구사하는 세계시민주의적(cosmopolitan) 지식인이었다.

이 책은 마르크스가 대부분 런던에서 작성한 광대한 연구자료로부터 다음과 같은 두 종류의 글을 한데 모은다. (1) 이 책은 인도, 러시아, 알제리, 중국과 같은 당대의 수많은 비서구사회, 그리고 이러한 사회들이 자본주의 및 식민주의에 대해 갖는 관계에 관한 마르크스의 이론화를 검토한다. (2) 또한 이 책은 민족해방운동, 특히 폴란드와 아일랜드에서의 운동, 그리고 이 운동이 당시의 민주주의 및 사회주의 운동에 대해 갖는 관계에 관한 마르크스의 글을 다룬다. 후자와 관련되는 것으로는 계급과 관련된 인종 및 종족에 대한 그의 이론화를 들 수 있는데, 이는 남북전쟁 시기 미국 흑인 노동자 및 영국의 아일랜드인 노동자와 관련 있다.[1]

이 연구는 마르크스가 당대에는 대부분 자본주의의 주변부였던 사회에 관해 쓴 글에 집중한다. 특히 나는 ≪뉴욕 트리뷴≫ 기사와 같이 비교적 덜 알려진 마르크스의 글을 다룰 것이다. 또한 비서구사회 및 전자본주의 사회를 다룬, 방대하지만 거의 알려지지 않은 마르크스의 1879~1882년 노트를 검토할 것인데, 이 중 일부는 아직 어떠한 언어로도 출판되지 않았

---

1 나는 여러 곳에서 특정 종족 집단을 지칭하는 용어로서의 "흑인(Black)"과 "아프리카계 미국인(African American)"의 첫 글자를 대문자로 썼는데 이는 내가 "아일랜드인(Irish)"과 "폴란드인(Polish)"을 다룬 것과 마찬가지이다. 반면 덜 특정된 용어인 "백인(white)"의 첫 글자는 소문자로 남겨두었다.

으나 몇 년 이내에『마르크스 - 엥겔스 전집(MEGA²)』을 통해 이용 가능해
질 것이다(이는 부록에서 논의할 것이다). 인도, 인도네시아, 알제리와 같이 마
르크스가 연구한 이러한 비서구사회 및 전자본주의 사회 일부는 식민지화
를 통해 자본주의적 근대성에 부분적으로 포함되었다. 폴란드, 러시아, 중
국과 같은 다른 사회는 여전히 대체로 글로벌자본주의 체제 외부에 있었
다. 미국과 아일랜드 같은 또 다른 사회는 비록 주변부에 있었지만 글로벌
자본주의의 일부였는데, 아일랜드의 경우 주로 농업으로 밀려나 있었다.
19세기의 글로벌화된 자본주의 내부에서 최외곽에 위치하든(아일랜드, 미
국), 글로벌자본주의 내부에 부분적으로 포함되든(인도, 알제리, 인도네시아),
단지 자본주의 외부에 있든(러시아, 중국, 폴란드), 이러한 사회 모두는 어떻
게든 주변부에 위치했다. 이러한 이유로 이 책의 제목이『마르크스의 주
변부 연구』로 정해졌다.

위에서 언급한 두 가지 주요 주제는 상술한 사회에 관한 마르크스의 글
에서 두드러지게 나타난다. (1) 마르크스는 러시아, 인도, 중국, 알제리, 인
도네시아와 같은 사회가 서유럽과는 현저히 다른 사회구조를 가졌다고 강
조했다. 그는 자신의 글 전체에서 이러한 비서구사회의 미래 발전 문제를
두고 고심했다. 보다 구체적으로, 그는 이 사회들이 가진 혁명 전망 및 자
본에 대한 저항 장소로서의 전망을 검토했다. 나는 이러한 사회에 관한 그
의 관점이 오랫동안 발달해 왔다고 주장할 것이다.[2] 1840년대 그는 자종족

---

2   확실히, 마르크스의 사상에 대한 이러한 역사학적 접근은 단순한 강조점의 차이를 관점 자체
    의 변화로 착각할 위험성을 가진다. 이러한 문제는 정치이론가 버텔 올먼에게서 매우 강력하
    게 표현되었는데, 그는 자신의 책『변증법 연구(Dialectical Investigations)』(1993)를 통해 마
    르크스가 쓴 구절에서 보이는 외견상의 많은 차이와 불일치는 보편성의 서로 다른 층위에서
    나온 결과(러시아 및 영국 사회에 관한 협소한 주목, 글로벌자본주의에 관한 주목, 전체로서
    의 인류사에 관한 주목 등)이거나 서로 다른 독자를 의도한 결과(초고와 노트의 독자로는 오
    직 마르크스 자신, 논쟁적인 글의 독자로는 사회주의 운동,『자본』의 독자로는 학자 공동체

중심주의적 색채를 때때로 띠는 단선적인 관점을 은연중에 유지했는데, 예컨대 비서구사회는 필연적으로 자본주의에 흡수되고 식민주의와 세계시장을 통해 근대화될 것이라는 주장에 따르면 그렇다. 그러나 시간이 지날수록 그의 관점은 더욱 복선적인 것으로 발달했고, 이러한 사회의 미래발전을 열린 문제로 남겨두었다. 마르크스는 늦어도 1881~1882년에는 러시아의 농노에 기반한 혁명운동이 서유럽의 노동계급 운동과 결합할 수 있다면, 러시아가 진보적인 비자본주의적 방식으로 근대화할 가능성이 있다는 점을 염두에 두고 있었다. 나는 주로 이 책 제1, 6장과 제5장에서 이 주제에 관한 그의 사상의 발전을 추적했다. 부분적으로는 연대기적 틀로, 나는 『공산당 선언』(1848)과 1850년대 초 ≪뉴욕 트리뷴≫ 기사에서 은연중에 나타나는 단선론, 『요강』(1857~1858)과 『자본』 프랑스어판(1872~1875)에서 획득된 역사의 다선론, 마지막으로 1879~1882년 러시아, 인도, 라틴아메리카를 포함한 비서구사회에 관한 말년의 마르크스 글에서 보이는 다선론을 다루었다.

(2) 이 책의 두 번째 주요 초점 대상은 예컨대 폴란드, 아일랜드, 영국의 아일랜드인 노동자, 미국 흑인과 같은 억압받는 민족 및 종족집단과 주요 자본주의 국가에서 그들이 민주주의 운동 및 노동운동과 가지는 관계를 다

와 사회주의 운동 모두)라고 경고했다. 나는 이러한 경고를 기억하면서, 마르크스 사상에서의 변화와 발달을 언급할 때 조심하려 했다. 그럼에도 나는 수많은 근거들이 일부 사회에 대한, 특히 인도, 러시아, 아일랜드에 대한 마르크스의 논의에서 중요한 변화와 발달이 있었음을 보여준다고 믿는다. 또 다른 이유에서도, 나는 마르크스가 입장을 변화시켰다고 간주하는 것에 조심하려 했다. 내가 보기에, 마르크스의 가장 근본적인 개념(변증법 개념, 소외와 물신주의에 대한 이론, 자본 및 노동 착취에 대한 개념)은 1840년대부터 1880년대까지 그의 연구 전체를 관통해 정말이지 일관되게 나타났다. 이러한 의미에서, 마르크스의 연구에서 나타나는 변화와 발달에 관한 나의 논의는 루이 알튀세르(Louis Althusser)의 구조주의적 마르크스주의에서 가장 두드러지게 보이는 "인식론적 단절"을 마르크스 사상 내에 위치시키려는 시도와는 거의 공통점이 없다.

루는 마르크스의 글이다. 마르크스는 이러한 쟁점을 ≪뉴욕 트리뷴≫ 및 기타 신문, 1860년대 국제노동자연합(International Working Men's Association) 내부 토론, 『자본』에서 논의했다. 1840년대 이후로 그는 미국의 노예제 반대 운동과 함께 폴란드와 아일랜드의 독립운동을 일관되게 지지했다. 그러나 1860년대 들어 미국 남북전쟁, 1863년 폴란드 봉기, 아일랜드 페니언 운동이 발생하면서, 이 쟁점에 관한 그의 논의는 새로운 긴급한 요구를 받게 되었고 몇몇 수정을 거치게 되었다. 이 내용은 이 책 제2, 3, 4장과 제5장의 주요 초점이다. 1860년대 동안 이 쟁점은 마르크스가 가장 강력한 두 자본주의 사회인 영국과 미국의 노동계급 운동에 관해 평가하는 데에서 중심 기준이 되었다. 마르크스는 핵심 자본주의 국가의 노동운동이 그들 정부의 침범을 받은 이들의 입장에서 충분히 진보적인 민족주의 운동을 지지하는 데 실패하거나 사회 내부의 소수종족을 향한 인종주의와 싸우는 데 실패한다면, 이러한 노동운동은 지체될 수 있고 심할 경우 발전이 중단되는 위험을 겪는다고 결론 내렸다.

나는 더 나아가, 이 연구의 중심이 되는 이 두 가지 주제는 마르크스의 자본주의 이론화에서 부수적인 것이 아니며 오히려 당대 세계의 사회질서에 관한 복잡한 분석의 일부라고 주장할 것이다. 마르크스에게 프롤레타리아는 백인과 유럽인뿐만 아니라 미국 흑인 노동자, 그리고 당시 영국과 북미의 지배적 문화 어느 쪽에서도 '백인'으로 고려되지 않았던 아일랜드 노동자를 아우른다. 게다가 마르크스는 자본주의적 근대성이 러시아와 아시아로 침투하면서 이 사회들의 전자본주의적 사회질서를 약화시키는 동안, 혁명적 변화의 새로운 가능성이 이 새로운 지역에서 발생할 것이라고 주장했다. 여기서 그가 가진 희망의 초점은 인도와 러시아 촌락의 공동체적인 사회형태에 맞추어져 있었는데, 그는 이 형태를 자본에 대한 새로운 저항의 중심지로 보았다. 인도의 소농이나 러시아의 촌락 주민, 아일랜드의 소작농이나 영국의 아일랜드 이주노동자, 과거 미국 남부의 흑인 노예 그 누구와 관련된 것이든, 마르크스는 자본에 맞선 투쟁에서 서구 노동계급의 새로운 동맹을 계속해서 찾으려 했다.

마르크스의 위치성은 또 다른 측면에서 추가로 몇 가지 중요성을 가진다. 그는 어떤 의미에서는 영국에서 소외되었지만, 처음부터 스스로를 독일인 망명자 공동체 안에 갇힌 상태로 두기를 거부했다. 그 대신 마르크스는 영국 사회의 일원이 되어, 차티스트 운동가들 및 다른 노동운동가들과 접촉을 유지했다. 그는 ≪뉴욕 트리뷴≫에 영문 기사를 썼을 뿐 아니라, 1860년대까지 인터내셔널 선언문 및 연설문 다수를 작성하기도 했다. 마르크스의 삶은 국제주의에 대한 그의 이상을 전형적으로 보여주는 사례일 것인데, 그는 끝까지 독일인도 영국인도 아니었으며, 유럽의 지식인, 더 나아가서는 글로벌 지식인이었기 때문이다. 그가 자신의 성숙한 자본 비판을 벼려낸 곳은 산업과 제국의 중심이자 세계시민주의적인 런던이었다. 확실히 마르크스 평생의 지적 프로젝트는 정치경제학 비판, 즉 근대 자본주의 사회의 구조에 관한 모델과 근대 노동계급의 자기해방 운동을 통한 그 긍정적 전환의 잠재력에 대한 상세한 설명에 초점이 맞추어져 있다. 그러나 이 책에서 나는 비록 민족주의, 민족성, 비서구사회에 관한 마르크스의 글이 경시되었음에도 불구하고, 이러한 글들이 그의 지적 프로젝트를 위한 노력의 중요한 부분을 이룬다고 주장할 것이다.

마르크스와 엥겔스의 관계

먼저 여기에서, 나는 마르크스와 엥겔스의 관계를 간단히 특징짓고 싶다. 나는 가끔 이 책에서 엥겔스를 비판하고 마르크스와 그의 차이를 지적

할 것이다. 그러나 나는 장 폴 사르트르(Jean-Paul Sartre)가 자신의 유명한
수필 「유물론과 혁명(Materialism and Revolution)」(1949)을 통해 1844년 마르
크스와 "엥겔스의 불행한 만남"([1949] 1962: 248)을 불평하는 것과 같이, 엥
겔스를 무시하는 비판에는 동의하지 않는다. 여기서 사르트르의 과도한
표현은 관념론과 유물론의 관계, 변증법의 중요한 여타 쟁점과 관련해 엥
겔스에 가해지는 유효한 비판 일부를 약화시킨다. 나는 엥겔스의 보다 경
험적인 저술 다수를 매우 중요한 공헌으로 간주하는데, 특히 마르크스가
자주 인용 및 칭찬했고 둘 사이의 지적 우정이 형성된 바로 그해에 쓰인
『잉글랜드 노동계급의 상태(The condition of the Working Class in England)』
(1844)와 『독일 농민전쟁(The Peasant War in Germany)』(1850)이 그렇다. [이 저
술들은 엥겔스 비판에 대한 가장 예리한 반격 중 하나로 강조되었다(Gouldner 1980).]
또한 엥겔스의 『자본』 제2, 3권 편집은 매우 중요한 일이었다.

그럼에도 엥겔스는 마르크스는 아니며, 불행하게도 몇몇 분야에서는
마르크스가 이룬 공헌의 온전성과 독창성을 파악하는 데 심각한 장애를
안겨주었다. 그가 『루트비히 포이어바흐와 독일고전철학의 종말(Ludwig
Feuerbach and the End of Classical German Philosophy)』(1886)과 같은 저작에서
변증법을 과학적으로 통속화시켰다는 것은 사실이었다. 나는 이전에 출
판된 레닌과 헤겔에 관한 나의 저서에서, 헝가리 마르크스주의 철학자 죄
르지 루카치(Georg Lukács, [1923] 1971)와 독일 비판이론가 이링 페처(Iring
Fetscher, 1971) 같은 다른 많은 이들이 앞서 수행한 것을 따라 변증법과 관
련해 엥겔스를 비판한 바 있다(Anderson 1995).

또한 엥겔스가 마르크스 사후에 『자본』 제1권의 네 번째 독일어판
(1890), 즉 그동안 최종판으로 간주된 판본을 만들었다는 것은 사실이다.
이 책 제5장에서 논의될 것처럼, 그는 마르크스의 1872~1875년 프랑스어

판을 종종 무시했는데, 이는 프랑스의 마르크스 연구자 막시밀리앙 루벨 (Maximilien Rubel)이 비록 때때로 일방적이기는 했지만 일찍이 지적한 부분이다. 최근에 MEGA²는 『자본』 제2, 3권의 마르크스 초고 원본을 출판했는데, 이는 『자본』 편집자로서의 엥겔스에 대한 추가적인 비판을 이끌어냈다.

마지막으로 엥겔스는 『가족, 사적소유, 국가의 기원』에서 인류학적 발견에 근거해 젠더 평등에 매우 전념했음을 보여주었지만, 이 저서가 같은 시기 마르크스의 노트와 미묘하게 일치하지 않았다는 것은 사실이다. 이러한 쟁점은 마르크스주의 - 휴머니즘 철학자 라야 두나예프스카야(Raya Dunayevskaya)가 처음으로 제기했다(Dunayevskaya [1982] 1991).

출처

이 연구의 대부분은 마르크스의 기사, 인터내셔널 조직 명의의 선언문, 편지와 미출간 노트를 인용했다.[3] 마르크스가 ≪뉴욕 트리뷴≫과 기타 신

---

3   지금까지 마르크스에 대한 포괄적인 지적 전기는 어떠한 언어로도 출판되지 않았다. 그 주제를 제대로 다루기 위해서는 명백히 여러 권으로 나와야 할 것이다. 이 책을 쓰면서 나는 막시밀리앙 루벨과 마거릿 매낼리(Maximilien Rubel and Margaret Manale 1975), 데이비드 랴자노프(David Riazanov, [1927] 1973), 데이비드 맥랠린(David McLallen 1973), 제럴드 시겔(Jerrold Seigel 1978), 사울 패도버(Saul Padover 1918), 프란츠 메링(Franz Mehring, [1918] 1962), 프랜시스 윈(Francis Wheen 2000)의 단행본 전기가 특히 도움된다는 것을 발견했다. 또한 나는 할 드레이퍼(Hal Draper)의 『연대기(Chronicle)』(1985a)와 『용어사전(Glossary)』(1986), 루벨이 쓴 두 편의 마르크스 서지 목록(1956, 1960), 드레이퍼의 서지 목록(1985b), 바르비에(Barbier 1992)의 해설 문헌에 대한 주석이 달린 서지 목록이 매우 유용하다는 것을 발견했다. 모스크바에서 편집된 『마르크스 - 엥겔스 저작집(Marx-Engels Collected Works: MECW)』에서 종종 익명으로 작성된 참고문헌 노트와 용어사전 또한 매우 귀중하지만, 이것들은 종종 극단적으로 이데올로기적인 성격을 보여준다. 1920년대에 스탈린이 권력을 잡기 이전, 러시아에서는 데이비드 랴자노프의 전반적인 편집 아래 마르크스 저작에 관한 고품질의 판본을 내놨는데, 랴자노프는 1930년대에 처형되었다. 이후 소비에트의 마르크스 판본은 스탈린주의 정설을 위해 마르크스와 엥겔스의 차이, 마르크스와 헤겔의 관계, 러시아에 대한 마르크스의 강한 비판과 같은 논쟁적인 쟁점을 때때로 숨겼다. 이러한 문제는 스탈린 사후부

문에 기고한 기사는 중요하지 않은 저술로 매우 자주 무시되었지만, 나는 이하에서 그 저술들이 때로는『자본』이나 정치경제학에 관한 마르크스의 다른 글보다도 비서구사회, 종족, 인종, 민족주의에 관한 중요한 이론적 분석을 더욱 자세하고 깊이 있게 포함한다고 주장할 것이다. 특히 이 점은 인도, 러시아, 중국이나 미국의 인종 및 노예제에 관한 그의 저널리즘적인 글에 대해서 사실이다. 게다가 이러한 저널리즘적인 글 중 가장 많은 것은 ≪뉴욕 트리뷴≫ 기사인데, 이것은 1980년대 말에서야『마르크스 - 엥겔스 저작집(Marx-Engels Collected Works: MECW)』으로 출판되어 영어 원문 전부가 널리 이용 가능하게 되었다. 마르크스가 인터내셔널 조직 명의로 발표한 선언문은 인종 및 노예제에 관해, 그리고 이보다는 아일랜드와 폴란드에 관해 더 많이 마르크스 자신의 관점을 뚜렷하게 나타낸다. 그의 편지는 상술한 쟁점 모두를 반영한다. 나는 이 책의 제1장에서 제4장까지 이러한 자료를 인용하고, 제5장에서는『요강』과『자본』으로 돌아와 인종, 종족, 비서구사회에 관한 쟁점이 마르크스의 정치경제학 비판의 핵심에 어느 정도로 반영되었는지를 검토한다. 제5장에서 나는 이러한 연구주제가 단순한 하위 텍스트로 등장할 때조차도 대부분의 사람들이 마르크스의 가장 중요하고 성숙한 글로 여기는 저술들에 대해 일반적인 인식 이상으로 더 긴밀한 관계를 갖는다고 주장할 것이다. 그의 1879~1882년 발췌노트는 그 대부분이 어떠한 언어로도 여전히 출판되지 않았는데, 이 책, 특히 제6장에서는 인도, 알제리, 라틴 아메리카, 인도네시아에 관한 1879~1882년 노트에 대한 검토가 주요한 부분을 구성할 것이다. 마르크스는 엥겔스

터 1991년 소련 붕괴까지 줄곧 오랫동안 지속되었다. 마르크스 저작집의 다양한 판본이 지닌 역사에 대한 더 많은 논의는 부록을 참조하라.

를 포함한 많은 이들이 그가 『자본』 제2, 3권 작업에 집중하리라 기대한 그 시기에 이 노트의 작성에 바쁘게 매달렸고, 1883년 마르크스 사후에야 엥겔스는 『자본』 제2, 3권을 출판하기 위해 편집했다. 나는 이 1879~1882 년 노트가 비서구사회에 관해 보다 높은 집중으로 향하는, 마르크스 사상 에서의 새로운 전환점을 보여준다고 주장할 것이다.

* * *

왜 마르크스의 '주요' 저술보다 상대적으로 잘 알려지지 않은 글에 이러 한 초점을 맞추는가? 여기서 몇 가지 주목할 만한 것을 정리하겠다. 자신 의 생애 동안 실제로 쓴 것 가운데 출판된 것의 비율이 이렇게 적은 여타의 근대 이론가를 생각하기란 어렵다. 이것은 부분적으로는 마르크스가 성인 시절 대부분의 시기에 빈곤과 질병을 겪었기 때문이고, 부분적으로는 정 치적 망명자로서 그가 소외되었기 때문이며, 부분적으로는 그가 끊임없이 글을 다시 쓰고 수정했기 때문이다. 1844년 『경제학 철학 수고』, 『독일 이 데올로기』, 『요강』, 『자본』 제2, 3권과 같은 오늘날 마르크스주의의 중심 적인 주요 문헌으로 간주되는 저작들은 마르크스의 생애 동안 출판되지 않았다. 따라서 우리는 마르크스가 출판을 목적으로 특정한 글을 쓰지 않 았다는 단순한 사실에 주목해야 하지만, 이 점 때문에 그 글이 소위 중요한 것인지 아닌지를 고려하지 않아서는 안 된다. 확실히 마르크스주의의 주 요 문헌으로 여겨지는 것은 시간이 지남에 따라 변화했다. 20세기 초 마르 크스는 정치경제학자, 그리고 산업노동자를 위한 투사로 여겨졌다. 그 후 루이스 듀프레(Louis Dupré 1983)와 같은 학자는 마르크스에 관해 훨씬 더 확장적인 시각을 취했는데, 그는 마르크스를 자본주의적 근대성 전체에 관한 비판자, 변증법적이고 인간주의적인 철학자, 소외에 관한 사회학자,

문화비평가로 보았다. 이 책은 비서구사회에 관한 마르크스의 1879~1882년 발췌노트와 초기 ≪뉴욕 트리뷴≫ 기사, 전자본주의 사회에 관한 『요강』과 『자본』 프랑스어판의 논의, 그리고 그간 무시되어 왔던 다른 마르크스의 저술들을 전면화하면서, 마르크스 주요 문헌의 범위를 더욱 멀리 확장시킬 것을 시도한다. 나는 유럽에서 아시아, 아메리카, 아프리카에 이르기까지, 인간의 사회적·역사적 발전의 다양성과 민족주의, 인종, 종족의 특수성을 아우르기에 충분히 열려 있고 폭넓은 자본 및 계급 개념을 자신의 사회 비판에 포함하는 글로벌 이론가로서 마르크스를 바라보는 21세기의 이해로 옮겨가는 것에 찬성한다. 따라서 나는 마르크스를 일반적으로 생각되는 것보다 역사와 사회에 관해 훨씬 더 복선적인 입장을 취한 이론가, 유럽 자본주의 사회와 마찬가지로 아시아 사회의 구체적인 사회적 실체에 관한 연구에 몰두한 사람, 계급과 마찬가지로 민족주의와 종족을 고려한 이론가로 제시할 것이다. 더 나아가, 나는 마르크스가 사회체제로서의 자본주의에 대한 개념을 추상적 보편이 아니라, 변증법적 총체성 내의 보편성과 특수성이 상호작용하는, 풍부하고 구체적인 사회적 전망으로 가득 채워진 것으로 여긴 이론가였다고 주장할 것이다.

| 제1장 |

1850년대의 식민적 조우

유럽이 인도, 인도네시아, 중국에 가져다준 충격

1848년, 마르크스와 엥겔스[1]는 『공산당 선언』에서 식민주의에 관해 간략히 언급하면서, 자본주의적 세계시장의 등장이 "모든 민족, 심지어 가장 야만적인 민족마저도 문명으로 끌어당긴다"라고 지적한다.

　　부르주아지는 모든 생산도구의 급속한 발전과 엄청나게 용이해진 통신수단으로 모든 민족, 심지어 가장 야만적인 민족마저도 문명으로 끌어당긴다. 그들 상품의 저렴한 가격은 중국의 모든 장벽을 때려부수고, 외국인에 대한 야만인의 매우 완강한 혐오를 굴복시키는 중포이다. 그들은 모든 민족에게 절멸을 각오하지 않으려면 부르주아적 생산양식을 채택하라고 강요한다. 부르주아지들은 자신들이 문명이라고 부르는 것을 모든 민족으로 하여금 중심에 도입하도록 강요하는데, 즉 부르주아가 되라는 것이다. 한 마디로 말해서 그들은 자신의 모습을 따라 세계를 창조한다(MECW 6: 488).[2]

　　유럽 발전에 관한 논의로 되돌아가기 전 동양에 관해 다룬 이러한 언급은 "문명"이라는 단어 뒤에 붙는 "자신들이 부르는 것"이라는 수식어구를

1　마르크스와 엥겔스 모두 저자로 이름이 오른 것은 사실이지만, 엥겔스 자신이 1888년 서문에서 인정했듯 『공산당 선언』은 "공동작품"이지만 "핵심을 형성하는 근본적 명제는 마르크스에게 속한다"(MECW 26: 517).

2　자종족중심주의적 용어인 "야만인"에 명백하게 당혹한 마르크스 학자 테렐 카버(Terrell Carver)는 다른 많은 면에서는 가치 있는 새로운 『공산당 선언』 번역본을 통해 마르크스와 엥겔스가 "가장 야만적인[barbarischsten]"이라고 쓴 것을 "가장 원시적인(primitive)"으로, 정당화될 수 없게 완화시켜 번역한다(Marx 1996: 5).

제외하면, (1) 1839~1832년, 중국을 상대로 한 잉글랜드의 악명 높은 1차 아편전쟁을 포함해 아시아에 대한 서양의 식민주의적 습격을 전반적으로 진보적이고 이로운 것으로 바라보는 것으로 보이고, 그리고 (2) 산업적으로 더욱 발전한 서구 유럽 국가들의 발자취를 기타 국가들이 조만간 따를 것이라고 가정하는 것으로 보인다.[3]

그러나 자종족중심주의적 성격과 단선주의를 암시하는 성격으로 인해 혼란스러운 이 문단을 적절한 맥락에서 바라보는 것이 중요하다. 이 문단은 『공산당 선언』의 서두 한가운데 위치하는데, 여기서는 유럽 내 자본주의적 근대화의 성과에 대한 눈부신 묘사를 기록하고 있으며 유럽 노동자의 운명이나 그들의 저항에 대해서는 전혀 말하지 않고 있다. 명백한 비마르크스주의 경제학자인 조지프 슘페터(Joseph Schumpeter)는 이 서두를 "부르주아지의 성과에 대한, 다른 경제학 문헌에서는 찾아볼 수 없는 찬사"라고 옳게 칭했다(Schumpeter 1949: 209). 마르크스와 엥겔스가 썼듯, 부르주아지는 단조로운 전통적 사회구조를 청산했다. 그들은 "사람들을 그들의 '선천적으로 높으신 분'에 묶어두던 잡다한 봉건적 구속을 무자비하게 산산이 찢었고", "가족에게서 감상적인 장막을 벗겼으며", "중세"의 "나태한 게으름"을 폭로했다(MECW 6: 486~487).[4] 그러나 부르주아지는 전근대의 질

---

3 1848년 1월, 마르크스가 『공산당 선언』의 최종본을 다듬고 있던 바로 그 시기에 엥겔스는 차티스트 신문인 《노던 스타(Northern Star)》에 기사를 실었는데, 여기에서 그는 프랑스의 "알제리 정복은 문명 진보에 중요하고도 다행스러운 사실이다"(MECW 6: 471)라고 분명히 말한다. 나는 대개 MECW를 마르크스와 엥겔스에 대한 참고문헌으로 제시할 것이지만, 비유럽 사회에 관한 마르크스 저작을 묶은 유용한 단행본 두 권 또한 참고했다. 이 중 하나는 이스라엘 정치이론가 슐로모 아비네리(Shlomo Avineri)의 전문적 서문이 포함된 편집본(Marx 1968)이고, 다른 하나는 모스크바의 익명의 편집자가 포괄적인 각주를 달았으되 별도의 서문은 포함시키지 않은 것이다(Marx and Engels 1972a). 아비네리는 앞서 언급한 엥겔스의 알제리 기사를 자신의 책 첫 번째 글로 보다 의도적으로 선정해 다루는 반면, 아비네리 편집본에 필적하는 모스크바 편집본은 이를 전혀 포함시키지 않았다.

서를 근절했을 뿐 아니라 그 자리에 새로운 사회를 건설했다. "그들은 인류의 활동이 무엇을 가져다줄 수 있는지를 처음으로 보여주었다. 그들은 이집트의 피라미드, 로마의 수로, 고딕 양식의 성당을 훨씬 능가하는 경이를 성취했다"(MECW 6: 487). 더 나아가 그들은 "앞선 모든 세대가 만든 것을 모두 합친 것보다도 더 많고 더 거대한 생산력을 창조했다"(MECW 6: 489). 잘 알려져 있듯 『공산당 선언』의 이러한 서두 뒤에서는 자본주의를 칭찬하는 묘사가 훨씬 줄어드는데, 첫째로는 마르크스와 엥겔스가 이 특정한 사회체제에 고유한 것으로 바라본 경제위기라는 방식에 의해서, 둘째로는 근대적 생산의 소외시키고 착취하는 조건에 맞선 노동의 저항을 통해서 내적 모순이 자본주의를 찢어놓는다.

따라서 마르크스와 엥겔스가 『공산당 선언』에서 서구 식민주의의 아시아 정복을 칭찬한 것은 서유럽과 북미에서의 자본주의의 성과에 대한 전반적인 스케치의 일부, 그리고 이 성과를 위축시키는 비판으로 이어지는 스케치의 일부로 이해되어야 한다. 그러나 그들은 서유럽과 북미에서의 이러한 자본주의적 성취에 대해 그 모순을 지적하면서 논의를 재고하는

---

4 이 구절에 대한 번역은 약간 수정되었다. 마르크스와 엥겔스는 "den Menschen and seinen natürlichen Vorgesetzten knüpften"이라고 썼는데, 이는 기존의 영역본에서 "[남성] 사람(man)을 그의(his) '선천적으로 높으신 분'에 묶어두던"으로 표현되었지만, 나는 이 책 곳곳에서 독일어 "Menschen"을 보다 젠더적인 의미의 "[남성] 사람(man)"보다는 "인간(human being)" 또는 "사람(people)"으로 종종 표현했다. 다행스럽게도 독일어는 마르크스를 이러한 방식으로 번역하는 것, 즉 그의 글이 가지는 정신을 위반하지 않으면서도 현대적으로 번역하는 것을 허용한다. 사실, "인간(human being)"이 "사람들(men)" 또는 "[남성] 사람(man)"보다 "Menschen"의 직역에 더 가까운데, 이는 독일어가 "Männer"나 "Mann"[둘 다 남성 사람을 일컫는 단어이다_옮긴이]이라는 단어 역시 가지고 있기 때문이다. 이 책의 다른 곳에서도 나는 가장 접근이 용이하거나 전반적으로 가장 훌륭한 영어 번역을 인용하되, 독일어(또는 프랑스어) 원문을 참고한 후 마르크스의 번역문을 별도의 언급 없이 종종 수정했다. 만약 원문이 독일어이거나 MEW(Marx-Engels Werke)에 수록되어 있다면 나는 대개 인용하지 않을 것이지만, 만약 프랑스어라면 더 자주 인용할 것이다.

반면, 아시아에서의 서유럽 식민주의에 관해서는 그렇게 하지 않는다. 이는 이 시기 마르크스가 단선적인 발전모델을 은연중에 고수했다는 점을 시사하는데, 비서구사회[5]가 세계 자본주의 체제로 휩쓸려 들어간 것처럼 이미 산업화된 국가와 유사한 모순을 곧 발전시킬 수도 있다는 점에 따르면 그렇다. 이러한 모델은 오직 암시적인데, 이는 그가 이 시기에 비서구사회에 관해 특별히 주목하지 않았기 때문이다.[6]

1849년, 마르크스가 런던으로 이주한 이후 그의 세계관에서 이러한 공백은 사라지기 시작했으며, 1853년 이후 그는 인도, 인도네시아, 중국, 러시아와 같은 주요 비서구사회에 대한 연구에 상당한 지적 노력을 바쳤고 미국에서의 인종과 계급의 변증법뿐만 아니라 아일랜드와 폴란드에서의 혁명적 민족주의 또한 다루었다. 이 장에서 나는 1850년대 인도, 인도네시아, 중국에 관한 그의 글을 검토할 것이다. 곳곳에서 나는 마르크스 사상의 변화와 발달을 지적할 것이다. 그렇게 함으로써 나는 슐로모 아비네리(Shlomo Avineri) 식의 해석에 도전할 것인데, 그는 식민주의에 관한 마르크스의 저작을 다룬 자신의 책 서론에서 다음과 같이 썼다. "비유럽 세계에 대한 마르크스 관점의 일반적인 논조는 『공산당 선언』에서 확립되었다"(Marx 1968: 1).

---

5   이 책 전체에서 나는 당시 경제적으로 저개발된 비서구사회(라틴 아메리카, 아프리카, 중동, 아시아)뿐만 아니라 경제적으로 저개발된 유럽 지역 일부(폴란드, 러시아)를 지칭하기 위해 넓은 의미에서 "비서구"라는 용어를 사용했다.
6   이 책 제5장에서 논의하는 바와 같이, 여기서 고려해야 할 또 다른 요소는 『독일 이데올로기』 (1846)인데, 여기에서 마르크스와 엥겔스는 네 가지의 보편적인 발전단계를 묘사했고, 이는 무국가의 클랜 사회에서부터 그리스 - 로마 세계의 노예 기반 경제, 유럽 봉건제, 그리고 근대 자본주의 사회까지를 가리키며, 이 모든 단계에는 마르크스가 이후 별도의 "아시아적" 생산양식으로 여길 것이 고려되지 않고 있다.

인도에 관한 1853년 저술: 식민주의에 대한 제한적 지지

인도에 관한 마르크스의 1853년 저술들은 엄청난 논란의 근원인데, 이는 이 저술들을 마르크스의 유럽중심주의에 대한 근거로 지적하는 비판과 관련되어 있다. 이 저술들은 ≪뉴욕 트리뷴≫의 통신원으로서 그가 한 작업 일부를 포함하며, 엥겔스도 많은 기사를 기고했지만 이는 대개 마르크스의 명의로 출판되었다. ≪뉴욕 트리뷴≫ 기사의 작성은 종종 마르크스와 엥겔스의 상당한 편지 교환과 함께 이루어졌다. 20만 부가 판매되던 ≪뉴욕 트리뷴≫은 의심할 나위 없이 19세기 미국의 가장 중요한 신문이었다. 진보적인 편집 방침 아래 ≪뉴욕 트리뷴≫은 노예제에 강하게 반대하는 입장을 취했는데, 이는 유토피아 사회주의와 북부 제조업의 이해 양쪽에 대해 어느 정도 절충적인 성향 때문이었다. 미국 사회주의의 기원에 관한 글에서 사회주의 정당의 리더였던 유진 뎁스(Eugene Debs)는 ≪뉴욕 트리뷴≫의 설립자 호러스 그릴리(Horace Greeley)에 대해 다음과 같이 평가했다. "미국 사회주의 운동 초기 역사에서 그릴리의 영향력은, 단지 그의 이름이 언급되는 것만으로도 증오와 박해의 대상이 되었기 때문에, 아직까지도 정당하게 인정받지 못했다. …… 호러스 그릴리는 진정한 의미에서 노동 진영의 지도자였다. 그는 인쇄노조 제6 뉴욕시 지부의 초대위원장이었으며 노동계급에게 영향을 주는 모든 문제에 관해 진보적인 입장을 취했다"(Debs 1908: 100; 또한 Reitz 2008을 보라). 그러나 이는 마르크스의 글을 출판하는 것에 대한 특정한 우려를 배제하지는 않았다. 1853년 어느 시점에 ≪뉴욕 트리뷴≫ 편집자는 마르크스를 "현재의 유럽 정치가 지닌 가장 중대한 문제에 대한 가장 유익한 정보제공자 중 한 명"이라고 칭찬하기도 했던 반면, 동시에 독자에게 "마르크스는 매우 확고한 자기 의견을 가지고 있으며, 이 중 일부에는 우리가 동의하기 힘들다"라고도 알렸다(Ledbetter 2007: xxi에서 인용).

마르크스는 1851년부터 1862년까지 10년 이상 《뉴욕 트리뷴》의 유럽 수석통신원으로 일했는데, 이는 그의 생애에서 가장 오래 고용이 유지된, 그리고 가장 보수가 많은 일자리였다. 《뉴욕 트리뷴》에 실린 그의 기사는 일반적으로 인식되는 것보다 훨씬 더 진지하고 일관되었다. 그 기사는 MECW의 12권부터 17권까지의 내용 대부분을 채우며, 그 권 각각은 500쪽을 초과한다. 이 연구에서 나는 인도, 중국, 러시아 및 다른 비서구 사회, 그리고 아일랜드와 폴란드에 관한 마르크스의 (그리고 때때로 엥겔스의)[7] 《뉴욕 트리뷴》 기사에 집중할 것이다. 그러나 마르크스의 《뉴욕 트리뷴》 기사는 영국, 프랑스, 독일, 이탈리아, 오스트리아 및 다른 서유럽 국가들에 관해 더 많은 내용을 포함하고 있다는 점을 주의해야 한다. 이러한 기사는 의회와 군주, 전쟁과 혁명, 경제위기, 노동운동을 다룬다. 그중 다수는 차티스트 신문인 《피플스 페이퍼(People's Paper)》와 다른 영국 좌파 기관지에 전재되었다. 지금까지 마르크스의 《뉴욕 트리뷴》 기사에 대한 포괄적인 분석은 없으며, 1980년대에 MECW를 통해 영어로 출판될 때까지는 접근이 쉬운 형태인 영어(본래 출판된 언어)로 이용 가능하지도 않았다.

《뉴욕 트리뷴》 기사는 마르크스의 집중을 정치경제학에 대한 글로부터 흐트러뜨린, 단순히 우발적인 저술로서 너무나 자주 무시되어 왔다.[8] 이

---

7 엥겔스 또한 《뉴욕 트리뷴》을 위한 글을 썼지만, 그의 기사는 마르크스의 이름으로 실리거나 마르크스의 기사 상당수가 그랬던 것처럼 익명으로 실렸다. 수년에 걸친 작업으로 마르크스와 엥겔스 저작의 편집자들은 마르크스가 쓴 글과 엥겔스가 쓴 글을 대개는 정확히 집어낼 수 있게 되었다.

8 이러한 오해를 극복하려는 최근의 시도는 한 《뉴욕 트리뷴》 기사 저작집 단행본(Marx 2007)에서 수행되었다. 편집자인 제임스 레드베터(James Ledbetter)는 마르크스의 《뉴욕 트리뷴》 기사와 그의 "진지한" 글 사이에는 "상당하고도 중요한 공통부분이 있다는 점"에 주

는 부분적으로는 마르크스가 본인의 편지에서 자신의 기사를 폄하하는 언급을 했기 때문이다. 예컨대 미국에 있던 가까운 동료인 독일인 망명자 아돌프 클러스(Adolph Cluss)에게 보낸 1853년 9월 15일 편지에서, 그는 "신문에 기고하기 위해 계속해서 휘갈겨 쓰는 것이 성가십니다"라고 언급했고 "몇 달 동안 고독 속으로 물러나 나의 경제학을 작업할 수 있"기를 원한다는 바람을 드러냈다(MECW 39: 367). 마르크스가 ≪뉴욕 트리뷴≫을 위해 글을 쓴 초기 몇 년 동안 이렇게 개인적인 유보 조건을 붙인 것이 무시되어서는 안 되고, 그의 ≪뉴욕 트리뷴≫ 기사가 『1844년 수고』, 『요강』, 『자본』 같은 핵심적인 이론적 글과 나란히 중요한 것으로 평가되어서는 안 된다. 그럼에도 불구하고 마르크스는 자신의 ≪뉴욕 트리뷴≫ 기사에 상당히 학술적이고 지적인 노력을 기울였고 그 기사에 대한 자부심을 몇 차례나 공개적으로 표현했다. 예컨대 ≪뉴욕 트리뷴≫에 기고를 시작한 지 약 10년 후, 마르크스는 1848년 혁명기 독일에서 만난 적 있던 ≪뉴욕 트리뷴≫ 편집장 찰스 다나(Charles Dana)에게 받은 편지를 『포크트 씨(Herr Vogt)』(1860)의 부록으로 출판했다. 1860년 3월자 다나의 편지를 보면 다나는 다음과 같이 쓰고 있다. "약 9년 전 나는 당신과 ≪뉴욕 트리뷴≫ 기고를 계약했고, 그 이후 계속해서 그 관계가 유지되었습니다. 당신은 내가 기억하기로 단 한 주의 휴재도 없이 끊임없이 우리에게 글을 써주었습니다. 그리고 당신은 우리 신문 소속 중 가장 높이 평가받는 사람일 뿐 아니라 가장 고액을 지불받는 기고자이기도 합니다"(MECW 17: 323). 그러나 마르크스의 다른 편지를

목했다(Ledbetter 2007: xxii; Taylor 1996 또한 참조할 것). 마르크스와 엥겔스의 ≪뉴욕 트리뷴≫ 기사에 관한 최초의 중요한 저작집에서는 비서구사회에 관한 그들의 기사를 강조했는데, 이 저작집은 자유주의 저널리스트 헨리 크리스트먼(Henry Christman)이 편집한 단행본으로 출간되었으며, 찰스 블리처(Charles Blitzer)의 전문적인 서문을 포함하고 있다(Marx and Engels 1966).

보면 그는 자신이 잘 지불받았다는 언급에 대해 아마도 이의를 제기했을 것으로 보인다!

엘리노어 마르크스 같은 권위 있는 인물이 이 편지를 마르크스 사후 러시아와 터키에 대한 ≪뉴욕 트리뷴≫ 기사 일부를 재출간하는 책의 서문에서 다시 한번 인용했음에도 불구하고(Marx [1897] 1969), 마르크스의 ≪뉴욕 트리뷴≫ 기사는 계속해서 축소되거나 심지어 무시당했다. 이는 아마도 마르크스주의 연구를 주도했던 유럽대륙의 학자들에게는 마르크스가 독일어가 아닌 영어로 작성한 글의 중요성은 경시하는 경향이 있었기 때문일지도 모른다. 이것이 맞든 틀리든, ≪뉴욕 트리뷴≫ 기사에 대한 경시는 마르크스의 비서구사회 관련 저술에 덜 주목하도록 기여했는데, 이러한 주제의 저술에는 비서구사회와 관련된 책에 대한 마르크스의 발췌노트도 포함되며 그중 다수는 주로 영어로 쓰였다. 마르크스가 독일어로 작성한 글을 우선시하는 편견은 심지어 『자본』 제1권의 독해 방식조차 왜곡했다. 마르크스 자신이 출판을 준비한 마지막 판인 1872~1875년 프랑스어판보다 엥겔스가 편집한 1890년판이 기묘하게 특권화되었다.[9]

1851년, 마르크스가 ≪뉴욕 트리뷴≫에 기고하기 시작했음에도 불구하고, 그 첫해에 그의 이름으로 출판된 모든 기사는 사실 엥겔스가 쓴 것이

---

9 나는 『자본』 프랑스어판을 이 책 제5장에서 다룰 것이다. 더 광범위하게, 나는 마르크스를 서유럽 사상가라기보다는 독일인 사상가로 보는 일반적인 관념에 의문을 제기하고 싶다. 사실 마르크스는 독일(1818~1843년, 1848~1849년)보다 잉글랜드(1849~1883년)에서 생애의 더 많은 시간을 보냈다. 마르크스와 엥겔스의 평생에 걸친 저술과 관련해, 마르크스학자 게르트 칼라센(Gerd Callesen)은 "60%는 독일어로, 30%는 영어로, 5%는 프랑스어로 작성되었다"라고 추정했다(Callesen 2002: 79). 마르크스가 영어로 작성하고 출판한 유명한 텍스트로는 파리 코뮌에 관한 그의 분석인 『프랑스 내전(The Civil War in France)』(1871)이 있다. 『자본』 제1권의 마지막 판본 이외에, 프랑스어 판본이 원본인 마르크스의 다른 중요한 텍스트로는 『철학의 빈곤(The Poverty of Philosophy)』(1847)과 「베라 자술리치(Vera Zasulich)에게 보낸 편지 및 그 초고」(1881)가 있다.

다. 이후에도 엥겔스는 마르크스 명의로 기사를 계속 썼으며, 잠시 동안은 마르크스의 독일어 초고 일부를 영어로 번역했는데 이는 마르크스의 영어 구사가 아직 상대적으로 부족했기 때문이다. 첫 두 해 동안 그들의 기사는 프랑스, 독일, 오스트리아, 영국과 같은 주요 서유럽 국가에만 초점을 맞추었으나,[10] 1853년 발칸반도와 동지중해에서 일어난 러시아 – 터키 충돌은 유럽 정치의 중심에 "동방문제"로 불리는 쟁점을 제기하려는 조짐을 보였다. 마르크스는 동방문제의 갈수록 커지는 중요성을 지적했지만, 1853년 3월 10일 엥겔스에게 보내는 편지에서 그 주제에 관한 자신의 지식이 부족하다는 것을 개인적으로 인정했다.[11] "그러나 이 문제는 주로 군사적

---

10 그러나 마르크스는 이 초기 ≪뉴욕 트리뷴≫ 기사에서 가끔 식민주의에 관해 논했다. 1852년 게재된 주목할 만한 기사 「차티스트」에서 그는 자신의 친구인 차티스트 지도자 어니스트 존스(Ernest Jones)가 핼리팩스(Halifax)에서 열렬한 환호를 보내는 2만 명의 노동자 대중을 대상으로 한 연설을 매우 자세히 논의한다. 존스는 자신의 발언 대부분을 잉글랜드에서의 노동 착취를 겨냥하는 데 할애했지만, 마르크스가 "휘그당원과 계급의 지배"라고 칭한 것에 관한 그의 맹렬한 비난에는 영국 식민주의에 대한 공격도 포함되어 있었는데, 이는 마르크스가 주의 깊게 보도한 바대로였다. **"누가 아일랜드 탄압과 보도 금지 법안, 아일랜드 언론에 대한 간섭에 투표합니까?** 휘그당원입니다! 그들이 공직을 차지하고 있습니다! 그들을 쫓아냅시다! …… **누가 식민지 주민 학대에 관한 공식 조사에 반대하고, 워드와 토링턴**[각각 헨리 조지 워드(Henry George Ward)와 7대 토링턴 자작(7th Viscount Torrington) 조지 빙(George Byng)을 일컫는 것으로 보인다. 워드는 1849년 이오니아섬의 고등판무관, 토링턴은 1848년 실론의 총독으로, 이들은 각 지역의 저항을 무자비하게 탄압한 것으로 악명 높았다_옮긴이], **그리고 인도와 실론의 폭군에 찬성해 투표합니까?** …… 누가 제빵 노동자의 야간근무를 단축시키는 것에 반대, 편물공의 작업환경에 관한 공식 조사에 반대해, 구빈원의 의료감독관에 반대해, 어린아이가 아침 여섯 시 전에 일하는 것을 방지하는 것에 반대해, 빈곤층 임산부를 위한 교구의 구호활동에 반대해, 그리고 10시간 법안에 반대해 투표합니까? 휘그당원입니다. 그들이 공직을 차지하고 있습니다. 그들을 쫓아냅시다!"(MECW 11: 340; 강조는 저자 추가) 마르크스와 차티스트 운동의 관계에 관한 최근의 논의는 블랙(Black 2004)을 참조할 것.

11 마르크스는 1840년대에 비서구사회의 사회구조에 관한 연구를 시작했는데, 이는 구스타프 폰 굴리히(Gustav von Gülich)의 다섯 권짜리 무역 및 농업사 서적에 관한 마르크스의 방대한 1846~1847년 발췌노트 일부에서 확인할 수 있다. 1983년 새로운 MEGA^2 IV/6으로 최초 출판된 마르크스의 노트는 900쪽 이상을 차지하고 세계의 다수 지역을 다루는데, 여기에는 중동, 아프리카, 아시아, 라틴 아메리카에 관한 상당한 논의가 포함된다. MEGA^{2}에 관한 서술에 대해서는 부록을 참조할 것.

인, 그리고 지리적인 것이므로,[12] 나의 분야 이외의 것입니다. 따라서 당신이 한번 더 그것을 실행해 주어야겠습니다. 터키 제국이 어떻게 될 것인가에 대해 나는 전혀 알 수 없습니다. 따라서 나는 일반적인 관점을 제공할 수 없습니다"(MECW 39: 288).

마르크스는 자신의 인도 관련 ≪뉴욕 트리뷴≫ 기사에서 재빨리 이 공백을 메우기 시작했는데, 이 기사 전부는 즉각 벌어진 사건에 대한 반응보다는 인도 사회와 영국의 지배에 관한 일반적 묘사를 제공한다. 인도에 관한 마르크스의 1853년 기사는 사적으로 소유되어 있던 영국 동인도회사의 인가 갱신을 둘러싼 의회 내 논쟁으로 촉발되어 작성되었다. 암스테르담 국제사회사연구소(International Institute of Social History)가 작성한 마르크스의 미출간 발췌노트 목록에는 인도, 자바, 터키, 러시아에 관해 1853년 작성된 수십여 개의 제목이 적혀 있는데, 그중에는 프랑수아 베르니에(François Bernier)가 인도에 관해 쓴 글과 토머스 스탬퍼드 래플스(Thomas Stamford Raffles)가 인도네시아에 관해 쓴 글이 포함되어 있다. 1853년 6월 2일자 엥겔스에게 보내는 장문의 편지[13]에서, 마르크스는 인도 무굴제국의 군사적·사회적 조직에 관한 "늙은 프랑수아 베르니에"의 글을 길게 인용했고, 다음과 같이 결론지었다. "베르니에는 동양(여기에서 그는 터키, 페르시아, 힌두스탄을 언급한다)의 모든 현상을 공통의 기반을 갖는 것으로서 옳게 바라보았는데, 이 기반은 말하자면 사적 토지소유의 부재입니다. 이것이 동양의 천국으로 향하는 진정한 열쇠입니다"(MECW 39: 333~334).

---

12 프로이센 포병장교로 훈련받았고 독일의 1848~1849년 혁명 기간에 프로이센 군대에 대한 무장저항에 참가했던 엥겔스는 종종 군사 및 지리에 관련된 주제에 대해 기사를 작성했고, 마르크스는 이를 자신의 명의로 ≪뉴욕 트리뷴≫에 기고했다.

13 부분적으로 이 편지는 고대 유대인과 아랍인의 클랜 기반 사회구조에 관해 논의한 엥겔스의 편지에 대한 답신이다.

마르크스의 1853년 인도 기사들은 베르니에, 래플스 외에도 헤겔의 영향을 명백하게 받았는데, 특히 헤겔의 『역사철학 강의(Philosophy of History)』에서 영향을 받았다. 무엇보다도, 프랑스 사회학자 미카엘 뢰비(Michael Löwy)는 이러한 헤겔주의적 영향이 이 기사들에서 마르크스를, 나중에는 생각을 바꾸겠지만, 진보에 대한 "목적론적이고 유럽중심적인" 관념으로 이끌었다고 주장한다(Löwy 1996: 199; 또한 Curtis 2009를 보라).[14] 헤겔은 『역사철학 강의』에서 인도 문화와 사회에 혹독한 비판을 가한다.[15] 그는 카스트 제도를 "가장 모멸적인 정신적 노예제"로 칭했는데(Hegel 1956: 144), 그러면서 그는 종종 비자발적으로 이루어지는 과부의 관습적 자살(사티, sati) 역시 강조했다. 게다가 여기에서 더욱 문제가 되는 것은 헤겔이 인도를 "정체되고 고정된 채로 남아 있는"(142) 사회로 무시했다는 점이다. 어쩌면 시간이 흘러도 변치 않은 브라만의 지배 때문에, "따라서 모든 정치적 혁명은 평범한 힌두인에게 무관심한 문제인데, 그의 운명에는 변함이 없기 때문이다"(154). 따라서 진정한 변화나 발전이 발생하지 않는 사회로서의 인도에는 진정한 역사가 없다. 불교와 같은 인도 종교가 널리 퍼진 것에 대해서도, 헤겔은 "인도 문화의 유포는 단지 어리석고 무력한 확장일 뿐이다. 즉, 그것은 어떠한 정치적 행동도 제시하지 않는다"(142)라고 덧붙였다. 마찬가지로 인도의 지식인은 문법과 "기하학, 천문학, 대수학"(161)에서 위대한 발견을 했지만,[16]

---

14 이안 커민스(Ian Cummins) 또한 마르크스의 "근본적으로 유럽중심적 접근"을 비판했고, 다시 한번 그것을 헤겔주의적 영향으로 묘사했다(Cummins 1980: 63).

15 헤겔 학자 피터 호지슨(Peter Hodgson)은 이 독일 철학자의 "힌두교에 관한 전반적 평가는 …… 독일 지식인사회가 무비판적으로 열광하고 있다고 그가 여긴 것을 의도적으로 교정하기 위해 계획된 것", 특히 프리드리히 슐레겔(Friedrich Schlegel)의 글에 대한 것이라는 점에 주목했다(Hodgson 1988: 46).

16 물론 인도의 업적에 관한 이러한 인정마저도 헤겔에게는 양날의 검이었는데, 그는 수학적 이성을 철학적 이성에 훨씬 못 미치는 것으로 폄하했다.

자기인식(self-awareness)과 개별적인 "자의식(self-consciousness)"을 결여했는데, 이는 그들로 하여금 "역사를 쓸 수 없도록"(162) 만들었다. 더군다나 헤겔에게 인도 사회는 본질적으로 수동적이었는데, "어떠한 해외 정복도 성취한 바 없으며" 계속해서 "정복당해" 왔다(142). 헤겔은 서구의 식민주의를 역사적 필연성의 산물로 지지하면서, "아시아 제국들이 갖는 필연적 운명은 유럽인에게 종속되는 것"(142)이라고 목적론적인 방식으로 결론 내렸다. 또한 이러한 수동성은 내부의 전제주의를 뒷받침했다. 다른 국가에서는 "압제가 사람을 분노하게 했다. …… 그러나 인도에서는 그것이 정상이다. 이곳에는 전제주의 국가에 필적할 수 있는 인격적 독립이 없다"(161). 또한 헤겔은 힌두 신비주의를 두고 "사악한 욕망이 충분히 발휘"되는 "망상의 세계"(148)를 창조하는 "순수한 자기체념적 관념론"(159)의 한 형태라고 비판한다. 이러한 신비주의는 전제주의와 카스트 억압을 더 견딜 만한 것으로 만드는 추가적인 효과도 가졌다. 그러나 미국 인류학자이자 마르크스 저작 편집자 로렌스 크레이더가 지적했듯, 헤겔의 관점은 그 모든 한계를 고려하더라도 인도와 아시아에 관한 이전의 서구 이론과 비교했을 때 몇 가지 이점을 가졌다. 이는 헤겔의 관점이 더 구체적이고 역사적이었기 때문이다. "그러나 몽테스키외가 그랬던 것과는 달리, 경제적 질서는 제외되지 않았다. 몽테스키외의 지리학적 허튼 소리는 헤겔에게서는 사라졌다"(Krader 1975: 45).

마르크스의 1853년 인도 기사들은 강한 헤겔주의적 영향을 드러내 보이는 반면, 헤겔을 단순히 되풀이한 것은 아니다. 유명한 인도 역사가 이르판 하비브(Irfan Habib)가 마르크스의 1850년대 인도 저술에 대한 가장 주의 깊은 분석에서 지적했듯, 1853년과 같이 이른 시기에도 마르크스의 "인도에 관한 이해는 결코 헤겔의 수정된 표현이 아니었다".[17] 하비브는 이것이, 종교를 결정요인으로 본 헤겔의 주목과는 대조적으로, 마르크스에게는 "인도 문화의 특성은 정말이지 인도 사회 조직, 무엇보다도 촌락 공동체의 결과 그 자체였"기 때문이라고 간주한다(Habib 2006: xii). 하비브의 주장은 어느 정도 일리가 있지만, 하비브는 헤겔에게는 부재했으나 마르크스의 인도 분석에서는 중요했던 또 하나의 핵심 요소를 인정하지 않는다. 마르크스가 핵심 요소로 여긴 것은 힌두교의 뿌리 깊은 반휴머니즘인데, 마르크스에 따르면 이 요소는 성스러운 동물로 상징되는 자연을 인간보다 우월한 것으로 격상시키는 것이었다.

비서구사회에 관한 마르크스의 최초의 중요한 출판물인 「인도에서의 영국의 지배(The British Rule in India)」는 1853년 6월 25일 ≪뉴욕 트리뷴≫에 실렸다.[18] 여기에서, 마르크스는 지리적 경계에 따른 인도의 지역 구분과 이탈리아의 지역 구분을 비교하고, 영국 정복자에 의해 인도가 입은 피해와 아일랜드가 입은 피해를 비교한다. 그는 수많은 인도 침략을 언급하면서 다음과 같이 결론내린다. "그러나 영국인이 인도 대륙(Hindostan)에 가한 고통은 이전에 인도 대륙이 겪어야 했던 모든 고통과는 본질적으로 다르고 훨씬 더 강력한 것이라는 점에는 의문의 여지가 없다"(MECW 12: 126). 마르크스는 자바에 관한 래플스의 글을 인용하면서, 네덜란드 동인도회사의 탐욕과 착취에 관한 매우 인상적인 묘사는 영국 동인도회사 지배하의 인도에서 벌어진 일에도 적용될 수 있을 것이라고 주장한다.

---

17 다수의 학자들은 인도에 관한 헤겔의 관점과 마르크스의 1853년 글 사이의 유사성을 지나치게 과장했다. 예컨대 사회학자 대니얼 소너(Daniel Thorner)는 "인도 촌락은 고정되고 불변하는 것이었다"라는 개념을 헤겔에 속하는 것으로 돌렸지만, 헤겔은 인도 촌락을 분석하지도 않았다(Thorner [1966] 1990: 444; 또한 Nimni 1994를 참조할 것). 마르크스는 다른 출처로부터 인도 촌락에 관한 견해를 이끌어냈다.

18 마르크스는 해운을 통해 뉴욕으로 기사를 보냈는데, 여기에는 거의 2주가 걸렸다. 이 기사는 6월 10일자로 날짜가 기입되어 있으나, 이하부터 나는 실제 발행일을 기준으로 인용했다.

인도 문명에 곧 흡수되어 버린 이전의 정복자들과 달리 영국인은 최초로 "그 표면" 아래로 내려갔는데, 이는 "잉글랜드가 인도 사회의 전체적인 틀을 무너뜨렸"기 때문이라고 마르크스는 쓴다(MECW 12: 126). 영국의 정복 이전에, 인도의 전반적인 사회구조는 "가장 오래된 고대 이래 변하지 않은 채 남아 있었다"(128).[19] 영국은 인도의 전통적인 경제 및 사회구조를 주로 "영국의 증기력과 자유무역으로" 파괴했는데(131), 이는 전통적인 직물 산업을 대체했고 "목화 대국마저도 면제품으로 침몰시켰다"(128). 영국인은 "따라서 아시아에서 지금까지 목도한 것 중 가장 거대한, 그리고 진실로 말하건대, 유일한 사회혁명을 창출했다"(132).[20] 인도 역사가 비판 찬드라(Bipan Chandra)는 1853년 마르크스가, 이후에는 포기한 입장이었지만, "자본주의는 거울에 비친 상을 식민지에 창조할 수 있다는 이론적 가정"을 연구하고 있었다고 시사한다(Chandra 1980: 402).

또한 마르크스는 바로 이 기사에서 "동양적 전제주의" 개념을 스케치하기 시작했는데, 이 개념은 그가 여러 사회의 넓은 범위에 적용한 것으로, 그중에는 중국, 고대 이집트, 페르시아, 그리고 메소포타미아가 포함된다.

---

19 1850년대 서구 지식인은 많은 점에서 인도 사회를 극단적 전통주의로 보존된 초기 유럽 사회 형태로서 바라보았다. 소너는 최근 산스크리트어와 대다수 유럽 언어 간 관계가 발견되었으며, "인도의 기원을 찾아내는 것은 유럽의 사회사, 가족 및 공동체(commune) 형태 등 많은 측면에 대한 해답이 될 수 있다는 주장이 광범위하게 퍼져 있었다"라고 지적한다([1966] 1990: 450). 이는 인도와 인도네시아에 관한 마르크스의 인식에 영향을 미쳤다.

20 마르크스가 식민 지배의 영향을 묘사하기 위해 "혁명"이라는 용어를 사용한 것은 오늘날에도 그렇듯 1853년 당시에도 거슬렸지만, 의도적이었다. 그가 1853년 6월 14일 엥겔스에게 편지로 썼듯이, ≪뉴욕 트리뷴≫ 편집자를 매우 놀라게 할 것이라고 예측한 이 구절은 미국의 중도좌파 경제학자 헨리 찰스 캐리(Henry Charles Carey)에 맞선 "비밀스러운 캠페인"의 일부였는데, 캐리의 보호무역주의적 관점은 ≪뉴욕 트리뷴≫이 장점으로 내세우던 것이었다. 보호무역주의로 편향된 관점은 북부 자본의 관점과 잘 들어맞았는데, 마르크스는 다음과 같이 썼다. "또한 ≪뉴욕 트리뷴≫이 그 모든 '주의(isms)'와 사회주의적 미사여구에도 불구하고 왜 미국의 '주요 신문'으로 남아 있는지에 관한 수수께끼를 푸는 열쇠이기도 합니다"(MECW 39: 346; 또한 Perelman 1987을 보라).

"일반적으로 아시아에는 태고부터 세 가지 정부 부문이 있었다. 재무부, 즉 국내 약탈부와, 전쟁부, 즉 국외 약탈부, 그리고 마지막으로 공공사업부가 그것이다"(MECW 12: 127). 전제주의의 경제적 기초는 대규모 관개 공사의 필요성이었다.

기후적 및 영토적 조건, 특히 광범위한 사막지대, 즉 사하라에서부터 아라비아, 페르시아, 인도와 타타르를 거쳐 아시아의 가장 높은 고원까지 펼쳐진 이 지역은 동양의 농업적 기초로서 운하와 급수시설에 의한 인공적 관개를 구성했다. …… 이렇게 물을 효율적으로, 또 공동으로 이용해야 할 주된 필요성은 서양에서는 플랑드르와 이탈리아처럼 사적 기업이 자발적으로 연합하도록 이끌었던 반면, 동양, 즉 자발적 연합으로 사람들을 소환하기에는 문명이 매우 낮고 영토 규모는 매우 광범위한 곳에서는 통치 체제의 중앙집중적 권력 개입을 필요하게 만들었다. 따라서 하나의 경제적 기능, 즉 공공사업을 수행하는 기능이 모든 아시아 정부들에서 발진했다(MECW 12: 127).

그러나 영국인은 이전의 인도 정복자와 달리 "공공사업"을 건설해야 할 자신의 책무를 "전적으로 도외시했는데", 이는 "영국의 자유경쟁 원리로는 영위될 수 없었던 농업의 쇠퇴"로 귀결되었다고 마르크스는 덧붙인다 (127).

공공사업 이외에, 영국이 지배하기 이전, 강력한 중앙집중적 국가를 포함한 "동양적 전제주의"의 두 번째 경제적 기초는 인도 촌락의 사회구조에서 발견될 수 있었다. "우리는 이러한 목가적인 촌락 공동체, 비록 나타났을지라도 눈에 띄지 않는 이 공동체가 언제나 동양적 전제주의의 군건한 기초였음을 잊어서는 안 된다"(MECW 12: 132). 마르크스는 다시 한번 래플스가 제공한 자료를 인용하면서, 경제적으로 자급자족적인 인도의 "촌락체제"가 "가장 오랜 시기"(128)부터 수많은 정복과 상층부 통치자 교체에도 불구하고 근본적으로 바뀌지 않았다고 주장한다.[21] 이는 "침체되고 식물인간 상태의 삶"(132)을 야기했다. 아비네리가 주목했듯, "이러한 맥락에서 '침체'는 마르크스에게 단순히 경제적인 그리고 기술적인 명명이 아니라, 인류학적인 규정이다. 창조력이 사람의 독특한 특성이라면, 침체는 어떠한 사회에서 기인될 수 있는 최악의 형용사이다"(Avineri 1968: 169). 그 수많은 아름다운 특색에도 불구하고, 마르크스는 "이러한 작은 공동체는 카스트 차별과 노예제로 오염되었다"라고 덧붙인다(MECW 12: 132).

마르크스는 다음과 같이 썼다. 인도의 전통적 촌락 체제에서는, "인간을 격상"시키고 휴머니즘적 관점을 발전시키는 것이 아니라

그들은 스스로 발전하는 사회 상태를 결코 변하지 않는 자연적 운명으로 바꾸어놓았고, 따라서 자연의 통치자인 사람이 원숭이 하누만(Kanuman)과 소 사발라(Sabbala)에 대한 경배에 무릎을 꿇었다는 사실에서 그 격하를 볼 수 있는, 자연에 대한 야수 같은 숭배를 야기했다(MECW 12: 132).

마르크스는 1398년 델리에서 악명 높은 대학살을 수행한 튀르크 정복

---

21 이르판 하비브(Habib 2006; 또한 Anderson 1974를 보라)를 포함한 현대 인도 역사가에 따르면, 이는 기껏해야 과장에 불과하다. 인도 촌락은 마르크스가 여기에서 시사한 것처럼 고립되어 있지도, 사유 재산으로부터 자유롭지도 않았다. 그럼에도 불구하고, 인도 촌락은 근대 자본주의하의 촌락이기는커녕, 중세 유럽 촌락보다도 더 집산주의적 체제였다. 나는 나와 이 주제를 함께 논의한 경제학자이자 마르크스 연구자인 파레시 차토패드히야에게 감사 인사를 전한다.

자 티무르에 관한 장편시인 괴테의 『서동시집(West-Eastern Divan[Diwan])』 에서 하나의 연(stanza)을 인용하는 것으로 자신의 기사를 결론짓는다.

이 고통이 우리를 괴롭게 하겠는가
그것이 우리에게 더 큰 쾌락을 주는데도?
티무르의 지배를 거치면서도
영혼이 셀 수 없이 삼켜지지 않았던가?(MECW 12: 133)

이제 마르크스가 이 연을 이용한 것을 보다 면밀하게 검토해 보자.

마르크스, 괴테, 그리고 에드워드 사이드의 유럽중심주의 비판

마르크스의 기사 「인도에서의 영국의 지배」는, 특히 "더 큰 쾌락", 즉 종 국에는 진보를 가져다줄 인도의 고통에 관해 괴테의 연으로 결론짓는 견 해는 일부에서 통렬한 비판을 촉발시켰는데, 이는 에드워드 사이드의 고 전 『오리엔탈리즘』에서 가장 뚜렷하게 나타난다. 사이드가 주장하길, 마 르크스가 영국 식민주의의 파괴성을 묘사할 때 "마르크스의 휴머니티, 사 람들이 겪는 고통에 관한 그의 연민이 분명하게 연관되어 나타지만"(Said 1978: 154) "결국 도달하는 것은 낭만적 오리엔탈리즘의 시각이다"(154). 게 다가 사이드가 썼듯, 마르크스는 영국 식민주의의 방식에 의해 "근본적으 로 활력 없는 아시아를 회생시키는 이상"을 제안한다(154). 무엇보다도 사 이드는 다음과 같이 이어간다. "여전히 마르크스는 가련한 아시아에 최소 한의 동정을 느낄 수 있었"지만 "그가 동양에 관한 지혜의 출처로서 괴테 에 도달한 이후로는" 오리엔탈리즘의 "꼬리표가 채택"되었고 "따라서 동정 적인 감정의 파도는 '동양'에 대한 지식(예컨대 [괴테의] 시집)으로 뒷받침되는 오리엔탈리즘적 학문이 구축한 흔들리지 않는 정의와 마주쳤을 때 사라져 버렸다"(155). 사이드는 다음과 같이 단언한다. "이 기사 이후에도 그는 영국이 심지어 아시아를 파괴할 때조차도 아시아에서의 현실적인 사회혁명을 가능하게 만들고 있다는 생각에 대한 **확신을 더 크게 가지는 쪽으로** 되돌아갔다"(153; 강조는 저자 추가). 아비네리와 유사하게, 사이드는 비서구사회에 관한 마르크스의 관점이 이 초기 시기 이후에도 근본적으로는 바뀌지 않은 채 남아 있다고 주장하고 있다.

마르크스의 「인도에서의 영국의 지배」에 담긴 유럽 중심주의의 요소를 언급한 것은 확실히 사이드가 옳다.[22] 그러나 이 저명한 문학 이론가는 마르크스가 "동양에 관한 지혜의 출처"로서 괴테처럼 뛰어난 인물일지라도 시인에게 의존했다고 주장하는데, 이는 명백한 오해이다.[23] 괴테의 시가 갖는 19세기적 맥락을 논의하거나 심지어 거론하는 데에 실패한 이 문학 이론가의 오류는 더욱 놀랍다. 첫째, 1815년에 최초 출판된 괴테의 책 한 권 분량의 시 『서동시집』에서 티무르의 인물상은 거의 명백하게 나폴레옹의 인물상과 가깝게 연결되는데, 이는 부분적으로 각각이(티무르의 경우 중국에서, 나폴레옹의 경우 러시아에서) 야심 찬 겨울 군사작전에서 패배했다는 사실에 기초한 두 인물 사이의 유사점에 의해서 그렇다.[24] 또한 나폴레옹

---

22 마르크스의 인도 저술 중 가장 문제가 많은 것으로서, 이 기사는 가장 많이 인용되기도 하고 또 저작집에 포함되기도 한다. 이 기사는 가장 잘 알려진 마르크스 저작집이자 자유주의 정치 이론가 로버트 터커(Robert Tucker)가 저술한 『마르크스 - 엥겔스 독본(Marx-Engels Reader)』 (1978)에 포함된 유일한 인도 관련 기사이기도 하다.

23 여기에서 사이드의 오류는 오리엔탈리즘의 보다 일반적 문제를 눈에 띄게 하는데, 『오리엔탈리즘』에서는 문학적·문화적 표현이 제국주의와 같이 경제에 기초한 사회구조의 구성요소로 여겨진다.

24 이 점에 대해서는 괴테 저작집 독일어판(Goethe 1949)에 실린 에리히 트런츠(Erich Trunz)의 편집자 노트와, 사이드가 글 쓰던 시기에 이용 가능했던 『서동시집』 초기 영역본(Goethe 1914)에 실린 에드워드 다우든(Edward Dowden)의 번역자 노트를 함께 보라. 후자는 안타

과의 연결은 프랑스 혁명과의 연결도 제시하는데, 프랑스 혁명의 창조성과 파괴성의 결합은 괴테 세대의 지식인에게 큰 영감을 주었다.[25]

둘째, 그리고 더욱 중요하게, 마르크스는 괴테의 시를 여러 차례 반복해 인용했는데, 이는 인도와는 다른 맥락인 산업노동자의 비인간화라는 맥락에서였다. S. S. 프라워(S. S. Prawer)는 자신의 권위 있는 연구인, 그러나 사이드가 거론하지는 않은『카를 마르크스와 세계 문학(Karl Marx and World Literature)』(1976)에서 그러한 경우 중 하나를 언급한다. 그것은 잉글랜드 경제위기에 관한 마르크스의 1855년 1월자 ≪신질서 신문(Neue Oder-Zeitung)≫ 기사이다. 마르크스는 만약 자본의 권력이 억제되지 않는다면 "노동자 세대 전체가 물리적 체력, 정신적 발달, 생존할 능력의 50%를 상실할 것이다. 앞서 말한 맨체스터학파에서는 …… 우리의 의혹에 다음과 같이 답할 것이다. '이 고통이 우리를 괴롭게 하겠는가, 그것이 우리에게 더 큰 쾌락을 주는데도?'"라고 쓰고 있다(Prawer 1976: 248에서 인용; 또한 MECW 13: 576을 보라).[26] 여기에서 마르크스는 괴테의 이 문구에 표현된 정서에 동의하거나 자본주의가 가하는 "고통"에 따른 괴로움에 연민을 결여한 것처럼 보이지 않는다. 이것이 마르크스 역시 인도 관련 기사에서 자신의 관점보다는 영국 식민주의자의 관점을 특징짓기 위해 괴테의 시를

깝게도 꽤 산만하다.

25 이 중 어느 것도 괴테의 시가 티무르와 무관하다는 것을 의미하지는 않는다. 티무르는 유럽 강대국들이 가장 두려워했던 적인 동방의 오스만이 위치한 곳에서부터 진격했고 따라서 오스만의 중앙유럽 진격을 방해했기 때문에, 당대의 프랑스와 다른 유럽 강대국들은 티무르와 동맹을 맺기를 추구했다. 사실 괴테의 시는 이 시기부터 내려온 티무르에 대한 유럽인의 태도의 연장선상에 있다(Oeuvres 4).

26 마르크스는 비록 시를 인용하고 있음을 분명히 밝히지만 괴테의 이름은 언급하지 않는데, 이는 짐작컨대 독일인 독자가 이 구절에 친숙할 것이기 때문이다. 이 인용 이전에 괴테의 시에 관해 은연중에 언급한 것으로는 마르크스의『1844년 수고(1844 Manuscripts)』(Marx [1844] 1961: 104; 또한 MECW 3: 278을 보라) 속 "소외된 노동"에서 찾을 수 있다.

사용했다는 것을 의미할 수 있겠는가?

독일 비판 이론가 이링 페처는 마르크스가 이후 괴테의 시를 인용한 또 다른 곳을 언급했는데, 다시 한번 공장 노동자의 괴로움에 관한 곳에서였다. 페처는 이 부분이 인도에서 영국이 수행한 "사회혁명"의 유형을 마르크스가 "정당화"한다는 관념을 약화시킨다고 주장한다(Fetscher 1991: 113). 페처가 언급한 이 후자의 인용은 마르크스의 1861~1863년 경제학 수고[27]에 등장하는데, 다음과 같다.

[15명의] 사람이 평균적으로 매주 영국 석탄 탄광에서 사망한다. 1861년까지 10년간 약 1만 명이 사망했다. 대부분 석탄 탄광 소유주의 추악한 탐욕에 의해서이다. 이는 일반화해 논평할 만하다. 자본주의적 생산은, 우리가 유통의 총 과정, 그리고 교환 중인 가치라는 토대에서 비롯되는 상업적·화폐적 거래의 엄청난 문제를 추상한다면 어느 정도까지는, **실현된 노동**, 상품에 실현된 노동을 가장 절약한다. 그것은 어떠한 다른 생산양식보다 사람 혹은 살아있는 노동을 더욱 크게 낭비하는데, 살점, 피, 근육을 낭비할 뿐 아니라 두뇌와 신경도 낭비한다. 사실, 인류의 사회주의적 구성의 서막인 역사적 시대에서 전면적 인간의 발전이 보장되는 것은 오직 개인의 발전이 최대한 낭비될 때이다.

"이 고통이 우리를 괴롭게 하겠는가

그것이 우리에게 더 큰 쾌락을 주는데도?

티무르의 지배를 거치면서도

---

27 1861~1863년 수고의 일부는 『잉여가치학설사』로 알려져 있긴 하지만, 문제의 문단은 『잉여가치학설사』의 이전 부분에 있는 것으로, MECW 30권이 출간된 1988년까지 영어로 출판되지 않았다.

영혼이 셀 수 없이 삼켜지지 않았던가?"(MECW 30: 168; 강조는 원문)

이상에서 확인할 수 있는 마르크스의 전반적 논증의 핵심은 자본주의가 노동자의 육체와 정신을 파괴하고 그들 "개인의 발전"을 가로막는다는 것이다. 그러나 시간이 지나면서 이 과정은 혁명적 주체를 구성하도록 나아가는 "전면적 인간"[28]을 형성한다. 혁명적 프롤레타리아트로서의 인류의 재창출은 자본주의 극복과 "인류의 사회주의적 구성"의 "서막"이 된다. 이것이 수반하는 "우리에게 더 큰 쾌락"에는 큰 대가가 따르는데, 1398년 델리의 티무르 대학살보다 적지 않은 "영혼"이 "셀 수 없이 삼켜"진다. 또한 1855년과 마찬가지로 쾌락의 증가는 자본가의 쾌락 증가만은 아닐 것이라고 시사하고 있다. 마르크스가 영국 노동자에 관해 논하는 이 글에서 특별히 오리엔탈리즘적인 것은 분명하게 없는데, 그는 자본주의적 잉글랜드 외부의 어떠한 사회도 언급하고 있지 않다. 게다가 『공산당 선언』의 서두와 달리, 이 글에서는 더 이상 자본주의적 진보에 관한 열렬한 호출도 없다.[29]

마지막으로, 마르크스는 『자본』의 노동일 장에서 괴테의 연을 인용한다는 표시도 없이 넌지시 언급한다. "따라서 사회가 그렇게 하도록 강제하

---

28 마르크스가 "개인의 발전"과 "전면적 인간"이라는 문구를 사용하는 것은 1840년대의 휴머니즘적 주제가 그의 사고에서 여전히 중심이었다는 점을 강하게 시사한다. MECW 노트의 편집자가 그랬듯 다른 영어 번역은 불가능한데, 이 문구를 포함한 이 긴 문단의 대부분이 마르크스의 수고에 영어로 작성되어 있기 때문이다. 엥겔스는 『자본』 제3권에 이 문단의 축약된 판을 포함시켰지만, 괴테의 연은 제외했다. 이 문구를 포함하는 마르크스의 3권 초고 원본은 최근 파레시 차토패드히야(Chattopadhyay 2006)가 논했듯 MEGA² II/4.2(124~125)에서 찾을 수 있다.

29 이와 대조적인 관점으로는, 마르크스가 자신의 글 도처에서 동일한 진보의 변증법을 유지했다는 Chattopadhyay(2006)를 보라.

지 않는 한, 자본은 노동자의 건강과 수명을 고려하지 않는다. 육체적·정신적 악화, 조기사망, 과로의 고통에 관한 항의에 대한 자본의 대답은 이것이다. **저 고통이 우리를 괴롭히겠는가, 그것이 우리의 쾌락**(이윤)**을 증가시키는데도?"**(Capital 1: 381; 강조는 저자 추가) 여기에서도 자본주의적 진보에 관해서는 거의 시사하는 바가 없다.

따라서 사이드가 말한 것과는 대조적으로, 1853년 마르크스가 티무르에 관한 괴테의 연을 「인도에서의 영국의 지배」나 다른 곳에서 사용한 것은 뻔한 의도와는 거리가 멀다. 사이드의 표현대로, 마르크스는 유럽 노동자의 고통에 대해서도 "동정을 느낄 수 없었을까?" 아닐 것이다. 나는 1853년, 1848년의『공산당 선언』, 1869년 이후에 쟁점이 된 것은 자본주의의 진보성, 즉 자본주의가 인간해방에 미치는 단기적·장기적 유익함이 갖는 진보성에 관한 마르크스의 변화하는 관점이라고 주장할 것이다.『공산당 선언』에서 마르크스는 자본주의적 근대화를 열렬히 환영했다. 인도에 관한 그의 첫 주요 기사인 「인도에서의 영국의 지배」에서는 자본주의가 인도에 미치는 영향을 보다 면밀하게 살펴보았다. 당시 그는 여전히 영국이 인도에 야기한 "사회혁명"이 그 끔찍한 파괴성에도 불구하고, 필요하고 궁극적으로 이로울 것이라고 주장했다. 그러나 이러한 측면에서 보더라도, 마르크스가 티무르에 관한 괴테 연을 인용한 것은 영국 식민주의의 파괴성을 완화하는 것이 아니라 강조하는 것처럼 보일 수 있는데, 티무르가 가장 악명 높은 대학살을 수행한 곳이 바로 델리였기 때문이었다. 이러한 인용은 결코 그 고통을 겪은 인간에 대한 연민의 결핍을 의미하지 않는다. 그러나 이는 인도에서 영국 제국주의가 궁극적으로는 진보적임을 환기시키며, 또한 무비판적으로 근대주의적인 마르크스의 1853년 관점에 대해 사이드가 가하는 보다 일반화된 비판을 무효화하지도 않는다.

사이드의 비판은 상당한 논의를 불러일으켰다. 인도 마르크스주의 사회학자인 아이자즈 아마드(Aijaz Ahmad)는 사이드의 "포스트모던한 반식민주의 유형"에 주목하며 격하게 대응했다(Ahmad 1992: 222).[30] 아마드가 주장하길, 이러한 반식민주의 유형은 카스트 억압, 그리고 마르크스와 진보적 인도인이 오랫동안 지지해 온 "아시아 사회에" 필요한 "이행" 같은 쟁점을 무시한다(225). 사이드에 직접 대응한 것은 아니지만, 정치 이론가 에리카 베너(Erica Benner)는 1853년 인도에서 비전통주의적이고 진보적인 민족주의 운동이 부재했음을 지적했다. 베너는 마르크스가 "분리주의적인 정체성 정치"에 대한 공감이 거의 없었기 때문에 이러한 인도 관련 글에서 제한적인 정치적 대안 내에 머물렀다고 결론짓는다(Benner 1995: 179).

그러나 1853년 인도 기사에는 두 가지 문제적인 유럽 중심적 관념이 남아 있다. 첫째, 마르크스는 인도를 포함한 모든 사회가 서구, 즉 자본주의적 발전을 겪은 서구와 같은 경로를 지나도록 예정되어 있다고 시사한다. 그것은 이 시점에서 마르크스의 저작에 나타나는 사실상의 거대 서사이다. 둘째, 그는 인도의 "낮은" 문명에 영국의 "높은" 문명이 미치는 유익한 영향을 반복적으로 극찬한다. 이러한 문제는 인정될 필요가 있다. 동시에 나는 아래에서 마르크스 사상이 지닌 이러한 두 가지 요소 모두가 사이드(그리고 아비네리)가 주장한 것처럼 지속되고 심지어 강화되기보다는, 인도에 관한 마르크스의 관점이 진화한 것과 마찬가지로 사실은 꽤 다르게 발전했다는 점을 보여줄 것이다.

---

30 마르크스에 대한 사이드의 비판을 옹호하는 것으로는 Inden(2000)과 Le Cour Grandmaison (2003)을 보라.

1853년 인도 관련 저술에서의 저항과 재건

「인도에서의 영국의 지배」를 작성하고 일주일 후, 마르크스는 또 다른 중요한 기사인 「동인도회사: 역사와 결과(The East India Company: Its History and Results)」에서 영국의 인도 침투 역사 중 일부 기간을 다루었다. 그는 1853년에 이르러 식민 모국에서 제조업 계급이 우세해짐에 따라 영국의 직접적인 인도 지배가 요구되었다고 결론지었다. 이것은 "동인도회사의 최종적 해산"을 의미한다. 왜냐하면 동인도회사는 인도인을 지나치게 빈곤하게 만들어 "인도에서 [영국 제조] 재화의 소비력을 가능한 한 가장 낮은 지점까지 수축"시켰기 때문이다(MECW 12: 155). 이 시기에 작성된 또 다른 기사에서 지나가는 말로 마르크스는 법률적인 "사티(Suttee[sati]) 억제"와 "동인도에서의 출판의 자유"를 함께 언급하는데, 여기서 사티는 남편이 죽으면 과부가 자살하도록 강제하는 고대 힌두교 풍습이다. 그러나 마르크스는 자신이 분명하게 찬사를 보낸 이러한 개혁이 "실제로는 식민지 통치 기구의 상층에서 거의 방해되었으며 "자신의 책임으로 개개의 주지사"에 의해 실시되었다는 것을 분명히 했다(MECW 12: 181).

1853년 여름, 「동인도 회사: 역사와 결과」를 쓴 바로 그 주에, 마르크스는 영국이 고안한 토지소유권 및 소작권 체계하의 인도 소농 또는 **라이야트**(ryot)에 대한 초과착취에 대해서 언급했는데, 이는 고대의 **자민다르**(zemindar) 및 **라이야트** 체계에 추가된 것이었다. 이전에는 **자민다르**, 즉 절반은 세습적인 지역 관리 계급은 **라이야트**로부터 국가 재원을 단지 징수하기만 했고, 자신을 위한 몫은 남겨두었다. 영국 총리 윌리엄 피트(William Pitt)의 명령에 의해 1793년 벵갈에서 찰스 콘월리스 경(Lord Charles Cornwallis)이 제정한 "영구적 합의"에 따라, **자민다르**는 서구 방식의 사적 소유권, 즉 라이야트의 조상이 수세기 이상 경작하고 점유권을 행사한 토지로부터 **라이야트**를 퇴거시킬 권리를 획득했다. 그 이후로, 위로부터 **라이야트**를 얼마나 쥐어짤 수 있는지에 대한 한계는 사라졌는데, 이는 상호 간의 권리와 의무라는 체계 전체가 단번에 파괴되었기 때문이다. 마르크스는 라이야트의 운명을 다음과 같이 기술했다.

> 라이야트는 프랑스 소농과 마찬가지로 사적 고리대금업자의 강탈 대상이다. 그러나 라이야트는 프랑스 소농과 달리 세습이 아니고, 토지에 영구적인 권리도 없다. 그는 농노와 마찬가지로 경작을 강요당하지만, 빈곤으로부터 보호받지는 못한다. 라이야트는 **소작농**(métayer[sharecropper])과 마찬가지로 국가와 생산물을 나누어야 한다. 반면, 국가는 **소작농**에게는 자금과 비축물을 빌려줄 의무가 있지만 라이야트에게는 그렇게 해야 할 의무가 없다. …… 라이야트는 인도 전체 인구 중 11/12로 많은 수를 차지하는데, 이들은 가엾게도 궁핍화되었다(MECW 12: 215).

이 기사에서 마르크스는 인도의 콜레라 전염병에 대해서도 언급하는데, 그는 이를 극도의 궁핍화에 따른 결과로 본다. 그는 이 전염병의 해외 확산을 "서구 세계에 대한 인도의 복수(revenge)"[31]라고 칭하며, 이러한 발전이 "인간의 불행과 잘못이 결속된 충격적이고도 심각한 사례"라고 영원한 혁명적 휴머니스트로서 덧붙인다(216).

이 시기 인도에 관한 마르크스의 마지막 주요 기사인 「인도에서 영국의 지배가 도달할 미래의 결과(The Future Results of British Rule in India)」는 1863

---

[31] 1853년 10월 18일자 편지에서 마르크스는 ≪뉴욕 트리뷴≫ 편집자가 "복수"라는 단어를 "황폐(ravage)"로 바꾸어 이 문단을 "희석시킵니다"라고 불평한다(MECW 39: 390).

년 8월 8일 게재되었다. 그는 인도가 너무 분열되어 있었기 때문에 "정복의 숙명적 희생자"였다고 주장하는 것으로 시작한다. 인도는 "이슬람교도와 힌두교도 사이가 분열되었을 뿐 아니라, 부족들 사이도, 카스트 사이도 분열되어" 있었다. 따라서 인도의 역사는 "이 나라가 겪어야 했던 잇따른 정복의 역사"이다. 그리고 나서 마르크스는 어느 정도 강한 유럽 중심적 어조로 "인도 사회는 역사를, 적어도 알려진 역사를 전혀 가지고 있지 않다"라고 추가하면서, 인도 사회를 "저항하지 않는, 불변의 사회"라고 칭한다(MECW 12: 217). 이 문구는 이 시기 인도를 향한 마르크스의 오만함을 해독하는 하나의 실마리가 될 수 있다. 마르크스가 1853년에 보았듯, 중국인과 달리 인도인은 "저항하지 않는" 태도로 영국이 자신들의 위대한 고대 문명을 정복하도록 용납했다.[32]

마르크스는 다음 몇 문단에서 열띤 어조로 영국 식민주의가 인도 사회에 미치는 근대화 결과라고 자신이 생각하는 것을 논한다. "잉글랜드는 인도에서 이중의 임무를 수행해야 한다. 하나는 파괴하는 것이고 다른 하나는 재건하는 것이다. 즉, 낡은 아시아 사회를 절멸하는 것과 아시아에서 서구사회의 물질적 토대를 구축하는 것이다"(MECW 12: 217~218). 그는 자종족중심주의로 빠져들면서, "자신들의 정복대상이 지닌 우월한 문명에 정복되었던" 이전의 인도 정복자들과 달리, 영국인은 "우월하고 따라서 힌두 문명에 흔들리지 않았던 첫 번째 정복자"였다고 썼다. 게다가 이는 "역사의 영구적 법칙" 때문이었다(218).[33]

---

32 나는 라야 두나예프스카야와의 대화에서 이 부분을 빚지고 있다.

33 크레이더는 이러한 논평의 몇 가지 맥락을 제시한다. "마르크스가 암시한 '역사의 불변법칙'은 현대에 들어 민족학 이론으로 흡수되어 왔는데, 이에 따르면 최초의 군사적 승리를 얻었는지와는 무관하게 보다 높은 수준으로 발전한 문화가 궁극적으로 정복자이다. 따라서 중국은 자신들의 정복자인 만주족을 정복했다"(Krader 1975: 81).

영국인은 전신기, "아시아 사회에 최초로 도입된 자유 언론", "토지에 대한 사적 소유권", 근대 과학 교육, 증기력, 서구와의 직접적이고 빠른 통신, 철도를 가져왔다(MECW 12: 218). 마르크스는 철도가 "근대 산업의 선구자"(220)가 될 것이라고 예상했는데, 철도는 "인도의 카스트가 근거한 세습적인 분업, 바로 인도의 진보와 힘에 대한 결정적 장애물을 해소"할 것이었다(221). 또한 마르크스는 인도인이 "두뇌의 수학적 명석함에서 주목할 만하고 수치와 정밀과학에 재능이 있다"라고 인정한 동인도회사 임원의 말을 인용한다(220).

그러고 나서 그는 이전 기사에서 티무르에 관한 괴테의 연을 이용한 것과 유사하게, 영국 정복의 파괴적 요소를 관련시키면서 다음과 같이 질문한다. "[부르주아지개] 개인과 대중을 피와 진흙탕, 고통과 타락으로 끌고 오지 않고서 진보를 가져온 적이 있는가?"(MECW 12: 221)

이 지점까지, 마르크스의 기사는 「인도에서의 영국의 지배」와 유사한 개념적 구조를 보여주는데, 그는 영국 식민주의의 전반적인 진보성에 찬성한다. 이 장의 도입부에서 내가 말했듯, 이러한 논증은 그가 『공산당 선언』 서두에서 서유럽과 북미의 자본주의 성취에 관해 논의한 내용과 유사하다. 하지만 산업화된 세계에 관한 논의에서와는 달리 인도에 대해서는 이러한 자본주의적 근대화 내부로부터 솟구치는 깊은 모순을 지적하지 않았다.

1853년 인도에 관한 그의 일련의 기사를 마무리 짓는 「인도에서 영국의 지배가 도달할 미래의 결과」에서 마르크스의 논의 구조와 어조는 미묘하게 이동해 보다 변증법적으로 된다. 그는 처음으로 식민주의 정책을 변화시키기 위해 영국에서의 사회혁명이 필요하다는 것을 언급하기 시작한다. 더 놀랍게도 그는 인도 민족해방운동의 가능성 또한 지적한다.

대영제국 자체에서 새로운 지배계급이 산업 프롤레타리아트로 대체될 때까지 또는 힌두교도 스스로가 영국의 멍에를 완전히 떨쳐버리기에 충분히 강하게 성장할 때까지, 인도인은 영국 부르주아지에 의해 그들 주위에 흩뿌려진 새로운 사회의 요소라는 산물을 수확하지 못할 것이다. 아무튼, 우리는 다소 먼 시기에 저 위대하고 흥미로운 국가의 부흥을 보리라 기대해도 무방할 것인데, 이 국가의 온화한 선주민들은 …… 그들의 용기로 영국 장교를 깜짝 놀라게 해왔다. 그들의 나라는 우리의 언어, 우리의 종교의 발상지이며, 그들은 자트(Jat)족에서 고대 게르만인의 유형을, 그리고 브라만(Brahmin)에서 고대 그리스인의 유형을 대표한다(MECW 12: 221).[34]

그리고 나서 마르크스는 "부르주아 문명의 내재적 야만성"(221)을 언급하면서, 자신이 기사 도입부에서 다룬 우월한 문명과 열등한 문명 사이의 자종족중심주의적 구분을 거의 반전시킨다. 이것은 『공산당 선언』의 입장으로부터 이동한 첫 번째 신호이다.

영국 역사가 빅터 키어넌(Victor Kiernan)은 앞에서 길게 인용한 문단이 다음의 지점을 보여준다고 쓰고 있다. "비록 마르크스가 인도 사회에 대해 그다지 존경심을 갖고 있지 않았다고 할지라도, 인도인들을 경멸하지는 않았으며, 그들이 자신들의 나라를 완벽하게 운영하는 것을 배울 수 있으리라 믿었다"(Kiernan 1967: 163). 하비브는 더욱 나아간다. "1853년에 단순한 식민지 개혁이 아니라 식민지 해방을 유럽 사회주의 운동의 목표로 세우는 것, 게다가 인도인이 투쟁을 통해 이루는 민족해방운동("영국의 멍에를

---

34 **자트족**은 용맹한 전통을 지닌, 주로 소농인 카스트인데, 이들은 무굴 제국에 대한 저항의 근원이었다.

떨쳐버리기")을 심지어 유럽 노동계급의 해방에 선행할 수 있는 사건으로 기대하는 것, 이러한 통찰과 시각은 마르크스에게만 속할 수 있었다"(Habib 2006: liv).

「인도에서 영국의 지배가 도달할 미래의 결과」의 변증법적 구조는『공산당 선언』의 구조와 유사하다. 마르크스는『공산당 선언』에서와 마찬가지로 부르주아 지배의 근대화 특징을 과장되게 찬양하면서, 이 영국 식민주의의 사례에서 카스트, **사티**, 지역적 편협성의 해체와 근대 과학기술 및 근대 정치 권리 일부의 도입을 지적한다. 그러고 나서 그는 변증법적 이성이라는 신랄한 비판을 사용하면서, 진보의 모순적 성격에 계속 주목한다.[35]『공산당 선언』에서 그와 엥겔스는 유럽 자본주의 내부의 두 가지 주요 모순, 즉 새롭게 발달한 자본주의 사회의 안정성을 위협하는 고질적이고 주기적인 경제위기와 저항하는 노동계급의 성장을 지적했다. 1853년 인도 기사에서 마르크스는 영국 자본주의 역시 쌍둥이 도전, 즉 영국 노동계급의 성장(내적 위기)과 인도 민족해방운동의 성장(외적 위기)에 직면하리라고 예측했다. 그런데 여기에서의 논의의 구조는『공산당 선언』에서의 자본과 노동에 관한 논의의 구조와 유사하지만, 그 내용은 꽤 다르다. 1853년쯤 마르크스는 비서구사회에 관한『공산당 선언』의 논의가 갖는 편파성을 극복하기 시작했다. 비록 중국의(그리고 인도의) 장벽은 마르크스가 세계무역, 그리고 심지어 식민지 정복의 진보적 영향으로 여전히 분명하게 간주한 것에 의해서 계속 때려 부수어졌지만, 이제 비서구사회 사람들은 "영국의 멍에를 완전히 떨쳐버릴", 그리고 자신들 사회와 문화의 "재건"을 스

---

35 이 과정은 헤겔의『정신현상학』의 변증법적 구조와 유사한데, 여기에서 의식의 각 단계는 전 단계보다 고차원적인 것으로서 도입되지만, 그것 자체는 내적 모순에 의해 허물어지고, 이는 새로운 단계를 이끄는 과정으로 이어져 반복된다.

스로 시작할 잠재력이 있다고 여겨진다. 그러나 이러한 재건은 서구 노동 계급의 투쟁과 마찬가지로, 자본주의 이전의 과거로 회귀하는 것을 목표로 하는 것은 아닐 것이다. 그것은 자본주의적 근대성의 성과를 유지할 것이다.

인도네시아에 관한 1853년 노트

마르크스의 1853년 발췌노트는 인도에 관한 그의 생각에 대해 추가적인 설명을 제공한다. 1853년, 마르크스는 인도에 관한 약 50쪽의 육필 노트를 인도네시아에 관한 다섯 쪽의 노트와 함께 썼는데, 이 자료는 MEGA^2 IV/11로 나올 것이다. 종종 한 쪽에 900개 이상의 단어를 빽빽하게 쓴 마르크스의 매우 작은 필체를 고려하면, 어떠한 형태로도 출판된 적 없는 이 노트가 출판될 경우 거의 100쪽이 될 것이다. 그중에서 인도네시아에 관한 다섯 쪽은 1817년 두 권으로 출판된 토머스 스탬퍼드 래플스의 고전적 연구 『자바의 역사(The History of Java)』에 대한 독일어 발췌 및 요약 일부를 포함한다. 이 노트는 몇 가지 이유에서 특별히 흥미롭다. 첫째, 나는 래플스의 선구적 연구가 지닌 높은 수준과 오래 지속된 명성을 언급해야 할 것이다. 영국 역사가 존 바스틴(John Bastin)은 이 책의 1965년 재발행본 서문에서 이 책에 대해 "동남아시아 역사학의 고전 중 하나"로 칭했고, 자바계 네덜란드인 역사가이자 마르크스 연구자인 프리초프 티헬만(Fritjof Tichelman)은 "최고의 저작"(Tichelman 1983: 14)으로 칭한 바 있다. 래플스는 나폴레옹 전쟁 당시 영국이 인도네시아를 지배하던 짧은 시기에 식민지 총독이었는데, 식민지가 다시 네덜란드 지배령으로 돌아간 후 그는 토착민에 대해 엄청난 지적 호기심과 연민을 가졌다. 래플스는 외부인 입장이었으므로 네덜란드 지배의 극단적으로 억압적인 몇몇 측면에서 본 바를 자유롭게 비판할 수 있었다. 둘째, 래플스에 관한 마르크스의 노트는 래플스의 저작 중 인도와 비교될 수 있는 부분을 강조한다. 따라서 이를 살펴보는 것은 마르크스의 인도 저작에 관한 우리의 이해를 심화시켜 줄 것이다. 셋째, 이 1853년 노트는 마르크스가 이 주제로 다시 돌아간 말년까지, 오늘날 인도네시아가 된 지역에 대한 그의 연구에서 가장 충실한 연구이다.

마르크스의 일부 발췌노트가 마르크스 자신이 연구하던 저작에 대한 간단한 발췌에 추가해 자신의 언어로 된 요약, 비판, 기타 논평을 포함했던 것과는 달리, 인도네시아에 관한 마르크스의 1853년 노트는 거의 전적으로 래플스의 고전적 연구로부터 발췌한 내용으로 구성되어 있다. 그럼에도 불구하고 마르크스가 노트에 포함시킨 자료의 선택, 순서, 내용을 살펴보면 중요한 무엇인가가 드러난다. 물론 마르크스의 관점은 총독 래플스의 관점과는 다르다. 티헬만은 래플스의 관점을 "두 시대의 가교"라고 요약하는데, 여기에서 두 시대란 "18세기 후반(루소주의의 영향, 윌버포스의 노예제 폐지 운동, '고상한 야만인'이라는 관념, 서구 문명의 혜택에 대한 권리를 가진 전 인류)과 야만적 외국을 문명화해야 할 서구의 사명이라는 생각으로 특징 지어지는 19세기 초반"이다(Tichelman 1983: 14~15). 이 사명에는 영국 방식의 경제 자유화를 도입하는 계획이 포함되었는데, 이는 전후 영국이 인도네시아를 네덜란드에 반환했기 때문에 결코 시행된 적이 없었다.

마르크스는 래플스의 책 중 인도네시아의 가장 유명한 섬인 자바를 다루는 본문이 아니라 경제적·정치적으로 덜 발전한 발리 섬을 다루는 부록으로 자신의 노트를 시작한다. 티헬만이 시사했듯, 마르크스의 눈에 인도네시아의 상태는 1790년대 "콘월리스가 (토지)세입에 관한 영구적 합의를 도입하기 이전 벵갈의 라이야트(토지를 소유하고 과세되는 농민/소농)와 자민다르의 관계에 일치하는 것으로 보였다"(Tichelman 1983: 16). 마르크스는 발리가 괜찮은 항구의 부족으로 대규모 원양무역으로부터 고립된 점을 지적하는 자료를 포함하는 것으로 노트를 시작한다. 그가 노트에 작성한 그다음 문단은 "힌두교의 형태와 촌장의 전제주의하의 고통을 고수하지만" 그럼에도 불구하고 "여전히 커다란 원시적 대담함과 야만적 상태의 완강한 인내력을 가진" 발리 주민을 묘사한다(Raffles [1817] 1965, 2: cxxxi).[36] 다음으로 마르크스는 발리 여성을 다음과 같이 묘사하는 문단을 포함시킨다. "여성은 …… 남성과 완벽한 평등을 누리고, 자바에서 여성에게 부과되는 심각하고 모멸적인 어떠한 노동도 수행할 것을 요구받지 않는다"(cxxxi; 마르크스의 노트에서 일부 발췌). 그는 또한 사람들이 지배자를 숭배하지만, "그들의 정신은 복종에 대한 수많은 요구에 의해 파괴되지 않는다"라는 점을 시사하는 문단도 기록한다(cxxxii). 또한 우리가 보았듯, 비록 1853년 인도 저술에서 마르크스는 어떻게 자족적인 공동체적 촌락이 "동양적 전제주의"를 위한 구성요소가 되었는지를 강조했음에도 불구하고, 여기에서 마르크스의 노트는 그 이전 시기, 즉 전제주의적 지배가 사회구조와 심지어는 촌락민의 "정신"에 부과되기 이전 시기를 강조하는 것처럼 보인다. 1853년 인도 관련 저술에서 마르크스는 전통적 촌락 공동체의 더 자유로운 측면으로 이러한 지점을 언급하거나 발전시키지는 않았지만, 1879~1882년 저술에서는 이 지점이 자본에 대한 점진적 저항이 발전될 수 있는 출발점으로 다시 등장한다.

---

36 나는 래플스의 본문 여백에 적힌 쪽수를 인용하고 있지만, 마르크스의 실제 발췌노트에 대해서는 암스테르담 국제사회사연구소의 기록보관소에 있는 육필 노트를 이용하고 있다(Karl Marx, Excerpt notes on Thomas Stamford Raffles, *The History of Java*, Marx papers, Box 65(Heft LXVI)(Amsterdam: International Institute for Social History, 1853), pp. 3~7]. 원고 사본을 획득하는 데 도움을 준 롤프 헤커에게 감사의 말을 전하고 싶다.

문화와 종교에 관한 몇몇 텍스트를 건너뛴 후, 마르크스는 토지와 소유의 관계에 집중한다. 자바의 상황과 반대로 발리에서는 "군주가 보편적인 토지 소유자로 여겨지지 않는다. 그와 반대로 땅은 거의 예외 없이 신민의 사적 소유로 여겨진다"라는 취지의 래플스의 진술을 기록한다. 게다가 진흙으로 벽을 쌓은 집으로 인해 "주요 마을은 인도 대륙의 힌두교 마을과 닮았다고 이야기된다"(Raffles [1817] 1965, 2: cxxxiv). 또한 마르크스는 발리에서의 억압적 삶의 특징에 관한 자료를 주의 깊게 기록하는데, 이는 아편 중독, 노예제, **사티**, 카스트 제도를 포함하며, 카스트 제도에는 "촌락에 거주하는 것을 허락받지 못한" 부랑자 집단이 포함된다(cxxxviii). 여기서 마르크스가 기록한 것의 패턴은 루소에게 영향을 받은 래플스보다 마르크스가 발리에 관해 목가적 관점을 덜 가졌음을 시사한다.

다음으로 마르크스는 자바에 관한 책의 주요 부분으로 완전히 돌아온다. 그는 지리와 "인종"에 관한 장은 무시하면서, 다시 한번 토지 보유에 초점을 맞춘다. 마르크스는 자바를 인도, 특히 벵갈과 비교하는 문단을 받아 적는 것으로 시작한다. "자바의 촌락 농민 및 선주민 촌장이 가지는 상대적 처지, 지위, 특권은 대개의 경우 벵갈의 라이야트 및 자민다르가 가지는 그것과 유사하다"(Raffles [1817] 1965, 1: 135). 그러나 래플스의 비교는 1853년 인도에 대한 것이 아니라, 콘월리스의 "영구적 합의"가 **자민다르**를 독점적인 토지 소유자로 선정하기 이전의 인도에 대한 것이다. 자바에서는 토지에 대해 서구 유형의 배타적 소유가 있었던 것이 아니라 다음과 같은 3중 구조의 제도가 있었던 것으로 보였다. 첫째, **라이야트**는 화폐 혹은 현물의 조세를 납부한다면, "그가 경작하는 토지를 보유할" 권리를 가졌다. 래플스에 따르면 이러한 권리는 "임의로 없앨 수 있거나 약정된 기간이 끝나면 없앨 수 있는 보통의 소작농 지위 이상으로 라이야트의 지위를 끌어올리는 것으로 보였다"(136). 둘째, **자민다르**, 즉 약간의 권리를 가졌으되 서구 유럽 지주의 권리 전부는 가지지 않은 조세 징수자이다. 셋째, "태만하고 불복종할 경우 자민다르와 라이야트 모두"를 없앨 권력을 가졌던 "군주"이다(136). 따라서 자바의 **자민다르**는 배타적 소유권이 없었다. 대신에, 토지에 대한 권리는 군주, 매개자, 소농 간 상호적 제도에서 나왔는데, 전통에 따라 군주는 충성스러운 **자민다르**와 **라이야트**를 갑작스럽게 제거할 수 없었다.

마르크스가 발췌노트의 이 부분에서 면밀하게 관찰한 이러한 제도의 변종을, 티헬만은 정확하게 요약한다.

> 마르크스의 주목은 주로 세 지역 간 차이를 포함해, 자바의 촌락 관계 및 토지 보유에 집중되었다. 1. 강한 촌락 자율성, 다소 사적인 토지소유권, 그리고 경작되지 않은 황무지에 관한 촌락의 집단적 권리를 가진 서쪽의 프리앙안 산악지대(상대적으로 번영했으나 지나치게 인구가 밀집되지는 않은 변경의 특색을 가진 지대), 2. 선주민 촌장이 토지에 관한 소유권을 주장하고, 많은 토지가(특히 설탕 재배를 위해) 중국인 기업가에게 맡겨진 프리앙안 북쪽의 연안 지역인 치르본, [3.] 재산이나 토지에 대한 직접적 청구권이 존재하지 않기 때문에 경작자에게 손해를 끼치지 않는 북동 연안(또한 아시아 간 상업과 해운업이라는 식민지 이전의 배경을 지닌 상업화된 지역)(Tichelman 1983: 16).

따라서 보다 고립된 프리앙안 지역을 제외하면, 보다 오래되고 보다 공동체적인 소유 형태는 해외 무역과 네덜란드가 도입한 자본주의적 형태에 의해 약화되었다.

물론 가장 중요한 지배자는 네덜란드 동인도회사였는데, 래플스는 이를 자유롭게 비난했다. 마르크스가 노트에 포함시킨 다음 문단에서, 래플스는 노예제보다도 나쁜 자바인 억압 전반을 맹비난했다.

네덜란드 회사는 오로지 이익의 정신에 따라 움직였고 이전의 서인도 농장주가 자신의 소유지에 딸린 무리를 바라보는 것보다도 더 낮은 존중과 이해로 자바의 종속민을 바라보았는데, 이는 서인도 농장주가 네덜란드 회사와는 달리 인간 소유물에 대한 구매비용을 지불했기 때문이었다. 네덜란드 회사는 사람들로부터 그들 노력의 최대한의 자투리까지, 즉 그들 노동의 마지막 찌꺼기까지 짜내기 위해 기존의 모든 전제주의적 장치를 도입했고, 정치인의 온갖 노련한 재주와 상인의 온갖 독점적 이기심으로 그 장치를 운영함으로써 변덕스럽고 절반은 야만적인 통치의 해악을 악화시켰다(Raffles [1817] 1965, 1: 151).

그러나 래플스와 달리, 마르크스는 이러한 관행을 인도에서의 영국의 관행과 직접적으로 연결한다. 실제로 그는 이미 논의한 1853년 기사 「인도에서의 영국의 지배」에서 이 문단 전체를 인용하는데, 그는 "영국의 식민 지배"를 "단지 네덜란드의 모방"인 것으로 언급한다. 마르크스는 "영국 동인도회사의 운영을 특징짓기 위해서는 영국인 자바 총독이었던 스탬퍼드 래플스 경이 과거 네덜란드 동인도회사에 관해 말했던 것을 문자 그대로 반복해 말하는 것으로 충분하다"라고 덧붙인다(MECW 12: 126).

마르크스가 기록한 래플스 책의 세 번째 부분은 자바 촌락의 정치적 구조를 다루는데, 예컨대 자바의 일부 지역에서는 경작자가 촌장을 선출할 권리를 가졌다고 래플스가 시사한 것은 한때는 섬 전체에서 일반화된 관행이었다. 마르크스는 래플스의 각주 중 하나를 기록하는 것으로 이 발췌노트를 마무리한다. 그 각주는 잘 알려진 영국 하원의 『**5차 보고서**(Fifth Report)』(1812)에 관한 인용으로 구성되어 있는데, 여기에는 인도의 사회적 구조에 관한 주요 연구가 포함되어 있다. "내가 인도 대륙에 관한 어떠한 설명에서도 발견하지 못한 선거권을 제외한다면, 자바 촌락의 규약은 힌두인의 규약과 놀라운 유사성을 가진다"라는 취지의 래플스의 서문 문장을 마르크스는 받아 적는다(Raffles [1817] 1965, 1: 285). 인도에 관한 『**5차 보고서**』의 매우 상세한 묘사는 다양한 전통적 촌락의 관리들 및 그들의 의무에 초점을 맞추는데, 이는 "포테일(potail) 또는 우두머리 주민", 범죄를 처벌하고 법률을 집행하는 "톨리어(tallier)와 토티(totie)", "촌락의 경계를 보호하는 경계인", 물 공급 조정자, 종교적 의식을 수행하는 브라만, "달력을 읽는 브라만 또는 점성가", 교사를 포함한다. 래플스와 마르크스가 인용했듯, 『**5차 보고서**』는 이것이 "이 국가의 주민이 태고부터 살아온 방식"이라는 점을 시사하는 것으로 계속된다. 전쟁과 침략조차도 이를 거의 변화시키지 못했다. "주민은 왕국의 분열과 분리로 애먹지 않았다. 촌락이 온전히 남아 있는 한, 그들은 어떠한 권력이 이양되었는지, 또는 어떠한 주권이 이전되었는지에 관해 관심이 없다. 내부 경제는 변하지 않은 채 남아 있다"(Raffles [1817] 1965, 1: 285; MECW 12: 131).

인도네시아에 관한 마르크스의 노트는 우리로 하여금 그가 인도 관련 ≪뉴욕 트리뷴≫ 기사들에 쏟아 부은 고된 지적 노동을 일별할 수 있도록 해주는데, 그 기사들은 마르크스가 절망적인 순간에 사적인 편지에서 가끔 그렇게 말했을지도 모름에도 불구하고 전혀 저질 저널리즘이 아니었다. 토지 보유, 촌락의 자기통치, 젠더 관계가 래플스에 관한 노트에서 초점이 되었다. 마르크스는 자바와 발리를 살펴보면서 인도의 근본을 이루는 사회적 형태에 관한 자료 또한 분명히 찾고 있었다. 그는 이 형태가 래플스가 연구한 시기의 자바, 그리고 특히 발리에서 그 원형에 더 가까운 무엇인가로 여전히 존재했다고 믿었다.

중국에 관해: 태평천국운동과 아편전쟁

중국에 관한 마르크스의 첫 번째 중요한 언급은 태평천국운동에 관한 간단한 논의로서 1850년에 나타나는데, 이는 그가 엥겔스와 함께 세계적 사건에 대한 조망을 쓴 글의 일부를 구성한다.[37] 태평천국운동은 1850년부터 1864년까지 지속된 소농 기반의 반왕정주의 운동으로, 그 범위가 거대했고 2000만 명 이상의 사망을 낳은 탄압, 내전, 기근이 그 뒤를 따랐다 (Spence 1996). 반란자들은 젠더 평등을 포함한 평등 개념을 제기했지만, 그들의 세계관은 신비주의적이고 극도로 권위주의적인 차원 역시 특징적으로 가지고 있었다.

1850년 기사에서 마르크스와 엥겔스는 유럽의 값싼 제조업 상품을 수입함으로 인해 발생한 중국 구사회질서의 위기를 묘사하는데, 이것은 그들이 『공산당 선언』에서 이미 강조한 것이었다. 그러나 마르크스와 엥겔스는 태평천국운동의 범위와 깊이에 관한 소식을 접한 후 황제와 만주족에 대한 반란자들의 도전 역시 논의한다. 그들은 반란자들의 공산주의적 성향을 기록한다. "평민 반란자들 중에서는 일부는 빈곤하고 다른 일부는 부유하다는 것을 지적하는 사람들이 나타났으며, 부의 다른 분배, 그리고 심지어 사적 소유의 완전한 폐지를 요구했고 또 여전히 요구하고 있는 사

---

[37] 중국에 관한 마르크스의 저술 다수는 도나 토르(Dona Torr)가 편집한 영문판 저작집 단행본으로, 토르의 학술적 부속자료와 함께 처음 발행되었다(Marx 1951). 이 저술들에 관한 보다 완전한 단행본 저작집은 이후에 마찬가지로 좋은 학술적 부속자료를 포함해서 로타르 크나우트(Lothar Knauth)의 편집 아래 멕시코에서 출판되었다(Marx and Engels 1975). 또한 Riazanov(1926)의 초기 논의를 보라.

람들도 나타났다"(MECW 10: 266). 마르크스와 엥겔스는 당시 중국에 관해 가장 잘 알고 있는 유럽인 중 한 명이었던 독일인 선교사 카를 귀츨라프 (Karl Gützlaff) 보고서를 언급하고 있었는데(Spence 1996), 이것이 반란에 관해 그들이 가진 정보원였다. 그들은 이 독실한 선교사가 20년 후에 중국으로부터 귀국했을 때 유럽에서도 마찬가지로 공산주의적 흐름을 발견하고는 겁에 질렸다는 사실을 비꼬았다.

마르크스와 엥겔스는 태평천국군의 공산주의적 경향을 조심스럽게 보면서, "어쩌면 중국 사회주의와 유럽 사회주의의 관계는 중국 철학이 헤겔 철학과 갖는 관계와 명백히 같을지도 모른다"라고 썼다. 『공산당 선언』의 문체를 유지하면서, 그들은 어떻게 영국 수입품이 "지구상에서 가장 교란되기 어려운 왕국을 사회적 대격변 직전까지 인도했는지"를 언급한다. 그러고 나서 그들은 혁명으로부터 탈출하기 위해 동쪽으로 달아나는 "유럽의 반동들"은 언젠가 중국의 만리장성에 도달해 그 성문에서 "다음의 비문을 읽게 될 것이다"라고 추가한다. "중국 공화국. 자유, 평등, 우애(Republique Chinoise. Liberte, Egalite, Fraternite)"(MECW 10: 267). 『공산당 선언』에서처럼 자본주의와 식민주의는 아시아에 진보를 가져다주었는데, 마르크스와 엥겔스가 암시했듯 이는 민주주의 혁명을 포함해 유럽에서 이미 벌어진 것과 같은 유사한 발전을 거칠 것이다. 그러나 한 가지 지점에서 『공산당 선언』의 관점으로부터의 변화가 있었다. 중국의 사회적 진보는 외부로부터의 간섭의 산물이었을 뿐만 아니라 크게는 그 지역 고유의 영향력, 즉 태평천국 운동의 산물이기도 했다. 동시에, 그리고 『공산당 선언』의 연장선상에서, 아직은 식민주의에 관한 함축적 비판조차도 없었다.

앞에서 다룬 1853년 인도 기사 바로 직전에, 마르크스의 「중국과 유럽에서의 혁명」이 1853년 6월 14일자 ≪뉴욕 트리뷴≫에 실렸는데, 이 기사는 아편 무역과 태평천국운동의 영향에 초점을 맞추었다. 그 기사는 지리, 문화, 사회체제의 차이에도 불구하고 중국에서의 사건이 유럽에서 일어나는 일과 완전히 분리된 것은 아니라는 점을 보여주기 위한 노력으로, 헤겔의 사변철학을 은연중에 인용하며 시작된다.

인류의 운동을 좌우하는 원리에 관해 가장 심오하지만 공상적이었던 한 사변가는 자연을 지배하는 비밀의 하나로서 자신이 양극단의 일치화 법칙이라고 불렀던 것을 늘 격찬했다. "극과 극은 통한다"라는 상투적 금언은 그의 관점에서 볼 때 삶의 모든 영역에서 웅장하고 강력한 진실이었다. …… "양극단의 일치화"가 그러한 보편적 원리이든 아니든, 그것의 인상적인 사례는 중국 혁명이 문명화된 세계에 미칠 것으로 보이는 영향에서 확인될 수 있다. 유럽 사람들의 다음 봉기, 그리고 통치 체제의 공화주의적 자유 및 경제를 위한 그들의 다음 운동이 현존하는 다른 어떤 정치적 대의명분보다도 천조국, 즉 유럽의 바로 반대편에서 지금 일어나는 일에 아마도 더 의존할 것이라는 점은 매우 이상하고 매우 역설적인 주장으로 보일 수 있다(MECW 12: 93).

마르크스는 태평천국운동의 규모를 다시 한번 지적하면서, "지난 10여 년간 중국에서 존속된 장기적 반란들은 이제 하나의 가공할 만한 혁명으로 모였다"라고 언급한다(93). 또한 그는 유럽 자본주의의 침투, 특히 아편 무역 형태의 침투로 인한 중국 정치, 경제 체제의 엄청난 분열을 논했다. 그가 주장하기를, 이러한 내외부로부터의 이중 분열은 곧 중국 경제를 위기로 거꾸러뜨릴 것이었고 그 위기는 중국의 아편 시장 붕괴를 야기할 것이었다. 영국은 인도에서 중국으로의 아편 수출, 중국에서의 차 저가 구입, 영국에서의 차 고가 판매를 통한 수익성 좋은 삼각 무역을 수립했다. 그 결과, 중국은 세계 경제에 결부되어 중국에서의 경제위기가 유럽의 불황을 촉발하게 되었다. 마르크스에 따르면 이는 다음과 같이 될 것이었다.

> 오래 준비되어 왔으며 해외로 확산되고 있는 전반적 위기의 폭발 뒤를 [유럽] 대륙에서의 정치적 혁명들이 바싹 뒤따를 것이다. 이로 인해 서구 강대국은 영국, 프랑스, 미국의 군함을 통해 상하이, 난징, 그리고 대운하의 입구로 "질서"를 전달하는 반면, 중국은 서구 세계로 무질서를 퍼뜨리는 특이한 광경이 벌어질 것이다(MECW 12: 98).

마르크스는 이제 서구 식민주의 국가를 "질서를 전파하는 강대국"(98)으로 언급하는데, 이는 『공산당 선언』의 어조에서 약간 변화한 것이다. 그럼에도 불구하고 그는, 비록 1853년 인도 관련 글에서만큼은 아니지만, 여전히 서구 제국주의의 진보적 영향에 대해 상당한 강조점을 둔다.

게다가 내부적 각성으로서 태평천국운동을 논의할 때조차도 자종족중심주의적인 오만한 분위기가 존재한다. 아편 무역으로 인한 전통적 사회질서의 분열을 언급하면서 마르크스는 다음과 같이 쓴다. "마치 역사가 이 모든 사람을 세습되어 온 아둔함에서 깨울 수 있기 전에 먼저 그들을 취하게 만들었어야 했던 것처럼 보인다"(MECW 12: 94). 정치이론가 에프라임 님니(Ephraim Nimni)는 "세습되어 온 아둔함"이라는 문구를 수많은 비서구 "민족공동체"에 대해 마르크스가 "모욕적 언어"와 "강한 반감"을 가졌던 하나의 예로 칭한다(Nimni 1994: 29). 그러나 이 기사에서 마르크스의 진정한 비판 대상은 영국 제국주의와 그가 비양심적 아편 무역이라고 본 것이었다. 이러한 점에서 마르크스 저작의 편집자 제임스 레드베터(James Ledbetter)가 주장했듯, "인간 노예제라는 있을 법한 예외를 두고는, 어떠한 주제도 중국과의 아편 무역만큼 마르크스의 분노를 깊이 일으키지 못했다"(Marx 2007: 1). "세습되어 온 아둔함"에 관한 마르크스의 어조가 아무리 염려스러운 것이라 해도 이러한 사실 혹은 이 문단의 초점이 중국의 후진성이 아니라 중국의 민족적 각성이라는 사실을 놓쳐서는 안 된다.

비록 1854년에 마르크스가 태평천국군이 곧 "만주 왕조를 중국 밖으로 몰아내는 데 성공"할지도 모른다는 가능성을 언급하기는 하지만(MECW 13: 41), 그가 중국에 관해 매우 집중하기 시작했던 것은 2차 아편전쟁이 발발한 1856년이었다. 『공산당 선언』과는 대조적으로 이제는 전체적인 어조가 변했는데, "야만인" 역할로 중국인보다 영국인이 더 자주 등장하게 되었다. 1857년 1월 3일 ≪뉴욕 트리뷴≫은 1856년 10월 중국 당국이 영국인을 위해 아편을 밀수한 몇몇 중국 국민을 과감하게 체포한 이후, 영국이 광저우 항구에서 극도로 공격적인 움직임을 보인 것에 관해 다룬 마르크스의 상세한 기사를 발행했다. 그 와중에 중국인들이 밀수업자의 작은 정박용 선박에서 영국 국기를 빼앗았을 수도 있었다. 영국이 자국기를 향한 이러한 모욕에 복수하기 위해 도시를 포격한 것과 관련해, 마르크스는 독자에게 "영국인은 모든 절차에서 잘못했다"라고 알린다(MECW 15: 158). 마르크스는 10월 사건에 관한 영국의 설명에 대해 광저우 총독 엽명침(葉名琛)이 논박한 것을 인용한 후, 엽명침이 제시한 논증의 "변증법"은 "모든 질문을 매우 효과적으로 해결한다"라고 썼다(MECW 15: 161). 마르크스에 따르면 영국의 행동은, 같은 해 니카라과를 침입한 악명 높은 미국인 윌리엄 워커(William Walker)의 행동과 마찬가지로 변호될 수 없다. 마르크스의 보도는 다음과 같은 말을 포함한다.

논쟁을 참다못해, 영국군 제독은 즉시 광저우시 총독 관저로 침범해 들어가면서 동시에 강에서는 제국 [중국] 함대를 파괴한다. ······ 세계 문명국들이 가공의 외교적 관례를 위반했다는 혐의로 선전포고 없이 평화로운 국가를 침략하는 이러한 방식을 승인할 것인지는 의문스럽다(MECW 15: 162~163).

동시에 마르크스는 "그 악명 높은 구실에도 불구하고" 1839~1842년 1차 아편전쟁을 부분적으로 정당화하는데, 이는 그 전쟁이 "중국의 무역개방 전망"을 포함했기 때문이다. 그는 2차 아편전쟁이 "그 무역을 방해"하는 것에 지나지 않을 것이라고 쓴다(MECW 15: 163). 『공산당 선언』의 1차 아편전쟁과 관련한 입장으로 잠깐 후퇴했음에도 불구하고, 1857년 마르크스 기사의 전반적인 어조는 굳건하게 반식민주의적이다. 그는 뒤이은 몇몇 기사들 중 한 편에서, 자신의 단골 비판 대상인 영국 총리 헨리 파머스턴 경(Henry Palmerston)[38]이 하락하는 자신의 지지도를 지탱하기 위해 영국의 대외 강경론적 정서에 호소함으로써 모든 개입을 "계획했다"는 점을 시사한다(MECW 15: 218).

1857년 3월 22일 발행된 ≪뉴욕 트리뷴≫ 기사에서, 마르크스는 다시 한번 "중국인에 대한 대대적 비난을 하고 있는" "잉글랜드의 정부계 신문과 미국 언론 일부"에 대한 논박을 시도한다(MECW 15: 233).

"영국의 인명과 재산은 중국인의 공격적 행동으로 위험에 처했다!"라는 얄팍한 구실로, 광저우의 죄 없는 시민과 평화적인 상인이 학살되었고, 그

---

38 파머스턴에 대한 마르크스의 잦은 비판은 이 책의 제2장과 제3장에서 논의된다.

들의 거주지는 완전히 망가졌으며, 인간의 권리는 훼손되었다. 영국 정부와 영국인은, 적어도 이 문제를 검토해 보려고 한 자라면, 그러한 고발이 얼마나 거짓된 것이며 공허한 것인지 알고 있다. …… 이러한 싸잡는 식의 주장은 근거가 없다. 영국인 측 부상자 1명에 대해, 중국인 측에서 불평을 터뜨릴 수 있는 부상자는 최소한 99명 있다. 영국의 보호 아래 중국에서 거주하는 외국인이 매일 일으키는 터무니없는 조약 위반에 관해 영국 언론은 얼마나 조용한가! 우리는 인명과 도덕성을 희생시키면서 영국 국고를 매년 채우는 불법적인 아편 무역에 관해 어떠한 것도 듣지 못한다. 우리는 수출입 상품에 대한 정당한 수입을 중국 정부로부터 사취하는 것을 통해 이루어지는 하급 관리의 지속적인 매수에 관해 어떠한 것도 듣지 못한다. 우리는 페루 연안과 쿠바의 노예보다 더 못하게 팔려, 현혹되고 속박된 이주자를 "사망까지도" 이르게 하는 학대에 관해 어떠한 것도 듣지 못한다. 우리는 중국인의 소심한 본성에 맞추어 종종 행해지는 위협적 태도에 관해, 혹은 무역에 개방된 항구에서 외국인이 전파한 악행에 관해 어떠한 것도 듣지 못한다(MECW 15: 234~235).

동시에, 마지막 문장 중 "소심한" 중국인에 관한 어조에서 볼 수 있듯 그는 계속해서 일정 수준의 오만함을 드러낸다.

마르크스는 더 나아가, 영국 대중, 즉 "자신들이 차를 구입하는 식료품점 이상으로는 보지 않는 모국의 영국 사람"은 이러한 사실을 직면하기를 거부하고 있다고 쓴다. 그러나 사실은 영국인이 말로 다 할 수 없는 분노를 사고 있다고 그는 결론 내린다. "한편 중국에서는 아편전쟁 기간에 영국인에 반대해 불붙은, 억눌린 증오의 불길이 돌연 적대감의 불꽃으로 옮겨 붙기 시작했는데, 이는 어떠한 평화와 우정의 다정함으로도 꺼트릴 수 있을 것 같지 않다"(MECW 15: 235).

엥겔스는 1857년 6월에 발행된 ≪뉴욕 트리뷴≫의 군사 분석 기사에서 이러한 지점에 덧붙여 말한다. 엥겔스에 따르면, 영국인은 "자신들에게 반대하는 민족 전쟁"이 시작되려는 중국의 새로운 상황에 직면하고 있을지도 모른다. 그러한 전쟁은 게릴라 투쟁의 형태를 취할 것이다.

중국인 사이에는 이제 1840~1842년의 전쟁 동안 그들이 보여준 것과는 분명하게 다른 정신이 있다. 그때 사람들은 조용했다. 그들은 침략자와 싸우는 것을 황제의 병사들에게 맡겨두었고, 패배한 이후에는 동양적 숙명론으로 적의 권력에 복종했다. 그러나 이제, 적어도 지금까지 싸움이 국한되었던 남부 지방에서는 대중이 외국인에 대한 투쟁에서 적극적으로, 아니 그렇다기보다는 열광적으로 가담한다. 그들은 유럽인 주민의 빵에 독을 넣는다. …… 그들은 손이 미치는 범위에 있는 모든 외국인을 납치하고 죽인다. …… 무방비의 도시에 뜨거운 포탄을 발사하고 살인에 강간을 더하는 소위 문명의 전파자들은 어쩌면 그러한 [싸움] 체계를 비겁하고 잔혹하며 끔찍하다고 부를지도 모른다. 그러나 만약 그것이 유일하게 성공적인 것이라면, 중국인에게 무슨 상관이겠는가? 영국인이 그들을 야만인으로 취급했기 때문에, 그들이 야만인의 이점을 충분히 이용하는 것을 영국인은 막을 수 없다. 만약 그들의 납치, 기습, 야밤의 학살은 비겁한 짓이라고 하려면, 그들의 설명처럼 그들이 자신들의 평범한 전투수단으로는 유럽의 파괴수단에 저항할 수 없다는 점을 소위 문명의 전파자들은 잊어서는 안 된다(MECW 15: 281).

태평천국운동과 결합된 이러한 전국적인 투쟁으로 인해 "구중국의 사망시점은 빠르게 가까이 다가오고 있"(282)는데, 이는 "모든 아시아의 새로운 시대"(283)를 가져올 것이라는 점을 시사한다고 엥겔스는 쓴다.

몇 달 후, 그때까지 인도의 1857년 세포이 항쟁에 관해서도 쓰고 있던 마르크스는 1857년 9월에 발행된 ≪뉴욕 트리뷴≫ 기사에서 1839~1842년 1차 아편전쟁에 관한 초기 관점을 암묵적으로 철회한다. 그는 유럽의 잔인성에 관한 사례를 언급함으로써 인도인 반란자들의 잔혹행위에 관한 보고서의 배경을 설명하는데, 이 사례는 1차 아편전쟁에 관한 다음의 문단을 포함한다.

세포이의 잔혹행위에 필적하는 것을 찾기 위해, 런던의 몇몇 신문이 주장하듯, 우리가 중세 시대까지 후퇴해서까지 또는 현대 잉글랜드의 역사를 넘어서서까지 둘러볼 필요는 없다. 우리에게 필요한 것은 1차 중국 전쟁, 말하자면 바로 작금의 사건을 연구하는 것이다. 당시 영국 군대는 단지 즐겁다는 이유로 혐오스러운 짓들을 저질렀다. 그들의 열정적 활동은 종교적 광신으로 죄 사함을 받은 것도 아니고, 고압적인 정복자 인종에 반대하는 증오로 격화된 것도 아니며, 영웅적인 적의 단호한 저항으로 유발된 것도 아니다. 여성에 대한 성폭력, 아이들 꼬챙이로 찌르기, 촌락 전체의 방화는 단지 무자비한 스포츠였고, 이는 중국 관리가 아니라 영국 장교들 자신에 의해 기록되었다(MECW 15: 353~354).

중국에 관한 마르크스의 기사는 이 시기 인도에 관한 기사와 함께 영국의 잔인한 행위에 대한 보고로 가득 차 있으며, 여기에 식민주의의 유익성에 관한 언급은 거의 없다.

일 년 후인 1858년 9월, 중국에서 전쟁이 일시적인 소강상태에 도달했을 때, 마르크스는 ≪뉴욕 트리뷴≫에 「아편 무역의 역사(History of the Opium Trade)」라는 제목의 기사 두 편을 게재했다. 그중 한 편에서, 그는 영국의 아편전쟁이 중국에 강요한 근대화 유형의 모순적 성격을 시적인 표현으로 환기함으로써 글을 마무리 짓는다.

저 거대한 제국, 인류의 약 1/3을 포함하고 시간의 가혹함 앞에서도 무기력하게 존재하며 전 세계적인 교류[39]를 강제로 차단해 고립되었고 따라서 천조(Celestial)의 완벽함이라는 망상으로 스스로를 속이고 만 저 제국은 마침내 치명적인 승부 상황이라는 운명을 맞닥뜨려야만 하는데, 이때 구세계의 대표자는 도덕적 동기에 자극받은 것으로 보이는 반면, 압도적인 근대 사회의 대표자는 가장 저렴한 시장에서 구매하고 가장 값비싼 시장에 판매하는 특권을 위해 싸우는데, 이는 정말이지 지금껏 어떠한 시인이 감히 상상했던 것보다 더 생소한 일종의 비극적인 시이다(MECW 16: 16).

여기서 마르크스의 논의는 헤겔이 『정신현상학』에서 소포클레스의 극중 인물 안티고네의 운명을 다루는 방식을 상기시키는데, 이러한 헤겔의 논의 방식을 죄르지 루카치는 "윤리 영역에서의 비극"이라는 자신의 개념을 분석하면서 아래와 같이 다룬다.

안티고네에 관한 헤겔의 관점에서 놀라운 것은 모순의 양극단이 긴장된 통일에서 지속되는 방식이다. 한편에는 부족사회가 그것을 계승하는 계급 사회보다 도덕적으로, 인간적으로 더 높은 곳에 위치한다는 인식, 그리고

---

39 "교류(Intercourse)"는 독일어 Verkehr에 상응하는 것으로, 여기에서는 19세기적 의미에서 경제적 관계 혹은 여러 문화 간 소통을 의미한다.

부족사회의 붕괴는 비열하고 사악한 인간 충동의 해방으로 야기되었다는 인식이 있다. 다른 한편에는 이러한 붕괴가 불가피했다는 확신, 그리고 그 붕괴가 분명한 역사적 진보를 의미했다는 똑같이 강력한 확신이 있다.

물론 중국이 수천 년 동안 부족 사회 혹은 클랜 사회였던 것은 아니지만, 마르크스의 논의에서 헤겔의 논의가 반복되는 것은 루카치가 "진보에 관한 모순적 관점"(Lukács [1948] 1975: 412)이라고 부른 것을 중심으로 이루어진다. 이 관점에서는 매우 중요한 무엇인가가 인류가 "진보"하는 모든 단계에서 상실되며 이는 진보가 필연적으로 보이는 것만큼 필연적이다.

1859년 9월, 베이징 약탈을 준비한 영국 및 새로이 참가한 프랑스와의 2차 아편전쟁이 다시 달궈졌을 때, 마르크스는 중국에 관한 몇몇 추가 기사를 ≪뉴욕 트리뷴≫에 냈다. 그는 영국인과 프랑스 "침략자들"이 거의 500명의 사상자를 냈으며, 또한 그들이 베이징으로 항해하려 시도했을 때 하이허강 입구에서 3척의 배를 잃었다고 유쾌하게 보도한다. 강경 외교주의적인 "파머스턴적인 언론"은 "대대적인 복수를 위해 만장일치로 포효"하면서 이러한 "불쾌한 소식"을 열렬하게 알리고 있었다. 마르크스는 그들 스스로를 중국인보다 "우월"하다고 선언하고 영국인이 "그들의 주인이 되어야 한다"라고 단언한 영국 논설위원을 조롱한다(MECW 16: 509). 그는 이러한 표현을 다름 아닌 "파머스턴의 글쟁이들이 하는 헛소리"라고 칭한다(510). 마르크스는 파머스턴이 보나파르트와 함께 본국에서 하락하는 지지도를 지탱하기 위해 "또 다른 중국 전쟁을 원한다"라고 쓴다(512).

1857~1859년 동안 발행된 중국에 관한 기사에서, 마르크스의 생각은 두 가지 주요한 점에서 『공산당 선언』이나 인도와 중국에 관한 1853년 기사의 관점으로부터 이동하기 시작했다. 가장 두드러지게, 그는 식민주의

의 소위 진보적 영향을 더 이상 칭송하지 않는데, 사실 영국과 프랑스의 식민주의를 가장 강력한 표현으로 비난한다. 무엇으로 이러한 변화를 설명할 수 있을까? 한 가지 요인은 자본주의에 대해 커져만 가는 그의 환멸감으로, 그가 더 이상 자본주의의 진보적 영향에 대한 믿음을 강하게 가지지 않는다는 의미에서 그렇다. 이는 그의 1856년 4월 14일 「피플스 페이퍼 창간 기념 연설」에서 볼 수 있는데, 이 글은 며칠 후 이 차티스트 기관지에서 발행되었다. 마르크스는 여전히 "증기, 전기, 자동 뮬 방적기는 혁명가였습니다"라고 선언했으나, 1856년의 이 어조는 자본주의적 진보에 관해 이전보다 더 우울하고 훨씬 덜 낙관적이다.

한편으로는 산업, 과학의 영향력이 생명을 얻기 시작했는데, 이는 이전의 인류 역사 가운데 어떠한 시대에서도 짐작할 수 없었던 것입니다. 다른 한편으로는 쇠퇴의 징후가 존재하는데, 이는 로마 제국 말기에 기록된 공포를 훨씬 능가하는 것입니다. 우리의 시대에는 모든 것이 그 반대되는 것을 잉태하고 있는 것으로 보입니다. 인간 노동을 단축시키고 그것을 열매 맺게 하는 훌륭한 힘을 재능으로 가진 기계류, 우리는 이것이 인간을 굶기고 혹사시키는 것을 봅니다. 이 새로운 부의 원천은 어떤 이상하고 기이한 주문에 의해 빈곤의 원천으로 바뀝니다. 기술의 승리는 인격의 상실로 야기된 것으로 보입니다. 인류가 자연을 정복한 것과 같은 속도로, 인간은 다른 인간의 노예 혹은 자기 자신의 악행의 노예가 된 것으로 보입니다. 과학의 순수한 빛조차도 무지의 어두운 배경 밖에서는 빛날 수 없는 것처럼 보입니다. 우리의 모든 발명과 진보는 물질적 힘에 지적 생명을 부여하는 한편, 인간의 생명에서 지성을 앗아가 물질적 힘으로 변화시키는 결과를 초래하는 것으로 보입니다(MECW 14: 655~656).

『공산당 선언』에서, 마르크스와 엥겔스가 모순에 관해 이야기하기 시작하기 전에는 모든 페이지가 자본주의적 진보를 찬미한다. 8년 후, 자본주의의 파괴성, 소외, 착취에 관한 언급은 과학적·기술적 진보에 관한 논의에 결합된다. 둘째로, 그리고 아마도 더욱 중요하게 언급되어야만 하는 것은 1859년까지 마르크스가 『요강』 작성을 끝냈다는 것인데, 이 책 제5장에서 논의할 것이지만 이 저작에서 그는 보다 복선적인 역사철학을 처음으로 상세히 서술했으며, 여기에서 아시아 사회는 노예 기반 생산양식에서 봉건적 생산양식까지의 서유럽과 동일한 단계들을 따르지 않았다.

1861년, ≪뉴욕 트리뷴≫은 국제 관련 보도를 과감하게 줄였고, 다음해 마르크스의 기사 게재를 완전히 중단했다. 마르크스는 비엔나의 ≪디 프레세(Die Presse)≫에서 기사를 쓰기 시작했고, 바로 여기에서 1862년 7월 중국에 관한 그의 마지막 중요한 기사가 발행되었다. 「중국 사건(Chinese Affairs)」이라고 이름 붙여진 이 기사는 식민지 개입이 아니라 이제는 쇠퇴하고 있는 태평천국운동에 초점을 맞추었다. 마르크스는 보수적인 1850년대 유럽, 특히 독일에서 탁자를 공중부양하도록 만들었다는 교령회가 확산되었다는 언급으로 기사를 시작한다. "탁자가 춤추기 시작하기 조금 전에, 중국, 이 살아있는 화석은 대변혁을 일으키기 시작했다"(MECW 19: 216). 따라서 중국 사회의 보수주의에 대해 넌지시 말하면서 그는 1848년 이후 유럽의 정치적 침묵 또한 언급했는데, 이는 그가 중국의 혁명적 폭발과 대조한 것이다. 이후 그는 『자본』 제1권 제1장 상품 물신성을 다룬 절에서 중국과 춤추는 탁자에 관해 이와 유사한 문단을 사용했다. 두 경우 모두에서 아이러니한 부분은 "합리주의적인" 유럽은 1850년대에 혁명적 흐름을 상실하고 그 대신 신비주의로 휩쓸려 갔으며, 반면 "신비주의적인" 중국은 신비주의가 아니라 사회혁명으로 나아갔다는 것이다.

그러나 태평천국군에 관한 그의 이전 논의가 가졌던 열정에 반해, 이제 어조는 냉담해졌다. 중국의 반란자들은 "기괴하게 혐오스러운 형태로 파괴를 창조하는데, 그 파괴에는 새로운 건설의 어떠한 맹아도 없다"라고 그는 쓴다(MECW 19: 216). 마을을 접수하자마자, 반란 지도부는 "여성과 소녀에 대해 상상할 수 있는 모든 폭력 행위를 영구히 하도록" 군대에 허용했다. 동시에 그들은 군대에 돈을 지불하지 않았는데, 이는 약탈을 조장했다. 그 결과, 반란자들이 지배하는 지역에서 처형이 매우 흔해져 "태평[천국군_옮긴이]에게 인간 머리는 배추 머리 이상을 의미하지 않는다"(217).

여기서 마르크스는 헤겔의 『정신현상학』 중 자코뱅 공포정치에 관한 논의를 확실히 암시하고 있는데, "절대 자유와 공포"에 관한 잘 알려진 논의에서 헤겔은 프랑스 혁명이 긍정적인 요소 없이, 죽음이 "배추 머리 자르기 이상의 중요성 없이" 부과되는 "단지 **부정적인** 행위 …… 단지 파괴적인 **광포**"가 되었다고 쓴다(Hegel [1807] 1977: 359, 360; 강조는 원문). 헤겔과 마르크스는 프랑스 혁명에 관련해 많은 차이를 가지고 있긴 했지만, 대공포(the Great Terror)를 포함한 프랑스 혁명을 그 파괴성에도 불구하고 역사적 진보를 생산한 것으로 보았다. 그러나 1862년 태평천국운동을 보면서, 마르크스는 진보가 아닌 "무(nothingness)"를 언급한다. 이는 태평천국군의 철학이 새로운 해방의 사상에서 기초를 찾기보다는 "화석화된 사회적 삶의 산물"이기 때문이었으며, 그것이 표현했던 것은 궁극적으로 복고적인 운동이었다고 그는 쓴다(MECW 19: 218). 따라서 중국에 관한 마르크스의 저술은 우울한 기록으로 끝난다. 서구의 제국주의와 토착적인 태평천국운동 둘 다 구질서를 심각하게 흔들었지만, 긍정적이고 해방적인 대안은 시야에 들어오지 않았다.

"이제 인도는 우리에게 최고의 동맹입니다": 1857년 세포이 항쟁

마르크스가 보다 반식민주의적인 입장으로 이동했다는 증거는 중국의 2차 아편전쟁 중반부에 발생한 1857~1858년 세포이 항쟁에 관한 기사에서도 찾을 수 있다. 문학 이론가 프라나브 자니(Pranav Jani)는 인도에 관한 이 후기 저술에서 마르크스가 "식민화된 인도인의 자주적 행동과 투쟁을 이론화하기" 시작했다고 주장한다(Jani 2002: 82). 1857년 5월 10일, 세포이[40]로 알려진 인도인 식민지 병사 집단은 반란을 일으키고 영국인 장교를 살해했다. 직접적인 자극 원인은 소총 탄약통의 기름에 힌두교도의 금기인 소의 지방과 이슬람교도의 금기인 돼지의 지방이 포함되어 있다는 소문이었다. 반란군 병사들이 델리와 다른 큰 도시를 점령했을 때, 반란은 보다 정치적인 형태로 발전했다. 그들은 무굴제국 황제의 후손인 바하두르 샤(Bahadur Shah)를 다시 한번 권좌에 앉혔다. 그러나 반란은 일관된 목표 또는 통일된 형태조차 발전시키지 못했고, 많은 측면에서 기본적으로 반식민주의적 적대감의 전통주의적·탈중앙집권적인 폭발이었다. 우월한 조직과 무기에도 불구하고, 영국인들이 이를 진압하는 데에는 꼬박 2년이 걸렸다. 서구 언론에서 과장하고 선정적으로 다룬 영국 민간인과 병사에 대한 대학살, 고문, 강간 사건들은 영국 군대가 훨씬 더 끔찍한 보복을 자행하는 구실이 되었다.

봉기 소식이 런던에 도달하자, 마르크스는 《뉴욕 트리뷴》에 그에 관한 광범위한 일련의 기사를 내기 시작했다. 이 기사들은 1857년과 1858년 동안 발행되었는데, 그중 스물한 편은 마르크스가 썼고, 열 편은 마르크스의 권유로 엥겔스가 쓴 것이다. 이는 MECW 영어판 15권에서 150쪽 이상

---

40 세포이(Sepoy, 또한 spahi, sepahi)는 병사를 뜻하는 페르시아 - 터키의 용어이다.

을 차지한다.[41] 그 기사들은 마르크스의 저술 가운데 비유럽 사회에 관해 가장 실질적으로 논의한 것 중 하나로 여겨지지만, 인도에 관한 1853년 기사들만큼 관심을 받지는 못했다.[42] 그럼에도 불구하고, 이 기사들은 1853년 인도 기사에서 나타난 영국 식민주의에 대한 조건부 지지로부터 벗어난 중요한 이론적 변화를 보여준다.

1857년 7월 15일 발행된 「인도 군대에서의 봉기(The Revolt in the Indian Army)」에서, 마르크스는 영국인들이 고대 로마인들과 마찬가지로 인도 지배에 분할 통치를 도입했다고 썼다. 즉 "다양한 인종, 부족, 카스트, 신념, 국가 간 적대감"을 대항시키는 것이 "영국 패권의 필수적 원리"였다(MECW 15: 297). 2억 이상의 인구를 지배하기 위해, 영국은 영국인 장교가 지휘하는 20만의 인도인 식민지 군대를 창설했고, 추가로 4만 명에 가까운 영국인 군대를 유지했다고 그는 언급한다. 변증법적으로 논의를 진행하면서 마르크스는 영국의 지배가 가져온 새로운 모순과 적대를 지적한다. 식민지 세포이 군대에서 영국인들은 자신도 모르는 사이에 인도의 통일된 민족적 의식과 조직을 최초로 창조했다. "영국의 지배는 …… 인도 사람이 이제까지 가져본 적이 없는 저항의 최초의 일반적 중심을 조직했다. 선주민 군

---

41 이 저술들의 대부분은 『1차 인도 독립전쟁(The First Indian War of Independence)』이라는 제목으로 모스크바의 마르크스 편집자들이 쓴 간단한 서문 및 주석과 함께 선집으로 편집되었다(Marx and Engels 1959).

42 이는 변화하고 있는 것 같다. 두 가지 오래된 마르크스 저작집이 1853년 인도 기사들만 포함하는 것에 비해(Tucker 1978; McLellan [1977] 2000), 로버트 안토니오(Robert Antonio)의 『마르크스와 근대성(Marx and Modernity)』(2003)은 1857년 기사들 중 두 편을 특별히 포함한다. 게다가 레드베터의 2007년 ≪뉴욕 트리뷴≫ 기사 저작집 단행본은 1853년부터 1859년까지 인도 기사 전체를 포함한다. 최근 인도에서 출판된 또 다른 새로운 저작집은 인도에 관한 ≪뉴욕 트리뷴≫ 기사 전체를 포함한다(Husain 2006). 대규모로 발행되는 일간지 ≪힌두(Hindu)≫의 한 평론가는 마르크스의 ≪뉴욕 트리뷴≫ 기사들이 "오늘날 신자유주의에 대한 비판으로서 현대와 매우 관련" 있다는 것을 발견했다(Venkatesh Athreya, "Marx on India under the British," *Hindu*, December 13, 2006).

대에 얼마나 의지할 수 있는지는 그 군대의 최근 반란으로 명백하게 드러난다"(297~298). 7월 6일 엥겔스에게 보내는 편지에서 마르크스는 "인도 사건은 아주 재미있습니다"라고 쓰면서 감정을 더 크게 표출한다(MECW 40: 142).

1857년 8월 4일에 발행된 두 번째 기사 「인도에서의 봉기(The Revolt in India)」에서, 마르크스는 그들이 그리 오랫동안 버틸 수 있을 것 같지 않다고 예측하면서, 델리를 점령한 반란군의 무질서를 지적한다. 그는 더 중요한 것으로 봉기가 깊은 뿌리를 내렸으며, "델리의 함락이 세포이 대열을 놀라게 했을지라도, 반란을 가라앉히거나 그 발전을 멈추게 하거나 영국 지배를 복원시키기에 충분하다고 추측하는 것보다 더 큰 실수는 없다"라는 점을 추가한다(MECW 15: 306). 영국의 통치에 대한 증오는 너무 깊어져서 이제 영국인은 "자신들의 군대가 장악한 곳에서만 지배권을 가질 수 있다"(307). 8월 14일에 발행된 그다음 기사에서 마르크스는 반란군이 예상보다 오래 델리에서 어떻게든 비티고 있다고 보도한다. 이렇게 반란군이 델리를 장악하고 있는 것과 인도 대부분 지역으로 봉기가 확산된 것이 주로 군사적 요인 때문은 아닌데, 잉글랜드가 "군사적 반란으로 여기는 것은 사실상 민족적 반란"이기 때문이라고 그는 쓴다(316).

9월 16일에 나온 마르크스의 「인도의 봉기(The Indian Revolt)」는 반란군이 저지른 잔혹 행위를 다루는데, 그는 반란군의 잔혹 행위가 "인도에서 잉글랜드 자신이 저지른 행위가 응집된 형태로 반영된 것일 뿐"이라고 쓴다. 그는 이러한 잔학 행위가 "오싹하고 소름 끼치는" 반면, "반란 전쟁, 민족 전쟁, 인종 전쟁, 그리고 무엇보다도 종교 전쟁"이 갖는 특징이라고 추가한다(MECW 15: 353). 영국 언론은 자국 군대가 저지른 잔혹 행위에 대해서는 정보를 거의 제공하지 않지만, 그럼에도 불구하고 이러한 정보는 마르크스가 런던의 ≪더 타임스(The Times)≫의 보도에서 인용한 다음과 같은 조악한 인종주의적 문장을 통해 밖으로 새어나왔다. "우리는 말을 탄채 군법회의를 열고, 우리가 만난 모든 니거(nigger)를 목매달아 죽이거나 총 쏘아 죽인다"(355). 마르크스는 유럽사와 아시아에서 유럽이 저지른 행위로부터 유사한 사례를 가져와 영국 민간인에 대한 세포이의 잔혹 행위의 맥락을 설명한다.

코, 가슴, 기타 부위 자르기, 한 마디로 세포이가 저지르는 몸서리치는 신체 절단은, 맨체스터 평화협회(Peace Society) 사무총장이 광저우 주택가에 소이탄을 발사하는 것,[43] 프랑스군 원수가 동굴에 갇힌 아랍인을 태워 죽인 것,[44] 전장터 임시 군법회의 결정 아래 아홉 가닥의 채찍으로 영국 병사의 가죽을 산 채로 벗기는 것,[45] 또는 영국의 범죄자 유형 식민지에서 이용된

---

[43] 2차 아편전쟁 초기인 1856년, 광저우 포격 결정에 중요한 역할을 했던 영국 외교관인 공리주의자 존 보링(John Bowring)에 관한 언급이다.

[44] 에마블 펠리시에(Aimable Pelissier) 장군이 1845년 알제리에서 1000여 명의 아랍 저항군 전사들을 질식사시킨 것에 대한 언급으로, 그는 이 행동으로 인해 진급했다. 이 문단은 프랑스의 알제리 점령에 관해 1848년 엥겔스가 표현한 것과는 다른 관점을 제시한다. 1857년 즈음에는 엥겔스 역시 자신이 쓴 『뉴 아메리칸 백과사전(New American Cyclopaedia)』의 알제리 항목에서 볼 수 있듯 관점을 크게 바꾼다. 마르크스는 ≪뉴욕 트리뷴≫ 편집자 찰스 다나로부터 이 백과사전에 글을 써달라는 요청을 받았는데, 이는 부분적으로 1857년 경제불황으로 ≪뉴욕 트리뷴≫의 국제 관련 보도가 감축된 결과 그가 입을 수입 손실을 보전해 주기 위한 것이었다. ≪뉴욕 트리뷴≫ 기사들에서처럼, 이 백과사전 항목의 대다수, 특히 군사적 주제는 엥겔스가 썼지만, 이는 마르크스의 이름으로 나왔다. 1857년 가을에 엥겔스가 쓴 알제리 관련 백과사전 항목이 소수의 극단적으로 자종족중심주의적인 문장을 포함함에도 불구하고, 그 전반적인 요지는 반식민주의적이다. 그는 "아랍인과 커바일(Kabyle) 부족에게 독립은 귀중하고 외국 통치에 대한 증오는 삶 그 자체보다도 더 소중한 원칙인데, 이들은 끔찍한 침략으로 탄압받고 망가져 왔고, 이 침략 속에서 주거지와 재산은 불타고 파괴되고, 자라는 농작물은 베어졌으며, 비참하고 가엾은 사람들은 계속해서 학살당하거나 욕정과 잔인성의 모든 참상의 대상이 되었다"라고 쓴다(MECW 18: 67). 또한 엥겔스는 저항운동의 지도자 압델카데르(Abd-el-Kader)를 "저 쉬지 않는 용맹한 대장"으로 지칭하면서 그에게 존경을 표한다(68).

어떠한 다른 박애주의적 수단보다도 유럽인의 기분에 더 큰 혐오감을 주고 있다. 다른 모든 것들과 마찬가지로, 잔인성에도 시간과 장소에 따라 변하는 유행이 있다. 뛰어난 학자였던 카이사르는 어떻게 수천 명의 갈리아 전사들에게 오른손을 잘라내라고 명령했는지를 솔직하게 진술한다. 나폴레옹은 이런 일을 하기를 부끄러워했을 것이다. 그는 공화주의를 지지하는 것으로 의심되던 자신의 프랑스 연대를 산토 도밍고로 파병해 흑인들[46]과 전염병에 의해 죽도록 하는 것을 선호했다. 세포이가 저지른 악명 높은 신체 절단은 기독교 비잔틴 제국, 카를 5세의 형법 규정,[47] 블랙스톤 판사가 기록한 과거 영국의 대역죄 처벌 관행 중 하나를 상기시킨다.[48] 자신들의 종교가 자기고행 기술의 거장들을 만든 힌두교도들에게, 그들 인종과 교리의 적에게 타격을 준 이러한 고문들은 꽤 자연스럽게 나타나고 있고, 또 불과 몇 년 전까지만 해도 잔인한 종교의 유혈 의식을 보호하고 거들며 저거너트 축제(Juggernaut festival)[49]로부터 여전히 수익을 얻곤 했던 영국인에게는 훨씬 더 많이 나타날 것임이 틀림없다(MECW 15: 356).

다음날 발행된 또 다른 기사는 인도에서 영국인이 오래 사용하거나 용

45　특징적으로, 마르크스는 자신 특유의 생각에 따라 국제적 분리를 가로질러 억압받는 집단들의 경험을 분리하지 않고 연결하기를 추구한다. 대부분의 다른 서구 군대는 그러한 관행을 중단한 시기에, 영국 군대에서 사병에 대한 심각한 태형이라는 흔한 관행이 발생하는 것을 비판하면서 마르크스와 엥겔스가 1855년 ≪뉴욕 트리뷴≫에 쓴 기사 「사병들에 대한 처벌」을 또한 보라(MECW 14: 501~503).

46　아이티 혁명에 관한 언급이다.

47　16세기 신성로마제국 황제 카를 5세가 종교개혁을 억누르려 하던 때에 제정된 극도로 가혹한 형벌 법전에 관한 언급이다.

48　블랙스톤의 『잉글랜드 법 주해(Commentaries on the Laws of England)』에 관한 언급이다.

49　열렬한 숭배자가 종종 거대한 수레의 바퀴 아래로 뛰어들어가 자살하는 힌두교 축제의 일환으로, 비슈누 신의 화신인 저거너트[크리슈나 신이라고도 부른다_옮긴이] 조각상을 수레에 실어 이동시키는 축제에 관한 언급이다.

납한 고문의 형태를 상술하고 나서, "피지배대상을 학대해 온 외국인 지배자를 한 민족이 쫓아내려는 것이 정당하지 않은지"를 묻는다(341).

또한 1857년 9월 16일의 「인도의 봉기」에서 마르크스는 인도인의 저항의 성격과 관련한 중요한 변증법적 주장을 밝힌다. 그는 영국인이 형성한 사회의 일부로부터, 식민지 장치(apparatus) 그 자체에 내재한 깊은 모순으로부터 그러한 성격이 야기된다는 점에 주목한다.

> 인류사에는 응보와 같은 무엇인가가 있다. 그리고 그 수단은 피해자가 아니라 가해자 자신에 의해 벼려지는 것이 역사적 응보의 법칙이다. 프랑스 군주에게 가해진 첫 번째 타격은 소농이 아니라 귀족에게서 비롯되었다. 인도인의 봉기는 영국인에게 고통받고 모욕당하며 발가벗겨진 라이야트로부터가 아니라, 영국인에게 입을 옷을 마련받고 먹을 것을 제공받으며 총애받고 살찌워졌으며 애지중지받은 세포이로부터 시작된다(MECW 15: 353).

어떠한 측면에서, 이는 『공산당 선언』의 언어와 공명한다.

> 부르주아지가 봉건제를 무너뜨릴 때 사용한 무기는 이제 부르주아지 자신들에게로 되돌려진다. 그러나 부르주아지는 단지 자신들에게 죽음을 선사할 무기를 버린 것만은 아니었다. 그것은 그 무기를 휘두르려는 사람들을 발생시켰다. 바로 근대 노동계급, 프롤레타리아트이다. 부르주아지, 즉 자본이 발전함에 따라, 같은 비율로 프롤레타리아트, 근대 노동계급도 발전한다(MECW 6: 490).

세포이 항쟁을 통해 마르크스는 식민지 인도에서 자본주의가 노동계급을 벼리는 것과 유사한 무엇인가를 발견했다. 따라서 식민주의의 바로 그 발전이 그 자신의 무덤을 파는 자를 생산해 내고 있었다. 이러한 변증법적 전환은 『공산당 선언』의 아시아 관련 부분과 1853년 인도 관련 기사들 대부분에는 보이지 않는다.

1857년 9월, 마침내 델리가 함락된 이후, 마르크스는 11월 14일 발행된 기사에서 영국의 승리는 힌두교도와 이슬람교도 간, 반란군 병사와 델리의 상층계급 간의 "내적 불화"로부터 도움을 받았다고 쓴다(MECW 15: 375). 델리 탈환에 관한 군사적 분석 글에서, 엥겔스는 "어떠한 민족도, 프랑스인조차도 자화자찬에서 영국인과 맞먹지 못하는데, 특히 용기가 문제의 핵심일 때 그렇다"(392)라고 주장하면서, 그 탈환이 영웅적 행위였다는 영국의 주장을 조롱한다.

1858년 1월 16일 엥겔스에게 보내는 편지에서, 마르크스는 세포이 항쟁에 관해 강력하게 선언한다. "이제 인도는 우리에게 최고의 동맹입니다"(MECW 40: 249). 이 주목할 만한 편지는 1983년 MECW를 통해 최초로 전체 분량이 영문 출판되었는데, 이 편지는 마르크스가 요강을 쓰고 있던 바로 그 시기에 헤겔주의 변증법과 자신의 경제이론 간 관계에 관해 진술한 잘 알려진 글이기도 하다.

나는 지금까지 제기된 이윤에 관한 이론을 완전히 뒤집었습니다. 논의의 **방법**과 관련해 나에게 커다란 도움을 준 것은 단지 우연하게 다시 한번 살펴본 헤겔의 『논리학』이었습니다. 프라일리그라트[50]가 원래 바쿠닌의 소유

---

50 페르디난트 프라일리그나트(Ferdinand Freiligrath)는 마르크스의 가까운 친구이자, 공산주의자 동맹에서 적극적으로 활동한 시인이었다.

인 헤겔 서적 몇 권을 찾아서 나에게 선물로 주었습니다. 만약 언젠가 그러한 작업이 다시 가능해지는 시간이 온다면, 나는 헤겔이 발견했을 뿐 아니라 신비화하기도 한 방법의 **합리적** 측면을 일반 독자가 이해하기 쉽도록 두세 장 분량으로 정말이지 쓰고 싶습니다(MECW 40: 249).

또한 이 편지는 차티스트 지도자 어니스트 존스의 우경화를 다룬다. 이러한 의미에서 마르크스에게 인도에서의 봉기는 유럽 노동자들의 투쟁이나 그의 『요강』 저술, 또는 이 문제에 대한 헤겔주의적 변증법과 완전히 분리된 영역에 있는 것이 아니었다. 따라서 보수적이었던 1850년대 동안, 즉 존스의 운명으로 예를 들 수 있듯이 서구 혁명운동이 전진하지 않고 있던 시기에, 마르크스는 인도의 세포이 투사들을 서구 혁명운동의 "최고의 동맹"이라고 생각했던 것이다.[51]

---

51 이 유명한 편지 중 헤겔, 경제이론, 존스에 관한 부분은 마르크스와 엥겔스의 왕복서한집으로 처음 영문 출판되었지만([1934] 1965), 불행하게도 여기에 인도에 관한 문장은 누락되었다. 그것은 Marx and Engels(1959)로 별도로 출판되었다! 이렇게 마르크스를 서로 다른 주제 영역별로 잘게 썰어내는 것은 그의 세계관이 가지는 다차원성을 이해하기 어렵게 만든다.

제2장

러시아와 폴란드

민족해방과 혁명의 관계

마르크스가 자신의 글에서 다룬 다양한 비서구사회 중 어떠한 것도 러시아보다 더 많은 관심을 받지는 못했다. 심지어 인도조차도 그렇다. 20세기 대부분의 기간 동안, 러시아는 혁명 및 마르크스주의와 동일시되어 왔고, 또한 스탈린 치하에서 발생한 전체주의 체제와 동일시되어 왔다. 그러나 19세기에 러시아는 사실상 모든 진보주의자에게 — 그들이 사회주의자이든 아나키스트이든 혹은 자유주의자이든 간에 — 유럽의 가장 보수적인 강대국으로 여겨졌다. 잉글랜드가 강력한 의회와 더불어 입헌군주체제를 발전시켰고 주요 강대국으로는 무엇보다도 프랑스가 — 프로이센, 오스트리아 역시 마찬가지로 — 1848~1849년에 민주주의 혁명을 경험했다. 반면 러시아는 홀로 혁명에 면역된 것처럼 보였다. 적어도 1848년의 마르크스와 다른 이에게는 그렇게 보였다. 그들에게는 18세기 초반 표트르 대제(Tsar Peter the Great) 치하에서 시작된 근대화 계획조차도 이미 극도로 권위주의적이었던 체제, 이후 유럽정치에서 주요 국가로 부상할 체제를 강화시키는 것이었을 뿐이다. 1795년 1차 프랑스 혁명 동안, 러시아는 오스트리아 및 프로이센과 함께 폴란드의 최종 분할에 참가했으며, 동시에 그곳의 민주주의 운동을 분쇄했다. 20년이 지난 후, 러시아 군대는 나폴레옹을 패배시키고 오스트리아 대공 메테르니히(Metternich)의 신성동맹을 위한 길을 여는 데 결정적인 역할을 했다. 이 협정은 1815년부터 1848년까지 30년 이상 오스트리아, 프로이센, 러시아를 결속시켰는데, 이는 더 이상의 혁명적 봉기를 예방하기 위한 목적이었다. 이후 1849년에 차르 니콜라이 1세(Nicholas I)

는 비엔나와 헝가리의 혁명으로 위협받는 오스트리아 – 헝가리 황제 프란츠 요제프(Franz Josef)가 다시 왕좌에 복귀하도록 돕기 위해 중유럽으로 20만 명의 군대를 보냈다.

마르크스에게 영국은 산업혁명으로 인해 봉건적 잔재가 가장 많이 제거된 국가였다. 프랑스는 민주주의 항쟁이, 그리고 1848년 이후에는 노동계급의 항쟁이 가장 뿌리 깊었던 곳이었다. 독일은 헤겔주의 관념론에 대한 비판적 전유로부터 혁명적 철학의 근대적 형태가 탄생한 곳이었다. 대조적으로 러시아는 도전받지 않는 전제주의가 권력을 유지하는 곳이자, 유럽 전역의 반혁명적 세력으로서 힘을 얻는 것처럼 보이기까지 하는 곳이었다. 1849년 5월, 민주주의 혁명이 오스트리아 – 헝가리 제국 군대와 차르 니콜라이 1세의 군사적 개입에 맞서고 있던 비엔나, 헝가리에서의 최후 결전을 언급하면서, 마르크스는 다음과 같이 쓴다. "그리고 동쪽에서는 모든 국적의 전사들로 구성된 혁명적 군대가 이미 러시아 군대로 대표되는 구유럽 동맹에 맞선 반면, 파리에서는 '붉은 공화국'의 위협이 다가온다"(MECW 9: 454).

마르크스는 프로이센 정부의 진압이 시작되기 직전인 1849년 5월 19일, 자신과 엥겔스가 발행한 ≪신라인 신문(Neue Rheinische Zeitung)≫ 마지막 호에 이 글을 게재했다. 그와 엥겔스는 러시아를 **탁월한** 반혁명적 강대국으로 여겼다. 1850년 초, 엥겔스는 서유럽 반동 세력의 취약함에 관해 쓰면서, "프로이센인과 오스트리아인의 2/3는 민주주의라는 질병에 감염되었다"라고 주장했다. 그러나 이는 정확히 폴란드 – 독일 국경선에 주둔한, "당장 행군할 준비"가 된 러시아의 35만 군대의 경우에는 그렇지 않았다고 그는 불길하게 단언한다(MECW 10: 15). 1860년대 러시아에서 농촌 지역에 기대를 거는 혁명운동이 나타난 사이, 마르크스의 딸인 엘리노어 마르크스(Eleanor Marx)와 에드워드 아벨링(Edward Aveling)은 러시아와 터키에 관한 마르크스의 1850년대 저술 선집 서문에 다음과 같이 씀으로써 차르 체제에 대한 1897년까지의 유럽혁명가들의 태도를 잘 요약했다. "오늘날에는 더 이상 러시아와 동의어가 전혀 아닌 현재의 러시아 정부는 '50년대'에 그러했듯 모든 진보의 최대 적이자 반동의 최대 거점이다"(Marx [1897] 1969: viii~ix). 러시아의 비밀경찰은 1881년 확대되어 오흐라나(Okhrana)로 개명되기도 했는데, 1850년대에 이미 무시무시한 조직이었다. 그 비밀경찰은 본국에서 반대파에게 재갈을 물렸을 뿐 아니라, 해외의 민주주의자와 혁명가, 러시아인은 물론 비러시아인까지도 감시했다. 마르크스와 그 세대는 비밀경찰을 어디에나 존재하는, 사악한 세력으로 여겼는데, 이는 20세기 좌파들이 미국 중앙정보국(CIA)을 바라보는 방식과 유사하다.[1]

반혁명적인 위협으로서의 러시아

1850년대에 마르크스는 유럽혁명운동이 다시 영향력을 미칠 경우 또다시 개입할 준비가 된 강대국으로서의 러시아에, 그리고 러시아 혁명운동의 부재에 초점을 맞추었다. 이 시기에 마르크스는 러시아 촌락의 공동체적인 형태가 다른 형태의 동양적 전제주의의 경우와 같이 전제적인 사회 및 정치체제를 뒷받침한다고 주장했다. 1853년 2월 8일 발행된 ≪뉴욕 트리뷴≫ 기사인 「선거 ― 금융의 먹구름 ― 서덜랜드 공작부인과 노예제(Elections.―Financial Clouds.―The Duchess of Sutherland and Slavery)」에서 고대

---

1 잘 알려진 문학 작품인 조지프 콘래드(Joseph Conrad)의 『비밀요원(The Secret Agent)』(1907)에서 볼 수 있듯이, 이러한 태도는 20세기 초에도 지속되었다. 폴란드 혁명가의 후손이었던 콘래드는 러시아인 외교관 블라디미르를 아나키스트의 극적인 테러 음모의 조종자로 묘사하는데, 러시아의 목표는 이를 통해 서구에 충격을 주어 혁명운동을 강력히 탄압하도록 하는 것이다.

스코틀랜드 클랜 체제와 자본주의적 농업에 의한 그 근절을 논의하면서, 그는 이 전근대적 체제를 러시아의 공동체적 촌락과 꽤 유사한 것으로 보았다.

"위대한 사람(great man)", 즉 클랜의 족장은 모든 가족의 아버지처럼 한편으로는 꽤 독단적이고, 다른 한편으로는 혈족 등등에 의해 그 권력이 꽤 제한되어 있다. 클랜과 가족이 스스로 정착한 지역은 클랜과 가족에게 속했는데, 이는 러시아에서 소농 공동체가 점유한 토지가 개별 소농이 아니라 공동체에 속하는 것과 정확히 똑같다. 따라서 그 지역은 가족의 공동 소유물이었다. 근대적인 의미에서 보자면 이 체제 아래에서 사적 소유물에 관해서는, 클랜 구성원의 사회적 실존을 우리 근대 사회 한가운데 살고 있는 개인들의 그것과 비교하는 것에 관해서와 마찬가지로 더 이상 논점이 있을 수 없다. …… 따라서 당신도 알겠지만, **클랜**은 군사적 방식으로 조직된 가족일 뿐이며, 어느 가족처럼 사실상 법률로는 거의 규정되지 않고 단지 전통에 밀접하게 속박된다. 동일한 혈족임에도 불구하고 지위 차이가 만연한 곳에서도 모든 고대 아시아적 가족 공동체에서와 마찬가지로 토지가 가족의 소유물이다(MECW 11: 488).

이것은 마르크스가 "전제적인" 러시아 촌락의 사회구조와 근대 서유럽 대부분 지역의 사회구조 사이에 존재하는 첨예한 차이를 처음으로 논의하는 곳으로 보인다. 제6장에서 다룰 것이지만, 마르크스는 1870년대쯤에는 자신의 입장을 바꾸어 러시아의 공동체적 촌락을 혁명의 중심지가 될 가능성이 있는 곳으로 보기 시작했다. 그러나 1850년대 초 러시아 관련 저술에서는, 인도에 관한 1853년 저술에서와 마찬가지로, 이러한 공동체적 형태의 거의 1차원적 성격이라고 그가 여긴 것에 초점이 대신 맞추어졌다.

남부 슬라브인에 관한 특별한 반감을 가지고 있었던 엥겔스는 러시아의 공동체(commune)가 혁명의 근거지라는 생각 — 이는 이후 아나키스트가 된 미하일 바쿠닌(Mikhail Bakunin)과 같은 수많은 민주적 러시아인 망명자가 가졌던 관점이었다 — 을 명확하게 무시했다. 이는 1852년 3월 18일 마르크스에게 보내는 편지에서 확인된다. "사실상 바쿠닌만이 무엇에라도 도달했는데, 이는 아무도 러시아어를 몰랐기 때문입니다. 또한 공동체적 소유라는 오랜 슬라브 체제를 공산주의로 탈바꿈시키고 러시아인 농노를 타고난 공산주의자로 묘사하는 오래된 범슬라브주의 책략으로 많은 일들이 벌어질 것입니다"(MECW 39: 67). 마르크스와 엥겔스가 보기에 바쿠닌과 다른 이들 — 예컨대 알렉산드르 게르첸(Alexander Herzen) 같은 이들 — 은 흐리멍덩한 러시아 민족주의의 동요 아래에 있었고, 반면 이외의 러시아인 망명자들은 실제로는 차르의 첩보원이었다(Eaton 1980).[2]

1853년 7월, 크림전쟁이 발발한 이후 마르크스는 러시아에 반대해 오스만 제국과 그 동맹국인 영국 및 프랑스를 공개적으로 지지했다. 앞에서 언급했듯이, 이 시기 마르크스는 엥겔스가 동방문제에 관해 더 많이 알고 있다고 여겼다. 마르크스의 권유로, 엥겔스는 전쟁 직전인 1853년 4월 12일 발행된 ≪뉴욕 트리뷴≫ 기사를 썼다. 그 기사는 러시아에 관한 다음의 관점으로 마무리된다.

2　엥겔스와 범슬라브주의에 관한 추가 내용은 다음을 보라. 마르크스와 바쿠닌이 1840년대 이후 계속해서 중요한 차이를 보였음에도 불구하고, 마르크스는 1853년 영국 신문에 보낸 편지에서 바쿠닌을 러시아의 첩보원이라는 혐의로부터 공개적으로 방어했다(MECW 12: 284~286, 290~291). 이러한 혐의는 맹렬한 반러시아 입장의 영국 귀족이자 전 외교관이었던 데이비드 어커트(David Urquhart)의 추종자들이 제기했다. 어커트 무리는 몇몇 소규모 신문과 기타 매체를 관리했는데, 이들은 1850년대에 러시아에 관한 마르크스의 수많은 기사를 발행했다.

러시아는 지금도 분명한 정복 국가이고, 1789년의 거대한 운동이 어떠한 강력한 활동을 가공할 만한 성격의 적대자로 소환할 때까지의 한 세기 동안에도 그러했다. 우리는 유럽혁명[1848년 혁명_옮긴이], 즉 민주적 사상의 폭발력과 자유에 대한 인간의 선천적인 열망을 말하고 있다. 이 시대 이후로 유럽대륙에는 정말이지 두 개의 세력만이 존재했다. 러시아와 절대주의, 그리고 혁명과 민주주의가 그것이다. 잠깐 동안은 혁명이 진압되는 것처럼 보였지만, 그것은 변함없이 심원하게 계속 남았고 또 두려움의 대상이었다. 밀라노에서 뒤늦게 발생한 봉기 관련 소식이 알려주는 반동 세력의 테러를 보라.[3] 그러나 러시아가 터키에 관한 소유를 차지하게 두면, 러시아 세력은 거의 절반은 커질 것이고 다른 모든 유럽이 힘을 합친 것보다도 우월해질 것이다. 이러한 사건은 혁명운동에 이루 말할 수 없는 재앙이 될 것이다. …… 이 경우에 혁명적 민주주의와 잉글랜드의 이해는 함께 관련되어 있다. 이 중 무엇도 차르가 콘스탄티노플을 그의 수도로 만드는 것을 허락할 수 없다(MECW 12: 17).

크림전쟁 동안 마르크스와 엥겔스는 수십 편의 유사한 기사를 게재했는데, 때로는 러시아를 상대로 성의 없는 군사적 노력만을 하고 있다고 잉글랜드와 프랑스를 질책했다.

몇 년 후, 마르크스의 사후에 쓴 글에서 엥겔스는 크림전쟁을 "엉터리 전쟁"이라고 불렀다(MECW 26: 461). 영국의 성의 없음에 대한 이러한 비판

---

3   1853년 2월 밀라노 봉기에 관한 언급으로, 그때 밀라노는 여전히 오스트리아 지배하에 있었는데 이탈리아 민주주의자 주세페 마치니(Giuseppe Mazzini)의 지지자들이 봉기를 주도했다. 마르크스 역시 《뉴욕 트리뷴》에서 쓴 바 있는 이 봉기는 이탈리아 노동자와 헝가리 난민 모두에게서 강력한 지지를 이끌어냈지만 오스트리아 군대에 의해 분쇄되었다.

의 주 대상은 헨리 파머스턴 경이었는데, 마르크스는 그를 러시아에 대한 지지, 중국 침략, 노동에 대한 반대 입장, 또는 이후 미국의 남북전쟁 동안 남부로 기운 성향 어느 것에서든 완전히 반동적인 정치인이라고 판단했다. 1853년 8월 12일 발행된 한 ≪뉴욕 트리뷴≫ 기사에서 마르크스는 한편으로는 파업 중인 영국 노동자에게 "태형"을 요구하는 사설을 실은 친파머스턴 신문 ≪모닝 포스트(Morning Post)≫를 인용하며 맹비난하고, 다른 한편으로는 러시아의 "광란에 찬" 야망을 맹비난한다(MECW 12: 225, 231). 오스만 제국이 전혀 민주적이지 않았음에도 불구하고, 마르크스에게 오스만 제국은 혁명운동의 실질적인 위험은 아니었다. 사실 취약한 오스만 체제는 "혁명을 위해 콘스탄티노플을 맡아두고 있다"라고 그는 결론짓는다(MECW 12: 231). 1853년 9월 2일 발행된 또 다른 ≪뉴욕 트리뷴≫ 기사에서 마르크스는 반터키 및 반이슬람 인종주의를 강력하게 비판하는데, 그의 관점에서 볼 때 이는 러시아의 공격적인 움직임에 대한 안일한 태도를 야기했다. "지난 20년 동안 다음의 몇 가지 확신이 커졌다. 유럽의 터키인은 유럽에 불법으로 침입한 자들이다. 그들은 유럽의 거주자들이 아니다. 그들의 고향은 아시아이다. 마호메트교는 문명화된 국가에 존재할 수 없다"(MECW 12: 274).[4]

1853년 가을, 마르크스는 차티스트 신문 ≪피플스 페이퍼≫에, 그리고 나중에는 팸플릿으로 「파머스턴 경(Lord Palmerston)」[5]이라는 제목의 일련의 기사를 게재했는데, 이 글은 MECW에서 60쪽가량을 차지한다(MECW

---

4 여기서 마르크스는 맨체스터 학파의 자유주의자 리처드 코브던(Richard Cobden)의 의회 연설을 긍정적으로 요약하고 있다.

5 이 글은 본래 ≪뉴욕 트리뷴≫을 위해 작성되었는데, 팸플릿에서는 단지 요약된 형태로 발행되었다.

12: 345~406). 같은 해 11월 2일, 마르크스는 엥겔스에게 보낸 편지에서 이제 자신은 "파머스턴은 수십 년 동안 러시아에 고용되었습니다"라는 결론을 내렸다고 썼다(MECW 39: 395). 「파머스턴 경」에서 마르크스는 파머스턴이 수없이 많이 말을 바꾼 행동을 열거하는데, 여기에는 러시아가 1830년 봉기의 진압 기간에 폴란드에서 저지른 잔혹 행위에 관해 파머스턴이 공개적으로 비난한 반면, 동시에 어떠한 구체적인 지원도 폴란드인에게 닿지 않을 것임을 확실히 하고 1846년 폴란드 봉기 기간에도 유사한 행동을 한 것이 포함된다. 파머스턴은 러시아인들로부터 실제로 보수를 받은 첩보원이 아닌 보수적인 영국 귀족이었다. 비록 파머스턴이 종종 러시아로부터 선물과 호의를 받았지만, 그는 영국과 러시아가 유럽에서 가장 중요한 두 보수적 강대국으로서 공동의 이해를 공유한다는 관점에서 더욱 동기를 부여받았다.[6]

다섯 개의 주요 강대국, 즉 영국, 프랑스, 러시아, 오스트리아, 프로이센의 움직임을 검토하면서, 엥겔스는 1854년 2월 2일자 ≪뉴욕 트리뷴≫ 기사에서 "여섯 번째 세력", 즉 민주주의 혁명에 관해 쓴다.[7]

그러나 우리는 유럽에 여섯 번째 세력, 즉 때가 되면 소위 "주요" 강대국 다섯 곳 전체에 대해 자신의 우위를 확고히 하고 그들 하나하나를 모두 떨게 만들 세력이 있다는 것을 잊어서는 안 된다. 이 세력은 혁명이다. 오랫

---

[6] 1920년대의 뛰어난 러시아 마르크스 편집자이자 이후에 스탈린에게 처형된 데이비드 랴자노프는 마르크스가 "파머스턴을 원칙 있는 러시아의 친구로 다룬 것은 실수였다. …… 파머스턴의 최고 '원칙'은 영국 과두정치의 이해였다"라고 썼다(Riazanov in Marx and Engels 1920: 1: 499).

[7] 어거스트 님츠(August Nimtz 2000)와 테렐 카버(Terrell Carver 1996)는 마르크스와 엥겔스가 민주주의 운동에 개입한 것을 강조했다.

동안 침묵하고 자리에서 물러나 있던 혁명은, 이제 상업 경제위기와 식량의 부족으로 다시 한번 행동하게끔 소환된다. 맨체스터에서 로마까지, 파리에서 바르샤바와 페스트[8]까지, 혁명은 어디에나 존재하며 원기를 회복하고 잠에서 깨어나고 있다. 혁명이 귀환하고 있는 세상의 징후는 다양하며, 프롤레타리아 계급을 장악한 동요와 불온 어디에서나 눈에 띈다. 시작을 알리는 신호만이 필요하며, 유럽의 여섯 번째 세력이자 가장 중요한 이 세력은 올림푸스 신의 머리에서 탄생한 미네르바와 같이 빛나는 갑옷을 두르고 손에는 검을 들고 앞으로 나설 것이다. 임박한 유럽 전쟁이 이 신호를 줄 것이고, 그러면 세력균형에 관한 모든 계산은 새로운 요인의 추가로 무너질 것이다. 끊임없이 부상하고 기운이 세지는 이 새로운 요인은 1792년에서 1800년까지 그랬던 것처럼, 오랜 유럽 강대국들과 그 장군들의 계획을 좌절시킬 것이다(MECW 12: 557~558).

따라서 전쟁은 혁명을 야기할 수도 있다.[9]

크림전쟁이 끝날 무렵, 러시아에 관한 일련의 글을 엮은 마르크스의 『18세기 비밀외교사의 폭로(Revelations of the Secret Diplomatic History of the Eighteenth Century)』(1856~1857)가 파머스턴과 러시아 모두를 정기적으로 혹평하는 데이비드 어커트(David Urquhart)의 보수주의 주간지 ≪**자유언론** (Free Press)≫에서 발행되었다. 『비밀외교사』는 아마도 마르크스의 가장

---

8 페스트(Pesth[Pest])는 부다(Buda)와 함께, 부다페스트를 이루는 쌍둥이 도시 중 하나이다.
9 이와 같은 문단에 근거해, 할 드레이퍼(Draper 1996)는 마르크스와 엥겔스가 러시아에 맞선 영국과 프랑스의 전쟁을 비판적으로라도 결코 지지하지 않았으며, 그 전쟁이 어떻게 보편적인 유럽혁명을 촉발할 수 있을지에 흥미를 가졌을 뿐이라는 납득하기 어려운 주장을 한다. 이러한 주장은 러시아를 모든 민주주의 및 혁명 형태에 대한 최대의 적으로 보는 마르크스와 엥겔스의 관점과, 비록 비판적일지라도 러시아의 적을 지지하려는 마르크스와 엥겔스의 의지가 갖는 깊이를 모호하게 만든다.

반러시아적인 저술일 것인데, 이러한 성격은 이 저술을 20세기 마르크스주의에서 매우 논쟁적인 것으로 만들기도 했다. 1899년 엘리노어 마르크스가 프랑스어로 번역해서 재출간했음에도 불구하고, 『비밀외교사』는 마르크스 저작 선집의 러시아판 및 동독판 모두에서 빠졌으며(Draper 1985b), 영어로 된 MECW 15권의 일부로 다소 지체되어 출판되었을 뿐이다.[10] 15권 편집자 서문에서, 편집자들은 매우 흔치 않은 방식으로, 러시아 역사에 관한 마르크스의 "일방적인 평가와 판단"을 비판하는 데에 자그마치 다섯 쪽을 할애한다(MECW 15: xxi). 냉전 초기, 두 명의 미국인 학자인 폴 블랙스톡(Paul Blackstock)과 버트 호슬리츠(Bert Hoselitz)는 『유럽에 대한 러시아의 위협(The Russian Menace to Europe)』이라는 도발적인 제목으로 마르크스와 엥겔스의 수많은 반러시아 저술을 출판했는데, 이 제목은 『비밀외교사』에 마르크스와 엥겔스가 붙인 서문으로부터 인용한 것이었다. 그 서문에서 블랙스톡과 호슬리츠는, 차르의 "외교방식과 유사하게, 소비에트 러시아의 외교방식은 유지되었다"라고, 그리고 러시아의 "야만과 폭압"에 대한 마르크스의 비판은 그를 러시아 공산주의보다는 자유주의에 가깝게 둔다고, 몰역사적으로 주장한다(Blackstock and Hoselitz in Marx and Engels 1952: 11, 13).[11]

---

10 1858~1870년을 다루는 MECW 16~21권은 모두 1980~1985년에 출판된 반면, 1856~1858년을 다루는 15권은 1986년까지도 나오지 않았다. 기묘하게도, 『비밀외교사』의 초기 판본은 공산당의 후원 아래 영국과 미국에서는 출판되었다(Marx 1969).

11 그들의 서문은 러시아의 "야만"과 같은 표현으로만 결점을 가진 것은 아니다. 또한 그들은 핵심적인 글이자 1881년 마르크스가 베라 자술리치(Vera Zasulich)에게 보내려 한 편지 초고 네 편을 심하게 편집해, 마르크스가 자기 생각을 그대로 말하도록 두지 않고 이를 단일한 초고로 통합했다. 그러나 이러한 결점에도 불구하고 블랙스톡과 호슬리츠 판본은 영어권에서 마르크스와 엥겔스의 수많은 글을 이용 가능하게 만들었는데, 그 글들은 더 널리 유통된 공산당 판본에서는 생략된 것이었다. 또한 "오늘날에도 매우 유효한 동구로부터의 위협에 대처하는 방법에 관해 서구에게 주는 교훈으로서" 러시아에 관한 마르크스의 《뉴욕 트리뷴》 기

『비밀외교사』의 상당 부분은 표트르 대제의 재위 기간(1682~1725년)을 다루었는데, 이 기간 영국은 차르가 발트해에 진출할 수 있도록 하기 위해서 자신의 오랜 동맹인 스웨덴을 비밀리에 배신했다고 마르크스는 주장한다. 마르크스는 러시아와의 이러한 새로운 유대관계가 영국에 주는 경제적 이익이 그 후 내내 영국 관료들에 의해 극도로 과장되었다고 덧붙였다. 이는 1688년 혁명[명예혁명_옮긴이] 이후 점점 더 궁지에 몰린 영국의 귀족정치가 해외에서 "동맹을" 물색하고 있었기 때문이며, 귀족정치는 그 동맹을 차르와 동인도회사의 제국주의자들 모두로부터 찾았다(MECW 15: 61).

러시아의 내적 발전과 관련해, 마르크스는 몽골의 정복을 유럽 나머지 지역으로부터 러시아를 구별시킨 핵심적 사건으로 본다.

> 몽골 노예제의 유혈 낭자한 수렁은 …… 모스크바 대공국의 발상지를 형성했고, 근대 러시아는 모스크바 대공국이 변형된 모습에 불과하다. 타타르인의 멍에는 1237년부터 1462년까지, 2세기 이상 지속되었다. 이 멍에는 먹잇감으로 전락한 사람들의 영혼을 짓밟았을 뿐만 아니라 치욕을 주고 말라죽게 했다(MECW 15: 77).

비록 앞에서 보았듯이 마르크스가 러시아인들의 고통에 연민을 가지지 않은 것은 아니었지만, 그는 몽골 지배자들을 계승한 러시아 지배자들을 몽골 지배의 산물로서 특징지었다. 그 결과, 러시아 지배자들과 러시아인

사를 냉전적 측면으로 다룬 Baylen(1957: 23)을 보라. 막시밀리앙 루벨과 마가렛 매널리의 경우에는 『비밀외교사』를 놀라울 만큼 무비판적인 방식으로 보는데, 그들은 이 책을 마르크스가 "러시아 차르의 팽창주의적 계획을 폭로"하고 또한 영국 지도자들의 러시아와의 공모를 폭로한, "문서들로 잘 입증된 연구"로 본다(Rubel and Manale 1975: 129).

들 모두는 노예제의 태도, 즉 노예의 교활함과 주인의 참담한 오만을 유지했다고, 마르크스는 쓴다. "몽골 노예제의 끔찍하고 비굴한 학교에서 모스크바 대공국은 양육되었고 성장했다. 모스크바 대공국은 오직 농노의 기예에서 **거장**(virtuoso)이 됨으로써 힘을 모았다. 심지어 해방되었을 때에도, 모스크바 대공국은 주인으로서 노예의 전통적 역할을 계속 수행했다"(87).[12] 그 결과, 표트르 대제 치하 러시아의 근대화는 도시공화국, 종교개혁, 또는 르네상스와 같은 서유럽의 진보적 성취와 닮은 어떤 것도 야기하지 않았다고 그는 결론짓는다. 노브고로드와 같은 더 교양 있고 세계시민주의적인 러시아 마을은 15세기 후반과 16세기 초반 동안 모스크바 대공국에 장악되었을 때, 퇴보되었다. "모스크바 대공국뿐만 아니라 근대 러시아가 공화국을 처단하기 위해 어떠한 격렬한 수고를 항상 했는지는 여전히 주목할 만한 가치가 있다. 노브고로드와 그 식민지가 앞장섰고, 카자크 공화국이 뒤를 따랐으며, 폴란드가 마무리를 지었다." 차르는 "몽골이 러시아 공화국들을 단지 결속시키기 위해 모스크바 대공국을 짓밟을 때 이용한 사슬을 낚아챈 것처럼 보였다"(84).

표트르 대제의 긴 재위 기간은 무언가 새로운 것이었는데, 그가 발트해 및 기타 지역으로 대규모로 진출하면서 마르크스가 "몽골인 노예의 점차 잠식하는 방법과 몽골인 주인의 세계 정복 경향을 결합시켜 근대 러시아 외교의 생명의 원천을 형성하는 대담한 종합"으로 부른 것에 도달했기 때문이다(MECW 15: 89). 표트르가 자신의 영토 북서부 가장자리 멀리에 위치

---

12 혹자는 심지어 주인이 되어서도 수많은 노예적 태도를 유지하는 "비굴한" 전 노예에 관한 마르크스의 이 묘사를, 프리드리히 니체(Friedrich Nietzsche)가 제시한 노예의 도덕과 원한(르상티망, ressentiment) 개념, 프랑크푸르트학파의 권위주의적 인격 개념, 혹은 "비굴함"에 관한 줄리아 크리스테바(Julia Kristeva)의 저작『공포의 권력: 비굴함에 관한 에세이(Powers of Horror: An Essay on Abjection)』(1980)를 가리킨다_옮긴이에 비교할 수 있을 것이다.

한 발트해에 새로운 수도(현재의 상트페테르부르크)를 세운 것은 단지 서구와 접촉하기 위한 노력이었던 것만은 아니었다. 마르크스가 주장하기로, 상트페테르부르크는 러시아가 정복하려고 한 영토의 지리적 중심이었다! 19세기 중반까지, 러시아는 핀란드, 폴란드의 대부분 지역, 리투아니아를 정복했다. 1850년대 러시아 지배하의 폴란드의 요새들은 독일과 서구의 다른 국가를 향했다고 그는 쓴다. 그 요새들은 "반항하는 국가를 감독하기 위한 성채 이상이다. 그 요새들은 100년 전 페테르부르크가 북부에게 직접적인 위협이었던 것[1700년에서 1721년까지 러시아와 스웨덴 사이에 벌어진 대북방전쟁에서 페테르부르크는 러시아 해군의 중심지였다_옮긴이]과 마찬가지로 서구에게 동일한 위협이다"(90). 표트르는 "러시아의 문명화"를 시도했으나 이는 피상적인 의미에서만 그랬다고 마르크스는 쓴다. 새롭게 정복된 지역의 발트 독일인들은 "러시아인들에게 자신들의 사상은 불어넣지 않되 문명의 외양은 주입시켜 그들로 하여금 서구인들의 기술 적용에 적응케 한 관료, 교사, 훈련 담당 부사관 집단"을 차르에게 제공했다(91).

『비밀외교사』의 한 곳에서, 마르크스는 인종주의적 설명에 의지하는데, 해안으로부터 멀리 떨어져 있으려 하는 것은 "슬라브 인종의 특질"로, 표트르 대제는 이를 변화시켰다고 쓴다(MECW 15: 88). 인간 행위에 대한 설명으로서 인종을 이렇게 난처하게 사용하는 것은 러시아와 남부 슬라브인에 관한 마르크스의 저술에서 매우 드물지만, 안타깝게도 엥겔스의 관련 저술에서는 훨씬 더 흔한데, 이는 이제는 오명을 얻은 엥겔스의 범슬라브주의 관련 기사에서 볼 수 있다. 1855년 4월, 크림전쟁 도중에, 엥겔스는 《신질서 신문》에 「독일과 범슬라브주의」를 게재했다. 이 기사에서 그는, 차르 니콜라이 1세가 범슬라브주의 옹호를 통해서 동방정교회 신자가 다수인 동부와 남부 유럽의 슬라브인으로부터 공감을 얻고 유럽 전체에 군림하기 위해 이 새로운 동맹들을 이용할 수 있을 것이라는 두려움을 표현했다. 그러나 엥겔스는 거기서 그치지 않으며, 1848~1849년 수많은 슬라브인이 혁명가들에게 반대해 러시아나 오스트리아를 지지했다는 사실에서도 그치지 않는다. 대신 그는 남부 슬라브인 전체를 반혁명주의자라고 딱지 붙인다.[13] 엥겔스는 1848년 이후 유럽의 모든 갈등을 "범슬라브주의"와 "지금까지 유럽을 지배했던 로마 - 켈트 및 게르만 인종" 사이의 갈등으로 묘사하는 것으로 넘어간다(MECW 14: 156). 이러한 기사들은 마르크스의 전반적인 찬성을 얻은 것으로 보인다.[14] 비록 모든 지점에서 합의가 있었는지는 분명하게 추정할 수 없지만 말이다.

여기서 엥겔스는 ≪신질서 신문≫에 자신이 게재한 이전의 일련의 기사에서 시작된 주제를 이어갔다. 1849년 1월 13일자 ≪신질서 신문≫에 발행된 「마자르인의 투쟁」에서, 엥겔스는 어떻게 오스트리아가 헝가리의 혁명 세력에 맞서 싸우기 위해서 슬라브인을 자기편으로 끌어들일 수 있었는지를 상술하고, 1855년의 서술 이상으로 슬라브인을 경멸적으로 묘사한다. 중부 및 남부 유럽에서, 독일인, 폴란드인, 마자르인(헝가리인)을 제외

---

13 로만 로스돌스키(Roman Rosdolsky 1986)는 이 이상한 사건에 관한 자세한 논의를 제공한다.

14 마르크스가 1855년 4월 17일, ≪신질서 신문≫ 편집자인 모리츠 엘스너(Moritz Elsner)에게 엥겔스의 범슬라브주의 관련 기사들을 게재를 위해 제출하면서 보낸 편지(MECW 39: 534~535), 그가 5월 18일 엥겔스에게 ≪뉴욕 트리뷴≫이 그 기사들을 온전히 발행하지 않았다고 몹시 불평하면서 보낸 편지(MECW 39: 536), 그가 6월 26일 엥겔스에게 범슬라브주의 관련 엥겔스의 기사로 팸플릿을 낼 독일 출판사를 찾기 위해 들인 노력에 관해 전하면서 보낸 편지를 보라(MECW 39: 538~539). 1852년 마르크스는 나중에 『독일에서의 혁명과 반혁명(Revolution and Counter-Revolution in Germany)』이라는 책으로 묶인, 엥겔스의 일련의 기사가 ≪뉴욕 트리뷴≫에 자신의 이름으로 나오는 것을 허용했다. 이 일련의 기사는 또한 범슬라브주의에 대한 자종족중심주의적인 비판을 포함했다. 이러한 지점에서 마르크스를 비판하면서, 님니는 『독일에서의 혁명과 반혁명』의 저자가 엥겔스였지 마르크스가 아니었다는 점에 주목하는 데에 실패한다(Nimni 1994: 31, 200). 님니의 마르크스 비판에 대한 반응으로는 Löwy(1998)를 보라.

한 "모든 다른 크고 작은 민족들과 사람들은 오래지 않아 혁명의 세계적인 폭풍으로 사라질 운명이다. 이러한 이유로 그들은 이제 반혁명주의자이다"라고 그는 쓴다(MECW 8: 230). 엥겔스는 심지어 다음을 예측하는 것으로 이 1849년 기사를 마무리 짓는다. "지구상에서 반동적인 계급과 왕조뿐만 아니라 반동적인 사람들 전체의 소멸. 그리고 이것 역시 일보전진이다"(238). 그리고 나서 「민주적 범슬라브주의」라는, 1849년 2월 15~16일에 발행된 반바쿠닌 논쟁 글에서, 엥겔스는 "러시아인에 대한 혐오는 독일인 사이에서 **주요한 혁명적 열정**이었고 지금도 그렇다", "우리는 혁명의 적이 어디에 집중되어 있는지 안다. 즉, 러시아와 오스트리아의 슬라브 지역이다"라고 쓴다(378; 강조는 원문). 그는 또한 이 기사에서 "오스트리아계 슬라브인이 자신들의 역사를 가진 적이 없다는 증거"(371)와 이 지역의 모든 실질적인 역사 발전은 독일인, 헝가리인, 이탈리아인의 유입으로부터 발생했다는 증거를 제공했다고 주장한다.[15]

마르크스가 이러한 엥겔스의 글에서 발견되는 유형의 자종족중심주의에 어디에서도 굴복하지 않은 것은 사실이다. 그러나 마르크스가 러시아와 러시아인을 일차원적으로, 자신의 1850년대 중반 저술에 나타나는 오만한 방식으로 묘사하는 경향이 있었던 것 역시 사실이다.[16] 러시아에 관한 마르크스의 관점은 러시아가 혁명적 저항의 미동을 경험하기 시작한 1858년에 이르러 변하기 시작했다. 그러나 이 이야기를 이어가기 전에,

---

15 1870년대에 이르러, 엥겔스는 남동부 유럽[발칸 반도_옮긴이] 슬라브인에 관한 자신의 입장을 바꾸었다. 「1877년 유럽 노동자」에서 그는 "동부 유럽의 소규모 슬라브계 민족들이 현재의 러시아 정부가 그들 사이에 조장한 범슬라브주의적 망상으로부터 각성함"을 언급한다(MECW 24: 229).

16 이러한 태도는 19세기 서구 지식인들 사이에서 일반적이었는데, 역사가 로널드 서니(Ronald Suny)에 따르면, 이 시기 지식인들은 자신들이 "러시아인의 인내력, 복종심, 몰개성, 숙명론"으로 본 것을 강조했다(Suny 2006: 7).

그중 다수가 같은 시기에 작성된, 체첸인과 "유대인 문제"에 관한 마르크스의 몇몇 저술을 간단히 검토해 보자.

체첸인과 "유대인 문제"에 관해

마르크스는 크림전쟁에 관한 자신의 저술에서 러시아 종족 내의 어떠한 혁명적 정서도 감지하지 않았지만, 체첸인과 기타 캅카스 지역 이슬람교도가 가진 투지 및 불굴에 자주 주목했는데, 이들은 위대한 반란 지도자 샤밀(Shamil)의 지도 아래 1830년대 이후로 계속해서 러시아의 정복에 강력하게 저항했다. 체첸인 반란군에 관한 마르크스 저술이 갖는 현대적 연관성은 『중앙아시아 조사(Central Asian Survey)』의 편집자 마리 베니히센 브록스업(Marie Bennigsen Broxup)이 잘 설명한다. "카를 마르크스는 유행이 아니다. 이는 매우 유감스러운 일인데, 19세기 캅카스에서의 전쟁에 관한 그의 평가는, '체첸 공화국은 러시아의 일부분이다'라는 모스크바의 주장을 간절하게 믿고자 하는 서구인에게 유용한 역사적 참고를 제공할 수 있는, 여전히 훌륭한 출처 자료이기 때문이다"("Un peuple indomptable", Le Monde 1995.1.4).[17]

크림전쟁이 시작되자, 마르크스는 1853년 7월 8일 발행된 ≪뉴욕 트리뷴≫ 기사에서, 터키 선박 두 척이 러시아인들에게 포획되는 동안 "다른 한편에서는 캅카스 부족이 러시아인들에 맞서 전면적인 전투를 개시했는데, 이 전투에서 샤밀은 자그마치 23문의 대포를 획득하면서 가장 눈부신 승리를 달성했다"라고 쓴다(MECW 12: 146). 마르크스는 1853년 가을에 낸

---

17 소련 초창기에 샤밀은 차르에 반대하는 영웅으로 간주되었지만, 이 입장은 이후 반전되었다
    (Henze 1958).

팸플릿 「파머스턴 경」을 다음과 같이 서술하는 것으로 마무리 짓는다. 친러시아적 입장을 넌지시 보이는 파머스턴이 의회에서 근소한 표 차이로 다시 한번 승리하긴 했지만 "이 열여섯 표는 역사가 내는 목소리를 막거나 산악민들을 침묵시키지 못할 것이며, 이 산악민들의 무력 충돌은 '[러시아 외교 장관이었던] 네셀로데 백작(Count Nesselrode)이 진술한 바와 같이' 그리고 파머스턴 경이 그대로 따라 말한 것과 같이, 캅카스가 '이제는 러시아에 속하는 것'이 아님을 세계에 입증했다"(406).

마르크스는 "러시아인을 완전히 참패시킨" 샤밀을 1853년 11월 2일 엥겔스에게 보낸 편지에서 다시 언급한다(MECW 39: 395). 11월 25일 ≪뉴욕 트리뷴≫에 발행된 전쟁에 대한 군사적 분석 글에서 엥겔스는, 체첸인의 명백한 승리가 "트빌리시 및 조지아를 러시아와 연결하는 캅카스의 주요 길목"을 장악함으로써, 오스만인으로 하여금 샤밀과 동맹을 맺을 기회를 만들어줄 것이라고 쓴다(MECW 12: 455). 12월 7일 발행된 후속 기사에서 엥겔스는 러시아 정부와 국민들 사이에 본질적인 차이가 없다는 결론을 날카롭게 도출하면서, 이 체첸의 승리를 고려해 다음과 같이 쓴다. "러시아 정부와 국민들이 이 승리로부터 자신들의 야망과 오만을 자제하고, 이제부터 자기 자신의 일에 신경 쓰는 법을 배울 수 있기를 …… 소망하자"(MECW 12: 476). 크림전쟁 기간에 쓴 10여 편 이상의 기사를 통해 마르크스와 엥겔스는 샤밀과 그의 전사들에 대해서뿐만 아니라, 오스만인이, 그리고 나중에는 영국인과 프랑스인이 진지하게 그들을 돕거나 그들과 동맹을 맺는 데에 실패한 것에 대해서도 논의한다.

이 시기에 또한 마르크스는 1854년 4월에 발행된 ≪뉴욕 트리뷴≫ 기사를 통해 오스만 제국이 통치하는 예루살렘에서의 이슬람교도, 기독교도, 유대인 사이의 관계를 다루었다. 러시아는 오스만 제국 내에서, 그곳이 발

칸 반도이든 시리아, 레바논, 팔레스타인이든 상관없이, 자국이 동방정교
회 신자의 수호자라고 국제적으로 표명하기 시작했다. 마르크스는 예루
살렘 내 다양한 기독교 교파의 종속되었지만 보호받는 지위를 지적하고,
오스만인이 라틴인, 그리스인, 아르메니안인에 호의적인 판결을 교대로
내림으로써 특히 다양한 기독교 성지에 대한 권리와 관련해 어떻게 그들
을 서로 반목하게 하여 이득을 취하는지를 지적한다(MECW 13: 105). 그는
유대인이 가장 억압받고 있다고 하면서 다음과 같이 쓴다. "이슬람교도의
억압과 편협함의 지속적인 대상은 유대인이다_옮긴이]"(107~108). 기독교도
측으로부터는, 유대인은 "그리스인에게 모욕"당했고, "라틴인에게 박해"
받았다. 그러나 유대인은 동방정교회 신자와 이슬람교도에게서뿐만 아니
라 서유럽인에게서도 고통받았다. "이러한 유대인을 더욱 비참하게 하기
위해서, 잉글랜드와 프로이센은 1840년에 예루살렘에 성공회 주교를 임
명했는데, 그 주교가 공언한 목적은 유대인들의 개종이었다. 그는 1845년
끔찍하게 두들겨 맞았으며, 유대인, 기독교도, 터키인 모두에게 비웃음의
대상이 되었다"(108).

불행하게도, 유대인에 관한 마르크스의 논의 모두가 그와 같은 연민을
보여주는 것은 아니다. 상당한 양의 반유대주의적 묘사가 그의 저술에서
불쑥 튀어나온다. 예컨대, 「포이어바흐에 관한 테제(Theses on Feuerbach)」
(1845)의 관념론과 유물론에 관한 중요한 "첫 번째 테제"에서 마르크스는
포이어바흐를 조잡한 유물론자라고 철학적 이유로 비판할 뿐만 아니라,
"불결한 유대인[schmutzige judischen]의 현상형태 속에서만 정의되는" 실천
개념을 발전시킨 것으로도 비판한다(MECW 5: 6). 이 글은 출판을 의도한
것이 아니었는데, 마르크스가 엥겔스에게 보낸 편지와 같은 미출간 자료
의 다른 곳에서도 유대인에 대한 더욱더 맹렬한 언급을 발견할 수 있다.

또한 마르크스는 자신의 **출판** 저작에서도 유대인에 관한 극도로 문제적인 언급을 몇몇 남겼다.[18] 이러한 언급은 1843년 글 「유대인 문제에 관하여 (On the Jewish Question)」(Marx [1843] 1994; 또한 MECW 3: 146~174를 보라)에서 나타나는 그 밖의 통찰력 있는 자유 민주주의 비판을 손상시켰고, 또한 그의 이후 저작 일부, 특히 『포크트 씨』(1860)에서도 나타난다.[19] 몇몇 마르크스 연구자는 시인 하인리히 하이네(Heinrich Heine)와 같은 유대인 혈통 사람들을 포함해 19세기의 세속적·급진적 지식인의 저술에서 이와 유사한 언급들을 많이 찾을 수 있다고 일정 부분 정당하게 주장했다(Rubel, Oeuvres 3; 또한 Draper 1978을 보라). 다른 이들은 마르크스와 기타 수많은 20세기 이전의 유대인, 비유대인 저술가들이 공유한 세속적이고 동화주의적인(assimilationist) 관점의 한계를 지적했다. 이들은 유대인의 정치적 권리, 시민으로서의 권리는 지지하는 반면, 유대인의 삶과 문화에 관해서는 매우 난감한 경멸적 언급을 계속해서 남겼다(Traverso 1994; Jacobs 1998). 그러나 누구도, 심지어 이 주제와 관련해 마르크스의 가장 강력한 옹호자조차도, 마르크스가 유대인과 반유대주의 주제에 관해 중요한 긍정적 기여를 했다는 점을 시사하지는 않았다.[20]

---

18 패도버는 유대교와 유대인에 관한 마르크스의 문제적 논의에 관해 요긴한 요약판을 만들었다 (KML 5: 169~225). 그러나 패도버는 특히 문제가 있는 1856년 1월 4일자 유대인 은행가 관련 ≪뉴욕 트리뷴≫ 기사인 「러시아의 융자(The Russian Loan)」(KML 5: 221~225)를 마르크스의 저술로 보는 실수를 범한다. 독자의 이해를 돕기 위한 MEGA² I/14 부속자료의 일부인 「뉴욕 트리뷴에서의 마르크스와 엥겔스의 협력(Die Mitarbeit von Marx und Engels an der 'New York Tribune')」(2001)에서, 해당 권의 편집자들[한스-위르겐 보친스키(Hans-Jürgen Bochinski)와 마틴 헌트(Martin Hundt), 유트 엠리히(Ute Emmrich), 만프레트 노이하우스 (Manfred Neuhaus)]은 「러시아의 융자」를 마르크스의 저술로 본 이전의 견해를 "분명하게 배제"할 수 있다고 쓰는데, 이는 면밀한 원문 분석에 근거한다(903).

19 마르크스의 「유대인 문제에 관하여」와 그것을 둘러싼 방대한 논쟁에 관해서는 특히 Ingram (1988)과 Megill(2002)을 보라.

20 트라베르소(Traverso 1994)와 몇몇 이는, 레온 트로츠키(Leon Trotsky), 발터 벤야민(Walter

유대교와 유대인에 대한 마르크스의 언급은 분명히 문제적이었다. 그 언급들은, 모든 종교를 비난함으로써 이러한 비판이 지배적 종교에 갖는 효과와 박해받는 소수 종교에 갖는 효과 사이를 구분하는 데에 때로는 실패했던, 보편적 세속주의 세계관의 부정적 면모를 보여주었다. 이러한 논평들은, 그것이 문제적인 만큼, 대개 우발적이었으며, 민족주의와 종족에 관한 마르크스의 전반적 논의를 대표하는 것이 아니었다. (나는 마르크스가 자신의 유대인 혈통에 대해 지니고 있었을 법한 개인적인 양가적 감정에 관한 심리적인 주제는 제쳐 놓겠다.)

1858~1860년의 전환점: "러시아에서는 운동이 다른 어느 곳보다도 잘 전진하고 있습니다"

1858년, 마르크스는 러시아에 대한 태도를 바꾸기 시작했는데, 이 시기는 새로운 차르인 알렉산드르 2세(Alexander II)가 농노 해방을 논의하고 있고 러시아 사회가 크림전쟁으로 발생한 엄청난 인명 및 재정 손실로 휘청거리던 때였다. 1858년 4월 29일, 엥겔스에게 보낸 편지에서 마르크스는 "러시아의 농노해방 운동은, 그것이 그 국가의 전통적인 외교 정책에 어긋날지도 모르는 내적 발전의 시작을 보여주는 한에 있어서는, 나에게 중요한 것으로 생각됩니다"라고 쓴다(MECW 40: 310). 이는 마르크스가 러시아 내부의 중요한 계급적 혹은 혁명적 갈등의 가능성에 대해 최초로 의미 있게 언급한 것이다.[21]

Benjamin)과 같은 이후의 마르크스주의 전통 내 이론가들이 나치즘의 영향 아래 이 점을 시사했다고 설득력 있게 주장했다.

21 엥겔스에게 충격으로 다가갈 수 있다는 점에서 곧바로 단서를 달면서, 마르크스는 "물론 게르첸(Herzen)은 '자유'가 파리에서 모스크바로 이동한 것을 새삼스럽게 발견했습니다"라고 반어적으로 덧붙인다(MECW 40: 310).

두 달 후, 마르크스는 러시아 대중에 관한 새로운 관점에 도달했다. 1858년 6월 24일, 유럽의 상황을 살피는 ≪뉴욕 트리뷴≫ 기사에서 그는 러시아에서 "노예 전쟁", 즉 농노 봉기가 일어날 가능성을 일깨운다.

[영국 이외에] 또 다른 강대국이 있는데, 이 국가는 십 년 전 가장 강력하게 혁명적 흐름을 저지했다. 이 국가는 러시아이다. 이번에는 불붙기 쉬운 사태가 이 국가의 발밑에 축적되었는데, 서쪽에서 불어온 강력한 돌풍이 갑자기 이 사태에 불을 놓을지도 모른다. 노예 전쟁의 징후는 러시아 내부에서 매우 뚜렷해서, 주 총독들은 오스트리아가 비밀 특사로 하여금 전국에 사회주의적·혁명적 교리를 선동한 책임이 있다고 비난하는 것 이외에는 평소와 다른 소동을 달리 설명할 수 없다고 생각한다. 오스트리아만이 혁명의 특사로서 활동했다고 의심받고 공개적으로 고발당하고 있다는 점을 생각해 보라!(MECW 15: 568)

그러나 부분적으로는 러시아에 관해 이전에 가졌던 입장의 연속선상에서 마르크스는 러시아가 내부 수단만으로는 혁명을 발생시키지 못할 것이며, 러시아를 그 방향으로 밀어붙이는 데에 (오스트리아 군주제를 제외한) 서구 혁명운동의 영향이 필요할 것이라고 시사한다. 따라서 그는 "모든 것이 …… 프랑스에 달려 있다"라고 쓰는 것으로 이 기사를 결론짓는다(568). 그럼에도 불구하고, 그가 마침내 러시아에서의 혁명 가능성마저 인정한 이 새로운 입장은 두드러진다.

마르크스는 1858년 10월 19일 ≪뉴욕 트리뷴≫ 기사에서 러시아의 농노 폐지에 관한 논쟁을 검토했다. 그는 토지귀족이 알렉산드르 2세의 폐지 방침에 거의 열정을 가지고 있지 않다고 썼다. 그는 프로이센에서 농노 폐지가 나폴레옹 전쟁 기간에야 일어났다는 점을 상기시키는데, "그때조차도 이러한 결정은 1848년에 다시 다루어져야만 했던 그러한 문제였고, 비록 바뀐 형태이기는 하지만 다가올 혁명에 의해 여전히 해결되어야 할 문제로 남아 있는 것이다"라고 쓰고 있다.[22] 또한 그는 알렉산드르 1세(1801~1825년)와 니콜라이 1세(1825~1855년)의 재위기간에 농노 해방에 관한 사안이 어떻게 "인류의 어떠한 동기에서가 아니라 단순한 국가적 이유에서" 제기되었는지를 상기시킨다. 또한 그는 1848~1849년에 이르러 니콜라이 1세가 유럽혁명에 매우 겁먹게 되어 "자신의 과거의 해방 계획을 외면하고 보수주의의 열렬한 신봉자가 되었다"라고 쓴다(MECW 16: 52).

그러나 1850년대 후반에 이르러, 새로운 차르인 알렉산드르 2세는 매우 다른 상황에 직면했다.

알렉산드르 2세에게, 잠자고 있는 집단을 깨울지 여부는 선택의 문제가 거의 아니었다. 그의 아버지가 그에게 물려준 전쟁은 러시아 인민에게 엄청난 희생을 양도했다. …… 더군다나 전쟁은, 최소한 외교의 수수께끼에 정통한 사람으로 여겨질 수 없는 농노들의 눈에는, 굴욕과 패배로 이어졌다.[23] 명백한 패배와 굴욕으로 그의 새로운 재위를 시작하는 것은, 그리고 그 뒤를 이어 전시에 시골뜨기들에게 한 약속을 공개적으로 위반하는 것은, 차르에게조차도 감행하기에 너무 위험한 작전이었다(MECW 16: 52~53).

---

22 러시아 농노에 관해 초점을 맞춘 이 기사들이 나오기 2년 전, 1856년 4월 16일 엥겔스에게 보내는 편지에서, 마르크스는 독일 농노의 혁명적 잠재력에 관한 새로워진 관심을 보여주었다. "독일에서 모든 것은 프롤레타리아 혁명이 농노 전쟁의 어떠한 재판(再版)으로 뒷받침될 수 있는지 여부에 달려 있을 것입니다." 이는 16세기 농노 봉기에 관한 엥겔스의 책을 시사한다(MECW 40: 41).

23 위에서 논의했듯, 크림전쟁의 "엉터리"적인 성격에 관한 암시이다.

러시아와 같은 그러한 전제국가에서조차도, 귀족들은 전혀 열성적이지 못할 용기가 있었던 반면,

차르가 자신들을 위해 하려 의도한 것조차에도 과장된 생각을 가지고 있던 농노는, 그들 영주의 느린 방식에 점차 안달이 났다. 몇몇 주에서 발생한 방화 사건은 오해되어서는 안 될 고통의 신호이다. 대(大)러시아뿐만 아니라 이전에는 폴란드에 속한 주에서도 마찬가지로, 폭동이 끔찍한 광경을 동반해 발생했는데 이는 귀족이 시골에서 마을, 즉 장벽과 수비대의 보호 아래 그들이 격분한 노예를 무시할 수 있는 곳으로 이주한 결과라는 것은 한층 더 알려져 있다. 이러한 상황에서, 알렉산드르 2세는 이러한 형국에서는 귀족 의회와 같은 무언가를 소집하는 것이 적절하다고 보았다. 만약 그의 소집이 러시아 역사에서 새로운 출발점을 형성한다면 어떨까? 만약 귀족들이 농노 해방에 관련해 차르에게 할 어떠한 양보의 선결 조건으로 자신들의 정치적 해방을 주장한다면 어떨까?(53)

여기서 마르크스는 몇몇 새로운 요소에 기초해, 다름 아닌 러시아에서의 혁명적 위기의 가능성을 지적하고 있다. (1) 전쟁으로 인한 체제의 정당성 상실, (2) 아래로부터의 불만, 그리고 (3) 지배계급의 분열. 이 모든 것은 1789년을 상기시켰다. 1858년 가을의 몇 주 동안, 엥겔스는 다소 늦게 러시아 내부의 봉기에 관한 마르크스의 새로운 강조를 수용하는데, 10월 21일 마르크스에게 다음과 같은 편지를 보낸다. "러시아의 일은 매우 잘 되어가고 있습니다. 이제는 남부에서도 불만이 존재합니다"(MECW 40: 349).

그리고 나서, 1859년 1월 17일 ≪뉴욕 트리뷴≫에 게재된 긴 기사 「농

노해방 문제(The Emancipation Question)」에서, 마르크스는 차르의 해방 방침 내용과 러시아의 전반적 상황 모두를 더욱 상세하게 검토한다. 그는 전제 군주인 알렉산드르 2세가 "천부적으로 농노에게 속한 권리"를 언급했다는 것에 놀라움을 표현하는데, 이는 마르크스가 1789년 "인권"이라는 말과 비교한 것이다(MECW 16: 141). 차르의 방침은 "전제주의에 대한 날카로운 물질적 손실"을, 귀족에게 재판을 걸 자격과 같은 농노의 새로운 권리와 함께 야기할 것이다(142). 지주의 반응은 "지연" 더하기 "귀족 의회"에 대한 요구였다(144). 또한 마르크스는 러시아의 지적 소요를, 1859년 동안 발표된 100여 종이 넘는 새로운 문예지의 설립과 함께 지적한다. 그러고 나서 그는 차르가 이전에 농노 해방 약속을 배신했던 것, 특히 1848년 이후 니콜라이 1세가 그러했던 것을 상기시킨다.

그러나 알렉산드르 2세가 이제 해방을 "할 수 없이 심각하게 진행"하려 함에도 불구하고, 마르크스는 어떻게 농노들이 "12년 유예"를 조건으로 하는 해방, 부역, 그리고 해방이 취할 형태에 관한 세부사항의 부재와 같은 조항에 반응할지 의문을 던진다(MECW 16: 146). 또한 그는 아직까지 명시되지 않은 "공동체적 행정기관"의 형태를 통해, 이 계획이 **미르**(mir)나 **옵시나**(obshchina), 즉 러시아의 전통적 촌락 공동체를 훼손시키는 부분들을 언급한다.

지주의 손에 귀속되고 1808년과 1809년 프로이센 지방 법률에 모델을 둔 세습적 행정기구 체계를 형성하기 위해서 지금까지 모든 러시아 촌락 공동체에 속한 민주적 자치의 모든 권력을 제거하는, 공동체적 행정기구, 재판소, 경찰 조직에 대해 그들은 무엇이라고 말할 것인가? 이 체계는 자신들의 삶이 촌락이라는 연합으로 통치되는, 그리고 개인적인 토지 소유에 대해 전혀 모르고 단지 그들이 사는 곳의 토지 소유자인 연합을 고려할 뿐인 러시아 농노에게 완전히 불쾌한 것이다(147).

마르크스는 "1842년 이래로 지주와 마름에 저항하는 농노 반란은 급속하게 확산"되고 있으며, 크림전쟁 기간 이러한 "반란은 엄청나게 증가했다"라고 쓴다(147). 또한 이는 마르크스가 1840년대와 1850년대 중반에 발생한 러시아 농노 봉기에 관해 처음으로 언급한 것인데, 이는 그가 『비밀외교사』와 같은 글에서 이것을 언급하지 않았기 때문이다. 대신 당시 마르크스는 러시아가 계급 갈등으로부터 영향을 받지 않았다고 시사했다. 더욱 중요하게, 앞의 문단은 그가 처음으로 **미르**를 러시아 전제주의의 버팀목으로가 아니라 혁명적 저항이 가능한 지점으로 언급한 것을 포함한다.

차르는 농노와 지주의 압력 사이에서 "확실히 동요한다"라고 마르크스는 쓴다. 그러나 농노는 "최고조까지 고조된 기대"를 가지고, 심지어 더욱 봉기를 일으키려 한다. 그는 프랑스 혁명의 가장 급진적인 국면과의 유사성을 밝히면서, 만약 농노가 대규모로 봉기를 일으킨다면 "러시아의 1793년이 목전에 닥칠 것이다. 이러한 반(半) 아시아적 농노들의 공포정치는 역사에서 유례를 찾을 수 없게 될 것이다. 그러나 그것은 러시아 역사에서 두 번째 전환점이 될 것이며, 표트르 대제가 도입한 저 엉터리, 겉치레의 자리에 마침내 현실적이고 보편적인 문명을 세울 것이다"라고 쓴다(MECW 16: 147). 따라서 러시아가 마침내 발전하고 "문명화"되는 것은, 마르크스의 관점에서는 표트르 대제의 권위주의적 근대화 추진 이후 그러지 못했음에도 불구하고, 혁명을 통해 이제 진정으로 가능해질 것이었다.

마르크스는 1년 후인 1859년 12월 13일 엥겔스에게 보내는 편지에서 더욱 나아가는데, 러시아에서 불만 상태는 1848년 이후 차르가 획득한 새로운 권력을 "견제했다"라고 쓴다.

> 러시아에서 운동은 유럽 어디에서보다도 더 잘 전진하고 있습니다. 한편에는 귀족의 입헌주의 대 차르가, 다른 한편에는 농노 대 귀족이 있습니다. 더군다나 오랜 시간이 지난 후 폴란드인은 슬라브 – 러시아 민족에 조금도 흡수될 의향이 없다는 것을 깨닫고서, 알렉산드르는 몹시 날뛰었습니다. 따라서 지난 15년간, 특히 1849년 이후 러시아 외교의 놀라운 성공은 균형을 잡은 것 이상입니다. 다음 혁명이 오면 러시아는 참가할 것입니다(MECW 40: 552).

그러나 이 중 어느 것도 마르크스가 세계 정치의 가장 반동적인 세력으로서의 기존 러시아 정부에 대한 경계를 늦추었다는 것을 의미하지는 않았다. 이는 『포크트 씨』에서 볼 수 있는데, 이는 1860년 출판된 저술로, 마르크스가 쓴 장문의 논박이다. 러시아에 관한 20쪽의 논의에서, 마르크스는 차르 알렉산드르 2세가 "내부의 혁명을 늦출 유일한 방법으로서" 해외 "정복 전쟁"에 의지할지도 모른다고 쓴다(MECW 17: 141). 그는 러시아가 서쪽으로 팽창하고 어떠한 심각한 혁명적 상황의 발생도 진압할 준비가 된 채로 독일의 관문에 위협적으로 서 있었다고 결론짓는다.

유럽혁명의 "'외부' 온도계"로서의 폴란드

마르크스는 러시아 내부의 사회적 대격변에 대한 어렴풋한 개요를 포착하기 시작하기 오래 전에, 러시아, 프로이센, 오스트리아 제국 내부의 특정한 내적 모순을 여러 차례 선별하고 있었다. 앞선 세 국가에 의한

1795년의 악명 높은 분할로 사라진, 자신들의 민족적 독립성을 회복하기 위한 폴란드 사람들의 투쟁이 그것이다. 폴란드인의 운동에 대한 마르크스의 지지는 그의 삶에서 정치적으로 가장 열정적인 활동 중 하나였다. 폴란드에 대한 지지는, 러시아에 대한 반대와 마찬가지로, 마르크스에게 그리고 그의 세대 다수에게 보수적인 반대자들로부터 민주적이고 혁명적인 운동의 경계를 표시하는 리트머스 실험과 같은 것이었다.

다음 두 가지의 예시가 폴란드에 대한 이러한 열정의 깊이를 분명히 보여줄 것이다. 첫째는, 마르크스의 개인적 의견을 가리키는 것으로, 1856년 12월 2일, 엥겔스에게 보낸 편지에서 발견된다. "1789년 이후 모든 혁명의 강도와 성공 가능성은 폴란드에 대한 태도로 정확하게 판단될지도 모릅니다. 폴란드는 그 혁명들의 '외부' 온도계입니다"(MECW 40: 85). 둘째 예시는 마르크스의 반대자들이 그를 폴란드인의 운동에 대한 열렬한 지지자로 바라본 정도를 분명히 보여준다. 1867년 2월, 마르크스가 출판자와 『자본』 출판 계약을 협의히기 위해 독일 방문을 준비하고 있었을 때, 한 독일 신문은 "런던에 거주하고 있는 마르크스 박사는 …… 옆의" 폴란드의 "반란을 …… 선전하기 위해 대륙을 순회하도록 선택된 것으로 보인다"라고 보도했다. 마르크스는 신문에 철회보도를 내도록 촉구하면서, 이러한 보도가 "경찰이 고안한 날조임이 틀림없다"라고 답했다(MECW 20: 202).

만약 앞에서 인용한, 폴란드를 혁명의 '외부 온도계'로서 보는 마르크스의 관점이 오늘날의 독자들에게 놀랍게 보인다면, 이는 대부분 마르크스가 노동계급 운동에만 관심 있었을 것(농업국가인 폴란드에는 노동계급이 아직 존재하지 않았다)이라고 가정하는 일반적인 경향 때문일 것이다. 마르크스의 관점에 관한 혼란의 또 다른 원인은 마르크스 이후 마르크스주의자들이 종종 폴란드에 대해 다른 관점들을 가졌던 방식에 기인한다. 로자 룩셈부르크(Rosa Luxemburg)는 폴란드의 독립에 대한 완전한 반대입장을 표명하면서 마르크스의 관점에 대한 분명한 비판을 발전시켰다. 그 몇 년 전에는, 이미 세계의 지도적인 마르크스주의 이론가로 인식되어 가고 있던 카를 카우츠키(Karl Kautsky) 또한, 비록 근본적으로는 아니었지만, 마르크스와 거리를 두었다. 1896년 11월 12일, 카우츠키는 자신의 동료인 빅토어 아들러(Viktor Adler)에게 보낸 편지에서 다음과 같이 썼다. "폴란드 문제에 대해서, 나는 마르크스의 이전 입장이 옹호될 수 없게 되었다고 생각합니다"(Adler 1954: 221). 적어도 이론적인 수준에서, 레닌은 마르크스의 이전 입장으로 돌아가 이러한 입장을 반전시키길 시도했다.[24] 그러나 히틀러와의 1939~1941년 조약 기간 동안 폴란드를 재분할한 스탈린 치하에서, 폴란드 민족주의와 관련된 어떠한 것도 반혁명적 일탈로 낙인찍혔고, 러시아와 폴란드에 관한 마르크스의 글 다수는 공식적인 판본에서 말소되었다.

마르크스는 1830년 폴란드 봉기를 기념하는 1847년 11월 연설에서 폴란드에 관해 처음으로 중요한 발표를 했다. 그는 좌파 차티스트가 설립한 국제조직, 형제적 민주주의자들(Fraternal Democrats)이 주관한 런던의 한 모임에서 이 발표를 했다. 또한 이 모임에서는 차티스트 지도자 줄리안 하니(Julian Harney)와 어니스트 존스(Ernest Jones)가, 엥겔스를 포함한 다른 영국, 독일, 벨기에, 폴란드 노동운동가 및 혁명가들과 함께 연설했다. 마르크스는 간단한 연설을 통해, 당시 거의 완성되었던 『공산당 선언』과 유사한 언어로 부르주아지의 등장과 다가올 프롤레타리아 혁명에 대해 말했

---

24 폴란드의 민족적 독립에 반대하는 룩셈부르크의 글 일부는 Hudis and Anderson(2004)에서 찾을 수 있다. 나는 이전에 K. Anderson(1995)과 K. Anderson(2007)에서 레닌과 "민족해방"을 논의한 바 있다.

다. 이제 폴란드는 세계 자본주의 체제의 일부였기 때문에, 폴란드의 투쟁은 그러한 맥락에서 관찰되어야 했다.

> 모든 국가 중에서, 잉글랜드는 프롤레타리아트와 부르주아지 사이의 모순이 가장 고도로 발전된 곳입니다. 잉글랜드 부르주아지에 대한 잉글랜드 프롤레타리아트의 승리는, 따라서 압제자에 대한 모든 억압받는 자들의 승리에서 결정적입니다. 따라서 폴란드는 폴란드에서가 아니라 영국에서 해방되어야 합니다(MECW 6: 389).

1794년, 1830년, 1846년의 폴란드 봉기가 강력한 이웃인 러시아, 프로이센, 오스트리아에 의해 분쇄되었기 때문에, 마르크스의 관점은, 엥겔스가 이 모임에 대한 뉴스 보도에서 요약했듯이, "잉글랜드가 폴란드의 구제를 위한 신호를 줄 것"으로 보였고, 따라서 "서유럽 국가들이 민주주의를 획득"할 때에만 폴란드가 해방될 것으로 보았다(MECW 6: 391). 마르크스, 엥겔스, 그리고 그들의 동료들은 노동 투쟁과 민주주의 투쟁을 가깝게 관련된 것으로 보았다. 위르겐 로얀(Jürgen Rojahn 1995)이 주장했듯, 20세기까지 줄곧 유럽에서는 "민주주의"라는 용어가 좌파와, 그리고 노동 및 더 빈곤한 계급의 운동과 더욱 관련되었다. 같은 모임에서의 연설을 통해, 엥겔스는 마르크스의 관점을 되풀이할 뿐만 아니라, 폴란드에 관한 독일 혁명가들의 특별한 책무를 지적한다. "한 국가는 다른 국가를 억압하길 지속하면서 동시에 자유로울 수 없습니다. 독일의 해방은, 따라서, 독일의 억압으로부터 폴란드가 해방되는 것 없이는 발생할 수 없습니다"(MECW 6: 389).

1848년 2월, 『공산당 선언』이 출판되었다. "노동자에게 조국은 없다"와 "사람들 사이의 민족적 차이와 적대는 매일 점점 더 사라지고 있다"(MECW

6: 502~503)와 같은 유명한 문장들은, 모든 민족적 권리, 그리고 심지어는 민족이라는 그 개념 자체에 대한 거부로 잘못 해석되었다. 그러나 노동자에게 조국은 없다고 쓴 이후, 마르크스와 엥겔스는 민족 문제의 중요성이 지속된다는 점을 지적하는 글을 덧붙였다. "우리는 그들이 가지지 않은 것을 그들에게서 빼앗을 수는 없다. …… 프롤레타리아트는 무엇보다도 정치적 우위를 획득해야 하고, 민족의 지도적인 계급으로 부상해야 하며, 스스로를 민족으로 구성해야 한다"(502~503). 더 나아가, "프롤레타리아트의 우위"와 함께, 계급착취가 끝날 뿐 아니라 "다른 민족에 의한 한 민족의 착취" 또한 끝날 것(502~503)이라고 쓰고 있다. 다음과 같은 강령적 선언도『공산당 선언』의 끝부분에서 찾을 수 있는데, 이는『공산당 선언』에서 특정한 민족 운동과 관련된 서술을 하는 유일한 부분이다. "폴란드에서 [공산주의자들은] 농지혁명을 민족해방의 기본 조건으로 주장하는 당, 즉 1846년 크라쿠프(Cracow)에서의 반란을 선동한 그 당을 지지한다"(518). 확실히, 이것은 보수주의적 민족주의 혹은 지주에 기초한 민족주의에 대한 비판을 암시하고 "농지 개혁"을 지지한다. 하지만 또한 이는 1846년 폴란드의 **민족적** 반란 기간에 행해진 투쟁 유형을 지지하는 매우 명백한 문장이기도 하다.[25]

『공산당 선언』이 출간된 같은 달 동안, 마르크스와 엥겔스는 브뤼셀에서 열린 또 다른 폴란드 관련 기념행사에서 연설했는데, 이 행사는 1846년 반

---

25 솔로몬 블룸(Solomon Bloom)의『민족의 세계(The World of Nations)』(1941)[또한 Lichtheim 1961을 보라]까지 거슬러 올라가는, 이 문제에 관한 훌륭한 학문적 연구의 설명에도 불구하고, 역사가 안제이 발리츠키(Andrzej Walicki)는 민족주의에 대한 마르크스의 입장을 "전형적으로 오독"하는 "고질적인 지속성"을 한탄했다. 심지어 오늘날까지도 일반적인 이러한 오독에 따르면, 마르크스는 "이른바 현실적 상황이나 유럽 산업노동계급의 계급적 이해와는 관련이 없다는 점에서, 민족 문제에 대해 완전히 무관심한 견지"를 고수했다고 발리츠키는 쓴다(Walicki 1982: 358). 에리카 베너(Erica Benner 1995)가 민족주의에 대한 마르크스의 입장을 세심하게 학술적으로 다룬 것에 대해 하버드대학교 역사가 로만 스포룩(Roman Szporluk 1997)이 보인 부정적인 반응은 이 문제의 지속성을 분명히 보여준다.

란에 관련된 것이었다.[26] 그들은 폴란드 혁명가이자 폴란드민주협회(Polish Democratic Society)의 지도적인 구성원인, 명성 높은 요하임 렐레벨(Joachim Lelewel)과 함께 연단에 섰다. 이 연설에서 마르크스는 1790년대의 폴란드 입헌 민주주의자들이 러시아, 프로이센, 오스트리아에서 자코뱅으로 불린 것과 똑같이, 1846년 그들의 봉기 역시 공산주의 경향으로 비난을 받았다고 냉소적으로 언급한다. "폴란드의 민족적 독립을 회복하기를 원했던 것이 공산주의였을까요? …… 아니면, 민주적 정부를 수립하기를 원했기 때문에 크라쿠프 혁명은 공산주의였을까요?"(MECW 6: 545) 보다 진지한 관점에서, 마르크스는 "크라쿠프의 혁명가들은 단지 사회계급 간 정치적 차별의 폐지를 원했습니다. 그들은 다른 계급들에게 동등한 권리를 부여하기를 원했습니다"라고 언급한다(545). 대조적으로, 공산주의는 "계급의 필연성[nécessité de l'existence]을 부정합니다. 공산주의는 모든 계급, 그리고 그에 근거한 모든 차별을 폐지할 것을 제안합니다[veut]"라고 마르크스는 주장한다(546). 이 급진적인 민주주의 운동을 요약하면서, 그는 단언한다.

> 크라쿠프의 혁명적 운동 지도부 내 사람들은 민주적인 폴란드만이 독립될 수 있고, 봉건적 권리를 폐지하지 않거나 종속적인 소작농을 자유로운 소유자, 근대적 소유자로 전환시키는 농지혁명을 하지 않고는 민주적인 폴란드가 불가능하다는 깊은 신념을 공유했습니다. …… 크라쿠프 혁명은 민족적 대의명분을 민주적 대의명분 및 억압받는 계급의 해방과 동일시함으로써, 전 유럽에 영광스러운 예시를 선사했습니다.

---

26 평소와 같이 MECW를 인용했지만, 나는 루벨이 편집한 마르크스 『전집 4(Oeuvres 4)』 999~1004쪽에 수록된 연설의 프랑스어 원문에 기초해 MECW의 번역을 수정했다.

그는 폴란드의 자유는 "유럽의 모든 민주주의자들의 명예가 달린 문제가 되었습니다"라고 결론짓는다(549).

연설에서 엥겔스는 1830년 반란에서 귀족들이 행사한 지도력을 1846년의 지도력과 대비시킨다. 전자는 "보수적 혁명"이었다(MECW 6: 550). 그러나 마르크스는 그러한 1830년조차도 다음과 같았다고, 렐레벨을 찬사하면서 덧붙인다.

지배계급의 협소한 관점을 격렬하게 비판한 한 사람이 있었습니다. 그는 의회의 귀족들이 그 대담함에 흠칫 놀랐던, 진정으로 혁명적인 방법을 제안했습니다. 과거의 폴란드 전역을 전쟁에 동원하는 것으로, 따라서 폴란드의 독립전쟁을 유럽의 전쟁으로 발전시키는 것으로, 유대인과 소작농을 해방시키는 것으로, 토지 일부를 소작농의 몫으로 만드는 것으로, 폴란드를 민주주의와 평등의 기초 위에 재건하는 것으로, 그는 민족적 대의명분을 자유라는 대의명분으로 발전시키고자 했습니다. …… 1830년에 이러한 계획은 귀족 다수의 눈먼 이기주의에 의해 지속적으로 거부되었습니다. 그러나 이러한 원칙은 15년간의 노예 상태라는 경험으로 성숙하고 발전한 것으로, 우리는 이것이 크라쿠프 봉기의 깃발에 새겨진 것을 보았습니다. …… 세 곳의 해외 강대국이 동시에 공격받았다. 소작농의 해방, 농지개혁, 그리고 유대인의 해방이 선언되었는데, 이러한 선언이 귀족의 특정한 이해관계에 위배되는지 여부는 잠시도 개의치 않았습니다(550~551).

그는 폴란드인이 러시아에 반대함으로써 프로이센 군주제에 대한 주요한 외부 지원 또한 약화시켰으며, "앞으로 독일인과 폴란드인은 돌이킬 수 없는 동맹을 맺게 되었습니다"라고 결론짓는다(552).

1848년 여름, 마르크스와 엥겔스가 혁명에 가담하기 위해 독일로 돌아온 직후에, 그들은 프로이센의 폴란드 합병을 비준하려는 독일 의회의 투표에 강하게 반대했다. 이러한 합병은 1848년 4월 폴란드인이 봉기하고 프로이센 군대에게 짓밟힌 이후에 일어났다. 8월, 마르크스가 의장을 맡은 쾰른민주협회 모임에서, 마르크스가 나중에『자본』제1권을 헌정한 가까운 동료 빌헬름 울프(Wilhelm Wolff)는 통렬한 결의안을 낭독하고 찬성했다. 그 결의안은 "독일인 중 건강한 일부는 폴란드 민족의 억압에 가담하지 않을 것이며, 할 수도 없다"라고 끝난다(MECW 7: 565).

　　이후 몇 주 동안, 엥겔스는 ≪신라인 신문≫에 폴란드에 관한 일련의 기사를 게재했는데, 이는 MECW에서 약 50쪽을 차지한다. 이 중 다수는 심지어 폴란드를 지지할 것을 주장할 때조차도 폴란드에 대해 오만한 태도를 보이는 자유주의적인 의회 의원들과의 논쟁에 집중했다. 엥겔스가 조롱한 이들 중에는 아르놀트 루게(Arnold Ruge)가 포함되었는데, 그는 마르크스와 함께 1843~1844년 가깝게 일했으며 그 후에는 씁쓸히 결별했다. 엥겔스는, 폴란드의 분할이 독일과 러시아를 결합시켰으며 이는 독일 전체를 지배하려고 했던 보수주의적인 프로이센 지주를 강화시켰고 민주주의 운동을 약화시켰다고 주장했다.

　　폴란드 영토에 대한 첫 강탈이 저질러진 순간부터, 독일은 러시아에 의존하게 되었다. 러시아는 프로이센과 오스트리아에 절대군주제를 유지할 것을 명령했고, 프로이센과 오스트리아는 이에 복종해야 했다. 프로이센 부르주아지로서는 …… 지배권을 획득하려는 노력이 전적으로 실패했는데, 러시아가 프로이센의 봉건주의 - 절대주의 계급에게 제공한 지원 …… 때문이다(MECW 7: 350).

그러나 폴란드인은 매우 다른 태도를 보여주었다.

이미 1791년에, 폴란드에서는 농지혁명 문제가 의제로 올라와 있었으며, 동유럽 전체에 영향을 주었다고 엥겔스는 주장한다.

　　1791년 헌법은 그때 당시에 이미 폴란드인이 자신들의 외교적 독립은 귀족정의 전복 및 국내 농지개혁과 불가분의 관계라는 것을 명확하게 이해했다는 점을 보여준다. 발트해와 흑해 사이의 거대한 농업 국가들은 농지 혁명을 통해서만 가부장제적 봉건 야만주의에서 자유로워질 수 있는데, 이 혁명은 농노이거나 강제노동의 의무를 진 소작농을 자유로운 토지 소유자로 바꾸는 것으로, 시골지역에서는 1789년 프랑스 혁명과 유사할 혁명이다. 모든 이웃의 농업국가 중 처음으로 이를 선언하는 것은 폴란드 민족에게 큰 명예이다. ······ 폴란드의 독립을 위한 투쟁, 특히 1846년 크라쿠프 봉기 이후의 투쟁은 동시에 **가부장제적 봉건 절대주의**(patriarchal feudal absolutism)에 대항하는 **농업 민주주의**(agrarian democracy) ─ 동유럽에서 가능한 유일한 민주주의 형태 ─ 를 위한 투쟁이다(MECW 7: 351).

독일 민주주의자는 러시아와 동맹을 지속하는 대신, 러시아에 대한 전쟁을 선포하고 폴란드와 동맹을 맺을 필요가 있었다고 엥겔스는 쓴다. 그는 폴란드 대표인 얀 야니셰프스키(Jan Janiszewski)의 연설에 강한 동질감을 느끼는데, 야니셰프스키는 "폴란드인에 대한 이전의 모든 비판을 반박하고, 폴란드인에 대한 지지자들이 저지른 실수를 보상했으며, 유일하게 현실적이고 정당한 근거로 토론을 이끌었다"(366). 일련의 기사를 마무리 지으면서 엥겔스는 1772년 분할에 대한 루소(Rousseau)의 말을 인용한다. "당신은 폴란드인을 삼켰으나, 신께 맹세코, 그들을 소화시키지는 못할 것이다"(381).

　1년 후, 1849년 봄에 마르크스는 ≪신라인 신문≫에 프로이센 군주제에 대한 폭로 기사를 썼는데, 이는 신문 발간이 금지되기 전 그가 쓴 마지막 기사 중 하나이다. 마르크스는 본질적으로는 매우 존경받는 프리드리히 대제 (Frederick the Great)조차도 다른 이들과 차이가 없었다고 시사한다. 프리드리히는 "가부장제적 전제주의의 고안자이자, 태형의 도움을 받은 계몽의 지지자"였고, "…… 그가 폴란드를 유린하기 위해 러시아 및 오스트리아와 동맹을 맺은 것은 잘 알려져 있으며, 이는 1848년 혁명 이후 오늘날에도 독일사에 영원한 오점으로 남아 있는 행위이다"(MECW 9: 418~419). 1852년, 마르크스와 엥겔스가 런던으로 몸을 피한 이후 엥겔스는 『독일에서의 혁명과 반혁명(Revolution and Counter-Revolution in Germany)』에서 혁명 초기 독일 자유주의자의 폴란드인 배신은 러시아를 강화시켰을 뿐 아니라, "이후 자유주의 정당을 말끔히 정리하고 운동을 분쇄한, 예의 프로이센 군대를 재조직하고 강화시킨 첫 번째 방법이었다"라고 썼다(MECW 11: 45).

　같은 시기, 당시 유럽에 만연한 보수주의로 인해 어쩌면 침울한 상태에서, 엥겔스는 1851년 5월 23일 마르크스에게 보낸 편지에서 어쩌면 자신들이 폴란드 투쟁의 중요성을 과대평가하고 있었을 것이라고 시사한다.

　　내가 그것에 대해 더 생각할수록, 폴란드인은 러시아 자체가 농지 혁명에 휘말릴 때까지 그 목적에 계속 봉사할 뿐인 **끝난 민족**(une nation foutue)이라는 점이 나에게 더욱 명백해집니다. 그 순간까지, 폴란드는 더 이상 **존재 이유**(raison d'être)를 절대로 가질 수 없을 것입니다. 역사에 대한 폴란드인의 유일한 공헌은, 용맹하기도 하고 동시에 도발적이기도 한, 어리석은 장난에 빠진 것이었습니다(MECW 38: 363).

다음에 올 혁명에 관한 군사적 분석을 시작한 후, 엥겔스는 덧붙인다.

다행스럽게도, ≪신라인 신문≫에서 우리는 폴란드인에 대한 적극적인 의무는 맡지 않았는데, 이는 적절한 국경과 병행되는 영토 회복에 대한 불가피한 의무를 제외하면 그렇고 심지어 이것조차도 농지 혁명이 일어난다는 조건에서만 그렇습니다. …… 결론: 서구의 폴란드인에게서 그만큼 빼앗을 것, 그들의 요새, 특히 포즈나뉴(Posen [Poznan])에 방어를 구실로 독일인을 배치할 것, 그들이 자업자득으로 고생하도록 내버려둘 것, …… 그리고 러시아인이 [혁명을] 시작하도록 하는 것이 가능하다면, 후자와 동맹을 맺고 폴란드인에게 양보를 강요할 것. …… 기껏해야 2만 명에서 3만 명의 병력을 동원할 수 있는 국가는 발언권이 없습니다. 그리고 폴란드는 그보다 훨씬 더 많이 동원할 수는 없을 것입니다(364~365).

이러한 감정 분출에 대한 마르크스의 답변은 남아 있지 않은 것으로 보이며, 자신의 저작 어디에서도 마르크스는 유사한 감정을 표현하지 않는다. 루벨은 상황의 군사적 측면에 대한 엥겔스의 편애를 지적하면서, 이를 "프롤레타리아의 '장군'에 어울릴 만한 비판"이라고 부른다(Oeuvres 4: 1352). "장군"은 사실 마르크스 가족이 엥겔스에게 붙인 익살스러운 별명이었는데, 아마도 아이들에게서 비롯되었을 것이다. 그러나 엥겔스는 폴란드에 관한 자신의 다음 저술에서 민족해방을 강력하게 지지하는 자신의 이전 입장으로 돌아왔다.[27]

---

27 폴란드에 관해 계급 환원주의의 위험을 회피하는 마르크스와 엥겔스의 입장에 대한 설명들조차도 때로 이러한 엥겔스의 순간적인 실수를 과대평가하는데, 이는 1848~1849년 발발한 폴란드 민족해방에 대한 그들의 지지가 공산주의 운동을 위해 동맹들을 보수적인 러시아

1850년대에 마르크스는 폴란드 문제에 관해 덜 집중했지만, 자신의 1853년 팸플릿 「파머스턴 경」의 일부를 폴란드에 대한 파머스턴의 이중성에 대해 말하는 데에 할애했다. 마르크스는 "기사도적인, 폴란드인의 보호자(MECW 12: 358)"로서의 파머스턴의 태도에도 불구하고, 그가 1830년에 그들을 돕는 데에 손가락 하나 까딱하지 않았다고 쓴다. 그리고 나서 다음과 같이 덧붙인다. "바르샤바의 함락 이후, 러시아인이 저지른 잔혹행위가 비난받을 때, 파머스턴은 러시아 황제를 깊은 관대함으로 대할 것을 하원에 권고한다"(360). 또한 마르크스는 파머스턴이 러시아가 1830년의 군사적 개입 비용을 지불하도록 도왔다고 비난한다. 마르크스는 1846년에도 파머스턴이 폴란드에 대한 연민을 공개적으로 표현했지만, 폴란드의 투쟁을 돕기 위해 무엇인가를 하려는 구체적인 모든 노력을 좌절시켰다고 주장한다.

≪신질서 신문≫에 실린 마르크스의 1855년 기사 「폴란드 회의(The Poland Meeting)」는 1850년대에 그가 정치적으로 활동했던 망명 및 노동 환경을 잘 보여준다. 이 기사는 폴란드 운동을 지지하기 위한 런던 모임인 '폴란드 친구들의 문학연합(Literary Association of the Friends of Poland)'에서의 논쟁을 서술한다. 마르크스는 문학연합을 보수적인 폴란드인 망명자 "[애덤] 차르토리스키([Adam] Czartoryski)의 지지자들이 한편을, 그리고 폴란드에 대해 우호적인 성향을 가진 영국인 귀족들이 다른 한편을" 구성하는 것으로 묘사한다. 문학연합은 "파머스턴의 손아귀에 있는 눈 먼 도구"였으며 그가 "자신의 '반러시아적' 평판을 존속"할 수 있도록 도왔다고, 마르크

로부터 지켜내는 것을 목표로 한 단순히 전술적인 방편이었다는 결론으로 비약하기 위한 것이다(MacDonald 1941; Hammen 1969).

스는 주장한다(MECW 14: 477). 폴란드인 망명자 공동체에서, 문학연합은 파머스턴 및 다른 지도적인 영국인 정치인들과 때때로 접촉했기 때문에 거의 공식적인 지위를 주장할 수 있었지만, 마르크스가 1847년 이후 접촉해 온 경향인, 더 좌파적인 폴란드민주협회와는 사납게 대립했다. 회의실은 차티스트, 반러시아 어커트주의자, 그리고 폴란드민주협회 회원들로 가득 차 회의 주최자들을 놀라게 했다. 어커트주의자 데이비드 콜렛(David Collet)은 "1830년부터 1846년까지 파머스턴 경의 신뢰할 수 없는 행동"을 지적하면서, 회의에서 채택된 폴란드 지지 결의안에 대한 수정안을 낭독하려 했다. 수정안은 파머스턴의 폴란드 지지가 "위선이고 기만"이라고 주장했고, 또한 그가 "가능한 한 러시아에 손해를 주는 것을 피하는 방법으로" 크림전쟁을 수행했다는 이유로 비난했다(478). 또한 마르크스는 "알려지지 않은 젊은 서민"이 청중석에서 했던 유창한 발언을 언급한다. 그는 청중의 논의가 회의를 "파머스턴의 패배"로 이끌었고 "그가 대표하는 계급에 대해서는 더 그렇다"라고 결론짓는다(480). 또한 마르크스는 친정부적인 영국 언론이 의견상 불일치를 러시아 스파이의 작업으로 묘사하면서, 회의에 대한 왜곡된 설명을 기사화했다고 불평했다.

앞에서 논의했듯, 또한 마르크스가 폴란드에 대한 지지를 "1789년 이후 모든 혁명의 강도와 가능성"을 측정할 수 있는 "'외부' 온도계"로 특징지은 것은 그 시기였다. 1856년 12월 2일, 엥겔스에게 보내는 편지에서 마르크스는 덧붙인다. "이것은 프랑스 역사로 구체적으로 입증될 수 있습니다. 헝가리의 혁명 시기와 마찬가지로 우리의 짧았던 독일 혁명기에 이는 뚜렷하게 보입니다." 마르크스가 든 유일한 "예외"는 1794년 자코뱅에 관한 것인데, 이들은 폴란드에서 농지혁명을 수행하는 데 실패하고 "국가에 대한 귀족 배신자들"을 관대하게 취급했다는 이유로 타데우시 코시치우슈코(Tadeusz Kosciuszko)를 비난했다(MECW 40: 85~86). 1856년 후반 이후의 마르크스의 편지 다수는 그가 집중해서 폴란드 역사, 특히 루드비크 미에로슬라프스키(Ludwik Mieroslawski)와 렐레벨의 저작을 연구했음을 보여준다. 이 시기 마르크스는 엥겔스에게 미에로슬라프스키에서 발췌한 노트 일부를 보냈다.

마르크스와 엥겔스는 다나가 1858년 발행한 『뉴 아메리칸 백과사전(New American Cyclopaedia)』에서 전설적인 폴란드 군사 지도자 유제프 벰(Jozef Bem)을 기리는 항목을 공동으로 작성했다. 폴란드에 대한 그들의 열렬한 지지는 백과사전이라는 형식에서조차도 명백히 나타난다. "그의 삶의 열정은 러시아에 대한 증오였다"라고 언급하면서, 그들은 나폴레옹 군대에서 벰이 초기에 받은 훈련을 이야기한다. 또한 그들은 1830년 폴란드 봉기 기간 벰의 두드러지는 지도력에 대해 이야기하지만, 러시아의 바르샤바 공세 기간 벰이 수행한 역할 중 몇몇 값비싼 판단 오류도 지적한다. 그들이 쓰기를, 망명 이후 벰은 "갈리시아(Austrian Poland)에 혁명적 징후가 첫 번째로 등장한"(MECW 18: 131) 1848년에 다시 두각을 나타냈는데, 그는 빈으로 가서 혁명군 지휘권을 부여받았다. 이후 그는 1848~1849년 헝가리에서 혁명을 방어하기 위해 파견되었는데, 벰은 군대를 양성 및 훈련시키고 자신이 "빨치산 및 산악 전투"(132)의 달인임을 보여주었다. 또한 벰은 민족적 문제에 대한 위대한 정치적 세심함을 보였는데, 마르크스와 엥겔스는 그의 "적대적인 민족들 사이에서의 조정 정책은 그가 몇 달 안에 4만 명에서 5만 명까지 자신의 병력을 증가시키는 데에 도움을 주었다"라고 주장한다. 마침내 더 많고 더 잘 무장된 러시아와 오스트리아 군대에게 패배했을 때, 벰은 오스만 제국으로 피신함으로써 헝가리에서 체포를 피했다. 그곳에서 벰은 이슬람교로 개종했고, 비록 서구 강대국이 그를 러시아 국경에 가까이 접근치 못하게 오스만인들에게 압력을 넣었음에도 불구하고 술탄에게서 군사 지휘권을 부여받았다. 열병으로 사망하기 직전, 벰의 마지막 행동 중 하나는 시리아 알레포의 "이슬람교도 대중이 기독교도 거주자들에게 1850년 12월에 저지른 몇몇 도를 넘은 살육행위를 진압하는 것"이었다(133).[28]

1863년 폴란드 봉기: "유럽에서 혁명의 시대가 한번 더 열렸습니다"

1861년 후반, 다수의 불안이 바르샤바에서 다시 발생했는데, 이는 러시아군의 가혹한 진압을 야기했다. 마르크스는 이 상황을 면밀히 좇았는데, 엥겔스에게 보낸 편지에서 몇 차례 이에 관해 논했다. 1861년 12월 19일자 엥겔스에게 보낸 편지에서 그는, 영국 여론이 정부에게 폴란드인을 적극적으로 지원하도록 압력을 가했던 시기에 에이브러햄 링컨 정부와 외교적 위기를 형성한 파머스턴이 지녔던 진정한 목표는 "폴란드로부터 주의를 분산시키는 것"이었다고 시사한다(MECW 41: 336).[29]

1863년 1월, 전면적인 봉기가 폴란드에서 발생했다. 이를 더 폭넓은 유럽혁명의 조짐으로 본 마르크스는 2월 13일 엥겔스에게 다음과 같이 편지를 보낸다. "폴란드 일에 대해서 당신은 어떻게 생각합니까? 이것만은 확실합니다. 혁명의 시대가 이제 유럽에서 다시 한번 정말로 열리고 있습니다. …… 이번에는 용암이 동에서 서로 흐를 것이라고 기대해 봅시다"(MECW 41: 453). 엥겔스의 답장이 닿기 전에, 그리고 봉기를 진압하는 데에서 프로

---

28 벰의 명성은 폴란드와 헝가리 양쪽에 중요한 것으로 남아 있었다. 1956년 11월, 헝가리 혁명가들은 부다페스트에 있는 벰의 조각상 주위에서 첫 번째 집회를 가졌다.

29 미국 남북전쟁에 대한 파머스턴의 관점과 영국의 태도를 바라본 마르크스의 관점은 다음 장에서 논의된다.

이센이 러시아에게 도움을 주게 되자, 마르크스는 2월 17일에 엥겔스에게 보낸 편지에서 자신과 엥겔스가 폴란드에 관한 "선언"을 공동으로 작성하자고 제안한다.

폴란드 일과 프로이센의 개입은 정말이지 우리에게 발언을 할 수밖에 없게 만드는 조합에 해당합니다. …… 여기서 [독일] 노동자협회가 그 목적을 위해 잘 기여할 것입니다. 선언은 **협회**명으로, 즉시 발행되어야 합니다. 당신은 군사적인 것에 대해 ― 즉, 폴란드의 복원에 대한 독일의 군사적·정치적 이해관계에 대해 ― 어느 정도 작성해야 합니다. 나는 외교적인 것을 다소 작성할 것입니다(MECW 41: 455).

또한 마르크스는 자신들이 더 긴 팸플릿을 쓰고 그것을 독일의 출판자에게 제출하자고 제안한다. 엥겔스는 두 가지 제안 모두 승낙했지만, 3월 24일의 편지에서 마르크스는 "사건들이 보다 더 진전된 단계에 도달했을 때 그것을 바라보기" 위해 이 제안을 유보할 것을 제시한다. 또한 그는 프로이센의 역할에 대해 언급한다. "내가 도달한 관점은 이것입니다. …… 프로이센 '국가'(독일과는 매우 다른 창조물)는 러시아 없이는 지금처럼 존재할 수 없고, 독립된 폴란드와 함께 존재할 수도 없습니다. …… 프로이센 국가는 지도상에서 지워져야만 합니다"(MECW 41: 461~462). 1863년 봄, 마르크스는 폴란드 팸플릿의 부분적 초고와 함께 방대한 발췌노트를 작성했지만, 루벨과 매낼리에 따르면, "반복된 질병이 그가 작업을 끝내는 것을 방해했다"(Rubel and Manale 1975: 184).[30] 또한 마르크스는 봉기에서 상대적

---

30 마르크스의 노트와 초고는 100쪽을 초과한다. 이 저술들은 폴란드어 번역과 함께 원문의 언

으로 보수적인 미에로슬라프스키의 두드러진 역할을 조심했는데, 특히 그가 보나파르티즘 체제와 관계를 맺고 있었기 때문이다. 군사적 사건들이 폴란드인에게 불리하게 진행되는 것처럼 보일수록, 엥겔스는 몇 차례나 봉기의 승산에 관한 심각한 비관주의를 표현했다. 그러나 1863년 가을까지, 마르크스는 상황에 대해 낙관하는 것으로 보였고, 심지어 9월 12일 엥겔스에게 러시아와 프로이센에 대항해 싸우기 위해 폴란드로 갈 독일인 부대를 런던에서 모집하는 것을 도우려는 생각에 관해 편지를 보내기도 했다(MECW 41: 491~493).

또한 1863년 가을, 마침내 마르크스는 연초에 자신이 제안했던, 폴란드에 관한 무기명의, 짧은 대중연설문 초고를 작성했다. 그것은 11월에 런던의 독일노동자교육협회에서 발행되었는데, 이 집단은 1840년대의 구공산주의자 동맹에서 활동했던 사람들을 포함하고 있었다. 해외의 독일 노동자들 사이에서 폴란드를 위한 기금을 모으기 위해 발행된, 영문으로 된 이 전단은 독일의 자유주의 정치인들이 폴란드를 지지하는 데 실패했다고 혹평하고 또한 이를 미국의 남북전쟁과 연관 짓는 내용을 담고 있었다.

이러한 운명적인 순간에 독일 노동계급이, 동시에 독일과 유럽에 대한 반역이기도 한, 폴란드에 대한 독일의 배신에 반대하는 단호한 항의를 제기하는 것은 폴란드인, 해외국가들, 그리고 자신들의 명예에 대한 의무이다. 독일 노동계급은 **폴란드 복원**을 격정적인 글씨로 기치에 새겨야 한다. 부르주아의 자유주의가 자신들의 깃발에서 이 영광스러운 표어를 삭제했기 때문이다. 영국 노동계급은 미국 노예 소유자를 위해 개입하려는 지배계급의

어(독일어, 영어, 프랑스어)로 출판되었다(Marx 1971).

반복적 시도를 열광적인 대중집회로 좌절시켜, 스스로 영원히 기억될 역사적 명예를 얻었다. …… 만약 독일 노동계급이 폴란드와 같은 그러한 규모의 시위를 수행하는 것을 경찰의 규제가 막을지라도, 그 규제는 어떠한 식으로든 무관심과 침묵의 탓으로 시위가 세상의 시각에 배신의 공범으로 보이도록 강제하지는 않는다(MECW 19: 297).

반란이 마침내 진압된 이후, 마르크스는 1864년 6월 7일 엥겔스에게 보내는 편지에서 이를 주요한 역사적 전환점이 된 것으로 평가하면서, 캅카스 지역 체첸 산악민에 대한 러시아의 최종적인 승리 또한 언급한다.

러시아인이 지금 캅카스에서 취한, 그리고 기타 유럽국가가 바보 같은 무관심으로 바라보고 있는, 이 터무니없는 조치는 사실상 그들에게 다른 곳에서 무슨 일이 일어나고 있는지 못 본 체하도록 강요하고 정말이지 이를 더욱 쉽게 만듭니다. 이러한 두 가지 사건, 즉 폴란드 반란의 진압과 캅카스의 합병을 나는 1815년 이후 유럽에서 일어난 가장 중요한 두 가지 사건으로 여깁니다(MECW 41: 538).

유럽 정치에 관한 마르크스의 관점에서 폴란드와 러시아가 가지는 중요성은, 마르크스가 모든 정치를 계급과 경제적 문제로 축소했다는 생각으로 가득 찬 독자를 놀라게 할지도 모를 극적인 수사로 설명된다는 것이다. 이러한 쓰라린 패배에도 불구하고, 사회주의 운동을 위한 새로운 시대가 시작되고 있다고 마르크스는 쓴다. 랴자노프(Riazanov [1927] 1973)가 썼듯이, 보나파르트 경찰국가가 폴란드 지지를 주장한 이후, 프랑스에서는 1863년 반란을 지지하는 대중집회가 허용되었다. 이 중 일부는 노동자들이 조직했는데, 그들에게는 생각이 비슷한 영국 노동자들과 접촉하는 것이 허용되었으며, 영국 노동자들은 보다 큰 친폴란드 집회를 조직했다. 1863년 7월, 프랑스 노동자들의 국제 대표단은 폴란드 관련 합동 회의에 참석하기 위해 런던을 방문하는 것이 허용되었다. 같은 기간에 폴란드 회의의 중요한 인물인 조지 오저(George Odger)와 같은 런던 노동조합 지도자들은 유럽대륙 노동자들 간에 더 긴밀한 관계를 형성하기로 결정했다. 그 최종적인 결과로 1864년 9월 국제노동자연합, 즉 제1인터내셔널이 설립되었다. 여기에서 기타 노동자들과 지식인들이 폴란드의 운동에 관여했으며, 그들 중 마르크스는 중요한 역할을 수행했다.

몇 주 후, 자신의 이모부인 리온 필립스(Lion Philips)에게 11월 29일 보낸 편지에서 마르크스는 폴란드 및 미국 남북전쟁과 제1인터내셔널 탄생의 관계를 간단히 요약한다.

9월, 파리 노동자들이 폴란드에 대한 지지를 보이기 위해 런던 노동자들에게 대표단을 보냈습니다. 그때 국제노동자위원회가 구성되었습니다. 이 일은 중요하지 않지 않은데, 왜냐하면 …… 런던에서는 동일한 사람들이 [이 탈리아 혁명가 주세페(Giuseppe)] 가리발디(Garibaldi)를 위한 거대한 환영회를 조직했던 회의자, 그리고 세인트 제임스 홀(St. James's Hall)에서 있었던 [영국 자유주의 지도자 존(John)] 브라이트(Bright)와의 거대한 회의를 통해 **미국과의 전쟁을 막았던** 선두에 서 있기 때문입니다(MECW 42: 47).

마르크스가 쓴 1864년 11월 인터내셔널 「창립선언문」은 사실상 인터내셔널의 강령이 되었는데, 그 주된 초점은 자본과 노동에 관한 것이었다. 그러나 그는 선언문의 시작과 끝에서 아일랜드를 눈에 띄게 언급했고 또한 노동계급을 위한 대외 정책의 개요를 제시했는데, 특히 미국 남북전쟁과 폴란드, 러시아, 그리고 캅카스를 언급했다.

> 서유럽이 대서양 다른 편에서 노예제 영속과 확대를 위해 악명 높은 십자군 전쟁에 거꾸로 뛰어드는 것을 막은 것은 지배계급의 지혜가 아니라 그들의 범죄적 어리석음에 대한 영국 노동계급의 영웅적 저항이다. 러시아에 의해서 캅카스 산성이 희생되고 영웅적 폴란드가 압살당하는 것을 목도하면서 유럽 상류 계급이 보인 파렴치한 찬성, 거짓된 동정, 멍청한 무관심. 그리고 자신의 머리는 상트페테르부르크에, 손은 유럽의 모든 내각에 둔 저 야만적 강대국의 엄청나고 방해받지 않는 침략. 이것들은 국제정치의 수수께끼를 스스로 숙달해야 할 의무를 노동계급에게 가르쳤다. …… 이러한 대외 정책을 위한 싸움은 노동계급의 해방을 위한 일반적인 투쟁의 일부를 구성한다(MECW 20: 13).

폴란드와 프랑스에 관한 인터내셔널 내부의 논쟁

폴란드 문제는 곧 인터내셔널 내부에서 일련의 논쟁과 갈등을 이끌었는데, 이는 런던에 근거한 전체 평의회 토의에서 나타났다. 1864~1865년 겨울, 지식인이자 유명한 폴란드 지지 활동가로서 인터내셔널에 합류한 피터 폭스(Peter Fox)는 폴란드에 관한 인터내셔널 성명서 초안을 제출했는데, 이는 마르크스가 보기에 지난 한 세기 동안 이루어진 프랑스의 폴란드 지지를 매우 과장하는 것이었다.[31] 1864년 12월 10일자 엥겔스에게 보낸

---

31 폭스는 1863년 봉기 시기에 조직된 집단인 폴란드 독립을 위한 영국 동맹(British National League for the Independence of Poland)의 지도자였다. 철학적으로, 그는 무신론 지지자였고 프랑스의 실증주의자 오귀스트 콩트(Auguste Comte)의 추종자였다. 1860년대에 더 유명

편지에서, 마르크스는 이러한 오류를 영국의 급진적 민주주의자들 사이에서 종종 발견되는 "프랑스에 대한 광적인 '사랑'"의 탓으로 돌렸다(MECW 42: 55). 1864년 12월과 1865년 1월, 마르크스는 프랑스와 폴란드에 관한 노트를 준비했고 인터내셔널에 몇몇 장문의 보고를 올렸는데, 이는 폭스의 초안을 수정하려는 노력의 일부였다. 이러한 글 중 남아 있는 가장 장문의 글에서, 마르크스는 러시아 및 폴란드에 대한 프랑스의 정책을 매우 상세하게 추적한다. 그는 18세기 프랑스가 러시아에 반대해 폴란드를 지지한 것이 그다지 성의 없었다는 사실을 알아낸다. 프랑스와 러시아가 영국과 프로이센에 대항해 동맹을 맺었던 7년전쟁(1756~1763년)을 가리키면서, 마르크스는 그 결과를 다음과 같이 특징짓는다. "폴란드의 물적 자원이 소진되었고, 러시아는 독일에 대한 자국의 우위를 확인했으며, 프로이센은 러시아의 노예가 되었고, [러시아의] 에카테리나 2세는 유럽에서 가장 강력한 군주가 되었으며, **폴란드의 첫 번째 분할**이 이루어졌다"(MECW 20: 314; 강조는 원문).

마르크스가 쓰길, 프랑스 혁명으로 인해 여러 전쟁이 벌어지는 동안 프로이센과 오스트리아는 1794년의 폴란드 봉기 때문에 그가 "반자코뱅 전쟁"이라 부른 것에 참전하는 것이 억제되었다.[32]

1794년 봄 코시치우슈코가 일으킨 혁명적 봉기. 프로이센은 폴란드에 대

한 콩트주의자였던 에드워드 스펜서 비즐리(Edward Spencer Beesly) 교수는 폭스의 친구이자 저명한 폴란드 지지자였는데, 그는 비록 제1인터내셔널과 함께 일했던 것처럼 보이지만 공식적으로는 전혀 가담한 적이 없음에도 불구하고 마르크스와도 가까웠다. 실증주의에 대한 마르크스 자신의 반감을 고려할 때, 인터내셔널이 보다 불균질한 조직이었다는 점을 깨닫지 않는 한 이는 어쩌면 놀라운 것일 수 있다.

32 프랑스 혁명으로 발생한 1792~1815년의 전쟁을 마르크스가 칭하는 용어이다.

항해 즉시 군대를 진군시켰다. 패배. **1794년 9월**, 바르샤바에서 퇴각당하면서, 동시에 포즈냐뉴에서는 봉기가 일어났다. 그러자 프로이센 군주는 프랑스와의 계속된 다툼에서 물러나겠다는 자신의 계획을 공표했다. 오스트리아 또한 1794년 가을, 폴란드에 다수의 군대를 파견했는데, 이러한 상황에서 라인강 등지에서 프랑스군의 승리가 확보되었다. …… 바로 그 달인 10월과 **11월**(1794년)에 모든 곳에서 프랑스인이 승리하는데, 이때 코시치우슈코는 굴복했고, 프라하가 [러시아 장군 알렉산드르(Alexander)] 수보로프(Suvorov) 등과 어마어마한 학살 등에 의해 점령되었다(MECW 20: 318~319; 강조는 원문).

폴란드의 행동이 프랑스 혁명 정권에 이로웠던 반면, "폴란드는 프랑스 혁명과" 보수적 강대국인 러시아, 프로이센, 오스트리아에 의한 "반자코뱅 전쟁의 구실 아래 완전히 가려졌다"라고 그는 덧붙인다(319). 그 뒤 마르크스는 폴란드가 자코뱅에게 배신당했다는 점을 시사하는 다수의 프랑스 및 폴란드 자료를 인용한다.

그리고 나서 마르크스는 나폴레옹 치하에서 폴란드 망명자 부대가 형성되었으나, 그중 일부는 1802년까지 폴란드에서 싸우는 것이 아니라 아이티 혁명에 반대해 싸우도록 강요받았다고 쓴다. "포병의 화염에 위협받으면서, 그들은 산토도밍고에서 자신의 무덤자리를 찾기 위해 제노바와 리보르노에서 승선했다"(MECW 20: 323). 그러나 다른 폴란드 부대는 1806년 프랑스가 바르샤바 동부로 밀고 나가는 데에 큰 역할을 했다. 마르크스는 나폴레옹이 폴란드를 완전히 회복시키지 않고 프로이센 영토를 빼앗아 바르샤바 공국을 세운 것을 비판하는데, 이러한 나폴레옹의 공국 창설은 1795년 분할된 폴란드 영토 가운데 더 큰 지역을 러시아의 손에 남겨지도록 했다.

새로운 공국 내 **다수의 대형 사유지**는 나폴레옹이 프랑스 장군들에게 준 선물로서 형성되었다. **렐레벨**은 이를 **폴란드의 네 번째 분할**이라고 올바르게 칭한다. 폴란드인의 도움으로 프로이센인과 러시아인을 격퇴한 이후, 나폴레옹은 폴란드를 마치 피점령된 국가이자 자신의 사적 소유물이었던 것처럼 처리했으며, 또한 러시아에게 유리하도록 처리했다(MECW 20: 324; 강조는 원문).

마르크스는 1809년 폴란드인이 자신들의 국가가 회복되어야 한다는 점에 더욱 단호해졌다고 쓴다.

폴란드인은 이제 공국 명칭에 **폴란드** 명칭을 회복할 것을 요구했다. 차르는 반대했다. 1809년 10월 20일, [프랑스] 외무부 장관이었던 [장 바티스트(Jean-Baptiste)] **샹파니**(Champagny)가 나폴레옹의 명령에 따라 러시아 정부로 보내는 문서를 보냈는데, 여기에는 나폴레옹이 **모든 공법**에서뿐만 아니라 **심지어 역사에서조차도 폴란드인(Pole)과 폴란드(Poland)라는 명칭을 삭제**하도록 승인했다는 점이 명시되어 있다. 이는 나폴레옹이 조세핀과 이혼한 후, 차르의 누이에게 결혼을 신청할 준비를 하기 위한 것이었다(326; 강조는 원문).

마르크스는 1812년 나폴레옹이 마침내 러시아를 공격했을 때, 이는 "폴란드에 대한 어떠한 관심 때문이 아니라" "그가 러시아로부터 이를 강요당했기" 때문이라고 결론짓는다. 그리고 나폴레옹이 마침내 폴란드 연합의 결성을 허용한 때조차도, 마르크스는 "러시아에 대항하는 폴란드의 민족 전쟁"이라는 생각을 여전히 반대했다(327).

원고 초안은 이 지점에서 끝나지만, 마르크스의 노트는 인터내셔널에서의 그의 연설이 1830년 혁명과 그 영향을 포함하는 역사를 계속해 다루었다는 점을 시사한다.[33] 나폴레옹에 대한 비판을 계속하면서, 그는 나폴레옹이 폴란드를 배신한 것이 1812년 러시아 전쟁에서 심각한 결과를 초래했다고 쓴다. "따라서" 러시아 원정에서 "**나폴레옹의 대실패**가 그로 하여금 폴란드를 포기하도록 야기한 것이 아니라, 폴란드에 대한 나폴레옹의 **새로운 배신**이 **그의 대실패를 야기**했다". 마르크스는, 나폴레옹이 러시아 전쟁 기간 독립적인 폴란드 군대의 허용을 거부하고 대신 8만 명의 폴란드 부대를 자신의 **대육군**(Grande Armee)으로 분산한 것, 이로 인해 러시아에 대항하는 민족 전쟁의 허용을 거부한 것을 상세히 열거한다. 이는 나폴레옹이 1815년의 복위 시기와 워털루에서 패배한 시기에 한 행위와 유사했는데, 마르크스가 주장하길, 이때는 나폴레옹이 패배하는 것보다 프랑스에서 혁명이 부활하는 것을 훨씬 더 두려워했던 시기이다. "저 폭군은 워털루에서 패배한 후 프랑스에서 진정으로 **민족적**이고 **혁명적인 전쟁**이 발생하는 것보다 대(對)프랑스 동맹에 굴복하는 것을 더 선호했다"(MECW 20: 490; 강조는 원문).

냉혹한 왕정복고 시기 이후 "부르주아 군주" 루이 필리프(Louis Philippe)에게 권력을 가져다준 1830년 프랑스 혁명에 관해, 마르크스는 1830년

---

33 주로 영어로 쓰인, 그러나 몇몇 문단은 프랑스어와 독일어로 쓰인 그 노트는 1971년에 출판되었다(Marx 1971). MECW 20권(490~494)의 각주에는 이 노트로부터 발췌한 내용이 상당히 많이 포함되어 있다. 여기에서는 바로 이 MECW 20권을 인용하고 있는데, 번역은 일부 수정했다.

"폴란드 반란이 새로운 반자코뱅 전쟁으로부터 프랑스를 구했다"라고 주장한다. 그는 "혁명에 관한 소식과 파리의 바리케이드에 관한 소식을 듣고, 러시아인들은 프랑스로 진격하기로 결정했고", 이를 위해 자신들이 조직한 폴란드 군대를 이용하려고 했다고 쓴다(MECW 20: 492). 그러나 그 군대 내부에서 시작된 폴란드 혁명의 발발은 러시아가 프랑스에 개입하려는 어떠한 고려를 하는 것도 사전에 방지했다. 반면 그 결과로, 루이 필리프는 폴란드를 돕겠다던 자신의 약속을 저버렸다고 마르크스는 주장한다. 자신의 견해를 뒷받침하기 위해, 마르크스는 1831년 프랑스 의회의 논쟁을 인용한다.

폴란드 국민은 (달리 말하자면 **외교적 파별**은) 프랑스의 "입에 발린 말"에 의지했다. 폴란드 장군들은 자신들이 러시아 군대에 대한 공격을 두 달간 연기한다면 자신들에 대한 보호가 보장될 것이라는 암시를 받았다. 폴란드 장군들은 정말로 공격을 연기했는데 이는 돌이킬 수 없이 치명적인 연기였으며, 폴란드는 러시아 군대에 의해서가 아니라 프랑스(와 오스트리아)와의 약속에 의해 파멸했다.

라파예트는 기조, 티에르, 페리에, 세바스티아니가 부인하는 것에 반하는 다음의 문서상 증거를 국민의회에 전달했다. 1) 폴란드인은 프랑스에 맞선 러시아와의 연립정부를 끝냈다. 2) 루이 필리프는 폴란드인에게 두 달간 저항을 연기하도록 했다. 3) 벨기에를 위해 프랑스인이 했던 것과 마찬가지로 한 차례의 확고한 선언을 통해서, 러시아의 승리를 사실상 결정짓는 프로이센의 도움을 막는 것은 완전히 프랑스에 달린 것이었다.

1831년 1월 16일 국민의회 회기:

라파예트: "전쟁은 우리에게 대항해 준비되었다. 폴란드는 그 전위대

[l'avant-garde]가 될 것이었다. 전위대는 본대에 등을 돌렸다."

모쟝: "누가 러시아의 움직임을 저지했는가? 폴란드였다. 저들은 폴란드가 우리에게 덤벼들기를 원했다. 폴란드는 우리의 전위대가 되었고, 우리는 폴란드를 버리고 있다! 좋다! 폴란드가 죽게 내버려두자! 폴란드인들은 우리를 위해 죽는 것에 익숙하다."(MECW 20: 492~493; 강조는 원문)

이전의 나폴레옹과 마찬가지로, 루이 필리프는 프랑스 식민 전쟁에, 이번에는 알제리에서 폴란드 망명자 부대를 이용하려 했다. 그러나 이를 나폴레옹이 아이티에서 했던 것과 비교하는 폴란드인의 저항이 또다시 있었다. 마르크스는 이러한 배신이 프랑스 관료와 외교관이 일으킨 배신이었다면, 오귀스트 블랑키(Auguste Blanqui)와 노동자 클럽과 같은 좌파 혁명가들은 "폴란드의 진정한 친구였다"라고 덧붙인다(494).

마르크스는 인터내셔널 전체 평의회에서 자신의 관점을 관철시켰다. 1865년 1월 3일 회의록은 마르크스가 "매우 훌륭한 역사 괄개를 통해서 프랑스의 전통적 대외정책은 폴란드 독립의 복원에 호의적이지 않았다고 주장했다"라고 기록한다. 폭스의 폴란드 성명서를 "역사의 진실에 부합하도록 수정하게" 요구하는 발의안은 표결에서 만장일치로 통과되었는데, 폭스도 동의한 것으로 보인다(General Council of the First International 1962: 61~62).

프랑스 정치 이론가 모리스 바르비에(Maurice Barbier)는 다음에 주목한다. 폴란드와 관련해, 1860년대에 마르크스는 "1847~1848년에 그가 고수했던 것을 뒤집은 입장을 채택했다. 그는 초기에는 폴란드 해방을 프롤레타리아 혁명의 결과로 여겼던 반면, 그 이후에는 특히 독일에서는 그것을 노동자 운동의 발전 조건으로 여겼다"(Barbier 1992: 296). 그러나 여기에는 더 많은 것들이 관련되어 있다. 1865~1866년 마르크스의 폴란드 저술은 혁명운동 내부, 인터내셔널 내부에서 논쟁거리였다. 첫째, 그는 자신의 인터내셔널 동료들에게 세 가지 주요 시기(1789~1794년 프랑스 혁명기, 나폴레옹 시기, 1830년 혁명기)에 프랑스가 폴란드를 배신했다는 점을 증명하려고 시도했다. 마르크스는 인터내셔널 좌파, 폴란드 지지자, 프랑스가 일관적인 혁명국가라는 착각에 물들었다고 그가 여겼던 사람들 사이에서 논쟁할 때 이러한 증명을 시도했다. 둘째, 그는 장래의 유럽혁명운동을 겨냥한 더 폭넓은 주장을 밝혔다. 그는 프랑스 혁명가들은 폴란드를 배신하면서, 스스로를 위축시키거나 심지어는 파괴했으며 이는 외부의 적에 의한 패배, 혹은 구체제를 실제로는 근절하지 못한 자국 내의 매우 제한된 혁명을 야기했다고 주장했다. 이 후자의 지적은 프랑스와 같은 강대국의 혁명가들이 폴란드와 같은 군사적 약소국, 피억압국의 투쟁을 충분히 진지하게 고려하는 데에 실패했던 시기, 그리고 그러한 결점이 피억압국뿐만 아니라 강대국 내부의 혁명을 불행하게 만들었던 방식, 이 두 가지 요소의 결합과 관련되어 있었다. 간단히 말해서, 마르크스는 민주적·계급적 투쟁이 억압받는 민족의 투쟁과 결부될 수 없는 한, 패배까지는 아니더라도 두 투쟁 모두 그 목표를 완전히 실현하는 데에는 실패할 것이라고 주장하는 것 같다. 다른 곳에서, 그는 미국 백인 노동자 및 흑인 투쟁, 또는 영국 노동자 및 아일랜드인 투쟁과 관련해 유사한 주장을 밝힐 것이었다.

1865년 3월 1일, 인터내셔널은 폴란드 운동을 지지하는 대규모 대중 집회 조직을 도왔다. 인터내셔널 소속 발언자에는 폭스, 독일 노동자 요한 게오르크 에카리우스(Johann Georg Eccarius), 프랑스 지식인 빅토르 르 루베즈(Victor Le Lubez)가 포함되었지만, 영국의 대형 신문은 자유주의 정치인의 연설만을 다루었다. 유사하게 불충분한 기사가 스위스의 독일어 신문에도 보도되었을 때, 마르크스는 폴란드에 관한 인터내셔널의 입장을 요약하는 간단한 반박기사를 게재했다.

국제노동자연합을 대표해, **피터 폭스**(영국인) 씨는 "통합되고 독립된 폴란드는 민주적 유럽의 필수조건이고, 이러한 조건이 충족되지 않는 한 대륙에서 혁명적 승리는 단명할 것이며 …… 장기적인 반혁명적 지배의 서곡이 될 것이다"라고 발언했다.

폴란드의 자유 상실과 러시아의 정복 정책의 결과로 유럽에 들이닥쳤던 불쾌한 역사를 간단하게 간추려 말한 이후, 폭스 씨는 이 문제에 관한 **자유당**의 태도가 그가 대변하는 [폴란드_옮긴이] **민주협회**의 태도와 일치하지 않는다고 말했다. …… 대조적으로, 국제노동자연합의 표어는 자유롭고 독립된 폴란드에 기초한 자유로운 유럽이었다(MECW 20: 97; 강조는 원문).

이러한 내용은 마르크스가 빅토르 르 부베즈(Victor Le Lubez)폭스 및 그의 지지자와 가졌던 의견 차를 해소했음을 시사한다. 그러나 1866년, 폴란드에 관한, 새로우면서도 더 큰 분열을 초래하는 논쟁이 발생했다.

폴란드에 관한 프루동주의자와의 논쟁

1865년, 피에르 조제프 프루동(Pierre Joseph Proudhon)이 사망했을 때, 마르크스는 독일어로 장문의 글을 썼는데, 여기에서 그는 프랑스 유토피아 사회주의의 경제이론에 관한 자신의 이전 비판을 반복했다. 그는 프루동의 친러시아적 입장에 대한 신랄한 비판을 추가하면서 다음과 같이 썼다. "**폴란드**에 반대해 쓴 마지막 저술[34]에서 그는 차르의 영광을 위해 우둔한 냉소주의를 표현하는데, 이는 …… 단순히 나쁜 것이 아닌, 야비하고 저열한 것,

반면 소부르주아의 관점에 일치하는 것으로 묘사되어야 한다"(MECW 20: 32).

일 년 후, 마르크스에 대한 반대가 인터내셔널 내부의 프랑스어를 사용하는 구성원 일부에서 등장했는데, 그들 중 다수는 프루동주의의 영향을 받은 이들이었다. 노동은 정치적 문제에 관여해서는 안 되고 경제적·사회적 문제에 천착해야 한다는 프루동의 관점에 따라, 그들은 폴란드를 강력하고 분명한 지지의 대상으로 선정하는 데에 반대했고, 노동 문제에 집중하기를 원했다. 랴자노프가 주목했듯, 마르크스에 대한 프루동주의적 반대자들은 "폴란드 독립 문제에 관여하는 데에 반대했는데, 이는 그들이 그 문제를 순수하게 정치적인 것으로 여겼기 때문이다"(Riazanov [1927] 1973: 168). 또한 프루동주의자들은 다양한 국가의 대표들로 구성된 런던의 중앙 지도부 기구, 즉 전체 평의회를 둔 인터내셔널의 조직 구조를 비판했다.

폴란드에 관한 이 분쟁은 마르크스가 제1인터내셔널 시기 동안 프루동주의자들과 가졌던 가장 큰 논쟁이었다. 1866년 1월 5일 엥겔스에게 보낸 편지에서, 마르크스는 폴란드가 이 갈등의 핵심이라고 쓴다.

하나의 음모가 국제 연합에 반대해 만들어졌기에, 나는 당신의 협력이 필요합니다. …… 그것은 브뤼셀의 모든 저 프루동주의자 무리와 관련이 있습니다. …… 논란의 진짜 요점은 **폴란드 문제**입니다. 그 얼간이들(lugs) [Burschen][35]은 프루동과 게르첸이 추구한 모스크바 노선에 모두 속했습니다. 따라서 나는 당신에게 이전의 글들을 보내는데 …… 이는 폴란드에 반

---

34   Pierre Joseph Proudhon, *Si les traités de 1815 ont cessé d'exister? Actes du futur congrès* (1863).
35   "친구들(fellows)"로 번역될 수도 있다.

대하는 글들이며, 당신은 이를 논박해야만 합니다. …… (MECW 42: 212~
213)

엥겔스는 폴란드에 관한 인터내셔널의 입장을 변호하는 글을 작성하
기로 동의했는데, 이것은 인터내셔널에 대한 그의 최초의 중요한 공헌이
었다.

1월 15일 엥겔스에게 보낸 편지에서, 마르크스는 인터내셔널의 친폴란
드 입장에 대한 비판 일부를 길게 인용한다. 벨기에 신문에 게재된 이 비판
에 따르면, 지도부는 인터내셔널이 "민족 위원회로 퇴보하도록" 용납하고
있는데, 이 문구는 마르크스 및 인터내셔널 지도부를 "민족의 원칙"을 옹
호하는 보나파르티즘과 관련된 것으로 생각하도록 의도한 것이었다. 마르
크스가 덧붙이길, 프루동주의자들에 따르면, 인터내셔널의 지도자들은
"유럽에서의 러시아의 영향력"에 완고하게 반대했지만, "러시아와 폴란드
의 농노들이 러시아에 의해서 막 해방된 반면, 폴란드의 귀족과 성직자들
은 농노들의 자유를 승인하기를 항상 거부했다"[36]라는 사실은 무시했다.
결국 프루동주의자들은 폴란드인이 인터내셔널을 장악할 위험이 있다고
비난하기까지 했다. 또한 프루동주의자들은 마르크스가 엥겔스에게 "폴
란드인은 **집단적으로** [전체 평의회에] 합류하기를 요구했으며, 오래지 않아
압도적인 다수를 대변할 것이다"라고 전했으며 폴란드인은 "그들이 노동
자 해방 문제에는 관여하지 않고, 자신들의 국가를 되찾는 데에 도움을 주
도록 연합을 이용할 것임"을 공개적으로 인정하고 있다고 주장했다(MECW

---

36 러시아는 강력한 탄압뿐만 아니라 농노제로부터 폴란드 소작농을 해방시킴으로써도 1863년
    폴란드 봉기를 약화시켰다. 이는 소작농들과 그들 중 일부는 젠트리였던 봉기 지도자들 사이
    의 분열을 이끌었다(Blit 1971).

42: 216~218).

엥겔스가 쓴 「노동계급은 폴란드와 관련해 무엇을 해야 하는가?(What Have the Working Classes to Do with Poland?)」라는 일련의 기사는 1866년 봄, 인터내셔널의 주간 기관지 ≪코먼웰스(Commonwealth)≫에 게재되었다. 엥겔스는 유럽 노동계급 운동에서 폴란드 문제의 역사를 추적하는 것으로 시작한다.

노동계급이 정치운동에서 스스로의 역할을 해낼 때마다, 그곳에는 가장 처음부터 그들의 대외정책이 몇 단어로 표현되었다. **폴란드의 재건**. 차티스트 운동이 지속되는 한 그랬다. 1848년 훨씬 이전부터, 그리고 이 기억할 만한 해의 5월 15일, "**폴란드여 영원하라!**"를 외치면서 국민의회로 행진했던 프랑스 노동자들이 그랬다. 1848년과 1849년 독일에서, 노동계급의 기관지들[37]이 러시아와의 전쟁과 폴란드의 재건을 요구했을 때 그랬다. 심지어 지금도 그렇다(MECW 20: 152; 강조는 원문).

또한 엥겔스는 "중간계급 정치인들"이 연민을 표현했음에도 불구하고, "1831년, 1846년, 1863년에 폴란드를 요동 속에" 내버려두었다고 비난한다(152).

그러나 엥겔스가 계속해서 쓰길, 폴란드에 대한 만장일치에 가까운 노동계급의 지지에는 "하나의 예외"가 있다. "프랑스 노동자 중에 후기 프루동 학파에 속하는 작은 소수집단"이 있는데, 그들은 "억압받는 폴란드를 비판하면서" 폴란드의 운명은 "꼴좋은 결과를 얻은 것이다"라고 말한다는

---

[37] ≪신라인 신문≫에 관한 언급이다.

것이다(MECW 20: 153). 또한 엥겔스는 분할의 역사, 오스트리아와 프로이센의 지배의 역사를 고려했을 때, 러시아가 폴란드의 주요 억압자였다고 주장한다. 추가로 엥겔스는 자신을 보나파르트주의적 "민족의 원칙"으로부터 분리시키면서, 그 개념은 러시아가 범슬라브주의에 대한 옹호를 통해 더 큰 영향력을 얻기 위해서 사용될 수 있고 또 사용되고 있다고 주장한다. 역사적 민중 대 비역사적 민중에 대한 그의 오랜 입장이 몇 차례 반복되는 것을 여기에서도 확인할 수 있는데, 그는 루마니아인을 "역사를 가졌던 적이 결코 없는" 이들 중 하나로 일축하고 있다(157). 폴란드 내부의 계급 문제에 관련해서는, 엥겔스는 "귀족이 폴란드를 **무너뜨렸다**"라는 점을 인정하기는 하지만 강조하지는 않는다(159). 또한 그는 폴란드 역사를 특징지었던 상대적으로 높은 종교적 관용, 특히 "유럽의 다른 지역에서는 박해받던 유대인이 폴란드를 피난처로 여긴 것"을 언급한다(160).

엥겔스의 기사는 인터내셔널에 어느 정도 큰 영향을 주었다. 5월 17일, 마르크스는 엥겔스에게 "이곳의 폴란드인들은 다음 기사를 기다리고 있다"라고 편지를 쓴다. 또한 마르크스는 "당신이 분할을 폴란드 귀족의 부패의 탓으로 돌린 문단"을 폭스가 공개적으로 비판했으며 자신이 그에 답변했다고 언급한다(MECW 42: 277~278). 그러나 이때 엥겔스는 폴란드에 관해 더 이상 쓰지 않았는데, 이는 ≪코먼웰스≫ 편집진이 교체되어 엥겔스나 마르크스의 글이 게재되는 것을 어렵게 만들었기 때문일지도 모른다.

1867년이 시작되고 마르크스가 『자본』의 최종원고를 끝내던 중이었을 때, 마르크스는 1863년 폴란드 봉기를 기리는, 인터내셔널과 폴란드망명자연합(United Polish Exiles)이 주최한 런던의 한 회의에서 폴란드에 관한 장문의 연설을 했다. 마르크스는 1830년 프랑스 혁명을 수호하는 데에 있어서 폴란드가 수행했던 결정적인 역할을 추적하는 것으로 시작한다.

30여 년 전, 혁명이 프랑스에서 발생했습니다. …… 이 불편한 소식이 전달되자, 차르 니콜라이는 근위기병대 장교들을 소집하고 그들에게 짧고 호전적인 연설을 했는데, 이 연설은 다음의 말로 절정에 이르렀습니다. "말에 오르라, 제군." 이는 텅 빈 위협이 아니었습니다. …… 바르샤바 반란이 2차 반자코뱅 전쟁에서 유럽을 구했습니다(MECW 20: 196).

1848년, 차르 니콜라이 1세는 다시 한번 독일 혁명을 방해하는 데에 실패했는데, 이는 그가 폴란드 반란을 소탕하는 데에 집중해야 했기 때문이다. 마르크스는 다음과 같이 덧붙인다.

독일인이, 특히 독일 프랑크푸르트 국민의회가 폴란드인을 배신한 이후에야 러시아는 자신들의 힘을 회복했고 1848년 혁명의 마지막 피난처였던 헝가리에서 그 혁명을 쓰러뜨리기에 충분할 만큼 강해졌습니다. 이때조차도 러시아에 대항해 전쟁터에 우뚝 서 있던 마지막 사람은 폴란드인 장군 벰이었습니다(197).

그리고 나서 마르크스는 러시아의 폴란드 요새화를 언급하면서, 그가 러시아의 지속적인 세계 정복 목표로 여겼던 것, 러시아의 새로운 캅카스 및 아시아 정복, 러시아의 "범슬라브주의 선전" 이용을 매우 자세히 상술한다(199).

그는 알렉산드르 2세 시기 러시아가 농노를 해방함으로써 "문명국의 일원이 되었다"라고 일부 사람들이 말하는 것에 주목한다(MECW 20: 199~200). 게다가 일부 사람들은 프로이센의 국력 상승이나 임박한 유럽혁명이 러시아의 국력을 틀림없이 제한할 것이라고 주장했다. 마르크스는 이러한 명제를 의심했다. 첫째, 그는 농노 해방이 러시아를 군사적·정치적으로 강화시켰을 뿐이라고 분명히 말한다. "그것은 러시아 군대를 위한 어마어마한 모병 기회를 창출했고, 러시아 소작농의 공동 소유물을 파괴했으며, 그들을 분리했을 뿐 아니라, 무엇보다도, 전제주의적 주교에 대한 그들의 믿음을 강화시켰다"(200). 이 문단에서, 그는 러시아에 대한 1858년 이전의 자신의 입장으로 돌아가는 것처럼 보인다. 둘째, 그는 프로이센이 러시아에 여전히 의존적이며, 프로이센 귀족의 폴란드 영토 지배는 독일 혁명을 약화시키는 봉건적 토대를 제공했다고 주장한다. 셋째, 임박한 유럽혁명에 관해, 마르크스는 1789년 이래 모든 혁명이 그랬던 것처럼, 유럽혁명이 다시 한번 러시아의 개입 위협에 직면할 것이라고 시사한다.

마르크스는 폴란드에서의 봉기가 러시아를 약화시킬 것이기 때문에, 폴란드가 유럽혁명의 핵심으로 남을 것이라고 단언한다.

> 유럽에는 오직 하나의 대안만이 남아 있습니다. 모스크바 지도하의 아시아적 야만이 눈사태와 같이 유럽의 머리 위로 덮치게 하지 않으려면, 유럽은 폴란드를 반환해 유럽과 아시아 사이에 2000만 명의 영웅들을 배치하고 유럽의 사회적 회복을 달성하기 위한 숨 돌릴 시간을 확보해야 할 것입니다 (MECW 20: 201).

"아시아적 야만"이라는 자종족중심주의적 언어와 함께, 위의 문단은 마르크스가 1840년대 및 1850년대부터 러시아에 관해 가졌던 자신의 입장의 요점 다수를 1867년까지도 유지했음을 보여준다. 확실히 마르크스는 러시아의 전제주의가 1850년대 후반 및 1860년대의 위기를 견뎌낸 것으로 보았다.

폴란드에 관한 마지막 글

1867년 이후, 마르크스는 가끔씩만 폴란드에 관해 논했지만, 유럽의 혁명적 정치의 중심에 폴란드 민족해방을 계속해서 위치시켰다. 1875년 1월 연설에서, 마르크스와 엥겔스는 파리 코뮌에 관한 언급을 포함해 폴란드 혁명가들의 "세계시민주의적" 성격을 강조한다.

폴란드인은 …… **혁명의 세계시민주의적 군인**으로 싸워왔고 지금도 싸우고 있는 유일한 유럽인입니다. 폴란드는 미국 독립전쟁 기간에 자신의 피를 흘렸습니다. 폴란드 부대는 프랑스 제1공화국의 깃발 아래 싸웠습니다. 1830년 폴란드 혁명 기간에는 폴란드 분할국들이 결정한 프랑스 침공을 막았습니다. 1846년 크라쿠프에서는 유럽에서 최초로 사회혁명의 깃발을 세웠습니다. 1848년에는 헝가리, 독일, 이탈리아에서의 혁명적 투쟁에서 두드러진 역할을 수행했습니다. 마지막으로, 1871년에는 파리 코뮌에 자신들의 최고의 장군과 가장 영웅적인 병사들을 제공했습니다(MECW 24: 57~58; 강조는 원문).

1846년 크라쿠프 봉기에 관해 "유럽에서 최초로 사회혁명의 깃발을 세웠다"라는 위의 표현은 다소 모호했다. 어떤 층위에서, 그 표현은 1848년 이후 지속된 논의들, 즉 1846년 봉기가 토지개혁 및 기타 긴급한 사회문제를 겨냥한 심도 깊은 민주주의 운동이었다는 취지의 논의들을 단순히 반복하는 것이었다. 그러나 다른 층위에서 보자면 이 봉기가 유럽에서 "최초"라는 표현은 보다 급진적인 무엇인가를 시사했는데, 이는 프랑스가 이미 1789년에 주요한 사회혁명을 경험했기 때문이다. 유럽 최초의 사회혁명이라는 이 문구는 1846년 폴란드에 존재했던, 가능성 있던 사회주의 국면에 대한 암시였을까? 이에 대한 답변은 잠시 뒤, 폴란드에 관한 마르크스와 엥겔스의 1880년 연설에서 보다 명확해질 것이었다.

1875년 연설에서, 마르크스와 엥겔스는 프랑스 혁명운동의 측면에서 폴란드에 대해 갖는 상호연관성을 상세히 열거하는데, 다시 한번 파리 코뮌이 언급된다. "1848년 5월 파리에서, 블랑키는 반동적 국민의회에 맞서 폴란드를 위한 무장개입을 강제하기 위해 노동자들 선두에 서서 행진했다. 마침내 1871년, 파리 노동자들이 그들 스스로를 정부로 구성했을 때, 그들은 폴란드의 청년들에게 파리 군대의 군사지도권을 맡김으로써 폴란드를 예우했다"(MECW 24: 58). 마르크스는 파리 코뮌에 관한 자신의 유명한 팸플릿 『프랑스 내전(The Civil War in France)』에서도 이 지점을 강조했다.

1880년 11월, 1830년 폴란드 혁명 50주년 맞이 제네바 회의 연설에서, 마르크스와 엥겔스는 폭넓은 유럽혁명에 대한 폴란드의 중심성을 다시 한번 강조했다. 그들은 1848년 『공산당 선언』에서 자신들이 눈에 띄게 선정해 논했던, 보다 급진적이었던 1846년 혁명도 다루었다. 그러나 1880년의 그들은 1846년 봉기를 영국 차티스트 운동과 함께 사회주의 혁명의 전조로 특징지었던 1848년 관점 너머로 분명하게 이동한다.

1840년 이래 계속, 이미 잉글랜드 유산계급은 차티스트 정당, 즉 최초의 전투적인 노동계급 조직에 맞서기 위해 군대를 동원하도록 강요당했습니다. 그리고 나서 1846년, 독립 폴란드의 마지막 피난처였던 크라쿠프에서, 사회주의적 요구를 분명히 보여주는 최초의 정치적 혁명이 발생했습니다 (MECW 24: 344).[38]

---

[38] 또한 MEGA² I/25(211~212)에 실린 프랑스어 원문을 보라. 1880년 연설문에는 마르크스, 엥

1846년 폴란드는 사회주의와 직접적으로 연결된 반면, 차티스트 운동은 전투적인 노동 운동으로서 덜 글로벌하게 특징지어진다. 1846년 크라쿠프 봉기의 성격을 "사회주의적 요구"를 지닌 "최초의" 혁명이라고 정의 내린 것은 새로웠는데, 이미 논의한 바와 같이 폴란드에 관한 1848년 연설에서는 마르크스가 봉기의 급진 민주주의적 농업 강령을 언급했을 뿐, 봉기의 어떠한 사회주의적 지향도 명백하게 부인했기 때문이다.

1846년 봉기의 성격에 관한 마르크스의 의견이 이렇게 전환한 것은 러시아에 관한 그의 말년 저술과 관련 있을 가능성이 매우 높은데, 이 말년 저술에서 그는 러시아의 공산주의 혁명이 보다 폭넓은 유럽 사회주의화의 시발점이 될 가능성을 고려했다. 제6장에서 다루겠지만, 그는 러시아에 관한 이러한 관점을 1881년 3월 망명 혁명가 베라 자술리치(Vera Zasulich)에게 보낸 편지에서 처음으로 표현했다. 이는 폴란드에 관한 제네바 회의 연설이 있은 지 고작 네 달 후의 일이었다. 1880년 폴란드 관련 연설은 러시아에서의 가능한 공산주의 혁명이라는 주제를 논하지는 않았지만, 1848년의 러시아에 대한 입장과는 또 다른 차이점을 보이기도 한다. 1840년대와는 대조적으로, 러시아는 더 이상 보수적인 침체된 지역으로 보이지 않는다. 대신, 1880년 폴란드 관련 연설은 폴란드와 그 지지자들의 혁명을 향한 노력이 "우리 러시아 형제들의 비할 데 없는 노력과 부합"할 것이라는 희망을 표현한다(MECW 24: 344~345).

겔스, 폴 라파르그(Paul Lafargue, 마르크스의 사위), 그리고 프리드리히 레스너(Friedrich Lessner, 1840년대 이후 마르크스의 동료)의 서명이 들어 있다.

제3장

인종, 계급, 노예제

두 번째 미국 혁명으로서의 남북전쟁

우리가 보았듯, 1850년대의 보수주의가 움츠러들자 1860년대 유럽과 북미에서는 새로운 투쟁들이 발생했다. 1867년『자본』제1권을 완성 및 출판하고『잉여가치학설사(Theories of Surplus Value)』와 더불어 사후에『자본』제2, 3권으로 출판될 글 대부분의 초고를 작성한 데서 알 수 있듯이, 마르크스에게 이 시기는 풍성한 창조적 발전의 기간이었다. 또한 같은 기간에 마르크스는 이후 제1인터내셔널로 알려진 1차 국제노동자연합의 설립과 지도를 도움으로써, 1849년 독일을 떠난 이후 가장 밀도 높은 정치적 활동을 경험했다. 1860년대에는 민족 및 인종 억압에 반대하는 중요한 활동과 함께 새로운 계급투쟁들이 많은 국가에서 등장했다.

마르크스의 관점에서 1861~1865년 미국 남북전쟁은 미국과 영국 모두의 백인 노동에게 노예제에 맞서는 태도를 취하도록 만들었던, 세기의 주요한 인간해방 전쟁 중 하나였다.『자본』1867년 서문에서 그는 남북전쟁이 다가올 사회주의 혁명의 전조였다고 썼다. 그는 남북전쟁을 정치 지형뿐만 아니라 계급 및 소유관계도 바꾼 사회혁명으로 여겼다.[1] 게다가 마르크스는 북부에 대한 지지를 좌파를 가르는 리트머스 시험으로 보면서도,

---

[1] 마르크스는 남북전쟁을 심도 깊은 민주주의 혁명으로 보았지, 자본주의의 한계를 파열시키는 것을 목표로 하는 혁명으로 보지는 않았다. 이러한 의미에서, 사회학자 배링턴 무어(Barrington Moore)가 남북전쟁을 "최후의 자본주의 혁명"(Moore 1966: 112)으로 정의하는 것은 마르크스의 견지와 양립 가능하다. 역사학자 맬컴 실버스(Malcolm Sylvers 2004)는 MEGA^{2}로 최초 출판될 노트들을 포함한 마르크스의 미국 관련 저술에 대해 전체적인 윤곽을 제공했다.

에이브러햄 링컨(Abraham Lincoln)의 조심스러운 태도에 반대하는 급진적 노예제 폐지론자들을 옹호했다.

마르크스의 남북전쟁 관련 저술은 두 종류의 서로 다른 영문 저작집 단행본을 통해 폭넓게 이용 가능했고(Marx and Engels 1937; KML 2), 또한 그가 이 저술에서 계급과 인종의 교차성과 같은 뜨거운 토론 주제를 다루었음에도 불구하고 이론적 문헌에서 주된 논의대상이 되지 못했다. 그나마 이 저술을 다룬 논의는 이렇게 마르크스의 저술이 주목받지 못했던 이유에 관해 몇몇 설명을 제공하는데, 이는 그 저술들이 마르크스의 핵심 관심사 또는 핵심 개념의 범위 바깥에 있는 것으로 종종 여겨졌기 때문이다. 그러나 내가 이 책에서 주장하고 있듯, 우리는 무엇이 마르크스의 핵심 개념과 관심사를 구성하는지에 관한 우리의 관점을 다소 바로잡을 필요가 있다.

독일에서 이주해 온 사회주의자 헤르만 슐뤼터(Hermann Schlüter)는 1913년, 자신의 『링컨, 노동, 그리고 노예제(Lincoln, Labor, and Slavery)』에서 마르크스의 남북전쟁 관련 저술 일부를 논의했다. 슐뤼터가 마르크스 및 남북전쟁과 관련된 많은 핵심 주제를 최초로 밝혔던 반면, 그의 연구에는 특히 당대의 인종관계에 관한 어떠한 언급도 회피한 것과 같은 몇몇 중요한 공백이 있기도 했다.[2] 마르크스의 남북전쟁 관련 저술들은 되살아난 노동운동 내부에서 흑인과 백인 노동자들이 전에 없이 단결하고 인종주의에 맞서는 몇몇 주요 투쟁 역시 생겨나고 있었던 1930년대 불황 시기에 더 지속적인 관심을 받았다. 이후 러시아 역사학자가 된 버트럼 울프(Bertram Wolfe)는 1934년 팸플릿 『마르크스와 미국(Marx and America)』에서 마르크스의 남

---

2 동시에 슐뤼터의 책은 남북전쟁에 관한 미국 사회주의 저술에서 만연했던 경제 환원주의를 회피했다(Kelly 2007).

북전쟁 관련 저술들을 다루었다. 당시 울프는 러시아의 니콜라이 부하린 (Nikolai Bukharin)의 우익반대파와 연결된 "러브스톤주의" 분파의 구성원이 었기 때문에 공산당에서 추방당했다. 울프는 남북전쟁 저술들을 미국 "예외주의" 이론과 연결하는데, 이 이론에 따르면 유럽형 계급 분할의 부재는 미국에 독특한 사회구조를 부여했으며, 이 구조에서는 "본토 태생과 외국 태생" 노동자들의 서로 다른 신분 위치가 모든 자본주의 사회에서 발견되는 숙련 노동자와 비숙련 노동자 사이의 분할을 악화시켰다(Wolfe 1934: 22). 울프는 패배한 남부의 급진적 재건(Radical Reconstruction)이라는 마르크스의 개념을 극찬하는데, 이 급진적 재건은 "남부 지배계급의 분쇄, 그들 자산의 해체, 해방된 노예와 백인 빈민과 같은 실제 경작하는 이들에게의 토지 분배, 그리고 니그로(negro)의 완전한 사회적·경제적·정치적 평등과 관련되었다"(17). 불행히도, 슐뤼터와 마찬가지로 울프는 당대의 인종 관계에 관해서는 거의 말하지 않았다. 게다가 『자본』 같은 마르크스의 주요 이론 저작이 미국에는 적용되지 않는다는 암시를 주는 미국 예외주의라는 개념은, 마르크스주의 전통의 외부에 있는 몇몇 사람, 가장 뚜렷하게는 사회학자 시모어 마틴 립셋(Seymour Martin Lipset)과 같은 사람이 이를 이용했음에도 불구하고, 다른 마르크스주의자들에게는 거의 지지를 받지 못했다.

일 년 후, 아프리카계 미국인 사회학자 W. E. B. 두 보이스(W. E. B. Du Bois)는 마르크스의 남북전쟁 관련 저술에 기초한 저작 『미국의 흑인 재건 (Black Reconstruction in America)』(Du Bois [1935] 1973)을 출판했다. 두 보이스는 백인 인종주의가 자기해방을 향한 노동의 운동을 약화시켰다고 주장한다.

고조되어 있던 백인 노동은 원칙을 저버리고 피부색 카스트에 기초한 이윤을 위한 전쟁을 치렀다. …… 정말이지, 오늘날 전 세계 백인 노동계급이 겪는 곤경은 근대 상업 및 산업이 기초했던, 그리고 1863년 부분적으로 전복될 때까지 자유노동을 집요하게 위협했던 미국 니그로 노예제에 전적으로 기인한다. 그 결과로 초래된 피부색 카스트는 자본주의가 형성 및 유지한 것이고, 백인 노동에 의해 채택, 진척, 승인되었으며, 유색 노동을 전 세계 백인들의 이윤에 종속시키는 결과를 낳았다. 따라서 세계 노동자 중 다수는 백인 노동의 강요에 의해 산업 체제, 즉 민주주의를 무너뜨리고 세계대전과 불황으로 그 완전한 결실을 보여준 체제의 기초가 되었다(Du Bois [1935] 1973: 30).

두 보이스는 백인 노동이 남북전쟁 이후 흑인 투쟁을 적절히 지지하는데에 실패한 것이 어떻게 남북전쟁이 2차 미국 혁명에 준하는 것으로 실현되는 것을 가로막았는지를 강조했다. 동시에 그는 자신이 "노예제 폐지 민주주의(abolition democracy)"라고 칭했던 것을 형성하기 위해 흑인 노동, 북부의 급진적 지식인, 백인 노동의 특정 부류가 연합했던 순간들을 다루었다. 노예제 폐지 민주주의는 미래를 위한 진보적 유산이 되었다.[3]

이때쯤 두 보이스는 공산당과 가까워졌는데, 1937년, 공산당 출판사는 마르크스와 엥겔스의 남북전쟁 관련 저작 전집인 『미국의 남북전쟁(The Civil War in the United States)』을 발간했다. [엥겔스(Engels), 마르크스(Marx), 레닌(Lenin)에서 이름을 따서 엔메일(Enmale)이라는 필명으로 전집을 출판한] 편집자 리

---

[3] 이미 30년 전, 두 보이스는 『흑인의 영혼(The Souls of Black Folk)』에서 남북전쟁을 피부색 경계(color line)에 관한 자신의 유명한 서술과 관련짓는다. "20세기의 문제는 피부색 경계의 문제, 즉 아시아와 아프리카, 미주와 시아일랜즈(islands of the sea)에서 밝은 피부 인종에 대한 어두운 피부 인종의 관계 문제이다. 남북전쟁을 야기한 것은 이 문제의 한 국면이었다. 1861년, 남부와 북부로 각각 진군했던 이들이 연방과 지역 자치에 관한 기술적 요소들을 피아를 가르는 기준으로 정했을지라도, 갈등의 진정한 원인은 니그로 노예제의 문제였음을, 현재 우리가 아는 것처럼 당시에도 모두가 알고 있었다"(Du. Bois [1903] 1961: 23).

처드 모라이스(Richard Morais)는 노동 역사가이자 철학자였다. 그의 다소 단조로운 서문은 마르크스의 남북전쟁 관련 저술들을 국제적 파시즘 및 국내에서의 프랭클린 델러노 루스벨트(Franklin Delano Roosevelt)의 뉴딜 정책을 약화시키려 시도하고 있었던 "초반동적 정치집단들, 애국을 직업으로 삼은 자들, 대기업의 극단적 보수주의자들(big business Bourbons)"에 맞선 당대의 민주주의 투쟁과 묶어준다(Marx and Engels 1937: xxv). 모라이스에 따르면, 마르크스는 남북전쟁 전후 모두 백인 노동이 흑인 투쟁을 지지하는 것으로 보았다. 모라이스의 이러한 시각은 노동계급 내 인종 문제를 거의 전적으로 회피했다. 그러나 그의 편집과 주석은 그보다 우수했고, 따라서 최초로 폭넓은 대중이 남북전쟁과 관련된 상당히 정확한 마르크스 엥겔스 저술 판본을 이용할 수 있게 되었다.

제2차 세계대전 기간에, 카리브해 출신의 마르크스주의 철학자이자 문화 비평가인 C. L. R. 제임스(C. L. R. James)와 러시아계 미국인이자 마르크스주의 철학자, 경제학자인 라야 두나예프스카야는 공산당 좌익에 위치한 트로츠키주의 운동 내에서 활동하면서, 미국 역사의 중심에 인종과 계급의 변증법을 위치시키는 새로운 마르크스주의적 체계를 발전시켰다. 또한 그들은 흑인 투쟁 그 자체가 흑인과 백인 노동의 연합을 자극하면서 남북전쟁 시대와 1930년대와 같은 몇몇 중대한 전환점에서 미국 사회를 흔들어놓았다고 주장했다. 예컨대 1943년, 제임스는 백인 노예제 폐지론자들, 중서부 백인 농민들, 아프리카계 미국인들 사이의 동맹이라는 마르크스의 개념을 강조했다. 제임스는 마르크스가 남북전쟁 저술에서 중서부의 "자유 농민들"은 "남부의 어떠한 허튼수작도 참으려 하지 않았는데 이는 적군 세력의 손에 미시시피 어귀를 넘겨주지 않을 것이기 때문이다"라고 "지적했다"라는 점을 주목한다. 이는 남북전쟁 직전 "부르주아적 소심함"을 깨부수는 데에 기여했다고 제임스는 결론짓는다(James 1943: 339).

이후 두나예프스카야는 마르크스주의 휴머니스트로서 단독으로 작업하면서, 『마르크스주의와 자유(Marxism and Freedom)』(Dunayevskaya [1958] 2000)에서 마르크스의 남북전쟁 저술들을 상당히 자세하게 다루었다. 첫째, 그는 이 저술들을 "미국 마르크스주의의 뿌리"의 일부로 보았다. 특히 그는 마르크스가 급진적인 노예제 폐지론에 공감하면서 링컨이 노예해방에 대해 굼뜨게 행동하고 흑인 부대를 이용하는 것을 내키지 않아 했음을 비판했다는 점을 강조했다. 둘째, 그는 마르크스의 남북전쟁 저술을 인터내셔널과 연관시켜서 보았다. "폴란드 반란뿐만 아니라 남북전쟁이 가져다 준 충격과 그에 대한 유럽 노동자의 반응으로 제1인터내셔널은 탄생했다"(Dunayevskaya [1958] 2000: 83). 셋째, 그는 마르크스의 혁명이론에 관한 사례로서 마르크스의 남북전쟁 저술을 파리코뮌 저술과 나란히 위치시켰는데, 전자의 경우 인종과 계급의 차원이 뒤얽혀 결합되어 있었다. 마지막으로, 그는 남북전쟁 저술들이 『자본』 제1권과 중요하게 연결되었다는 점에 주목했다. 『자본』의 본문에 있는 남북전쟁에 관한 짧지만 중요한 문단들에 추가해, 그는 전쟁과 그 여파가 마르크스로 하여금 자신의 대표작에 "노동일" 장을 추가하도록 고무했다고 주장했다(더 상세한 논의는 제5장을 보라).[4]

마르크스주의 전통에 있는 몇몇 저자들은 북부가 대자본에게 지배되었다는 사실에도 불구하고 마르크스가 북부를 변함없이 지지했다는 점에 관

---

4   두나예프스카야는 『시험 받는 미국 문명(American Civilization on Trial)』([1963] 2003)과 『철학과 혁명(Philosophy and Revolution)』([1973] 1989)에서 미국의 인종과 계급을 깊이 있게 분석했다. 본서 외에도, 두나예프스카야의 이러한 맥락을 포착한 다른 저술로는 Turner and Alan(1986), 그리고 Alan(2003)이 있다.

해 우려했다. 울프와 모라이스가 마르크스의 남북전쟁 저술들에서 자유주의와의 공통점을 발견했다면, 그리고 두 보이스, 제임스, 두나예프스카야가 그 저술들에서 인종과 계급의 새로운 변증법을 발견했다면, 1960년대에 이르러서는 다른 이들이 그 저술들을 일탈로서, 그리고 근본적으로 비마르크스주의적인 것으로서 비판할 준비가 되어 있었다. 1968년, 저명한 마르크스주의 역사가 유진 제노비스(Eugene Genovese)는 남북전쟁에 관한 한 "마르크스, 엥겔스, 매우 많은 마르크스주의자들의 자유주의로의 후퇴"에 불만을 표시했다(Genovese [1968] 1971: 327). 제노비스의 관점에서 보면, 마르크스의 "노예제에 대한 불타는 증오와 북부연방의 대의에 대한 헌신은 그의 판단을 방해했다"(321). 간단히 말해서, 남북전쟁 저술들은 마르크스주의에 관한 제노비스의 환원주의적 개념에 합치되지 않았고, 따라서 마르크스주의적인 것이 아니었다.[5]

1972년, 사울 패도버(Saul Padover)는 새로운 마르크스 저작집인 『카를 마르크스 총서(The Karl Marx Library)』(이하 KML)를 발간했다. 이 선집 중 미국과 관련된 권(KML 2)은 독일어로 작성된 글을 새로이 (그리고 때로는 더욱 적절하게) 번역한 것을 포함해, 다수의 남북전쟁 저술들을 담았다. 서문에서 패도버는 울프와 유사한 주석을 달았는데, 미국 민주주의에 대한 마르크스의 감탄을 강조하는 반면 링컨에 대한 마르크스의 신랄한 비판은 경시했다. 또한 패도버는 1851년에서 1862년까지 ≪뉴욕 트리뷴≫에 실린 마르크스 저술을 상당히 자세하게 다루면서, 마르크스가 미국에 관여한 범위를 새로이 밝혔다.[6]

---

5 후에 제노비스가 극좌에서 신보수주의로 전향하면서, 남부 농장주 문화에 관한 제노비스의 동조는 더욱 명확해졌다. 제노비스와 마르크스의 차이 및 근본적으로 스탈린주의적인 그의 입장을 이러한 전향과 연결시키는 비판으로는 Roediger(1994)를 보라.

이러한 각양각색의 해석을 염두에 두면서, 이제는 노예제와 남북전쟁에 관한 마르크스의 저술들로 직접 향해보자.

"이제 신호가 주어졌습니다": 전환점으로서의 남북전쟁

마르크스와 엥겔스는 『공산당 선언』에서 자본주의적 발전을 기술할 때 노예제를 언급하지 않았다. 그러나 1년 남짓 전인 1846년 12월 28일 러시아인 친구 파벨 V. 안넨코프(Pavel V. Annenkov)에게 보내는 편지에서, 마르크스는 노예제와 자본주의가 밀접하게 연결되었음을 시사한다. 프랑스어로 쓴 이 편지에서 그는 "수리남, 브라질, 북미 남부지역의 흑인[des Noirs] 노예제"를 언급한다(MECW 38: 101). 그는 더 나아가 다음과 같이 쓴다.

> 직접적인 노예제는 기계, 신용 등만큼이나 오늘날 산업주의를 결정하는 중심축입니다. 노예제 없이는 목화가 있을 수 없고, 목화 없이는 근대 산업이 있을 수 없습니다. 노예제가 식민지에 가치를 부여해 주었고, 식민지가 세계무역을 창조했으며, 세계무역이 대규모 기계 산업을 위한 필요조건입니다. …… 따라서 노예제는 최고로 중요한 경제적 범주입니다(101~102).[7]

---

6 또한 남북전쟁 저술들에 관한 상세한 분석을 제시했지만 이 저술들이 마르크스의 전체 작업에서 갖는 중요성을 경시했고 아마도 이 저술들의 개념이 『자본』에 포함되었다는 점을 알지 못했던 것으로 보이는 Runkle(1964)을 보라.

7 이는 프루동 비판의 일부인데, 마르크스는 프루동이 "노예제의 나쁜 면"과 더불어 "좋은 면"을 이야기함으로써 헤겔의 모순 개념을 오용했다고 문제 제기하면서, 그가 "자유와 노예제의 종합, 진정한 중용(中庸), 다른 말로 하자면 노예제와 자유 사이의 균형"을 찾으려 시도했다고 비판했다(MECW 38: 101~102). 그로부터 얼마 뒤 마르크스는 『철학의 빈곤(The Poverty of Philosophy)』(1847)에서 프루동이 "노예제를 구제"하기를 원했다고 문제 제기하면서, 이 비판을 반복하고 더 분명하게 했다(MECW 6: 168).

인종과 관련해 마르크스가 불충분하다고 비판했던 아프리카계 미국인 사회이론가 세드릭 로빈슨(Cedric Robinson)은 여기서 마르크스가 다음을 증명했다는 점은 인정한다. "노예 노동과 산업화의 관계에 특성을 부여하는 시도들을 허용했을 뿐만 아니라 어느 정도는 그 시도들을 압도했다는 점. 니그로, 즉 노예제에만 걸맞은 우둔한 짐 운반용 짐승이라는 허구의 탄생은 16세기 이래 서구 발전의 경제적·기술적·금융적 요구와 밀접하게 관련되었다"(Robinson [1983] 2000: 81).

또한 마르크스는 최초로 출판된 자신의 정치경제학 비판 설명서인 「임금노동과 자본(Wage Labor and Capital)」(1849)에서 노예제에 관해 짧게 언급한다. 첫째, 그는 흑인이 노예가 될 운명이었다는 당시의 일반적인 가정을 고쳐 쓴다. "니그로 노예란 무엇인가. 검은 인종의 인간이다. 후자의 설명은 전자와 다를 바 없다." 그러고 나서 그는 덧붙인다. "니그로는 니그로이다. 그는 오직 특정한 관계에서만 **노예**가 된다"(MECW 9: 211).[8] 그러나 그는 남북전쟁 시기까지 신세계 노예제라는 수제에 대해서는 주의를 기울이지 않았다.

마르크스의 강력한 노예제 폐지 입장이 모든 사회주의자들 사이에서 공유된 것은 아니었는데, 이는 미국 내 독일인 망명자들의 태도에서 볼 수 있다. 1840년대, 헤르만 크리게(Hermann Kriege)와 같은 일부 사람들은 노예제 폐지론자들에 대해 공개적으로 반대했다. 빌헬름 바이틀링(Wilhelm Weitling)과 같은 다른 사람들은 노예제 문제에 침묵했다. 그러나 1854년에 이르러, 뉴욕에서 새로이 출범하고 마르크스의 가까운 동료인 요제프 바

---

8   나는 MECW를 인용해 왔지만, 사실 여기에서는 (그리고 종종 다른 곳에서도) 마르크스의 남북전쟁 저술에 관한 사울 패도버판(KML 2)의 보다 명확한 번역을 인용하거나 MEW의 독일어 원문을 참조해 내가 직접 수정한 번역을 인용했다.

이데마이어(Joseph Weydemeyer)가 이끈 노동자동맹(Arbeiterbund, Workers' League)은 서구에서 노예제를 합법화하는 캔자스 – 네브래스카 법안에 반대하는 입장을 마침내 공개적으로 밝혔다. 바이데마이어의 단체가 결의안에서 명시했듯이, 이 법안은 "노예제의 더 큰 확대를 정당화"했으며 따라서 이를 지지하는 누구라도 "인민에 대한 반역자"였다. 또한 결의안은 다음과 같이 선언했다. "우리는 백인 및 흑인 노예제에 반대해 가장 단호하게 항의해야 하고, 항의하고 있으며, 계속해서 항의할 것이다"(Schlüter [1913] 1965: 76에서 인용).

다소 추상적인 이 표현은 불행하게도, 종종 사회주의자들이 "임금 노예제"로 칭했던 공장 노동과 흑인들이 대서양 노예무역에서 혹은 사슬에 속박된 채 신대륙에서 경험했던 것을 너무 쉽게 동일시했다. 두 번째 문제는 두 보이스가 주목한 것이었다.

> 그럼에도 불구하고, 노동자동맹이 1857년 12월 개편되었을 때, 노예제는 언급되지 않았다. 1858년 4월 노동자동맹의 새로운 기관지가 발행되었을 때, 지금의 문제는 노예제의 폐지가 아니라 노예제의 더 큰 확대를 방지하는 것이며, 니그로 노예제는 미국에서 확고하게 뿌리내렸다고 이야기되었다. …… 그러나 1859년, 노동자동맹의 한 회의는 어떠한 형태로든 모든 노예제를 규탄했고 '도망노예법'의 폐지를 요구했다(Du Bois [1935] 1973: 24).

따라서 노예제 폐지 운동의 중간계급 급진주의자들 및 그들의 흑인 동맹자들과는 대조적으로, 독일인 망명 사회주의자들이 노예제에 반대하는 단호한 입장을 취하는 데에는 시간이 걸렸다.

마르크스의 관점에 관한 또 다른 맥락을 제공해 주는 것은 노예제 폐지론적 관점을 강력하게 보여주는 ≪뉴욕 트리뷴≫이다. 대표적인 예시는 그 유명한 오벌린 – 웰링턴 구조를 다룬 1858년 9월 18일자 ≪뉴욕 트리뷴≫ 기사 「오벌린에서의 납치: 흥분한 사람들(Kidnapping at Oberlin: The People Excited)」에서 찾을 수 있다. 켄터키에서 노예제를 피해 도망친 존 프라이스(John Price)는 '도망노예법'에 따라 일을 수행하던 연방집행관들에 의해 오하이오 오벌린 밖으로 연행되었다. ≪뉴욕 트리뷴≫ 기사의 익명 저자인 "R"은 "15분 만에 광장은 살상무기로 무장한 학생과 시민으로 붐볐다"라고 쓴다. (R이라는 익명은 연방 당국의 기소로부터 보호받기 위해 의도된 것일 것이다.) 그들은 "19세 혹은 20세가량"의 젊은이가 남부로 호송되기 위해 억류되어 있던 철도 환승역, 웰링턴 근처까지 10마일을 말과 마차를 몰고 갔다. 이때까지 "여성 수백 명"을 포함해 점점 불어난 군중은 연방집행관을 만났지만, 군중은 집행관이 가진 법률 문서의 유효성에 대해 의문을 던졌다. 결국 그들은 물리력을 이용해 프라이스를 석방시켰고 프라이스를 오벌린으로 돌려보냈다고 "R"은 이야기한다.

귀환하는 우리 행렬 전체는 승리를 축하했다. 우리를 환호하고 축복하기 위해 거의 모든 농가에서 사람들이 길거리로 흘러나왔고, 우리는 가장 따뜻한 방식으로 그들의 인사에 화답했다. 우리 마을에서는 모든 주민들이 밖으로 나왔다. 우체국 앞에서 그들은 민주주의를 위한 세 차례의 엄청난 탄성과 자유를 위한 세 차례의 아주 기쁜 환호성으로 우리와 합류했다. 팔머 하우스 앞에서 이는 반복되었고, 그러고 나서 일어선 한 사람이 조용히 하라고 한 후 다음과 같이 말했다. "신사 여러분, 우리는 이후에 어떠한 일이 시도될지 알지 못합니다. 그러나 우리는 누가 신뢰할 수 있는 사람인지를 알기를 원합니다. 그러니 비상소집 순간에 결집하고 무장하며 뒤쫓아 구출할 준비를 할 것을 여기에서 엄숙하게 맹세할 분들은 '네!'라고 외쳐주십시오!" 응답은 머리카락을 쭈뼛 세우기에 충분했다. 이는 세 차례 반복되었다. …… 마침내, 이 공동체 내에서 흑인을 붙잡는 사람은 누구든, 어떠한 권위를 구실 삼아도 상관없이, 자신의 목숨을 걸고 그래야 할 것임이 귀청이 터지는 만장일치로 투표되었다! 만약 그러한 경우가 발생하면, 이것이 빈말이 아니었음을 알게 될 것이다. 이후 오벌린 인근에 기웃거리며 다가오는 노예소유주와 집행관에게 화가 있을진저! 여기에서 도망자는 잡힐 수 없다. 늦은 시간까지 많은 연설이 군중을 한데 모아두었다(「오벌린에서의 납치: 흥분한 사람들」).

이 글은 독자편지나 사설이 아니라 "뉴욕 트리뷴 기사" 날짜기입선 아래 정규 뉴스 기사로 게재되었다. 물론 모든 ≪뉴욕 트리뷴≫ 기사가 이와 같은 전투적 입장에 서 있지는 않았다.

1860년대에 이르러서, 마르크스는 자신의 노예제 폐지론 관점에 추가해 혁명적 주체로서의 아프리카계 미국인에 대한 평가를 발전시켰다. 1860년 1월 11일, 존 브라운(John Brown)의 하퍼즈페리 습격 여파로, 그는 엥겔스에게 편지를 보냈다.

내 시각에, 오늘날 세계에서 일어나는 가장 중대한 일은 한편으로는 브라운의 죽음으로 시작된 미국의 노예를 둘러싼 운동[Sklavenbewegung]이고, 다른 한편으로는 러시아의 노예를 둘러싼 운동입니다. …… 나는 미주리에서 새로운 노예 봉기가 있었으나 자연적으로 진압되었다는 것을 방금 ≪뉴욕 트리뷴≫에서 보았습니다. 그러나 이제 신호가 주어졌습니다(MECW 41: 4).

링컨이 당선되고 난 다음 해인 1861년 1월 7일에 엥겔스는 미국 내에서 긴장이 고조되고 있는 것에 대해 마르크스에게 편지를 쓴다. 그는 "노예제가 그 종말에 빠르게 가까워지고 있는 것으로 보입니다"라고 마무리 짓는다(242).

넉 달 후, 즉 적대행위가 시작된 섬터 요새에서의 포격 직후, 마르크스는 자신의 이모부인 리온 필립스(Lion Philips)에게 보내는 1861년 5월 6일자 편지에서 "이러한 폭력 행위는 **모든 절충안**을 불가능한 것으로 만들었습니다"라고 쓴다. 그는 선견지명을 가지고 남부가 초기에는 전쟁터에서 승리를 기록하겠지만 결국에는 이기지 못할 것이라고 덧붙인다. 또한 그는 "노예 혁명[Sklavenrevolution]"의 가능성을 넌지시 언급한다.

> 싸움 초기에는, 백인 무산계급 모험가들이 고갈될 줄 모르는 민병대 저수지를 형성하는 남부에 유리하게 저울이 기울 것이라는 점에 의심의 여지가 없습니다. 그러나 물론 장기적으로는 북부가 승리할 것인데, 필요한 경우 노예 혁명이라는 마지막 카드를 사용할 수 있기 때문입니다(MECW 41: 277).

마르크스는 북부연방이 흑인 부대를 이용하거나 노예 봉기를 고무하는 혁명적 방법으로 전쟁을 벌일 필요가 있다는 이러한 생각으로 거듭 돌아왔는데, 이는 의지가 부족하다고 그가 보았던 링컨과는 대조를 이룬다.

불행히도, 이 당시 마르크스는 자신의 관점을 알릴 수단을 결여하고 있었는데, ≪뉴욕 트리뷴≫은 전쟁에 지면의 다수를 할애하기 위해 국제면을 축소했고, 영국과 미국의 사회주의 언론은 파산했기 때문이다.[9] 그러나 1861년 10월 초, ≪뉴욕 트리뷴≫은 마르크스에게 전쟁에 관한 영국의 반응 및 멕시코에서의 보나파르트의 개입에 관한 여덟 편의 기사를 게재할 것을 허용했는데, 이는 ≪뉴욕 트리뷴≫에 게재될 그의 마지막 기사들이었다. 실제로, 남북전쟁에 관해 마르크스가 출판한 대다수 글은 빈에서 발행된 자유주의 언론 ≪디 프레세≫에 독일어로 실렸는데, 이 언론은 1861년 6월, 보수를 받는 통신원으로 마르크스를 섭외했다. 그러나 ≪디 프레세≫는 10월 말까지 어떠한 것도 발행하지 않았다. 따라서 1861년 4월부터 9월까지 전쟁의 첫 6개월 간 마르크스의 관점을 살피려면 그의 편지들, 주로 엥겔스에게 보낸 편지들에 전적으로 의지해야만 한다.

1861년 5월 29일, 독일의 국가사회주의자 페르디난트 라살레(Ferdinand Lassalle)에게 보내는 편지에서, 마르크스는 자신이 남북전쟁에 대해 다룬 저술에서의 또 다른 주제인 영국 지배계급의 남부 지지를 넌지시 언급하는데, 마르크스는 이를 경제적 요인의 탓으로 돌린다. "물론, 잉글랜드의 공식 언론 전부는 노예 소유자를 지지합니다. 그들은 반노예무역 박애주의로 세계를 넌더리나게 했던 바로 그 녀석들입니다. 그러나 목화, 목화"(MECW 41: 291).

≪디 프레세≫에 실릴 자신의 기사에 도움을 줄 군사적 분석을 해달라는 마르크스의 요청에 화답해, 6월 12일 엥겔스는 섬터 요새에서의 포격으로 북부에서 애국적 물결이 촉발될 때까지 링컨이 다수의 부대 소집에

---

9 이 시기 마르크스의 기사를 출판할 독일어 사회주의 기관지도 없었다. 1861년 3월 11일, 예니 마르크스(Jenny Marx)는 미국 내 자신의 "충실한 동료 투사이며 순교자"이자 북부 군대에 합류한 요제프 바이데마이어의 아내이기도 한 루이제 바이데마이어(Louise Weydemeyer)에게 보낸 편지에서, 마르크스가 "월간 혹은 주간 출판 준비"를 하기 위해 "베를린으로 은밀한 여행"을 했던 기간 동안 기울였던 노력에 관해 언급한다. 예니 마르크스는 "만약 카를이 새로운 당 기관지를 준비하는 데에 성공한다면, 그는 분명히 당신의 남편에게 미국에서 보고서를 보내줄 것을 요청하는 편지를 쓸 것입니다"라고 덧붙인다(MECW 41: 574~575). 그 노력은 성공하지 못했다.

충분한 지원을 하지 않은 반면, "남부는 몇 년간 조용히 무장하고 있었습니다"라고 쓴다(MECW 41: 294). 엥겔스는 "세인트루이스 독일인들이 미주리를 재정복한 것"은 "전쟁의 향방에 엄청난 중요성"을 가진 것임이 드러날 것이라고 쓰면서, 자부심을 가지고 자신들의 독일인 동료들의 활동을 넌지시 언급한다(296).[10] 마지막으로 엥겔스는 북부연방이 2배 많은 인구라는 이점을 가졌으며 이 이점은 남부 군대가 300만 명이라는 꽤 많은 노예를 지켜야 할 것이라는 사실로 더욱 강화됨을 지적한다. 노예 남부의 문화 전체에 대한 자신의 본능적 적대감을 잘 담아낸 문단에서, 그는 다음과 같이 결론짓는다.

한 사람 한 사람을 비교하면, 북부 출신 사람들이 남부 출신 사람들보다 육체적으로나 정신적으로나 모두 현저하게 우수하다는 점에는 의문의 여지가 없습니다. 소위 난폭한[Rauflust] 남부인의 몸에는 대단히 비열한 암살자가 들어 있습니다. 남부인들 각각은 부장한 채 돌아다니지만, 이는 오직 남부인이 싸울 때 **자신의 적을, 자신이 공격당할 것을 예측하기 전에 쓰러뜨릴** 수 있게 하기 때문입니다(296; 강조는 원문).

마르크스는 6월 19일자 답신에서, 엥겔스가 편지를 보내준 것에 감사를 표한 후, 낙관적으로 덧붙인다. "≪뉴욕 트리뷴≫에 실린 사실들로부터,

---

10 여기에서 군사 지도자로서 중요했던 인물은 1840년대 공산주의자 동맹에 가담하기 전 독일 군에서 포병장교로 복무했던 바이데마이어이다(Roediger 1978). 또한 바이데마이어는 1860년대에 대중집회를 조직했던 독일계 미국인 사회주의자 중 한 명이었는데, 이 집회는 전쟁으로 목화 공급이 중단된다면 해고가 곧 닥칠 것임을 지적하는 것으로 남부에 대한 노동계급의 지지를 얻으려 했던 뉴욕 제조업자들의 활동을 저지하는 것이 목표였다(Mandel [1955] 2007).

나는 이제 북부가 노예 전쟁[Sklavenkrieg]과 노예제 폐지에 관해 말하고 있음을 봅니다"(299). 그러나 링컨의 해방선언까지는 아직 18개월이 남아 있었다.

1861년 7월 1일 엥겔스에게 보낸 편지에서, 마르크스는 이후 자신의 남북전쟁 저술에서 다룰 두 가지 주제를 발전시켰다. 첫째, 그가 보기에 북부는 남부의 노예제에 대한 광신에 직면해 소심한 태도를 보였다. "이러한 미국의 사건들을 면밀하게 연구한 결과, 남부와 북부 간 갈등"은 북부가 "50년간 잇따른 양보로 스스로를 약화"시켰기 때문에 지연된 것으로 보인다고 그는 쓴다(MECW 41: 300). 마르크스는 이후 자신의 링컨 비판에서 이러한 주제를 계속 이어갔다.

둘째, 마르크스는 남부와 북부 양쪽에서의 계급 분화를 분석했다. 그는 북부가 일리노이나 오하이오 같은 "북서부"(오늘날의 중서부) 주들의 부상에 더 강한 입장을 취하기 시작했음을 시사한다. 그는 다음과 같이 쓴다. "새로운 독일인과 영국인 집단들, 여기에 자영(self-working)[11] 농민들까지 다양하게 섞인" 북서부 주들의 대규모 이주민들은 "당연히 월스트리트의 신사들과 보스턴 출신의 퀘이커 신도들처럼 위협하기가 쉽지 않았습니다"(MECW 41: 300). 1850년대 캔자스에 관해, 그는 다음과 같이 덧붙인다. "캔자스 사건(현재의 전쟁이 실제로 시작된 사건)에서 보더 러피언(border ruffian)과 근접 전투를 벌였던 이들 역시 이러한 북서부 주민들이었습니다"(301).[12]

남부의 계급 구성에 관해, 마르크스는 500만 남부 백인 인구 중 30만 명

---

11 원문에 영어로 적혀 있다.

12 이 편지는 독일어로 작성되었지만 마르크스는 영어 관용구인 "보더 러피언(border ruffian)"을 사용했는데, 이 문구는 캔자스의 노예제 찬성 분파들을 가리키는 노예제 폐지론자들의 용어였다.

의 노예 소유자는 상대적으로 작은 집단임을 지적하며, 여러 남부 주에서의 분리독립 투표를 부유한 소수에 의한 "권리 침해"라고 부른다(MECW 41: 301). 엥겔스가 7월 3일 편지에서 분리독립이 "일반투표"로 이루어진 것에 관한 보도들을 언급함으로써 이에 대해 의문을 제기한 후(304), 마르크스는 7월 5일 편지에서 "모든 분리독립 책략의 12월 2일적 성격"에 대해 말하는데, 이는 1851년 12월 2일 발발한 보나파르트 쿠데타에 관한 언급이다(307). 마르크스는 "영국 신문에서는 상황이 완전히 잘못 전달"(305)되었다고 더 나아가 주장하며, 투표에 관한 각 주 단위의 분석을 하는 것으로 나아간다. 그는 다수의 남부 백인들이 처음에는 분리독립에 반대했으나, 노예제 찬성 분파에게 협박당했음에 주목한다.

> **노스캐롤라이나**와 심지어 **아칸소**까지도 북부연방 하원 의원을 선택했는데, 전자에서는 절대 다수가 그랬습니다. 그들은 이후 공포에 사로잡혔습니다. …… 사우스캐롤라이나 옆에 위치한 **텍사스**는 테러리즘이 가장 심한, 최대 규모의 노예제 정당이 창당될 예정인 곳이었음에도 불구하고, 북부연방에 1만 1000표를 던졌습니다. …… 앨라배마. 그곳의 사람들은 분리독립에도 새로운 헌법 등에도 찬성투표를 하지 않았습니다. 회의는 찬성 61표, 반대 39표로 분리독립 법안을 통과시켰습니다. 그러나 거의 전적으로 백인이 거주하고 있는 북부군(county)에서 나온 39표는 61표보다 더 많은 자유인들을 대변했습니다(306~307; 강조는 원문).

분리독립에 관한 대중적 지지가 이렇게 부족한 것은 분리독립 운동의 보나파르트주의적 성격, 즉 더 큰 대중적 지지를 얻기 위해 "'남부에 적대하는 북부'라는 슬로건 아래 …… 전쟁을 유발하도록" 강요된 성격을 설명한다고 마르크스는 주장한다(307). 그리고 나서 마르크스는 분리독립이 "인민으로부터 나온 권한 없이" 일어났음을 지적했던 조지아주의 ≪아우구스타 크로니클 앤 센티넬(Augusta Chronicle and Sentinel)≫과 같은 남부 신문 다수를 인용한다(308).

이 1861년 7월 5일자 편지부터 9월 중순 작성된 영국 여론에 관한 ≪뉴욕 트리뷴≫ 첫 기사까지, 즉 7월 21일 불런에서 남부연합이 거둔 주요 승리를 포함하는 시기까지, 우리는 남북전쟁에 관해 마르크스가 남긴 글을 더 이상 가지고 있지 않다. 이 두 달 간, 마르크스는 『자본』 제1권 초고 및 이후 『잉여가치학설사』로 불릴 글을 포함하는 자신의 1861~1863년 원고를 집중적으로 쓰기 시작했다(Draper 1985a).

1861년 10월 25일, 남북전쟁에 관한 마르크스의 첫 기사가 ≪디 프레세≫에 발행되었다. 「북미 남북전쟁(The North American Civil War)」으로 제목이 붙여진 이 기사는 갈등에 관한 전체적인 분석을 제공했다. 그는 북부연방에 대한 지지를 거부하는 이유로 영국 주류 언론이 제시한 것들을 논박함으로써 글을 시작한다. 그는 전쟁의 원인이 북부 산업을 위한 보호관세가 아니라 노예제였음을 주장한다. "따라서 의회가 모릴 관세법을 통과시켰기 때문에 분리독립이 일어난 것이 아니었다. 기껏해야 분리독립이 일어났기 때문에 의회가 모릴 관세법을 통과시켰던 것이다"(MECW 19: 33). 그는 당시 유럽에서 일반적이었던 생각, 즉 아직 북부연방이 노예제에 반대하고 나서지 않았기 때문에 "노예제는 …… 이 전쟁과 전혀 관계가 없다"라는 생각을 더욱더 단호하게 비판한다(33). 그 대신에, 그는 남부가 전쟁을 시작했고 노예제를 자신들 헌법의 원리로 삼았으며, 남부의 목표는 미국 전체를 노예제에 개방하는 것이었고, 따라서 전쟁의 첫 몇 달 동안에는 남부가 북부를 공격했다고 주장한다. 남부연합은 국가 독립 투쟁으로서 무리하게 추진된 어떠한 운동이었으며, 마르크스는 그것이 완전히 반동적인 정치를 띠었기에 격렬하게 반대했다. 그는 1820년 이래로 북부가 노예 소유자들에게 했던 다양한 양보들을 자세히 서술했다.

그러고 나서 그는 1857년 미국 대법원이 "모든 노예 소유자 개인은 지금까지의 자유 지역에 다수의 의지에 반해 노예제를 도입할 권리가 있다"라고 판결 내렸던 "악명 높은 드레드 스콧 사건"에 대해 기술한다(MECW 19: 36~37). 또한 그는 1854~1858년 캔자스에서 발생한 갈등에 대해 이야기한다.

> 한 손은 보이 나이프, 다른 손은 리볼버로 무장한 노예 소유자의 밀정들, 즉 미주리 및 아칸소 출신의 주 경계 지역 폭도(border rabble)는 캔자스를 습격하고, 일찍이 들어본 적 없는 잔혹행위로 정착민을 그들이 개척한 영토에서 몰아내려고 했다. 이러한 습격은 워싱턴 중앙정부의 지지를 받았다. 따라서 엄청난 반발이 있었다. 북부 도처에서 그러나 특히 북서부에서, 캔자스를 인력, 무기, 돈으로 지원하기 위한 구호 조직이 결성되었다(38).

또한 그는 빠르게 척박해지는 토양 때문에 남부 노예제가 "새로운 영토의 획득을 필요"로 하는 경제적 제도였음을 주장한다(39). 따라서 노예를 소유하는 남부는 노예제 지역의 확대를 제약하는 것에 결코 동의할 수 없었다. 게다가 그러한 확대 및 확대과정에서 나타나는 호전성에 의해서만, 노예 소유자라는 소수파의 이해가 백인 빈민이라는 다수 주민의 이해와 "일치"될 수 있었다. 이는 백인 빈민의 "행동하려는 사나운 충동에 무해한 방향을" 부여함으로써 달성되었고, "언젠가 노예 소유자가 되려는 그들 자신의 전망으로 그들을 길들이기 위해" 달성되었다(MECW 19: 41). 따라서 노예제를 둘러싼 파벌 갈등은 백인 빈민이 남부 지배계급과 갈등하는 것을 막는 이데올로기적 방식으로 작동했다. 그러나 이주로 인해 북부의 인구가 빠르게 성장한 것을 고려했듯이, 남부의 지배계급은 새로운 지역으로의 노예제 확장 제한이 곧 일어날 것이라는 점을 알게 되었다. 이러한 이유로, 그들은 "지금 변화를 일으키는 것이 낫다"라는 결정을 내렸다고 그는 결론짓는다(42).

≪디 프레세≫에 실린 마르크스의 기사 중 1861년 11월 7일에 게재된 또 다른 기사인 「미국의 남북전쟁」에서, 그는 두 가지 지점에 집중했다. 첫째, 그는 남부가 사실은 분리독립의 일환으로서 무려 국토의 3/4을 요구했다고 주장한다. "따라서 남부연합의 전쟁은 방어전이 아니고, 정복전, 노예제의 확장과 영구화를 위한 정복 전쟁이다"(MECW 19: 44). 둘째는 남부 주와 경계 주(border state) 각각의 사회적·정치적 조건에 관한 각 주 단위의 조사였는데, 여기에서 그는 7월 1일 엥겔스에게 보낸 편지에서 했던 지적을 앞에서 다룬 바와 같이 발전시키고 확장했다.

마르크스는 남부의 목표가 북미를 지배하려는 것이었음을 반복해서 시사한다. "따라서 사실 일어난 일은 연방의 해소가 아니라 노예소유 과두제의 공인된 지배하의 연방 **재편, 노예제에 기반한 재편**이었다"(MECW 19: 50; 강조는 원문). 결과는 공식적으로 인종적 및 종족적 경계를 기초로 구조화된 새로운 형태의 자본주의일 것이었으며, 여기에서 백인 이주자들은 하층에서 흑인에 합류될 것이었다.

노예제는 연방 전체에 침투될 것이다. 니그로 노예제가 실제로는 실행될 수 없는 북부 주에서, 백인 노동계급은 노예제도의 수준에 점차 의기소침해할 것이다. 이는 특정 인종만이 자유로울 수 있다고, 그리고 남부에서는 실제 노동이 니그로의 운명이듯 북부에서는 실제 노동이 독일인과 아일랜드인 혹은 그들 직계후손의 운명이라고 요란하게 공언되는 신조에 부합할 것이다(51).

마지막으로 마르크스는 이 기사에서 처음으로 링컨을 공개 비판했다. 계기는 "[장군 존(John)] 프리몬트(Fremont)가 반란군에 속한 니그로를 해방시킨 미주리 선언을 링컨이 심약하게 취소"한 것 때문이었는데, 이 취소는 분리독립하겠다고 위협하는, 켄터키의 친북부연방 노예 소유자들의 항의 이후 일어났다(51). 그럼에도 불구하고, 마르크스는 이제 해방 문제가 전쟁의 목표와 전략으로서 공개적으로 내세워졌다고 결론지었다. 그는 12월 6일자 ≪디 프레세≫ 기사 전체를 프리몬트에 대해 다루는 데에 할애하면서, 프리몬트가 "노예 해방으로 노예 소유자를 위협했던 최초의 북군 장군"이었다고 썼다(86).[13]

남북전쟁, 그리고 영국에서의 계급 분열: 개입에 반대하는 운동

같은 시기, 나폴레옹 3세는 영국과 스페인의 지지를 받으며, 오스트리아 대공 막시밀리앙(Maximilien)을 황제로 세우기 위해 멕시코 침략 준비를 하고 있었다. 마르크스는 1861년 말과 1862년 초, 이 문제를 둘러싼 외교 책략에 관해 세 편의 기사를 썼는데, 이 기사들은 나폴레옹 3세와 심지어 파머스턴도 멕시코를 남부 지원의 상륙거점으로 이용하려고 계획하는 것을 분명히 걱정하는 내용이었다. 이 중 한 편은 1862년 2월에 발행되었는데, 이것은 그가 ≪뉴욕 트리뷴≫에 쓴 마지막 기사였다.

---

13 이 논란에 관해 마르크스가 얻은 정보는 프리몬트의 보좌관으로 복무하고 있던 바이데마이어가 제공한 것이었다. 마르크스는 이 저술들에서 프리몬트가 아메리카 선주민과 캘리포니아의 멕시코 민족을 억압한 것을 언급하지 않으면서 그를 칭찬한다.

마르크스는 남북전쟁의 또 다른 국제적 차원, 즉 영국 정부와 영국 여론에 미칠 충격에 관해 훨씬 더 많이 썼다. 패도버는 이 시기 영국의 상황을 다음과 같이 요약한다.

갈등 초기에 영국의 의견은 분열되어 있었다. 남부연합에 찬성하는 쪽에는 남부 플랜테이션 소유주를 동정하는 귀족과 독립 남부의 더 저렴한 원료, 특히 목화를 바라는 상업 이익집단들이 있었다. 북부연방에 찬성하는 쪽에는 남북전쟁에서 민주주의를 지키는 투쟁을 찾았던 영국 자유주의자들과 자유노동의 운명이 위태롭다고 느꼈던 노동계급이 있었다. 영향력 있는 《더 타임스》를 선두로 하는, 마르크스가 부지런히 읽었던 런던 언론 다수는 남부에 찬성했다. 총리 파머스턴 경과 외무부 장관 존 러셀(John Russell) 경이 이끄는 영국은 남부연합 쪽으로 기울었다(KML 2: 112; 또한 Foner 1981을 보라).

영국에서의 논쟁을 다룬 마르크스의 첫 기사 「잉글랜드에서의 미국 문제(The American Question in England)」는 1861년 10월 11일 《뉴욕 트리뷴》에 다소 지연되어 게재되었는데, 이 기사는 영국 지배층 내의 북부연방 지지자에 대해 비판했다. 그러나 곧 논의하겠지만, 토리당의 벤저민 디즈레일리(Benjamin Disraeli)뿐만 아니라 강력한 자유주의 정치인인 파머스턴과 러셀까지 남부 편에 서서 개입할 것을 지지한 모든 시도는 노동과 지식인 대중의 반대, 그리고 지배계급 내 다른 구성원들의 반대로 좌절되었다. 자신의 기사에서 마르크스는, 북부연방에 반대하는 영국인들이 몇 차례 넌지시 언급한 사실처럼, 북부의 관점에서 "전쟁은 노예제를 포기할 목적으로 시작되지 않았다"는 점을 인정한다. 그러나 남부는 "타인들을 노예로 만들 자유를 위해 싸우리라 고백"했을 뿐만 아니라, 노예를 소유할 "권리"를 핵심 원칙으로 만들었다. "남부연합 의회는 워싱턴, 제퍼슨, 애덤스의 의회 헌법과 구분되는 것으로서 자신들의 최신 헌법이 최초로 노예제를 본질적으로 좋은 것, 문명의 보호자이자 신성한 제도로 인식했다고 자랑했다"(MECW 19: 8). 또한 마르크스는 북부가 남부와 50년간 타협했음을 인정하지만, 1850년대 후반 즈음에는 북부가 "일탈을 바로잡고" "진정한 북부 발전의 원칙으로 돌아오기" 시작했다고 주장한다(10).

10월 14일 발행된 ≪뉴욕 트리뷴≫의 또 다른 기사 「영국의 목화 무역(The British Cotton Trade)」은 경제적 주제를 다루었다. 맨체스터의 직물 산업은 남부의 면화 운송을 허용하지 않는 링컨의 성공적인 해상 봉쇄로 극심한 고통을 겪고 있었다. 마르크스는 이것이 "장삿속"을 다음의 둘 중 하나에 대한 기대로 이끌었음을 시사한다. 전쟁과 봉쇄가 빠르게 끝나거나, 또다시 등장하는 마르크스의 오랜 네메시스[그리스 신화에 나오는 복수의 여신. 여기에서는 숙적(宿敵)이라는 의미로 사용되었다_옮긴이] 파머스턴 총리가 "봉쇄를 물리력으로 돌파"하거나(MECW 19: 18). 그러나 개입을 기대한 영국의 경제적 이익집단에게는 불행하게도, 대항적 이익집단, 즉 북부 산업에 대한 다수의 이익집단과 미국의 북부 및 서부로부터의 수입이 영국의 주요 곡물 공급원이라는 사실은 파머스턴의 이러한 움직임에 반하는 영향을 미쳤다. 마르크스는 아일랜드, 영국 노동계급, 그리고 단일 경제체제의 일부로서의 성격을 갖는 노예소유 남부를 언급하면서 이 기사를 결론짓는다.

일반적으로 말해서 영국의 근대 산업은 동등하게 거대한 두 가지 중심축에 의존했다. 하나는 아일랜드인과 영국 노동계급 절대다수를 먹이는 유일한 수단으로서의 **감자**였다. 이 중심축은 감자 질병과 뒤를 이은 아일랜드

재앙으로 일소되었다. 그때 수백만을 혹사시킨 더 큰 재생산 및 유지의 기초가 도입되었다. 영국 산업의 두 번째 중심축은 미국의 노예가 재배하는 목화였다. 현재 미국의 위기는 미국인들에게 공급 지역을 확대할 것과 노예를 사육하고 소비하는 과두제로부터 목화를 해방시킬 것을 강요한다. 영국의 목화 제조업이 노예 재배 목화에 의존하는 한, 그들은 이중의 노예제, 즉 잉글랜드의 백인 간접 노예제와 대서양 반대편의 흑인 직접 노예제에 기초하고 있다고 솔직하게 주장할 수 있을 것이다(19~20).

이 후자의 체제는 이제 미국의 중대한 사건들로 인해 도전받고 있었다. 1861년 10월 21일 발행된 ≪뉴욕 트리뷴≫에 실린 세 번째 기사 「런던 타임스와 파머스턴 경(The London Times and Lord Palmerston)」에서, 마르크스는 영국 지배층이 남부의 편에 서서 개입할 어떠한 계획도 포기했다고 추측한다. 12월 7일에 발행된 ≪뉴욕 트리뷴≫에 실린 네 번째 기사에서 마르크스는 유럽 노동자들 사이에서의 강력한 북부연방 지지에 대해 서술한다. 이는 유럽 노동자들이 반노예주의자였을 뿐만 아니라 미국을 당대의 가장 민주적인 사회, 심지어 백인 남성 노동자도 완전한 투표권을 누렸던 사실상 유일한 국가로 보았기 때문이다.

잉글랜드, 프랑스, 독일, 유럽의 참된 인민은 미국의 운동을 바로 자신들의 운동, 자유를 위한 운동으로 여기고, …… 뒷돈 받은 모든 궤변을 들음에도 불구하고, 그들은 미국 땅을 노예 소유자의 추악한 지배로부터 이제 검을 손에 쥐고 방어해야 할 땅이자 소유하지 못한 수백만 유럽인의 자유로운 땅으로, 그들의 약속의 땅으로 여긴다. …… 이 다툼에서, 지금까지 실현된 대중 자기통치의 최고 형태는 역사의 연대기에 기록된 인간 노예화의 가장

비열하고 파렴치한 형태에 도전하는 것이다. …… 이러한 전쟁은 …… 1849
년 이후 유럽이 거쳐 온 근거 없고 악의적이며 사소한 전쟁들과는 그 차원
의 광대함과 그 끝의 장엄함의 측면에서 매우 구분된다(29~30).

따라서 그는 북부연방의 운동을 민주주의와 혁명을 위한 국제적 투쟁
과 연결시켰다. 마르크스의 뒤이은 기사 「잉글랜드의 위기(The Crisis in
England)」는 1861년 12월 6일 ≪디 프레세≫에 게재되었다. 이 기사는 남
부 목화에 대한 영국의 의존을 자세히 서술한다. 마르크스는 북부연방의
봉쇄에 의한 목화의 차단이 "바로 지금 잉글랜드 전체가 앞으로 자신을 위
협할 가장 거대한 경제적 재앙의 접근에 떨고" 있는 상황을 이끌었다고 썼
다(56).

다음으로, 그는 자신의 관심을 트렌트 사건으로 돌렸다. 1861년 11월 8
일, 미국 군함 샌저신토(San Jacinto)호는 런던으로 가던 두 명의 남부연합
외교관을 체포하기 위해 영국 상선 트렌트(Trent)호에 강제로 승선했다.
12월 2일 ≪디 프레세≫에 게재된 기사에서, 마르크스는 이 사건 자체가
전쟁을 조성하기 위해 리버풀의 목화 부호, 파머스턴과 언론 사설이 활동
한 것이라고 보았음에도 불구하고 "결과적으로 전쟁을 유발하지 않을 것
이다"(MECW 19: 89)라고 주장한다. 결국 미국은 두 명의 남부연합 특사를
석방했고, 그들은 1862년 1월 잉글랜드에 도착했다. 이 시기에 마르크스
는 트렌트 사건에 대해 추가로 다섯 편의 기사를 썼다. 그는 자유주의자
윌리엄 글래드스턴(William Gladstone), 존 브라이트(John Bright), 리처드 코
브던(Richard Cobden)에서부터 러시아에 대항하는 마르크스의 오랜 협력자
였던 토리당의 데이비드 어커트에 이르기까지 영국 지배층 내 많은 중요
구성원들이 미국과의 전쟁에 반대했음을 지적했다. 이는 지도적 자유주

의자 파머스턴과 러셀, 그리고 토리당의 디즈레일리가 전쟁을 유발하기 위해 벌인 활동을 약화시켰다. 북부연방의 전망에 더 비관적인 시각을 종종 가졌던 엥겔스는 11월 27일 마르크스에게 보낸 편지에서 미국이 영국에게 **"개전 명분"**을 주었던 것은 아닌가 걱정한다(MECW 41: 329). 마르크스는 12월 9일자 편지에서 엥겔스를 안심시킨다. "내가 ≪디 프레세≫에서 처음부터 이야기했듯, 미국과의 전쟁은 없을 것입니다"(MECW 41: 333).

마르크스는 12월 31일 ≪디 프레세≫ 기사 「신문의 견해와 사람들의 여론(The Opinion of the Newspapers and the Opinion of the People)」에서 영국에서의 논쟁을 검토한다. 그는 지배계급 내에서의 전쟁 반대가 여론에 뿌리박고 있었다는 점에 주목한다. "현재 미국과의 전쟁은 전쟁을 부르짖는 언론의 목소리가 압도적인 것과 똑같이, 목화를 둘러싼 동조자와 지역 대지주를 제외하고는 영국인 모든 계층에게 인기가 없다"(MECW 19: 128). 다양한 정치적·경제적 세력과 언론 간의 연계를 자세히 다룬 후, 그는 결론짓는다. "파머스턴은 전쟁을 원한다. 영국인들은 그렇지 않다"(130).

다음 몇몇 기사에서, 마르크스는 영국 전역에서 일어나는 개입 반대 대중집회에 관해 보도했다. 1862년 1월 5일 ≪디 프레세≫에 게재된 기사 「미국에 찬성하는 집회(A Pro-America Meeting)」에서 마르크스는 이 집회 중 하나를 묘사한다. 12월 30일 브라이튼에서 열린 이 집회에는 자유주의자 하원의원 윌리엄 코닝엄(William Coningham)이 특별히 참석했는데, 그는 다음과 같이 선언했다. "바로 지금, 북부연방 중부 지역에서 **공인된 해방 정책**이 전개되고 있습니다. (박수) 그리고 나는 영국 정부에 의한 개입은 허용되지 않을 것이라는 나의 진심 어린 기대를 표현하겠습니다. (박수) …… 자유인으로 태어난 영국인 여러분은 스스로를 반공화주의적 전쟁에 휩쓸리도록 놔두시겠습니까?"(MECW 19: 135; 생략과 강조는 원문) 또 다른 연설자인 자유주의 하원의원 제임스 화이트(James White)는 집회의 노동계급적 성격을 강조했다. "노동계급 덕분입니다. 그들이 이 집회의 발기인이며 모든 조직 비용은 그들의 위원회가 부담했다고 말할 수 있습니다." 화이트는 "잉글랜드와 프랑스가 다음 봄 남부 주의 독립을 승인하는 합의에 도달"할 것을 우려했다(136).[14]

마르크스의 기사 「영국의 여론(English Public Opinion)」은 1862년 2월 1일 ≪디 프레세≫에 게재되었는데, 여기에서 그는 이 몇 달 간 아래로부터의 압력 때문에, 아일랜드와 스코틀랜드를 포함한 "영국에서는 전쟁을 요구하는 대중집회가 단 하나도 열릴 수 없었다"라는 점에 주목한다. 이는 직물 노동자가 끔찍한 경제적 희생을 감당해야 했던 "맨체스터에서조차" 그랬다고 그는 덧붙인다(MECW 19: 137). 마르크스는 이 상황을 크림전쟁 시기와 대비시키는데, 그는 크림전쟁에 대해 런던 언론 "≪더 타임스≫, ≪모닝 포스트≫, 기타 옐로플러시(Yellowplush)[15]가 평화를 요구하며 징징거렸음"에도 불구하고, 노동세급 내 반러시아 및 친폴란드 감정이 "전국에 걸친 전쟁을 요구하는 엄청난 집회"를 야기했던 시기라고 주장한 바 있다(138). 1862년, 이제 주류 언론은 "자유를 파괴[freiheitsmorderischen]할 책략과 정부의 노예제에 대한 동조를 맹렬히 비판하는 평화 집회의 답변을 듣고자, 전쟁을 울부짖었다"(138).

1862년 2월 2일에 ≪디 프레세≫에 실린 기사 「런던 노동자들의 집회(A

---

14 마르크스가 이 인용들에 관한 출처를 제공하지 않았다는 사실을 고려하면, 그가 런던발 통신원 보도를 할 때 종종 그랬듯이, 집회에 직접 참석하고 자신의 노트에서 인용해 보도했을 가능성이 있다.

15 윌리엄 메이크피스 새커리(William Makepeace Thackeray)의 1837년 이야기, 「옐로플러시 페이퍼스(The Yellowplush Papers)」에 대한 암시이다. 프라워는 "마르크스가 새커리로부터 비굴한 종과 같은 인생관을 지닌 웨스트엔드(West-End) 지역의 하인, 옐로플러시의 이름을 빌린다"라고 쓴다(Prawer 1976: 252~253).

London Workers' Meeting)」에서 마르크스는 이 매우 거대한 모임이 다음과 같이 그 일부가 기록된 결의안에 투표했다고 보도한다.

> 이 집회는 노동자들이 국가의 상원에서 대변되지 않기 때문에, 다음을 노동자들의 매우 중요한 의무에 해당하는 것으로 고려한다. 북부연방을 유지하기 위한 위대한 투쟁과 관련해 미국에 대한 지지를 선언하는 것, 야비한 부정을 비판하고 ≪더 타임스≫ 및 비슷한 귀족 신문이 탐닉하는 노예소유에 대한 지지를 비판하는 것, 미국의 일에 대한 가장 엄격한 불개입 정책에 가장 단호하게 찬성하는 의견을 표현하는 것, …… 증권 거래 사기꾼들의 기관지의 전쟁 정책에 반대해 항의하는 것,[16] 그리고 노예제 문제에 대한 최종적 해결을 보려는 노예제 폐지론자들의 시도에 대해 가장 따뜻한 지지를 선언하는 것(MECW 19: 156).

결의안은 주영 미국공사 찰스 프랜시스 애덤스(Charles Francis Adams)를 통해 미국 정부에 보내졌다.

보다 일반적인 차원에서, 마르크스는 여전히 투표권이 거부되고 있음에도 불구하고 영국 노동계급이 정치적 주제를 둘러싸고 풀뿌리 운동의 역사를 가지고 있음에 경의를 표한다.

> 노동계급, 즉 현존하는 사람들의 기억에 더 이상 **농노**가 없는 사회에서 이토록 압도적인 일원들이 의회에서 대변되지 않고 있다는 점은 잘 알려져 있다. 그럼에도 불구하고, 정치적 영향력이 없는 것은 아니다. 중요한 쇄신

---

16 명백히 ≪이코노미스트(Economist)≫에 관한 언급이다.

도, 결단력 있는 조치도 이 나라에서는 외부로부터의 압력 없이는 수행된 적이 없었다. …… 외부로부터의 압력에 의해, 영국인은 노동계급의 적극적 참여 없이는 자연스럽게 단계적으로 발생할 수 없는, 의회 밖의 거대한 대중 시위의 중요성을 이해하게 된다. …… 가톨릭교도 해방, 1832년 개혁법안, 곡물법 폐지, 10시간 노동 법안, 러시아에 반대한 전쟁, 파머스턴의 음모 법안 부결,[17] 이 모든 것은 격렬한 의회 밖 시위의 산물이었는데, 이 시위에서 노동계급은 때로는 계획적으로 선동했고, 때로는 자발적으로 활동하면서 주된 역할, 즉 주인공(persona dramatis)으로서의 역할 혹은 상황에 따라 방관자의 역할, 즉 무대 뒤 합창단으로서의 역할을 수행했다. 그만큼 눈에 더욱 띄는 것은 미국 남북전쟁에 대한 영국 노동계급의 입장이다(153).

목화 불황 기간에 노동자들이 겪은 끔찍한 경제적 역경과 언론 및 정부의 전쟁 선동을 지적하면서, 마르크스는 다음과 같이 쓴다. "노동계급은 …… 정부가 미국의 봉쇄 및 잉글랜드의 고통을 끝내기 위해 단지 아래로부터의 개입 요구를 기다리고 있을 뿐이라는 점을 완전히 인식하고 있다. 이러한 상황에서 노동계급이 침묵을 지키면서 지킨 완고함 혹은 개입에 반대하고 미국에 **찬성**하는 목소리를 높이기 위해서만 침묵을 깨뜨리면서 지킨 완고함은 감탄스럽다"(154). 이어진 기사에서, 마르크스는 ≪더 타임스≫와 다른 보수 이익집단이 트렌트 사건에 대한 개입은 불가능해졌다고

---

17 "가톨릭교도 해방"은 아일랜드 대중운동의 압력 아래 가톨릭교도들의 제한된 정치적 권리를 승인한 1829년 의회 결정을 지칭한다. 1832년 개혁법안은 중상층 및 제조업 계급의 투표권으로 확대되었다. 수입 농산물에 관세를 매기는 보호주의 곡물법은 1846년 폐지되었다. 1847년 10시간 노동 법안은 여성과 아동의 노동일을 제한했다. (마르크스는 『자본』 제1권에서 노동시간을 줄이는 운동에 대해 자세히 서술할 것이었다.) 1858년 부결된 음모 법안은 정치적 망명자의 대륙 송환을 가능하게 하는 것이었다.

인정하는 것에 크게 기뻐한다.

"이러한 종류의 전쟁은 혁명적인 방법으로 수행되어야 합니다"

또한 마르크스는 미국에서의 노예제 폐지 논의를 계속 따라갔다. 1861
년 12월 14일 ≪디 프레세≫에 게재된 「노예제 문제를 둘러싼 위기(Crisis
Over the Slavery Issue)」라는 제목의 기사에서, 그는 프리몬트가 해임되는 동
안, 전쟁부 장관 사이먼 카메론(Simon Cameron)을 포함한 다른 사람들은
"전쟁 조치로서 노예들을 전면적으로 무장"시키자는 일부 북부연방 장교
들의 제안을 공개적으로 지지했다고 쓴다(MECW 19: 115). 또한 그는 한 북
부연방 장교의 "반란군의 노예들은 이 중대에서 언제나 보호를 받을 것이
며, 우리는 그들을 마지막 한 사람까지 방어할 것이다"라는 진술과 자신의
부대에 "노예제 폐지론자가 아닌 그 누구도 속하기를 원하지 않는다"라고
말한 진술을 인용한다(116).[18] 국무부 장관 윌리엄 수어드(William Seward)
를 포함해 한때 강력한 노예제 폐지론자였던 다른 사람들은 주저하기 시
작했다고 마르크스는 불평한다. 12월 17일 발행된 또 다른 기사 「미국 문

---

[18] 여기에서 논의되는 장교는 찰스 제니슨(Charles Jennison) 대령으로, 그는 자신들의 기원을
1850년대의 친노예제 영향력에 반대한 존 브라운(John Brown)의 운동에서 찾는 자원(自願)
연대, 캔자스 "제이호커(Jayhawkers)" 소속이었다. 독일어 학자 찰스 레이츠(Charles Reitz)
는 마르크스와 캔자스, 남북전쟁에 관한 자신의 최근 연구에서 제니슨 대령의 경력을 다음과
같이 요약한다. "제니슨 대령은 1862년 미주리에서 노예라는 '소유물'을 극적으로 해방시킨
용맹한 활동으로 준장 대리로 임명되었지만, 이 계급으로의 공식 임명에서는 제외되었다. 제
니슨이 보인 맹렬한 군인다운 모습의 '실질적 노예제 폐지론'이 보수주의자들로부터 '노예제
에 대한 시기상조의 개입'으로 비판받고 그의 전술이 징발에 지나치게 전념한 것(미주리 주민
들이 약탈로 묘사한 것)으로 비판받았을 때, 그는 자신이 비방당하고 있고 제이호커의 급진
주의에 적대적인 최고 사령부 아래에서는 명예롭게 전쟁을 수행할 수 없다고 여기면서 군대
에서 물러났다. …… 많은 사람들의 관점에서, 윌리엄 T. 셔먼(William T. Sherman) 장군이
그 유명한 바다로의 행군에서 행한 초토화 방침은 제니슨과 존 브라운 시니어 모두가 노예제
가 없는 미국을 위한 운동을 무자비하게 추진한 것의 정당성을 입증했다"(Reitz 2008: 9).

제(American Matters)」에서 마르크스는 노예제 폐지론자이자 매사추세츠 상원의원인 찰스 섬너(Charles Sumner)의 "훌륭한" 연설에 관해 쓴다(섬너는 "캔자스 사건 시기 남부 상원의원에게 막대기로 맞은 적이 있다"라고 언급한 바 있다). 뉴욕 쿠퍼 유니언(Cooper Union) 대학에서의 섬너의 연설 이후, 청중은 노예제 폐지가 "도덕적·정치적·군사적 필요"로 되었다고 투표했다(118). 이 두 기사 모두에서, 마르크스는 통신원 중 한 명으로서 자신이 여전히 일간지를 받고 있었던 《뉴욕 트리뷴》에서 원 자료를 가져왔다. 그러나 이 역시 곧 중단될 것이었다.

《디 프레세》에 1862년 3월 3일 발행된 기사 「미국 사건(American Affairs)」에서 마르크스는 링컨이 북부연방군 총사령관인 조지 매클렐런(George McClellan) 장군을 강등한 것에 갈채를 보낸다. 마르크스는 여기에서 다시 한번 미국 노예제 폐지론자의 관점을 공유하면서, 매클렐런이 미국육군사관학교(West Point)에서 함께 수학했던 "적 진영 내 자신의 오랜 동지들과 지나치게 연결"되어 있었다고 쓴다. 또한 마르크스는 매클렐런의 지휘본부가 남부연합 스파이들로 가득 찼다고 주장한다. 매클렐런은 전쟁은 그 대의에 더욱 전념하는 장군을 필요로 한다는 자신의 주장에 힘을 싣기 위해 올리버 크롬웰(Oliver Cromwell)의 유명한 1653년 연설을 인용했는데, 이 연설은 청교도 혁명에 충성하는 장교들이 군대를 이끌기 시작하자마자 자신의 군대가 "어떻게 변화했는가"에 관한 내용을 담고 있다(MECW 19: 179).

그다음에 나온 것은 1862년 3월 26일과 27일 《디 프레세》에 발행된 장문의 분석 기사이자 남북전쟁과 관련해 엥겔스와 처음으로 공동집필한 기사인 「미국 남북전쟁(The American Civil War)」이었다. 이때 즈음 매클렐런은 남부연합군을 향해 진격하라는 점차 커지는 압력에 놓이게 되었는데, 그는 군대에 훈련이 더 필요하다고 주장하면서 이러한 진격을 주저했다. 마르크스와 엥겔스는 남부연합이 자신들의 지도자들은 북부연방 지도자들보다 훨씬 오래 전부터 전쟁을 계획하고 있었다는 사실에 의존해 일련의 대담한 공격을 개시하면서 "진정으로 보나파르트주의적인 정신"으로 싸우고 있었음을 시사하면서 글을 시작한다. 불런 및 기타 지역에서의 북부연방의 초기 패배는 종종 "결정적 순간에 …… 공황 상태"를 빠졌기 때문이었는데 이러한 패배는 "인민 전쟁(people's war)에 어느 정도 익숙했던 그 누구에게도 놀라울 수 없었다"라고 그들은 주장하면서(MECW 19: 187), 1790년대 프랑스 혁명군의 몇몇 문제들을 지적한다. "인민 전쟁"이라는 용어의 사용 및 프랑스와의 비교와 함께, 마르크스와 엥겔스는 남북전쟁이 2차 미국 혁명이라는 자신들의 관점을 강조한다. 그들은 다음과 같이 덧붙인다. "1848~1849년 유럽의 혁명적 동요의 결과로 미국으로 이주해 온 상당수의 군 경력자들이 없었다면, 북부연방군을 준비하는 데 훨씬 더 긴 시간이 걸렸을 것이다"(188). 이 기사 대부분은 엥겔스가 몇 주 전 영국의 작은 군사 잡지에 출판한 두 기사에 기초했다. 그럼에도 불구하고[19] ≪디 프레세≫에 게재된 판에서 그들은 식견 있는 관찰을 남긴다. "특히 [헨리(Henry)] 할렉(Halleck)과 [율리시스 S.(Ulysses S.)] 그랜트(Grant)는 단호한 군사적 지도력의 좋은 사례를 제공한다." 그들은 이 두 인물의 지도력이 "최고의 찬사를 받을 만하다"라고 추가한다(192). 동일한 식견으로, 그

---

19   1861년 12월과 1862년 3월 발행된 ≪볼런티어 저널(Volunteer Journal)≫에 엥겔스가 쓴 기사들(MECW 18: 525~534)은 명백히 마르크스의 제안에 따라 그가 ≪뉴욕 트리뷴≫에 보낸, 그러나 발행되지 않은 군사적 분석의 한 판본이었다. 엥겔스의 기사는 다소 기술적이고, 더 큰 정치적 논점은 거의 만들지 않는다. 지금까지 남은 기록은 우리에게 마르크스가 이 기사들을 ≪디 프레세≫에 게재된 더욱 포괄적인 기사로 발전시키는 데서 수행한 특수한 역할에 대해 알려주지 않지만, 우리는 이러한 변화가 엥겔스보다는 마르크스의 작업이었을 것이라는 점은 추측할 수 있다.

들은 윌리엄 T. 셔먼(William T. Sherman)이 1864년 바다로 행군할 것임을 2년 전에 미리 암시한다. "조지아는 분리독립국(Secessia)으로 향하는 열쇠이다. 조지아의 상실로 남부연합은 두 구역으로 나뉠 것인데, 이는 서로 간의 모든 연결편을 잃는 것이다"(194). 또한 마르크스와 엥겔스는 매클렐런의 군사적 계획에 대해, 만약 완전히 실행 불가능한 것이 아니라면 "전쟁을 영원히 지속"시킬 위험을 무릅쓰는 것이라고 조롱한다(195).

마르크스의 다음 기사 몇 편은 1862년 5월 1일 북부연방군의 뉴올리언스 점령을 다룬다. 그중 한 편으로, 6월 20일 ≪디 프레세≫에 발행된 「영국의 휴머니티와 미국(English Humanity and America)」에서, 마르크스는 북부연방군에 대한 모욕을 중단하도록 명령받았던 뉴올리언스의 백인 여성들에 대해 영국 지배층이 보인 동정을 조롱한다. 산업지역 랭커셔의 "굶주리고 있는 영국 여성들"과 탐욕스러운 지주에 의해 집에서 쫓겨난 "아일랜드 여성들의 고통스러운 울부짖음"에 대해 영국 지배층이 보인 침묵을 비난한 이후, 그는 뉴올리언스에 관한 영국 언론 보도를 조롱한다. "정말이지 숙녀들(ladies),[20] 바로 실제 노예소유자인 숙녀들은 저속한 북부연방군, 소작농, 직공, 그리고 다른 폭도에 대해 처벌받을 위험 없이 자신들의 분노와 적의를 터뜨리는 것조차 허용되지 않았다. 이는 '수치스러운' 일이다!" 그는 이러한 사실이 아닌 모욕을 "'숙녀들'이 실제로 총에 맞아 죽고 강간당했을 때"인 나폴레옹 3세의 1851년 쿠데타와 대비시킨다(MECW 19: 211). 또한 그는 같은 기사에서 영국 정부가 지지하는, 나폴레옹 3세의 멕시코 개입이 남부연합을 지원할 수 있는 위험을 넌지시 언급한다.

이 시기, 마르크스와 엥겔스는 남북전쟁을 둘러싼 몇 가지 정치적 차이

---

[20] 원문에 영어로 적혀 있다.

점을 가지기 시작했다.[21] 1862년 5월 12일, 마르크스에게 보낸 편지에서, 엥겔스는 "북부 전반에 퍼진 나태와 무심함"을 매우 안타까워한다. "사람들 사이의 혁명적 기운이 대체 어디에 있단 말입니까?"(MECW 41: 364) 7월 30일 편지에서 엥겔스는 더 나아가 북부연방의 전반적인 부진이 남부연합과 특정한 형태의 타락한 타협을 조장할 것이라고 쓴다. 그는 북부연방이 분명하게 노예제에 반대해 나서고 전쟁을 "혁명적 노선에 따라" 수행하는 데에 실패한 것을 개탄한다(387). 남부연합 쪽의 더 큰 재능과 기운을 추가해 보면, 이는 불길하게 보인다고 그는 결론짓는다. 같은 날 마르크스가 엥겔스에게 보낸 편지에서 확인할 수 있듯, 엥겔스는 다른 독일인 사회주의자들의 관점을 어느 정도 반영하고 있었다. 마르크스는 런던에서 자신과 함께 머무르고 있는 라살레가 북부연방의 대의를 완전히 무시했다고 불평한다. "미국에 관해서는 전혀 흥미롭지 못했습니다. [라살레에 따르면_옮긴이] 양키들(Yankees)은 '아무것도' 모른다, '개인의 자유'는 단지 '부정적인 사상' 등일 뿐이고 다른 것은 같은 종류의 낡고 부패했으며 사변적인 헛소리일 뿐이라는 것입니다"(390).[22]

마르크스는 8월 7일자 편지에서 엥겔스에 대한 자신의 비판을 분명히 한다.

나는 미국 남북전쟁에 관한 당신의 관점을 전적으로 공유하지는 않습니

---

21 두나예프스카야(Dunayevskaya [1958] 2000)와 헨더슨(Henderson 1976)을 제외하고, 이러한 차이를 지적한 마르크스 연구자는 거의 없었다.

22 자주 인용되는 이 편지에서, 또한 마르크스는 몇몇 매우 문제적인 사적 발언을 남기는데, "유대인 니거 라살레(der judische Nigger Lassalle)"라고 지칭하고 또 "그 녀석의 뻔뻔함 역시 니거를 닮았습니다(niggerhaft)"라고 썼다(MECW 41: 389, 390). 마르크스가 사적으로 그러한 인종주의적 발언을 했다고 해서, 그가 라살레에게 이토록 화냈던 주된 이유가 남북전쟁과 미국 노예제 및 인종주의 문제에 대한 라살레의 무관심이었다는 사실을 간과해서는 안 된다.

다. 나는 모든 것이 끝났다고 믿지 않습니다. 북부인들은 브레킨리지[23]의 저 오랜 신봉자 매클렐런이 최고 지위에 오르기까지 후원했던 경계 노예주 (border slave states) 하원의원들에게 처음부터 지배되어 있었습니다. 다른 한편 남부는 처음부터 한 몸처럼 행동했습니다. …… 내 관점에, 이 모든 것은 또 다른 반전을 맞이할 것입니다. 북부는 마침내 진지하게 전쟁을 벌일 것이고, 혁명적 방법을 채택할 것이며, 경계 노예주 정치인의 지배를 전복시킬 것입니다. 단 하나의 니거 연대라도 남부의 불안함에 놀랄 만한 영향을 미칠 것입니다. …… 만약 링컨이 양보하지 않는다면(그러나 그는 양보할 것입니다), 혁명이 일어날 것입니다. …… 요컨대, 나에게 이러한 종류의 전쟁은 혁명적인 방법으로 수행되어야 하는 것으로 보이는 반면, 양키들은 지금까지 전쟁을 입헌적으로 수행하려고 노력했습니다(MECW 41: 400).

인용한 이 글 가운데 "니거 연대"라는 용어는 독일어 문장에서 영어로 작성되었다. 이는 마르크스가 오늘날 매우 인종주의적 문구로 여겨지는 것을 그만큼 강력한 반인종주의적 주장을 하기 위해 사용한 사례이다.[24] 아이러니하게도, 마르크스는 바로 여기에서 흑인 부대 문제에 관해 지금까지 했던 주장 가운데 가장 강력한 주장을 하는데, 이는 군사적 이유 때문만이 아니라 정치적이고 심리학적인 이유 때문이다. 또한 이 편지는 엥

---

23 1860년 링컨과 선거에서 맞붙었던 존 브레킨리지(John Breckinridge)는 남부연합의 장군 및 각료가 되었다.
24 마르크스가 극적 효과를 위해 가끔 "n" 단어(니거, nigger)를 사용한 것은 『미국의 남북전쟁』 (Marx and Engels 1937)에서는 은폐되었지만, 나중에 패도버의 KML 2와 MECW에서는 확인되었다. 관련된 MECW는 19권(1984)과 41권(1985)인데, 모스크바에 소재한 그 "과학적 편집자"는 말년의 노라이르 테르-아코피안(Norair Ter-Akopian)이었다. 마르크스의 1879~1882년 비서구사회 및 전자본주의 사회 관련 노트에 대한 전문가이기도 했던 테르-아코피안은 이후 MEGA²로 출판하기 위해 이 노트들을 준비하는 데에 참여했다.

겔스와의 차이에 대해 평소와는 달리 날카롭게 표현한 점 때문에 주목할 만한데, 이 편지에서 다루어진 주제에 대해서 마르크스가 이전에는 엥겔스의 군사전략 전문지식에 의지했기 때문이다.

1862년 8월, 마르크스는 링컨의 노예제 폐지 실패에 대한 몇몇 비판을 게재했다. 동시에, 마르크스의 전반적인 어조는 북부연방에 대한 자신감을 장기간에 걸쳐 군사적으로나 정치적으로 모두 유지한다. 8월 9일 ≪디 프레세≫에 게재된 「미국 사건에 대한 비평(Criticism of American Affairs)」이라는 제목의 기사에서, 그는 링컨에게 쌓이고 있는 압력에 주목한다.

> 군대의 주력을 공급했던 뉴잉글랜드와 북서부는 혁명적 방법으로 전쟁을 벌이도록, 성조기에 전투 구호로 "노예제 폐지"를 새기도록 정부에 강제하기로 결심한다. …… 지금까지 우리는 전쟁을 입헌적으로 벌이는 남북전쟁의 1막만을 목격했다. 전쟁을 혁명적 방법으로 벌이는 2막이 머지않아 있을 것이다(MECW 19: 228).

또한 그는 노예제를 폐지하는 방향으로 유도하는 더 작은 몇몇 방법, 즉 컬럼비아 특별구와 웨스트버지니아의 노예제 폐지부터 미국 정부의 "니그로의 아이티공화국과 라이베리아공화국 독립" 승인까지를 언급한다(229). 흑인이 스스로의 자유를 위해 싸울 수 있도록 허용하는 것으로 나아가면서, 새로이 제정된 법은 "반란군이 소유한 모든 노예는 공화국 군대로 들어가자마자 해방될 것"임을 규정했다. 마르크스는 "최초로 …… 이렇게 해방된 니그로들은 군사적으로 조직되고 남부에 맞서 전장으로 보내질 것이다"라는 점에 주목한다(228~229). 2주 후에 발행된 또 다른 기사에서 마르크스는 남부인들을 "우리의 친족"으로, 북부인들을 "강도와 압제자의 잡종 인종"으로, 그 "장교는 양키 사기꾼이고 일반병사는 독일인 도둑으로 구성된 군대"로 언급하는 ≪더 타임스≫의 특별히 악의적인 기사 몇 편을 인용한다. 그는 노예제 폐지론의 입장에 선 ≪뉴욕 이브닝 포스트(New York Evening Post)≫[25]의 응답을 유쾌하게 인용한다. "이 야금야금 집어오는 영국인들, 즉, 브리턴족, 데인족, 색슨족, 켈트족, 노르만족, 네덜란드인의 후손들은 자신들과 비교해 다른 모든 사람들이 잡종으로 보일 만큼 그렇게 순수한 피를 가졌는가?"(230~231)

1862년 8월 30일 ≪디 프레세≫에 실린 마르크스의 다음 기사 「미국의 노예제 폐지 시위」는 링컨에 대한 마르크스의 가장 강력한 공개 비판을 제시했다.[26] 그는 급진적 노예제 폐지론자 웬델 필립스(Wendell Phillips)의 연설을 길게 인용하면서, 필립스를 다음과 같이 묘사한다.

30년간, 끊임없이 그리고 생명을 잃을 위험 속에서, 언론의 조롱[Persiflage], 뒷돈 받은 무뢰한들의 격분에 찬 아우성, 걱정에 찬 친구들의 회유하기 위한 타이름에 모두 똑같이 상관없이, 그는 정치적 구호로 노예 해방을 선언했다. 심지어 적에게조차도, 그는 강력한 기운, 가장 순수한 신념과 함께 강인한 성격을 갖춘, 북부의 가장 위대한 연설자 중 한 명으로 인정받았다(MECW 19: 233).

마르크스는 필립스의 연설을 "전투 속보보다 더 중요한" 것으로 칭찬하

---

25 이 시기, 마르크스는 ≪뉴욕 이브닝 포스트≫의 유급 통신원이 되기를 희망했지만, 이는 이루어지지 않았다.

26 최근 흑인 및 좌파 역사학자들이 링컨을 다루는 방식은 훨씬 더 가혹해졌다. 예컨대, Bennett (2000)을 보라.

는데, 이는 그 연설이 "사건들로 인해 점점 더 표면으로 밀려 올라오게" 되는 하나의 관점을 표현했기 때문이다(233~234).

이 기사의 대부분은 마르크스가 필립스의 연설을 긴 인용구의 독일어로 번역한 것으로 구성된다.

나는 매클렐런이 배신자라고 말하지는 않겠지만, 이렇게는 말하겠습니다. 만약 그가 머리부터 발끝까지 배신자였다면, 그는 자신이 총사령관이된 이후 한 일보다 더 크게 남부에 기여할 수는 없었을 것입니다. …… 노예제가 폐지될 때까지 여러분과 나는 결코 평화를 고려하지 않을 것이며 우리는 결코, 이 나라가 19개 주로 구성되든 34개 주로 구성되든, 이 나라의 군대를 평시 편제로 구성할 가능성을 고려하지 않을 것입니다. …… 여러분이 거북이[링컨]를 정부의 수장으로 유지시키는 한, 여러분은 한 손으로는 구덩이를 파고 다른 손으로는 그것을 메우고 있는 것입니다. …… 나는 링컨을 압니다. 나는 워싱턴에서 그의 사람됨을 보았습니다. 그는 일류의 **이류** 인간입니다(MECW 19: 234~235; 강조는 원문).

1862년 8월 1일, 매사추세츠에서 한 이 연설 「내각(The Cabinet)」은 필립스의 가장 유명한 연설 중 하나였다.[27] 번역 중 마르크스는 필립스의 종교적 언급 일부를 편집하지만, 그 외에 그의 발췌는 연설의 전반적 어조를 정확하게 반영한다.

8월 29~30일 제2차 불런 전투에서 북부연방이 대패한 결과, 엥겔스는 마르크스의 입장을 비판하던 이전으로 회귀했다. 그는 9월 9일자 마르크

---

27 전문은 Phillips 1969: 448~462에서 찾을 수 있다.

스에게 보내는 편지에서 "너무도 한심하지만, 최소한 자신이 원하는 것이 무엇인지는 아는 남부 녀석들은 북부의 무기력한 운영자들과 비교했을 때 영웅처럼 보입니다. 아니면 당신은 북부 신사들이 '반란군'을 진압할 것이라고 여전히 믿습니까?"라고 쓴다(MECW 41: 415). 마르크스는 9월 10일 편지에서 자신이 엥겔스의 입장에 대한 핵심적 결점으로 간주하는 것, 즉 군사적 문제에 국한된 지나치게 협소한 초점을 지적하면서 꽤 길게 답한다.

양키들과 관련해, 나는 확실하게 여전히, 북부가 끝내는 승리할 것이라는 의견을 가지고 있습니다. 물론 남북전쟁은 어쩌면 휴전을 포함해 모든 종류의 사건들을 거칠 수 있고 전쟁 자체를 오래 끌 수도 있습니다. …… 북부의 전쟁 수행에 관해서는, 그렇게 오랫동안 사기치는 것이 떠받들어졌던 **부르주아** 공화국에 다른 어떠한 것도 기대할 수 없습니다. 반면 과두제인 남부는 전쟁에 더 적합한데, 이는 모든 생산적 노동이 니거에 의해 이루어지고 400만 명의 "화이트 트래시(white trash)"는 직업적 약탈자(filibusterer)이기 때문입니다.[28] 이 모든 것에도 불구하고 나는 저 친구들이 "돌담벼락 잭슨(Stonewall Jackson)"이 있다 해도 점점 손해를 볼 것이라는 데에 내 목을 걸 것입니다. 그전에 북부에서 일종의 혁명이 일어날 가능성이 확실히 있습니다. …… 내게는 당신이 사건의 군사적 측면에서 조금 지나치게 영향을 받는 것처럼 보입니다(416).

---

[28] 원문에 영어로 적힌 "니거"는 다시 한번 마르크스가 반인종주의적 주장을 하기 위해 인종주의적 단어를 사용한 사례이다. 약탈자(filibuster)는 군사적 모험가들을 말했는데, 주로 보통 남부 출신이었다. 그들 중에는 1850년대에 니카라과를 침략하고 간단하게 접수한 후 노예제를 다시 재건했던 테네시 출신 윌리엄 워커(William Walker)가 있다.

또한 마르크스는 1850년대 초 공산주의자 동맹의 마지막 시기에 자신들의 혹독한 반대자였던 아우구스트 빌리히(August Willich)가 북부연방군에서 준장으로 진급했음을 알린다.[29]

형세 역전에도 불구하고 지속되는 엥겔스와의 의견 불일치

사실, 북부에서 일어나는 사건들은 마르크스, 엥겔스, 필립스가 지지한 방향으로 변화하기 시작했다. 1862년 9월 17일 앤티텀 전투에서 북부연방의 제한된, 그러나 중요한 승리는 남부연합군이 메릴랜드 침략을 포기하고 버지니아로 후퇴하도록 만들었다. 약 1주 후인 9월 22일, 링컨은 노예해방 예비선언을 발표했는데, 이는 1863년 1월 1일 현재 반란주의 모든 노예를 해방한다는 내용이었다. 이러한 사건에 북돋아, 마르크스는 10월 12일 《디 프레세》의 「북미의 사건들에 대해(On Events in North America)」라는 제목의 기사에서 "메릴랜드에서의 짧은 전투는 미국 남북전쟁의 운명을 결정했다"라고 의기양양하게 쓴다(MECW 19: 248). 이제 워싱턴은 위험에서 벗어났고 프랑스와 영국은 남부연합을 승인하려는 계획을 포기할 것이라고 그는 결론짓는다. 그는 링컨에 대해서 다음과 같이 쓴다.

"그래도 지구는 돈다[E pur si muove]." 그래도 세계 역사에서 이성이 승리한다.[30] 메릴랜드 전투보다 더 중요한 것은 링컨의 선언이다. 링컨이라는

---

29 2년 후인 1864년 11월 24일 바이데마이어에게 보내는 편지에서, 엥겔스는 다음과 같이 쓴다. "전쟁에 참여했던 독일인 중 빌리히는 가장 훌륭히 해냈던 것으로 보입니다"(MECW 42: 40). 혁명적 대의에 가담했던 프로이센 장교 빌리히는 1848~1849년 독일 혁명에 참여해 엥겔스와 긴밀히 협력했다. 1852년 마르크스가 초좌익주의 분파로 간주했던 빌리히의 집단으로 하여금 주도권을 잡지 못하게 하는 것을 주목적으로 공산주의자 동맹을 해산한 이후 오래지 않아, 빌리히는 미국으로 이주했고 오하이오 신시내티의 꽤 큰 독일인 공동체를 위한 신문을 편집했다.

인물은 역사의 연대기에서 독특[sui generis]하다. 결단력도, 이상주의적 웅변도, 비극도, 역사적으로 중요한 휘장도 없다. 그는 항상 가장 중요한 행동을 가능한 한 가장 하찮은 형태로 보여준다. 다른 이들은 토지 평수를 다룰 때 그것을 "사상투쟁"이라고 선언한다. 링컨은 사상을 다룰 때조차도 그것의 "평수"를 선언한다. …… 그가 적에게 퍼부은 가장 무시무시한 법령은 역사적으로 주목할 만한 것으로 언제나 남아 있을 것인데, 그 모든 칙령은 한 변호사가 상대편 변호사에게 보내는 진부한 소환장을 닮았고 또 닮도록 의도되었다. 그의 가장 최근 선언인 노예해방 선언, 즉 미국 역사상 연방 성립 이래 가장 중요한 문서이자 오랜 미국 헌법을 파기한 이 문서도 같은 성격을 가지고 있다. …… 링컨은 인민 혁명의 산물이 아니다. 달성되도록 예정된 위대한 과업을 알지 못하는 선거체제의 정상적 운용은 그에게 — 할석공(割石工, stone-splitter)에서 일리노이 상원의원으로까지[31] 출세한 서민이자, 지적 탁월, 성격의 특별한 고귀함, 이례적인 지위는 없었고 단지 선한 의지를 가진 평범한 사람이었던 — 징상의 사리를 떠맡겼다. 신세계가 이룬 가장 큰 승리는, 구세계에서는 그것을 해낼 영웅들에게 요구되던 일을, 신세계에서는 자신들의 정치적·사회적 구조를 갖춘 채 선한 의지를 가진 평범한 사람이 해도 충분할 것이라는 점을 입증한 것이다. 언젠가 헤겔은 현실에서는 희극이 비극보다, 이성의 유머가 이성의 파토스보다 상위에 위치한다고 언급했다. 링컨이 역사적 행동의 파토스를 지니고 있지 않더라도, 대신 그는 사람들 사이의 평범한 사람으로서 역사적 행동의 유머를 지니고 있다(249~250).

---

30 소문에 의하면 "그래도 지구는 돈다"라는 말은 갈릴레오가 종교재판에서 지구가 자전한다는 자신의 발견을 철회한 이후 작은 소리로 중얼거렸던 것이다. "역사 속 이성"은 헤겔에 대한 참조이다.

31 실제로는, 링컨은 "울타리용 가로장을 만드는 사람(rail-splitter)"이었다고 주장했으며, 일리노이 상원의원이 아니라 하원의원이었다(1847~1849).

따라서 마르크스는 노예해방이 선언된 이후 새로운 방식으로 링컨에 대한 판단을 도출한다. 즉, 여러 사건이 주는 압박과 단언컨대 당대 세계에서 가장 민주적이었던 정치체제라는 맥락 속에서 성장한 이로서 링컨을 판단하는 것이다.

10월 16일 마르크스에게 보낸 편지에서 볼 수 있듯이, 엥겔스는 이러한 새로운 발전들을 고려해 자신의 입장을 조금 이동시킨 것으로 보인다. "군사적으로 말하자면, 이제 어쩌면 북부는 조금 회복하기 시작할지도 모르겠습니다"(MECW 41: 419). 마르크스는 10월 29일, 그해 런던에서 휴가를 보내자고 엥겔스를 따뜻하게 초청하며 답신한다. 그리고 나서 그는 남북전쟁에 관한 자신들의 논쟁으로 돌아온다. 마르크스는 링컨이 "남부연합이 켄터키로 밀어붙이고 있던 순간에" 노예해방 선언을 하기에 충분한 자신감을 가졌다는 점에 주목하는데, 이는 "경계 주의 충성스러운 노예 소유자들에 대한 모든 배려가 중단되었다"라는 점을 보여주었다(MECW 41: 420). 또한 그는 아직 선언되지 않은 경계 주 내 노예해방을 예상하고 많은 노예 소유자들이 이미 남부로 이주하고 있다는 점에 주목한다. 링컨에 대해, 마르크스는 앞에서 인용한 자기 기사에서와 유사한 몇 가지 지점을 발전시킨다. "남부인들이 링컨의 행동으로 받은 분노는 그 행동의 중요성을 입증합니다. 링컨의 모든 행동은 한 변호사가 상대편에게 제시한 인색하고 좀스러운 요구조건처럼 보입니다. 그러나 이는 그 행동의 역사적 내용을 변화시키지 않습니다. 프랑스인이 가장 추한 것을 감추기 위해 덮은 휘장에 그 행동을 비교하는 것은 정말이지 나를 즐겁게 합니다"(MECW 41: 421). 11월 중순, 마르크스는 ≪디 프레세≫에 두 편의 기사를 더 게재한다. 그중 한 편에서 그는 자신의 오랜 친구 바이데마이어를 언급하면서, 그를 "성조기 아래에서 싸웠던 독일인 장교"이자 노예 소유자들이 경계 주를 일제히

떠남으로써 자신들이 유지했던 정치적 균형을 변화시키고 있음을 보도했던 이로 지칭한다(MECW 19: 257). 다른 한 편에서, 그는 남부연합의 "영국인 숭배자"로 변화한 글래드스턴을 언급한다(MECW 19: 262).

이 시기, 즉 1862년 11월 하원 선거에서 링컨의 공화당이 저지된 이후, 엥겔스는 11월 5일 마르크스에게 보내는 편지에서 자신의 이전 비판으로 회귀하면서 비관적 관점을 제시한다. "투표에서 민주당이 올린 성과는 전쟁에 싫증이 난 파벌이 커지고 있음을 증명합니다. 만약 북부 대중이 1792년과 1793년 프랑스에서처럼 행동을 시작하고 있다는 몇몇 증거나 몇몇 조짐이 있었더라면 모든 것이 훌륭했을 것입니다"(MECW 41: 423). 공화당이 뉴욕과 중서부의 하원 선거에서 몇 석을 상실했지만, 링컨은 하원에서 과반수(공화당 102석, 민주당 75석)를, 상원에서 압도적 다수(공화당 36석, 민주당 8석)를 유지했다. 마르크스는 엥겔스에게 바로 답신하지 않은 대신 돈을 요청하는 절박한 편지 두 통을 보내는데, 한 통은 자신의 가족을 위한 것이었고 다른 한 통은 린딘 내 독일인 노동자 동료를 위한 것이었다. 다시 한번 돈을 보낸 11월 15일의 답신에서, 엥겔스는 남북전쟁에 관한 자신들의 논쟁을 지속한다. 링컨의 노예해방 선언이 전환점이었다는 마르크스의 관점과 대조적으로, 엥겔스는 "지금까지 링컨의 해방이 가지는 유일하게 분명한 효과는 북서부가 니그로로 가득찰 것[Negerüberschwemmung]에 대한 두려움에 민주당원에게 투표했다는 것뿐입니다"라고 응수한다(428). 그러나 마르크스는 11월 17일 편지에서 프랑스 혁명의 사례를 인용하면서, 중대한 시기에 운동의 전진에 도전하는 "일종의 반동이 모든 혁명적 운동에 있습니다"라고 주장하는 장문의 답신을 한다(430).

마르크스는 11월 23일 발행된 ≪디 프레세≫ 기사에서 선거 결과에 대해 엥겔스의 분석과는 두드러진 차이를 보이는 고유의 분석을 발전시켰다. 그는 "실제로 이번 선거는 워싱턴 정부의 패배"임을 인정한다. 그러나 그는 패배는 단지 상대적인 것이었고 부분적으로 지역적 요인들에 의한 것이었다고 주장한다.

> 매우 폭력적인 아일랜드인 무리를 포함한 뉴욕시는 지금까지 적극적인 노예무역 참가자이자 미국 화폐시장의 중심지였으며 남부 플랜테이션 저당의 채권자들로 가득 찬 곳으로서, 오늘날 리버풀이 여전히 토리당인 것과 똑같이, 언제나 단호하게 "민주당"이었다(MECW 19: 263).

또한 마르크스는 엥겔스가 내세운 지점을 결합시켜, 백인 종족, 농민, 노동자 사이의 인종주의가 하나의 요인이었다고 쓴다.

> 아일랜드인은 니그로를 위험한 경쟁자로 본다. 인디애나와 오하이오의 유능한 농민들은 니그로를 노예 소유자 다음으로 싫어한다. 농민들에게 니그로는 노예제의 상징이자 노동계급 타락의 상징이며, 민주당 언론은 "니거"가 농민들의 영역을 침범할 것이라고 그들을 매일같이 위협한다(264).

제4장에서 논의될 것처럼, 마르크스가 대개 아일랜드 노동자와 소작농을 혁명적 방식으로 보았다는 점을 고려하면 위의 두 인용에서 아일랜드계 미국인의 인종주의에 대한 비판은 특히 눈에 띄었다.

마르크스와 엥겔스의 차이는, 패배 요인에 대한 이러한 고려가 바로 이 2차 미국 혁명에서 일어나는 더 큰 변화들과 비교하면 상대적으로 부차적이라고 마르크스가 쓴 데서 확인할 수 있다.

그러나 이 모든 것은 주요 지점을 훼손하지 않는다. 링컨이 당선된 시기(1860년)에는, 남북전쟁도 니그로 해방 문제도 중요한 동향이 아니었다. 당시 노예제 폐지론자들의 당과는 완전히 분리된 공화당은 1860년 선거에서 다름 아닌 자국 내 노예제 확대 반대를 목표했지만, 동시에 이미 노예제가 합법적으로 존재했던 곳에 대해서는 불간섭을 선언했다. 만약 **노예 해방**이 선거운동 구호였다면, 링컨은 그때 틀림없이 패배했을 것이다. 해방은 단호하게 거부되었다. 최근 끝난 선거의 경우에는 꽤 다르다. 공화당은 노예제 폐지론자들과 협조했다. 그들은 그 자체를 위해서이든 아니면 반란을 종식시킬 수단으로서이든, 즉각적인 해방에 찬성하는 자신들의 입장을 강조해 밝혔다. 이러한 상황을 고려하면, 미시간, 일리노이, 매사추세츠, 아이오와, 델라웨어의 친행정부적인 다수와 뉴욕주, 오하이오, 펜실베이니아에서 행정부에 투표한 매우 주목해야 할 소수는 똑같이 놀랍게 보인다. 전쟁 이전에는 심지어 매사추세츠에서도 이러한 결과가 불가능했다(MECW 19: 264; 강조는 원문).

마르크스는 11월 29일 ≪디 프레세≫에 발행된 자신의 기사 「매클렐런의 해고(The Removal of McClellan)」에서 환호성을 지른다. "**매클렐런의 해고는 민주당의 선거 승리에 대한 링컨의 답변이다**"(266; 강조는 원문). 이는 링컨이 노예해방 선언으로부터 물러날 것이라는 소문을 반박하는 것이었다.

남북전쟁에 관한 마르크스의 기사 「영국의 중립: 남부 주의 상황(English Neutrality: The Situation in the Southern States)」은 12월 4일 ≪디 프레세≫에 게재되었다. 이 기사는 남부연합에 함대를 제공하려는 영국의 시도를 둘러싼 외교 책략과 관련된 것이었다. 1862년 6월, 신형 순양함인 남부연합선 앨라배마호(CSS Alabama)는 애덤스 공사의 반대에도 불구하고 미국으로 출항했고 북부연방선에 대한 공격에 개입했다. 12월까지 일부 장갑선을 포함한 더 많은 수의 신형 선박이 리버풀을 떠나 미국 남부로 항해할 준비가 되었다. 애덤스 공사가 파머스턴에게 "이것은 전쟁을 의미한다"라고 적힌 유명한 쪽지를 보내고 파머스턴이 물러서면서 마지막 순간 선박 출항을 중단시킨 것은 이때였다. 마르크스는 자신의 기사에서, 남북전쟁에 대한 영국 지배층의 태도를 비판했던, 맨체스터의 자유주의자이자 노조 지지자인 프랜시스 뉴먼(Francis Newman) 교수를 길게 인용한다. "파머스턴 경과 러셀 경은 토리당과 마찬가지로, 모든 양심과 의심을 압도할 만큼 강한 공화주의 증오에 의해 고무된다. 한편 미래의 총리가 될지도 모를 글래드스턴 씨는 노예제를 영구화하고 확장시키는 데에 함께 단결했던, 허위증언한 사람들을 존경한다고 공언한다"(MECW 19: 270). 이는 ≪디 프레세≫에 실린, 남북전쟁에 관한 마르크스의 마지막 기사였으며 동시에 저널리스트로서 마르크스가 마지막으로 정규 고용된 것이기도 했다.

마르크스는 편지에서 남북전쟁을 계속 분석했지만, 1864년 11월 제1인터내셔널 창립 연설문을 쓸 때까지 거의 2년간, 분석을 수행할 공개적인 플랫폼을 가지지 못했다. 1863년 1월 2일 엥겔스에게 보내는 편지에서, 그는 12월 프레드릭스버그에서 북부연방이 패배한 것의 의의를 축소하고 그 전날부터 효력이 발생한 노예해방 선언을 환영한다. 남부연합으로 운송될 영국제 장갑선의 전망을 둘러싼 긴장 상태 속에서 12월 열린 영국 노동자들의 대규모 친미 집회와 관련해, 마르크스는 반노예론자 뉴욕시장 조지 옵다이크(George Opdyke)를 인용하는데, 그는 1862년 선거에서 친노예론자 페르난도 우드(Fernando Wood)의 후임자가 되었던 인물이었다. "우리는 영국 노동계급이 우리와 함께이며 잉글랜드의 통치계급은 우리와 맞선다는 것을 알고 있습니다." 그리고 나서 마르크스는 북부연방군에 독일인 이

주자들이 상당히 참여했음에도 불구하고 독일 노동자들이 "유사한 시위를 하지 않았"다는 사실을 안타까워한다(MECW 41: 440). 엥겔스는 마르크스와의 정치적 서신 교환에 3주간 휴식기를 가진 후[32] 2월 19일 마르크스에게 보낸 편지[33]에서, 북부연방의 전망을 둘러싼 그들의 논쟁을 지속하면서 북부연방의 "도덕적 타락"과 "승리하지 못하는 무능"을 안타까워한다(457). 한 달 후인 3월 24일 편지에서 마르크스는 엥겔스에게 1861~1862년 트렌트 사건 이후 교환된 외교 서신의 출판을 포함해 영국을 향한 미국의 새로운 공격적 태도에 관해 썼다. 이 시점에서, 그는 "자기만족적인 존 불(John Bull)[영국인들을 부르는 별칭_옮긴이]로 하여금 자신의 목화 이외에 곡물까지도 코앞에서 회수되는 것을 보게끔 하기 위한, 영국과의 전쟁"에서 미국이 가질 전망을 즐기고 있는 것으로 보인다(462).

제1인터내셔널을 향해

2주 후인 1863년 4월 9일 엥겔스에게 보낸 또 다른 편지에서, 마르크스는 3월 26일 세인트 제임스 홀에서 열린 런던 노동조합 협의회 회의를 언급한다. 북부연방에 대한 연대의 표현을 고수한 이 회의에서 의장은 제조업자이자 자유당 정치인인 존 브라이트(John Bright)가 맡았다.

---

32 마르크스와 엥겔스 사이에 어쩌면 가장 분명한 정치적 의견 충돌이 있었던 이 시기는 바로 드레이퍼가 "둘 사이에 처음이자 마지막으로 냉담했던 사건"(Draper 1985a: 115)이라고 부른 사적 갈등 또한 볼 수 있는 시기였다. 1863년 1월 7일 편지에서, 엥겔스는 마르크스에게 자신의 오랜 동반자 메리 번스(Mary Burns)의 죽음을 알렸다. 재정적 문제의 바다에 빠져 익사 직전이었던 마르크스는 1월 8일 편지에서 이에 대해 형식적으로 반응했고 자신의 문제를 주로 이야기했다. 1월 13일 편지에서 엥겔스는 친구의 무감각함에 대한 쓰라린 실망을 표현했고, 이에 대해 마르크스는 1월 24일 사과를 담아 답신했다. (이 편지들은 MECW 41권에서 찾을 수 있다.)

33 2장에서 논의되었듯, 동일한 편지에서 엥겔스는 폴란드인 혁명가들이 러시아에 맞서 봉기를 일으킨 것에 대해 열광적으로 칭찬한다.

나는 노동조합의 지도적 위치에 있는 브라이트가 연 회의에 참석했습니다. 그는 꽤 독립파(Independent)[34]로서의 모습을 보였고, 그가 "미국에는 왕도, 주교도 없다"라고 말할 때마다 박수가 터져 나왔습니다. 노동자들 자신은 모든 부르주아적 수사가 전혀 없이, (아버지와 같이 존경받는 브라이트 역시 비판한) 자본가에 대한 반대를 조금도 숨기지 않고 **훌륭하게** 말했습니다(MECW 41: 468; 강조는 원문).

이 대규모 회의의 노조원 연설자 가운데에는 제1인터내셔널의 향후 지도자가 될 윌리엄 크리머(William Cremer)와 조지 하월(George Howell)이 있었고, 철학자 존 스튜어트 밀(John Stuart Mill)도 함께했다.[35]

회의에서는 링컨에게, 귀족과 일부 자본가계급을 자유의 적으로서 언급하는 장문의 메시지를 보내기로 투표했다. "우리는 남부 주가 인간 노예제에 기초해 분리된 정부를 수립하려는 사악한 시도에 성공하기를 잉글랜드 인민이 바란다는 주장에 반대해 분연히 항의합니다. 그러나 자유를 매우 싫어하는 귀족정치와 부도덕한 금권정치는 그러한 범죄의 완성을 바랄지도 모르는데, 우리 런던 노동자들은 이를 혐오스럽게 봅니다"(Bright [1865] 1970: 191). 또한 링컨에게 보내는 메시지는 흑인노동과 백인노동 공통의 경제적 이해를 언급했다. "우리는 미국의 노예제가 이 나라의 노동 또한 타락시키고 침체시키는, 간접적이지만 실질적인 경향을 분명히 가질 것임을 알고 있기에, 더 중요한 이유가 없다면 우리는 이 악명 높은 반란

---

34 1640년대 영국 혁명의 일부를 이루었던 청교도주의 급진파에 관한 언급이다.

35 몇몇 자료는 마르크스가 이 회의의 조직을 도왔다고 주장하지만, 인터내셔널을 다룬 역사가들, 헨리 콜린스(Henry Collins)와 챔 에이브럼스키(Chaim Abramsky)는 이를 "신화"로 일축했다(Collins and Abramsky 1965: 30; 또한 Foner 1981을 보라).

에 대한 지지를 거부할 것입니다"(191). 메시지는 공화주의에 대한 은근한 지지 또한 표현했다. "우리는 우리나라에 자부심을 느끼지만 …… 더 높은 정치적·사회적 자유가 확립된 당신의 위대한 공화국에 언제나 뜨거운 존경을 보냈습니다"(191). 게다가 메시지는 인종 경계를 가로지르는 정치적 평등과 노동 연대에 관해 말했다. "당신은 컬럼비아[특별구]의 가련한 빈민들에게서 족쇄를 제거했습니다. 당신은 인간으로서, 신 아래 평등한 자들로서 아이티와 리베리아의 유색인을 기꺼이 받아들였고, 당신이 한 [노예해방] 선언으로 …… 당신은 수백만의 우리 니그로 형제들, 미국 문명을 그토록 오래 망신시킨 지옥 같은 법률에 의해 자신들의 인격을 빼앗긴 이들에게 자유의 문을 열어주었습니다"(192). 메시지의 끝에서 두 번째 문단은, 비록 그것이 영국 노동의 즉각적인 경제적 이익에 반하는 것일지라도, 노예제에 대한 원칙에 입각한 반대를 표현했다. "이 고결한 방침을 끝까지 추구함에 있어서, 우리의 진심 어리고 적극적인 지지는 당신과 함께할 것이며 랭커셔의 우리 형제들과 같이 …… 우리는 남부 및 노예제와 비신성 동맹으로 단결할 바에는 차라리 소멸할 것이니 안심하십시오"(192~193). 이 회의 및 이와 유사한 회의들은 국제주의의 한 표현으로서뿐만 아니라 인종 경계를 가로지르는 연대로서도, 영국 노동의 역사적인 중대 기점이 되었다.

두 달 후인 1863년 6월 11일 마르크스에게 보낸 편지에서, 엥겔스는 그랜트를 에둘러 칭찬했다. 그는 다른 북부연방 장군들은 계속 폄하했지만, "그랜트만 잘하고 있습니다"라고 주장했는데 여기에서 엥겔스는 미시시피 빅스버그 포위에 대해 언급한다(MECW 41: 478). 로버트 리가 펜실베이니아로 출정한 후이자 북부가 펜실베이니아 게티스버그에서 결정적 승리를 이루기 전인 7월 6일, 마르크스는 엥겔스에게 자신은 이 출정을 "절망적 행동"으로 본다고 쓴 편지를 보낸다(484).

그 후 약 1년의 시기 동안 남북전쟁에 관해 마르크스가 쓴 논평으로 남아 있는 것은 없지만, 1864년 5월 26일자로 리치먼드 점령 전투에 관해 엥겔스에게 보낸 편지에서, 마르크스는 그랜트를 칭찬하면서 "이 친구는 자기가 무엇을 하는지 알고 있다고 생각됩니다"라고 쓴다(MECW 41: 530). 5월 30일 답신에서 볼 수 있듯, 엥겔스는 리치먼드 전투를 "결정적이지 않은"(531) 것으로 칭했는데, 이렇게 그는 전쟁 후반부에도 여전히 입장이 더 불분명한 채로 남아 있었다. 3달 후인 9월 4일, 엥겔스는 마르크스에게 그랜트의 리치먼드 작전이 "붕괴 직전"으로 보인다고 쓰지만, 셔먼이 애틀랜타를 점령할 가능성은 매우 높다고 인정했다. 이는 "남부에게 강한 타격"이 될 것이라고 그는 인정한다(559). 또한 엥겔스는 링컨이 이제 민주당 후보가 된 매클렐런과 겨룰 1864년 11월 대통령 선거에서 높은 가능성으로 승리할 것 같다는 느낌을 표현했다. 마르크스는 9월 7일 링컨이 "100 대 1"의 확실성으로 재선할 것으로 본다고 답한다(561). 또한 그는, 미국 선거의 "사기적" 측면을 고려해 만약 우연히 매클렐런이 승리한다면, 이는 미국에서 "진정한 혁명을 이끌지도 모릅니다"라고 말한다. 마르크스는 1864년 링컨이 1860년보다 "훨씬 더 급진적인 공약으로" 출마하고 있다고 덧붙인다(562).

제1인터내셔널의 탄생

1864년 11월, 남북전쟁 당시 북부연방에 찬성하는 집회를 조직했던 노동 운동가 일부가 지도부에 포함된 국제노동자연합, 즉 인터내셔널의 「창립연설문」에, 마르크스는 남북전쟁에 대한 언급을 포함시켰다. "서유럽이 대서양 다른 편에서 노예제 영속과 확대를 위해 악명 높은 십자군 전쟁에 거꾸로 뛰어드는 것을 막은 것은 지배계급의 지혜가 아니라 그들의 범죄적 어리석음에 대한 영국 노동계급의 영웅적 저항이다"(MECW 20: 13). 동시에 채택된 인터내셔널의 「임시 규약」은 "이곳에 충실한 모든 단체와 개인"은 "피부색, 종교 교리 또는 민족에 상관없이 서로를 향한, 그리고 모든 사람을 향한 자신들의 행동"을 단속하도록 규정했다(15). 영어로 작성된 이 글들은 팸플릿으로 출판되었고 여러 언어로 번역되어 널리 유통되었다.

엥겔스는 인터내셔널 창립에 참여하지도 않았고 향후 몇 년간 그다지 활동적이지도 않았다. 이 시기 남북전쟁에 관한 그의 논평은 엥겔스가 북부연방의 승리에 계속 회의적이었다는 증거가 되었다. 예컨대, 이는 마르크스에게 보낸 11월 9일자 편지에서도 확인되는데, 여기에서 엥겔스는 크림전쟁 기간 러시아에 대항해 영국과 프랑스가 성의 없는 노력을 기울였다고 자신과 마르크스가 간주했던 것과 북부연방의 군사작전을 비교했다(MECW 42: 21). 엥겔스는 셔먼이 바다로의 행군을 시작한 후에 쓴 11월 24일 바이데마이어에게 보내는 편지에서야 마르크스의 입장에 더 가까워지면서 북부연방의 전망에 대해 더 긍정적인 관점을 제시한다.

그곳에서의 당신들의 전쟁은 정말이지 경험할 수 있는 가장 거대한 상황 중 하나입니다. 북부군에서 일어난 수많은 어리석은 짓들[Dummheiten]에도 불구하고(남부에서도 충분히 일어났습니다만), 정복의 물결은 천천히, 그러나 확실히 앞으로 밀려들어왔고, 1865년 내에는 남부의 조직된 저항이 주머니칼처럼 접히는 시기가 의심할 여지없이 올 것이며, 전쟁은 단순한 강도질로 변할 것입니다. …… 강대국들이 존재했던 이래 대서양 양쪽 모두에서 이러한 종류의 인민 전쟁은 일어난 적이 없었고, 아무튼 이는 다가올 수백 년간 미국 전체의 미래의 방향을 제시할 것입니다. 미국의 정치적·사

회적 발전에 대한 가장 강력한 족쇄인 노예제가 일단 무너지면, 이 국가는
가능한 한 최단 시일 내에 세계사에서 매우 특별한 위치를 획득할 동력을
반드시 얻을 것이고 전쟁이 마련한 육군과 해군의 용도가 그 후 곧 발견될
것입니다(38~39).

"인민 전쟁"이라는 개념을 환기시키면서, 이 편지 및 세계적 강대국으
로서의 미국의 등장을 예측한 의견은 이 전쟁에 관해 1861년 이후 엥겔스
가 내린 유일하게 중요한 정치적 분석이었다.

마르크스는 내내 그랬듯, 남북전쟁과 노예제 폐지의 혁명적 차원을 계
속해서 강조했다. 1864년 11월 29일 리온 필립스에게 보낸 편지에서, 그
는 북부연방 지휘관들에 대한 엥겔스의 비판에 동의하는 것처럼 보인다.
그는 바이데마이어의 편지를 인용하면서, 그랜트의 리치먼드 작전을 "우
리로 하여금 대학살을 비용으로 물게 한 실수"라고 언급한다(MECW 42:
48). 그러나 그의 전반적 분석은 다른 방향으로 나아간다. "이모부, 3년 반
전 링컨이 당선되었을 때의 문제는 노예 소유자에게 더 이상의 양보를 하
지 않는 것이었던 반면 이제는 노예제 폐지가 공언되었고 부분적으로는
이미 실현된 목표라고 생각한다면, 이렇게 거대한 격변[Riesenumwalzung]
이 이렇게 빠르게 일어난 적이 결코 없었음을 당신은 인정해야 합니다. 이
는 전 세계에 유익한 영향을 미칠 것입니다"(48).

남북전쟁에 관해 마르크스가 기울인 그다음 노력은 런던 주재 인터내
셔널 전체 평의회 명의로 링컨의 재선을 축하하는 서한 초고를 작성하는
것이었다. (링컨은 1864년 대통령 선거에서 55%라는 확실한 득표율로 매클렐런을 이
겼다.) 이 서한은 노동계급은 자신들 고유의 대외정책을 발전시킬 필요가
있다는, 창립 연설문에서 지지된 생각을 이행하는 데에 도움이 되었다.[36]

12월 2일 엥겔스에게 보낸 편지에서 그가 지적했듯, 이 글 초고를 작성하는 데에는 "속류 민주주의적 어법", 즉 사회주의가 아니라 자유주의에 가까운 어법을 회피할 것이 요구되었다(MECW 42: 49). 또한 마르크스는 서한을 링컨보다는 미국 **인민** 앞으로 보내자고 제안한 프랑스 대표, 즉 좌파의 의견을 설복시켜야 했다. 우파에 대해서는, 그는 관례대로 하원 의원을 통해 전달하자는 영국의 제안에 선수를 쳐야 했는데, 당시 하원에는 노동 측 의원이 없었다. 12월 13일 인터내셔널 전체 평의회의 주간 회의 회의록에 따르면, 이 후자의 제안은 "노동자는 자립적으로 행동해야 하고 외부의 무관한 도움을 구해서는 안 된다고 말하는 다수 구성원에 의해 강력하게 반대되었다"(MEGA² I/20: 285). 평의회 간사였던 윌리엄 크리머는 애덤스 공사와의 편지를 바탕으로, 애덤스가 서한을 전달할 40명으로 구성된 노동자 대표단을 공식적으로 영접하기를 희망한다고 표현했지만, 이는 이루어지지 않았다(MEGA² I/20: 287~289, 1363~1364). "미국 대통령 에이브러햄 링컨에게"라는 제목의 서한 일부는 다음과 같다.

우리는 당신이 큰 차이로 재선한 것에 대해 미국 인민에게 축하의 인사를 보냅니다. 만약 노예 권력(Slave Power)에 대한 저항이 당신의 초선 예비 슬로건이었다면, 당신의 재선 승리 구호는 '노예제에 죽음을'일 것입니다. 거대한 미국에서 싸움이 시작된 이후, 유럽 노동자들은 성조기가 자신들 계급의 운명을 짊어질 것임을 직관적으로 느꼈습니다. …… 유럽 노동계급은, 남부연합 젠트리에 대한 상층계급의 광신적인 편들기가 기분 나쁜 경고를 보내기 훨씬 이전부터, 노예 소유자들의 반란이 노동에 맞선 소유의 전면적

---

36 이 책의 157쪽에서 다루었다.

인 성전을 알리는 경보로 보인다는 점, 그리고 미래에 대한 희망을 가지고 노동하는 자들을 위해 이들이 과거에 했던 쟁취까지도 대서양 반대편에서 일어나는 이 엄청난 갈등 속에서 위태로워졌다는 점을 단번에 이해했습니다. 따라서 이들은 목화 위기가 가져온 곤란함을 참을성 있게 건너냈던 모든 곳에서 친노예제적 개입과 잘나신 분들의 간청을 열정적으로 반대했고, 유럽의 다수 지역에서 선한 대의에 자신들의 피를 바쳤습니다. 북부의 진정한 정치권력인 노동자들이 노예제가 자신들의 공화국을 모독하도록 허용하는 동안, 그리고 자신의 동의 없이 지배당하고 팔리는 니그로 앞에서 스스로를 팔고 스스로의 주인을 고르는 것을 흰 피부의 노동자가 가진 최고의 특권으로 뽐내는 동안, 그들은 진정한 노동의 자유를 획득할 수도 없었고, 해방을 위한 투쟁을 하고 있는 유럽인 형제들을 지지할 수도 없었지만, 이러한 진보에 대한 장벽은 남북전쟁의 붉은 파도로 쓸려 내려갔습니다. 유럽 노동자들은, 미국 독립전쟁이 중간계급 우위의 새로운 시대를 개시했듯 미국 반노예제 전쟁이 노동계급 우위의 시대를 개시할 것이라는 점을 확실히 느낍니다(MECW 20: 19~20).

많은 점에서, 이러한 표현은 1863년 세인트 제임스 홀 회의에서 나온 표현과 유사했다. 그러나 후자에서는 영국의 노동을 대신해 말한다고 주장했던 반면, 인터내셔널의 이 서한은 몇몇 폭넓은 우려를 표현했다. 첫째, 이 서한은 노예제뿐만 아니라 미국 내 인종과 계급의 상호작용, 특히 백인 노동의 인종주의에 대해서도 다루었다. 둘째, 이 서한은 인터내셔널이 2차 미국 혁명으로 바라보았던 남북전쟁을 유럽 노동계급의 임박한 고조와 연결시켰다. 서한은 크리머의 이름 및 마르크스를 포함한 56명의 이름으로 서명되어 애덤스에게 보내졌고 또한 12월 23일 ≪런던 데일리 뉴스(London Daily News)≫ 및 몇몇 다른 영국 신문에 게재되었다. 마르크스는 라살레주의 주간 신문인 ≪조치알 데모크라트(Der Social-Demokrat)≫ 및 다른 독일 신문에 출판하기 위해 이를 독일어로 번역했는데, 영국어판과 다르게 여기에는 마르크스가 저자로 명기되어 있었다(MEGA² I/20: 935, 947).

링컨의 답신은 1865년 1월 28일자에 편지 형식으로 애덤스 공사에게서 인터내셔널로 왔다. 애덤스는 링컨이 "전 세계의 수많은 휴머니티와 진보의 친구들이 자신의 동포들에게 보낸" 지지에 감사해 했다고 쓴다. 유럽 노동계급에 대한 특별한 언급에서, 애덤스는 다음과 같이 결론짓는다.

> 국가는 자신만을 위해 존재하지 않고, 자애로운 교류와 본보기를 통해 인류의 안녕과 행복을 증진하기 위해 존재합니다. 이 관계 내에서, 미국은 노예제를 유지하려는 반란자들과 자국 사이에서 발생한 현재 갈등 내의 자신들의 대의를 인류의 대의로 여기고, 국민 의식은 계몽된 찬성과 진심 어린 지지로부터 혜택을 받는다는, 유럽 노동자들이 보여준 증거로부터 꾸준히 나아갈 새로운 자극을 얻고 있습니다(KML 2: 239~240).[37]

마르크스는 링컨의 답신에 나타난 온기에 분명히 고무되었는데, 이는 애덤스가 노동자 대표단 영접을 거절한 후 그가 예측하지 못했던 일이었을 것이다.

---

[37] 이상하게도, 이 중요한 글은 모스크바에서 편집되고 1985년 출판된, 1864~1868년을 다루는 MECW 20권의 부록에 포함되지 않았다. 이는 인터내셔널과 링컨 정부의 다정한 관계를 무시하려는 의도를 반영하는 것일지도 모른다. (애덤스의 편지는 나중인 1992년 발간된 MEGA² II/20에 포함되었다.) 오랜 시간 이 글은 남북전쟁에 관한 마르크스 저술을 다룬 두 편의 선집을 통해 영어로 접근 가능했다(Marx and Engels 1937; KML 2).

링컨의 답신은 2월 6일 ≪더 타임스≫를 통해 게재되었다. 2월 10일 엥겔스에게 보낸 편지에서 마르크스는 "링컨은 우리에게는 매우 공손하게 답장했고, '부르주아해방협회(Bourgeois Emancipation Society)'[38]에는 매우 무례하고 순전히 형식적으로 답장했습니다. …… 링컨이 우리에게 보낸 답장과 부르주아에게 보낸 답장의 차이는 이곳에서 엄청난 돌풍을 형성했고 웨스트엔드의 '클럽들'은 이에 머리를 흔들고 있습니다. 당신은 이것이 우리 사람들에게 얼마나 좋은 일인지 알 것입니다"라고 전한다(MECW 42: 86).

남북전쟁이 막바지에 다다른 그다음 몇 달 간, 엥겔스는 1865년 5월 3일 마르크스에게 보낸 편지에서, 그랜트의 뛰어난 능력을 인정하면서 리치먼드에서의 그랜트의 승리를 1807년 예나 전투에서 나폴레옹이 거둔 승리와 비교하는 데까지 나아갔다(MECW 42: 153). 4월 14일 링컨의 암살에 반응해, 처음에 마르크스는 이 사건이 북부연방이 승리한 이후 남부 과두제에 대한 보다 급진적인 정책을 도입할 가능성을 증가시킬 것이라는 관점을 표현했다. 왜냐하면 이 사건이 북부의 태도를 강경하게 만들 것이고, 동시에 그가 생각하기에 이제 대통령이 된 앤드루 존슨(Andrew Johnson)은 링컨보다 더 강경하기 때문이었다. 마르크스는 1865년 5월 1일자 엥겔스에게 보내는 편지에서 존슨의 보다 서민적인 배경을 언급하면서 다음과 같이 쓴다. "**남부의 기사도**는 훌륭하게 끝났습니다. 링컨을 암살한 것은 저지를 수 있는 최대의 어리석은 짓이었습니다. 존슨은 엄격하고 완강하며, 과거에 백인 빈민이었던 사람으로서 과두제에 대한 극도의 증오를 가졌습니

---

38 원문에 영어로 적혀 있다. 1862년 영국인 급진주의자들이 설립한 해방협회(Emancipation Society)에는 존 스튜어트 밀과 마르크스의 친구인 에드워드 스펜서 비즐리(Edward Spencer Beesly)가 지도적 구성원으로 포함되어 있었다. 이 협회는 친미 집회를 조직하는 데에 런던 노조 협의회와 협조했다.

다. 그는 저 녀석들에게 형식을 덜 차릴 것이며, 암살로 인해 북부의 분위기가 자신의 의도에 적합해졌음을 알게 될 것입니다"(150~151; 강조는 원문). 엥겔스는 마르크스에게 보내는 5월 3일에 작성한 편지에서, 더 나아가 존슨에 대한 계급에 기초한 분석 방식을 동원한다. "존슨은 남부의 평정과 재조직을 더욱 격렬하게 만들 거대 사유지 몰수를 고집할 것입니다. 링컨이라면 이를 거의 고집하지 않았을 것입니다"(153). 암살이 북부의 태도를 강경하게 할 것이라는 마르크스의 평가는 확실히 옳았던 반면, 엥겔스는 존슨이 나아갈 미래의 행보에 관한 환상 속에 있었다. 그러나 이러한 관점은 급진적 노예제 폐지론자들이 유사한 희망을 품었던 미국에서도 당시 꽤 널리 퍼져 있었다. 잘 알려져 있듯 존슨은 반대 경로를 취하면서, 이전의 노예 소유자들을 회유하고 급진적 재건(Radical Reconstruction)에 대한 모든 시도에 거부권을 행사했으며 1868년 상원의 급진적인 공화당원에 의한 탄핵에서 가까스로 벗어났다.

영국과 독일의 노동자들은 링컨의 암살에 강력하게 반응했다. 런던에서는 노동자들이 슬픔을 표현하고 남부연합에 대한 영국 정부의 태도를 비판하는 수많은 대규모 집회가 열렸다. 이러한 사건들의 충격 아래 마르크스는 또 다른 인터내셔널 서한을 썼는데, 이번에는 존슨에게 보내는 것이었다. 애도를 표한 이후, 서한의 일부에서 다음과 같이 쓴다.

엄청났던 남북전쟁 이후, 그 어마어마한 규모와 그 폭넓은 범위를 고려하되 구세계의 100년 전쟁, 30년 전쟁, 23년 전쟁[39]에 비교한다면 90일간 지

---

[39] 여기서 마르크스는 1337~1453년 영국과 프랑스 간 왕조 전쟁, 종교개혁 시기 1618~1648년 유럽 전쟁, 마지막으로 프랑스 혁명을 뒤따른 1792~1815년 유럽전쟁을 언급하고 있다.

속되었다고 말하기도 어려운 이 전쟁 이후, 대통령님, 당신의 전쟁은 검으로 베어 넘어뜨렸던 것을 법에 의해 뿌리 뽑아야 할 과업이 되었고, 정치적 재건과 사회적 쇄신이라는 고된 업무를 관장해야 할 과업이 되었습니다. 당신의 위대한 임무에 대한 심오한 지각이 당신을 가혹한 의무에 대한 어떠한 타협으로부터도 보호할 것입니다. 노동 해방의 새로운 시대를 시작하기 위해서 미국인들이 두 노동자에게 대표직의 책임을 맡겼다는 점을 당신은 결코 잊어서는 안 됩니다. 한 명은 에이브러햄 링컨이고, 다른 한 명은 앤드루 존슨입니다(MECW 20: 100).

서한은 1865년 5월 20일, 인터내셔널에 동조하는 신문인 ≪비 하이브(Bee-Hive)≫에 게재되었다. 또한 6월 1일, ≪뉴욕 트리뷴≫에도 게재되었는데, ≪뉴욕 트리뷴≫은 이 서한을 "런던의 친구들"이 보냈고 그들은 이 서한이 워싱턴의 "목적지에 도착"했을 것이라 여긴다고 보도했다(MEGA² I/20: 1112에서 인용). 아나나 다를까 런던의 미국 대사관이 형식적인 감사 인사를 보내긴 했지만, 존슨은 인터내셔널 서한에 결코 답하지 않았다.

곧 마르크스는 존슨에 대해 걱정하게 되었고, 6월 24일 엥겔스에게 보내는 편지에서는 존슨을 남부에 대해 "극도로 우유부단하고 유약"하게 반응하는 사람으로 보았다(MECW 42: 163). 엥겔스 역시 자신의 입장을 수정하고 7월 15일 마르크스에게 "만약 이 상황이 지속되면, 오랜 분리독립 악당들이 여섯 달 이내에 하원에 자리 잡을 것입니다. 유색인종의 투표권 없이는 할 수 있는 것이 없고 존슨은 완패 당한 자들, 이전의 노예 소유자들에게 이 결정을 맡기고 있습니다"라고 썼다(167).

이러한 비판은 인터내셔널 런던 회의가 미국에 세 번째 서신을 보내기로 투표한 1865년 9월 정점에 이르렀는데, 이 서신은 존슨이 아니라 "미국 인민

에게" 보내졌다. 이후 런던 주재 ≪노동자의 옹호자(Workman's Advocate)≫
에서 발행된 보도에 따르면, 9월 28일 크리머는 영국, 프랑스, 독일, 폴란드,
벨기에, 그리고 기타 유럽 국가에서 온 300명 이상의 노동자와 대표단이 모
인 자리에서 서한을 낭독했고, 이는 박수로 승인되었다.[40] 서한의 첫 부분
은 북부연방의 승리에 갈채를 보낸다.

먼저 우리는 전쟁이 끝났고 연방은 보존되었다는 점에 대해 여러분에게
축하를 보내야 할 것입니다. 이제는 다시 바람에 펄럭이지만 한때 여러분
자신의 국민들에 의해 대서양에서 태평양까지 거칠게 찢어졌던 성조기가
다시는 절대 여러분 자신의 후손에 의해 모욕당하지 않기를, 또한 다시는
내란에 의해서든 외국과의 전쟁에 의해서든 대학살의 현장 위로 펄럭이지
않기를 우리는 희망합니다. …… 다음으로 우리는 고통스러웠던 최근 몇 해
의 원인이 이제는 제거되었다는 점에 대해 여러분에게 축하를 보내야 할 것
입니다. 노예제는 더 이상 없습니다. 그게 아니었다면 괜찮았을 여러분 명
예의 오점은 영원히 지워졌습니다. 더 이상 판매자의 경매 망치가 여러분의
시장에서 인간의 피와 살을 팔지 않을 것이며, 인류가 그 냉혹한 잔혹행위
에 몸서리치는 일도 없을 것입니다(General Council of the First International
1962: 310~311).

이 편지는 흑인의 완전한 시민권을 포함한 급진적 재건 정책이 즉각 실
행되지 않는다면 앞으로 닥칠 위험에 대해 외교적이기는 하지만 강경한
경고와 함께, 첫 부분과는 다른 어조로 결론짓는다.

---

40 이 회의에 관한 ≪노동자의 옹호자≫ 기사는 MEGA² I/20(1524~1528)에 전재되었다.

우리는 여러분의 고통에 대한 공감을 표현할 영광을 가졌기에, 우리는 여러분의 노력에 대한 응원의 말, 결과에 대한 축하의 말에 더하여 미래를 위한 조언의 말 또한 추가할 수 있을 것입니다. 여러분의 국민 일부에 대한 불평등이 이러한 비참한 결과를 만들었으므로 이를 중단토록 하십시오. **오 늘날 여러분의 시민은 자유롭고 평등함이 유보 없이 선언되도록 하십시오. 만약 여러분이 시민의 의무를 요구하면서 그들에게 시민권을 부여하는 데 에는 실패한다면, 여러분의 국가를 여러분 국민의 피로 다시 더럽힐지도 모 르는 미래를 위한 투쟁이 여전히 남을 것입니다.** 유럽과 세계의 시선이 여 러분의 재건 노력에 고정되어 있고 적들은 최소한의 기회가 주어지면 공화 주의 제도 몰락의 조종을 울릴 준비를 언제나 하고 있습니다. 그러므로 우 리는 공동의 대의 안에 있는 형제로서, 자유의 팔에서 모든 족쇄를 제거할 것을 당신에게 강력히 충고하는 바이며, 그러면 여러분의 승리는 달성될 것 입니다(311~312; 강조는 저자 추가).

MEGA^2(1975~)의 편집자들에 따르면, 이 "서한"은 크리머가 작성했다. 그러나 이 서한이 낭독될 때 마르크스는 참석해 있었고 더 중요하게는 런 던 회의의 모든 문서 준비에 밀접하게 개입되어 있었다(MEGA^2 I/20: 1501~ 1513). 이 서한의 전문은 10월 14일 ≪노동자의 옹호자≫에서 처음 발표되 었다.

불행히도 이 글은 노예제와 미국의 인종주의에 관한 마르크스의 제1인 터내셔널이 남긴 주요 성명으로서 받아 마땅한 주목을 얻지 못했다.[41] 노

---

41 1865년 9월 "서한"은 남북전쟁과 관련된 두 편의 마르크스 저작 영문 선집(Marx and Engels 1937; KML 2) 가운데 어느 하나에도 포함되지 않았고, MECW나 MEGA^2 어느 하나에 제1인 터내셔널 관련 문헌으로서 출판되지도 않았다. 이는 이러한 판본들이 부록에 인터내셔널의

예제의 유산을 단호하게 처리하는 데에 실패할 경우 "여러분의 국가를 여러분 국민의 피로 더럽게" 할 수 있다는 이 날카로운 경고는 이를 "마르크스가 서명한" "대담한" 선언으로 칭했던 두 보이스의 『미국의 흑인 재건』에서 눈에 띄게 인용되었다(Du Bois [1935] 1973: 354). 두 보이스는 본문에 대한 다른 번역을 제시한, 아마도 독일어판에서 영어로 재번역했을 슐뤼터(Schlüter 1913)의 출판본을 인용했다. 슐뤼터판의 표현은 영어판보다 훨씬 더 강경했는데, 슐뤼터판에서는 "여러분의 국가를 한 차례 더 피로 흠뻑 적시게 할 새로운 투쟁"의 위험에 대해서 언급하고 있다(Du Bois [1913] 1965: 200).[42]

이 시기 이후부터, 편지에서의 논평과 (제5장에서 논의될) 『자본』의 몇몇 문단을 제외하면 남북전쟁과 재건에 관해 마르크스가 쓴 것은 거의 없다. 2년 후인 1867년 8월 27일, 그는 인터내셔널을 대표해 존슨이 "이전 노예 소유자들의 손아귀에 있는 추잡한 꼭두각시"였다고 쓴다(MECW 42: 414).[43] 이 전해인 1866년 11월 12일, 미래에 자신의 딸 로라(Laura)의 남편이 될 폴 라파르그(Paul Lafargue)의 아버지 프랑수아 라파르그(François Lafargue)

많은 주요 문헌을 포함하고, 그중 마르크스가 쓰지 않은 일부까지 포함한다는 사실에도 불구하고 그렇다. 나는 그다지 잘 알려져 있지 않은, 모스크바에서 출판된 7권짜리 제1인터내셔널 회의록 시리즈로부터 이것을 인용했다. 보다 최근에 이것은 Dunayevskaya([1963] 2003)의 부록으로 전재되었다.

42 그러나 전체 "서한"을 전재했음에도 불구하고, 슐뤼터는 그 글의 존슨 정책 비판이 갖는 중요성을 인식하는 데 실패했다. 남부의 분리정책(segregation)과 사적 제재(lynch law)가 절정에 이르렀던 1913년, 그는 "니그로의 정치적 평등을 확인하는 수정 헌법은 국제노동자연합의 회의가 미국 인민에게 지시한 서한에 부합하는 조치였다"라고 건조하게 논평한다(Du Bois [1913] 1965: 201). 슐뤼터는 1913년까지 수십 년간 남부에서 이러한 수정 헌법은 사문(死文)이었다는 것을 언급하는 데 실패한다. 그는 미국의 인종관계에 관한 인터내셔널의 심각한 경고가 가지는 현대적 타당성도 파악하지 못한다.

43 1867년 이후, 재건을 둘러싼 투쟁과 피부색 경계를 둘러싼 미국 노동 내부 투쟁이 격렬해지자, 마르크스는 다른 주제로 이동했고 미국에서의 인종과 계급의 변증법을 다시는 실질적으로 다루지 않았다(Foner 1977).

에게 보낸 편지에서, 마르크스는 존슨이 1866년 의회 선거에서 급진적 공화당원에 의해 난타당한 것을 크게 기뻐했다. "지난 선거에서 존슨 대통령이 패배한 것에 대해, 당신은 나만큼이나 기뻐했을 것입니다. 북부 노동자들은 **까만 피부의 노동이 낙인찍힌 곳에서는 흰 피부의 노동이 스스로를 해방시킬 수 없다는 것**을 마침내 매우 잘 이해했습니다"(334; 강조는 저자 추가). 마지막 문구는 1867년 『자본』에서도 등장했다. 마르크스 및 그의 가족의 사적인 차원에서는, 1868년 로라 마르크스와 프랑스 – 쿠바 혼혈인 폴 라파르그의 결합이 인종 간 결혼이었다는 것 또한 주목할 가치가 있다. 라파르그는 인터내셔널 내에서 중요한 책무를 맡았다. 1866년에서 1868년까지, 그는 스페인 연락간사 자격으로 전체 평의회 주간 회의에 참석했다. 이 외에도 또한 라파르그는 런던의 노동자 집단들과의 접촉 같은 활동에서 조직의 공적인 인물로서의 역할을 담당했다.[44] 마르크스와 인터내셔널 모두로서는 이 또한 인종과 계급에 대한 특정한 태도를 표현한 것이었다.

---

44 1864~1867년 인터내셔널 전체 평의회 회의록은 MEGA^2 I/20에 전재되었다.

제4장

아일랜드

민족주의, 계급, 노동운동

아일랜드에 대한 마르크스의 저술들, 특히 1870년 전후의 저술들은 폴란드와 미국 남북전쟁 관련 저술들에서도 찾아볼 수 있는 계급, 민족주의, 인종, 종족이 직조된 정점이다. 아일랜드는 진보적 민족주의의 중심지였기 때문에 마르크스는 아일랜드를 영국과 세계 자본에 대한 반대를 유발하는 중요한 원천으로 보았다. 동시에 아일랜드 노동자들은 영국 내 하위 프롤레타리아를 형성하면서 계급과 종족의 상호작용을 보여주는 사례를 제공했다. 아일랜드에 관한 마르크스와 엥겔스의 저술들이 400쪽이 넘는 선집(Marx and Engels 1972b)을 통해 오랫동안 이용 가능했음에도 불구하고, 이 저술들은 예상한 것만큼 많은 논의를 발생시키지 않았다. 이 저술들이 다름 아닌 레닌과 같은 인물에 의해 제국주의와 민족해방에 관한 1916년 저술에서 눈에 띄게 선정되었는데도 그러했다(Lenin [1916] 1964).

1843~1859년, 아일랜드에 관한 엥겔스와 마르크스의 견해: "나에게 아일랜드인 20만 명을 준다면 나는 영국 군주제 전체를 전복할 것이다"

전반적으로 아일랜드에 대해서는, 이 책에서 논의된 다른 주제들과 비교할 때, 마르크스의 기여보다 엥겔스의 기여가 더 중요하게 관련되어 있다. 사실 엥겔스는 이 주제에 대해 마르크스보다 먼저 썼다. 그와 마르크스가 함께 일을 시작하기도 전인 1843년 런던에서, 엥겔스는 스위스 신문에 아일랜드 독립 운동에 대한 기사를 보도했다. 그의 기사는 베테랑 민족주의자 대니얼 오코넬(Daniel O'Connell)이 아일랜드와 잉글랜드 연합의 철회를 요구하는 연설을 한 아일랜드에서의 옥외 집회에 관한 것이었다. 1801년 수립된 연합은 아일랜드 의회를 해산하고 그레이트브리튼 아일랜드 연합 영국(United Kingdom of Great Britain and Ireland)을 창설해, 하원 650석 중 100석을 아일랜드에 부여했다. 엥겔스는 아일랜드인들의 전투적인 기상에 비해 이러한 헌법적 문제에는 관심이 적었다. "20만 명의 사람들. 게다가 이들이 어떤 사람들인가! 잃을 것이 없는 사람들, 그중 2/3는 누더기를 입고 있는 사람들, 진정한 프롤레타리아이자 상퀼로트(sans-culottes), 그리고 더욱이 아일랜드인, 즉 거칠고 고집불통에 광적인 게일인이다. 아일랜드인을 본 적 없는 사람은 그들이 어떤 사람인지 알 수 없다. 나에게 아일랜드인 20만 명을 준다면 나는 영국 군주제 전체를 전복할 것이다"(MECW 3: 389). 그러나 동시에 엥겔스는 아일랜드의 혁명운동에서 두 가지 장애물을 보았다. 첫째는 휘그당원 오코넬이 영국에 대해 지닌 화해주의였다. 둘째는 엥겔스가 아일랜드인의 성격을 "절반은 야만적"이라고 오만하게 특징지었던 것이었다(390).[1]

잘 알려져 있듯, 엥겔스는 자신의 주요 저술인 『잉글랜드 노동계급의 상태: 개인적 관찰과 근거 있는 출처로부터(The Condition of the Working Class in England: From Personal Observation and Authentic Sources)』(1845)[2]에서, 산업혁명 한가운데에서 노동자들이 직면한 끔찍한 생활 및 노동 상태를 자세히 묘사한다. 그러나 이 저술에서 엥겔스가 아일랜드인을 영국 노동계급에서 가장 억압받는 이들로 반복해서 언급한다는 점에 주목한 사람은

---

1   비록 나는 아일랜드와 관련된 마르크스의 저술에서 이러한 종류의 경멸적인 서술을 발견하지 못했지만, 그렇다고 해서 아일랜드와 아일랜드인에 관한 마르크스와 엥겔스의 관점이 근본적으로 일치한다는 점을 애매하게 만들어서는 안 된다.

2   엥겔스가 거의 24살이었을 때 출판된 이 책은 마르크스가 『자본』에서 가장 자주 인용한 엥겔스의 저술이었다.

거의 없었다. 맨체스터 노동계급에 대해 엥겔스에게 설명해 준 사람 중 한 명은 아일랜드 공장 노동자 메리 번스(Mary Burns)였는데, 번스는 이후 20년간 엥겔스의 동반자가 될 것이었다. 『잉글랜드 노동계급의 상태』에서 그는 종족에 대한 계급의 관계에 관해 섬세한 분석을 수행하며, 여러 관점에서 아일랜드 이주 노동을 선정해 다룬다.[3] 맨체스터 내 한 노동계급 지역의 사회적 상태를 설명한 후, 엥겔스는 다음과 같이 결론짓는다.

> 그러나 가장 무서운 곳은 …… 리틀 아일랜드로 알려진 곳이다. 그 작은 집들은 오래되었고 가장 작은 종류의 집들이며, 거리는 고르지 못하고 바퀴 자국으로 파여 있으며 일부는 배수구가 없거나 포장되어 있지 않다. 쓰레기, 음식찌꺼기, 구역질나는 오물 덩어리가 사방에 늘 있는 물웅덩이 사이에 널브러져 있다. 10여 개의 공장 굴뚝 공기에서 나오는 연기로 어둡고 무거워진 공기는 이 모든 것에서 나오는 악취로 오염된다. 쓰레기 더미와 물웅덩이 위에서 빈성하는 돼지처럼 더럽게, 많은 여성과 아이들이 목적 없이 이곳 주변을 배회한다. …… 이 인종은 인간다움의 가장 낮은 단계에 이르렀음에 틀림없다(MECW 4: 361).

또 다른 곳에서 그는 다음과 같이 쓴다. "아일랜드인은 또한 이전에는 영국에 알려지지 않았던 맨발로 걷는 풍습을 전래했다. 이제 모든 제조업

---

3   엥겔스의 저술에 대한 연구에서, 미국 문학평론가 스티븐 마커스(Steven Marcus)는 계급적 차원에 거의 전적으로 초점을 맞춘다. 비록 마커스가 "1840년, 맨체스터 노동계급의 약 20%가 아일랜드인이었다"(Marcus 1974: 5)라는 점을 인정함에도 불구하고, 그는 이 책에서의 계급과 종족의 직조를 완전히 놓친다. 『잉글랜드 노동계급의 상태』에 대한 보다 최근의 논의에서, 앤 데니히(Anne Dennehy)는 이를 알아차리고, 엥겔스가 묘사한 아일랜드의 상태는 "오늘날 영국의 소수 종족 집단이 경험하는 유사한 조건"과 연결될 수 있다고 주장한다(Dennehy 1996: 114).

마을에서 많은 사람들, 특히 여성과 아이들이 맨발로 돌아다니고 있는 것을 볼 수 있고, 그들의 예시는 더 가난한 영국인들에게 점차 받아들여지고 있다"(368). 엥겔스는 이러한 인간의 타락을 안타까워할 뿐만 아니라 그러한 타락이 자본주의에 어떻게 기능하는지에도 주목한다. 아일랜드 하위 프롤레타리아트라는 바로 그 존재가 전체로서의 노동계급의 생활과 노동 상태를 무너뜨리도록 자본을 도와주기 때문이다. 전반적으로, "아일랜드인이 영국인과 경쟁하는 것, 임금률과 영국인의 문명수준을 아일랜드인 수준으로 낮추도록 점차 강제하는 것"에 직면했다고 엥겔스는 결론짓는다(377). "인종"과 "문명"에 대한 오만한 표현에도 불구하고, 엥겔스가 친아일랜드적 동조를 했음은 충분히 분명하다.

또한 엥겔스는 아일랜드 자체를 다루는데, 이는 영국이 지배하는 세계 자본주의라는 보다 넓은 맥락에서 나타난다. 그는 영국 지배와 그에 수반된 자본주의적 착취가 수많은 아일랜드인으로 하여금 영국에서 일자리를 찾도록 몰아붙인 과정을 검토한다. 그는 "더블린만이 영국 섬나라 전체에서 가장 아름답다"(MECW 4: 337)라고 함에도 불구하고, "더블린의 더욱 빈곤한 지역은 세계에서 볼 수 있는 가장 흉물스럽고 역겨운 곳 중 하나이다"라고 쓴다(MECW 4: 337). 짧은 장인 "아일랜드인의 이주"에서, 그는 다음과 같이 주장한다. "만약 영국이 아일랜드의 수많은 빈곤한 인구를 자유로이 쓸 수 있는 예비군으로 보유하지 않았더라면, 영국 산업의 급속한 확장은 일어날 수 없었을 것이다"(389).[4]

---

4   여기서 이주 노동과 연결된 노동 예비군에 대한 이러한 생각은 노동 예비군, 즉 방대한 실업자들과 노동계급 중 불완전고용 인원에 관한 『자본』 제1권에서의 마르크스의 논의에 앞서는데, 『자본』에서는 이들이 그 존재 자체로 "고용 노동자들의 권리를 억제"하고 따라서 자본의 영향력을 강화시킴으로써 고용 노동자를 약화시킨다고 주장된다(Capital 1: 792).

"농업 프롤레타리아트"라는 제목의 장에서, 엥겔스는 영국 농업뿐만 아니라 아일랜드의 농업과 그 가혹한 소작농업 착취 체제까지 분석한다.

> 따라서 아일랜드인들은 극심한 가난에 사로잡혀 있는데, 현재 우리의 사회적 상태하에서 그들은 이 가난으로부터 자유로워질 수 없다. 이 사람들은 외양간으로도 충분히 좋다고 하기 힘든 가장 비참한 진흙 오두막에서 살고 있는데, 겨울 내내 먹을 것이 거의 없거나 …… 1년 중 30주는 먹을 감자를 가지고 있고 나머지 주에는 먹을 것이 없다. 봄에 이 식량이 다 떨어지거나 싹이 돋아서 더 이상 먹을 수 없을 때가 오면, 부인들과 아이들은 주전자를 손에 들고 구걸하거나 나라를 방랑하기 위해 집을 나선다. 한편 남편은 다음 해를 위한 감자를 심은 후 아일랜드나 영국에서 일자리를 구하러 갔다가 감자 수확 때 가족에게 돌아온다. …… 이 빈곤의 원인은 현존하는 사회적 조건에 있다(MECW 4: 558~559).

그러나 때때로 엥겔스는 이국적인 것에 대해서 오만해지는 경향이 있다. "아일랜드인에게는 감정과 열정이 지배적이다. 이성이 그것들 앞에 절해야 한다"(560).

엥겔스는 1845년 감자 역병이 터지기 전에 아일랜드의 가난과 고통에 대해 이러한 가슴 아픈 묘사를 했다. 그 뒤를 이은 1845~1849년의 대기근으로, 약 800만 명 인구 중 150만 명의 사망자가 발생했고 또 다른 100만 명은 강제로 이주되었는데, 이 와중에도 지주들은 굶주린 소작농들이 있던 아일랜드에서 대량의 식량을 계속해서 수출했다. 1847년 10월, 프랑스 신문에 기고한 엥겔스는 폭발을 예언한다. "굶주린 아일랜드는 가장 끔찍한 경련에 몸부림치고 있다. 구빈원에는 거지가 넘쳐나고, 폐허가 된 사유지의 소유주들은 구빈세 납부를 거부하며, 굶주린 사람들은 수천 명씩 모여 농민들과 ─ 심지어 얼마 전까지만 해도 여전히 그들에게 신성시되었던 ─ 천주교 사제들의 헛간과 외양간을 뒤지고 있다. 아일랜드인들은 지난 겨울에 그랬던 것처럼 올 겨울에도 고요히 굶어 죽지는 않을 것으로 보인다"(MECW 6: 309). 또한 엥겔스는 아일랜드인의 잉글랜드 이주가 다섯 배 증가했음을 지적하는데, 이는 잉글랜드 노동계급의 생활수준을 훨씬 더 떨어뜨릴 것이라고 그는 말한다.

1847년 오코넬이 죽은 후, 엥겔스는 퍼거스 오코너(Feargus O'Connor)와 브론테르 오브라이언(Bronterre O'Brien) 같은, 보다 급진적인 좌파 아일랜드 지도자들에게 미칠 더 큰 영향을 예측했는데, 이 둘은 모두 차티스트 운동과 연결되어 있었다. 1848년 한 독일 신문의 기사에서, 엥겔스는 오코너를 "아일랜드인들은 온 힘을 다해 그리고 영국 노동계급 및 차티스트 운동가들과 밀접하게 결속해 싸워야 한다는 것을 보여주는" 사람이라고 칭찬한다(MECW 6: 449). 또한 그는 의회 토론에서 토리당 지도자 로버트 필(Robert Peel)의 아일랜드 탄압 법안(Irish Coercion Bill)을 저지하려 한 오코너의 시도를 극찬한다. 그러나 이 시기 엥겔스는 호주의 역사가 이안 커민스(Ian Cummins)가 "아일랜드 해방에 대한 영국 중심적 접근"이라고 적절히 칭한 것을 고수한다(1980: 108). 엥겔스는 자신의 기사 결론에서 그것을 다음과 같이 주장한다. "따라서 아일랜드인 대다수가 영국 차티스트 운동가들과 더욱 밀접하게 연합하고 공동의 계획에 따라 그들과 함께 행동할 것이라는 점에는 의심할 여지가 없다. 그 결과, 영국 민주주의자들의 승리와 이에 따른 아일랜드의 해방은 여러 해 앞당겨질 것이다"(MECW 6: 449).

이 초기 몇 년간, 마르크스는 아일랜드에 대해 가끔 언급했을 뿐이지만 아일랜드 민족해방에 대한 그의 전반적인 지지는 충분히 명확했다. 예컨대, 1846년 폴란드 봉기를 기념하는 1848년 2월 연설에서 마르크스는, 토지 혁명과 분리될 수 없는 민족 독립을 주장했던 폴란드 봉기의 강령을 아일랜드 영국 연합을 철회하려는 오코넬 주도의 운동과 대조했다. 그는 연합 철회 운동이 천주교 지주들의 "협소한 민족주의 정당"에 근거한 것이라고 비판한다(MECW 6: 549). 1848년 7월, 영국 차티스트 운동가들과 강하게 연결되어 있던 보다 급진적인 청년 아일랜드 운동은 영국 통치에 맞선 반란을 시도했다. 비록 마르크스도 엥겔스도 그 몇 달 간 이 사건을 직접적으로 다루지 않았지만, 1849년 초 혁명적 물결이 퇴조하기 시작하면서, 마르크스는 구체제에 봉사하는 경찰이 어떻게 "한 차례 더 약탈, 겁탈, 살해를 폴란드 …… 와 아일랜드에서 자행했는지", 즉 민족해방 운동을 억압했는지에 대해 쓴다(MECW 8: 214). 곧이어 「임금노동과 자본(Wage-Labor and Capital)」(1849)에서 마르크스는 유럽에서 일어난 최근의 사건들을 요약하면서 "굶주린 아일랜드의 굴복"을 언급한다(MECW 9: 197).

1850년대에 런던으로 이주한 후, 아일랜드에 대한 마르크스의 논의는 보다 더 실질적이게 된다. 1852년 ≪뉴욕 트리뷴≫ 기사에서 그는 영국 상무원(Board of Trade) 의장이 대기근과 그 뒤를 따른 이주가 빈민을 감소시켰다고 선언했다는 점을, 스위프트(Swift)식의 아이러니로 반응하면서 보도한다. "우리는 '기근'이, 쥐떼에 대한 비소만큼이나, 빈민들에 대한 근본적인 치료법임을 고백해야 한다"(MECW 11: 357). 마르크스는 1853년 3월 22일 발간된 ≪뉴욕 트리뷴≫ 기사에서 이 주장을 이어가면서, 그가 아일랜드를 논의할 때 염두에 둔 것이 데이비드 리카도(David Ricardo)의 정치경제학에 대한 폭넓은 비판이기도 했음을 보여주었다. 공식 통계를 분석하면서, 마르크스는 1847~1852년 동안 영국 섬에서 이주해 온 사람들 중 압도적 다수가 아일랜드인이었다는 것을 보여준다. 또한 그는 자본주의적 근대화의 이러한 형태에 대해 ≪이코노미스트≫가 보낸 가벼운 찬사를 인용한다. "아일랜드와 스코틀랜드 하이랜드 지역의 인구 중 불필요한 부분의 이탈은 모든 종류의 호전에 앞서 필수적이다. …… 아일랜드의 수익은 1846~1847년 기근 또는 그 이후 발생한 이주로 인해서 조금도 타격을 입지 않았다." 마르크스의 응수는 다시 아이러니한 어조를 취한다.

한 국가의 주민들을 가난하게 만드는 것에서부터 시작하라, 그리고 그들로부터 착취할 이익이 더 없을 때, 그들이 수익에 부담을 줄 때, 그들을 쫓아내고 당신의 순수익을 정리하라! 이것이 [데이비드] 리카도가 자신의 유명한 저서 『정치경제학의 원리(The Principle of Political Economy)』에서 정한 신조이다. …… 시스몽디는 자신이 쓴 『정치경제학의 새로운 원리(Nouveaux Principes d'Économie Politique)』에서, 문제에 대한 이러한 관점에 따르면, 단지 자동기계가 섬 한가운데에 홀로 남은 …… 왕으로 하여금 현재 200만의 인구가 생산하고 있는 순수익량을 획득할 수 있도록 할 것이라 가정할 때 영국이라는 국가는 인구 전체의 소멸에 전혀 관심이 없을 것이라고 답변한다. 실제로, 이 경우 문법적 존재로서의 "국부"는 감소하지 않을 것이다 (529).

그로부터 한 달 전, 마르크스는 ≪뉴욕 트리뷴≫ 기사 「서덜랜드 공작부인과 노예제(The Dutchess of Sutherland and Slavery)」에서 자신의 영원한 표적인 파머스턴이 이러한 발전에 관여했다는 점에 주목했다. "고귀하신 파머스턴 자작도 몇 년 전 아일랜드에 있는 자신의 사유지에서 사람들을 내쫓았다"(493).

마르크스는 아일랜드 농촌에서 고조되는 사회적 긴장도 다루었다. 1853

년 2월 23일, ≪뉴욕 트리뷴≫ 기사에서 그는 1840년대에 일어난 연합 철회 운동을 기근 이후의 소작권 운동과 대비시킨다. "철회를 요구하는 소요는 단순히 정치적인 운동이었고, 따라서 가톨릭 성직자들이 그 소요를 이용해 먹는 것이 가능했다. …… 소작권을 요구하는 소요는 그 과정에서 교회와 아일랜드 혁명 정당의 완전한 분리를 가져온다. 따라서 이 소요는 과거 수백 년간 인민의 모든 분투, 희생, 투쟁을 좌절시켰던 정신적 속박으로부터 그들을 해방시킬, 뿌리가 깊은 사회적 운동이다"(MECW 11: 505). 이전에도 그랬듯, 그는 아일랜드 사회의 내부 균열에 대한 계급적 분석이라는 렌즈를 통해 민족해방을 바라보았다.

마르크스는 1853년 7월 11일 「인도 문제: 아일랜드의 소작권(The Indian Question: Irish Tenant Right)」이라는 제목의 ≪뉴욕 트리뷴≫ 기사에서 아일랜드 농촌의 계급구조를 더욱 파고들었다. 아일랜드에 관한 부분에서, 그는 영국인이 대부분인 부재지주들이 지대를 마음대로 올리고 소작농을 매우 쉽게 퇴거시킬 권리를 가졌다는 점에 주목했다. 만약 소작농이 지주가 그 비용을 지불하기로 한 개량에 화폐와 노동을 투자했다면, 지대의 무거운 상승은 이 보수를 쉽게 없앨 수 있었다. 실제로 소작농은 "자신의 돈에 대한 이자를 지주에게 지불해야 한다"라고 마르크스는 쓴다(MECW 12: 157). 그는 이런저런 방식을 통해 다음과 같이 계속 말한다.

부재지주 계급은 모든 세대의 단순한 노동뿐만 아니라 자본까지도 착복할 수 있게 되었는데, 그동안 아일랜드 소작농의 각 세대는 자신들과 가족들의 상태를 향상시키기 위한 분투와 희생에 정확히 비례해 신분이 낮은 단계로 떨어졌다. 만약 한 소작농이 근면하고 진취적이라면, 그는 근면성과 진취성의 결과로 힘들게 되었다. 만약 반대로 그가 무기력하고 태만해졌다면, 그는 "켈트 인종이 가진 원시적 결점"으로 비난받았다. 이에 따라 그에게는 극빈자가 되는 것을 제외하고는 다른 대안이 남아 있지 않았다. 스스로를 근면성으로 가난하게 만드느냐, 태만으로 가난하게 만드느냐. 이러한 상황에 반대하기 위해 "소작권"이 아일랜드에서 선언되었다. 이는 토지에 대한 권리가 아니라 소작농이 치러야 할 비용 및 부과금에 영향을 미치는 토지 개량에 대한 그의 권리였다(158).

영국의 정책이 이 법을 필요로 하는 조건을 형성했다고 마르크스는 주장한다.

> 잉글랜드는 아일랜드 사회의 조건을 전복시켰다. 처음에는 토지를 몰수했고, 다음에는 "의회제정법(Parliamentary enactments)"으로 산업을 탄압했으며, 마지막으로는 무장한 군대로 활기를 깨뜨렸다. 그리하여 영국은, 탐욕스러운 소(小)귀족들이라는 소수의 **카스트**가 토지를 차지하고 그에 기생할 수 있도록 해준, 저 끔찍한 "사회적 조건"을 형성했다. 이러한 "사회적 조건"은 혁명을 일으키기에는 아직 너무 미약하지만, 인민은 이에 대한 최소한의 완화 및 규제를 요구하면서 의회에 호소한다(159).

그 후 마르크스는 1853년 6월 의회에서 발의된 새로운 소작권 법에 대한 지주 계급의 요란한 반대를 상세히 설명했다. 이 법은 소작농의 다양한 권리를 승인하는 것으로서, 법안 중에는 소작계약의 종료와 동시에 개량에 대해 일부 보상할 것이 포함되어 있었지만, 소작권 법안은 2년간의 적개심 섞인 논쟁 끝에 의회를 통과하는 데에 실패했다. 마르크스는 지주들의 주장에 반박하기 위해 리카도와 허버트 스펜서(Herbert Spencer)를 인용하는

데, 마르크스는 이 두 인물을 공산주의적 성향을 가졌다는 혐의를 받긴 하지만 그럼에도 불구하고 대지주의 소유권에 의문을 제기하는 존재로서 다소 풍자적으로 묘사한다. 마르크스에 따르면, 리카도는 "토지에 대한 사적 소유권은 …… 근대 생산의 체계 전체 내에서 매우 불필요한 관계였다"라고 주장했다(160~161). 마르크스는 스펜서의 『사회 정학(Social Statics)』 또한 인용한다. "따라서 형평은 토지 소유를 허가하지 않는다. 그렇지 않다면 나머지 사람들은 오직 묵인에 의해서만 땅 위에서 살게 될 것이다"(161).

이 주제에 대해 거의 2년의 공백기를 가진 후, 1855년 3월 16일, 마르크스의 기사 「아일랜드의 복수(Ireland's Revenge)」가 ≪신질서 신문≫에 실렸다. 이 기사는 대기근 이후의 사회적·경제적 변화를 다룬다. 마르크스는 변화의 한 요소로 의회에 입후보하는 사람들에게 "오코넬이 항상 회피하고 거부했던 일, 즉 아일랜드가 가진 병폐의 진정한 원인을 탐구하고 토지 및 소유 관계와 그 개혁을 선거 표어로 삼는 일을 하라"라고 이제 요구하는, 아일랜드인들의 커져가는 사회적 의식을 꼽는다. 그러나 일단 하원에 당선되면 새로운 정치인들은 "소작농의 권리"를 빠르게 망각했다고 그는 불평한다(MECW 14: 79). 아일랜드 변화의 두 번째 요소는 경제적인 것이었다. 하지만 여기서 마르크스는 침울한 어조로 말하면서, 민족적 혁명의 사회적 기초가 실제로 약화되고 있을 수 있다는 점을 시사한다. "아일랜드 농업 체제는 영국 체제, 즉 거대 토지 소유에 의한 소규모 토지 소유의 체제로 대체되고 있고 근대적 자본가가 오랜 지주의 자리를 차지하고 있다." 이러한 변화의 이면에는 대기근과 "결국에는 아일랜드의 신념을 본질적으로 파괴했던 1848년의 실패한 반란" 모두에 대한 패배와 절망의 경험이 깔려 있다고 그는 주장한다(80).

아일랜드의 차티스트 지도자 퍼거스 오코너를 기리는 1855년 9월 15일

≪신질서 신문≫ 기사에서, 마르크스는 장례식에서 좌파적 구호가 외쳐졌음을 지적한다.

> 어제 오후, 차티스트 지도자였던 고(故) 오코너의 장례식이 거행되었다.
> 사실상 그 전부가 노동계급 출신인 2만 명의 행렬이 핀즈베리 광장과 스미스필드에서 관이 묻힌 켄잘 그린 묘지(런던에서 가장 장엄한 묘지 중 한 곳)가 있는 노팅힐로 이동했다. 영국식의 거대한 깃털로 장식된, 네 마리의 말이 끄는 마차가 행렬의 선두에 섰다. 말의 발뒤꿈치를 기수들과 지도자들이 뒤따랐다. 검은 깃발에는 흰 글자로 "그는 우리를 위해 살았고 또 죽었다"라는 문구가 새겨져 있었다. 거대한 붉은 깃발에는 "인민의 동맹(Alliance des peoples)"이라는 문구가 화려하게 적혀 있었다. 붉은 색의 자유의 모자가 깃발의 꼭대기에서 흔들리고 있었다. …… 오후 5시 반경, 행렬이 도시로 되돌아갈 때, 그들은 줄지어 나오는 다섯 부대의 경찰 분견대를 만나게 되어 아이러니한 만족감을 느꼈고, 차례로 "너무 늦었다"라고 인사했다. 오코너가 말 그대로 진정한 의미의 빈민으로 죽었기 때문에, 장례비용은 런던 노동계급이 충당했다(MECW 14: 524).

이러한 방식으로, 마르크스는 보다 넓은 민주주의 운동, 노동 운동, 사회주의 운동이 아일랜드 민족해방과 연계되는 것에 관심을 집중시킨다.

1840년대 이후 아일랜드에 관해 쓰지 않았던 엥겔스는 동반자 메리 번스와 함께 그곳을 여행하면서, 1856년 5월 23일 마르크스에게 보낸 편지에서 이를 장문으로 알렸다. 엥겔스는 완전히 억압적인 분위기에 대해 언급하면서 시작하는데, 그는 비판적으로 이 분위기를 프로이센의 규율과 비교한다.

"압제"가 구석구석에서 보입니다. 정부는 모든 일에 간섭하지만, 이른바 자치의 흔적은 없습니다. 아일랜드는 가장 초기의 영국 식민지로 간주될 수 있으며, 그리고 가깝다는 이유로 정확히 동일한 옛 방식으로 여전히 통치되고 있는 식민지로 간주될 수 있을 것입니다. 여기에서는 누구도 영국 시민의 소위 자유가 식민지에 대한 억압에 기초한다는 것을 알아채지 못할 수 없습니다. 다른 어떤 나라에서도 나는 그렇게 많은 헌병을 본 적이 없으며, 기병총, 총검, 수갑으로 무장한 경찰대 내에서는 프로이센 헌병에 대해 당신이 술 마시며 한 표현이 그 궁극적인 완성 상태에 도달합니다(MECW 40: 49).

엥겔스는 농촌, 특히 서부의 인구 감소에 대해서도 말하는데, 버려진 집들, 텅 빈 목초지를 언급한다. "들판은 소조차 텅 비었고, 농촌은 누구도 원치 않는 완전한 황무지입니다"(50). 그는 700년 동안의 영국의 정복과 계엄령이 "이 나라를 완전히 무너뜨렸습니다"라고 결론지으면서 다음을 지적한다.

그들의 광적인 민족주의에도 불구하고, 이 친구들은 더 이상 자기 나라에서 편안함을 느끼지 못합니다. 앵글로-색슨을 위한 아일랜드! 이는 이제 현실이 되고 있습니다. …… 이주는 주민들 대부분의, 정말이지 거의 독점적인 켈트인 본성이 사라질 때까지 계속될 것입니다. …… 이러한 인위적인 방식으로, 체계적인 억압을 통해, 그들은 완전히 비참한 민족이 되었고, 이제 모두가 알다시피, 그들은 영국, 미국, 호주 등에 성매매 여성, 일용직 노동자, 성매매 알선업자, 소매치기, 사기꾼, 기타 불한당을 제공하고 있습니다(50).

엥겔스는 1848년 혁명의 희망이 사라진 시기에 이러한 절망적인 감정을 나타냈다.

아일랜드와 관련해 거의 3년에 달하는 또 한 번의 공백을 가진 후, 마르크스는 1859년 1월 11일 ≪뉴욕 트리뷴≫ 기사 「아일랜드에서의 흥분(The Excitement in Ireland)」에서, 그가 지레 추측된 민족주의 음모라고 보았던 것에 맞서 일어난 영국의 마녀사냥을 묘사한다(MECW 16: 134~138). 영국은 유급 정보원과 **정부공작원**을 이용해 공포 통치를 법률화하면서 아일랜드를 포위 상태에 빠뜨렸다. 마르크스는 새로운 억압 수준을 정확하게 측정했지만, 영국인들이 그들 자신의 상상에 의해 창조된 그림자를 좇고 있다고 잘못 추측했다. 사실은 아일랜드 역사가 피터 베레스포드 엘리스(Peter Berresford Ellis)가 말했듯, 새로운 비밀 혁명운동이 형성되어 있었다. "페니언 단원, 아니 그보다는 아일랜드 공화주의 형제단이 1858년 3월 17일 더블린에서 열린 회의에서 창설되었다. 그것은 아일랜드에 대한 영국 통치를 무력으로 전복하고 아일랜드 공화국을 수립하기 위한, 은밀한 맹세를 하는 혁명적 운동이었다"(Ellis 1996: 130).

1840년대와 1850년대에 마르크스와 엥겔스가 쓴 이러한 글 중 어느 것도 아일랜드 민족해방에 대한 체계적인 분석을 제시하지 않았지만, 기본적인 주제는 분명했다. (1) 마르크스와 엥겔스는 영국 통치에 맞선 아일랜드 민족 투쟁에 분명한 지지를 표명했지만, 아일랜드 사회의 내부 계급 동학에 더 많은 관심을 기울일 것을 아일랜드 혁명가들에게 항상 충고했다. 특히 그들은 농업 계급 갈등에 더 큰 초점을 둘 것을 권고했고, 또한 지주 계급의 일부는 영국인이 아니라 아일랜드인 스스로라는 점을 지적하기도 했다. 이런 의미에서, 그들은 특히 오코넬의 상층 계급 가톨릭 민족주의에 비판적이었다. (2) 마르크스와 엥겔스는 차티스트 운동가들이 아일랜드 영국 연합의 폐지를 지지한다고 지적하면서, 대중에 기초한 차티스트 운동에서부터 영국 노동자들과의 가장 확고한 단결을 발전시킬 것을 아일랜드 혁명가들에게 촉구했다. 그들은 두 명의 아일랜드인 퍼거스 오코너와 브론테르 오브라이언이 저명한 차티스트 지도자로 활동했던 것에도 주목했다. 게다가 마르크스는 오코넬의 정치가 그 어느 때보다도 아일랜드를 영국과 밀접하게 통합시킨 경제 변화에 의해 측면돌파 당했다고 주장했다. 따라서 그는 아일랜드 혁명가들에게 영국 혁명가들의 모범을 따를 것을 촉구했다. (3) 또한 마르크스와 엥겔스는 영국의 아일랜드 이주 노동을 모국에서 아일랜드를 억압하는 지표로 그리고 영국 노동자들의 임금을 억제하는 요인으로 꼽았다. 아일랜드에서건 영국에서건, 그들은 자본주의적 사회관계를 설명하기 위해 아일랜드 농민들과 노동자들에게 억압적인 상황을 언급했다. 게다가 그들은 아일랜드에서의 영국의 통치는 영국 국가가 보나파르트주의 프랑스나 프로이센 같은 대륙 정권들처럼 억압적일 수 있다는 점을 증명해 주었다고 주장했다. 이 모든 것은 영국 자본주의의 발전에 대한 그들의 더 큰 분석에 들어맞았다. 이 분석에 따르면, 영국 자본주의 발전에는 아일랜드 이주 노동이 영국 산업을 위한 예비 노동 풀로서 기능했고, 농업 잉여를 수출하는 아일랜드가 영국 산업화를 위한 자금 조달에 결정적으로 중요한 농업 식민지로서 기능했다.

결정적인 해였던 1867년 아일랜드에 관한 마르크스의 견해: "한때 나는 잉글랜드로부터 아일랜드를 분리하는 것이 불가능하다고 믿었습니다. 이제 나는 그것을 필연적인 것으로 간주합니다."

다음 장에서 논의하는 바와 같이, 마르크스는 『자본』에서 꽤 길게 아일랜드를 다루었다. 1867년 초판이 출간된 후, 그는 인터내셔널을 통해 아일랜드 문제에 점점 더 관여하게 되었다.[5] 우리가 제1장과 제2장에서 보았듯, 1840년대와 1850년대 후반 사이, 인도와 러시아에 대한 마르크스의 관점은 비교적 무비판적인 근대주의로부터 이들 사회에서 내부적으로 형성된 해방의 잠재성을 더 많이 고려하는 관점으로 바뀌었다. 이 장의 나머지 부분에서, 나는 1867년 이후 아일랜드에 관한 마르크스의 관점 역시 변화를 겪었다고 주장할 것이다.

1864년 제1인터내셔널 창립연설문에서, 마르크스는 아일랜드에 대해 두 차례 언급한다. 연설문 초반에, 그는 1840년대 이후 영국의 비할 데 없는 경제 확장이 "노동 대중들의 빈곤"을 완화시키지 못했다고 비난하면서, 그 첫 사례로 "북부에서는 기계에 의해, 남부에서는 양 목장에 의해 점차 대체되는 아일랜드인"을 제시한다(MECW 20: 5). 뒤에서는, 파머스턴이 "아일랜드 소작권 법안의 옹호자들을 깔아뭉개려는" 시도를 했음을 언급한다(12).

이 몇 년간 페니언 운동은 아일랜드 내에서, 그리고 영국, 미국의 아일랜드 이주자 사이에서 힘을 얻고 있었다. 1865년까지 페니언 신문 《아일랜드인(The Irish People)》은 민족 혁명의 기초로서 농업 봉기를 옹호하고 있었다.

20년 전, 토머스 데이비스(Thomas Davis)는 귀족들에게 그들의 손으로

---

5 마르크스에 대한 오직 두 편의 주요 전기, 즉 Mehring([1918] 1962)과 Rubel and Manale (1975)만이 1867~1870년간 아일랜드 문제에 대한 그의 집중적인 참여에 많은 지면을 할애한다. 또한 마르크스의 혁명 이론에 관한 할 드레이퍼의 1978년 연구에 담긴, 간략하지만 유용한 논의를 보라. 그러나 드레이퍼는 아일랜드의 "부르주아 자유주의 – 민족주의 지도부"에 대한 마르크스의 비판을 지나치게 강조하는데, 이는 1867년 이후 마르크스의 새로운 사상을 이해하기 어렵게 한다(Draper 1978: 400).

인민을 구해달라고 호소했다. 우리는 귀족들에게 아무런 호소도 하지 않는다. …… 귀족들은 사람들을 죽이거나, 사람들을 유해한 해충처럼 토지에서 몰아내는 정책을 펼치는 외국 정부의 자발적인 도구들이다. 인민은 스스로 자신을 구해야 한다. 성공적인 반란보다 더한 무엇인가가 요구된다. 그것은 무엇인가? 국가를 그 정당한 주인에게 되찾게 할 완전한 혁명이다. 그 주인들은 누구인가? 인민이다. 모든 사람에게는 달성해야 할 단순한 목표가 하나 있다. 그것은 땅에서 강도를 몰아내는 것이자, 모든 토지 경작자들을 자기 자신의 지주로 만드는 것이다.

페니언 단원들은 "하늘 아래 어떠한 권력에도 굴복하지 않는 나라"를 갈망하면서, 가톨릭 성직자들도 공개적으로 비판했다. "우리의 유일한 희망은 혁명이지만 대부분의 주교들과 많은 성직자들은 혁명에 반대한다"(Ellis 1996: 133에서 인용).

인터내셔널은 처음부터 페니언 단원들과 어느 정도 관계를 맺고 있었던 것으로 보인다. 페니언이 대영제국에서 불법적인 운동의 일환이라는 사실을 감안할 때 이러한 관계가 항상 공개적으로 형성되지는 않았음에도 그렇다. 그러나 저명한 페니언 단원인 제임스 스티븐스(James Stephens)의 경우처럼 이러한 관계와 관련된 문서가 일부 남아 있다. 스티븐스와 다른 페니언 지도자들은 1865년 가을 체포되었지만, 1866년 3월 미국의 페니언 단원들이 수행한 구출작전에 의해 영국 감옥에서 풀려났다. 다소 엉뚱했던 스티븐스는 미국으로 탈출했고, 그곳에서 오히려 자신을 운동의 최고 지도자로 독단적으로 선언했다. 1866년 봄, 윌리엄 로버츠(William Roberts)가 이끄는 경쟁 중인 페니언 분파 출신의 남북전쟁 참전용사 약 600명은 영국 영토에서 최초로 아일랜드 삼색기[6]를 들어올렸던 뉴욕 버팔로 인근 캐나

다로 건너가 영국군 12명을 살해한 뒤 국경을 넘어 후퇴했다. 마르크스는 이 작전을 대단히 유보적인 태도로 대하는 것처럼 보였다. 몇 달 후인 1866년 12월 17일, 엥겔스에게 보낸 편지에서 마르크스는 "우리의 더욱 의심스러운 성과 중 하나는 …… 스티븐스의 (뉴욕에서의) 합류였습니다"라고 인터내셔널에 관해 간결하게 알린다(MECW 42: 338). 두 단체 사이의 추가적인 관계는 1865년과 1866년 사이 인터내셔널과 관련된 신문들이 수감된 페니언 단원 부인들의 호소문뿐만 아니라 아일랜드의 전체 평의회 성원 피터 폭스가 쓴 몇몇 기사도 게재했다는 사실에 의해 나타난다. 피터 폭스의 기사 중 한 편은 영국 정부가 가혹한 대우에 대해 불평했던 페니언 수감자들을 대변하는 인터내셔널의 대표단을 받기로 합의하는 결과를 낳았다.[7] 이 가혹한 대우에는 영구적인 독방 감금, 6개월마다 단 한 통의 편지 허용, 그리고 가장 사소한 감옥 규칙을 위반했을 경우 태형 및 28일간 빵과 물만 배급하는 것이 포함되었다.

그러나 1867년은 아일랜드 투쟁이 정말이지 끓어오른 해였다. 3월, 영국 정예부대는 페니언단이 주도하고 허술하게 무장한 아일랜드 농민들이 가담한 봉기를 진압했다. 9월 11일 맨체스터에서, 영국은 두 명의 지도적 페니언 단원인 토머스 켈리(Thomas Kelly)와 티모시 디지(Timothy Deasy)를 체포했다. 그 후 9월 18일, 다른 페니언 단원들이 호송차를 매복 습격해 이

---

6 녹색, 흰색, 주황색의 아일랜드 삼색기는 프로테스탄트와 가톨릭의 궁극적인 통일을 상징했다. 삼색기는 1848년 혁명 시기 프랑스 장관 알퐁스 드 라마르틴(Alphonse de Lamartine)이 주재한 파리의 한 기념식에서 처음 공개되었다.

7 폭스가 작성하고 국제노동자연합 의장인 조지 오저가 서명한 이 글「아일랜드 주의 수감자들. 조지 그레이(George Grey) 경과 국제노동자연합(The Irish State Prisoners. Sir George Grey and the International Working Men's Association)」은 1866년 3월 10일, 인터내셔널과 관련된 런던 신문인 ≪코먼웰스≫에 실렸다. 이 기사는 Marx and Engels(1972b: 361~367)에 전재되었다.

둘을 탈출시켰다. 이후 영국 경사 한 명이 부상으로 인해 곧 사망했다. 이 사건들은 9월 14일 함부르크에서 인쇄에 들어간 『자본』의 홍보에 관해 상의하기 위해, 마르크스와 폴 라파르그가 맨체스터에서 엥겔스를 방문하고 있던 바로 그 주에 일어났다. 켈리와 디지는 가까스로 미국으로 도망쳤지만, 경찰은 맨체스터의 아일랜드인 공동체를 급습해 수십 명을 체포하고 결국 다섯 명을 살인죄로 재판에 회부했다. 이 중 "맨체스터의 순교자들"로 불리는 윌리엄 앨런(William Allen), 마이클 오브라이언(Michael O'Brien), 마이클 라킨(Michael Larkin), 이 세 명은 11월 23일, 술에 취한 무리들이 밖에서 축하하는 가운데 공개적으로 교수형에 처해졌다. 빅토리아 여왕은 10월 2일, 사적인 대화에서 상층 계급 의견의 분위기를 나타냈다. "이 아일랜드인들은 정말 충격적이고 끔찍한 사람들로, 다른 어떤 문명화된 민족과도 다릅니다"(Kapp 1972: 84에서 인용). 그러나 영국의 좌파 및 노동운동 진영은 신빙성 있는 증거가 거의 제시되지 않은 이 재판을 강하게 규탄했다. 그들은 사형 집행에 대해 훨씬 더 큰 분노를 표현했다.

이미 6월에, 마르크스는 자신이 "자신들 영국의 인류애를 뽐내는" "돼지 새끼"라고 부른 영국인에 의해 건립된, 페니언 단원들이 갇힌 수감소의 개탄스러운 상태로 인해 "꽤 구역질이 났습니다"라고 엥겔스에게 썼다. 언제나처럼, 페니언 수감자들은 정치범이 아닌 일반 범죄자로 대우받았다(MECW 42: 394). 마르크스는 주요 페니언 수감자인 제레미아 오도노반 로사(Jeremiah O'Donovan Rossa)의 부인 메리 오도노반 로사(Mary O'Donovan Rossa)가 인터내셔널의 지지에 감사를 표하기 위해 편지를 썼다는 것 또한 알렸다. 사형 집행은 다섯 달 후인 11월 23일이었는데, 그 전 몇 주 동안 인터내셔널은 연대 운동을 시작했다. 11월 2일 엥겔스에게 보낸 편지에서 마르크스는 "나는 내가 할 수 있는 모든 수단을 동원해 영국 노동계급이 페니언주의(Fenianism)에 찬성하는 시위를 하도록 선동했습니다"라고 쓴다(460). 그들은 인터내셔널 구성원들 및 자유주의자들이 투표권 확대를 지지하기 위해 설립한 영향력 있는 단체 "개혁연맹(Reform League)"의 회의에서 페니언 수감자들을 지지하는 토론에 참가했다. 남북전쟁 시기에 노예제에 그토록 노골적으로 반대했던 노동 지도자 중 한 명인 오저는 개혁연맹에서 아일랜드인을 지지하는 사람들 사이에 있었다. 그러나 오저는 곧 이를 철회하면서, 자신이 오해받았다고 말했다. 분명, 아일랜드에 대해 정곡을 찌르는 태도를 취하는 것보다 대서양 건너편의 노예제에 반대하는 것이 더욱 쉬웠다. 이는 1871년, 파리 코뮌 시기에 마르크스와 영국 노동조합 지도자들 사이에 분열을 형성할 불화의 시작이었다.

11월 2일 엥겔스에게 보낸 편지에서 마르크스는 아일랜드 투쟁에 대한 자신의 관점이 진화하고 있음을 시사한다. "한때 나는 잉글랜드로부터 아일랜드를 분리하는 것은 불가능하다고 믿었습니다. 비록 연합이 분리를 따를지는 모르지만, 이제 나는 그것을 필연적인 것으로 간주합니다"(MECW 42: 460). 그리고 나서 그는 아일랜드에서 소작농들에 대한 새로운 일련의 퇴거가 있다는 점을 언급하면서, 다음과 같이 덧붙인다. "다른 어떤 유럽 국가에서도 해외 지배가 이러한 형태의 직접적인 선주민 수탈을 취하지 않았습니다"(461).

1867년 11월 19일, "페니언 문제"에 관한 국제노동자연합의 전체 평의회, 구성원, 후원자 공개 회의 회의록은 다수가 매우 강한 친아일랜드적 관점을 가졌다는 것을 보여준다(Marx and Engels 1972b: 368). 런던의 ≪더 타임스≫와 더블린의 신문 두 곳, 즉 ≪네이션(Nation)≫과 ≪아이리시맨(Irishman)≫이 그 과정을 보도했다. 이 토론에서 인터내셔널의 스위스 간사 헤르만 융(Hermann Jung)은 페니언을 공격한 사람들이 폭력에 의지하고 있다고 비판해서 박수를 받았다.

> 페니언과 관련해, 이 나라 노동자들의 관심을 돌리려는 몇몇 시도가 있었다. 그들이 살인자라고 비난받는 동안, 가리발디는 위대한 애국자로 간주된다. 가리발디의 운동으로 희생된 생명은 없는가? …… 아일랜드인은 자신들을 자신들의 나라에서 쫓아내는 사람들에 맞서 반란을 일으킬 권리가 있다. 만약 어떤 외국 강대국이 비슷한 방식으로 영국인들을 억압한다면, 영국인들도 똑같이 행동할 것이다(368~369).

인터내셔널의 프랑스 간사 유진 듀퐁(Eugene Dupont)도 혁명의 권리를 언급했지만, 그는 페니언단의 정치 강령이 갖는 진보적 성격도 강조했다. "그들은 공화주의적 정부 형태, 양심의 자유, 국교의 부정, 노동자에 대한 노동생산물 부여, 그리고 인민에 대한 토지 소유 부여를 지지한다"(369).

인터내셔널 전체 평의회의 영국인 구성원들은 이보다 불분명했다. 노조 지도자인 벤자민 루크래프트(Benjamin Lucraft)는 폭력은 아무런 도움이 되지 않을 것이라고 말했으며, 또한 영국 노동운동과 거리를 두는 런던의 아일랜드 노동자들을 비판했다. 회의를 주재했던 또 다른 영국인이자 전체 평의회 구성원이었던 존 웨스턴(John Weston)은 루크래프트보다는 페니언을 지지했다. "아일랜드인을 굶겨 죽인 죄는 페니언 수감자들을 구하려다 한 사람을 우발적으로 죽인 죄보다 훨씬 컸다"(Marx and Engels 1972b: 371). 마르크스는 토론에 참가하지 않았지만, 다음날 내무장관에게 발송된 인터내셔널의 탄원서를 쓴 주요 저자였다. 이 탄원서는 사형 집행이 시행된다면, "사법처리가 아니라 정치적 복수라는 낙인이 찍히게" 될 것이라고 썼다(Marx and Engels 1972b: 118). 이틀 후인 11월 21일, 약 2만 명의 노동자들이 자비를 구하기 위해 런던에 모였다. 마지막 순간에 두 사람의 형 집행이 취소되었지만, 앨런, 라킨, 오브라이언은 11월 23일 교수형에 처해 졌다.

교수형이 행해진 다음날인 11월 24일 마르크스에게 편지를 쓰면서, 엥 겔스는 아일랜드 독립을 필연적으로 만들, 회복 불가능한 불화가 발생했 다고 결론짓는다.

> 토리당원들은 정말이지 잉글랜드와 아일랜드 사이의 궁극적인 분열을 가져온 행위를 수행했습니다. …… 그것은 바로 저 세 사람을 처형한 것인 데, 이는 지금 아일랜드, 잉글랜드, 미국의 모든 아일랜드인 아이들의 요람 맡에서 노래되고 있는 것과 같이 켈리와 디지의 탈출을 영웅적 행위로 변화 시킬 것입니다. 아일랜드 여성들은 폴란드 여성들만큼 확실히 이 일을 맡을 것입니다. 내가 아는 바로는, 누구든지 문명화된 국가에서 이와 유사한 어 떤 일로 처형당한 유일한 경우는 하퍼즈페리에서 일어난 존 브라운(John Brown) 사건뿐이었습니다. 페니언 단원들이 이보다 더 나은 선례를 기대할 수는 없을 것입니다(MECW 42: 474).

여기서 엥겔스는 세 가지 주제, 즉 남북전쟁, 폴란드, 아일랜드를 본 연 구의 핵심과 매끄럽게 연결시킨다.

마르크스는 11월 26일 전체 평의회 회의를 위해 아일랜드에 관한 연설 을 준비했지만, 그는 또 다시 연설하지 않았고 폭스가 대신 연설했다. 엥 겔스에게 보낸 11월 30일자 편지에서, 마르크스는 만약 아일랜드 언론이 다시 회의장에 나타났다면 자신이 발언권을 가졌을지도 모른다고 시사한 다. 마르크스는, 만약 자신이 발언권을 잡았더라면 불과 3일 전에 시행된 사형 집행 사실로 인해 자신이 "상황과 동향을 다루기로 의도한 객관적 분석 대신에 청천벽력 같은 혁명적 일을 촉발하도록" "강요되었을" 것이라고 쓴다(MECW 42: 485). 이것이 폭스가 연설한 것에 자신이 불쾌해하지 않은 이유라고 그는 덧붙이는데, 이는 부분적으로는 폭스가 영국인이고 이 시점에서 영국인이 입장을 취하는 것이 중요했기 때문이다. 그러나 마르크스는 "관념적인 폭스"(MECW 42: 485)가 연설 끝부분에서 투표에 부칠 것을 제안했던, 무엇인가 더 강한 내용이 아니라 "영국과 아일랜드 민족 간의 친선"을 강조하는 종류의 결의안에 곤란함을 겪었는데, 결국 폭스의 결의안은 뚜렷한 논란 없이 심의가 연기되었다(General Council of the First International 1964: 181). 마르크스는 자신이 기꺼이 연설하지 않았던 또 다른 이유로, 자신이 로버츠, 스티븐스 등과 같은 사람들과 휩쓸리는 것을 즐기지 않음에도 불구하고 최근 사형이 집행된 상황에서는 자신이 원하는 것 이상으로 스스로를 페니언과 공개적으로 동일시해야 했기 때문이었다고 덧붙인다(MECW 42: 485).

11월 26일에 결국은 하지 못했던 연설을 준비하기 위해 마르크스가 영어로 작성했던 노트는 남아 있다. 그는 11월 24일자로 엥겔스가 보낸 편지와 비슷한 내용으로 시작한다. "우리가 마지막으로 모인 이후, 우리 논의의 대상인 페니언주의가 새로운 단계에 들어섰다. 페니언주의는 영국 정부에게 피의 세례를 받았다. 맨체스터에서의 정치적 처형은 하퍼즈페리에서의 존 브라운의 운명을 우리에게 상기시킨다. 이 처형은 아일랜드와 잉글랜드 간 투쟁의 새로운 시대를 열었다"(MECW 21: 189). 마르크스는 농업 토지 소유의 집중화에 상당한 관심을 쏟으면서, 1855년 이후 "103만 2694명의 아일랜드인이 약 100만 마리의 소, 돼지, 양에 의해 쫓겨났다"라고 썼다(190). 그 결과로 "인민 대중의 상황은 악화되었고 그들의 상태는 1846년의 상태와 유사한 위기에 가까워졌다. 상대적 과잉인구는 이제 기근 이전과 마찬가지로 거대해졌다. …… 그 결과는 다음과 같다. 선주민의 점진적 축출, 수명, 토지의 점진적 약화와 소진"(191).

이 짧은 구절에서, 마르크스는 아일랜드인의 파괴와 자연 환경의 파괴를 함께 연결시킨다. 아일랜드를 향한 영국의 자본주의적 침투가 맞이한 이 새로운 단계는 인간에 대한 피해와 생태적 피해를 모두 가하고 있었다. 아일랜드의 역사가 이몬 슬레이터(Eamonn Slater)와 테런스 맥도너(Terrence McDonough)는 아일랜드에 관한 이 구절 및 다른 몇몇 구절에서 볼 수 있는 이러한 종류의 논의가 "마르크스를 식민주의에 관한 역사적 분석가로서 뿐만 아니라 어쩌면 환경적 근대성의 이론가로서도 표명하게 한다"라고 주장한다(Slater and McDonough 2008: 170). 노트에서 매우 간략히 다룬 페니언주의에 대해서, 마르크스는 "사회주의적 운동, 하층계급의 운동"으로서의 페니언주의의 "특징적 성격"은 "가톨릭이 아니라" "공화주의"를 의미했으며, 이는 미국 아일랜드인의 영향 아래에서 그러했다고 쓴다(MECW 21: 192, 193). 1867년 11월 30일 엥겔스에게 보낸 편지에서, 마르크스는 1846년 이후 아일랜드의 사회경제적 변화를 새로운 형태의 저항운동으로서 페니언주의가 출현한 것과 보다 분명하게 연결시킨다.

영국인들이 아직 깨닫지 못하고 있는 것은, 1846년 이후 아일랜드에서의 영국 통치의 경제적 내용과 그에 따른 정치적 목적 또한 완전히 새로운 국면으로 접어들었다는 것, 그리고 바로 그 이유 때문에 페니언주의는 (소극적 의미에서 토지 전유에 맞서 유도된 것으로서의) 사회주의적 경향과 하층 사람들의 운동으로 특징지어진다는 것입니다. (로마인들과 같은 의미에서) 영국 식민주의자들의 방식으로 아일랜드인들을 몰아내고자 했던 엘리자베스 혹은 크롬웰의 야만적 행위를 양, 돼지, 소떼라는 방식으로 아일랜드인을 몰아내고자 하는 현재 체제와 함께 묶는 것보다 무엇이 더 우스꽝스러울 수 있겠습니까! …… 아일랜드의 사유지를 정리하는 것은 이제 아일랜드에서의 영국 지배가 갖는 유일한 의미입니다. 런던의 **멍청한** 영국 정부는 1846년 이후의 이러한 엄청난 변화에 대해 물론 아무것도 모릅니다. 그러나 아일랜드인은 알고 있습니다. …… 아일랜드인은 가장 명료하고 가장 강력한 태도로 이에 대한 자신들의 자각을 표현했습니다. 이제 문제는 **우리**가 **영국** 노동자들에게 어떠한 충고를 해야 하는가입니다. 나의 관점에서 보자면, 그들은 **연합의 철회**를 …… 자신들의 **선언** 중 하나의 조항으로 만들어야 합니다. 이는 **영국** 정당이 자신들의 강령으로 도입할 수 있는, 유일하게 **정당하고** 따라서 유일하게 가능한 형태의 아일랜드 해방입니다. …… 아일랜드에 필요한 것은 다음과 같습니다. 1. 영국으로부터의 자치와 독립. 2. 토지혁명. 영국인은 아무리 하고 싶어도 아일랜드인을 위해 이를 할 수 없지만, 아일랜드인은 스스로를 위해 이를 할 수 있는 합법적 수단을 자신들에게 부여할 수 있습니다. 3. **영국에 대한 보호관세**(MECW 42: 486~487; 강조는 원문).

아일랜드 독립에 대한 요구는 여전히 분명했지만, 영국 노동자들이 아일랜드의 변화를 위한 촉매가 될 것이라는 생각은 이전과 같이 남아 있었다.[8]

---

8 여기서도 마르크스의 국가관이 갖는 복잡성을 알 수 있다. 그는 토리당의 에드워드 더비(Edward Derby)가 이끄는 당대의 런던 정부가 아일랜드 농업에서 일어나고 있는 급진적 변화를 알지 못하고 있었고, 이 변화는 짐작컨대 영국 정부 및 그 계급적 기초와 어느 정도 분리된 힘에 의해 수행되고 있었을 것이라고 주장했다. 국가의 상대적 자율성을 떠올리게 하는, 더 잘 알려진 내용은 『루이 보나파르트의 브뤼메르 18일(Eighteenth Brumaire of Louis Bonaparte)』(1852)에서 확인할 수 있다.

아일랜드의 상황은 1867년 12월 13일, 페니언 단원들이 자신들의 수감자 일부를 탈출시키기 위해 런던의 클러큰웰 감옥 외부에 폭탄을 설치했을 때 또 한번 극적인 전환점을 맞이했다. 그 폭탄은 목표에서 빗나갔고, 대신 인접한 노동계급 공동체의 영국인 거주자 수십 명이 죽었다. 다음날 엥겔스에게 보낸 편지에서, 마르크스는 아일랜드인에 대한 영국 노동계급의 지지를 분명히 약화시킬 이 사건에 대한 실망감을 표현한다. 그는 또한 소규모 집단의 음모론적인 행동이라는 개념을 비판한다. "최근 클러큰웰에서 페니언 단원들이 한 일은 엄청나게 어리석은 짓입니다. 아일랜드에 대해 많은 공감을 표했던 런던의 대중은 이에 격분해 정부 당국의 품 안으로 안기게 될 것입니다. 런던의 프롤레타리아트가 페니언 밀정의 이익을 위해 격분하리라 기대할 수는 없습니다. 일반적으로 이런 종류의 비밀 음모, 극단적 음모는 거의 실패할 수밖에 없는 운명입니다"(MECW 42: 501). 12월 19일, 엥겔스는 이 사건이 "분명 소수의 특별한 광신도들의 소행이었습니다. '우리는 정말로 뭔가를 해야 한다'는 이유로 이들이 어리석은 행동을 하게 되는 것은 모든 음모가 처할 불행입니다"라고 답신한다(505).

그러나 이러한 사적인 비판 중 어느 것도 마르크스의 입장이 아일랜드의 대의에 대해서, 혹은 심지어 페니언에 대해서도 돌아섰음을 의미하지는 않았다. 마르크스는 12월 17일 편지에서 엥겔스에게 아일랜드에 관한 전체 평의회 회의 내용을 다루었던 신문 ≪아이리시맨≫이 『자본』 서평을 "당신이 영어로 쓴다면, 출판할 용의가 있다"라고 전해온 사실을 알린다. 『자본』의 아일랜드 관련 절을 언급하면서, 그는 "그러나 아일랜드가 이에 관해 적절한 역할을 해야 합니다"라고 덧붙인다(MECW 42: 504).[9]

---

9 그들의 편지에서 다시 언급되지 않는 『자본』에 대한 이 서평을 엥겔스가 썼는지는 분명하지

마르크스는 또한 클러큰웰에서 폭파 사건이 발생한 지 불과 3일 후인 12월 16일, 독일노동자교육협회(German Workers Educational Society)에서 동료들이 후원한 모임을 통해 100명의 청중을 앞에 두고 아일랜드에 대한 장시간의 공개 강연을 했다고 언급한다. 이 강연을 위한 마르크스의 메모는, 인터내셔널 전체 평의회 간사로 일하던 요한 게오르크 에카리우스가 그 강연에 대해 쓴 짧은 미발표의 기사 초안과 함께 남아 있다.

1867년 12월 16일 강연을 위한 노트에서, 마르크스는 페니언주의를 다시 한번 "인민 대중, 하층 사람들에게만 뿌리 내린 (그리고 여전히 정말로 뿌리 박고 있는)" 운동으로 특징짓는 것으로 시작하는데, 이러한 페니언주의는 그의 관점에서는 "귀족, 중간계급 사람들, 그리고 항상 가톨릭 성직자"가 주도했던 것으로 여겨진 "이전의 모든 아일랜드 운동"과는 대조적인 것이기 때문이다(MECW 21: 194). 그리고 나서 마르크스는 왜 이때 이러한 운동이 나타났는지 묻는다.

여기에 영국인들이 도저히 이해할 수 없는 것이 있다. 이들은 현재의 통치체제가 이전에 있었던 잉글랜드의 아일랜드 압제에 비해 관대하다고 생각한다. 그렇다면 왜 지금 이러한 가장 단호하고 비타협적인 형태의 저항이 일어나는가? 내가 보여주고 싶은 것, 그리고 아일랜드인을 편드는 영국인들조차 보지 못하는 것은, 1846년 이후 압제가 형식적으로는 덜 야만적이긴 하지만 실제로는 파괴적이어서, 잉글랜드의 자발적인 아일랜드 해방 혹은 생사를 건 투쟁 이외에는 대안을 남기지 않았기 때문이다(194).

않다. 이 시기, 마르크스는 독일 신문에 『자본』에 대한 수많은 서평을 실었고, 비록 성공하지는 못했지만 영국 정기 간행물에도 그 서평을 실으려고 시도했다.

따라서 1846년 대기근 이후 이루어진 보다 자본주의적인 형태의 영국 지배는 비록 덜 공공연하게 폭력적이었음에도 불구하고, 지난 700년간 이루어진 모든 형태의 영국 통치보다도 더 파괴적이었다.

다음으로, 마르크스는 12세기 이후부터 아일랜드를 정복하려 했던 영국의 시도를 추적한다. 그는 이 시도들을 북아메리카의 후기 영국 식민지 개척자들이 아메리카 선주민을 상대로 벌인 정복 전쟁과 유사한 것으로 묘사한다. "이 계획은 적어도 섀넌강까지 아일랜드인들을 몰살시키고, 그들의 땅을 차지하며, 영국 식민지 개척자들을 그 자리에 정착시키는 것이었다"(MECW 21: 195). 1640년대에 크롬웰에 맞선 전국적인 아일랜드 반란은 새롭고 더 철저한 형태의 재정복을 야기했다. "유혈 사태, 황폐화, 모든 주에서의 인구 감소, 다른 지역으로의 주민 퇴거, 서인도 제도에서 아일랜드인을 노예로 판매하기"(196). 이는 두 가지 다른 결과를 낳았다. (1) 크롬웰의 아일랜드 군사작전은 잉글랜드 자체의 급진적 혁명에 대한 희망을 끝냈다. 그것은 "영국 공화국을 망쳤다". 그리고 (2) 그것은 "영국의 인민파에 대한 아일랜드의" 특별한 "불신"을 야기했고, 따라서 영국 좌파에 대한 입장에서 당시의 아일랜드인과 그들의 후손 사이를 갈라놓았다. 이후 왕정복고하의 영국 정책은 아일랜드의 제조업 발전을 막았고, "사람들로 하여금 어쩔 수 없이 토지에 의지하도록 만들었다"(197). 마르크스는 또한 가톨릭에 대한 종교적 차별 및 이 차별과 영국인의 토지 전유 사이의 연관성을 상세히 기술한다. 프랑스 혁명에서 영감을 받은 1798년 아일랜드 봉기는 실패로 돌아갔는데, 이는 "소작농들"이 "무르익지 않았기" 때문이었다(198). 아일랜드 산업이 축소된 상황에서 1801년 잉글랜드-아일랜드 연합이 성립되었다. "아일랜드가 산업적으로 발전하려고 할 때마다, 아일랜드는 짓밟혔고 완전한 농경지로 복원되었다. …… 따라서 아일랜드에서 축적된 모든 것은 투자를 위해 잉글랜드로 보내졌다. …… 따라서 아일랜드는 '영국의 위대한 업적'을 쌓아올리기 위해 저렴한 노동과 저렴한 자본을 기부하도록 강요[되었다]"(200).

자신의 노트 후반부에서, 마르크스는 1846년 이후의 시기에 초점을 맞춘다. 아일랜드는 집단 사망과 이주가 늘어날 뿐 아니라 대규모 농장까지 강화되는 상황에서 '구식 농업체제의 혁명'을 경험했다. 이는 처음에는 계획된 것이 아니었지만, "이것이 의식적이고 계획된 체제가 되는 상황이 곧 발생했다"(MECW 21: 201). 마르크스는 다음과 같은 네 가지 요인을 언급한다. (1) 곡물법 폐지로 아일랜드 곡물 가격이 하락했다. (2) 아일랜드 농업의 "재조직"은 영국에서 일어났던 것의 "서투른 모방"이었다(MECW 21: 202). (3) 아일랜드 남성과 여성 대중은 "거의 기아 상태로" 잉글랜드를 향해 달아나고 있었다(202). 그리고 (4) 1853년 '토지저당법(Encumbered Estates Act)'은 토지 소유의 집중을 더욱 심화시켰다. 소작농들은, 때로는 강제적으로, 토지에서 쫓겨났다. 그 후 마르크스는 이주를 통한 인구 감소와 남은 사람들의 생활 조건의 하락을 자세히 설명한다.

마찬가지로 미출판된, 강연 모임 관련 기사에서, 에카리우스는 마르크스의 결론을 마르크스의 노트에서 발견된 것보다 더 상세하고 날카로운 형태로 우리에게 제시하는데, 이는 마르크스의 구두 발언이 다음과 같이 더 날카로웠을 수 있음을 시사한다.

110만 명 이상의 사람들이 960만 마리의 양으로 대체되었습니다. 이것은 유럽에서 전례가 없는 일입니다. 러시아인들은 쫓겨난 폴란드인들을 양이 아닌 러시아인으로 대체합니다. 몽골인 치하의 중국에서만 양떼를 위한 공간을 만들기 위해 마을을 파괴해야 할지에 대한 논의가 한때 있었습니다.

따라서 아일랜드의 문제는 단순히 민족에 관한 문제가 아니라 토지와 생존에 관한 문제입니다. 파멸이나 혁명이냐가 그 표어입니다. 모든 아일랜드인은 이왕 무슨 일이 일어나려면 그 일은 빨리 일어나야 한다고 확신하고 있습니다. 영국인은 분리를 요구해야 하고, 토지소유 문제를 결정짓기 위해 아일랜드인 자신들에게 분리를 맡겨야 합니다. 이 밖의 모든 것은 쓸모없을 것입니다(MECW 21: 318~319).

따라서 아일랜드에 대한 자본주의적 착취의 영향을 몽골인의 약탈과 비교하면서, 마르크스는 자신이 일찍이 인도에서 영국 통치를 "부르주아 문명의 내재적 야만성"의 사례로 특징지었던 것과 비슷한 주장을 하고 있었던 것이다(MECW 12: 221).

1867년의 격변 이후 아일랜드 이론화하기

1868년 초, 보나파르트 정권은 파리에서 인터내셔널 구성원들을 체포하면서, 국제적인 페니언 음모의 중심에 있다는 증거도 없이 그들을 기소했다. 아일랜드에서는 다소 온건한 신문인 ≪아이리시맨≫이 친페니언적인 내용을 출판했다는 이유로 비난을 받게 되었고, 편집자 리처드 피곳(Richard Pigott)은 실형을 선고받았다. 3월 16일 엥겔스에게 보낸 편지에서, 마르크스는 이런 종류의 억압은 "러시아를 제외하고, 대륙에서 보았던 그 무엇도 능가합니다. 정말 개자식들!"이라고 읊조린다(MECW 42: 550). 그 후 몇 주 동안 맨체스터에서 열린 페니언에 대한 재판에서는 마르크스와 엥겔스의 오랜 동지 어니스트 존스(Ernest Jones)가 피고측 변호사 역할을 맡았다. 마르크스와 엥겔스는 존스가 자유주의로 향하자 그와 소원해졌었고, 엥겔스는 1868년 4월 30일 마르크스에게 편지를 쓰면서 법정에서 존스가

"미온적인" 접근법을 보인 것을 비판하는데, 엥겔스가 보기에 존스의 이러한 접근법은 검찰 측이 아무런 저지 없이 날뛸 수 있게 허용하는 것이었다 (MECW 43: 26). 곧이어 5월 26일, 클러큰웰 폭파에 가담한 혐의로 유죄 판결을 받은 페니언 단원 마이클 바렛(Michael Barrett)이 교수형에 처해졌다. 바렛은 잉글랜드에서 공개적으로 교수형에 처해진 마지막 사람이었다.

이 시기, 인터내셔널 독일인 구성원 루트비히 쿠겔만(Ludwig Kugelmann)에게 보낸 4월 6일 편지에서, 마르크스는 자유당 글래드스턴의 선거 전략을 다룬다. 글래드스턴의 공약에는 노동계급 상당 부분(그러나 전부는 아닌)으로의 투표권 확대와 아일랜드에 대한 더 큰 유연성이 포함되었다. 마르크스는 오저와 인터내셔널의 다른 노동 개혁가들이 글래드스턴의 공약에 들러붙었다고 불평한다. 마르크스는 아일랜드에서 성공회의 국교 지위를 폐지하겠다는 글래드스턴의 약속을 언급하면서, 이것이 아일랜드에서 가톨릭교도와 프로테스탄트교도 사이에 더 큰 결속을 이끌 수 있을 뿐만 아니라 영국에서도 비슷한 움직임을 이끌 수 있다는 희망을 표현한다. 이 모든 것은 중요한 효과를 발휘해 지주 계급을 약화시킬 수 있다. "나는 항상 사회혁명이 땅으로부터, 즉 토지 소유물로부터 진지하게 시작되어야 한다고 느꼈습니다"(MECW 43: 4). 마르크스는 또한 1868년 10월 10일 편지에서 엥겔스에게 의회의 『아일랜드 소작권에 관한 1867년 보고 및 증언서 (Report and Evidence on Irish Tenant Right 1867)』를 입수했다고 쓰면서, 지주 – 소작농 관계에 대한 경제적 자료를 계속 연구한다. "토지의 차이에 따른 지불 이외에, 또한 지주가 아닌 소작농이 토지에 투하한 자본에 대한 이자 이외에 어디까지 지대에 포함되어야 하는지에 관한, 농민과 지주 사이의 진정한 삶과 죽음의 투쟁이 여기 있습니다." 이러한 것들이 정치경제학자들의 토론에서는 "은폐된 배경"을 형성하는 "진정한 적대감"이라고 그는 덧붙인다(128).

지난 1년간 인터내셔널 활동에 관해 1868년 9월 9일 런던의 ≪더 타임스≫에 익명으로 게재된 보도에서, 마르크스는 "아일랜드의 권리를 지키기 위한 런던 대중집회"를 포함해 페니언 수감자들을 위해 벌였던 지지 활동을 언급한다. 그는 또한 파리에서 인터내셔널 구성원들이 체포되었던 것을 상세하게 설명하면서, 이를 통해 보나파르트가 "영국 정부의 호의"를 얻기 위해 노력했음을 시사한다(MECW 21: 13). 맨체스터 순교자 추모식에 대해 적대적으로 다룬 11월 23일 ≪더 타임스≫ 기사로 판단하건대, 페니언 수감자들은 영국 노동계급 일부에게서 계속 지지받았다. "어제 하이드 파크는 작년 오늘 처형된 살인자들의 이름 아래 그곳에 모인 런던 '불량배들'의 야외 행사로 또다시 망신을 당했다. …… 이 살인자들은 '순교자들'이라고 불린다. …… 선동적인 전단이 거주자들에게 배포되었는데, 이들은 수도에서 …… 최악의 지역 …… 에 사는 이들이다. 전단은 검은색 테두리가 쳐진 녹색으로 인쇄되었고 장례용 장미 문양으로 제목이 장식되어 있었다"(Ellis 1996: 141에서 인용).

1869년 초 총리로 선출된 후, 글래드스턴은 아일랜드에 대한 긴장을 완화하기 위한 조치를 취했다. 그는 성공회의 국교 지위를 폐지해 아일랜드 인구의 대다수에 대한 노골적인 종교적 차별 일부를 종식시켰다. 의회 또한 수감된 페니언 단원 중 지도자를 제외한 일부에 대해 제한된 사면 조치를 취하는 것을 두고 투표했다. 사업가로 일한 지 20년 만에 마침내 맨체스터의 가족 소유 제조업 회사에서 은퇴할 수 있었던 엥겔스는 자신의 동반자 엘리자베스 번스(1863년 사망한 메리의 여동생)와 마르크스의 딸 엘리노어를 데리고 아일랜드로 여행하는 첫 기회를 잡았다. 1869년 9월 27일자 마르크스에게 보낸 편지에서, 엥겔스는 1856년 아일랜드를 마지막으로 방문했던 이후 아일랜드에서 일어난 두 가지 주요한 경제적 변화를 기술하고 있는데, 그것은 농촌의 인구 감소와 더블린이 어떻게 부산스럽고 국제적인 항구 도시가 되었는지이다. 엥겔스는 또한 "문자 그대로 사방에 군인"이 있는 "전쟁 상태"를 묘사한다(MECW 43: 357). 마지막으로, 그는 아일랜드에 관한 책을 쓰는 데 여가 시간을 사용할 계획이라고 언급한다.

1869년 가을, 마르크스는 아일랜드에 대한 긴 연구도 준비하고 있었던 것으로 보이는데, 그는 출처가 될 자료에 관해 엥겔스에게 물어보기 시작했다. 엥겔스는 연구를 시작한 후 10월 24일 마르크스에게 보낸 편지에서 크롬웰의 침략에 관해 마르크스의 초기 평가와 유사한 평가를 내린다. "아일랜드 역사는 다른 나라를 예속하는 것이 예속하는 그 나라에게 얼마나 불행한 일인지를 보여줍니다. 모든 영국 혐오는 아일랜드 페일 지역에서 유래되었습니다. 나는 여전히 크롬웰 시대에 몰두해야 하지만, 새로운 귀족을 형성한 아일랜드에서의 군사적 지배가 없었더라면 영국의 상황은 또 다른 변화를 겪었을 것임이 내게는 분명해 보입니다"(MECW 43: 363).

1869년 여름과 가을 동안 페니언 수감자들에 대한 사면 요구는 약 20만 명의 사람을 모은 10월 10일 더블린의 집회로 새로운 힘을 얻게 되었다. 글래드스턴 정부를 향한 수많은 탄원도 있었다. 10월 24일 런던에서는 페니언 지지자들이 약 10만 명의 사람들을 모은 시위를 조직했는데, 이 시위는 차티스트 시절 이후 가장 큰 규모의 좌파 집회였다. 마르크스의 딸 예니는 10월 30일 쿠겔만에게 보낸 편지에서 마르크스 가족 전체가 참여했다고 알린다.

런던에서 이 주의 사건은 아일랜드 수감자들의 석방을 정부에 간청하기 위한 목적으로 일어난 페니언 시위였습니다. 투시[엘리노어]가 아일랜드에서 어느 때보다도 더 확고한 아일랜드인으로 돌아왔기 때문에, 그는 집회가 열리기로 한 장소인 하이드 파크로 함께 가자고 무어인[마르크스], 엄마, 그리고 나를 쉬지 않고 설득했습니다.[10] 런던에서 가장 큰 공원인 이곳은 남성, 여성, 아이들의 한 무리 그 자체였고, 심지어 나무에는 가장 높은 나뭇가지에까지 사람들이 매달려 있었습니다. 참석인원은 어디선가 신문이 추정한 바에 따르면 약 7만 명이었지만, 이 신문들이 영국 신문이기 때문에 이 수치는 의심할 바 없이 너무 낮습니다. 붉은색, 녹색, 흰색 현수막을 들고 행진하는 사람들이 있었는데, 여기에는 "만일의 사태에 대비하라!", "폭군에 대한 불복종은 신에 대한 의무이다!"와 같은 많은 문구가 새겨져 있었습니다. 그리고 깃발보다 더 높이 솟아 있는 것은 수많은 붉은색 자코뱅 모자들이었는데, 이를 들고 있는 사람들은 노래 '라 마르세예즈'를 불렀습니다. 이 광경과 소리는 클럽에서 포트와인을 즐기는 사람들을 틀림없이 크게 방해했을 것입니다. 그다음날인 월요일, 모든 신문은 이 빌어먹을 "외국인"들에게 맹공을 퍼부었고, 그들이 피로 물든 깃발, 시끄러운 합창 및 기타 극악무도한 행위로 존 불의 사기를 꺾기 위해 잉글랜드에 상륙한 날을 저주했습니다(MECW 43: 546~547).

10월 26일 전체 평의회 회의 발언에서 마르크스는 영국 노동자들의 참여를 강조한다. "시위의 주요 특징이 무시되었는데, 그 특징이란 적어도 영국 노동계급의 일부에게서는 아일랜드인에 대한 편견이 사라졌다는 것입니다"(General Council of the First International 1966: 172). 마르크스의 강력한

---

10 카프(Kapp 1972)가 지적했듯, 14세였던 엘리노어는 맨체스터에 있는 엥겔스의 가정에도 몇 달 동안 머물렀는데, 그곳에서 엘리자베스 번스는 엘리노어에게 페니언과 다른 아일랜드 반란과 관련해 지금까지 있었던 이야기를 들려주었다.

지지자였던 융은 노동운동에 대한 보다 폭넓은 함의를 발견했다. "잉글랜드는 언제나 투쟁을 인종투쟁으로서 말했는데, 지난 일요일에는 그것이 계급투쟁임을 보여주었습니다"(173).

마르크스는 또한 인터내셔널이 아일랜드에 대한 결의안을 통과시키고 회람할 것을 제안했다. 회의록에 따르면, 1867년 토론에서는 과묵했던 루크래프트가 이제는 강력한 결의안을 원했는데, 이는 그가 보기에 영국 노동자들이 아일랜드 동료 노동자들과의 연대를 보여주는 데에 태만했기 때문이었다. "우리는 정부가 무엇인가를 하도록 강제해야 합니다. 영국인은 자신이 스스로의 의무를 다했다고 믿지 않았습니다. 아일랜드인에게, 그들을 부당하게 대우한 것은 영국의 특정 계급일 뿐이며, 아일랜드의 같은 계급 역시 나쁘다는 것을 보여주는 것은 우리의 일이었습니다"(General Council of the First International 1966: 173). 그 후 6주 간, 아일랜드를 둘러싼 전체 평의회 내부에서 격렬한 논쟁이 있었는데, 그중 상당 부분이 노동 주간지인 ≪레이놀즈 신문(Reynolds's Newspaper)≫에 보도되었다.

1869년 11월 16일 전체 평의회 회의에서, 마르크스는 영국 정부와 페니언 수감자들에 대한 1시간 이상의 연설로 토론을 시작했다. 회의록에 기록되었듯, 마르크스는 아일랜드에 대한 선거 공약을 지키는 데에 실패한 점, 20만 명의 서명을 받은 사면 청원서에 회신하지 않는 것처럼 전형적인 영국식의 고압적 전술로 되돌아간 점을 들어 글래드스턴을 혹평했다. 글래드스턴은 몇 명의 페니언 평단원을 석방한 후, 다른 수감자들의 석방에 굴욕적인 조건을 부과했다. "글래드스턴은 페니언 평단원들이 자신들의 원칙을 포기하기를 원하고, 자신들을 도덕적으로 타락시키기를 원합니다"(MECW 21: 408). 마르크스는 더 나아가 글래드스턴이 비록 "페니언 평단원들이 아일랜드인이기 이전에 범죄자였음"에도 불구하고 "계몽 군주와

의회가 위대한 정의의 행동을 베풀었기 때문에, 아일랜드인들이 무릎 꿇기를 바라고 있습니다"라고 선언한다(409). 글래드스턴은 스스로 아일랜드의 친구가 되겠다고 주장했으나, 실제로는 10월 10일 더블린에서 정부 당국자들이 행진 경로를 마지막 순간에 제한해 시위대를 자극하려는 동안 실탄을 소지한 병사들을 동원했다. 게다가 "모든 소작권 집회는 해산되고 있습니다"라고 마르크스는 지적한다(410). 상당한 갈채를 받은 연설의 마무리 부분에서, 마르크스는 다음과 같은 결의안을 제안했다.

> 다음과 같이 결의한다. 글래드스턴 씨는 수감된 아일랜드 애국자를 석방하기 위한 아일랜드의 요구에 대한 자신의 답변[오셰이(O'shea) 씨 등에게 보낸 편지에 실린 답변 등]에서 의도적으로 아일랜드 국가를 모욕하고 있음. 그는 실정(失政)의 희생자들 및 그들에게 딸린 가족들을 모욕하는 것과 같은 조건을 걸며 정치적 사면을 막고 있음. 책임 있는 지위에 있음에도 불구하고, 미국 노예 소유자들의 반란을 공개적으로 그리고 열광적으로 응원하면서, 이제 그는 아일랜드인에게 수동적인 복종주의를 설교하는 데에 개입하고 있음. 아일랜드인 사면 문제에 관한 그의 모든 일련의 행위는, 글래드스턴 씨가 토리당 경쟁자들을 공직에서 몰아냈다는 격렬한 비판이 야기한 저 "정복 정책"의 진실된 소산임. "국제노동자연합"의 전체 평의회는 아일랜드인들이 사면 운동을 수행하는 힘차고 단호하며 숭고한 태도에 대한 존경을 표함. 이러한 결의는 유럽과 미국의 "국제노동자연합" 모든 지부 및 이와 연결된 노동자 단체에 전달될 것임(MECW 21: 83).

마르크스의 초안은 이후 몇 주 간, 심지어 아일랜드 전역에서 대중적 감정 분출이 계속되었던 바로 그 순간에도, 전체 평의회에서 확장된 논의를 촉발시켰다. 그가 이 결의안을 제시하고 난 며칠 후, 개혁연맹이 페니언 단원들의 사면을 요구하기 위해 소집한 하이드 파크 시위에는 수천 명의 아일랜드 및 영국 노동자가 모였는데, 이 시위는 아일랜드의 독립을 지지하기도 했다.

1869년 11월 23일 전체 평의회 회의에서 열띤 논쟁이 벌어졌다. 이때쯤 이미 글래드스턴의 지지자로서 의회에 입후보하려 하고 있었던 오저는 페니언 수감자들의 "무조건적 석방을 위한 요구"와 같은 어떠한 강한 표현도 역효과를 낳는다면서 반대했다(General Council of the First International 1966: 185). 전체 평의회의 또 다른 영국인 구성원 토머스 모터스헤드(Thomas Mottershead)는 마르크스의 결의안을 다음과 같이 강하게 비판했다. "나는 일부 사람들이 지난주에 그랬던 것처럼, 영국인들이 마르크스 박사의 결의문에 박수를 보냈던 것을 유감스럽게 생각한다. 아일랜드는 독립할 수 없다. 아일랜드는 영국과 프랑스 사이에 놓여 있다. 만약 우리가 우리의 지배를 포기한다면, 그것은 프랑스인들에게 걸어 들어오라고 청하는 것밖에 되지 않을 것이다"(186). 글래드스턴의 강력한 지지자인 모터스헤드는 사면이 곧 승인될 것이라고 시사했다. 이에 에카리우스와 융을 포함한 몇몇 발언자들은 폴란드 해방은 지지하되 아일랜드 해방은 지지하지 않는 것은 위선이라고 영국 자유주의자들을 비판했다. 반면 웨스턴은 결의안을 강하게 지지했다. "글래드스턴은 선거연설에서 아일랜드인들이 부당하게 지배되고 있다고 선언했다. 따라서 그는 사실상 페니언이 옳음을 보여주었다. 그가 당선되었을 때 그는 아무것도 하지 않았고 단지 아일랜드인들을 모욕했다"(189). 논쟁에 답해, 마르크스는 결의안의 목적은 글래드스턴 정부에 탄원하는 것이 아니라고 주장한다. "이것은 아일랜드인을 지지하는 결의안이자 정부의 운영에 대한 검토이며, 영국인과 아일랜드인을 하나로 화합시킬 수도 있다. …… 오저가 옳은데, 만약 우리가 수감자들의 석방을 원하는 것이라면 이 안은 그것을 위한 방식이 아닐지도 모른다. 하지만 더욱 중요한 것은 양보를 글래드스턴에게가 아닌 아일랜드인에게 하는 것이다"(MECW 21: 411~412). 그러나 전체 평의회의 절대 다수를 확보했던 것으로 보이는 마르크스는 반대자들에게 한 가지 양보를 했다. 그는 초안 도입부의 "글래드스턴은 의도적으로 아일랜드 국가를 모욕하고 있음"이라는 구절에서 "의도적으로"라는 단어를 삭제하자는 오저의 제안을 수용했다(MECW 21: 412).

  결의안이 제안되고 통과되기까지의 사이에 있던 한 주 동안, 오도노반 로사는 티퍼레리의 감방에서 의원으로 당선되었다. 11월 29일 마르크스에게 보낸 편지에서, 엥겔스는 이것이 도시 게릴라 전술로부터의 변화를 가져올 것이라는 희망을 표현했다. "이는 페니언을 무의미한 음모와 쿠데타 결성으로부터 그들이 무산된 반란 이래 했던 것보다 훨씬 더 혁명적인 활동의 길로, 비록 그것이 외관상 합법적이라고 해도 여전히 혁명적인 활동의 길로 출발시킵니다"(MECW 43: 387). 마르크스는 11월 26일 엥겔스에게 편지를 쓰며, 전체 평의회에서의 토론을 "맹렬하고 활기 넘치며 격렬"했다고 칭한다(386). 그는 회의 시작 전, 노동을 지지하는 경향의 ≪레이놀즈 신문≫이 결의안 초안과 마르크스의 연설에 대한 해설을 모두 1면에 실었다고 크게 기뻐했다. 이것이 "글래드스턴과 시시덕거리는 사람들을 겁먹게 한 것 같습니다"라고 마르크스는 단언한다(386). 마르크스는 또한 아일랜드 노동자 조지 밀너(George Milner)가 토론에 참여한 것을 지적한다.

  11월 30일 회의에서, 전체 평의회는 약간의 추가 토론 끝에 만장일치로 마르크스의 결의안을 통과시켰다. 아일랜드인 밀너는 글래드스턴을 좀 더 너그럽게 다루자는 오저의 제안에, 인터내셔널에서 글래드스턴은 "어떤 다른 정부와도 다르게 대우받을 수 없습니다"라고 주장하면서 반박했다(General Council of the First International 1966: 193). 오저에 대한 짧은 반응으로, 마르크스는 이 문제를 보다 넓은 유럽의 맥락에서, 특히 폴란드를 언급하며 다룬다. "만약 오저의 제안이 지지받았다면, 평의회는 영국 정당과 같은 입장에 서게 될 것이었다. 그들은 그렇게 할 수 없었다. 평의회는 아일랜드인들에게는 자신들이 이 문제를 이해하고 있다는 점을, 대륙에는 자신들이 영국 정부에 호의적이지 않다는 점을 보여주어야 한다. 평의회는 영국인들이 폴란드인을 대하듯이 아일랜드인들을 대해야 한다"(MECW 21: 412). 결의안은 독일어와 프랑스어로 번역되어 해외에서도 발표되었다. 12월 4일자 엥겔스에게 보낸 편지에서 마르크스는 토론을 요약하면서, 오저와 모터스헤드를 제외하면 "영국 대표들이 훌륭하게 행동했습니다"라고 쓴다(MECW 43: 392).

이 결의안은 전체 평의회의 영국인 구원성들을 아일랜드에 관해 민감하게 만들기 위해 매우 열심히 노력했던 마르크스에게는 큰 승리였다. 오저와 같은 소수의 사람들이 결의안을 너무 센 것으로 여겼다는 사실에도 불구하고, 결국 영국 노동의 중요한 대표자들이 포함된 이 단체는 매우 강한 친아일랜드적 성명을 만장일치로 승인했다. 결의안에 찬성하면서, 전체 평의회의 구성원들은 아일랜드인에 대해 영국인이 편견과 적대를 가졌던 수십 년의 세월과 단절했다. 당연히 결의안에 자부심을 가졌던 마르크스는 이것이 영국 노동자, 영국 지식인, 영국에 거주하는 아일랜드 노동자, 아일랜드 소작농, 아일랜드 지식인 사이의 종족적·민족적 경계를 가로지르는, 전에는 결코 이룰 수 없었던 동맹의 가능성을 열어놓은 것으로 보았다.

이제 또 하나의 장애물이 나타났는데, 그것은 마르크스가 사적인 편지에서 비판하기 시작한, 아일랜드 민족주의 정치의 편협함이었다. 앞에서 인용된, 엥겔스에게 보낸 12월 4일 편지에서, 마르크스는 ≪아이리시맨≫ 과 기타 아일랜드 신문들이 아일랜드에 관한 인터내셔널의 입장을 다루지 않았다고 불평하는데, 이는 다음과 같은 그 매체들의 관점 때문이었다. "'아일랜드인' 문제는 외부 세상을 배제한, 꽤 별개의 것으로 다루어져야 하고, **영국인** 노동자들이 아일랜드인을 동조하는 것은 **은폐**되어야 하다니 요!"(MECW 43: 392; 강조는 원문). 엥겔스는 12월 9일 편지에서, "불경한 계급 투쟁"에 대한 이러한 회피는 아일랜드 민족주의자들이 "소작농에 대한 자신들의 지배를 유지하기 위해" 하는 "부분적으로 계산된 정책"으로, 이는 "아일랜드 소작농은 사회주의 노동자들이 유럽에서 자신의 유일한 동맹이라는 점을 알아서는 안 되기 때문"이라고 답변한다(394). 몇 달 후인 1870년 7월 8일 편지에서, 마르크스는 이 문제로 돌아가면서, ≪아이리시맨≫의 편집자 피곳을 "편협한 민족주의자"라고 부른다(537).

아일랜드의 인류학과 역사에 관한 노트

이 기간 동안 마르크스는 아일랜드와 공동체적 소유 문제를 연결하기 시작했다. 제1장과 제2장에서 논의했듯, 1850년대 초 마르크스는 공동체적 소유를 러시아와 인도의 "동양적 전제주의" 또는 스코틀랜드의 권위주의적 클랜 족장의 주요 토대라고 보았다. 그러나 게오르크 마우러(Georg Maurer)의 전 근대 게르만인 연구에 관해 엥겔스에게 보낸 마르크스의 1868년 편지들은 그가 초기 공동체적 형태를 다르게 보기 시작했음을 보여준다. 1868년 3월 14일 편지에서, 마르크스는 마우러가 공동체적 소유는 러시아와 인도에서만큼이나 게르만인에게도 최초의 형태였음을 보여주었을 뿐만 아니라, 그들 당대까지 독일 농촌 일부 지역에서 지속되었음도 보여주었다고 엥겔스에게 알렸다. 그러나 그는 고대 켈트족을 다루는 데에 실패한 것을 두고 다음과 같이 마우러를 비판한다. "마우러는, 예컨대 아프리카, 멕시코 등을 종종 언급하기는 하지만, 켈트족에 대해서는 전혀 모르고, 따라서 프랑스에서의 공동체적 소유의 발전을 온전히 게르만 정복자들에게서 기인한 것으로 봅니다. 마치 …… 우리가 완전히 공산주의적인 내용의 11세기 켈트(웨일스) 법전을 가지고 있지 않은 것처럼 말입니다"(549). 게다가 마르크스가 3월 25일 엥겔스에게 보낸 다음번 편지에서 썼듯, 마우러의 발견은 "사회주의적 경향에 대응"하는 "원시 시대"를 발견했는데, 이는 그 시대의 사람들이 매우 "평등주의자"였기 때문이다(MECW 42: 557).

이 편지들을 언급하면서, 프랑스 인류학자 모리스 고들리에(Maurice Godelier)는 이후 마르크스의 저술에서 "강조점은 원시 공동체의 활력과 그들의 다중적 진화능력에 맞추어진다"라고 주장한다(Godelier 1970: 79). 마르크스는 이러한 공동체적 형태 일부가, 적어도 아일랜드 문화 내에서는, 당대까지 지속되었다고 보았을까? 만약 그렇다면, 그가 그 형태들을 영국과 자본에 대한 저항의 지점으로 볼 수 있었을까? 이것은 정말이지 가능한 일이지만, 아일랜드에 관한 마르크스의 글에 이러한 진상에 대한 직접적인 증거는 없다. 그러나 이 시기에 엥겔스가 쓴 글 중 일부는 그러한 연관성을 시사한다.

1870년 상반기에 엥겔스는 선사시대부터 당대까지의 아일랜드 역사에 대한 자신의 연구를 수행했다. 그러나 그는 11세기 초까지의 시기를 다루는 단 두 개의 장만 완성했는데, 이 시기는 아일랜드인들이 마침내 바이킹을 몰아낸 후 일정 시간 평화를 획득했지만 자신들이 곧 훨씬 더 강력한 적인 잉글랜드의 침략에 직면할 것이라는 점은 알지 못했던 시기이다. 처음부터 엥겔스는 영국의 700년 지배에도 불구하고 유지되었던 아일랜드인들의 불굴의 성격을 다음과 같이 강조한다. "오늘날에도, 폴란드인이 서 러시아인이 아니듯 아일랜드인도 영국인이나 그들이 칭하는 '서브리튼인' 이 아니다"(MECW 21: 148). 이때쯤 엥겔스는 라틴어 자료나 스칸디나비아 어 자료뿐만 아니라 켈트어 자료도 원문으로 읽고 있었다. 이 책의 다른 부분에 대한 엥겔스의 노트는 영국, 특히 크롬웰 통치하에서의 정복과 잔 인한 행위에 관한 것으로, 여기에서 그는 영국 서인도 제도에서 노예로 팔 린 수천 명의 아일랜드인들을 강조한다. 그와 마르크스의 이후 관심사를 고려할 때, 특별한 흥미를 끄는 것은 엥겔스가 노트에서 공동체적 소유에 대해 쓴 몇몇 부분으로, 예를 들면 다음과 같다. "클랜의 땅은 공동체적 소 유물이었다. 이런 맥락에서 ……아일랜드에서 토지를 사유 재산으로 갖 고 있는 자는 결코 아일랜드인이 아니었고 오직 영국인뿐이었다"(284).

1870년 5월 11일 편지에서 엥겔스의 책 계획에 대해 논의하면서, 마르 크스는 고대 아일랜드 법에 대해 자신이 20년 전 만들었던 노트로부터 다 음의 역사적 자료를 인용한다.

재산 공유는 이미 고대부터 알려진 켈트족의 느슨한 결혼 관계와 동시에 부족회의에서의 여성의 투표권을 수반했다. …… 관습법에 관한 책의 제1 장은 여성을 다룬다. "만약 그의 아내가 다른 남자와 동침해 그가 아내를 때 린다면, 그는 배상받을 권리를 상실한다. …… 아내에게 이혼의 충분한 근 거는 남성의 발기부전, 옴, 입냄새였다"(MECW 43: 515).[11]

---

11 마르크스가 유럽 풍습의 역사에 관한 역사학자 에른스트 바흐스무트(Ernst Wachsmuth)의 1833년 책에서 발췌한 이 노트들의 전문은 MEGA^2 IV/11에 있다.

마르크스는 즉시 덧붙인다. "이 용감한 젊은이들[galante Jungen], 이 켈트인들!"(MECW 43: 516). 문자 사용 이전 사회의 보다 평등주의적인 젠더 관계에 대한 이러한 언급은 제6장에서 논의될, 비서구사회 및 전자본주의 사회에 관한 마르크스의 1879~1882년 노트의 모습을 미리 보여준다.

마르크스는 1869년 10월과 11월에 보다 최근의 아일랜드 역사를 연구하면서, 미국 혁명과 프랑스 혁명부터 1801년 영국-아일랜드 연합까지의 시기에 집중했다. 70여 쪽으로 구성된 마르크스의 연구노트는 주로 역사적 자료에서 발췌한 것으로, 마르크스 자신이 가끔 논평을 달고 있다. 그는 미국 혁명의 영향으로 인해, 프로테스탄트가 지배하는 아일랜드 의회가 가톨릭에 대한 가장 차별적인 법 중 일부를 바꾸려고 움직였다는 점에 주목했다.

> 아일랜드에서 미국의 사건이 창출한 거대한 소동. 주로 얼스터 출신의 장로교 신자인 많은 아일랜드인들이 미국으로 이주하고, 미국의 깃발 아래 입대해, 대서양 건너편에서 영국에 맞서 싸운다. 오랫동안 형법의 완화를 헛되이 애원했던 가톨릭 신자들은 1776년 더 큰 목소리로 다시 움직였다. 1778년: 아일랜드 의회는 형법의 엄격함을 완화시켰고, 그 최악의 특징들은 없어졌으며, 가톨릭 신자들에게는 땅을 임대하는 것이 허용되었다(MECW 21: 216).

1778년 영국과 프랑스 사이에 전쟁이 발발했을 때, 아일랜드는 무방비 상태가 되었다. 이에 대응해, 의용군(Volunteer) 운동이 혹시 모를 침략에 대비하기 위해 프로테스탄트 신자들을 조직하기 시작했다. 그러나 마르크스는 이것이 곧 "진정한 혁명운동으로" 발전했다고 쓴다(218). 1790년에 이르러, 울프 톤(Wolf Tone) 등의 지도하에서 의용군은 연합 아일랜드인회(United Irishmen)로 발전했다. 장로교 신자였던 톤은 "가톨릭 신자의 잘못을 바로잡고" 아일랜드 의회를 개혁하면서, 필요하다면 아일랜드 "독립 공화국"을 세우기로 "결의"했다(219).

그러나 처음에 마르크스는 1780년대에 의용군이 어떻게 아일랜드인의 보다 폭넓은 관점을 점차 발전시켰는지에 초점을 맞춘다. 영국의 중상주의 정책은 미국에서처럼 아일랜드에서도 현지 제조업은 제한했던 반면 그곳에서 영국 제조품은 넘쳐나게 했다. 마르크스는 의용군이 주도한 영국 제품 불매운동이 전 국민의 지지를 얻었으며 "이는 전국 도처에서 바람보다 더 빠르게 날아갔다"라고 쓴다(MECW 21: 221). 한편, 당시 영국 제국 전체에서 수적으로 가장 큰 군사력이 된 의용군은 영국 의회에 더 이상 복종하지 않을 것이며 아일랜드를 제국 내의 별개의 왕국으로 간주한다고 발표했다. 마르크스는 가톨릭 해방에 관한 한 의용군 집단의 1782년 선언을 인용한다. "인간으로서, 아일랜드인으로서, 기독교 신자로서, 그리고 프로테스탄트 신자로서 우리는 로마 가톨릭 동포들에 대한 형법을 완화하는 것을 기뻐한다. 우리는 그 조치가 연합에 가장 행복한 결과를 가져오고 아일랜드 거주자들의 번영을 가득하게 할 것이라 생각한다"(225). 또한 1782년, 헨리 그래턴(Henry Grattan)이 이끄는 아일랜드 의회는 아일랜드를 제국 내의 독립된 왕국으로 세움으로써 아일랜드 의회가 영국 의회에 종속되지 않도록 조치를 취했다. 그러나 마르크스는 결정적인 순간에 그래턴이 얼버무린 것이 아일랜드 독립의 추진을 실패하게 만들었다고 주장했다. 한편, 의용군이 가톨릭 신자들을 뽑기 시작하면서, 의용군의 수는 15만 명에 이르렀다. 그래턴의 개혁보다 더 급진적이었던 헨리 플러드(Henry Flood)의 개혁은 아일랜드 의회에서 거부되었는데, 아일랜드 의회는 악명 높은

"부패 선거구" 체제하에서 귀족에게 자신의 표를 팔아넘긴 부패한 의원들로 가득 차 있었다.

1789년 이후, 프랑스 혁명의 영향을 받아 아일랜드 의회는 몇 가지 사소한 개혁을 입법했다. 이 지점에서, 마르크스는 훗날 연합 아일랜드인회를 위한 피고측 변호사가 되는 급진파 의원 존 커랜(John Curran)의 경력과 저술에 집중하기 시작했다. 커랜의 반대자들은 "그의 친구들"이 "거리의 거지들"이라고 비판했다(MECW 21: 236). 마르크스는 커랜이 계급적 적대를 지적하고 의회의 부패를 혹평한 1787년 의회 토론을 길게 기록한다.

당신 자신이 필연적 결과의 원인일 때에는 쓸데없는 불평은 하지 마십시오. …… 사람들의 인내심은 완전히 소진되었습니다. 그들의 불만은 이 의회에서 (오랫동안) 공허한 노래였고, 생산적인 효과는 나타나지 않았습니다. 지주들의 비상주, 중간지주들의 횡포. 당신들은 그 불만의 존재를 부정했고, 시정을 거절했습니다. …… 농민이 반란과 봉기를 일으킬 기회가 무르익었을 것이라는 점은 놀랄 일도 아닙니다. …… 단 한 명의 자산가나 중요 인물도 반란군과 연관되어 있지 않았습니다. …… 당신들은 인민을 대표해 적절한 개혁을 하도록 …… 엄숙하게 요청받았습니다. 당신은 개혁을 승인했습니까? 아닙니다. 그러면 현재는 어떠합니까? 왜 그러십니까, 이 의회의 의석은 사고파는 겁니다. 의석들은 공매로 채워졌습니다. 의석들은 절대적인 상업 물품이 되었습니다. 헌법의 밀거래. …… 팔 수 있는 부패 선거구들 (243).

마르크스는 1790년대 연합 아일랜드인회가 탄생했을 때의 상황을 요약한다. "우리는 가톨릭 해방과 의회 개혁이 두 가지 요구사항임을 말한다!"(247) 그는 종교의 자유와 공화주의에 대해, 자신이 "아일랜드 자코뱅" 이라 부르는 이들의 다양한 선언에서 매우 자세히 인용하는데, 예를 들자 면 다음과 같다. "분명하게 의사 표현한 모든 사람들로부터 정부 유형이 파생되지 않은 그러한 국가에는 헌법이 없다. 우리는 아일랜드가 그러하 다고 말할 필요가 있다. 아일랜드는 오직 정부 대행(代行)만을 가지고 있 다"(249).

그리고 나서 마르크스는 1798년 반란의 발생을 추적하는데, 그는 이를 프랑스군의 대륙에서의 승리와 밀접하게 연결시킨다. 동시에 그는 새로 운 법 및 요먼 군단(Yeomanry Corps) 같은 자경단 창설을 통해 강화된 영국 의 탄압에 관한 자료를 기록한다. 마르크스는 커랜과 그래턴이 의회 출석 을 그만두기 전, 1797년 5월에 커랜이 한 마지막 의회 연설을 발췌한다.

우리는 의회가 제정한 아일랜드 헌법을 지키기 위해 용감하게 투쟁했던 정당이 소수집단으로 축소되는 것을 보았습니다. 그러나 그들은 매일매일 더 무력해졌습니다. 사람들은 연합 아일랜드인회 집행부, 프랑스, 전쟁, 혁 명에 기대했습니다. 정부는 개혁[과 가톨릭 해방] 거부를 고집했고, 헌법 유 예를 유지했으며, 끊임없이 그들 법의 전제주의를 강화했습니다. …… 정부 와 연합 아일랜드인회는 서로 맞서고 있습니다(MECW 21: 255).

마르크스는 영국 총리 윌리엄 피트(William Pitt)가 소작농 집에 군대를 숙영시키는 것과 같은 뻔뻔하게 억압적인 행동으로 1798년 반란을 의도 적으로 자극했다고 주장한다. "무료 막사는 장교와 병사를 소작농, 그의 집, 음식, 재산, 그리고 종종 가족들에 대한 전제주의적 주인으로 만들었 다"(257). 반란이 진압된 후, 영국인들은 연합을 지향하기 시작했다. 반란을 진압하면서, 영국인들은 프로테스탄트 신자와 가톨릭 신자를 다투게 만들었다. 1801년 연합은 "계엄령 기간에 승인"되었는데, 이는 "8년 임기로 1797년에 선출된 1800년의 아일랜드 의회"에서 이루어졌다고 마르크스는 지적한다(263). 마르크스는, 연합에 대한 투표가 진행되었을 때 피트가 자신을 지지했던 상류계급 가톨릭 신자들을 부정직한 방법으로 배신했다고 시사한다. "1801년, 피트는 왕이 가톨릭 신자에 대한 약속을 지키지 않았다는 핑계로 사임서를 제출했다. 이는 단순한 쇼였다. 그는 보나파르트와의 휴전 기간에 총리이고 싶지 않았다. 이후 천주교 신자를 위한 어떤 호의도 명시하지 않은 채 총리로 다시 돌아왔다"(265).

마지막으로, 마르크스는 1801년 연합의 성립 결과 중 일부를 추적한다. 그의 관점에서 보면, 이 결과들은 모두 영국과 아일랜드 모두에 대해 극도로 반동적인 것이었다. 마르크스는 아일랜드를 유지하는 데에는 6만 명의 정규군 부대가 있어야 할 것이라는 영국 급진주의자 윌리엄 코벳(William Cobbett)의 평가를 인용하지만, 그러고 나서 "아일랜드는 대규모 상비군을 유지할 수 있는 핑계 중 하나"라고 덧붙인다(MECW 21: 268). 그 후 그는 조지 엔서(George Ensor)의 『반연합: 당위로서의 아일랜드(Anti-Union: Ireland as She Ought to Be)』(1831)를 인용한다.

한 국가에 의한 한 국가의 획득은 언제나 두 국가의 자유에 해롭다. 부속된 국가는 쇠퇴한 유산인 반면, 획득한 사람들은 추가된 국가의 어떠한 동요도 용납하지 않도록 하기 위해 그들 자신의 지배자들에게 복종한다. 그들은 해외에 대한 실속 없고 종종 값비싸기도 한 우위 때문에 모국에서 굴복한다. …… 이는 로마 역사의 전모인데, …… 세계가 로마 귀족 앞에 떨어지자, 로마 시민은 가난해지고 노예가 되었다. …… 한 나라에서의 자유의 탄핵은 언제나 다른 나라에서의 자유의 상실을 야기한다(MECW 21: 268).

영국 지배계급의 관점에 대해서, 마르크스는 노예무역을 끝내려는 노예제 폐지론자들의 노력이 "프랑스 혁명의 평등화 원칙의 일부"로서 비판되어야 한다는 취지의 내용을 담고 있는, 미래에 왕이 된 윌리엄 4세의 1793년 성명도 인용한다(268).

1869년 12월 10일 엥겔스에게 보낸 편지에서, 마르크스는 역사적 연구로부터 내린 결론을 다음과 같이 요약한다.

당신은 커랜의 "연설"을 알아야만 합니다. …… 당신이 런던에 있었을 때, 그것을 당신에게 주려고 했었습니다. 이제 그것은 [전체] 평의회 영국 구성원들 사이에서 돌고 있는데, 내가 언제 그것을 다시 보게 될지는 하느님만이 아실 것입니다. 1779~1800년 (연합) 기간 동안, 그것은 결정적으로 중요한 것인데, 이는 단순히 커랜의 "연설"[즉, 법정에서의 연설. 그래턴은 의회 사기꾼이었던 반면, 나는 커랜을 18세기의 유일하게 위대한 변호사(인민의 옹호자)이자 가장 고귀한 인격으로 간주합니다] 때문만은 아니고, 당신이 연합 아일랜드인회에 대한 모든 출처를 찾기 때문입니다. 이 시기는 과학적으로나 극적으로나 가장 흥미롭습니다. 첫째, 1588~1589년 영국의 더러운 악행은 1788~1789년에 되풀이되었습니다(아마도 격화되었을 것입니다). 둘째, 계급 운동은 아일랜드 운동 자체에서 쉽게 나타납니다. 셋째, 피트의 악명 높은 정책입니다. 넷째, 영국인 신사들을 매우 짜증나게 하는 것은 아일랜드가 완전히 실패로 끝났다는 증거인데, 사실 혁명적인 관점에서 보면 아일랜드인이 잉글랜드 왕과 교회 군중들에게 너무 앞서 있었기 때문에, 반면 다른 한편으로는 잉글랜드에서의 영국인의 반동이 (크롬웰 시대의 경우와 같이) 아일랜드의 예속에 뿌리를 두고 있었기 때문입니다. 이 기간은 적어도 하나의 장으로는 설명되어야 합니다. 존 불을 위한 형틀(pillory)로!(MECW 43: 398)

마지막 문장은 아일랜드에 관해 엥겔스가 계획한 책을 언급하는 것이다. 마르크스는 또한 엥겔스에게 "공동 소유"에 대한 자료를 요청한다(398). 이 편지는 마르크스가 아일랜드 역사에 대해 연구한 이후일 뿐만 아니라 아일랜드에 대한 공개 토론에 두 달 동안 진지하게 관여한 후에 나온 것이었다. 그는 이제 아일랜드를 영국의 혁명적 정치 및 노동 정치의 중심에 놓고 있었다. 이제 마르크스는 크롬웰 시대와 1790년대 모두 영국이 아일랜드를 억압함으로써 영국에서 혁명적 가능성이 붕괴했다고 주장했다.

1869~1870년의 입장 변화: 혁명의 "지렛대"로서의 아일랜드

아일랜드에 대한 마르크스의 새로운 생각을 자극하는 두 가지 가닥, 즉 인터내셔널 내부 논쟁과 역사적 연구는 이제 급진적인 변화를 겪으면서 아일랜드에 대한 마르크스 자신의 고유의 관점으로 합쳐지는 것처럼 보였다. 따라서 그의 관점에서는 농업적인 아일랜드가 영국에서의 사회혁명을 촉발시키는 데 주도적인 역할을 할 가능성이 매우 높았다. 마르크스는 자신의 입장이 변화되었음을 분명히 밝히는데, 이는 1869년 12월 10일 엥겔스에게 보낸 편지에서 다음과 같이 나타난다.

오랫동안, 나는 영국 노동계급의 우위에 의해 아일랜드 정권을 전복시키는 것이 가능할 것이라고 믿었습니다. 나는 ≪뉴욕 트리뷴≫에서 이러한 관점을 항상 취했습니다. 더 깊이 연구한 결과 나는 이제 그 반대라는 것을 확신하게 되었습니다. 영국 노동계급은 아일랜드를 연합에서 제거하기 전에는 어떤 것도 결코 성취하지 못할 것입니다. 지렛대는 아일랜드에 적용해야 합니다. 이것이 아일랜드 문제가 사회운동에 그토록 중요한 일반적 이유입니다(MECW 43: 398).

미국의 정치 이론가 어거스트 님츠(August Nimtz)는 이러한 전환을 "보통의 마르크스학적 주장과는 달리, 그에게 혁명적인 '지렛대'는 산업화된 선진 자본주의 세계에 독점적으로 존재하지 않았다는 점을 분명히 한다는 점에서 가장 의미 있는 것"이라 일컫는다(Nimtz 2000: 204).[12] 마르크스는 1869년 후반과 1870년, 아일랜드에 대한 논쟁이 영국을 사로잡았던 시기에, 몇 가지 다른 저술에서 매우 자세하게 자신의 새로운 입장을 보다 분명히 고쳐 말하고 발전시켰다. 그가 자신의 입장을 단도직입적으로 그리고 솔직하게 설명하는 이 글들 중 어느 것도 영어로 작성되지 않았다.

2주 전인 1869년 11월 29일 쿠겔만에게 보낸 편지에서, 마르크스는 아일랜드에 대한 자신의 새로운 입장을, 그것이 변화를 반영하는 것이라는 언급은 없이, 더 자세히 설명했다. 그는 독일어로 쓴 편지에서 11월 16일 연설과 아일랜드에 대한 전체 평의회의 결의안은 "억압자에 맞선 피억압 아일랜드인들을 위해서 단순히 크고 단호하게 말한 것이 아니라 진정한 근거에 기초하고 있었습니다"라고 설명하면서 시작한다. 이러한 더 깊은 근거는 잉글랜드의 급진적 변화의 가능성과 관련된 것이었다.

---

12 한국인 학자 임지현은 아일랜드와 인도를 관련시키면서, 이러한 전환에 대한 예리한 분석을 제공한다. "19세기 후반의 아일랜드는 자본주의 세계 체제의 주변부에 위치해 있었고, 실제로 마르크스는 인도를 동양의 아일랜드로 보았다는 점을 명심해야 한다"(Lim 1992: 170~171).

나는 다음에 대해 점점 더 확신하게 되었습니다. (그리고 이제 문제는 이러한 확신을 영국 노동계급에게 끈기 있게 주입하는 것입니다.) 영국 노동계급은, 아일랜드에 대한 자신들의 태도를 지배 계급의 태도와 완전히 분리하고 아일랜드인들과 공동의 대의를 세울 뿐만 아니라 심지어 1801년 설립된 연합을 해체하는 데에 주도권을 잡으며, 연합을 자유로운 연방제의 관계로 대체하기 전에는, 이곳 잉글랜드에서 어떠한 결정적인 일도 결코 하지 못할 것입니다. …… 잉글랜드의 모든 운동 그 자체는, 잉글랜드 노동계급의 매우 중요한 부분 자체를 형성하는 아일랜드인과의 불화로 인해 무력화되고 있습니다(390).

즉, 영국의 노동계급 의식은 반아일랜드적 편견에 의해 약화되었다.

지배 계급의 층위에서, 영국은 한편으로는 산업 부르주아가 있는 근대적 산업 국가였지만, 다른 한편으로는 아일랜드에 자신의 재산을 둔 중요 구성원으로서의 대규모 귀족 지주계급을 가지고 있었다. 이러한 상황은 영국 노동계급과의 투쟁에서 지배계급을 의심할 여지없이 강화시켰지만, 또한 바로 그 지배계급에 대한 새로운 유형의 취약성을 변증법적인 방식으로 야기했는데, 아일랜드 내부 자체로부터 발생한 이러한 취약성은 다음과 같다.

이곳에서 해방의 일차적 조건, 즉 영국에서의 토지 과두제의 타도는 달성하기 어려운 것으로 남아 있는데, 이는 토지 과두제가 아일랜드에서 굳건히 자리 잡은 전초기지를 유지하는 한, 이곳에서 그 지위를 기습할 수는 없기 때문입니다. 그러나 저쪽에서, 일단 아일랜드인들 스스로의 수중에 일이 놓이고 나면, …… 토지귀족(영국의 지주들과 상당 부분 동일한 사람들)을 폐지하는 것은 이곳에서보다 저곳에서 훨씬 쉬워질 것인데, 이는 아일랜드에서는 그것이 단순히 경제적 문제가 아니라 민족적인 문제이기 때문입니다. 다시 말하자면 그곳에서 지주는 잉글랜드에서처럼 전통적인 고관과 대표자가 아니라 극도로 증오받는 민족의 억압자이기 때문입니다(MECW 43: 390~391).

이 모든 것이 유럽혁명에 매우 중요한데, 왜냐하면 가장 발전된 자본주의 사회로서의 영국의 지위 때문에 "영국 노동계급은 의심할 여지없이, 일반적으로 사회 해방의 규모에서 가장 큰 비중을 차지하고 있다"라는 점 때문이라고 마르크스는 쓴다(391). 그러나 영국과 아일랜드의 계급의식 및 민족의식이 갖는 특수한 상호작용 때문에, 아일랜드는 "지렛대를 적용해야 하는 바로 그 지점"이 된다(391). 1640년대 영국 혁명의 운명이 이를 증명한다고 그는 결론짓는다. "크롬웰 치하 영국 공화국이 아일랜드에서 난파당했던 것은 사실입니다. 이런 일이 두 번 일어나서는 안 됩니다!"(391)

바쿠닌과의 논쟁, 그리고 그 이후

또한 이 시기 동안 마르크스는 아나키스트 미하일 바쿠닌(Mikhail Bakunin)에 맞선 오랜 싸움을 시작했는데, 이 싸움은 오늘날에는 전체 평의회의 비밀 통신문(Confidential Communication)으로 알려진 것을 통해 1870년 1월 세상에 알려졌다. 마르크스가 프랑스어로 썼고 인터내셔널 각 지부로 발송된 이 글은 바쿠닌을 강하게 비판했다. 잘 알려져 있듯, 이 시기 마르크스는 권위주의적이고 지나치게 중앙집중화된 런던 지도부가 인터내셔널을 운영하고 있다는 바쿠닌의 비난에 대응하고 있었다. 바쿠닌과 그의 지지자들이 보기에 이러한 비난거리의 한 가지 사례는, 인터내셔널이 다른 나라들과는 달리 영국에는 별도의 연합 평의회를 두지 않았다는 사실이었다. 대신에, 런던의 전체 평의회는 두 가지 역할, 즉 영국의 조정자 역할과 전체 인터내셔널의 조정자 역할을 동시에 수행했다.[13]

아일랜드와 관련된 바쿠닌의 두 번째 전체 평의회 비판은 이보다 덜 알려져 있다. 어떤 면에서는, 바쿠닌과 그의 지지자들이 아일랜드의 민족해방에 대한 어떤 종류의 특정한 지지도 문제 삼았기 때문에, 바쿠닌의 이러한 비판은 인터내셔널 내부에서 폴란드 민족해방에 찬성하는 조직 입장을 비난했던 프루동주의자들의 비판과 유사했다.[14]

바쿠닌주의자들은 공직에 출마하는 것뿐만 아니라 정부에 청원하거나 그들을 압박하기 위한 성명을 내는 것과 같은 어떠한 종류의 정치적 행동에도 노동계급이 개입하는 것을 매우 미심쩍어 하고 있었다. 이들 입장에 대한 한 가지 예시는 바쿠닌의 사회민주주의 국제동맹(International Alliance of Socialist Democracy) 1868년 강령에서 찾아볼 수 있는데, 이 강령 4번 조항에 따르면 "자본에 맞선 노동자 대의의 승리를 즉각적이고 직접적인 목표로 하지 않는 정치적 행위를 거부한다"(MECW 21: 208에서 인용).[15]

다소 형식주의적인 이 전제를 바탕으로, 스위스 제네바에서 프랑스어로 발행된 친바쿠닌 신문 ≪평등(L'Égalité)≫은 1869년 12월 11일 아일랜드와 관련된 전체 평의회 결의안을 강력하게 비판하는 글을 게재해, 이 결의안을 혁명 정치로부터 빗나간 것으로 특징지었다. ≪평등≫은 「전체 평의

---

13 마르크스 – 바쿠닌 분쟁이 시작된 일반적 배경에 대해서는 특히 Stekloff(1928); Braunthal ([1961] 1967); Rubel(1964, 1965)을 보라. 그러나 이들 출처 중 어떤 것도 이 논쟁의 주요 쟁점으로 아일랜드를 다루지 않는다.

14 그러나 프루동파는 대조적으로, 바쿠닌은 1863년 봉기에 참가하면서까지 폴란드를 강하게 지지했다는 점이 지적되어야 한다.

15 강령 전체는 마르크스의 방주와 함께 MECW 21(207~211)에 전재되어 있다.

회(Le Conseil Général)」라는 제목의 기사에서, 글래드스턴을 비판하고 "아일랜드인들이 사면 운동을 수행하는 고상한 방식"에 박수를 보내는 마르크스의 1869년 11월 전체 평의회 결의안 프랑스어 번역본을 1면에 길게 실었다(MECW 21: 83; "Le Conseil General" 1869). ≪평등≫은 같은 1면이자 이 기사 바로 아래에 「소감(Reflexions)」이라는 제목으로 자신들의 응답을 달았는데, 그 일부는 다음과 같다.

> 아무리 빈번하게 반복해서 말해도 지나치다 할 수 없는 것은, 노동자들의 이익은 오늘날의 정부를 **개선하려는** 시도에 있는 것이 아니라 급진적인 방식으로 정부를 **제거하려는** 시도에, 그리고 현재의 정치적·권위주의적·종교적·법률적 국가를 각 개인에게 자기 노동의 생산물 전체 및 그에 따른 성과 전체를 보장하는 새로운 사회적 조직으로 대체하려는 시도에 있다는 것이다("Reflictions" 1869).

마르크스는 앞서 언급한 비밀 통신문의 형태로 전체 평의회를 대신해 이러한 비판에 대한 답신 초안을 프랑스어로 작성했고, 이 통신문은 인터내셔널의 모든 지부로 발송되었다. 비밀 통신문은 1870년 1월 1일 전체 평의회 회의에서 승인되었다.[16]

마르크스의 비밀 통신문은 인터내셔널의 조직구조와 관련된 많은 주제를 다루면서, 전체 12쪽 중 약 1/4을 아일랜드에 할애하고 있다. 아일랜드에 대한 마르크스의 새로운 입장들 중 일부는 여기에 명시되어 있다. 예를

---

16 투표 전에 영어 번역본이 이용 가능했는지는 불분명하다. 이 글의 프랑스어 원문은 *General Council of the First International*(1966: 354~363)에서 찾을 수 있다.

들면 다음과 같다.

혁명의 개시는 아마도 프랑스에서 나올 것이지만, 심각한 경제 혁명의 **지렛대** 역할을 할 수 있는 것은 잉글랜드뿐이다. 잉글랜드는 농민이 더 이상 없고, 토지 소유물이 소수의 손에 집중되어 있는 유일한 국가이다. 잉글랜드는 **자본주의적 형태**, 즉 자본가의 권위하에[des maitres capitalistes] 대규모로 결합된 노동이 생산의 거의 전부를 장악하고 있는 유일한 국가이다. 잉글랜드는 **인구의 압도적 다수가 임금 노동자로 구성**된 유일한 국가이다. ······ 영국인은 사회혁명을 위한 모든 **물질적** 조건[matiere necessaire]을 갖추고 있다. 그들에게 부족한 것은 **일반화된 의식과 혁명적 열정**이다. 오직 전체 평의회만이 그들에게 이것을 제공할 수 있으며, 따라서 전체 평의회만이 이 국가 및 결과적으로 **모든 곳**에서 진정한 혁명운동을 가속화할 수 있다. ······ 만약 잉글랜드가 지주제도와 유럽 자본주의의 보루라면, 공적인 잉글랜드가 큰 타격을 받을 수 있는 유일한 지점은 **아일랜드이다**(MECW 21: 118~119; 강조는 원문).

유럽혁명에서 영국 노동자가 차지하는 결정적인 위치를 지적하면서, 추가로 마르크스는 전체 평의회의 구조 또한 방어하는데, 이때 그는 영국 노동운동에는 자신과 같은 망명 혁명가들의 투입이 필요하다고 주장한다.

비밀 통신문을 쓴 계기는 아일랜드 결의안에 반대하는 바쿠닌 집단의 고발에 답변하는 것이었으나, 여기에서 노동운동과 민족해방 간 관계와 관련된 더 큰 주제를 포착할 수도 있다. 사회학자 토르벤 크링스(Torben Krings)는 이 시기 마르크스 저술에서 나타나는 "민족주의 및 국제주의 문제에 대한 변증법적 논리화의 증가"에 대해 쓴다(Krings 2004: 1508). 다음 중 일부는 독일 혁명에 대한 폴란드 민족해방의 관계에도 적용될 수 있었다.

첫째, 아일랜드는 영국 지주제도의 **보루**이다. 만약 지주제도가 아일랜드에서 무너진다면 영국에서도 무너질 것이다. 아일랜드에서 이는 100배는 더 쉬운 일인데, 이는 **그곳에서의 경제적 투쟁이 오로지 토지 소유에만 집중**되어 있기 때문이고, 이 투쟁이 동시에 민족적 투쟁이기 때문이며, 그곳의 사람들이 영국에서보다 더 혁명적이고 더 분노하고 있기 때문이다. 아일랜드의 지주제도는 오로지 **영국 군대**에 의해서 유지된다. 두 나라 간의 강요된 연합이 끝나는 순간, 아일랜드에서는 사회혁명이, 비록 **후진적** 형태라 하더라도, 즉시 일어날 것이다(MECW 21: 119~120; 강조는 원문).

잉글랜드 노동계급 내부의 다수 민족과 소수 민족의 관계에 대한 마르크스의 두 번째 논점 역시 보다 폭넓은 함의를 가지고 있었으며, 이 논점은 그 당시의 예컨대 프랑스와 독일의 폴란드 이주 노동 혹은 다음에 언급된 미국의 흑인 노동에 적용되었을 것이다.

둘째, 영국 부르주아지는 …… 프롤레타리아트를 두 개의 적대적 진영으로 나누었다. …… **잉글랜드의 모든 거대 산업 중심지에는** 아일랜드 프롤레타리아와 잉글랜드 프롤레타리아 사이에 깊은 적대감이 자리 잡고 있다. 일반적인 영국인 노동자는 아일랜드인 노동자를 임금과 **생활수준**을 낮추는 경쟁자로 여겨 싫어한다. 그는 아일랜드인에게 민족적·종교적 반감을 느낀다. 그는 북미 남부 주의 백인 빈민이 흑인 노예를 보았던 방식과 비슷하게 아일랜드인을 본다. 잉글랜드의 프롤레타리아 사이의 이러한 적대감은 부르주아지에 의해 인위적으로 영양분을 공급받고 유지된다. 부르주아지들은 이러한 분열이 자신들 권력을 보존하는 진정한 비밀임을 알고 있다 (MECW 21: 119~120; 강조는 원문).

마르크스의 비밀 통신문은 미국의 아일랜드인에 대해 몇 가지 더 언급한 후 다음과 같이 결론을 내린다. "그러므로 아일랜드 문제에 관한 인터내셔널의 입장은 매우 분명하다. 가장 큰 관심사는 잉글랜드의 사회혁명을 진전시키는 것이다. 이를 위해서는 아일랜드에서 큰 타격이 가해져야 한다"(120).

아일랜드혁명, 그리고 더 폭넓은 유럽혁명

마르크스가 아일랜드에 관한 새로운 관점을 가장 길게 서술한 것은 1870년 4월 9일, 뉴욕의 인터내셔널 구성원 두 명의 독일계 미국인, 지그프리트 마이어(Sigfrid Meyer)와 아우구스트 포크트(August Vogt)에게 보낸 편지에서였다. 쿠겔만과 엥겔스에게 보낸 편지와 비밀 통신문에서처럼, 마르크스는 아일랜드를 영국 귀족의 요새일 뿐만 아니라 사회혁명의 시기가 무르익은 사회로 묘사한다. 객관적인 차원에서, 마르크스는 우선 영국 산업 부르주아지는 "아일랜드를 영국 시장에 가능한 한 최대로 저렴한 가격으로 고기와 양모를 제공하는 단순한 목초지로 만드는 데에 영국 귀족과 공통의 이해관계를 갖고 있습니다"라고 주장한다(MECW 43: 474). 그러나 아일랜드에서의 농업 강화는 영국의 공장에 값싼 노동력을 공급함으로써, 영국 자본에 두 번째로 그리고 더욱 결정적인 방식으로 이익을 준다. "그러나 영국 부르주아지는 현재의 아일랜드 경제에 훨씬 더 중요한 이해관계 또한 가지고 있습니다. 차지(借地)의 집중이 꾸준히 증가한 결과, 아일랜드는 영국 노동시장에 잉여를 꾸준히 공급하고 있으며, 따라서 영국 노동계급의 임금과 물질적·도덕적 지위를 강제로 끌어내리고 있습니다"(474).

이 시점에서, 마르크스는 주관적 요인에 대한 논의로 옮겨간다. 즉, 영국 노동계급의 입장에서 자본과 단절하기 위한 계급의식 수준 및 잠재력에 충격을 주는 잉글랜드와 아일랜드 간 관계 요소들에 대한 논의로 옮겨가는 것이다. 비밀 통신문에서와 같이, 그러나 여기에서는 보다 심도 깊고 상세하게, 그는 이를 미국의 인종적 상황과 비교한다.

그리고 무엇보다 가장 중요한 것! 잉글랜드의 모든 산업적·상업적 중심지에서는 이제 노동계급이 영국인 프롤레타리아와 아일랜드인 프롤레타리아라는 두 개의 적대적 진영으로 나뉘어 있습니다. 평범한 영국인 노동자는 아일랜드인 노동자를 생활수준을 낮게 만드는 경쟁자로 여기고 증오합니다. 아일랜드인 노동자에 대해서 그는 자신이 지배민족의 일원이라고 느끼고, 따라서 스스로를 아일랜드에 맞선 귀족과 자본가의 도구로 만들어, 자신에 대한 그들의 지배력을 강화시킵니다. 그는 아일랜드인에 대한 종교적·사회적·민족적 편견을 품고 있습니다. 아일랜드인에 대한 그의 태도는 대략 미국 연방의 옛 노예주(slave states) 내 니거[17]에 대한 백인 빈민의 태도와 같습니다. 아일랜드인은 여기에 이자를 붙여 그에게 갚습니다. 그는 영국 노동자를 아일랜드에 대한 영국 지배의 공범이자 어리석은 도구로 보고

---

17 다시, 남북전쟁에 관한 글의 몇 구절에서처럼, 마르크스는 인종주의적 용어를 사용해 반인종주의적 주장을 하고 있다. 여기서 더 문제적인 것은 미국의 인종에 대한 1867년 이후 마르크스의 상대적 무관심이다. 마르크스가 더 상세한 설명을 통해 "미국의 교신자들에게 분명하게" 영국 내 아일랜드인과 미국 내 흑인 간 "비유를 하는 데 실패"한 것은 "당시 흑인 – 백인 관계 문제는 그에게 사소한 것이었다"라는 점을 보여준다고 필립 포너(Philip Foner)는 부분적으로 타당한 불평을 한다(Foner 1977: 41).

있습니다. 이러한 적대감은 인위적으로 유지되고, 언론, 설교단, 만화 등 한 마디로 지배계급이 사용가능한 모든 수단을 통해 강화됩니다. 이러한 적대 감이 자신들이 가진 조직에도 불구하고 영국 노동계급이 무력한 비결입니 다. 그것은 자본가 계급이 권력을 유지하는 비결입니다. 그리고 후자는 이 것을 충분히 인식하고 있습니다(MECW 43: 474~475).

이런 의미에서, 영국인 노동자와 아일랜드 이주 노동자라는 두 집단 사 이의 상호 적대감은 종족적으로 계층화된 노동계급 내에서 계급의식이 발 전하는 것을 제약했다.[18]

그러나 마르크스에게는 이 상황이 불변적인 것은 아니었다. 그가 인터 내셔널에서 벌어진 아일랜드 관련 토론에서의 자기 의도를 다음과 같이 요약하면서, 인터내셔널과 같은 조직적인 집단의 역할이 결정적이었다고 주장한 것은 바로 이 상황에서이다.

잉글랜드는 자본의 수도로서, 지금까지 세계 시장을 지배해 온 힘으로 서, 현재로서는 노동자들의 혁명에 가장 중요한 국가이며, 게다가 이 혁명 의 물질적 조건이 일정하게 성숙한 상태로 발전한 유일한 국가입니다. 그러 므로 잉글랜드에서 사회혁명을 재촉하는 것이 국제노동자연합의 가장 중요 한 목적입니다. 그렇게 하는 유일한 방법은 아일랜드를 독립시키는 것입니

---

18 최근 인종과 종족에 관해 마르크스를 다루는 토론에서, 캐나다 정치 이론가 애비게일 베이칸 (Abigail Bakan)은 이 과정의 비경제적 측면에 주목했다. "다른 노동자들에 대해 노동자 일부 사이에 구축된 특권의식은 물질적 이익에 동반될 수도 있고 아닐 수도 있으며, 그 물질적 이 익의 성격은 가변적이다. …… 이러한 우월의식을 유지하는 것은 자본주의 사회에서 억압이 작동하는 방식의 일부분이며, 지배계급 헤게모니를 획득하기 위한 전투에서 경합적 지형의 일부분이다"(Bakan 2008: 252).

다. 따라서 "인터내셔널의" 과제는 잉글랜드와 아일랜드의 갈등을 어디에서나 전면에 내세우고, 어디에서나 공개적으로 아일랜드의 편을 드는 것입니다. 런던 [전체] 평의회의 특별 과제는 영국 노동계급의 의식을 일깨워, 그들로 하여금 아일랜드의 민족해방은 추상적인 정의나 인도주의적 정서의 문제가 아니라 그들 자신의 사회적 해방을 위한 첫 번째 조건이라는 개념을 깨닫게 하는 것입니다(MECW 43: 475).

이런 의미에서, 마르크스는 아일랜드 지지를 자신이 보다 넓은 유럽혁명으로 보는 것과 연결시켰다. 잉글랜드는 유럽혁명의 핵심 국가가 될 것인 반면, 아일랜드는 영국 노동자들 사이에서 혁명 의식을 발전시키기 위한 결정적인 "지렛대"였다.

비밀 통신문과 이 편지는 아일랜드, 영국 노동자, 그리고 자본에 맞선 보다 폭넓은 혁명에 대한 그들의 관계를 더 자세히 설명하지만, 1869년 12월 10일 엥겔스에게 보낸 편지(그리고 11월 29일 쿠겔만에게 보낸 편지)는 한 가지 결정적인 지점을 훨씬 더 분명히 밝혔다. 이 지점, 마르크스가 영국인 노동자 동료들에게는 공개할 수 없다고 엥겔스에게 말한 이 지점은 혁명의 "지렛대", 즉 세계적 정세를 실제로 열어젖힐 쟁점이 잉글랜드가 아니라 "아일랜드에 적용되어야 한다"라는 것이었다(MECW 43: 399).[19] 그 후에야 세계 자본주의의 중심지인 잉글랜드를 보다 폭넓은 혁명으로 끌어들일 수 있었다.

---

19 바르비에는 이러한 글 일부를 면밀히 분석했음에도 불구하고, "아일랜드의 독립은 그 자체로 끝이 아니라, 잉글랜드에서 프롤레타리아 혁명을 실현하기 위한 필요 수단으로 제시된다"라고 서술하고 이 글들이 마르크스의 "민족 독립에 관한 도구적 이해"를 분명히 보여준다고 쓰면서, 계급이라는 렌즈만으로 너무 협소하게 독해한다(Barbier 1992: 300, 302).

1869~1870년 겨울과 봄에 마르크스가 아일랜드에 관해 쓴 다양한 글들은 유럽과 북미 역사의 특정 시점에서 자본주의를 뿌리 뽑기 위한 투쟁 내 계급과 민족해방의 구체화된 변증법을 제시한다. 이 글들은 자본주의에 주변부 사회와 자본주의의 핵심을 구성하는 사회 간의 관계에 대한 마르크스의 전반적인 생각을 보여준다. 이러한 의미에서, 이 글들은 자본주의 주변부에서 일어나는 투쟁이 산업적으로 발전된 사회에서 일어나는 노동자들의 혁명에 앞서, 매우 옮겨 붙을지도 모를 불꽃이 될 수 있다는 개념으로 그의 사고가 더 넓게 전환했음을 보여준다. 이 두 가지 유형의 투쟁은 자본주의 체제 자체의 급진적인 초월을 함께 야기할 수 있다. 아일랜드에 관한 마르크스의 글은 그가 이러한 개념을 완전히 구체화한 첫 지점이다.

그러나 마르크스는, 주어진 운동이 해방적 내용을 가지고 있는지 여부와는 별개로, 한순간도 민족 자결을 추상적 원칙으로 삼지 않았다. 그러지 않았다면 그는 남북전쟁 기간 남부의 독립권을 지지했을 수도 있을 것이다. 영국의 정치 이론가 에리카 베너(Erica Benner)가 예리하게 지적하듯, "아일랜드 독립에 대한 그의 지지가 민족 자결이라는 초역사적 원칙 지지에 그를 가까워지도록 했다고 추론하는 것은 잘못일 것이다"(Benner 1995: 192). 이는 어떤 유형의 정체성 정치와도 거리가 멀며, 중요한 것은 "국제적 혁명을 촉진하는 데 있어 민족주의가 수행하는 건설적인 역할에 대한 마르크스의 인식 확대"라고 베너는 덧붙인다(195).

1870년 전반부 내내, 마르크스는 페니언 수감자 석방 운동에 매진했다. 2월과 3월에는 마르크스의 기사 「영국 정부와 페니언 수감자들(The English Government and the Fenian Prisoners)」이 인터내셔널 벨기에 지부의 기관지에 프랑스어로 실렸다. 마르크스는 수감자 처우에 관한 상세한 정보를 제시하면서, "병영에서는 징역 6개월에 처하는 범죄에 대해 부르주아 자유의 땅에서는 강제 노동 20년의 형량이 주어진다"라고 쓰는데, 전자는 보나파르트주의 프랑스에 대한 언급이다(MECW 21: 101). 그는 글래드스턴의 위선뿐만 아니라 "프랑스 공화주의자들"도 자신들의 정권에는 "모든 분노"를 집중시키고 영국의 억압에는 침묵한다는 점에서 "편협하고 이기적"이라고 비판한다(101).

당시 스물다섯 살이었던 마르크스의 딸 예니는 프랑스에서 페니언 수감자들에 대한 침묵을 깨뜨리려 했다. 1870년 2월부터 4월까지, 예니는 파리의 중도좌파 신문 ≪라 마르세예즈(La Marseillaise)≫에 아일랜드에 관한 8부작의 기사를 필명으로 출판했다. 페니언 수감자들의 상태에 대한 예니의 가슴 울리는 보도와 함께, 그때까지 아일랜드 신문이나 소규모 영국 신문에서만 국한되어 다루어졌던 정보가 이제 유럽의 주요 일간지에 실리게 되었다. 이 기사의 정보, 특히 오도노반 로사가 감옥에서 밀반출한 편지로부터 예니가 길게 인용한 정보는 유럽과 미국 전역의 신문들에 의해 채택되었다. 이는 영국 언론들이, 비록 외국의 이런 비판에 거의 항상 짜증스럽게 방어하는 반응이긴 했지만, 그 이야기를 다룰 수밖에 없도록 만들었다. 그 기사들로 인해 발생한 국제적 당혹감도 의회 내 논쟁을 촉발시켜, 공식적인 조사를 시행케 했다. 마침내 1870년 12월, 글래드스턴은 영원히 영국을 떠난다는 조건으로 페니언 단원들을 석방했다.

예니 마르크스의 기사 중 하나는 그의 아버지와 공동 집필되었는데, 이 기사는 페니언에 대한 영국 언론의 침묵과 멸시는 노동계급의 관점을 대변하지 않는다고 주장했다. 이 기사는 1869년 10월 24일 시위를 언급하면서, 다음과 같이 기술한다.

20만 명이 넘는 영국 노동계급의 남성과 여성, 아이들이 하이드 파크에서 아일랜드 형제들의 자유를 요구하며 목소리를 높였으며, 런던에 본부를 두고 있고 유명한 영국 노동계급 지도자들이 구성원으로 포함된 국제노동 자연합의 전체 평의회가 페니언 수감들의 처우를 강력히 규탄하고 영국 정부에 맞선 아일랜드인의 권리를 옹호하기 위해 밖으로 나왔다, 라고만 말해두자(MECW 21: 423~424).

그들의 편지에서, 마르크스와 엥겔스는 모두 예니의 업적에 상당한 만족을 표현했으며, 엥겔스와 엘리자베스 번스는 성 패트릭 축일에 예니에게 토끼풀 가지를 보냈다. 마르크스는 또한 예니의 기사들이 인터내셔널로부터 관심을 이끌어내 인터내셔널의 첫번째 아일랜드 지부가 조직된 것을 기쁘게 언급했다.

그러나 1870년 후반, 마르크스의 관심은 아일랜드에서 프랑스 – 프로이센 전쟁으로, 그리고 1871년 봄에 발생한 파리 코뮌으로 옮겨갔다. 코뮌의 혁명적 특성과 영국 여론 내에서 일어난 이에 대한 격분된 반응은 제1인터내셔널을 돌이킬 수 없이 분열시켰다. 마르크스가 인터내셔널 "명의"로서 영문으로 처음 출판된 『프랑스 내전』에서 코뮌을 훌륭하게 묘사한 후, 대부분의 영국 노조 지도자들은 전체 평의회에서 사임했다. 이러한 분열은 영국 노동운동에 대한 인터내셔널의 영향력을 약화시켰다. 코뮌의 반교권적 정치에 대한 반발은 또한 아일랜드에서 인터내셔널이 얻었던 작은 발판마저 없앴는데, 아일랜드에서는 오도노반 로사와 기타 저명한 민족주의자들이 인터내셔널을 비판했다(Collins and Abramsky 1965; Newsinger 1982). 그러나 이러한 좌절이 일반적인 이론적 원칙, 즉 1869~1870년 마르크스가 영국의 노동운동에 대한 "지렛대"로서의 아일랜드의 자유 투쟁에 관해 상세히 설명했던 원칙을 무효화한 것은 아니었다.

마르크스가 1872~1875년 프랑스어판『자본』을 위해 1권을 수정한 것은 아일랜드에 관한 이러한 글들을 쓴 직후였다.『자본』과 기타 마르크스의 정치경제학 비판은 비서구사회 및 전근대 사회에 대한 관계, 그리고 민족주의, 인종, 종족에 대한 관계라는 맥락에서 다음 장에서 중점적으로 다룬다.

제5장

『요강』에서 『자본』으로

복선적 주제

마르크스가 비서구사회에 관한 논의, 민족주의, 인종 및 종족에 관한 논의를 자신의 정치적 저작과 저널리즘 저작에 국한시켰더라면, 이러한 논의는 그의 핵심적인 지적 프로젝트와 그다지 관계없는 것으로 간주될 수 있을 것이다. 그러나 나는 이 장에서 이러한 관심이 『요강』에서 『자본』에 이르는 마르크스의 주요한 경제학 비판에 어떻게 나타나고 있는지를 보여줄 것이다. 더욱이 나는 비서구사회에 대한 마르크스의 견해가 지속적으로 발전한 것이, 『자본』 제1권, 특히 잘 알려지지 않은 프랑스어판(1872~1875)(이 책은 마르크스 자신이 출간을 준비한 최후의 판이다)의 논의의 전반을 형성하는 데 도움이 되었다고 주장한다.

『요강』: 복선적 시각

마르크스가 1857~1858년 저술한 『요강(Grundrisse)』은 그의 사후 50년이나 지나서 처음으로 출간되었지만, 오늘날에는 『자본』에 이어 두 번째로 중요한 그의 정치경제학 비판의 텍스트로 인정되고 있다. 『요강』은 완성된 저작이 아닌 초고이기 때문에, 영국의 역사학자 에릭 홉스봄(Eric Hobsbawm)의 적절한 표현을 빌면, 독자로 하여금 "마르크스가 실제로 생각하고 있는 것을 추적할 수 있게 한다"(introduction to Marx 1965: 18). 라야 두나예프스카야는 『요강』의 특징을 다음과 같이 기술했다.

많은 면에서 논리적이고 정확한 『자본』보다 개념이 더욱 총체적이다.

그것은 엄청나게 방대한 세계사적 견해를 보여주고 있는데, 기존 사회에 대한 분석뿐만 아니라, 확장되는 인간의 힘에 기반한 새로운 사회에 대한 구상도 포함한다. …… 그 "무정형성"에도 불구하고, 그 역사적인 시야가, 마르크스로 하여금 소외된 노동으로서의 "자유로운" 노동과 자본의 관계를 논의하는 중에, 곁길로 새나가, 전자본주의 사회의 문제를 제기할 수 있게 한다(Dunayevskaya [1973] 1989: 65~66).

『요강』을 집필하고 나서 1년 후 출판한 『정치경제학 비판을 위하여』 (1859년에『요강』의 일부분을 기초로 출간된 저서) 서문에서, 마르크스는 잘 알려진 바와 같이 추후에 발전시킬 예정인 여섯 가지 주제를 언급한다. "나는 다음과 같은 순서로 부르주아 경제체제를 검토할 것이다. **자본, 토지소유, 임금노동, 국가, 외국무역, 세계시장**"(MECW 29: 261; 강조는 원문). 같은 『정치경제학 비판을 위하여』 1859년 서문에서 마르크스는 이 여섯 가지 주제 중 첫 번째 주제인 자본을 상품, 유통, 자본일반 등 세 부분으로 분할했다. 이 후자의 세 가지 주제는 그가 1867년부터 1872년까지 출판하고 수정한 『자본』 제1권, 그리고 적어도 일반적인 의미에서, 마르크스 사후에 엥겔스가 마르크스의 초고에 기초해 출판한 제2권 및 제3권과 대체로 일치한다고 볼 수 있다.[1]

---

1 루벨은 마르크스가 1859년 경제학 비판에 관한 책을 여섯 권 내겠다는 플랜에 집착해, 결과적으로 그 플랜의 작은 부분만 완성했을 뿐이라고 주장했다(Rubel [1973] 1981). 즉,『자본』제1권을 완성하고, 제2권과 제3권은 초고를 완성한 것에 그쳤다고 주장했다. 그러나 마르크스가 1867년『자본』제1권 서문에서 다른 리스트를 제출했으므로, 그가 애초 플랜을 변경했을 가능성도 있다. 이 1867년 리스트에 따르면『자본』제1권에 이어 유통에 관한 제2권과 "자본의 총 과정"을 포함하는 제3권이 이어지며, 제3권은 이론의 역사에 관한 제4권을 포함할 예정이었다. 이 1867년 리스트는 엥겔스가 마르크스의 초고를 유통에 관한 제2권과 총 과정에 관한 제3권으로 출간할 때의 모델이 되었다. 한편, 엥겔스 사후 『잉여가치학설사』로 출판된 것은 제4권에 해당하는 것이다. 제3권에 포함된 토지소유에 관한 긴 논의에서 보듯 이

『자본』에서는 전자본주의 사회라는 주제가 이따금 고찰되었지만, 『요강』에서는 독립된 부분에서 어느 정도 상세히 고찰되었다. 고대의 씨족부족(Stamm)이나 사회조직의 공동체적 형태가 어떻게 해서 계급사회로 전환되었는지 대한 자극적이지만 미완성의 분석에서, 마르크스는 이러한 발전이 아시아에서는 서구사회와는 다른 과정을 밟았음을 고찰했다.

이러한 이슈들은 20세기에 아시아적 생산양식이라는 범주하에 많은 논의를 불러일으키기도 했지만, 마르크스는 『요강』에서 실제로는 그 용어를 전혀 사용하지 않았다.[2] 마르크스는 제1장에서 살펴본 바와 같이, 1853년 인도 저작에서 "동양적 전제주의"라는 용어를 사용했다. 하지만 마르크스는 1859년 『정치경제학 비판을 위하여』 서문에서는 "아시아적 생산

자료는, 루벨의 주장과는 달리, 마르크스가 1859년에 개요를 제시했던 주제들 대부분을 다루는 방향으로 접근했다는 것을 시사한다. 어쨌든 1859년 플랜의 리스트를 절대화하면 안 될 것이다. 왜냐하면 너무 협소하게 그 리스트를 중시할 경우 마르크스의 프로젝트가 1859년에서 1867년 사이에, 또 그 후에 변경된 것을 모호하게 할 수 있기 때문이다.

2 마르크스의 아시아적 생산양식론에 대한 가장 잘 알려진 해석은 위트포겔의 상당히 편향된 해석인데(Wittfogel 1957; Gluckstein 1957, Bahro 1978도 보라), 위트포겔은 아시아적 생산양식을 몰역사적으로 이후의 스탈린주의적 체제와 연결시키려 했다. 보다 균형 잡힌 논의로는 Lichitheim(1963), Krader(1975) 및 Musto(2008)에 수록된 몇몇 논문을 들 수 있다. 크레이더는 비서구사회에 대한 마르크스의 저작 전체를 아시아적 생산양식이라는 범주하에 고찰하려 했다. 그러나 이 시도는 문제가 있다. 왜냐하면 마르크스 자신이 그 개념으로 무엇을 의미하려 했는지를 명확하게 하지 않았기 때문이다. 하인츠 루바슈(Heinz Lubasz) 같은 논자들은 이 점을 지적하면서 다음과 같이 말했다. "'아시아적 생산양식' 개념이 개념화하려는 것은 아시아 사회가 아니다. 마르크스는 아시아 사회에 대해 조금밖에 알지 못했고, 그것을 이론화하려 한 적도 없다. 그것이 개념화하려는 것은 근대 부르주아 사회의 가설적 기원이다"(Lubsasz 1984: 457). 하지만 루바슈의 이런 주장은 너무 나간 것이다. 1879~1882년 마르크스의 노트에서 나타난 아시아 사회에 관한 논의는 차치하고라도, 1850년대 인도와 중국에 대한 마르크스의 여러 저작의 시각과 질을 고려한다면 말이다. 실제로 마르크스는 고대 그리스와 로마, 유럽의 봉건제보다 아시아 사회에 대해 훨씬 많이 썼다. 그럼에도 유럽 중심주의자 루바슈는 아시아적 생산양식을 "폐기된 것"(Lubsasz 1984: 457)으로 간주하면서도, 봉건제나 고대(노예제) 생산양식을 그렇게 폐기하자고 주장하지는 않는다. 나는 마르크스의 아시아적 생산양식에 대한 언급을 비서구사회에 대한 마르크스의 다방면에 걸친 저작들을 관통하는 상급 개념이 아니라, 1850년대 말 마르크스가 고안하기 시작했던 역사 및 사회발전에 관한 복선적 시각을 나타내는 많은 지표 중 하나로 간주하고자 한다.

양식"이라는 용어를 사용하고 있다. 마르크스는 "사회의 경제적 발전이 진보하고 있는 시기로 들 수 있는" "아시아적·고전고대적·봉건적 혹은 근대 부르주아적 생산양식" 등에 대해 쓰고 있다. 마르크스는 근대 자본주의를 "최후의 적대적 형태", "인류사회의 전사(前史)"의 일부로서 특징짓고 있기 때문에, 아시아적 생산양식과 고대적 생산양식 모두에 선행하는 국가 없는 원시적 형태의 어떤 유형과 함께 사회주의적 미래가 암시된다(MECW 29: 263~264). 암시되고 있는 이 두 가지 생산방식을 추가하면 다음 여섯 가지 타입이 가능하다. (1) 국가 없는 원초적 생산양식, (2) 아시아적 생산양식, (3) 고대적 생산양식, (4) 봉건적 생산양식, (5) 부르주아적 또는 자본주의적 생산양식, 그리고 (6) 사회주의적 생산양식 등이다.

리스트에 아시아적 양식이 삽입됨으로써, 일종의 복선성도 시사되었다. 아시아적 양식이 없었다면, 그 리스트는 서구사회의 발전에 초점을 맞춘 단선적인 모델, 즉 국가 없는 원시 부족사회로부터, 노예노동에 기초한 고대의 그리스 로마 계급사회, 중세의 봉건사회, 부르주아 사회, 그리고 이것에 후속된 사회주의 사회 등이 되었을 것이다. 로만 로스돌스키(Roman Rosdolsky) 같은 『요강』 연구자는, 마르크스의 리스트는 "경제사의 계기적인 여러 시기를" 단선적으로 "열거"한 것이라고 주장한다(Rosdolsky [1968] 1977: 273). 반면, 대부분의 연구자는, 정통 소비에트 마르크스주의자들도 공유하는 그와 같은 "단선적 접근방법"은, "마르크스의 사상을 현저하게 단순화하는 것"이라는 홉스봄의 견해에 동의한다(Hobsbawm 1965: 60).[3] 이처럼 1857~1858년경 마르크스는 10여 년 전에 엥겔스와 함께 『독일 이데

---

3 이 점에 대한 로스돌스키의 논의를 주의 깊게 반박한 것으로는 Krader(1975: 174~175)를 참조하라.

올로기』(1846)에서 설명했던 것보다 복잡한 역사적 발전에 대해 설명했다. 『독일 이데올로기』에는 아시아적 형태가 존재하지 않으며, 서구 역사에 기초해 "클랜적 혹은 부족적"에서 "고대적", "봉건적", 그리고 근대의 부르주아적 사회형태로의 단선적인 모델이 제시되었다(MECW 5: 32~35). 정치이론가 엘런 메익신스 우드(Ellen Meiksins Wood)가 보다 일반적 수준에서 제안한 바와 같이, "어쨌든 마르크스는 경제학 비판이 성숙되어 『요강』이후로는 점점 더 '결정론자'에서 벗어나게 되었다. 만약 '결정론자'라는 단어가 행위자인 인간을 외적 구조를 수동적으로 담는 그릇 혹은 영원한 운동법칙에 놀아나는 완구로서 취급하는 사상가를 의미한다면 말이다"(Wood 2008: 88).

마르크스는 전자본주의 사회에 대한 논의를 1857년 12월 중순에서 1858년 2월 사이에 집필된 『요강』의 제4노트 및 제5노트에서 진행했다. 제1장에서 보았듯이, 이 시기는 인도에서 세포이(Sepoy) 반란이 발발한 직후이다. 이 시기에 마르크스는 1853년의 인도 저작에서보다도 강력하게 식민주의에 대해 적개심을 표하기 시작했다. 게다가 1853년에 마르크스는 인도 촌락의 전통적인 공동체적 형태를 "동양적 전제주의"의 원천의 하나로 특징지었지만, 『요강』에서는 이러한 형태를 중립적으로 혹은 약간 동정적으로 서술했다. 물론 마르크스는 『요강』의 대부분에서는 다른 것들에 초점을 두고 있다. 그것은 바로 근대 서구의 프롤레타리아트, 즉 형식적으로는 자유롭지만 대부분 원자화되어, 생산수단에 대해 어떤 중요한 통제도 할 수 없게 된 노동자계급의 출현이다. 대조적으로 다양한 전자본주의 사회에서 개인들은 서로 "공동체의 구성원"으로 혹은 토지의 "소유자"로 참여했다. 더욱이 그들의 노동의 목적은 "가치의 창조가 아니었다"(Grundrisse: 471).[4] 가장 원초적 형태들은 모두 사회조직 혹은 소유관계에서 공동체적 형태였다. 마르크스는 이러한 원초적인 공동체적 형태, 즉 아시아적 형태, 그리스 로마적 형태, 게르만적 형태 등의 윤곽을 그려 낸 것이다.

아시아적 형태에서, 원초적 클랜에 기초한 집단은 목축 혹은 정주에 선행하는 다른 타입의 "노마드적" 존재에 뿌리를 두고 있는 공동체적 사회구조에 기초하고 있다. "자연적인 공동체조직인 **부족공동체**(clan community; Stammgemeinschaft)는, 토지의 공동적 취득(일시적인) 및 이용의 결과가 아니라 그 전제로 나타난다(472; 강조는 원문). 이와 같이 공동체적 사회구조는 공동체적 소유에 선행한다. 전자의 "혈통, 언어, 관습의 공동성"은 **"공동체의 소유물로서"** 토지와 "소박하게" 관련되었다(472; 강조는 원문). 그러나 결국 "대부분의 원초적 아시아적 형태에 있어서" 보다 고차의 통일체가 자신을 토지소유자로 확립했고, 공동체의 촌민은 지역 차원에서 그 토지의 단순한 "세습적 점유자"로 되었다(473). 이러한 "동양적 전제주의"는 잉여가치가 아닌 잉여생산물을 착취했다. 촌락의 차원에서, 고대적인 공동체적 구조가 존속했으며, 소규모의 제조업이 발생했지만, 이러한 것은 전부 한 사람의 인격, 즉 전제군주의 지배하에 들어갔다.

동양적인 전제주의와 법제적으로 거기에 존재하는 것처럼 보이는 소유의 결어 속에는, 이러한 부족소유 또는 공동체 소유가 사실상 토대로서 존재한다. 이 소유는 대부분 소공동체 내부의 제조업과 농업의 결합에 의해

---

4   이하 『요강』의 영어판 쪽수는 현재까지 최상의 번역인 마틴 니콜라우스(Martin Nicolaus) 번역본에 의거한다. 하지만 나는 때로는 독일어 원본(MEW 42)을 참고해 번역을 바꾸기도 했다. 나는 또 MECW 28~29권에 포함된 영어 번역본과 함께 전자본주의적 형태에 관한 부분은 홉스봄의 영향력 있는 판본도 참고했다.

생산된 것인데, 그 결과 모두 자급자족적으로 되고, 재생산 및 잉여생산의 모든 조건을 자기 자신 안에 포함하게 된다. 이러한 소공동체의 잉여노동의 일부는 최종적으로 하나의 **인격으로** 존재하는 상위의 공동집단에 귀속된다. 이 잉여노동은 공납 등의 형태를 취하기도 하지만, 또한 통일체의 찬미를 위한 ─ 한편으로는 현실의 전제군주를 찬미하기 위한, 다른 한편으로는 상상 속의 부족 본체인 신을 찬미하기 위한 ─ 공동노동이라는 형태를 취하기도 한다(473).

아시아적 형태에 관한 이러한 논의를 통해, 마르크스는 "노동의 공동성"(473)이 공동체적 소유보다도 이 사회구성체에 대해 더 근본적이라고 생각한다. 아시아적 형태의 역사적 사례에서, 마르크스는 시야를 보다 넓혀, 인도뿐만 아니라 루마니아, 멕시코, 페루 등과 같은 아시아 외부의 국가들에 대해서도 언급한다. "동양적인 **전제주의**"만 언급한 1853년 저작과는 달리, 마르크스는 이제 좀 더 공평한 입장을 취해, "이 공동체 시스템의 더욱 **전제적인** 또는 더욱 **민주적인** 형태"의 가능성에 대해 언급한다(473; 강조는 저자 추가).

두 번째 전자본주의 형태인 그리스 로마적 형태에 대해 마르크스는 다음과 같이 서술하고 있다. 그것은 더 도시화되었고 "더 활동적인 역사적 삶의 산물"(474)이었지만, 그것 역시 클랜을 기반으로 한 공동체 형태로 성립되었다. 분쟁이 공동체적으로 조직된 다양한 장 ─ 그것이 도시가 되었든 촌락이 되었든 ─ 에서 발생해, 특히 로마인에게는 전쟁이 "중요한 포괄적인 과제, 중대한 공동체적 노동"이 되었다(474). 로마의 경우에는 토지와 관련된 "살아있는 개인"과 공동체 간의 분리가 상당히 진행되었다. 로마에서는 분명히 **공유지**(ager pulicus), 즉 공동체에 속한 공공의 토지가 존재했다. 그러나 아시아적 형태와는 대조적으로, "개인의 [토지] 소유"는 "직접적인 공동체적 소유"는 아니다(474~475). 전쟁이라는 형태와는 별도로, 사회의 중심을 이루는 것으로서 "공동체적 노동" 또한 존재하지 않았다. 로마시민에 국한된 것이지만, 토지소유가 존재했다. 이것은, 모든 토지소유가 공동적이어서 개인은 법제상의 어떤 소유권도 갖지 못하는 "특정 부분의 점유자에 불과한", 아시아적 형태와는 대조적이다(477). 그리스 로마 사회는 고도로 도시화되어 있었지만, 자유시민 토지 소유자가 수행하는 농업이 경제활동의 이념적 형태였고, 상업과 무역은 불명예스럽게 간주되어, 종종 해방노예나 비시민의 외국인에게 맡겨졌다. 더욱이 아시아적 클랜은 기본적으로 "혈연적"이었지만, 그리스 로마적 클랜은 "지연"에 기초해 형성되었으며, 그들 자신을 혈족적인 것으로는 보지 않았다. 마르크스는 혈연적 클랜이 더욱 오래된 것이라고 결론을 내리고 다음과 같이 서술했다. "혈연적 클랜의 가장 극단적이고 엄밀한 형태는 카스트 제도이다. 각각의 카스트는 서로 분리되어 있고, 서로 통혼의 권리도 없으며, 격식도 크게 다르고, 각각은 배타적이며 영구불변의 직업을 가지고 있다." 이와 같이 마르크스는 인도의 카스트 제도가 클랜 혹은 부족에서 비롯된다고 생각했다. 마르크스 논의에 따르면, 그리스 로마는 이것을 조기에 극복했으며, 그리스 로마에서 "혈연적 클랜"은 "지연적 클랜"에 의해 "거의 모든 곳에서 밀려났다". 이 "지연적 클랜"은 구성원의 측면에서 다소 개방적이었다(478).

마르크스는 여기에서 아시아적 클랜이 그리스 로마적 클랜보다도 원초적인 단계에 있다고 시사하는 것은 아니다. 그보다는 복선적인 시각이 강력하게 함축되어 있다. 개괄적으로 볼 때, 문학이론가 산 후안(E. San Juan Jr.)이 서술했듯이, 아시아적 생산양식이라는 개념은 "마르크스가 자기의 역사 연구방법에서, 목적론적 결정론 또는 진화론적 일원론을 배제하기 위해 활용한 발견적 도구로 기능하고 있다"(San Juan 2002: 63).

마르크스는 농촌을 거점으로 하는 제3의 전자본주의적 형태, 즉 게르만적 형태에 대해서는 훨씬 적은 관심을 보였다. 원거리의 숲에 의해 고립된 일부 원시적인 게르만 부족에게 공동체는 영속적인 것이 아니라, 오히려 공동체적 집회를 개최하기 위한 정기적인 모임이었다. 여기에서 공동체는 "개인적 소유의 보완물" 정도였다(Grundrisse: 483). 마르크스가 시사한 바에 따르면, 이러한 사회형태가 중세 유럽 봉건적 시스템의 기초가 된 것이다.

이러한 세 가지 형태 및 각각의 명확한 차이를 스케치한 후, 마르크스는 보다 큰 차이에 대해, 즉 이러한 모든 전자본주의적 형태와 근대 부르주아적 질서의 차이에 대해 서술하기 시작했다. 이러한 전자본주의적 형태의 "경제적 목적"은 "사용가치의 생산"이었다(Grundrisse: 485). 아시아적 형태와는 대조적으로 그리스 로마적 형태 및 게르만적 형태에서는 더욱 큰 개인화가 나타나고 있지만, 그렇다고 해도 이러한 것들이 근대의 "자유로운 노동자"의 "점(dot) 같은 고립"과 유사한 것을 발전시킨 것은 아니다. 또한 이러한 것들이 근대 부르주아적 소유자, 즉 자기규정적(self-defined)으로 고립되고 따라서 자유로운 개인을 발전시킨 것은 아니다. 이러한 원초적 사회에서, "토지소유"의 "고립된 개인적" 소유자의 개념은 불합리한 것이다. 그것은 더 개인화된 그리스 로마적 사회 혹은 게르만적 사회에서도, 소유 ― 특히 토지의 소유는 공동체 관계의 총체에 의해 매개되고 있었기 때문이다. 따라서 마르크스의 주요한 목적은, 유럽에서 자본주의의 전신인 그리스 로마적 형태 및 게르만적 형태와 이와는 다른 역사적 궤도인 아시아적 형태라는 양자를 비교함으로써 근대 자본주의 사회의 구조를 설명하려는 것으로 보인다.

마르크스는 이러한 전자본주의 사회를, 『요강』에서는 초기의 저작보다도 중립적인 어조로, 경우에 따라서는 조심스럽게 긍정적인 용어로 묘사하고 있지만, 이것을 이상화하고 있지는 않다. 마르크스는, 상업을 중요시하지 않았던 이러한 사회의 "고상한" 이상은, 국한된 수준의 경제적 및 사회적 발전에 제한되어 있었다고 주장한다. 이 점에서, 근대 자본주의와 더욱 새롭고 우월한 사회형태에 의해 가능한 근대 자본주의의 부정에 대해 언급하면서, 마르크스는 다음과 같이 질문한다. "일단 편협한 부르주아적 형태가 벗겨내어진다면, 부는 보편적 교환에 의해 창출된, 개인의 욕구, 능력, 향락, 생산력 등의 보편성이 아니라면 무엇인가?" 이러한 근대의 달성은, 과거를 중시하는 고착된 절대적인 것을 수반하는 전자본주의 사회의 **"기존에 결정된** 척도"와는 대비된다. 이와는 달리, 미래 지향적인 근대의 인류는 "생성의 절대적 운동" 속에 있다고 마르크스는 서술하고 있다. 그렇지만 이 생성의 과정은, "총체적 소외로서의 보편적 대상화"라는 현실 자본주의 세계 안에서는 잠재적일 뿐이다(Grundrisse: 488; 강조는 원문).

모든 전자본주의 형태 가운데 아시아적 형태는 근대 자본주의로부터 구조적으로 가장 멀리 떨어져 있어, 자본주의에 대해 가장 강한 저항을 보인다. "필연적으로 가장 완강히 그리고 오랜 시간을 버티어 온 것은 아시아적 형태이다. 이것은 아시아적 형태가 지닌 전제, 즉 개인은 공동체에 대해 자립하지 못하고 있다는 것, 자급자족적 생산권역이 있다는 것, 농업과 제조업의 일체성 등의 전제에 근거하고 있다"(Grundrisse: 486). 그리스 로마적 형태 혹은 게르만적 형태는, 의식과 소유 형태를 포함한 사회적 존재 모두에서, 어느 정도의 개인화와 함께 공동체적 사회의 붕괴를 경험했지만, 아시아 사회에서는 더 오래된 클랜에 기초한 공동체적 형태가 더 오랫동안 존속했다. 그리스 로마적 세계에서는 노예제나 농노제가 오래된 공동체적 형태의 붕괴를 조장해, 시민 간의 계급격차를 확대시키고, 또한 많은 비시민 – 아주 일부는 부유한 상인이지만, 대부분은 모든 권리가 박탈된 노예들 – 을 공동사회에 도입함으로써, 이러한 원초적 사회관계를 변화시켜 갔다. 이러한 변화는 도시의 상업적 문명의 내부에서 발생했다. 마르크스가 이해하고 있듯이, 노예제나 농노제는 아시아 제국에는 동일한 영향을 미치지 못했는데, 이곳은 이미 많은 경우 사회관계가 전제적이었다.

『요강』의 다른 부분에서, 마르크스는 노예제를 다른 문맥, 즉 영국이 통치하는 자메이카에서 최근 해방된 노예의 상황이라는 문맥에서 분석했다. 이들 자유로운 흑인은 교환가치를 생산하는 프롤레타리아가 아니라, 사용가치를 생산하고 얼마간의 여가를 즐기는 자급자족적 소농이 되었다. 이것은 근대 자본주의적 임금노동에 기초한 경제적 기초가, 아직 자메이카에는 존재하지 않았기 때문이다. 마르크스는 이전의 노예들의 "태만"이, 자신의 경제적 몰락을 두려워하는 백인 농장주 계급을 불쾌하게 했다는 것에서 일종의 통쾌함을 느끼며 다음과 같이 언급했다.

1857년 11월 ≪더 타임스≫에는 어느 서인도제도 농장주의 친애하는 분노의 호소가 게재되었다. 도덕적 격분을 쏟아내는 이 주창자는 – 흑인 노예제 부활에 대한 호소로서 – 다음과 같이 논했다. 콰시(Quashees, 자메이카의 해방 흑인, 즉 니거)[5]는 자신의 소비를 위해 꼭 필요한 것만 생산하는 것에 만족하고, 또한 이러한 "사용가치"와 함께 빈둥거리는 것(방종과 게으름)을 진

---

5 마르크스는 여기에서 또 다시 반인종차별 주장을 하기 위해 인종차별적 용어를 사용하고 있다. 현재의 영어 번역본들은 이 괄호가 붙은 부분을 "the free blacks of Jamaica"(Grundrisse: 325; MECW 28: 251)로 변경해 이를 은폐하고 있다. 독일어 원전에서 이 부분은 MEW 42 (245) 또는 MEGA² II/1.1(S. 242)을 보라.

정한 사치품으로 여긴다. 또한 그들은 설탕이나 농장에 투하된 고정자본 따위는 전혀 신경을 쓰지 않고, 오히려 농장주의 임박한 파산을 악의적인 표정으로 지켜보며, 또한 그들이 받아들인 기독교조차 이러한 악의적이고 고소한 감정과 게으름에 대한 장식물로 이용하기도 한다. 그들은 더 이상 노예는 아니지만, 임노동자인 것도 아니었다. 그들은 자신의 소비를 위해 일하는 자급자족적 소농이 되었다(Grundrisse: 325~326).

여기서 다시 초점이 되는 것은 비자본주의 사회관계 그 자체가 아니라 근대 자본주의의 독특성이다.

『요강』의 마지막 페이지에서, 마르크스는 공동체적 소유라는 주제로 돌아와서, 그것을 "자연 발생적[naturwüchsigen][6] 공산주의"라고 칭했다. 공동체적 소유는 모든 사회의 원초적 단계에서 발견되는 것이지만, 인도에서는 다른 어떤 사회보다도 잘 유지되었다.

공동체적 소유는 최근 어떤 특별한 슬라브적인 진기한 것으로 재발견되었다. 그러나 실제로는 인도가 ─ 다소 해체되고는 있지만 여전히 완전하게 알아볼 수 있는 형태로 ─ 그러한 경제적 공동체의 가장 다양한 형태의 견본을 제공하고 있다. 또한 더욱 철저한 역사연구에 의해 이러한 경제적 공동체 조직이 모든 문화민족의 출발점이 되고 있다는 것을 재발견되고 있다. 사적 교환의 기초가 되는 생산시스템은, 무엇보다도 우선, 이 자연발생적 공산주의의 역사적 해체이다. 그러나 수많은 경제적 시스템이, 교환가치가 생산을 그

---

6 여기서 naturwüchsig는 "원시적인(primitive)" 혹은 "자연적으로 발전한(naturally evolved)"으로도 번역할 수 있을 것이다.

전체적 깊이와 넓이에서 지배하는 근대 세계와 해체된 공동체적 소유가 그 기초가 되는 여러 사회구성체 사이에 차례로 존재한다(Grundrisse: 882).

감질나게도 초고는 여기서 중단되었다.[7]

앞에서 보았듯이, 마르크스는 『정치경제학 비판을 위하여』(1859) 서문에서 아시아적 생산양식을 언급했다. 또한 그는 이 책에서 전자본주의적 사회 형성에 관해 폭넓게 논의하면서, 공동체적 사회형태에 대해 약간 언급했다. 그는 가부장적 사회관계나 봉건적인 사회관계를 고찰한 다음, 이것과 근대 자본주의와의 차이를 논의하고, 그런 후 원초적 공동 사회를 들고 나왔다. 여기서 마르크스는 공동체적 소유보다 오히려 공동노동을 강조하고 있는데, 그것은 마르크스가 공동노동이 더욱 근원적인 측면이라고 생각했기 때문이다.

> 혹은 마지막으로 모든 문화 민족의 역사의 입구에서 볼 수 있는 자연발생적 형태의 **공동노동**을 살펴보자. …… 이러한 생산이 전제되고 있는 공동체적 시스템은, 개인의 노동이 사적 노동이 되는 것을 방해하며, 그의 생산물이 사적 생산물이 되는 것을 방해한다. 이것은 개인의 노동을 오히려 사회 유기체의 한 부분을 구성하는 자연 발생적인 기능으로 보이게끔 한다(MECW 29: 275; 강조는 저자 추가).

어떤 면에서, 이것은 공동체적 형태가 모든 사회의 사회적 발전의 첫 단

---

7   마르크스는 이 마지막 부분의 서술이 "나중에 다시 논의"되어야 할 것이라고 말하고 있는데, 이는 이 부분에서의 마르크스의 생각이 추후 『요강』의 발전에 중요했을 것임을 시사한다.

계를 구성한다고 간주하는 단선적인 관점인 것처럼 보인다.

더욱이 러시아의 공동체적 소유로부터 독립적인 분석적 카테고리를 구성했던 학자들[8]을 비판한 각주에서, 마르크스는 이러한 형태의 원초적 사회 조직이 매우 광범위하고 아마도 보편적이기까지 하다고 서술한다.

> **자연발생적인** 공동체적 소유의 형태는 슬라브 특유의 형태이거나 혹은 심지어 러시아에만 있는 형태라는 어리석은 편견이 최근 외국에서 만연하고 있다. 그것은 로마인(Romans), 튜튼인(Teutons), 켈트인(Celts) 사이에서 발견되는 본원적 형태[Urform]이지만, 인도에서는 종종 흔적만 있음에도 불구하고 다양한 형태로 아직 존재하고 있다. 아시아적인 공동체적 소유, 특히 인도적인 공동체적 소유의 형태에 대한 상세한 연구는, 자연 발생적인 공동체적 소유의 다양한 형태가 다양한 형태의 와해를 불러일으키는 방식을 보여줄 것이다. 예를 들어, 로마적 사적 소유 및 게르만적 사적 소유의 다양한 원형이, 인도적인 공동체적 소유의 다양한 형태로부터 파생[ableiten von][9]될 수 있다(MECW 29: 275; 강조는 원문).

그러나 이 구절[10]을 『요강』과 함께 고찰할 때, 마르크스는 다양한 공동체적 형태의 동일성뿐만 아니라 차이에 대해서도 강조하고 있음이 명백하

---

8 언급하고 있지는 않지만, 여기에서 마르크스가 비판하고 있는 대상은 아마도 아우구스트 학스하우젠(August Haxhausen)의 러시아 촌락에 대한 저작인 것 같다.

9 여기서는 ableiten von을 "파생된다(derived from)"라고 번역했지만 "소급된다(traced back)" 혹은 "연역된다(deduced)"라고도 번역될 수 있을 것이다.

10 『정치경제학 비판을 위하여』의 초고 한 곳에서 마르크스는 잉카 제국과 인도의 전통 촌락 모두에서 복잡한 분업이 존재했음을 밝혔다. 그러나 이것은 자본주의의 특징을 이루는 "교환가치에 기초를 둔 분업"은 아니었다. 오히려 그것은 "다소 직접적인 공동체적 생산"이었다(MECW 29: 464).

다. 헤겔 변증법의 용어를 사용해, 마르크스는 그것들 간의 상관관계는 물론, 외관상의 동일성 내에 존재하는 차이와 모순도 설명하고 있다.[11] 여기에서, 그리고 『요강』에서 더욱 자세히, 마르크스는 "원시적" 공동체적 사회형태의 "해체"로부터 생성되는 사회형태의 다양성, 특히 인도와 로마에서 생성된 원초적 계급사회들 간의 구조적 차이를 강조하고 있다.

그러나 여기서 문제가 되는 것은 그 이상의 것이다. 마르크스는 또한 이러한 공동체적 형태와 관련한 자신의 견해를 변화시키고 있다. 게오르게 리히트하임(George Lichtheim)이 주장했듯이, 이것은 자본주의에 대한 적의를 한층 강화시키는, 마르크스의 사고에 있어 더욱 근원적인 변화와 연결되어 있다.

1850년대에 마르크스는 동양적 정체를 파괴하는 서구 자본주의의 진보적 역할을 강조하는 경향이 있었지만, 주요 저작인 경제적 저작을 집필하는 시기에 이르러서는, 전통적 사회가 어떤 긍정적인 요소도 포함하지 않는다는 데에 대해 이전보다 회의적으로 되었다. …… 이제 우리는 마르크스가 고대의 촌락 공동체의 안정성에 대해, 그들의 고유한 생활양식에서, 어떤 진정한 미덕을 발견했다는 것을 암시하는 방식으로 언급하고 있는 것을 발견할 수 있다. 동시에 자본주의에 대한 그의 적개심도 깊어졌다. 이것은, 마르크스가 1860년대에 이르러 초기의 혁명적 열정을 일부 잃었다는 잘 알려

---

11 헤겔은 자신의 모순 개념을 자세히 설명하면서 다음과 같이 썼다. "지적 반성은 모순을 파악하고 주장하는 것"이며, 상식적인 사고와 대립한다. 상식적 사고에서는 모순이 "동등성에서 부등성으로 …… 이행"하는 "외적인 반성에 머물러 있고", "본질적인 점"을 구성하는, 상호간의 "그러한 동등성과 부등성의 이행"을 이해하지 못한다(Hegel [1831] 1969: 441). 제1장에서 언급했듯이, 마르크스는 헤겔의 『논리학(Science of Logic)』을 바로 『요강』의 전자본주의적 형태에 대한 부분을 썼던 몇 주 동안 연구했다.

진 견해에 대한 유보로서 강조할 필요가 있다. …… 그러나 동시에 그는 부르주아 사회와 경제적 시스템으로서의 자본주의의 영향에 대해 첨예하게 비판했다. …… 관용의 논조는 사라지고, 논조는 전폭적인 경멸로 변해갔다. 1847년에는 부르주아지가 중국의 야만의 벽을 포격한 것에 대해, 아직 어떤 찬사를 보내고 있었다. 1867년에는 어쨌든 촌락 공동체에 관련되는 한, "아시아적 양식"마저 호의적으로 언급했다. 이것은 사회적 붕괴에 대한 방파제로 평가되고 있다(Lichtheim 1963: 98).

일견 자본주의에 대한 마르크스의 적대감이 강해지고 있다는 리히트하임의 생각은 엉뚱하게 들릴 수도 있다. 이러한 감정이 『공산당 선언』(1848)이나 기타 초기 저작에 존재하지 않았던 것은 아니기 때문이다. 이전의 장에서 살펴본 바와 같이, 이 초기의 저작들은 서구 봉건제이든 비서구사회이든 원초적 사회형태에 대한 자본주의의 진보성이 갖는 의의를 강조했다. 그러나 1850년대나 1860년대 초기에는, 마르크스의 비서구사회에 대한 견해가 바뀌기 시작했다. 인도가 이에 해당된다. 제1장에서 언급한 바와 같이, 마르크스는 1853년 인도에 관한 저작에서보다, 1857년 세포이 반란 기간 중에 영국 식민주의를 훨씬 첨예하게 공격한다. 이것은 또한 러시아에도 해당된다. 제2장에서 살펴본 바와 같이, 1858년 마르크스는, 이전에는 정말로 완전히 보수적이라고 본 사회에서, 농민을 기반으로 한 변혁이 가능하다고 생각하기 시작했다. 여기에 덧붙여 리히트하임은 마르크스의 사고가 『공산당 선언』에서 『자본』으로 진화하면서 서구 자본주의 자체에 대한 입장도 변화했다는 생각을 추가했다.

1861~1865년 경제학 초고에서의 비서구사회, 특히 인도

1860년대 초기는 마르크스 생애 가운데 가장 생산적인 시기 중의 하나였다. 이 기간 동안 그는 『자본』 전 3권의 초고 및 『자본』 제4권이라고도 호칭되는 『잉여가치학설사(Theories of Surplus Value)』 - 이것 자체가 세 권으로 간행되었다 - 를 위한 초고 등 모두 수천 페이지를 집필했다. 앞에서 살펴보았듯이, 같은 시기에 그는 미국 남북전쟁과 1863년 폴란드 봉기에 대해서도 광범위하게 집필했으며, 또한 1864년 인터내셔널의 창설을 위해서도 일했다. 일반적으로 '1861~1863년의 경제학 초고'라고 호칭되는 이 긴 텍스트는 MECW 전 5권으로 발간되었다.[12] 그 초고의 일부는 『자본』 제1권을 위한 것이었지만, 그 나머지는 20세기 초반에 『잉여가치학설사』로 간행되었다. 또한 1864~1865년에 집필된 다른 초고는, 1894년 엥겔스에 의해 간행된 『자본』 제3권의 기초이다. 『자본』 제3권은 토지소유 - 일부는 아시아적 사회형태와 관련이 있는 - 에 관해 상당히 많은 양의 논의를 포함하고 있다. 이하에서 나는 마르크스가 경제학 저작에 있어 어떠한 방법으로 비서구사회, 특히 인도에 대해 논의하고 있는가를 고찰하기 위해서, 1861년부터 1865년까지에 걸쳐 이러한 모든 재료를 통째로 취급할 것이다. 나는 아일랜드 및 노예제, 특히 미국에서의 노예제에 대한 마르크스의 논의도 간략하게 살펴볼 것이다. 이와 같은 것들은 1861~1865년 경제학 저작의 핵심적인 주제는 결코 아니었지만, 그것들은 근대 자본주의에 대한 반증으로 자주 거론되고 있다.

마르크스가 근대 자본주의의 기원과 봉건적 토지 소유로부터의 이행에 대해 논의하고 있는 1861~1863년 초고의 한 부분에서, 마르크스는 "아직

---

12 이들은 1988년부터 1994년까지 MECW 30~34권으로 처음으로 완전히 영어로 간행되었다.

존재하는 토지 소유의 아시아적 형태"에 대해 다시 언급하고 있다. 그는 즉각 아시아적 형태의 논의는 중심적인 과제에서 벗어나는 것이기에, ""여기에는 속하지 않는다"라고 첨언하고 있다. 다른 부분에서, 마르크스는 자신이 자본주의의 "자연 법칙"이라고 부른 것과 전자본주의적 생산양식의 자연 법칙을 비교하고 있다.

> 여기서 문제가 되는 것은 **부르주아적 생산의 자연 법칙**이다. 그리하여 **특정한 역사적 단계**에서 **특정한 역사적 조건**에 기초해 생산이 이루어지는 그러한 법칙이다. …… 문제는 이 특정한 생산양식의 **자연**을, 그리하여 그것의 **자연 법칙**을 서술하는 것이다. 그러나 이 생산양식 자체가 **역사적인** 것으로 되어, 그것의 **자연** 및 **그 자연의 법칙**도 역사적인 것이 된다. 고전고대적 생산양식, 아시아적 생산양식, 봉건적 생산양식 등의 자연 법칙은 본질적으로 다르다(MECW 34: 236; 강조는 원문).[13]

마르크스는 이러한 생산양식에 공통적인 것을 고려하기도 했지만, 이것은 극히 제한되어 있다. "다른 한편 인간 생산의 모든 형태는 동일한 **법칙** 혹은 동일한 **관계**를 갖고 있다는 것은 확실하다. 이러한 동일한 특징들은 매우 단순하며, 몇 개의 통상적인 문구로 요약 가능하다"(MECW 34: 236; 강조는 원문). 마르크스가 근대 자본주의의 독자성을 강조하는 것은, 그가 고전파 경제학과 가장 견해를 달리하는 것 중의 하나이다.

---

13 유감스럽게도, 하지만 아주 전형적으로, 모스크바의 편집에 기초한 이 책은 "아시아적 생산양식"을 색인에서도 언급하고 있지 않다. 그것은 "생산양식" 항목 밑에 "노예제", "봉건제", "자본주의"만을 나열하고 있는데(MECW 34: 538), 이는 마르크스의 저작에서 독립적으로 존재하는 아시아적 생산양식의 문제를 스탈린주의적으로 은폐해 온 방식의 하나이다.

1861~1863년 초고의 다른 부분에서 마르크스는 자본주의와 전자본주의 간의 동일성과 차이를 이데올로기 차원에서 설명하면서, 근대 자본주의에서 "자본가와 노동자"의 "순수한 화폐 관계"의 개방성을 논의하고 있다.

모든 사회상태에서, 지배하는 계급(또는 계급들)은 항상 노동의 대상적 조건을 소유하고 있는 계급이며, 이 대상적 조건의 담당자는 자신들이 노동하는 경우에도 노동자로서가 아니라 소유자로서 노동하는 것이지만, 사용되는 계급은 항상 노동 능력으로서 심지어 소유자의 소지물이 되거나(노예제) 자신의 노동 능력 말고는 마음대로 처분할 수 없는 계급이다(이 계급이 예를 들어 인도, 이집트 등에서와 같이 토지를 점유하는 것처럼 보이는 경우에도, 그 소유자는 왕 또는 카스트 등이다). 그러나 이러한 모든 관계를 자본으로부터 구별하는 것은, 이러한 관계가 포장되어 있다는 것, 즉 지배자와 예속자, 자유인과 노예, 신격화한 통치자와 보통 사람들 등의 관계로 나타나고 양자 각각의 의식에서도 그와 같은 관계로 존재한다는 것이다. 이 관계로부터 비롯된 모든 정치적·종교적·기타 모든 관념적 포장은 자본에 의해서만 벗겨진다(MECW 30: 131~132).

앞에서 언급한 바와 같이, 곧이어 집필된 『자본』 제3권에서, 마르크스는 다시 고리대의 영향이라는 관점에서 서구적 봉건제와 비교되는 아시아적 생산양식의 독자성을 강조하고 있다. 마르크스는 다음과 같이 서술하고 있다. "고리대는 전자본주의적 생산양식에 혁명적으로 작용하며" 근대 자본주의의 길을 여는 것을 도와주는데, 그것은 "기타의 조건들이 …… 존재하는 시대와 장소에서만 그러한 것이다". 그러나 고리대가 "경제적 쇠퇴와 정치적 부패 이상의 것을 초래하지 않고 오랫동안 지속될 수 있었던 아시아적 형태의 경우에는" 이것은 사실이 아니었다(Capital 3: 732). 여기에 아시아적 형태의 상대적 안정성까지 추가해, 아시아와 서유럽의 경제사에는 근본적인 차이가 있다는 것이 그의 핵심적 논점이 되고 있다.

마르크스는 1861~1863년 초고의 한 부분에서 영국 통치하의 인도에서의 고리대에 초점을 맞추고, 농촌 지역에서의 고리대의 발전이 자본주의적 발전의 특징을 거의 가지고 있지 않았다고 서술한다.

> 이와 같이 **형태적 자본관계**조차 발생하지 않았으며, 더욱이 독자적인 자본주의적 생산양식도 발생하지 않았다. …… 이것은 오히려 노동을 불임으로 만드는 형태이고, 노동을 극히 불리한 경제적 조건하에 두는 형태이며, 자본주의적 생산양식 없는 자본주의적 착취와 노동도구에 대한 자립적인 소규모 소유라는 생산양식 — 이 생산양식이 미발전한 상태에 대해 제공하는 이점을 결여한 — 을 결합하는 형태이다. 사실 여기서 생산수단은 더 이상 생산자의 것이 아니지만, **명목적으로는** 생산자에게 포섭되어 있으며, 또 생산양식은 동일한 독립 소경영의 관계 속에 머물러 있다. 이러한 관계는 현재 **붕괴되고 있다**(MECW 34: 118~119; 강조는 원문).

마르크스 사상의 발전을 고찰할 때, 이 서술의 논조는 중요하다. 이미 1853년처럼, 진정한 자본주의적 관계가 인도에서 발전하기 시작했다거나, 혹은 고통스럽지만 일종의 진보적 근대화가 일어나고 있었다는 함의는 존재하지 않는다. 오히려 오래된 형태가 진보적인 새로운 형태를 형성하면서 발전되지 않고 붕괴함에 따라, 역사적인 교착상태에 빠졌다는 함의가 있다. 마르크스는 다음과 같이 덧붙였다. 오래된 공동체적 시스템의 "해체"가 시작된 이후, 인도의 소농은 "극빈 상태에서 연명하고 있다"(MECW

34: 118, 119). 마르크스는 이윤율의 경향적 저하라는 논의에서 탈선해 이 점을 더욱 전개하고, 인도 촌락의 고리대가 지나치게 약탈적이어서 소농에게는 생존에 필요한 최소한에도 훨씬 못 미치는 것이 남겨졌다고 서술한다(Capital 3: 321).

다른 부분에서는, 마르크스가 살았던 시대에 닥친 자본주의 위기의 가장 중요한 근원이었던 이윤율의 경향적 저하에 대한 논의에서, 마르크스는 또한 "어떻게 이윤율의 경향적 저하를 일으키는 동일한 원인이, 그 저하를 방해하는 반대의 효과를 유발하고 있는가"라고 언급하면서, 반대로 작용하는 요인들도 언급하고 있다(Capital 3: 346). 이윤율의 경향적 저하를 완화하는 "반대의 효과"의 역할을 하는 요인 중의 하나로, 마르크스는 식민지 착취에 기초한 초과이윤에 대해 언급하고 있다. "그러나 식민지 등에 투하된 자본에 관한 한, 그것이 더 높은 이윤율을 끌어낼 수 있는 이유는, 식민지 등은 발전도가 낮아서 일반적으로 이윤율이 더 높고, 또한 노예나 막노동꾼 등을 사용하므로 노동의 착취가 더 크기 때문이다"(345).

또한 『자본』 제3권에서, 마르크스는 유럽 자본주의 발흥기의 초창기 식민주의의 역할에 대해, 특히 인도와 관련해 고찰하고 있다. 그러나 여기에서 마르크스는 자본주의적 발전에 대한 식민주의의 영향을 최소한으로 평가하는 경향이 있다. 16세기 및 17세기 중상주의 시대, 스페인이나 포르투갈의 근대화의 실패에서도 증명되고 있듯이, 식민주의는 자본주의적 근대화에 기여한 여러 요소 중의 하나일 뿐이다.

세계 시장의 급격한 확장, 유통되는 상품의 급증, 아시아의 생산물과 아메리카의 보물을 차지하려는 유럽 국가의 경쟁, 식민지 시스템 등등 이러한 모든 것이 생산에 대한 봉건적 장벽을 분쇄하는 데 본질적으로 공헌했다.

그렇다고는 해도 근대적 생산양식의 제1기인 매뉴팩처의 생산양식은, 이를 위한 조건이 중세 내부로부터 만들어지고 있던 곳에서만 발전했다. 예를 들어, 네덜란드를 포르투갈과 비교하라(Capital 3: 450).

이와 같이 유럽 사회 내부의 내적 요인이, 네덜란드로 하여금 포르투갈을 능가하는 경제 발전을 가능케 한 결정적 요인이다.

그러나 이것은 상업 자본주의 혹은 중상주의적 자본주의의 초기 단계였다. 일단 자본주의적 생산양식이 글로벌한 규모로 전개되면, 중상주의적인 네덜란드는 산업화가 진행된 잉글랜드에 그 길을 내주게 된다. 따라서 마르크스는 이와 같이 덧붙이고 있다. 더 이상 "상업이 끊임없이 산업을 변혁시키는" 것이 아니라, "산업이 끊임없이 상업을 변혁시킨다. ……예를 들면, 잉글랜드와 네덜란드를 비교하라. 지배적 상업국인 네덜란드의 몰락의 역사는, 상업자본이 산업자본에 종속된 역사이다"(451).

바로 이 산업자본의 시대에, 영국은 인도를 완전히 지배하고, 나아가 중국을 침략하기 시작했다. 그럼에도 불구하고, 마르크스가 단언하는 것처럼, 많은 장벽, 특히 전자본주의적인 아시아적 사회형태의 유물이 존재했다.

전자본주의적 민족이 지닌 생산양식의 내적인 견고함과 구성이 상업의 분해 작용에 대해 설치한 장애물은, 영국인의 인도나 중국과의 교역에서 현저하게 나타나고 있다. 인도나 중국에서는 생산양식의 광범위한 토대가 소농업과 가내공업 간의 결합에 의해 형성되고 있는데, 인도에서는 그것의 최정상에 토지의 공동소유에 기초한 촌락공동체의 형태가 존재하고 있으며, 이것은 또한 중국에서도 본원적인 형태였다. 더욱이 인도에서는 영국인이 지배자 및 지주로서 직접적인 정치적 권력과 경제적 권력을 행사해, 이러한 소규모 경제적 공동체를 파괴했다(Capital 3: 451).

영국인은 적어도 인도를 근대화시킨다는 측면에서, 잔혹하고 부적절함에도 불구하고, 매우 의식적으로 공동체를 파괴했다.

다른 어떤 국가의 경우보다 인도에서는 영국인의 경제적 경영의 역사가 무익하고 사실은 어리석은(실제로 악명 높은) 경제적 실험의 역사이다. 영국인들은 벵골주에서는 영국의 대토지소유의 희화(戲畵)를 만들어냈고, 남동인도에서는 분할지 소유의 희화를 만들었다. 또한 북서부에서는 전력을 다해 토지의 공동체적 소유를 수반한 인도의 경제적 공동체를 그 자신의 희화로 전화시켰다(451).

더 광범위한 수준에서는, 대량생산된 영국의 면직물이 침투되어 전통적인 생산자가 크게 쇠퇴하고 있었지만, 이것도 촌락공동체를 완전히 파괴시키지는 않았다. 촌락공동체에서는 영국에 의한 "해체작업"이 "매우 점진적으로" 진행되고 있었다. 식민지화된 인도와 달리, 글로벌 자본이 "직접적인 정치권력"의 "도움"을 받지 못한 중국이나 러시아에서는 변화가 더욱 완만히 진행되었다. 특히 러시아에서는 "상업은 아시아적 생산의 경제적 기초를 전혀 손상시키지 않았다"(452)라고 마르크스는 생각하고 있었다. 여기에서 우리는 마르크스가 중국, 인도, 러시아의 전자본주의적 형태들을 관련시키고 있는 것을 발견할 수 있다. 이것은 모두 "아시아적"이라는 용어로 호칭된다.[14] 이러한 사회형태들은 자본주의에 저항하고 있었지만, 이것은 확실히 저항의 진보적 형태가 아니었고, 노동자들의 고통을 조금이나마 완화시키는 것도 아니었다. 이처럼 마르크스가 여기에서 제시한 전망은 매우 암울했다. 자본주의는 이러한 전자본주의 사회를 결코 발전시킬 수 없으며, 가차 없이 전통적 생산양식을 무너뜨리면서 이들을 더욱 곤경에 몰아넣는다.[15]

마르크스는 1861~1863년 초고에서 상당한 분량을 할애해 많은 경제학자들을 비판하고 있는데, 그들 중에는 리처드 존스(Richard Jones)도 있다.[16] 마르크스는 존스가 역사적 형태의 변화를 더욱 신중하게 다루었다는 것을 인정하고 있다. 따라서 존스는 "자본이 세상이 시작된 이래 존재해 왔다는 환상"을 피할 수 있었다(MECW 33: 320). 마르크스는 또한 이윤율의 경향적 저하에 대한 자신의 이론을 발전시키는 데도 존스를 이용했다. 존스는 토지소유와 지대론을 상당히 주목했으며, 종종 인도와 다른 아시아 사회에 대해 언급했다. 존스는 프랑수아 베르니에 — 마르크스의 1853년 인도에 관한 저작의 전거 가운데 하나 — 를 따라, 국가를 식민지화 이전 인도의 모든 토지의 소유자로 간주하고, 이것을 도시의 돌연한 대두 및 몰락과 결부시켰다. 마르크스는 "존스는 …… 농업과 공업이 일체를 이루는 아시아적인 공동체적 시스템을 간과하고 있다"라고 반박하고, 아시아적인 공동체적 시스

---

14 어떤 곳에서 마르크스는 인도와 식민지화되기 전의 페루를 관련시키면서 "자연발생적 인도 공동체 혹은 인위적으로 발전한 페루 공산주의"를 언급하고 있다(Capital 3: 1017). 다른 곳에서 마르크스는 폴란드와 루마니아에 있던 "토지의 공동체적 소유의 오랜 시스템"에 대해서도 언급했다(939).

15 서유럽에서는 전자본주의적 형태가 상업자본의 압력에 의해 제거되었음에도 불구하고, 산업자본주의로의 완전한 이행이 이루어지지 않는 경우에는 언제나 그 결과가 암울할 것이라고 마르크스는 보았다. 예를 들어, 상업자본의 지배하에 있던 프랑스의 실크 노동자와 잉글랜드의 레이스 뜨개질 노동자는 여전히 "그들의 오래된 분산적인 방식으로 노동하고" 있었다. "그것은 생산양식을 변혁하지 않고, 단지 직접적 생산자들의 상태를 악화시킬 뿐이며, 그들을 직접 자본에 종속된 노동자보다 더 나쁜 조건에 있는 단순 임금 노동자와 프롤레타리아트로 전환시킨다"(Capital 3: 452, 453).

16 이 부분은 나중에 『잉여가치학설사』로 출판되었다.

템에서는 이러한 사회의 경제적 기초가 견고함을 강조하고 있다(335).

어떤 부분에서는, 존스로부터 자극을 받아, 마르크스는 다시 인도의 전 자본주의적 형태와 근대 자본주의 간의 차이를 검토했다. 이것은 "사회적 노동"에 대한 논의에서 이루어지고 있다. "사회적 노동"은 자본주의하에 서 나타나는 노동의 형태로서, 어떠한 양의 어떠한 일에도 적합한 보편적 인 추상적 노동을 가리킨다.

> 노동자와 노동조건의 본원적 통일에는 [노동자 자신이 객체적인 노동조건 에 속하는 노예 관계를 별도로 한다면] 두 가지 주요 형태가 있다. 즉, 아시아적 공동체(자연발생적 공산주의)와 이런저런 형태의 소규모 가족농업(이것은 가 내공업과 결합되어 있다) 등이 그것이다. 이 두 가지 형태는 배아 형태이며, 두 가지 형태 모두 노동을 **사회적** 노동 및 사회적 노동의 생산력으로 발전 시키는 데 적합하지 않다. 따라서 노동과 소유(이것은 생산 조건의 소유를 의 미한다)의 분리, 단절, 대립 등의 필연성이 존재한다. 이 단절의 극한의 형태 이자 그 안에서 사회적 노동의 생산력이 가장 강력하게 발전하는 형태는 자 본이다. 자본이 창조하는 물질적 기초 위에, 그리고 이 창조의 과정에서 노 동자 계급과 전체 사회가 경험하는 여러 혁명에 의해서 비로소 본원적 통일 이 재건될 수 있다(MECW 33: 340).

근대적인 "사회적 노동"은, 이와 같이 노동자와 노동 조건(생산수단을 포 함) 간의 근원적인 분리를 가져왔으며, 생산수단은 이제 타인에 의해 소유 되고, 노동자는 자본의 명령을 따르는 단지 노동력을 소지한 자로 환원되 었다. 사회적 노동의 전근대적 반대물을 고찰할 때, 마르크스는 두 개의 비자본주의적 노동 형태를 묘사했다. 이 둘은 결코 같은 것은 아니지만,

아시아 공동체 촌민의 노동과 서구의 전자본주의시대 소농의 노동 등이다. 중요한 것은, 위 인용문의 마지막 문장이 보여주는 것처럼, 마르크스의 아시아적 공동체 시스템과 그 촌락에 대한 시각이 분명히 초기의 "동양적 전제주의"나 수동적 무기력을 강조하는 것으로부터 다소 변화하고 있다는 것이다. 그렇지 않다면 마르크스는 어떻게 이와 같이 전자본주의 세계, 아시아와 서구의 전자본주의적 촌락 모두에 존재하는 "본원적 통일"이 미래의 사회주의 사회에서 회복될 것이라고 쓸 수 있었겠는가? 미래의 사회주의 사회가 더욱 고도의 물질적 기초와 더욱 광범위한 개인적 발전의 여지를 가진 근원적으로 다른 형태인데도 말이다. 불행히도 1861~1863년의 초고 중 이 부분의 서술은 엥겔스가 편집한 『자본』 제3권에는 나타나 있지 않다.

마르크스가 경제학 저작을 집필한 시기였던 1861~1865년은 또한 자본주의하에 존재했던 가장 거대한 노예 제도의 하나가 종지부를 찍은 남북전쟁의 시기였다. 마르크스는 이러한 저작의 곳곳에서 자본주의와 노예제의 관계에 대해 언급하고 있다. 1861~1863년 초고에서 마르크스는 근대적 플랜테이션 노예제가 자본주의적 생산양식의 일부이고, 과거 노예제의 잔재는 아니라는 것을 명확히 하고 있다. "흑인 노예제가 자본주의적 생산의 기초가 되는 자유로운 임금노동을 배제하지만", "흑인을 이용해 사업을 경영하는 것은 **자본가**이다. 그들이 반입한 생산양식은 노예제로부터 비롯된 것이 아니고, 노예제 위에 접목된 것이다. 이 경우 자본가와 지주는 동일 인물이다"(MECW 31: 516).

『자본』 제3권에서 마르크스는 생산에서의 감독의 역할을 논의하면서, 노예제를 일반적 카테고리로 취급했다. "이 감독노동은, 직접적 생산자로서의 노동자와 생산수단의 소유자 간의 대립에 기초한 모든 생산양식에서 필연적으로 발생한다. 이 대립이 크면 클수록, 이 감독노동이 차지하는 역할은 커진다. 노예제에서는 그 역할이 최고조에 달한다"(Capital 3: 507~508). 이와 같이 노예제는, 그것이 직접적으로 노동을 감독하는 엄격함이라는 점에서, 극한사례였다.

더욱이, 마르크스가 거듭 언급하고 있지만, 근대 자본주의적 노예제는 가치 생산의 압력 때문에, 가장 억압적인 고전고대적 형태보다도 더 가혹했다.

예를 들어, 노예제나 농노제가 상업에 거의 종사하지 않는 국민들에게 지배적인 경우에는 과도한 노동이 문제가 되지 않는다. 따라서 노예제나 농노제가 가장 가증스러운 형태를 취하는 것은, 예를 들어 카르타고인(Carthaginians)과 같은 상업국민의 경우이다. 노예제나 농노제를 자신의 생산의 토대로 갖고 있는 국민들이 자본주의적 생산 속에 있는 다른 국민들과 결합될 때는, 예를 들어, 미국 연방의 남부 주에서는 더욱 그렇다(MECW 30: 197).

마르크스는 근대 자본주의 노예제도는 만약 새로운 노동력의 공급을 확보할 수 있다면 사람을 죽음으로 모는 경향이 있다고 말하면서, 미국 최남부(Deep South) 노예들이 "버지니아와 켄터키의 풍요한 지역으로부터" 어떻게 쉽게 보충되는지에 관해 존 케언스(John Cairnes)가 『노예의 힘(The Slave Power)』에서 언급한 내용을 인용했다. 마르크스는 케언스를 더 인용한다. 노예무역이 폐지되기 이전의 초기 시대에는, "노예 수입국의 노예 경영에 대한 격언은, **가장 효율적인 노예 경제는 인간 가축에서 뽑아낼 수 있는 최대량의 노력을 최단기간에 뽑아내는 경제라는 것이다.** 연간 이윤이 종종 플랜테이션 농장의 총자본에 필적하는 열대 재배에서, 흑인의 생명은 가장 무자비하게 희생되고 있다"(MECW 34: 70; 강조는 원문).

마르크스는 케언스로부터 인용한 이 통찰을 자본에 관한 그의 일반적인 틀 속에 두고 있다.

> 노동이 오랜 시간 이상 연장되면 ― 혹은 노동능력의 가치증식적 이용이 어느 정도 이상이 되면 ― 노동 능력은 유지되는 게 아니라 일시적 또는 최종적으로 파괴되어 버린다. 예를 들어, 자본가가 노동자를 오늘 20시간 일하게 한다면, 내일 그 노동자는 12시간의 표준적인 노동시간을 일하는 것이 불가능해지거나 혹은 일을 전혀 할 수 없게 된다. 만약 과도한 노동이 장기화된다면, 노동자는 자기 자신을 유지하는 것이 고작일 것이고, 따라서 그가 어쩌면 20년 또는 30년 동안 유지할 수도 있었을 자신의 노동 능력을 7년밖에 유지하지 못할지도 모른다. …… 이 사례는 이 순간에도 쿠바에서 볼 수 있는데, 여기서 흑인은 농장에서 12시간 일한 이후 추가로 2시간을 설탕제조 혹은 담배제조와 관련된 수공업 노동에 종사하고 있다(MECW 30: 182~183).

미국에서는 노예제 폐지의 조짐이 보인 반면, 스페인 통치하의 쿠바에서는 노예제가 1886년까지 계속되었다.

그러나 여기서든 다른 곳에서든 마르크스는, 이 상태에서 제조업자는 "노동자에게 무조건 토지상속권조차 제공할 필요가 없는 반면", 현실의 노동이 행해지기 전에 그들의 노동력에 대해 지출하지 않고도 그들을 고용할 수 있기 때문에, 형태적으로는 자유로운 임노동자도 다시 죽을 때까지 일하게 된다는 것을 지적하고 있다. 왜냐하면 이러한 노동자들도 무궁무진해 보이는 노동력 공급의 일부를 이루고 있기 때문이다(MECW 34: 69).

마르크스가 쓴 것처럼, 영국의 자본을 위한 노동력의 원천에는 잉글랜드 농촌뿐만 아니라, 농업혁명의 파괴적인 힘이 수백만 사람들의 생존의 원천을 파괴한 아일랜드도 포함되었다.

잉글랜드에서는 18세기 중반보다 십여 년 앞선 시기부터 **공동지의 인클로저, 소규모 농장의 통합**에 의해 **경작지가 목장으로** 전환되었다. 그것은 지금도 계속되고 있다. 1864년 이래, 이번에는 아일랜드에서 매우 큰 규모로 **영지의 청소**가 진행되었다. 100만 명의 아일랜드인의 아사와 또 다른 100만 명의 해외로의 내몰림, 이것이 **아일랜드에서의 영지의 청소**였다. 그것은 지금도 계속되고 있다(257~258; 강조는 원문).

잠시 뒤, 마르크스는 다음과 같이 언급했다. "아일랜드 사람들의" 잉글랜드 "산업지구에의 유입"은 노동력 가격을 낮추었는데, 그것은 이민이 노동자들 간의 경쟁을 높일 것이라는 자본가들의 기대를 훨씬 웃도는 정도였다(296).

『자본』제1권, 특히 프랑스어판의 서술 구조

마르크스의 명저 『자본』 제1권에서, 자본의 추상적이고 비인격적인 힘은 그 자체가 역사적 행위자이며 자기 발전적 주체이다. 자본의 가치 형태는 "이 과정의 지배적 주체"이다(Capital 1: 255). 자본의 가치 형태의 모든 사회생활에 대한 헤게모니가 증대하면서, 살아있는 인간 주체인 노동자는 객체로 폄하된다. 또한 마르크스는 인간에 의해 만들어짐에도 불구하고 비인격적인 가치 형태를 취하는 이 주체의 지배하에, 인간들 사이의 관계는 "사물의 관계라는 환상적 형태"를 취한다고 주장하고 있다(165). 마르크스가 쓴 것처럼, 거짓된 외관 뒤에 인간의 본질이 숨어 있기보다는, 이러한 주체와 객체의 전도가 자본주의하의 인간관계가 "실제로 그렇다는" 것을 구성하는 것이다(166).

마르크스는 또한 주체성의 두 번째 유형에 대해 묘사하고 있다. 『자본』은 매우 중요한 장(章)인 "노동일"에서, 노동자 계급이 비인간화에 대해 저항하면서 근대의 혁명적 주체로서 자신을 구성하는 것에 대해 서술하고 있다. "생산과정의 질풍노도에 묻혀 있던 노동자의 목소리가 갑자기 높아진다"(Capital 1: 342). 마르크스는 다음과 같이 결론짓고 있다. "자본주의적 생산은 자연과정의 필연성으로서 자신의 부정을 낳는다. 이것은 부정의 부정"이기 때문에, 노동자들의 이러한 저항은 결국은 사회적 격변으로 이어진다(Capital 1: 929). 여기서 또한 이 책의 기초인 헤겔적인 개념틀이 매우 분명히 나타난다. "부정의 부정" ― 이것은 마르크스가 받아들인 것이 확실한 헤겔적 개념이다 ― 은 순전히 파괴적인 "공허한 부정"은 아니다. "부정 속에 있는 긍정"(Hegel [1831] 1969: 836)이라는 이 이중성은 이러한 맥락에서, 낡은 형태가 혁명적인 방식으로 부정될 때 나타나는 근대성의 긍정적이고 창조적인 측면으로서, 마르크스에 의해 구체화되었다.

이것은 『자본』에서 이루어지는 마르크스 논의의 제3의 수준을 강화했다. 마르크스는 이와 같이 노동자 저항의 가능성에 대해 거론했을 뿐만 아니라, 『자본』의 첫 장에서는 진보적인 의미의 포스트자본주의 사회의 몇 가지 특징에 대해서도 간략하게 거론하고 있다. 자본주의의 대안을 상상할 때, 마르크스는 "공동의 생산수단으로 노동하는, 자유로운 인간의 어소시에이션"(Capital 1: 171)을 떠올렸다. 이와 같은 "자유롭게 어소시에이션하는 인간들"의 세계는 또한 상품물신의 왜곡된 렌즈 또는 "베일"을 "제거"하며, 사회의 성원들로 하여금 자신들의 사회적 관계를 가치형태의 헤게모니가 확립된 이래 처음으로 명확하게 볼 수 있게 한다(173).

이러한 것이 『자본』 제1권의 변증법적 구조인데, 거기서는 논리적인 것이 역사적인 것 혹은 연대기적인 것보다 우위를 점하고 있다. 사실 마르크스는 『자본』 제1권의 말미에서 "자본의 본원적 축적"이라는 카테고리 하에 자본주의의 역사적 기원에 관한 광범위한 분석을 위치시켰다. 따라서 독자는 근대 자본주의의 개념적·경험적 분석에 대해 모두 읽은 후에 이 부분을 읽게 된다. 서구 자본주의라는 독자적인 사회는 이미 존재했던 비자본주의 사회로부터, 이 경우에는 유럽의 봉건제로부터, 필연적으로 발생하는 것이기 때문에, 발전의 단선적 모델 대 복선적 모델이라는 문제도 제기된다.

여기에서 마르크스의 초기 저작과 같은 문제가 제기된다. 근대 자본주의가 서구와 북미에서 발생했을 때 통과한 경로를 다른 세계도 따르게 되는 것인가? 나머지 세계는 기술적으로 더욱 진보한 사회로부터 단순히 뒤처진 것인가? 우리가 이미 살펴본 바와 같이, 이러한 거대서사는 20년 전의 『공산당 선언』에서 시사되고 있었지만, 마르크스는 1848년 이후 비서구사회에 대한 관점을 변화시켰다.

그러나 이러한 거대서사의 문제점에 대한 질문을 검토하기 이전에, 『자본』 제1권의 텍스트가 발전한 데 대한 간단한 설명이 필요하다. 내가 다음에 행하는 논의의 주요 부분은, 『자본』 제1권의 텍스트 발전에서 후기 단계에 기초하고 있는데, 일부 중요한 텍스트는 아직도 잘 알려지지 않았다. 마르크스의 최고의 역작은 몇 가지 변주곡을 동반한 교향곡이며 미완성품도 있다. 전문 연구자 외에는 대부분 다음과 같은 사실을 모른다. 즉, 엥겔스가 마르크스의 사후, 초고 상태의 마르크스의 노트를 기초로 『자본』 제2권과 제3권을 편집했을 뿐 아니라, 제1권 표준판도 편집했다는 것이다. 이

『자본』제1권 판본의 역사

연도	출간 형태	편집 과정
1867	독일어 초판	마르크스가 출판 준비. 엥겔스의 기여는 최소.
1873	상당한 변경이 수반된 독일어 제2판	마르크스가 출판 준비. 여기서도 엥겔스의 기여는 최소.
1872~1875	상당한 변경이 수반된 프랑스어판. 처음에는 분책의 형태로 출판	독일어 제2판을 조셉 로이(Joseph Roy)가 번역. 다시 마르크스가 상당히 변경. 엥겔스의 기여는 최소. 마르크스가 출판을 준비한 마지막 판.
1883	상당한 변경이 수반된 독일어 제3판	마르크스의 사망 직후 엥겔스가 출판을 준비. 독일어 제2판을 기초로 프랑스어판의 몇 가지 측면을 고려.
1886	일부 변경이 수반된 영어 초판	새뮤얼 무어(Samuel Moore)와 에드워드 에이블링(Edward Aveling)이 독일어 제3판 번역. 엥겔스가 상당히 가필. 엘리노어 마르크스(Eleanor Marx)가 영문 자료로부터 많은 인용을 체크하고 정정.
1890	약간의 변경이 수반된 독일어 제4판	오늘날의 표준판. 엥겔스가 출판 준비. 영어판과 프랑스어판의 더 많은 측면을 고려해 편집.

것은 엥겔스가 편집의 측면에서 중요한 선택을 했다는 것으로, 이 모두는 1883년부터 1894년의 기간 동안 이루어졌다. 마르크스와 엥겔스가 중요한 역할을 한『자본』제1권의 편집 연대기는 위의 표와 같다.

이러한 편집의 선택에서 가장 중요한 것은 1872~1875년 프랑스어판의 상당 부분을 고려하지 않았다는 것이며, 표준판이 된 1890년 독일어판에서도 그러했다. 프랑스어판은 마르크스가 개인적으로 출판을 준비한 최후의 판이며, 그때 마르크스는 조셉 로이(Joseph Roy)가 번역한 내용의 상당 부분을 편집하고 수정했다. 여기에 마르크스와 그의 친구 엥겔스 간의 몇 가지 이론적 차이가 숨겨져 있다. 엥겔스는 마르크스 사후에 1883년 독일어 제3판 및 1890년 제4판을 출판했다. 이러한 엥겔스판, 특히 1890년 판은 현재까지 모든 영어판의 기초가 되고 있다. 독일어 초판은 1867년 마르크스에 의해 간행되었고, 연이어 상당한 수정이 가해진 독일어 제2판이

1873년 출판되었다. 그 후 1872~1875년 프랑스어판은 1873년 독일어판에 기초해 번역된 것이지만, 마르크스가 매우 넓은 범위에 걸쳐 편집했다.

1867년판에서 가장 논쟁의 대상이 되어온 상품[17]에 관한 제1장이 이후에 출판된 판들과는 전혀 다른 형식을 취하고 있다는 것은, 1867년부터 1875년까지의 이러한 수정의 범위(scope)를 보여주는 한편, 1867년판이 미완성 저작의 초기 단계였다는 것을 논박의 여지없이 보여준다. 이 장의 상품물신에 관한 절이 되어야 할 부분은 1867년에는 부분적으로밖에 완성되지 않았으며, 실제로 쓰인 내용은 이 책의 맨 앞부분과 말미에 있는 가치에 대한 부분의 부록 등에 분할되어 있다. 1873년 독일어판 제1장의 텍스트는, 우리들이 오늘날 표준판에서 알고 있는 것과 매우 유사하다. 유감스럽게도 엥겔스에 의해 편집된 독일어 제4판에 기초한 오늘날의 표준판도 문제가 있다. 예를 들어, MEGA^2 II/10, 즉 『자본』 제1권의 다양한 이문(異文, variorum)을 대부분 망라한 판은 "독일어 제3판 및 제4판에 포함되지 않은 프랑스어판 텍스트 리스트"라는 제목의 50쪽의 부록을 수록하고 있다(MEGA^2 II/10: 732~783). 엥겔스가 표준판에서 생략한 이러한 문장의 다수는 중요한 내용인데, 다음에서 서술하는 바와 같이 그중의 일부는 이 책의 주제와 관련되어 있다.[18]

---

17 루카치는 여기에서 "역사적 유물론의 전체"를 찾아낼 수 있을 것이라는 유명한 말을 했다 (Lukács [1923] 1971: 170).

18 오늘날까지 프랑스어판과 엥겔스의 독일어판을 충분히 체계적으로 비교한 연구는 존재하지 않는다. 상술한 신 MEGA판의 편집상의 부속자료 외에, 프랑스어판의 중요성을 지적한 선행 연구로는 도나 토르(Dona Torr)의 『자본』 제2차 세계대전 이전 판의 부록(Marx 1939), 두나예프스카야의 『마르크스주의와 자유』(Dunayevskaya [1958] 2000) 및 『로자 룩셈부르크, 여성해방, 마르크스의 혁명 철학』(Dunayevskaya [1982] 1991)의 프랑스어판에 마르크스가 행한 변경에 대한 논의, 루벨의 마르크스 『전집(Oeuvres)』(1963~1994) 제1권의 편집 노트, 크리스토퍼 아서(Arthur 1990)에 의한 간결한 언급이 있다. 엥겔스가 생략한 핵심 문장에 관해 상세한 것은 이 주제를 다룬 나의 두 논문(Anderson 1983, 1997b)을 참조하라.

처음부터 엥겔스는 프랑스어판의 가치에 대해 마르크스와 다른 견해를 가지고 있었다. 마르크스는 1875년 프랑스어판 후기에서 – 이 프랑스어판은 간행된 것으로는 『자본』에 대한 마르크스의 최후의 발언이다 – "이 프랑스어판의 문장상의 결점이 무엇이든 간에, 이 판은 원본으로부터 독립된 과학적 가치를 갖고 있으며, 독일어에 익숙한 독자라도 참조해야 한다"(Capital 1: 105)라고 강조했다. 마르크스는 편지에서 반복해서, 타이틀 페이지에 "저자에 의한 완전한 개정"(MEGA² II/7: 3)이라는 문구가 들어간 것에 대해 감사를 표명하고 있다. 일찍이 1872년 5월 28일 마르크스는 러시아어판의 번역자 중 한 사람인 니콜라이 대니얼슨(Nikolai Danielson)에게, 일부 유보는 있으나 프랑스어판을 장래의 번역을 위한 기초로 삼아주기를 원한다고 편지를 썼다.

프랑스어판은 …… 두 가지 언어에 능통한 사람에 의해 준비된 것이지만, 역자는 종종 문자 그대로 직역하는 경우가 있었습니다. 따라서 나는 프랑스 독자의 구미에 맞게 몇 군데를 프랑스어로 다시 쓰지 않을 수 없었습니다. 프랑스어로 된 이 책을 영어로 혹은 로망스계 언어로 번역하는 것은 앞으로 그만큼 편해질 것입니다(MECW 44: 385).

여기서 적어도 로이의 번역 초고들에 대한 마르크스의 불만은 번역이 너무 직역이라는 것이었다.

로이의 번역 초고 일부를 읽은 엥겔스는, 마르크스가 로이의 작업에 대해 가진 불만에 대해 전혀 견해를 달리하고 있었다. 엥겔스에 대해, 로이의 번역의 문제는 독일 사회주의자가 – 독일 문화의 우월감을 담은 어조로 – 프랑스어 자체의 비변증법적 성격이라고 간주한 것에 있었다. "노동일

(The Working Day)"에 관한 장의 번역 초고를 읽은 후, 엥겔스는 1873년 11월 29일 마르크스에게 보내는 편지에서 다음과 같이 쓰고 있다.

어제 나는 프랑스어로 번역된 공장 입법에 관한 장을 읽었습니다. 이 장을 세련된 프랑스어로 번역한 솜씨에 경의를 표하면서도, 또한 나는 이러한 아름다운 문장에서 잃어버린 것에 대해 유감을 갖고 있습니다. 그 장이 갖고 있는 활기, 활력, 그리고 생명이 사라졌습니다. 평범한 문필가가 우아하게 자신을 표현하려고 언어의 힘을 거세한 것입니다. 근대의 규칙에 얽매인 프랑스어를 가지고 독창적으로 사고하는 것은 점점 불가능해지고 있습니다. 형식논리를 세세하게 지키기 위해 거의 모든 곳에서 문장이 치환되었는데, 이것만으로도 모든 서술에서 특이한 것, 일체의 활기찬 것이 제거되었습니다. 나는 프랑스어판을 영어 번역을 위한 기초로 삼는 것을 큰 잘못이라고 생각합니다. 영어 번역은 원문의 강력한 표현을 누그러뜨릴 필요가 없습니다. 고유한 변증법적 문장에서 부득이 손실되어야 하는 것이 무엇이든 간에, 영어의 더욱 큰 에너지와 간결함에 의해 보상될 수 있습니다(MECW 44: 540~541).

마르크스는 납득하지 않고 다음날 이렇게 대답했다. "당신은 『자본』의 프랑스어 번역 초고를 읽기 시작했으니 그것을 계속해 주면 고맙겠습니다. 당신은 그 일부 문장이 독일어판에 있는 것보다도 낫다는 것을 알게 될 것입니다"(MECW 44: 541). 엥겔스는 12월 5일 편지에서, 프랑스어 번역에 대한 자신의 견해를 양보하지 않고 이렇게 답변했다. "프랑스어 번역 내용은 조만간 자세히 쓰기로 하겠습니다. 지금까지 내가 발견한 것은, 당신이 **수정한** 것은 확실히 독일어판의 내용보다 낫지만, 그것은 프랑스어

덕분이 아닙니다. 제일 좋은 것은 밀(Mill)에 대한 논평이지만,[19] 이것은 문체에 관한 것입니다"(545).

이후 마르크스는 다양한 편지에서 『자본』의 어떤 신판에서도, 매우 중요한 첫 여섯 장을 제외하고는 프랑스어판이 결정판이라고 반복해서 지적했다. 1878년 11월 15일, 러시아어 제2판에 관해 대니얼슨에게 보낸 편지에서, 마르크스는 "번역자는 끊임없이 독일어 제2판과 프랑스어판을 꼼꼼하게 대조해야 합니다. 후자는 중요한 정정 및 추가를 포함하고 있습니다"라고 요청했다. 마르크스는 또한 프랑스어판을 기초로 신판의 편이나 장을 분할할 것을 희망했다. 여기에서 가장 중요한 문제는 본원적 축적의 논의를 축적에 관한 제7편에 두지 않고 독립된 제8편에 둔 것이다(MECW 45: 343).

그러나 마르크스는 프랑스어판에 대한 엥겔스와의 언쟁에서 결코 승리하지 못했다. 마르크스가 죽고 난 후인 1883년 독일어 제3판을 편집할 때, 엥겔스는 프랑스어판을 참조했음을 언급했다. 그러나 그가 프랑스어판을 참조한 것은 프랑스어판의 중요한 이론적 가치 때문이 아니라, 더 읽히기 쉽게 하려면 "저자 자신이 무엇을 희생할 용의가 있는지"에 관한 감각을 얻기 위해서이다(Capital 1: 110, 1886년 영어판 서문). 유감스럽게도 엥겔스는 프랑스어판 전체가 읽기 쉽게 쓴 것이라는 자신의 주장을 보강하기 위한 어떤 예도 제시하지 않았다. 오늘날에 이르기까지 널리 알려지고 있는 입증되지 않은 비난, 즉 마르크스가 출간을 준비한 마지막 버전인 1872~1875년 프랑스어판은 다소 열등하며 ― 지식이 부족한 프랑스 대중을 위해 만들어진 평

---

19 마르크스가 '절대적 및 상대적 잉여가치' 장 말미에서 존 스튜어트 밀의 이윤에 관한 설명에 대해 가한 비판은 프랑스어판에 추가되었다. 지금은 영어 표준판에도 추가되어 있다.

이한 판 ─, 1873년 독일어 제2판을 기초로 편집한 1890년 엥겔스판이 진정한 버전이라는 비난은 바로 여기에서 비롯된 것이다.[20] 앞에서 언급한 1878년 대니얼슨에게 보내는 편지에서 알 수 있듯, 분명 마르크스는 프랑

---

20 1969년 구조주의적 마르크스주의자 루이 알튀세르는 엥겔스보다 더 나아가 다음과 같이 썼다. 프랑스어판에서 "프랑스 독자들의 이론적 능력을 의심했던 마르크스는 때로는 위험할 정도로 원전의 개념적 표현의 정확성에 관해 타협했다"(Althusser 1971: 90). 알튀세르가 그렇게 쓴 것은 오늘날까지 프랑스에서 가장 널리 유통된 『자본』의 버전의 하나로 플라마리온사가 간행하고 마르크스가 편집했으며 로이(Roy)가 번역한 리프린트의 서문에서이다(Marx [1872~1875] 1985a, 1872~1875] 1985b). 결국 『자본』에 관한 프랑스의 상황은 거의 희극적이라고 해도 좋을 정도가 되었다. 한편, 유명한 출판사인 갈리마르사의 플레이야드 총서 시리즈는 결정판의 텍스트로서 1872~1875년의 프랑스어판의 막시밀리앙 루벨판, 즉 마르크스의 텍스트 가운데 몇 부분의 순서가 편집자의 결정에 의해 변경된, 문제점이 많은 판본의 재판을 계속 찍었다. 그리고 플라마리온사의 같은 번역의 더 성실한 버전은 계속 텍스트를 비난하는 알튀세르의 서문을 붙여 간행했다. 다른 한편, 공산당 출판사인 메시도르사는 엥겔스에 의거한 1890년판의 충실한 프랑스어 번역을 1983년에 간행했다. 출판사는 장 피에르 르페브르가 이끄는 위원회에 의해 만들어진 이 번역이 최종적으로 '결정판'의 프랑스어 번역이라고 표지에서 주장했다(Marx 1983)[나의 관심은 번역의 문제 그 자체가 아니라 텍스트의 상호 관계에 있기 때문에, 피에르 푸이로라(Pierre Fougeyrollas)와 같은 프랑스 비평가들이 토론했던 문제, 즉 마르크스가 승인했던 "잉여가치(Mehrwert)"의 프랑스어 번역인 'plus-valeur'를 편집자들이 'survaluer'로 변경한 문제 등은 다루지 않는다("Aventures et mésaventures de Marx 'en français'", Le Monde, October 28, 1983)]. 이 새로운 판은 나중에 유명한 프랑스 대학출판사 PUF가 재판을 찍었다. 해박하지만 근본적으로 편향된 서문에서, 르페브르는 번역자로서의 로이의 한계를 강조했지만, 그 44쪽의 문장 어디에도 1875년 후기에서 마르크스가 했던 언명, 즉 프랑스어판은 "원전과 독립적인 과학적 의의"를 갖는다는 언명은 인용되어 있지 않다. 그 대신, 르페브르는 정확하게 인용하지도 않고 마르크스가 프랑스어판의 있을 수 있는 "문장상의 결함"에 대해 언급했다는 이유로, 그 후기를 "로이의 번역에 대한 간접적 비판"으로 간주했다(Lefebvre in Marx 1983: xxx). 르페브르는 또 어떠한 증거도 인용하지 않고, 마르크스와 엥겔스의 때로는 다른 견해를 하나로 합쳐서 무비판적으로 다음과 같이 썼다. 마르크스와 엥겔스는 처음에는 프랑스어판을 높게 평가했지만 "서서히 생각을 바꾸어 중요한 이론적 문제를 포함하는 모든 절에서는 독일어판을 출발점으로 하는 것이 필요하다고 생각하게 되었다"(Lefebvre in Marx 1983: xli). 하지만 1989년 엥겔스가 편집한 1883년 독일어판 제3판이 MEGA² II/8로 다시 간행되자, 1872~1875년 프랑스어판을 폄하하려는 이와 같은 시도는 결정적인 타격을 받았다. MEGA² II/8의 광범위한 편집 부속자료는 마르크스의 프랑스어판으로부터의 "변경 리스트"를 포함했는데, 그것은 마르크스가 이후 판본에 포함되기를 특히 희망했던 것이었다. 편집자 롤프 헤커(Rolf Hecker) 등은 이들 중 어떤 것을 ─ 그중 일부는 중요한 것인데도 ─ 엥겔스가 채택하지 않았는지를 주의 깊게 보여주었다. 2년 뒤, 엥겔스의 독일어 제4판이 MEGA² II/10으로 간행되었는데, 거기에는 이미 기술한 바와 같이, 엥겔스가 이용하지 않고 남겨둔 프랑스어판 문장 리스트가 60쪽에 달하는 분량으로 수록되었다.

스어판 처음 몇 장을 평이화했음을 암시했다. "나는 종종 프랑스어판에서 — 주로 제1장에서 — 그것을 '평이화'해야 했습니다"(MECW 45: 343). 1878년 11월 28일 대니얼슨에게 보낸 다른 편지에서, 마르크스는 새로운 러시아 어판의 처음 두 편[21]은 "독일어 텍스트로부터 번역되어야 합니다"라고 구체적으로 언급했다(MECW 45: 346). 제1장의 물신숭배 논의를 포함한 매우 중요한 이 장들은, 그럼에도 불구하고 1873년 독일어판의 대략 1/3을 포함했다. 그러나 같은 시기인 1877년 9월 27일 다른 편지에서 마르크스는 "프랑스어판을" 번역해 이탈리아어판을 간행하려는 시도(결국은 성공하지 못했지만)를 보고받고 이를 칭찬했다. 1880년에도 미국인 저널리스트 존 스윈턴(John Swinton)이 상세하게 밝히고 있는 것처럼, 마르크스는 스윈턴에게 프랑스어판 사본을 건네주며, "영어로의 번역은 이것에 기초해야 합니다"라고 말했다(Foner 1973: 243). 『자본』 제1권 페르시아어 신판 — 이것은 언어를 불문하고 프랑스어판을 충분히 고려한 몇 안 되는 판 중의 하나이다 — 서문에서 (Marx 2008), 통역자인 하산 모타자비(Hassan Mortazavi)는 1881년 12월 13일에도 마르크스는 대니얼슨에게 보낸 편지에서 『자본』 제1권의 독일어판에 대해 주요한 변경을 시도하기를 원한다고 썼음을 지적했다.

엥겔스는 평이화가 처음 몇 장이 아니라 오히려 프랑스어판 텍스트 전체를 관통하는 것으로 간주했다. 『자본』 제1권의 편집자로서의 엥겔스에게 말할 수 있는 가장 관대한 견해는, 엥겔스가 우리에게 불완전한 판(엥겔스는 그것을 결정판으로 추천했지만)을 남겼다는 것이다. 그럼에도 불구하고 1890년 독일어 제4판 서문에서 엥겔스는 자신은 "가능한 한 본문과 후기 모두에 대해서 최종적인 형태(endgültige Feststellung)를 확정했다"라고 썼다

---

21 이 두 편은 '상품과 화폐' 및 '화폐의 자본으로의 전화'이다.

(Capital 1: 114). 그러나 엥겔스는 프랑스어판에 대한 마르크스의 서문과 각주를 제외했다. 그것은 도나 토르(Dona Torr)판(Marx 1939)이 출간될 때까지 영어판에도 수록되지 않았다. 그러나 엥겔스에 대한 더욱 강력한 비난은, 마르크스가 프랑스어판을, 적어도 제6장 이후에 대해서는, 그 후속판이나 번역을 위한 표준판으로 하기를 원했다는 견해에 근거한다.

프랑스어판의 약간의 텍스트 차이는 『자본』에서 거대 서사의 문제를 밝히는 데 도움이 될 것이다. 마르크스는 1867년 독일어판이 프랑스어로 번역될 때, 슬그머니 그 서문을 변경했다. 산업사회와 비산업사회 간의 관계에 관한 잘 알려진 문장에서 표준적인 영어판과 독일어판에는 이렇게 쓰여 있다. "산업이 더 발전한 국가는 **발전이 지체된 국가에 대해** 그 국가 자신의 미래의 모습을 보여준다"[22](Capital 1: 91; 강조는 저자 추가).

『자본』을 결정론적인 저작이라고 비난하는 사람들 일부는, 이 문장을 노골적인 단선주의의 예로 지적한다. 마르크스에 관한 가치 있는 책의 편자인 테오도르 샤닌(Teodor Shanin)은 『자본』에서 마르크스가 쓴 것은 단선주의라는 점에서 본질적으로 『공산당 선언』과 유사하다고 본 사람들 중의 한 사람이다. 위의 문장을 가장 중요한 예로, 샤닌은 『자본』의 "주요 약점은 거기에 포함된 낙관적이고 단선적인 결정론이다"라고 쓰고 있다 (Shanin 1983b: 4).

영국의 마르크스 연구자인 데릭 세이어(Derek Sayer)와 필립 코리간 (Philip Corrigan)은 그 당시 마르크스는 일반적이고 글로벌한 프레임을 만든 것이 아니라 영국을 독일과 대비했다고 지적함으로써, 샤닌에 응답했

---

22 독일어 원전에 해당하는 부분은 다음과 같다. "Das industriell entwickeltere Land zeigt dem minder entwickelten nur das Bild der eignen Zukunft"(MEGA^2 II/10: 8).

다. 문제가 된 마르크스의 문장을 완전하게 인용하면 다음과 같다.

잉글랜드는 나의 이론 전개의 주요한 예증으로 사용된다. 그러나 만약 독자가 잉글랜드의 공장노동자 혹은 농업노동자의 형편에 대해 바리새인처럼 눈살을 찌푸리거나, 독일에서는 사태가 결코 그렇게 나쁘지 않다고 낙관적으로 안심한다면, 나는 그에게 "이것은 너를 두고 하는 말이다!(De te fabula narratur!)"[23]라고 외칠 것이다. 자본주의적 생산의 자연 법칙으로부터 발생하는 사회적 적대의 발전 정도가 높고 낮은 것이 문제는 아니다. 문제가 되는 것은 그러한 법칙 그 자체이며, 철의 필연성을 가지고 작용해 자기를 관철하는 이러한 경향이다. 산업이 더 발전한 나라는 발전이 지체된 나라에 대해, 바로 그 나라 자신의 미래의 모습을 보여주고 있다(Capital 1: 90~91).

이어진 두 단락에서 마르크스는 잉글랜드의 상태와 대륙 유럽, 특히 독일의 상태를 비교했지만, 비유럽 사회에 대해서는 언급하지 않았다. 세이어와 코리간은 다음과 같이 결론 내렸다.

마르크스는 1867년 독일에서 주로 영국 데이터를 이용한 전문 서적을 출간했다. 마르크스는 당연히 독일 상태와의 관련성을 밝히는 데 관심을 갖고 있었다. 독일은 자본주의가 이미 뿌리내린 사회인 이상, 당연히 그 "정상적인 발전"은 "영국"이 걸어온 길을 따를 것으로 예상할 수 있다. 그러나 이것은 자본주의적 생산이 **아직** 수립되지 않은 사회가 필연적으로 같은 길을 따

---

23 호라티우스, 『풍자시』, 제1권, 시 I에서 인용. 이는 『자본』 제1권의 주석에 따른 것이다.

른다는 것을 암시하는 것은 아니다(Sayer and Corrigan 1983: 79).

1867년 서문의 이 문장에 대한 논쟁은 100여 년에 걸친 것이며, 러시아에서의 『자본』에 관한 초창기 논쟁의 일부까지 거슬러 올라갈 수 있다.
레온 트로츠키(Leon Trotsky)는 1930년대의 글에서 이미 이 논쟁은 오래된 논쟁임을 지적하고 있으며, 불균등결합 발전에 관한 자신의 이론의 맥락에서 이 논쟁을 언급하고 있다.

> 출발점을 방법론적으로 세계경제 전체가 아닌, 하나의 전형으로서의 단일한 자본주의국으로 삼는다는 마르크스의 견해는, 자본주의가 지금까지의 운명과 산업의 수준과 관계없이 모든 국가를 포섭하게 됨에 따라, 그대로 적용할 수 없어지고 있다. 잉글랜드는 그 시대 프랑스의 미래를 밝혔고, 그것보다는 상당히 낮은 정도이기는 하지만 독일의 미래도 밝혔다. 하지만 러시아의 미래에 대해서는 조금도 밝히지 못하며, 인도의 미래에 대해서는 전혀 밝히지 못한다. 그러나 러시아의 멘셰비키는 이 조건부의 마르크스의 견해를 무조건으로 채택했다. 그들은 지체된 러시아는 앞으로 돌진할 수 없으며, 겸허하게 기존 모델을 따라야 한다고 말한다. 이러한 종류의 마르크스주의에 대해 자유주의자도 찬동하고 있다(Trotsky [1933] 1967: 349).[24]

이것은 진지한 답변이지만, 마르크스가 『공산당 선언』에서 "철의 필연성"이라는 관념을 더욱 폭넓게 적용하려 했을 가능성 — 그것이 비록 작다고

---

24 다른 곳에서 트로츠키는 이 『자본』 서문의 문장에 대해 더 강력하게 썼다. "어떤 상황에서도 이 생각은 문자 그대로 받아들일 수 없다"(Trotsky [1939] 2006: 39).

할지라도 - 의 문제를 여전히 미결로 남겨두고 있다.

그러나 문제의 문장이 마르크스가 슬그머니 변경한 후의 프랑스어판에서는 어떻게 서술되고 있는지에 주목하자. "산업이 발전한 국가는, **산업상의 경로에서 이것을 따르는 국가들에 대해** 그들 자신의 미래의 모습을 보여줄 뿐이다"(Marx [1872~1875] 1985a: 36; 강조는 저자 추가).[25] 러시아 혹은 인도와 같이 마르크스 시대에 아직도 "산업상의 경로"에 오르지 못했던 사회는 이제 명시적으로 괄호에 들어가 있으며, 그 사회는 대안적인 가능성이 있다고 생각될 여지를 남기고 있다. 나는 여기에 두 가지 가능성이 있다고 본다. 첫째, 이 텍스트의 변경은 마르크스가 1867년에 이미 도달한 입장을 그 자신이 명확화한 것이라고 할 수 있다. 둘째, 더 가능성이 높은 것은, 1867년부터 1872년에 걸친 이러한 변경은, 『공산당 선언』의 묵시적인 단선주의에서 이탈해 나가는, 1850년대부터 진행되고 있었던 마르크스 사상의 발전을 보여주는 일례라는 것이다.

같은 방향에서 이루어진 프랑스어판에서의 두 번째 변경은 전혀 은밀하게 행해지지 않았다. 마르크스는 러시아인들과의 서신에서 한 번 이상 새로운 판을 자랑스럽게 언급했기 때문이다. 엥겔스가 편집한 표준판의 본원적 축적에 대한 제8편의 중요한 한 구절에서, 마르크스는 영국에서 행해진 소농으로부터의 수탈을 통한 자본주의적 형태의 생성 — "봉건적 착취에서 자본주의적 착취로의 전화"(Capital 1: 875) — 에 대해 논의하고 있다. 즉,

---

25 프랑스어판 원전에는 다음과 같이 쓰여 있다. "Le pays le plus développé idustriellement ne fait que montrer á ceux qui le suivent sur l'échelle industrielle l'image de leur propre avenir"["산업적으로 가장 발전한 나라는 산업적인 수준에서 이 나라에 계속되는 나라들에 대해 그 나라들 자신의 미래의 모습을 보여줄 뿐이다"([1872~1875] 1986a: 36; 또한 Oeuvres 1: 549 및 MEGA² II/7: 12 참조). 이 변경은 MEGA² II/7이나 MEGA² II/10 어디에도 언급되어 있지 않다.

"많은 사람들이 갑자기 강제적으로 그들의 생활 수단으로부터 분리되어, 자유롭지만 보호받지 못하고 권리도 없는 프롤레타리아로서 노동시장에 내던져진"(876) 과정을 서술하고 있다. 마르크스는 이렇게 결론 내렸다.

농업 생산자인 소농으로부터의 토지 수탈이 전 과정의 기초를 이루고 있다. 이 수탈의 역사는 각기 다른 국가에서 각기 다른 양상을 띠며, 이 역사가 여러 단계를 통과하는 순서도 역사상의 시대도 국가별로 다양하다. **그것은 잉글랜드에서만 전형적인 형태를 취하고 있는데, 그래서 우리는 잉글랜드를 예로 든 것이다**(876; 강조는 저자 추가).[26]

마르크스가 본원적 축적에 관한 편 전체의 이론적 틀을 제시한 제26장 "본원적 축적의 비밀"은 이렇게 마무리되고 있다. 이 짧은 장에서 마르크스는 유럽의 예만 언급했으며, 특히 봉건제에서 자본주의로의 이행에 대해 언급했다. 그럼에도 불구하고 그것은 영국이 "전형적인 형태"를 보이는, 자본주의 발전의 글로벌하고 단선적인 과정으로 읽힐 수도 있다. 『공산당 선언』에서 드러난 암묵적으로 단선주의적인 표현을 고려해, 많은 사람들은 『자본』 전체는 아니더라도 적어도 이 구절은 그렇게 읽었으며, 지금도 그렇게 읽고 있다.

프랑스어판에서 마르크스는 이 구절을 상당히 확장하고 개정했는데,

---

26 독일어판 원전에는 다음과 같이 쓰여 있다. "Die Expropriation des ländlichen Produzenten, des Bauern, von Grund und Boden bildet die Grundlage des ganzen Prozesses. Ihre Geschichte nimmt in verschiedenen Ländern verschiedene Färbung an und durchläuft die verschiedenen Phasen in verschiedener Reihenfolge und in verschiedenen Geschichtsepochen. Nur in England, das wir daher als Beispiel nehmen, besitzt sie klassische Form"(MEGA^2 II/10: 644).

그때 자신의 분석을 명시적으로 서유럽에 한정했다. 마르크스는 그 후 여러 차례 프랑스어판의 다음 구절을 언급했지만,[27] 이 구절은 아직 어떠한 『자본』의 표준 영어판에도 반영되지 않았다.

하지만 이 발전 전체의 기초는 경작민의 수탈이다. **이 수탈은 지금까지는 잉글랜드에서만 근본적으로 진행되었다. 따라서 이 나라가 우리의 스케치 속에서 필연적으로 주도적인 역할을 한다. 하지만 서구의 다른 모든 나라도 동일한 발전의 길을 따른다.** 다만 그 발전은 특정한 환경에 조응해, 지역적 색채를 바꾸거나, 더 좁은 범위 내에 갇히거나, 그다지 눈에 띄지 않는 특징을 나타내거나, 또는 다른 순서를 따르거나 할 수 있다(Marx [1872~1875] 1985b: 169; 강조는 저자 추가).[28]

이 변경된 텍스트에서, 마르크스는 본원적 축적에 대한 자신의 거대 서사는 서구의 발전에 대한 서술로서 언급된 것으로서 그 이상의 것은 아니며, 글로벌한 이야기로 언급된 것은 아님을 분명히 했다. 다음 장에서 보듯

---

27 다음 장에서 보듯이, 마르크스는 러시아인과의 왕복 서한에서 이 구절을 두 차례 언급했다. 또 1888년 가을 독일어 신판을 위해 작성한 개요에서 마르크스는 이 구절이 "프랑스어판에서 번역되어야 한다"라고 특별히 지시하고 있다(MEGA² II/8: 17). 나는 이것을 지적하고, 또 나에게 이 문제에 관한 마르크스의 필기 노트를 보여준 롤프 헤커에게 감사드린다[모스크바, 1998. 5. 29]. 엥겔스의 생략은 잘 숙고된 것일지도 모른다. 왜냐하면 엥겔스는 자신이 1883년 독일어판을 준비하면서 "저자가 남긴 노트"를 참조했다고 말했기 때문이다(Capital 1: 110).

28 프랑스어 원전에는 다음과 같이 쓰여 있다. "Mais la base de toute cette évolution, c'est l'expropriation des cultivateurs. Elle ne s'est encore accomplie d'une manière radicale qu'en Angleterre: ce pays jouera donc nécessairement le premier rôle dans notre esquisse. Mais tous les autres pays de l'Europe occidentale parcourent le même mouvement, bien que selon le milieu il change de couleur locale, ou se resserre dans un cercle plus étroit, ou présente un caractère moins fortement prononcé, ou suive un ordre de succession différent"(Marx [1872~1875] 1985b: 169; Oeuvres 1: 1170~1171 및 MEGA² II/10: 778 참조).

이 이러한 논의는 특히 1870년대 러시아와 관련된 것이다. 러시아에서『자본』을 읽은 혁명가들은, 마르크스가 자신의 나라도 영국과 같은 발전 단계를 통과한다고 의미했는지 여부를 궁금해 했다. 이런 맥락에서 MEGA^2 II/10 편집자들 — 롤란트 니촐트(Roland Nietzold), 볼프강 포케(Wolfgang Focke) 및 하네스 스캄브락스(Hannes Skambraks) — 은 그 서문에서 다음과 같이 서술하고 있다. "분명히 1870년대 이래 러시아의 농업 관계에 대한 자신의 연구로부터 영향받아서, 마르크스는 프랑스어판에서 이 결론을 수정했다"(MEGA2 II/10: 22*).[29] 어쨌든 마르크스는 여기서 러시아를 구체적으로 언급하지 않았으므로, 프랑스어판의 새로운 표현은 일반적 수준에서 독자로 하여금 마르크스의 조건부를 러시아뿐 아니라 당시의 모든 비서구사회 및 비산업 사회에 연결시킬 수 있게 한다.

적어도 마르크스 자신이 출판을 준비한 최후의 판인 1872~1875년 프랑스어판에서 이러한 두 가지 중요한 변경을 한 것은,『자본』비판자들, 특히 러시아의 자본주의적 산업화에 따른 고통과 파괴를 회피하고 싶어하는 러시아 나로드니키로부터의 비판을 방어하기 위해 자신의 주장을 엄밀하게 하기 위함이었던 것으로 보인다. 그러나 이러한 변경과 관련해 더 강력한 이론적 주장도 할 수 있다. 이러한 변화가 단지 논의의 명확화를 보여주는 것일 뿐만 아니라 마르크스 사고방식에서의 변화, 이미 이 책의 처음 몇 장에서 살펴본 긴 과정의 일부분을 보여주는 것일 수도 있다. 특히, 제4장에서 논의했듯이, 마르크스는 1869년 및 1870년에 자신이 아일랜드에 대한 입장을 바꾸었다고 썼다. 이제 마르크스는 잉글랜드 노동자들의 혁

---

29 신 MEGA에서 각 권에 대한 일반적인 서문의 쪽수는 별표로 표시된다[현재 새로운 편집 방침에서는 별표에 의한 쪽수 표기법은 사용되고 있지 않다_옮긴이].

명이 아일랜드 독립에 선행되어야 한다는 근대주의적인 초기의 입장을 부정하고, 아일랜드의 독립이 잉글랜드의 사회주의적 변혁을 위한 전제조건이 되어야 한다고 주장했다. 더 근본적인 이론 차원에서 볼 때, 우리가 이 장의 시작 부분에서 본 것은, 마르크스가『요강』과『정치경제학 비판을 위하여』에서, 어떻게 인도와 같은 아시아 사회를 독립적으로 분석할 필요가 있다고 썼는가이다. 이들의 역사는 그가 유럽사에 기초해 초기에 구상해 낸 발전 단계와 맞지 않기 때문이다. 나는『자본』에서의 이러한 변화는 마르크스의 사고가 발전하는 과정의 일부였다고 주장하고 싶다. 그러나 이 과정이 1875년에『자본』프랑스어판으로 끝난 것은 아니다. 다음 장에서 서술하는 바와 같이, 그것은 후기의 대부분 발표되지 않은 저작과 노트에서 계속되고 있다. 그러나 그것을 다루기 전에,『자본』제1권의 일부 다른 측면, 예를 들면 비서구적 주제 및 전자본주의적 주제를 다룬『자본』의 서브텍스트와 그 서브텍스트에서 인종, 종족, 민족주의 등에 대한 분석을 살펴보기로 하자.

『자본』제1권의 서브텍스트

앞에서 살펴본 바와 같이,『자본』에서의 중심은 서구의 발전으로, 이는 마르크스가 나중에 프랑스어판에서 강조한 것이다. 그러나 비서구사회와 전자본주의 사회가 부차적으로 등장하는 서브텍스트도 존재한다. 그러한 사회는 자본의 발전에 대한 마르크스 논의 전체에 존재하고, 결정적인 시점에 서구 자본주의적 근대성의 "타자"로 배경에서 맴돌며, 종종 독자가 이 사회 질서의 도착된 독자성을 파악하는 것을 돕는다. 두 번째 측면은 이러한 비자본주의 사회의 존재가 사회적·경제적 생활을 조직화하는 대안적 방법의 가능성을 어떻게 시사하는지에 관한 것이다. 세 번째 측면은 이러한 사회의 예가 어떻게 마르크스가 자본주의에 대한 현대적이고 진보적인 대안을 구상하는 데 도움을 주었는가를 중심으로 전개되었다.

상품물신에 대한 절에서 마르크스는 자본주의 아래에서의 인간관계를 (1) 물상화된 또는 사물과 같은 것으로서, (2) "신비한 베일 혹은 안개" (Capital 1: 173; 독일어로는 mystische Nebelschleier, 프랑스어로는 nuage mystique)에 의해 은폐된 착취의 현실을 포함하는 것으로서 제시하고 있다. 이것은 상품물신이라는 왜곡된 렌즈였다. 비자본주의 사회는 그것이 아무리 억압적이더라도 사회관계의 이 은폐를 완성시킬 수 없었다. 따라서 마르크스는 상품물신의 절에서 다음과 같이 주장한다. "그러므로 상품 생산의 기초에서 노동생산물을 둘러싼 상품 세계의 신비화, 모든 마법 요술은 우리가 다른 생산형태에 도달하는 즉시 사라진다"(169). 그것은 이러한 원초적 사회가 가치 생산에 기초해 조직되어 있지 않기 때문에 "사라진다". 마르크스는 이러한 "다른" 사회의 사례를 네 가지 들고 있다. 첫 번째 사례는 가상의 것으로, 19세기 초반 경제학자들에게 선호되었던 로빈슨 크루소 (Robinson Crusoe) 비유를 풍자적으로 해석한 것이다. 자신의 무인도에서 크루소는 사용 가치만 생산하지만, 발전된 자본주의에 어울리는 회계의 방법을 이용해 자신의 생산과 소비를 기록한다. 그렇다 하더라도 마르크스는 여기서의 사회관계는 근대 자본주의의 사회관계와는 달리 "투명"하다고 쓰고 있다(170). 근대 자본주의에서 노동자는 자신의 노동력의 교환 가치를 지불받지만, 그때 자본은 훨씬 큰 가치, 즉 노동력에 의해 생산과정에 부가된 실제 가치를 수취하기 때문에 큰 이익을 거둔다. 이 차액은 "공정한 하루의 노동에 대한 공정한 하루의 임금"과 같은 슬로건 아래 은폐된다.

마르크스는 두 번째 비자본주의 사회의 사례로, 계몽과 개방성에 대한 근대성의 허세에 약간의 냉소를 담아, 유럽 중세 봉건사회를 다룬다.

> 이제 우리는 로빈슨의 밝은 섬에서 어두운 중세 유럽으로 눈을 돌리자. 여기서는 독립된 인간 대신 농노와 영주, 신하와 군주, 속인과 성인 등 모두가 서로 의존되어 있는 것을 볼 수 있다. 인격적 의존이 물질적 생산을 특징짓는다. …… 노동도 노동의 생산물도 그 현실성과는 다른 환상적인 자태를 취할 필요는 없다. …… 그들의 노동에서 인격과 인격의 사회적 관계는, 사물과 사물, 노동생산물과 노동생산물의 사회적 관계로 위장되어 있지 않다 (Capital 1: 170).

사회관계는 자유롭기보다는 오히려 무자비하게 착취적이었을지 모르지만, 마르크스가 언급한 "지배와 예속의 직접적인 관계"(173)하에서는 은폐도 물신숭배도 존재하지 않았다.

마르크스는 세 번째 사례로 소농 세대를 들고 있는데, 그것은 두 번째 사례로부터 파생된 사례 또는 서구 봉건제와는 다른, 전자본주의적 농경사회의 사례라고 생각될 수 있다. 마르크스는 소농 세대를 문자 사용 이전의 공동체적 사회에서 이미 발견된, 아주 낡은 사회형태의 유물이라고 생각했다. "공동 노동, 즉 직접 어소시에이트한 노동을 고찰하기 위해서, 우리는 모든 문화민족의 역사의 문턱에서 발견할 수 있는, 노동의 자연 발생적인 형태로 거슬러 올라갈 필요는 없다. 소농 가족의 가부장적 농촌 근로가 가까이 있는 하나의 사례이다"(Capital 1: 171). 긴 각주에서, 마르크스는 이 장의 초반에서 언급한 『정치경제학 비판을 위하여』의 한 구절을 인용하고 있다. 거기에서 마르크스는 다음과 같이 서술하고 있다. "공동체적 소유"는 일부에서 주장하는 바와 같은 슬라브 고유의 현상은 아니며, 초기의 로마인이나 후기 로마의 "이방인" 적대자 사이에도 존재했고, 또한 지금의 아시아, 특히 인도에도 존재한다(Capital 1: 161). 그 무렵이든 그 후이든, 소농 가족은 단순히 "성별이나 연령의 차이"에 기초한 "자연발생적으로 발전한 분업"을 보여준다(Capital 1: 171). 가족은 다양한 사회적 위계에 의해 영향받기는 하지만, 필요에 기초해 그 사회적 생산물을 나눈다. 어떠한 물신숭배도 이 관계를 은폐하지 않으며, 그 관계는 또한 명확하고 개방적이지만, 다만 그것은 그러한 사회의 "개인으로서의 인간의 미성숙"에 의해 한계 지어졌다(Capital 1: 173).

이 두 가지 비자본주의 사회의 사례를 매개로 해서 ― 이것은 1867년 독일어 초판 후에 추가된 것이다 ― 마르크스는 독자를 극단적으로 개인화된 가상의 크루소로부터 마지막 사례, 즉 자유로운 노동의 어소시에이트한 형태의 사례로 이끈다. 이것은 근대적 형태의 공산주의이며, 자본주의적 발전과 그의 부정에서 생겨난 노동 운동의 **텔로스**(telos)였다. "마지막으로 이번에는 공동 생산수단으로 노동하는 자유로운 사람들의 어소시에이션을 상상해 보자"라고 마르크스는 말했다(Capital 1: 171). "종속적인 역할"(172)이긴 하지만 일정한 상품생산을 하고 있던, 원초적인 "고대 아시아적,[30] 고

---

[30] 강조되어야 할 것은 이 아시아적 생산양식에 대한 언급이 『자본』에서 가장 많이 논의되는 부분, 즉 상품물신에 관한 부분에서 이루어지고 있다는 점이다. 페리 앤더슨은 부정확하게도 마르크스는 『정치경제학 비판을 위하여』에서 "처음으로, 그리고 단 한 번만" 아시아적 생산양식에 대해 언급했다고 썼지만, 이것은 "아시아적 생산양식을 그것에 합당한 방식으로 장례 치르기" 위해 자주 인용되는 구실의 일부이다(Anderson 1974: 478, 548). 이 때문에 페리 앤더슨은 다음과 같은 해석상의 오류를 범했다. "『자본』에서는 반대로 마르크스는 실질적으로 초기의 입장으로 되돌아갔다." 즉, 아시아적 생산양식이라는 별도의 카테고리가 없는 역사적 단계론으로 되돌아갔다는 것이다(Anderson 1974: 479). 그러나 동시에 이 저명한 영국의 역사가(페리 앤더슨)는 정당하게도 아시아적 생산양식이라는 개념을 과도하게 포괄적으로 사용하는 것에 대해 다음과 같이 반대하고 있다. "아시아적 발전은 유럽적 발전의 기준이 확립된 뒤에 남는 균일한 잔여 카테고리로 결코 환원될 수 없다"(Anderson 1974: 549).

전고대적 등등의 생산양식 등"을 언급한 후, 마르크스는 근대 공산주의적 체제의 묘사로 되돌아왔다. 그러한 시스템은 다시 투명해질 사회관계에 의해 뒷받침되는 자유로운 어소시에이션이 될 것이다. "사회적 생활 과정, 즉 물질적 생산 과정의 자태는, 자유롭게 어소시에이션한 인간의 산물로서 인간의 의식적이고 계획적인 관리하에 놓이게 될 때, 비로소 그 신비의 베일을 벗는다"(173). 이 자유롭고 투명한 사회에서, 개인은 근대 자본주의적인 의미에서의 고립되고 원자화된 개인이기보다는, 하나의 자유로운 어소시에이션의 일부가 될 것이다.[31] 마르크스는 투명성으로의 귀환이 근대성에 기초한 것임을 주의 깊게 지적하고 있다. 전자본주의 사회도 때로는 투명하지만, "개인으로서의 인간의 미성숙" 또는 "지배와 강제노동의 직접적인 관계"의 양자에 의해 특징지어진다(173). 이러한 사회적 투명성의 소박한 형태 또는 억압적인 형태를 극복하기 위해서는, "오랜 고난에 찬 역사적 발전의 산물"인 근대 자본주의의 "물질적 기초"가 필요했다(173).

마르크스는 『자본』에서 중국에 대해 약간의 언급을 하고 있는데, 흥미로운 것은 상품물신의 절에서 이를 언급하고 있다는 것이다. 역설적인 한 문장의 각주에서, 마르크스는 유럽에서 1848년 혁명이 패배한 이후의 시기에 대해 암시했다(마르크스는 프랑스어판에서는 이 각주를 삭제했다). 마르크스는 다음과 같이 쓰고 있다: 소강상태였던 1850년대에 독일 지식인들은 참가자가 테이블을 공중에 뜨게 하는 요술을 부리는 심령술에 마음이 끌리고 있었다. 그러나 이 기간 동안 중국에서 일어난 태평천국운동(Taiping Rebellion)은 전혀 다른 경향, 즉 국가 권력과의 대결을 보여주었다. "세계의 나머지

---

31 이 네 번째 비자본주의적 형태는 대체로 마르크스의 『고타 강령 비판(Critique of the Gotha Program)』(1875)에서 공산주의의 제1단계에 대응하는 것이며, "각자는 능력에 따라 일하고, 각자는 필요에 따라 받는다"라는 더 높은 단계에는 대응하지 않는다(MECW 24: 87).

부분이 모두 정지해 있는 것처럼 보이는 시기에 — pour encourager les autres
[다른 사람들을 격려하기 위해] — 중국(China에는 도자기라는 뜻도 있다_옮긴이)과
테이블은 춤추기 시작했다고 기억할 것이다"(Capital 1: 164). 여기에서 볼테
르(Voltaire)의 『캉디드(Candide)』(제23장)의 유명한 대사가 참조되고 있다.
캉디드가 의무 불이행의 죄로 인한 영국 제독의 공개 처형 장면을 마주쳤
을 때, 구경꾼은 무미건조하게 이렇게 설명한다. "다른 사람들을 격려하기
위해, 가끔 제독을 처형하는 것은 좋은 일"이라고. 이 문구로부터 마르크스
는 혁명의 무자비한 힘을 상기시키려고 했을 것이다.[32]

『자본』 제1권에서 논의된 비서구사회 중에서 가장 주목받은 것은 인도
이다. 인도 자체에 대한 절과 장은 없지만, 마르크스는 인도 사회의 특수
성을, 근대 서구 자본주의의 독자성에 초점을 맞추기 위한 하나의 방법으
로 강조했다. 제4편 "상대적 잉여가치의 생산"의 결정적 부분 전반에 걸쳐
인도는 서브텍스트로 등장했다. 거기에서 마르크스는 노동 생산성과 착
취와 소외의 수준 등을 급속히 증대시킨 기술혁신을 분석했다. 마르크스
는 이 기술혁신 과정의 세 가지 형태, 즉 협업, 매뉴팩처, 그리고 마지막으
로 기계와 대공업 – 이들은 어느 정도는 시계열적이다 – 등을 독자에게 상세하
게 설명했다.

"협업"이라는 제목의 장에서, 마르크스는 소규모 또는 지역적인 사회적
협력이 아닌, 더 크고 더 권위주의적인 협업에 초점을 맞추었다. 이것은
"각각의 개별 자본이 상대적으로 많은 노동자를 고용"할 때 비로소 "자본
주의적 생산"이 본격적으로 시작된다는 생각에 근거하고 있다(Capital 1:

---

32 제1장에서 논의했듯이, 마르크스는 또한 태평천국운동의 증대하는 잔인성과 거리를 두려 했
    을지도 모른다. 법적 및 군사 담론에서 볼테르의 문구의 역사에 관한 논의에 관해서는 — 그
    리고 "본보기로 하는" 처벌의 개념과 관련해서는 — Bowman(2004)을 참조하라.

439). 마르크스는 "노동과정에서, 자본의 이름으로 지휘하는 장교(매니저) 및 하사관(십장, 현장감독)"과 함께, 위계에 따라 조직된 "산업예비군"에 대해 쓰고 있다(450). 이 "순수하게 전제적인" 조직 형태를 서술하면서, 마르크스는 노예제 플랜테이션이 적대적 노동력에 대한 감독에 따른 높은 비용 때문에 낭비적이라고 간주하지만, 근대적 생산에서 "자본주의적 성격 혹은 적대적 성격으로 인해 불가결한 것으로 된" 감독 비용을 고찰할 때, 이 두 가지가 유사하다는 것을 눈치 채지 못한 경제학자들을 온당하게 조롱하고 있다(450).

그리고 마르크스는 전근대적 형태의 비교로 이동해, "고대 이집트인과 에트루리아인에 의해 건설된 거대한 건축물"에서 볼 수 있는 "단순 협업의 엄청난 효과"에 대해 논의한다(Capital 1: 451). 특히 인도의 이러한 과정에 대한 경제학자 리처드 존스의 논의를 길게 인용한 후, 마르크스는 이런 종류의 권력이 "근대 사회에서는 자본가로 이동했다"라고 결론짓고 있다(452).

마르크스는 또한 협업의 세 가지 역사적 형태를 묘사하고 있다. (1) "생산수단의 공동소유"와 사회적 개인화의 결여로 특징지어지는 인도 촌락 및 기타 유사한 사회의 협업,[33] (2) "직접적 지배와 강제노동, 대부분의 경우 노예제"에 기초한, "고대"로부터 "근대 식민지" 시대까지 존재하는 다른 여러 형태, 그리고 (3) "처음부터 자신의 노동력을 자본에 판매하는, 자

---

33 인도 수공업 노동자의 서술에서 마르크스는 현대인의 귀에는 자종족중심주의적이고 오만하게 들릴 수 있는 비유를 사용하고 있는데, 어떤 곳에서는 이러한 수공업 노동자를 벌집의 꿀벌에 비유하고 있으며(Capital 1: 452), 다른 곳에서는 그들의 기술을 거미의 기술과 비교하고 있다(Capital 1: 460). 그러나 현대의 독자는 마르크스가 서구의 길드 구성원을 근대의 노동자와 대조해 "껍질을 가진 달팽이 같은" 것으로 묘사할 때도, 마찬가지 비유를 사용했음에 주의해야 한다(Capital 1: 480).

유로운 임금 노동자를 전제로 하는" 근대 자본주의적 형태 등이다(452). 이
들 중 마지막 형태는 중세 유럽의 길드와 촌락 공동체의 붕괴로부터 발생
했다. 대체로 그것은 처음 두 가지 형태와는 매우 다른 사회형태였으며,
"자본주의적 생산과정에 고유한, 또한 분명히 다른 형태들과 구별되는, 형
태"였다(453).

　인도는 상대적 잉여가치에서 협업 다음의 분석 수준, 즉 "분업과 매뉴팩
처" 장의 논의에서도 등장했다. 매뉴팩처라는 용어는 마르크스에게 근대
적 공장은 아니지만 산업혁명에 선행하는, 보다 초보적인 형태를 의미했
다. 이것은 중세의 길드를 해체하고 다양한 전문성을 가진 숙련노동자를
개별 자본가의 지휘하에 있는 큰 작업장으로 모으는 시기의 형태였다.[34]
마르크스가 생각하는 하나의 큰 구조적인 변화는, 얼마나 숙련되어 있든
개별 노동자는 더 이상 상품 전체를 생산하지 않는다는 것이다. "특수화된
노동자는 상품을 생산하지 않는다. 상품으로 되는 것은 모든 특수화된 노
동자의 공통의 생산물이다"(Capital 1: 475). 한편, 새로운 매뉴팩처 작업장
은, 마스터 장인이 자신의 생산수단을 통제하고, 따라서 실질적인 자율성
을 누리는 길드의 작업장과는 대조적으로, 매우 권위주의적인 제도였다.
한편, 마르크스가 서술하고 있듯이, 작업장 밖에서의 사회적 분업은 그 분
업을 조직하는 강한 길드가 존재하지 않아 상당 정도 규제되지 않았다. "작
업장 내에서는 비례율의 철칙이 일정한 노동자들로 하여금 일정한 기능을
하게끔 하는 데 비해, 작업장 밖 사회에서는 우연과 자의가 다양하게 작용
해 상품 생산자들과 그들의 생산수단이 들쑥날쑥하게 배분된다"(476). 이

34　이 시기에 도입된 변화에 관한 마르크스의 생각은 모이시 포스톤(Moishe Postone)의 『시간,
　　노동, 및 사회적 지배(Time, Labor, and Social Domination)』의 '추상적 시간'의 장에서 독창
　　적인 방식으로 이론화되어 있다.

는 "사회적 분업의 무정부성과 매뉴팩처적 분업의 전제"라는 대조적인 상황을 초래했다(477).

근대 자본주의 발전의 독자성에 더 예리하게 초점을 맞추기 위해, 마르크스는 논의를 다시 인도로 옮긴다. 마르크스는 인도를 유럽의 초기 사회형태와 유사한 근대적인 예로 묘사했다.

직업의 특수화가 자연 발생적으로 발전하고, 이어서 확고해지고, 최종적으로 법률적으로 확정된 이전의 사회형태는, 한편으로는 사회적 노동의 계획적이고 권위적인 조직의 모습을 보여주지만, 다른 한편으로는 작업장 내부의 분업을 전적으로 배제하거나 그것을 극히 소규모로만 혹은 분산적이고 우연적으로만 발전시킨다(Capital 1: 477).

그리고 마르크스는 인도 전통 촌락을 상세하게 묘사하기 시작한다.

예를 들어, 그 작고 극히 오래된 인도 공동체는 ─ 그 일부는 지금까지 존속되고 있는데 ─ 토지의 공동 점유와, 농업과 수공업의 직접적 결합, 그리고 고정적인 분업 등을 기반으로 하고 있다. …… 생산물의 대부분은 공동체 자신의 자가 수요로 사용되며, 상품이 아니다.[35] …… 생산물의 잉여만이 상품으로 전환된다. 그리고 잉여의 일부는 국가의 수중에 들어갔을 때 비로소 상품이 된다. 왜냐하면 태고적부터 공동체 생산의 일정량은 현물지대로서 국가로 흘러 들어갔기 때문이다. 인도에서는 지방별로 공동체의 형태가 다

---

35 앞서 언급했듯이, 마르크스는 전근대적 인도 촌락의 광범위한 교역으로부터의 고립을 과장하는 경향이 있었다.

르다. 가장 단순한 공동체에서는 토지를 공동으로 경작하고 그 생산물을 성원에게 분배한다. 한편 각 가족은 가내 부업으로 실을 뽑아 옷감을 짜는 등의 일을 하고 있다(477~478).

마르크스는 또한 회계 담당자에서 "달력 – 브라만(calendar-Brahmin)"에 이르기까지, 대장간에서 목수에 이르기까지 십여 개의 전통적 관리나 장인에 대해 서술하고 있는데, 이 모두는 "공동체 전체의 비용으로 부양된다"(478).

이것은 근대 자본주의하에서의 분업과는 매우 다르게 운영되는 분업을 동반한 시스템이 될 것이라고 마르크스는 단정한다.

> 이 전체의 메커니즘은 체계적인 분업을 보여주고 있다. 그러나 매뉴팩처에서의 분업과 같은 분업은 불가능하다. 대장장이, 목수 등은 불변의 시장에 직면하고 있기 때문이다. …… 공동체의 분업을 규제하는 법칙은, 자연 법칙이 변할 수 없는 권위로 작용하지만, 반면에 개별 장인, 대장장이, 목수 등은 자신들의 작업장에서 자신들 수공업의 모든 작업을 전통적인 방법으로, 그러나 **자립적으로 어떤 권위도 인정하지 않고** 수행한다(Capital 1: 478~479; 강조는 저자 추가).

이와 같이 인도의 촌락 시스템은 어떤 수준에서는 극도로 보수적이고 구속적이지만, 다른 수준에서는 자본주의하에서 노동자가 잃은 일종의 자유를 허용하고 있었다. 그들의 실제 업무 수행에서 자율성이 존재하는 것은 아직 노동자가 생산의 객체적 조건에서 분리되지 않았기 때문이다. 이러한 의미에서 인도의 수공업 노동자는 — 그리고 중세 유럽에서 그에 상당하는 자는 — 실제로 중요한 권리를 행사했으며, 이 권리는 노동이 소외될 때 무엇을 잃는가를 고찰할 때의 핵심에 위치한다.

여기에서도 마르크스의 초점은 1850년대의 초점으로부터 다소 변화하고 있는 것처럼 보인다. 제1장에서 살펴본 바와 같이, 그 당시 마르크스는 인도 촌락의 사회구조를 그것이 뒷받침하는 "동양적 전제주의"의 렌즈를 통해서 보고 있었다. 반면 『자본』에서 든 인도의 예는 역사적인 것이었을 뿐만 아니라 자본주의와는 다른 사회관계를 보여주는 것이기도 했다.[36] 그러므로 전자본주의적 유럽의 길드가 가지고 있던 유사한 자율적인 권력에 대해 간략하게 서술한 이후, 마르크스는 근대의 소외된 노동에 대한 냉혹한 묘사로 독자에게 강렬한 인상을 주었다. 거기에서는 자본이 "노동력을 뿌리째 장악한다. 그것은 생산적인 충동과 소질의 일체를 억압하고 …… 노동자의 특정한 숙련을 조장해 노동자를 불구의 기형으로 만들어버린다"(Capital 1: 481). 이 상태는 이제 수공업 노동자의 자율성이 아니라, "노동자와 대립하는, 자본으로서의 생산수단의 자율성"이 존재한다는 사실에서 비롯된다(480).

긴 분량의 제15장 "기계와 대공업"은 상대적 잉여가치를 논의하기 위한 세 번째이자 최후의 분석적/역사적 수준을 제공했다. 여기서 마르크스는 장면을 대규모 공장과 복합적인 기술을 갖춘 (1870년대 초기) 근대 자본주의로 설정했다. 마르크스는 어떤 수준에서는 기계가 수고를 절감한다는 상

---

[36] 마르크스는 인도 촌락 체제를 논하는 말미에서 그 부정적 특징을 서술할 때조차 자신의 초점을 전제가 아니라 그 본질적인 보수주의에 두었다. "이 자급자족적 공동체의 단순한 생산 유기체는 …… 아시아 국가들의 끊임없는 붕괴와 재건 및 끊임없는 왕조 교체와 현저한 대조를 이루고 있는 아시아 사회의 불변성의 비밀을 푸는 열쇠를 제공한다. 사회의 경제적 기본 요소의 구조는 구름 같은 정치 세계의 폭풍으로부터 영향을 받지 않는다"(Capital 1: 479). 이 책 제6장에서 논의하듯이, 마르크스는 1879~1882년 노트에서는 이 '불변성'이라는 생각에서 떠날 것이었다.

식적인 견해를 반박하면서, 그것이 도리어 노동을 반복적이고 고된 일로 만듦으로써 소외를 증가시킬 것이고, 또한 "근육의 다면적인 움직임을 억압하고, 일체의 자유로운 육체적 및 정신적 활동의 자유를 빼앗을 것"이라고 주장한다(Capital 1: 548).[37] 사용하는 인간에 의해 통제되는 도구와는 대조적으로, 이제 기계는 노동자를 지배한다. 이 수준의 복합적인 기술은 아직 인도에는 도달하지 못했지만, 그럼에도 불구하고 멀리서 그 나라에 영향을 주었다. 왜냐하면 글로벌화된 경제에서 영국의 동력 직기의 도입이 인도의 수공업 노동자를 몰아냈기 때문이다. 마르크스는 이 과정의 효과를 비통한 말투로 서술한다.

영국 면수직공들의 점진적인 사멸보다 더 공포스러운 광경은 세계사에서 찾아볼 수 없다. 이 비극은 수십 년에 걸쳐 이어져, 마침내 1838년에 종결되었다. 다수는 아사했으며, 또 다수는 가족이 함께 하루에 두 펜스 반으로 겨우 연명했다. 반면, 인도에서 영국의 면직 기계는 급격한 효과를 만들어냈다. 총독은 1834~185년 다음과 같이 보고했다. "이러한 궁핍은 상업의 역사상 거의 유례가 없다. 면직공의 뼈가 인도의 평원을 하얗게 뒤덮고 있

---

37 마르크스에게 이것은 아무리 인적 비용이 소요된다 할지라도 가치를 극대화하려는 자본의 근본적인 충동을 예증하는 것이었다. 근대적 자본과 그 이데올로그는 기술을 그 목적을 위한 수단으로 간주하지만, 마르크스는 고대의 사상가는 사태를 다르게 보았다고 주장한다. "고대의 가장 위대한 사상가 아리스토텔레스는 "만약"이라고 하면서 다음과 같이 몽상했다 ― "만약 …… 각각의 도구가, 사람의 명령에 의해서이든, 사람의 뜻을 헤아려서이든, 자신이 해야 할 일을 스스로 완성할 수 있다면, 만약 셔틀이 스스로 직물을 짤 수 있다면, 장인은 조수가 필요 없게 되고, 주인은 노예가 필요 없게 된다. 또 키케로 시대의 그리스 시인 안티파테르(Antipater)는 곡물을 빻는 수차제분기의 발명 ― 모든 생산적 기계의 기본 형태 ― 을 여성 노예의 해방자 및 황금시대의 건설자로서 환영했다! 오, 이교도들[아리스토텔레스와 안티파테르]이여! 그들은 경제학과 기독교에 대해 아무것도 이해하지 못했다. …… 그들은 특히 기계가 노동일 연장을 위한 가장 확실한 수단임을 이해하지 못했다"(Capital 1: 532~533).

다"(557~558).

마르크스는 여기서 1850년대 영국 자본의 지배하에 있는 아일랜드와 인도의 소농 상태를 비교하면서, 글로벌화된 자본주의하에서 노동자들이 겪는 경험에서의 차이보다는 오히려 공통성을 강조했다.

마르크스는 자본주의가 서구 봉건제로부터 비롯된 역사적 생성에 대해 다룬『자본』제8편 "본원적 축적"에서 식민주의와 글로벌화에 더 큰 관심을 기울였다.[38] 마르크스는 이렇게 썼다. 15세기에 농노제는 잉글랜드에서 실질적으로 소멸하고 많은 "자유로운 자영 농민이 존재하고 있었다. 비록 그들의 소유가 어떤 봉건적 간판에 의해 은폐되고 있었다고 할지라도"(Capital 1: 877). 계속 수세기에 걸쳐 형식적으로는 부자유하지만 사실상 자유로웠던 소농들은, 형식적으로는 자유롭지만 사실상 부자유한 임금 노동자로 전화되었다. 동시에 부는 현저한 폭력으로 특징지을 수 있는 과정을 통해, 자본의 형태로 대규모로 축적되었다 ─ 마르크스는 이렇게 주장하고 있다 ─. "실제 역사에서 잘 알려진 바와 같이, 정복, 노예화, 강도, 살인, 간단히 말해 폭력이 가장 큰 역할을 하고 있다"(874). 마르크스가 잉글랜드 농민의 경험을 집중적으로 논의하는 곳에서도 식민주의나 노예제는 중요한 서브텍스트(그리고 아마도 그 이상의 것)를 구성하고 있었다. 마르크스는 이 사실을 중요한 지점에서 인정하고 있다. "사실상 유럽에서 임금 노동자의 베일로 가려진(veiled; 독일어판에서는 verhüllte, 프랑스어판에서는 dissimulé) 노예제는, 그 토대로 신세계에서의 노골적인 노예제를 필요로 했다"(925). 자주 인

---

[38] 프랑스어판에서 마르크스는 좀 더 긴 독일어 제목 "이른바 본원적 축적"을 줄였다(표준판에서는 여전히 이 제목이 유지되고 있다). 또한 앞서 언급했듯이, 마르크스는 프랑스어판에서 처음으로 이 장을 본원적 축적에 관한 독립된 편으로 분리했다.

용되는 단락에서, 마르크스는 분노를 새기고 있다.

아메리카에서의 금과 은의 발견, 선주민의 절멸과 노예화와 광산에의 매몰, 동인도의 정복과 약탈의 시작, 아프리카의 상업적 흑인(blackskins)[39] 수렵장으로의 전화 등은 자본주의적 생산 시대의 장밋빛 새벽을 특징짓는 모든 것이다. 이러한 목가적 과정은 본원적 축적의 **주요한 계기**(Hauptmomente) 이다. 그 뒤를 유럽 국가들의 상업적 전쟁이 바짝 쫓고 있는데, 그것은 전 세계를 전쟁터로 바꾸고 있다. 그것은 스페인에 대한 네덜란드의 이탈에서 시작되어, 영국의 반자코뱅 전쟁에서 거대한 범위로 확대되었고, 중국에 대한 아편전쟁의 형태로 지금도 계속되고 있다(915; 강조는 저자 추가).

1850년대 후반 발발한 제2차 아편전쟁과 같은 최근의 사건을 언급함으로써, 마르크스는 중상주의적 자본주의와 산업자본주의를 연결시키고 있다. 흥미롭게도 마르크스는 프랑스어판에서 총체성의 구성 요소를 의미하는 용어인 "계기(moments)"라는 헤겔의 용어를 포함한 두 번째 문장을 완전히 삭제했다. 이것이 엥겔스가 항의한 사례, 즉 통속화를 위해 프랑스어판으로부터 변증법적 언어를 삭제했다는 하나의 사례일까? 그럴지도 모른다. 그러나 마르크스는 보다 실질적인 이유로 이 문장을 삭제했을 수 있는데, 인도와 아메리카를 — 그리고 중국을 — 모든 사회가 필연적으로 동일한 경로를 따르는 것으로 보일 수 있는 단일한 총체성에 녹여버리는 것을 피하려고 했을 수 있다. 만약 그렇다면 이 삭제는 이미 이 장에서 논하

---

39 blackskins는 표준적인 영어 단어는 아니지만, 독일어 Schwarzhäute 혹은 프랑스어 peaux noires와 충분한 공통성이 있다. 양자 모두 영어 "redmen"과 유사하지만, "redmen"은 "redskins"보다 더 모멸적이지는 않은 단어이다. 이 점을 알려준 찰스 레이츠에게 감사드린다.

고 있는 바와 같이, 프랑스어판을 위한 다른 변경과 같은 의도에서 행해진 것이다.

마르크스는 또한 엥겔스가 고려하지 않았던 프랑스어판의 핵심 단락에서, 글로벌화와 식민주의의 문제를 논하고 있다. 이것은 본원적 축적의 부분에 선행하는 "자본주의적 축적의 일반 법칙"이라는 긴 장에서 언급되고 있다.

> 그러나 기계제 공업이 깊이 뿌리내려 국가 생산 전체에 막대한 영향력을 행사한 후에만, 외국무역이 기계제 공업에 의해 국내 상업에 대해 우위를 점하기 시작한 후에만, 세계 시장이 신세계로, 아시아에서 호주로, 차례차례 광대한 영역을 병합한 후에만, 마지막으로 충분히 많은 숫자의 공업 국가가 경쟁 무대에 등장한 후에만 ― 이 모든 것 이후에만 비로소 끊임없이 재생산되는 순환이 시작되며, 이 순환의 잇따른 여러 국면은 몇 년을 경과해 항상 전반적인 공황, 즉 한 순환의 종점 혹은 새로운 순환의 출발점이기도 한 전반적인 공황으로 귀착된다. 지금까지 이 순환의 주기는 10년 혹은 11년이지만, 이 순환 주기를 불변인 것으로 볼 필요는 없다. 반면, 방금 자세히 설명한 것과 같이, 자본주의적 생산의 법칙에 기초해 이 주기가 가변적이며 순환의 주기가 점차 짧아지고 있다고 결론지을 수 있다(Capital 1: 786).[40]

여기서 문맥은 과거가 아닌 미래이며 특히 공황론에 관한 것이었지만, 본원적 축적이라는 용어는 사용되지 않았다.

---

[40] 1976년 벤 포크스(Ben Fawkes)가 번역한 『자본』 제1권의 번역본은 프랑스어판을 위해 추가된 이 문단을 수록한 최초의 영어판이다. 이것은 이전의 MEW 23(662)에 따른 것이다. 엥겔스가 이 문단을 수록한 것은 아니다.

본원적 축적을 다룰 때, 마르크스는 특히 네덜란드와 영국의 식민주의에 주의를 돌렸다. 양자는 모두 성공적인 자본주의적 발전과 연관되어 있으며, 스페인식과 포르투갈식의 식민주의보다 도덕적 우월성을 주장하고 있는 국가들이었다. 마르크스는 네덜란드에 대해 래플스의 『자바의 역사』를 인용해, 다음과 같이 말하고 있다.

> 네덜란드 식민지 경영의 역사는 ─ 그리고 네덜란드는 17세기 전형적인 자본주의 국가였지만 ─ "배신, 뇌물, 대학살, 비열 등 유례가 없는 관계로 점철되어 있다". 자바에서 사용할 노예를 얻기 위해 술라웨시(Celebes)에서 사람을 훔치는 제도만큼 특징적인 것은 없다. 인간 도적이 이 목적을 위해 훈련되었다. 도적이나 통역이나 판매자가 이 거래의 주역이지만, 토후(土侯)는 중요한 납품자였다. 이렇게 도난당한 소년들은 노예선에 보내질 때까지 술라웨시의 비밀 감옥에 숨겨졌다. …… 네덜란드인이 발을 디딘 곳은 어디든지 황폐해지고 인구 감소가 일어났다. 자바의 주 가운데 하나인 바뉴왕이는 1750년에 주민의 수가 8만 명을 넘었지만 1811년에는 1만 8000명에 불과했다. 이것이 평화로운 상거래인 것이다!(Capital 1: 916)

마르크스는 영국에 대해서는, 영국의 동인도 회사가 인도를 "약탈"했을 뿐만 아니라 악명 높은 아편 무역을 조직하기도 했다는 것을 강조했다. 그리고 마르크스는 남북전쟁에 관한 저작에서는 반노예제적 입장을 취한 매사추세츠를 극찬했지만, 그들도 용서하지는 않았다.

그 진지한 프로테스탄트의 모범인 뉴잉글랜드의 청교도는, 1703년에는 자신들 집회의 결의에 따라 인디언의 두피 가죽 한 장 또는 포로 한 명에게

40파운드를 걸었고, 1720년에는 두피 가죽 한 장에 100파운드의 상금을 걸었다. 1744년 매사추세츠 베이가 어떤 종족을 반란자로 선언한 후에는 다음과 같은 상금을 걸었다. 12세 이상 남자의 두피는 신통화로 100파운드, 남자 포로는 105파운드, 여자와 아이 포로는 50파운드, 여자와 아이의 두피는 50파운드(917~918).

그러한 사실을 감안해, 마르크스는 식민주의가 식민지화된 사람들에게 이로운가라는 문제는 언급조차 하지 않았다. 더욱이 마르크스는 식민주의가 본국의 많은 노동자들의 상태를 개선했다는 것도 부정하고 있다. "식민지 시스템을 가장 먼저 충분히 발전시킨 네덜란드는, 이미 1648년에는 상업적 번영의 정점에 서 있었"지만, 당시 네덜란드 사람들은 "다른 모든 유럽 국가 사람들보다 더 심하게 과도한 노동, 빈곤, 잔인한 억압하에 있었다"(Capital 1: 918).

마르크스는 본원적 축적의 주요 형태가 ― 유럽 내부에서 소농과 길드에 기초한 생산을 뿌리째 뽑는 것을 통해 ― 전반적인 사회적 진보를 가져왔다고 믿었을까? 어쩌면 그럴지도 모른다. 그러나 『자본』의 이 부분에서는, 이 테제에 대해서조차 놀라울 정도로 작은 주의밖에 기울이지 않았다. 사실 거의 70쪽에 달하는 마르크스의 본원적 축적에 관한 글에서, 나는 진보에 대한 간결한 승인을 단 하나밖에 찾아내지 못했다. 마르크스는 이렇게 썼다: 자본 축적은 장기적으로 "생산력의 자유로운 발전"을 결과시킬 것이며, 경제를 "만인의 범용(mediocrity)이 강제되는"[41] "협소한 한계"에서 벗어나게 할 것이다. 이처럼 마르크스가 자본주의적 발전의 적극적인 효과를 덜 강조

---

41 이 마지막 구절은 경제학자 콘스탄틴 페커(Constantin Pecquer)로부터 인용한 것이다.

하게 된 것은 그가 이제『공산당 선언』의 진보주의를 상당 정도 수정했음을 시사한다.

마르크스는 "자본주의적 축적의 일반 법칙"의 끝맺음절을 이루는 아일랜드에 관한 논의에서, 다른 방식으로 식민주의를 논의했다. 전체적으로 이 장은 마르크스가 자본의 유기적 구성의 변화라고 말한 것, 특히 발전된 자본주의하에서 기계나 다른 형태의 "불변 자본"과 결합된 자본액이 노동력 또는 "가변 자본"에 인도된 자본액보다 우세해지는 경향을 다루고 있다. 이것은 상대적으로 번영하고 있는 시기에도, 기술이 노동자를 대체할 경우 많은 실업을 일으켰다. 이러한 경향은 "사회적 총자본이 단 한 명의 자본가 혹은 단 하나의 자본가 회사의 손에 통합되는 순간 그 한계에 도달하는"(Capital 1: 779) 독점 형태로 향하는, 자본의 집중화 경향과 밀접한 관련이 있었다.[42] 마르크스는 이러한 현상을 공업뿐만 아니라 농업에 대해서도 분석했는데, 거기에 아일랜드도 포함되어 있었다.

아일랜드에 관한 절은 – 프랑스어판을 위해 상당히 확장되었으며, 또한 이번에는 엥겔스가 표준판에 수록한 새로운 자료가 포함되었는데 – 냉혹한 인구 통계로부터 시작되었다. 마르크스는 1846년부터 1866년까지 "아일랜드는 20년 남짓한 기간에 인구의 5/16 이상을 잃었다"라고 말했다(Capital 1: 854). 그러나 인구 감소는 국가의 참담한 빈곤을 완화하지 못했는데, 그것은 영국을 능가하면서 진행된, 농업의 급속한 근대화 때문이었다.

1846년 아일랜드 기근은 100만 명 넘는 사람들을 사망에 이르게 했지만,

---

42 마르크스는 집중에 관한 이 절을 프랑스어판에 추가했다. 다행스럽게도 엥겔스는 표준판에 이것을 수록했다.

그것은 가난하고 불쌍한 사람들에게만 해당되었다. 이 기근은 이 나라의 부에 조금도 손해를 끼치지 않았다. 그 후 20년간 그리고 지금까지도 끊임없이 증가하고 있는 인구 유출은, 예를 들어 30년전쟁과는 달리, 사람들과 생산수단을 동시에 격감시키지는 않았다. 아일랜드의 천재(天災)는 빈민을 그 빈곤의 무대에서 수천 마일 떨어진 곳에 숨기는 완전히 새로운 방법을 고안해 냈다. 미국에 이주한 이민자들은 고향에 남겨진 사람들에게 여행 경비로 매년 돈을 보내고 있다. 금년 이주한 무리는 다음 해 다른 무리를 불러들인다. …… 절대적 인구 수준은 매년 낮아진다(861~862).

마르크스는 이 무서운 인적 희생의 원인으로, 점점 소수의 손에 생산을 집중시키는 자본의 충동을 정확하게 지적하고 있다. "따라서 이 감소는 순전히 15에이커 이하의 임차 농장의 절멸, 다른 말로 하면 그 농장의 집중 때문이었다"(854). 마르크스는 소진되고 거의 파괴되어 버린, 종속경제의 극도로 침울한 그림을 그리고 있다. "아일랜드는 현재 넓은 수로에 의해 잉글랜드에서 분리된 잉글랜드의 농업 지역에 불과하며, 잉글랜드에 곡물, 양모, 가축, 산업적·군사적 신병 등을 공급하고 있다"(860). "잉글랜드의 양치기 장소, 목초지라는 것이 아일랜드의 진정한 사명"이었다(869).

제4장에서 논한, 제1인터내셔널 강연을 위한 1867년 노트에서, 마르크스는 어떻게 환경 파괴가 이 끔찍한 인적 희생과 동시에 발생하고 있는지에 대해서도 언급하고 있다. 마르크스는 이렇게 쓰고 있다. 자본주의적 농업의 새로운 형태는 급격하게 돌진해 "그 경작자에게 피폐한 토지 성분을 보상할 수단조차 주지 않았다"(Capital 1: 860).

같은 기간 동안 "총산출"은 감소했지만 "임차 농장의 합병과 경지의 목장으로의 전환 등으로 총산출의 더 큰 부분이 잉여생산물로 전환되었기"

때문에, 아일랜드의 대규모 가축 생산은 더욱 이익이 커졌다(Capital 1: 860). 마르크스는 이렇게 쓰고 있다. 영국의 경험과는 대조적으로, "공업과 상업에 투하된" 총자본은 "최근 이십 년간 완만하게 축적되었을 뿐이었다"라는 사실에서 알 수 있듯이, 여기에서 공업화는 거의 일어나지 않았다(861). 규모가 작은 린넨 공업을 제외하고는, 프롤레타리아화된 도시 인구의 집적조차도 중요한 공업적 발전을 유도하지 않았다.[43] 프랑스어판에 추가된, 1870년 영국 정부의 보고서에 기초한 몇 페이지에서, 마르크스는 도시 빈곤층의 운명에 대해 검토하고 있다.

> 농업혁명의 제1막은 작업 장소에 마련되었던 오두막을 철거하는 것이었다. 이것은 최대 규모로 또한 위에서 내려온 명령에 복종하는 것처럼 행해졌다. 따라서 많은 노동자들은 마을과 도시에서 거처할 곳을 구해야 했다. 그곳에서 그들은 최악의 빈민가 지역의 다락방, 움막, 지하실, 구석 등에 쓰레기처럼 던져졌다. …… 남자들은 이제 부근의 농장 경영자 밑에서 일자리를 구해야 하며, 또한 그날 하루만 고용되므로 가장 불안정한 임금 형태로 고용된다(866).

마르크스는 이 고발적인 묘사의 진실성은 그것이 "민족적 편견에 사로잡혀 있는 영국인의 증언"에 의거한다는 사실에 의해 강화된다고 말했다(865).

프랑스어판에 부가된 이 새로운 자료에서, 마르크스는 또한 혁명의 가

---

43 실제로는 엘런 헤이젤콘(Ellen Hazelkorn)이 마르크스의 아일랜드론에 관한 논의에서 지적하듯이(Hazelkorn 1980), 아일랜드는 나중에 벨파스트에 주요한 산업 중심지를 발전시켰다.

능성을 지적했다. "이것에 비추어 볼 때, 조사관들의 이구동성의 증언에 따르면, 음성한 불만이 이 계급의 대열에 침투하고, 그들은 과거를 돌려받기를 염원하고 현재를 혐오하고 미래에 절망하며, '선동가의 사악한 영향에 몸을 맡기며', 미국 이주의 고정관념밖에 품지 않는다는 것은 전혀 이상하지 않다"(Capital 1: 865). 제4장에서 본 바와 같이, 마르크스는 아일랜드에 관한 논의를, 자신이 제1인터내셔널 내부에서(비록 비판적이었다고 해도) 지원한 페니언 운동(the Fenian movement)의 성장을 지적함으로써 끝을 맺었다. 미국 이주는 영국에게 또 다른 귀결을 이끌어냈다. 미국 이민은 자본가 사이의 신흥 라이벌이었던 미국을 강화했기 때문이다. 마르크스는 비극적 드라마의 변증법적 어조로 영국의 쇠퇴를 예언한다.

세상의 모든 선한 것과 마찬가지로, 이러한 유익한 방식도 결함을 가지고 있다. 아일랜드의 지대 축적에 발맞추어, 미국에서 아일랜드인의 축적이 이루어진다. 양과 소에게 쫓겨난 아일랜드인은, 페니언 당원으로 대양의 다른 쪽에 다시 나타난다. 그리고 젊고 거대한 공화국이 우뚝 솟아 점점 위협적으로 되고, 늙은 바다의 여왕에게 대적한다(870).

남북전쟁이 끝나고 불과 몇 년밖에 경과하지 않은 시점에 집필하고 있음에도 불구하고, 마르크스는 새로운 경제 강대국이 적지 않은 부분 아일랜드 이민 노동에 기초해 대두되고 있다는 것을 알게 되었다.

『자본』의 핵심 부분 일부에서, 마르크스는 또한 남북전쟁과 인종, 노동, 그리고 노예제도에 대한 더 큰 문제를 다루었다. 이 중 첫 번째는 1867년의 서문이며, 여기서 그는 남북전쟁이 인터내셔널의 탄생에 미친 영향에 대해 암시적으로 언급하고 있다. "18세기 미국 독립전쟁이 유럽 중간

계급에 대해 경종을 울린 것처럼, 19세기 미국 남북전쟁은 유럽의 노동자 계급에 대해 경종을 울렸다"(Capital 1: 91). 마르크스가 같은 서문에서 두 번째로 남북전쟁을 언급한 것은, "지배계급 자체의 내부에서" 그 일부가 "현존하는 자본과 노동의 관계의 근본적인 변혁"의 필요성을 어떻게 인식하기 시작했는지에 대한 논의에서이다. 마르크스는 이런 맥락에서, 오하이오주의 벤자민 웨이드(Benjamin Wade)와 같은 급진적 공화주의자가 대규모 노예 농장을 해체하고 각각의 해방 노예에게 40에이커의 토지와 노새를 주기 위한 투쟁을 벌인 것을 언급하고 있다. "동시에 대서양 저편에서 미국 부통령 웨이드 씨가 공식 회의에서, 노예제 폐지 이후 자본과 토지 소유 관계의 급진적인 변화가 의제로 올라와 있다고 선언했다"(93).[44]

마르크스는 "노동일" 장에서 인종과 계급의 문제에 더 큰 관심을 기울이고 있다. 거의 80쪽에 달하는 이 장은, 자본주의의 생성에 수반된 노동일의 연장과, 노동일 단축을 중심 요구로 내걸고 있는 조직 노동자들의 반격을 분석하고 있다.

자본이 노동일을 그 표준적인 최대 한계까지 연장하고 이어서 이를 초과해 12시간이라는 자연일의 한계까지 연장하는 데 몇 세기가 걸렸지만, 그 후 이번에는 18세기의 마지막 1/3 시기에 대공업이 탄생한 이래, 폭력적이

---

44 실제로 웨이드는 상원 임시의장이었다. 헌법상 그는 앤드루 존슨(Andrew Johnson) 대통령 (1868년 탄핵 재판에서 급진적 공화주의자들에 의해 사직 직전까지 갔다)을 계승할 수 있는 제1순위였다. 웨이드는 국제노동자연합 총평의회가 공표한 1867년 7월 연설에서도 언급되었다. 그 연설은 라파르그가 초안을 쓰고 마르크스가 편집한 것이지만, 이 연설에서는 1867년 마르크스의 서문과 매우 유사한 표현으로 자본과 토지 소유에 관한 웨이드의 제안을 언급하면서, 그를 "급진당"의 대표라고 불렀다. 또 이 연설은 "노동자계급은 …… 일부 주의회가 8시간 노동일법을 수용하도록 강제했다"라고 지적했다(General Council of the First International 1964: 289). 두 보이스는 웨이드를 "노예제 폐지 민주주의의 급진적 지도자의 한 사람"으로서, 또 "서구 급진주의"의 대표자로서 묘사하고 있다(Du Bois, [1935] 1973: 199).

고 헤아릴 수 없을 정도로 큰 침해가 눈사태처럼 일어났다. 윤리와 자연, 연령과 성, 낮과 밤 등에 의해 설정된 모든 경계가 무너졌다. …… 자본은 자신들의 질펀한 술판을 벌였다(Capital 1: 389~390).

이러한 맥락에서 자본주의의 발생은, 노동자들에게 진보라기보다 오히려 엄연한 후퇴를 나타내고 있었다. 또한, 마르크스가 쓰고 있듯이, 인권이라는 자유주의적 개념은 형식적이고 추상적이지만, 노동일의 단축은 노동자들을 위해 실질적인 성취를 이루었다. "양도할 수 없는 인권"의 젠체하는 목록을 대신해, 법률로 제한된 노동일이라는 겸허한 마그나 카르타가 등장한다. 그것은 "노동자가 판매하는 시간이 언제 종료하는지, 그들자신의 것이 되는 시간이 언제 시작되는지"를 마침내 명료하게 했다"(416). 왜냐하면 만약 노동자들이 하루 18시간, 주 6일 또는 7일 일한다면, 그들은 자신들의 시민권을 실제로 의미 있는 방식으로 행사할 수 없을 것이기 때문이다.[45]

마르크스는 이 장에 『1861~1863년의 경제학 초고』에서 논한, 미국과 쿠바 노예의 과로사에 관한 몇 가지 자료를 추가했다. 그러나 "노동일" 텍스트의 광범위한 주요 부분은 1861~1863년 초고에서는 발견되지 않는다. 왜냐하면 그 초고는 마르크스가 『자본』의 긴 최초의 초고의 작성을 종료한 후의 — 아마도 1866년 이전은 아니다 — 어느 시점에서 쓰였기 때문이다.[46]

---

45 다음 사실도 지적해 두어야 할 것이다. 제3장에서 서술했듯이, 1870년대에도 남성 노동자 계급의 대부분은 영국에서 참정권이 부정되었다. 대륙에서 상황은 더 나빴고, 미국만이 남성의 보통선거권에 가까운 것을 허용했지만, 1870년대까지 그것을 백인 남성으로 제한했다. 어느 나라도 20세기까지 여성 참정권은 제정하지 않았다. 미국은 실제로는 1965년까지 아프리카계 미국인의 투표권을 시행하지 않았다.

46 마르크스는 1866년 2월 10일자 엥겔스에게 쓴 편지에서 그 해 초부터 자신이 "노동일에 관한 부분을 원래 플랜에는 없었던 역사적 관점에서 상술했습니다"라고 쓰고 있다(MECW 42:

완성된 저작과 초고를 비교해, 두나예프스카야는 남북전쟁 및 남북전쟁이 영국 노동자 계급에 미친 영향은, 이 장의 형성뿐만 아니라『자본』제1권 전체 텍스트의 재편성에도 결정적이었다고 주장했다. 마르크스는『자본』 에서는, 경제학 비판의 초기 여러 초고와는 달리, 노동자들의 목소리와 투쟁을 이론 가운데 새로운 방식으로 등장시키는 한편, 다른 이론가들과의 긴 논쟁 — 사후에 비로소『잉여가치학설사』로 간행된 1861~1863년 초고의 일부 — 은 채택하지 않았다.

두나예프스카야의 주장에 따르면, 엄청난 경제적 희생을 지불하며 영국에서 미국 북부의 대의를 위해 싸운 노동자 활동가들과 마르크스가 제1 인터내셔널에서 함께 활동한 것은, 노동일에 관한 장을 추가하는 결정에 매우 중요하게 작용했다.

> 마르크스는 지적인 것, 즉 이론가들과의 논쟁으로서의 이론을 전체 구상하는 것을 거부했다. 이론가들과 반복해서 논쟁을 계속하는 대신, 마르크스는 곧바로 노동과정 자체로, 그리고 거기에서 노동일로 들어간다. 마르크스는 이론의 역사를 저작 전체의 말미로 밀어내고 생산관계의 역사를 고찰하기 시작하자마자 변증법을 적용하기보다 부득이하게 새로운 변증법을 창조한 것이다. …… 이 새로운 변증법은, 공장 안팎에서의 노동자들의 저항에 이론적으로 부응할 수 있도록 마르크스를 이끌었다. 그 결과가『자본』의 새로운 장인 "노동일"이다. 이론가 마르크스는 노동자로부터 받은 자극에 의해 새로운 카테고리를 만들어냈다. 그러나 미국의 남북전쟁이 노동자의 신성한 전쟁이라고 결정한 것은 마르크스가 아니다. 그것을 결정한 것은 영

---

224).

국의 노동자 계급, 바로 가장 큰 고통을 입은 사람들이었다(Dunayevskaya [1958] 2000: 91; 또한 Welsh 2002 참조).

그리고 "노동일"에서 중요한 위치를 차지하고 있는 것은 이런 종류의 목소리이다.

그 시작 부분에서 마르크스는 처음으로 명시적으로 "노동자의 목소리"를 언급한다(Capital 1: 342). 이 장에는 적대적인 두 주역이 등장한다. 즉, 비인격적이며 자기 증식하는 자본의 힘과, 노동자 계급, 특히 엄청난 희생을 하며 1860년대 미국의 노예제에 반대한 영국의 노동자들이다. 1840년대 영국 노동자들에 의한, 10시간 노동일을 요구하는 오랜 기간에 걸친 결국 성공적인 투쟁에 대해 상술한 후, 마르크스는 이렇게 결론 내렸다.

그러므로 표준 노동일의 확립은 자본가 계급과 노동자 계급 사이의 장기간에 걸쳐 일어난 다소 숨겨진 전쟁의 산물이다. 이 투쟁은 근대 산업 범위 내에서 발생된 것이기 때문에, 그것은 우선 근대 산업의 조국인 잉글랜드에서 진행된다. 잉글랜드의 공장 노동자들은 단순히 잉글랜드 노동자 계급뿐만 아니라 근대 노동자 계급 일반의 전사였으며, 또한 그들의 이론가들도 자본가의 이론에 처음으로 도전한 사람들이었다(412~413).

마르크스는 1840년대를 언급하고 있지만, 1860년대의 남북전쟁과 런던에서의 인터내셔널 창설과의 연속성도, 영국 노동자 계급을 "근대 노동자 계급 일반의 전사"로 간주하는 인식 속에 포함되어 있을 것이다.

1866년에는 8시간 노동일이 의제가 되었다. 남북전쟁이 미국 국내의 노동자에게 준 충격에 대해서 마르크스는 극적인 주장을 하고 있다.

미국에서는, 노예제가 공화국의 일부를 망가뜨리는 한, 어떤 자립적인 노동 운동도 마비된다. **흑인들의 노동이 낙인찍힌 곳에서는 백인들의 노동도 해방될 수 없다.** 그러나 노예제의 죽음에서 곧바로 새로운 생명이 싹 텄다. 남북전쟁의 첫 번째 성과는 8시간 운동이며, 이 운동은 7마일의 장화 같은 기관차처럼 대서양에서 태평양까지, 뉴잉글랜드에서 캘리포니아까지 달렸다. 1866년 8월 볼티모어 전국 노동자 대회(The General Congress of Labor)는 다음과 같이 선언했다. "이 나라의 노동을 자본주의적 노예제에서 해방하기 위해 현재 가장 중요한 사항은, 미국 연방의 모든 주에서 8시간을 표준 노동일로 하는 법률을 시행하는 것이다. 우리는 이 훌륭한 성과가 달성될 때까지 전력을 다할 것을 결의한다."(Capital 1: 414; 강조는 저자 추가)

마르크스가 남북전쟁에 관한 저작에서 처음으로 전개한 주제는, 이처럼 인종차별이 노동운동에 미치는, 극복하기 어려운 부정적인 영향에 대해 솔직하게 평가하는 것이었다. 동시에 마르크스는 인종 차별을 극복하기 위한 투쟁을 미국에서 강력한 노동운동을 창조하는 데 결정적인 요인으로 간주했다.

제6장

비서구사회 및 전자본주의 사회에 관한 만년의 저작

1871년 파리 코뮌이 패배한 후, 마르크스는 서구와 북미 이외 지역에서 나타난 자본에 대한 저항 형태에 다시 초점을 맞춘다.[1] 자신의 만년이던 1872~1883년에 걸쳐 이처럼 비서구 농업사회로 선회한 것은 그의 저작에서 세 가지 요소로 설명할 수 있다. 전체적으로 보면, 이것은 새로운 선회를 나타내고 있으며, 1850년대 후반 이후 마르크스 사상의 점진적 진화를 나타내는 것이기도 하다. 첫 번째 요소는 앞 장에서 살펴보았듯이, 프랑스어판 『자본』에 도입된 변화에서 발견된다.

두 번째 요소는, 이 장에서 논의되듯이, 비서구사회와 전자본주의 사회에 대한, 1879~1882년의 발췌노트에서 발견할 수 있다. 이것은 30만 단어 이상에 달하는 여러 노트로 구성되어 있으며, 그중에는 아직 어느 언어로도 출간되지 않은 것도 있다.[2] 이 노트는 다른 연구자의 연구 — 대부분은 인

---

[1] 해방신학자 바스티안 비렝가(Batiaan Wielenga)가 그 요인의 하나는 마르크스가 비서구사회의 소농에 다시 관심을 갖게 된 데 있다고 말한 것은 그럴듯하다. 그것은 파리 코뮌 참가자들이 혁명을 프랑스 농촌 지역으로 확산시킬 수 없었기 때문에 그들의 운명이 정해진 뒤의 일이다. "파리 코뮌에 의해 마르크스는 노동자계급은 소농과의 동맹, 즉 후자의 '생생한 이익과 현실의 필요'에 기초한 동맹을 필요로 한다는 것을 통찰하기에 이르렀다"(Wielenga 2004: 913). 이 문장 중에 인용된 부분은 마르크스의 『프랑스 내전』 제1초고로부터 인용한 것이다 (MECW 22: 493).

[2] 이러한 노트는 모두 MEGA^2 IV/27로 발간될 예정이지만, 그 대부분은 Smith(근간)와 Marx(근간)로 영어로 출판된다. 이들은 마르크스가 1879년부터 1882년에 걸쳐 작성한 유일한 발췌노트는 아니다. 그러나 이들이 특히 중요한 것은 어떻게 마르크스가 새로운 연구 영역으로 옮겨가고 있었는지를 보여주고 있기 때문이다. Grandjonc and Rojahn(1995)이 MEGA 편집에 관한 포괄적인 보고서에서 언급하는 것처럼, 다른 주제에 대한 1879년부터 1882년의 발췌노트도 남아 있다. 그러나 다음의 MEGA 여러 권에 대한 목록에 '기출판'으로 기재되어 있는 것을 제외하고는 아직 출판되지 않았다. MEGA^2 IV/28(마르크스의 러시아 역사와 프랑스

류학자의 연구이다 — 에 관한 것으로, 광범위한 사회와 역사상의 시대를 다루고 있으며, 여기에는 인도의 역사와 촌락 문화, 네덜란드의 식민주의와 인도네시아 촌락 경제, 아메리카 선주민이나 고대 그리스, 로마, 아일랜드 등의 젠더와 친족 관계의 여러 유형, 그리고 알제리와 라틴 아메리카의 공동체적 소유와 사적 소유 등이 포함된다.[3]

1877년에서 1882년에 걸친 러시아에 관한 비교적 짧지만 잘 알려진 텍스트는, 마르크스의 만년 저작에서 세 번째 요소를 구성한다. 마르크스는 1869년 러시아어를 배우기 시작했다. 이 사회에 대한 관심이 더욱 높아진 것은, 1872년 『자본』 제1권 러시아어판 번역으로 광범위한 논의가 발생했기 때문이다. 러시아인 망명자 베라 자술리치(Vera Zasurich)와의 서한 및 기타 부분에서, 마르크스는 농업국 러시아의 공동체 촌락은 사회주의적 변혁의 출발점이 될 수 있으며 자본의 본원적 축적이라는 잔인한 과정을 피할 수 있다고 암시하기 시작했다. 하지만 혁명의 거점으로서의 러시아 농촌 공동체에 대한 마르크스의 관심은 농업 자급자족 경제의 이론은 아니었다. 러시아가 사회주의를 성공시키기 위해서는 서구 기술과의 연결, 특히 서구의 노동운동과의 상호 관계가 필요하다고 마르크스는 생각했다.

엥겔스와 공동으로 쓴 1882년 『공산당 선언』 러시아어판에 대한 짧은 서문을 제외하면, 마르크스는 1883년 64세로 세상을 떠날 때까지, 비서구

역사, 특히 농업 관계 발췌와 엥겔스의 토지 소유의 역사 발췌. 모두 1879년부터 1882년까지), MEGA² IV/29(1881~1882년 작성된 세계사연표), MEGA² IV/30(1863, 1878, 1881년 마르크스의 수학에 관한 발췌), MEGA² IV/31(마르크스의 화학에 관한 발췌와 엥겔스의 자연과학 및 역사에 관한 발췌. 기출판).

3   따라서 이러한 노트의 많은 것은 소농 사회에 대해 언급하고 있다. 미국의 인류학자 크리스틴 워드 게일리(Christine Ward Gailey)가 주장했듯이, "마르크스가 소농을 경멸하고 무지하고 반동적인 것으로 간주했다는 통상적 가정은 발췌노트에서는 전혀 발견될 수 없다"(Gailey 2006: 38).

및 전자본주의 사회에 대한 그의 새로운 연구 성과 중 어떤 것도 출간하지 않았다.

마르크스는 『자본』 제2권 및 제3권을 완성하지 못했으며, 그의 사후 엥겔스가 이것을 편집·출판했다는 사실이 보여주는 것처럼, 마르크스는 만년에는 거의 출판을 하지 않았다. 이 시기에 가장 잘 알려진 저작은 『고타 강령 비판(The Critique of Gotha Program)』(1875)이지만, 그것도 사후에 출판되었다. 마르크스의 생애와 사상에 관한 많은 연구는 그가 1879년 무렵부터 본격적인 지적 작업을 할 능력을 잃었다고 지적했다. 1920년대 제1차 MEGA에 착수한, 우수한 마르크스 편집자인 데이비드 랴자노프도 다음과 같이 말했다. 그 시기에는 "모든 정력적인 지적 작업이 그의 지친 뇌에 위협이었다". 이것은 그의 "손상된 건강" 때문이었다. "1878년 [그 해 마르크스는 60세이다!] 이후 마르크스는 『자본』에 관한 모든 작업을 단념할 수밖에 없었지만", "그는 아직 노트는 작성할 수는 있었다"(Riazanov [1927] 1973: 205~206). 랴자노프가 무엇보다도 이 장에서 고찰되는 노트를 언급하고 있는 것은 거의 확실하다. 또한 1925년 제1차 MEGA 준비를 위한 한 보고서에서 랴자노프는 이러한 발췌노트를 "변명의 여지가 없는 현학"으로 특징 짓고 있다(Riazanov 1925: 399).[4] 만약 마르크스가 다양한 지리적 위치, 문화, 역사적 시기를 가로질러 젠더와 계급에 관해 다양한 언어로 수행한 탐구가 경제학 비판에 비해 지적으로 덜 중요하다고 주장한다면, 그것은 성차별주의적은 아니더라도 확실히 유럽 중심적인 시각이다. 잔존하는 마르

---

4   두나예프스카야는 뛰어난 마르크스 편집자의 이 같은 오류에 주의를 환기하면서, "랴자노프는 마르크스의 필생의 작업을 더 완전한 것으로 하는 이 획기적인 노트에 대해 피상적인 태도를 보였다"라고 썼다(Dunayevskaya [1982] 1991: 178). 또 부록에서 논의하듯이, 랴자노프는 1차 MEGA에서 발췌노트를 모두 배제하는 부적절한 결정을 내렸다.

크스의 서한은 이러한 만년의 저술과 출판되지 않은『자본』과의 관계에 대해 명쾌한 설명을 주지 않는다. 그러나 랴자노프는 마르크스가 경제학 비판의 지리적 범위를 확장하려고 했다는 가능성을 고려하지 않았다.

마르크스의 만년의 저작에 관한 최근의 논의는, 그의 만년을 지적 쇠퇴로 특징지을 수 있다는 생각에 대해 이의를 제기하는 것이지만, 오늘날까지도 그 생각은 지배적이다.[5] 1972년 로렌스 크레이더(Lawrence Krader)는『카를 마르크스의 민족학 노트(The Ethnological Notebooks of Karl Marx)』(이하『민족학 노트』)라는 표제로, 발췌노트를 조심스럽게 독해한 텍스트를 발간했다.[6] 이 선구적이고 다양한 언어의 책은 1880년부터 1882년에 걸친 마르크스 노트 중 수백 쪽을 포함하고 있으며, 마르크스의 영어판 또는 독일어판『저작집』에 수록되지 않은, 비서구사회 및 전자본주의 사회에 관한 노트의 범위와 깊이를 처음으로 밝혔다. 크레이더는 다음과 같은, 인류학 문헌에 관한 마르크스의 노트를 발간했다. 즉, 아메리카 선주민, 고대 그리스 로마에 관한 루이스 헨리 모건(Lewis Henry Morgan), 고대 아일랜드의 사회관계에 관한 헨리 섬너 메인(Henry Sumner Maine), 촌락사회 인도에 관한 존 버드 피어(John Budd Phear), 문자 사용 이전 사회에 관한 존 러벅(John Lubbock) 등에 대한 연구이다.[7] 그러나 크레이더가 편집한『민족학 노트』는, 비서구사회 및 전자본주의 사회에 관한 마르크스의 1879~1882년 노트

---

5   예를 들어, 에릭 홉스봄은 그렇지 않았더라면 정확했을 마르크스 전기 항목을 작성하면서, 다음과 같이 썼다. 1870년대가 되면 "마르크스의 이론적 작업은 끝났다"(Oxford Dictionary of National Biography, Vol. 37, s.v. "Marx, Karl Heinrich").

6   상당히 방대한 편집 자료가 추가된 영어판이 준비 중이다(Smith, 근간).

7   대개 클랜에 기초한 전근대적인 무국가적 무계급 사회에 대해, 나는 종종 지금은 멸시적 표현으로 여겨지는 "원시적(primitive)"이나 "부족적(tribal)"이라는 용어 대신 "문자 사용 이전(preliterate)"이라는 단어를 사용한다. "최초의 인간들(first peoples)"이라는 용어를 사용해도 될 것이다.

의 약 절반밖에 수록하지 않았다. 나머지 텍스트의 일부는 아직 어떤 언어로도 발간되지 않았는데, 노트의 내용은 러시아의 인류학자 막심 코발레프스키(Maxim Kovalevsky)의 아메리카 대륙, 인도, 알제리 등의 공동체적 소유 연구, 식민지 관료 로버트 슈얼(Robert Sewell) 책에 기초한 인도의 역사, 독일의 사회사 학자 카를 뷔허(Karl Bücher), 루트비히 프리들렌더(Ludwig Friedländer), 루트비히 랑게(Ludwig Lange), 루돌프 예링(Rudolf Jhering) 등의 여러 저작, 루돌프 좀(Rudolf Sohm)의 로마와 중세 유럽의 계급·신분·젠더에 관한 저작, 영국인 법정변호사 머니(J. W. B. Money)의 인도네시아(자바) 연구, 자연 인류학 및 고생물학에 대한 새로운 저작, 농촌 러시아에 관한 러시아어로 쓰인 연구, 마지막으로 1880년대 영국의 이집트 진출에 관한 연구 등이다. 크레이더에 의해 이전에 발간된 것을 포함하면 이러한 노트들은 제본된 상태에서 총 800쪽 이상에 달할 것이다.[8]

크레이더(Krader 1974, 1975)는 이 노트를 분석하면서, 이것과 아시아적 생산양식에 관한 이전의 저작 간의 관계와 인류학적 사고에 대한 기여 등을 강조했다. 독일의 역사학자 한스-페터 하르스틱(Hans-Peter Harstick)은 공동체적 소유에 관한 코발레프스키의 저작에 대한 1879년 노트를 간행했는데, 그는 이들 노트를 새로운 출발점 이상의 것으로 간주했다. "마르크스의 관심은 유럽을 벗어나 아시아, 라틴 아메리카, 북아프리카 등으로 옮겨갔다"(Harstick 1977: 2). 두나예프스카야(Dunayevskaya [1982] 1991, 1985)는

---

8 이들은 몇 년 후 MEGA[2] IV/27로 마르크스가 필기한 그대로 다언어적 형태로 모두 출판된다. 대부분은 독일어와 영어 혼용이지만 적지 않은 부분은 라틴어, 스페인어, 러시아어이다. MEGA[2] IV/27의 편집 그룹은 케빈 B. 앤더슨(미국), 게오르기 바가투리아(Georgi Bagaturia, 러시아), 위르겐 로얀(Jürgen Rojahn, 독일), 데이비드 노먼 스미스(David Norman Smith, 미국), 고 노라이르 테르-아코피안(Norair Ter-Akopian, 러시아)이다. 크레이더의 『민족학 노트』에 포함되어 있지 않지만 MEGA IV/27에 수록되어 있는 많은 자료를 포함한 영어판 책도 준비 중이다(Marx, 근간).

이 노트가 젠더에 초점을 맞추고 있으며, 또 마르크스가 쓴 모건(Morgan)에 대한 노트가, 엥겔스가 『가족, 사적소유, 국가의 기원(The Origin of the Family, Private Property and the State)』(1884)을 발간하면서 그 노트로부터 발전시킨 것과 다르다는 것을 강조했다.[9] 두나예프스카야의 저작은 페미니스트 시인 아드리엔 리치(Adrienne Rich [1991] 2001)의 주의를 끌었으며, 처음으로 『민족학 노트』를 더 널리 사람들에게 알렸다.

이 노트는 다듬어지지 않았고, 가끔 영어나 독일어, 기타 언어가 문법 규칙에 맞지 않게 섞여 쓰여 있으며, 초고가 아니라 그가 공부하고 있던 책들의 구절을 기록 또는 요약했던 작업 노트이다. 그러나 이 노트는 다른 저자들의 책을 요약한 것 이상의 것이다. 두나예프스카야가 이야기하고 있는 바와 같이, 이러한 정보는 "마르크스의 생각을 듣게 한다"(Dunayevskaya 2002: 294). 첫째, 이 노트는 "독자"로서의 마르크스를 보여주고 있다. 이 노트는 마르크스가 공부하고 있는 저자의 가정 혹은 결론에 대한 직간접적인 비판을 포함할 뿐만 아니라, 그가 읽고 있는 텍스트의 테마와 주제를 어떻게 연결 또는 분리했는지를 보여준다. 둘째, 이 노트는, 비서구 및 전자본주의 사회에 관한 이러한 연구와 관련해, 마르크스가 어떤 주제나 데이터를 설득력 있는 것으로 간주했는지를 보여준다. 요컨대 이 노트는 마르크스가 새로운 방향으로 옮겨가는 것처럼 보이는 시기에, 그의 생각을 들여다볼 수 있는 유니크한 창을 제공한다.

---

9   피터 후디스(Hudis 1983)는 이러한 노트를 제3세계에 대한 마르크스의 저작과 관련지었으며, 프랭클린 로즈몬트(Rosemont 1989)는 아메리카 선주민과의 관련을 지적했지만, 데이비드 노먼 스미스(Smith 1995)는 로자 룩셈부르크의 작업과 관련지었다. 파레시 차토패드히야(Chattopadhyay 1999)는 마르크스의 젠더에 대한 입장을 옹호하기 위해 노트에 대해 폭넓게 언급하고 있다(또한 Levine 1973; Ito 1996; Vileisis 1996도 보라).

이로쿼이족, 호메로스 시대의 그리스인, 기타 문자 사용 이전 사회의 젠더와 사회적 위계

루이스 헨리 모건(Lewis Henry Morgan)의 『고대 사회(Ancient Society)』(1877)에 관한 마르크스의 발췌노트는, 엥겔스가 『가족, 사적소유, 국가의 기원』의 전거로 삼았기 때문에, 비서구 및 전자본주의 사회에 대한 1879~1882년 노트 가운데서 적어도 간접적으로는 가장 유명하다. 엥겔스는 자신의 선구적인 저작에서 양성평등을 지지하는 매우 강력한 논의를 전개하고 주류 일반 여론뿐만 아니라 사회주의 담론의 편견에 대해 이의를 제기했는데, 그것은 프루동(Proudhon) 같은 인물들이 여성의 권리에 대한 증오를 거침없이 표현하고 있었기 때문이다. 더욱이 엥겔스는 자유주의적 페미니즘에 대한 대안을 제시했다. 즉, 그는 여성의 종속을 경제적 영역에 결부시켜, 여성의 해방은 계급 지배가 존속하는 한 완전히 달성될 수 없다고 말했다. 그러나 다음에서 보듯이, 엥겔스의 책은 결정론적 틀을 가지고 있어, 마르크스의 모건 노트가 갖는 통찰력을 충분히 살리지 못했다.

엥겔스는 자신의 유명한 책에서 미국의 인류학자 모건을 마르크스적 의미에서 사실상 유물론자로 간주한다. 즉, 모건은 "자신의 방식으로 마르크스가 40년 전에 발견한 유물론적 역사관을 미국에서 재발견하고, 이 개념에 기초해 주요 사항에 대해 마르크스와 동일한 결론에 도달했던" 인물이다.[10] 또한 엥겔스는 증거를 제시하지 않은 채 마르크스가 출판물의 형태로 "모건의 연구 성과를 서술할 계획을 세우고 있었다"라고 쓰고 있다(MECW 26: 131).

---

10 엥겔스가 마르크스를 다른 사상가와 너무 안이하게 비유한 것은 이번이 처음은 아니다. 엥겔스가 1883년 마르크스의 묘지에서 찰스 다윈을 언급하면서 비슷하게 비유한 것은 유명하다. 엥겔스는 마르크스가 『자본』 제1권에서 이 영국인 생물학자를 비난했던 것을 무시했다.

엥겔스는 모건이 분석한 몇 개의 문자 사용 이전의 무국가 사회 — 이로 쿼이족(Iroquois)에서 고대 그리스인, 로마인, 게르만족에 이르기까지 — 를 개관한 뒤, 국가는 새롭고 일시적인 인간 제도라고 주장했다. "국가는 영원 이전 부터 있었던 것은 아니다. 국가 없이 꾸려져 온 사회, 국가와 국가권력 등을 꿈에도 생각하지 않았던 사회가 과거에 있었다"(MECW 26: 272). 씨족 (gens) 혹은 클랜 — 모건이 광범위한 문자 사용 이전 문화에서 발견한 비국가적 조직 형태 — 이 이러한 사회를 구조화하고 있다(마르크스, 엥겔스, 그리고 모건은 모두 오늘날 일반적으로 사용되는 "클랜(clan)" 대신 "gentes", "gens", "gentile" 등의 고대 로마 단어를 사용했다). 엥겔스는 국가 없는 사회주의 사회를 전망하면서, "고대 씨족의 자유, 평등, 박애의 부활, 그러나 더 높은 형태의 부활"이라는 모건의 예언을 인용해 『가족, 사적소유, 국가의 기원』을 결론짓고 있다 (MECW 26: 276; Morgan 1877: 552). 엥겔스가 거의 루소적인 어조로 말하는 바에 따르면, 만약 인류의 모든 시대를 고려할 경우 계급, 소유, 젠더의 위계구조를 가진 문명이라는 것은 인간의 일을 정하는 비전형적인 — 그래서 암시되는 바와 같이 비자연적인 — 방식임을 인류학의 새로운 자료가 결정적으로 증명했다. 그러나 엥겔스의 관심의 중심이 루소와 달리 양성 평등에 있었던 것은 칭송할 만하다.

엥겔스는 이러한 평등주의적인 고대 사회는 낮은 수준의 경제적 및 기술적 발전 때문에 "몰락할 운명"에 있었다고 주장했다(MECW 26: 203). 조만간 사적 소유, 사회적 계급, 국가, 가부장적 가족 등 새로운 제도가 그 사회를 압도했다. 엥겔스는 젠더에 관해 헤겔적인 어조로, 이러한 새로운 위계의 성립이 "여성의 세계사적 패배"를 각인시키고, 정치적 의사 결정에 대한 여성의 참여를 쇠퇴시키고 모계사회를 쇠퇴시킨다고 결론을 내렸다 (165). 사적 소유, 국가, 가부장제 등은 총체성을 구성하기 때문에, 엥겔스는 그것은 또한 총체적인 사회주의적 변혁에 의해서만 극복될 수 있다고 주장했다. 대체로 엥겔스는 경제결정론적 논의를 하고 있는데, 그 논의에 따르면 자본주의 경제 발전은, 사회주의를 지향하는 강력한 노동운동과 결합해, 여성의 세계사적 패배를 반자동적 방식으로 반전시킬 것이다.

『가족, 사적소유, 국가의 기원』은 젠더와 가족에 대한 고전적 마르크스주의의 주장으로 간주되어 왔다. 그러나 20세기 중반 일부 페미니즘 사상가들은 이 저작의 경제 결정론을 비판하기 시작했고, 흔히 마르크스도 거기에 연결시켰다. 예를 들어, 실존주의 페미니스트인 시몬 드 보부아르(Simone de Beauvoir)는 엥겔스를 비판하면서 "사적 소유 제도가 필연적으로 여성의 예속과 관련되어 있다는 것은 분명하지 않다"라고 말했다(Beauvoir [1949] 1989: 56). 결과적으로, 엥겔스의 오류는 "그가 젠더의 적대성을 계급 대립으로 환원하려고" 한 데 있었다(56, 58). 그러나 엥겔스에 대한 이 비판은 강력했지만, 몇 가지 약점도 있었다. 왜냐하면 마르크스주의와 구조주의에 뿌리를 둔 다수 비평가들이 지적하듯이, 실존주의는 경제적 및 사회적 조건에 대해 개인의 주체성과 선택을 지나치게 강조하기 때문이다(Marcuse [1948] 1972; Dunayevskaya [1973] 1989; Bourdieu 1977).

1972년 크레이더가 『민족학 노트』로 마르크스의 모건 노트를 발간한 것은, 그 무렵 이미 낡은 논쟁으로 치부되던 논쟁에 새로운 기초를 마련했다.[11] 물론 엥겔스는 모건에 대한 마르크스의 발췌 및 코멘트를 이용해,

---

11 마르크스는 젠더에 관한 저작을 쓰지 않았지만, 다음에 논의하듯이, 1880~1882년 『민족학 노트』는 젠더와 가족에 큰 관심을 기울이고 있다. 마르크스가 젠더와 가족에 어느 정도 주의를 기울였던 다른 시기는 1840년대이다. 그 시기 마르크스는 『1844년 수고』의 몇 개 절, 1846년 자살에 관한 잘 알려지지 않은 에세이와 번역(Plaut and Anderson 1999), 엥겔스와 공저한 텍스트인 『신성가족』(1845), 『독일 이데올로기』(1846), 『공산당 선언』(1848)에서 보듯이, 변증법과 역사유물론의 중심 개념을 공식화했다. 1850년대에 마르크스가 ≪뉴욕 트리뷴≫에 기고한 논설 중 몇 편은 영국의 노동자 계급과 중류 계급 여성의 억압을 논의했으며, 『자본』 제1

『가족, 사적소유, 국가의 기원』 서문에서 말하고 있는 것처럼, 자신의 책에 마르크스의 "비판적 노트"를 "재생"하려고 했다(MECW 26: 131). 그러나 『민족학 노트』가 처음 발간될 때까지는, 마르크스의 모건 노트가 엥겔스의 책과 거의 비슷한 길이에 달하며 그 내용도 대단히 포괄적이었다는 사실은 거의 알려지지 않았다. 크레이더는 마르크스의 모건 노트를 많은 비서구사회들을 다룬 다른 인류학자들에 대한 노트와 함께 발간했는데, 이는 그 자체만으로도 엥겔스가 자신의 저작에서 전혀 거론하지 않았던 어떤 것들을 밝혀주었다. 이는 마르크스의 1880~1882년 노트가, 오래된 과거의 사회적 위계의 기원에 관한 것이 아니라, 오히려 자본주의적 글로벌화로부터 충격을 받은 동시대의 사회 내부의 사회관계에 관한 것일 수 있다는 점이다.

마르크스는 자신의 노트에서 모건의 클랜 중심적 접근방식, 특히 클랜이 가족에 훨씬 선행한다는 생각을 받아들인 것으로 보인다. 또한 그는 가족이 클랜 제도의 해체로부터 발전하고 로마에서와 같이 다양한 지배 형태를 포함한다는 데 동의한 것으로 보인다. 엥겔스에 의해서도 인용된 간결한 코멘트에서, 마르크스는 이것을 다음과 같이 스케치하고 있다. "근대의 가족은 **노예제**(servitus, slavery)뿐만 아니라 **농노제** 또한 맹아로 포함하는데, 그것은 처음부터 농경**을 위한 노역**에 관련되어 있기 때문이다. 그것은 나중에 사회와 국가 속에서 널리 발전해 가는 대립 전체를 미니어처 형태로 담고 있다"(Marx [1880~1882] 1974: 120; MECW 26: 166도 보라).[12]

권 몇 개 절은 여성 노동자의 상황뿐만 아니라 자본주의가 야기한 가족의 근본적인 변화도 논하고 있다. 마르크스의 젠더에 대한 저작을 개관하면서 일부는 엥겔스와 대조까지 한 것으로는 Dunaevskaya(1985, [1982] 1991); Rich([1991] 2001); Rubel(1997); Chattopadhyay(1999); Anderson(1999); Leeb(2007)을 보라.

12 별다른 언급이 없을 경우 마르크스의 노트에서 강조한 부분은 마르크스가 밑줄 친 부분이다.

마르크스도 모건의 클랜 중심적 접근방식을 자신의 유물론적 접근방식과 어느 정도 연관짓고 있다. 더욱이 그는 고대 클랜 사회의 상대적인 양성 평등에 관한 모건의 테제에 기본적으로 찬성하는 것으로 보인다. 그러나 모건과 엥겔스가 클랜 사회의 해체를 순전히 남성 지배, 계급사회, 국가의 원천으로만 본 것에 반해, 마르크스의 노트는 그런 도식에 반대하고 보다 뉘앙스가 풍부한 변증법적 접근방식을 보여준다. 마르크스는 자신의 노트에 옮겨 적은 아래와 같은 모건의 문장처럼, 이로쿼이 사회에서 여성이 상당한 정도의 권력을 가졌다는 모건의 견해를 인정하는 것으로 보인다.

다년간 **세네카족에 대한 선교사였던 애셔 라이트**(Asher Wright) 목사가 1873년 모건에게 그들과 관련해 편지를 보냈다. "……**여자들은 클랜에서, 다른 어디서나 그렇듯이, 큰 힘이 있었다.** 그들은 사태가 요구할 때면, 추장의 머리에 달린 **"뿔을 쳐서 떼어내고"**, 그를 보통전사계급으로 강등시키는 것을 주저하지 않았다. **또한 수장을 지명하는 것은 항상 그들에게 맡겨졌다.**"(Marx [1880~1882] 1974: 116; 강조는 원문)[13]

그러나 마르크스는 거기에 만족하지 않았다. 두나예프스카야가 주장하는 바와 같이, 엥겔스와 달리 마르크스는 이러한 클랜 사회에서 여성이 누린 종류의 자유에는 "한계"가 있었다고 생각했다(Dunayevskaya [1982] 1991:

첫 번째 문장에서 마르크스의 "근대"라는 용어법은 그다지 명확하지 않지만, 아득히 먼 옛날의 전사에 대해 최근의 3000년을 의미하는 것으로 보인다. 이 특징적인 절은 모두 독일어로 쓰였지만, 마르크스의 견해(와 요약) 중 많은 것은 독일어와 영어의 혼합이며, 가끔 영어로 쓰여 있다. 이하에서 나는 대부분 Smith(근간)의 주의 깊은 번역에 따른다. 크레이더판(Marx 1974)은 해독문이며 번역은 아니므로 모든 언어를 재수록하고 있다.

13 Morgan(1877: 455)도 보라.

182). 두나예프스카야는 마르크스가 모건 책에서 발췌한 이로쿼이족에 대한 다음의 구절에 주목했는데, 거기에는 여성에게 발언권은 있으나 결정권은 없는 것으로 나타났다. "**여자들은 자신이 선택한 변사를 통해 그 소원이나 의견을 표명하는 것이 허락되었다. 결정**은 [남성] 평의회에서 이루어졌다"(Marx [1880~1882] 1974: 162 [강조는 원문]; Morgan 1877: 117도 보라).

마르크스는 모건의 또 다른 핵심적인 통찰, 즉 이로쿼이족의 클랜 사회라는 렌즈를 통한 고대 그리스 로마 사회의 재개념화를 다루고 있다. 다음의 발췌는 주로 고대 그리스의 남성 지배에 대한 모건의 한 구절인데, 마르크스가 두 개의 괄호로 추가한 문장을 포함한다. 거기서 마르크스는 남성 지배를, 적어도 어느 정도의 저항의 존재를 암시하는, 모순적 현상이라고 말했다.

그리스인 사이에서는 처음부터 끝까지 남자의 학습된 이기주의의 원칙이 관철되어, 여자의 평가를 저하시키는 경향이 있었다. 이러한 것은 **야만인 사이에서는 거의** 발견되지 않는다. 몇 세기에 걸친 이 풍습은, 그리스 여성의 마음에 열등감을 심었다. [[그러나 올림포스 여신에 대한 관계는, 이전 시대의 여성은 더 많은 자유, 더 유력한 지위를 차지하고 있었다는 추억을 보여준다. 유노(Juno)는 지배욕이 강하고, 지식의 여신[아테나_옮긴이]은 제우스의 머리에서 태어났다 등등.]][14] …… 그리스인은 문명의 전성기에도 여성을 대우하는 데 있어 **야만인** 그대로였다. 여성들의 교육은 피상적이었으며, 이성간의 교제는 그들에게 인정되지 않았다. 열등성의 원리가 여성의 마음에 심어졌기 때문

---

14 여기에서, 또 이하에서 이중 대괄호는 마르크스 자신의 괄호를 나타낸다. 홑괄호는 내가 삽입한 것이다.

에, 결국에는 **여성 자신이 그것을 사실로 받아들이게 되었다.** 아내는 남편의 평등한 동반자가 아니라, **딸로서의 관계에** 놓이게 되었다(Marx [1880~1882] 1974: 121; 강조는 원문).[15]

엥겔스와 모건이 그리스의 남성 지배를 완전히 냉혹하게 묘사한 것과는 대조적으로, 마르크스가 삽입한 괄호는 그 절을 보다 변증법적으로 만들고 있으며, 이는 그리스의 젠더 이데올로기가 깊은 단층선으로 분열되어 있음을 시사한다.

바로 그다음에 마르크스는 노트에 모건으로부터 긴 구절을 삽입하고 있는데, 그 구절은 로마의 여성이 상대적으로 더 자유로운 지위에 있음을 지적하는 내용이다.

안주인(家母, Materfamilias)은 가족의 여주인으로, 남편에게 구속되지 않고 자유롭게 거리에 외출했으며, 남자들과 함께 극장과 축제 연회에 자주 갔다. 집 안에서는 특정한 방에 구속되지 않았으며, 또한 남자들의 식사 자리에서 배제되지도 않았다. 따라서 로마의 여성들은 그리스 여성들보다 인격적 존엄성과 독립성이 더 높았다. 하지만 **결혼은** 그들을 **남편의 권한하에** 두었다. 그들은 남편의 딸이었다. 남편은 징계권을 가지고 있었고, 간통할 경우에는 생사여탈의 권력을 갖고 있었다(이 경우 아내의 씨족 회의의 동의를 얻어야 했다)(Marx [1880~1882] 1974: 121; 강조는 원문).[16]

---

15 Morgan(1877: 474~475)도 보라.
16 Morgan(1877: 477~478)도 보라.

이 인용과 앞의 인용에서, 마르크스 노트는 엥겔스의 "여성의 세계사적 패배" — 이 시기에 클랜 사회가 붕괴하고 계급사회와 국가 형태로 대체된다 — 의 정식화와 다른 방향성을 보이는 것으로 생각된다. 그리스 여신들이 가부장적 질서 안에서 대안적 관점을 제공하고 있었을 뿐만 아니라, 이후의 로마 사회에서도, 많은 심각한 제한이 남아 있었다 해도, 여성의 지위는 어느 정도 개선되어 있었던 것이다.[17]

또한 모건이나 엥겔스와 약간 달리, 마르크스는 고대 클랜 사회 내부의 계층화된 위계의 징후에 초점을 맞추고 있다. 모건이 오래된 전설을 해석하고 있듯이, 고대 아테네의 전설의 통치자 테세우스는, 클랜 제도의 평등주의를 붕괴 시점보다 훨씬 이전에 훼손하려고 시도했다. 모건이 시사하듯, 테세우스는 계급 시스템을 세우려 했지만, 당시의 클랜 사회 내에 사회적 기반이 없었기 때문에 실패했다. 결과적으로, 모건이 쓴 것처럼, 테세우스 통치하에서 "실제로 씨족으로부터의 권력 이동"은 존재하지 않았다(Morgan 1877: 260). 마르크스는 이 점에 대해 모건에게 동의하지 않았으며, 고대 클랜 구조 그 자체가 사회적 불평등이 확대될 수 있는 원천이었다고 보았다.

"하층민과 가난한 사람들은 열렬히 테세우스의 권유를 따랐다"라는 플루타르크(Plutarch)의 말과 테세우스가 "인민에게 호의를 보였다"라는 플루타르크의 말을 인용한 아리스토텔레스의 서술은, 모건의 주장과 달리, **씨족의 수장** 등이 부 등의 이유로 이미 **씨족의 대다수**와 **이해의 충돌**을 빚었다는

---

17 마르크스는 이미 루드비히 랑게(Ludwig Lange)의 『고대 로마』에 관한 1879년 노트에서 꽤 상세하게 여성의 지위 변화를 다루었다. 그것은 MEGA² IV/27과 Marx(근간)로 발간될 예정이다.

것을 의미하는 것으로 보인다(Marx [1880~1882] 1974: 210; 강조는 원문).

두나예프스카야는 테세우스에 관한 마르크스의 코멘트가 사회적 계층화의 비계급적 형태, 즉 카스트의 가능성을 시사한다고 본다.

마르크스는 원시 공동체가 해체되기 훨씬 이전에, 평등주의적 공동체 내부에서 지위의 문제가 발생했다고 생각한다. 그것은 반대물로의 전화, 즉 씨족이 카스트로 전화되는 것의 시작이었다. 즉, 평등주의적인 공동체적 형태의 내부에서 반대물의 요소 ― 카스트, 귀족제, 다른 물질적 이해 등이 발생했던 것이다(Dunayevskaya 1985: 214).

이것은 마르크스가 모건 노트의 다른 부분에서 카스트에 주목하고 있는 방식과 일치한다.

그래서 씨족은, 씨족의 원리에 정복이 가해진 곳에서는, 점차 카스트를 형성할 수 있었던 것이 아닌가? …… 그러나 **혈연관계에 있는 여러 씨족 사이**에 **지위의 차이**가 발생하자마자 그 지위의 차이는 **씨족 원칙**과 충돌하게 되고, **씨족**은 경직되어 자기의 반대물인 **카스트**로 전화된다(Marx [1880~1882] 1974: 183; 강조는 원문).

엥겔스는 사적 소유의 발생에 초점을 맞추고 있었기 때문에, **사적** 소유를 최소화한 지배의 **집산주의적**(collectivist) 형태 역시 매우 현저한 사회적 위계를 낳을 수 있음을 간과했다.

엥겔스가 모건의 아즈텍족에 관한 장을 마르크스처럼 자세히 분석했다면,[18] 그러한 특징은 엥겔스에게 더 명료하게 보였을 것이다. 그랬다면 엥겔스가 아메리카 선주민의 클랜 사회에 대해 "통상적으로 …… 다른 부족을 정복할 여지가 없었다"(MECW 26: 203)라고 자신 있게 설명할 수 없었을 것이다. 왜냐하면 아즈텍 동맹은 집산주의적 클랜 사회였지만, 그럼에도 불구하고 수많은 종속 부족을 지배하는, 모건이 "군사적 민주 정부"라고 불렀던 사회였기 때문이다(Morgan 1877: 188).

마르크스는 다윈주의자 존 러벅(John Lubbock)의 『문명의 기원과 인류의 원시 상태(The Origin of Civilisation and the Primitive Condition of Man)』(1870)에 관한 노트에서 모계사회를 계속 고찰했다. 그는 1882년 후반의 짧은 노트 곳곳에서 러벅을 비웃으면서 분석했다. 마르크스는 여러 곳에서 러벅의 가부장적 편견을 비웃는데, 아프리카에 대한 다음 구절 내에, 두 개의 괄호로 묶인 삽입 어구로 배치된 코멘트에서 그것을 간파할 수 있다.

"더 낮은 단계의 많은 종족에서는, **여성들을 통한 친족관계**가 지배적 관습"이다. 즉, "한 **남자의 상속인들**이 [[그러나 그 시대에 그들은, 그 남자의 상속인들이 아니다. 문명화된 바보들은 그들 자신의 인습을 벗어날 수 없다]] 그 자신의 아이들이 아니라 그의 **자매의 아이들**이라는 것은 이상한(!) 관행"이다 (105).[19] "이렇게 기니에서 부유한 남자가 죽자, 갑옷을 제외한 그의 재산은 **자매의 아들**이 상속했다"(Marx [1880~1882] 1974: 340; 강조는 원문).

다른 곳에서 마르크스는 괄호 안의 언급에서 호주의 선주민(Australian

---

18 엥겔스는 이를 각주에서 간단히 취급했을 뿐이다.

19 여기에서, 또 이하에서 마르크스가 괄호로 표시한 쪽 번호는 대부분 마르크스가 주석을 붙인 책의 쪽 번호이다.

Aborigine)을 "총명한 흑인"으로 일컫는데, 이것은 러벅이 긍정적으로 인용한, 자종족중심주의적 인류학자의 언급과는 대조적이다.

> **영혼**(유령과 동일하지 않다)에 대한, **보편적이고 독립적이고 무한한 존재**에 대한 **신앙**은, **인류의 최고의(?) 종족에 국한된다.** 랭 목사의 저서 『호주의 원주민』에는 한 명의 친구가 등장한다. 이 친구는 "매우 총명한 한 호주인에게, **그의 신체가 없어도 그가 존재하는** 것을 이해시키려고,(그를 믿게 하려고, 라고 말해야 한다) 오랫동안 인내심 있게 시도했지만 그 흑인은 웃음을 참지 못했다. …… 오랫동안 그는("그"는 총명한 흑인이다) 이 "신사"(즉, 목사 랭의 어리석은 친구)가 진지하다고 믿을 수 없었으며, 그가 이것을(이 신사가 진짜 바보인 것을) 깨달을 때에는, 이 신사가 진지하면 진지할수록 전체 사태는 점점 더 우스꽝스러워졌다"(245, 246)(러벅은 그것을 깨닫지 못해서 자신을 웃음거리로 만들었다)(Marx [1880~1882] 1974: 349; 강조는 원문).

그러나 마르크스는 그런 비난을, 얄팍한 러벅에 한정하지 않았다.

마르크스는 뛰어난 법학자 헨리 섬너 메인의 『제도의 초기 역사(Early History of Institutions)』(1875)에 대한 더 긴 노트에서도 비슷한 어조로 논한다. 여기서 마르크스는 종종 이 영국인 학자의 가부장적·식민주의적·종족중심적 상정을 비난한다. 미국의 사회 이론가 데이비드 노먼 스미스(David Norman Smith)가 말했듯이 "민족학적 주제에 관한 마르크스의 모든 저작 중에서" 이것이 "가장 비판으로 가득 차 있다"(Smith, 근간). 고대 아일랜드의 공동체적 사회형태와 관습에 관한 메인의 책들은 대개 당시 간행된 브레혼(Brehon) 법전, 특히 『**센수스 몰**(Senchus Mor)』과 『**아킬의 책**(Book of Aicill)』에 의거한 것이다. 메인은 종종 아일랜드 관습법을 인도의 유사한 법제도와 비교하는데, 그것은 그가 1860년대에 식민지 고위 관료로 인도에 주재했기 때문이다.

첫 번째 장에서, 메인은 과거 서양에서 널리 퍼져 있던 "토지의 집단적 소유"가 아직도 세계의 많은 지역에서 주된 요소라고 주장한다(Maine 1875: 1). 그는 특히 동시대의 동유럽 슬라브 민족과 인도에 대해 언급하고 다음과 같이 예언한다. "서방 세계가 언젠가 확실히 직면할 것이 틀림없는 사실 중의 하나는, 인류 대부분의 정치적 사상과 소유에 대한 사상이, 가족의 상호 의존성, 집단적 소유, 가부장적 권력에 대한 자연적 복종 등과 같은 개념과 불가분하게 관련되어 있다는 것이다"(2~3). 메인은 비서구적 후진성을 이러한 형태가 잔존한 탓으로 돌리고 있다. 크레이더는 메인이 "영국인은 토지 소유와 국가의 진보적 형태를 아일랜드와 인도에 전파시킬 수 있다"라고 믿었으며, 이 점에서 "메인은 자신의 역사 법학을 제국에 바치고 있다"라고 서술하고 있다(Krader 1975: 263). 마르크스는 가부장적 가족을 가장 오래되고 가장 기본적인 사회조직 형태라고 가정하는 메인을 거듭 격렬하게 비판했지만,[20] 이 두 저자는 하나의 근본적인 점에 대해서는 합의하고 있었다. 러시아와 아시아의 공동체적 사회형태는 부르주아적 소유관계에 대한 장애와 도전을 나타내고 있다는 점이다.

가부장적 가족이 역사적으로 선행한다는 메인의 상정에 이의를 제기하면서, 마르크스는 "메인 씨는 멍청한 영국인답게, 씨족이 아니라 나중에 수장 등이 되는 가부장에서 출발한다. 턱없이 어리석다"(Marx [1880~1882] 1974:

---

20 메인(Maine)도 당시 일반적이었던 '아리아주의(Aryanism)'의 사고에 빠져 있었으며, 이는 마르크스를 화나게 했다. "이 바보는 이렇게 상상한다. 즉, **"현대의 연구는 …… 아리아 인종과 다른 계통의 인종 간의 큰 격차에 대해 지금까지보다 강렬한 인상을 전하고 있다**"(!)"(Marx [1880~1882] 1974: 290 [강조는 원문]; Maine 1875: 96).

292)라고 쓴다. 마르크스는 고대 아일랜드에서 여성이 실질적인 권력을 지녔던 것은 기독교와 같은, 후대의 영향 때문이라는 생각을 비난한다. "메인은 이것을 교회의 영향에 의한 것으로 간주하고 있지만, 예를 들어, 북아메리카 인디언과 같은 아주 미개한 상태에서도 많이 볼 수 있다"(288). 마르크스는 고대의 비가부장적 형태에 관한, 모건의 뛰어난 통찰력에 대해서도 언급했다.

젠더에 관한 논의의 두 번째 요소는 인도의 **사티**(sati)와 여성의 상속권에 관한 것이다. 다시 마르크스는 메인이 가부장적 가족을 본원적 형태로 가정하면서 종종 아내가 보유한 부부재산을 새로운 제도로 설명하는 것을 비난한다. 마르크스는 그것을 "모계에 따른 클랜 내에서의 상속"으로 표시되는, 초기 모계사회 질서의 잔재로 본다(Marx [1880~1882] 1974: 325). 그는 브라민(Brahmin)과 그들의 법률적 협정이 그 이행의 원인이라고 생각한다.

사티와 여성의 상속에 대해서, 마르크스는 토머스 스트레인지(Thomas Strange)의 『힌두법 요강(Elements of Hindu Law)』(1835)의 자료를 노트에 쓴다. 마르크스는 이 자료가 메인보다 더 분명히 밝히고 있다고 생각한다.

브라민의 잔인함은 "**사티**(Suttee [sati])", 즉 **과부 분신**에서 정점에 달한다. 이미 **스트레인지**는 이러한 관습을 "법"이 아니라 "악습"[21]으로 보고 있는데, **마누**(Manu) 및 기타 높은 권위에서는 그것에 관해서 아무런 언급이 없기 때문이다. …… 여기서 사태는 명백하다. **사티**는 순전한 **종교적 살인**이다. 부분적으로는 죽은 남편을 위한 종교적 의식을 치르기 위해 상속 재산을 (성직에 있는) 브라민들 손에 넘기기 위한 것이고, 또한 부분적으로는 브라민

---

21 악습(malus usus).

법에 의해 과부의 상속재산을 이해관계를 가진 씨족, 보다 정확하게는 **남편**의 가족에게 넘기기 위한 것이다. …… **사티**는 브라민들에 의해 받아들여진 신제도이긴 하지만, 이 **신제도**는 브라민의 의식에서 더 오래된 야만인들(그들은 남성의 재산과 함께 남성을 매장했다)로부터 물려받은 것이다! 그것을 잠재워라(Marx [1880~1882] 1974: 325~327; 강조는 원문).

더욱이 마르크스는 이러한 모든 것을 인도의 타자성이라는 관점에서가 아니라 서구사회와 관련해 고찰하고 있으며, 브라민과는 다른 방식이지만 중세 가톨릭교회가 재산을 횡령했던 것을 조사한다. 교회는 여성의 다른 권리를 빼앗았지만, "'재산권'과 관련해서, 교활한 교회는 여성의 권리를 보장하는 것이 이익이 된다는 것을 알고 있었다(브라민과는 반대의 이익!)"라고 마르크스는 말했다. 그것은 교회는 여성이 재산을 증여하기를 원했기 때문이다(327).

마르크스는 메인과 마찬가지로, 고대 아일랜드의 클랜 구조가 어떻게 새로운 계급사회로 전환하기 시작했는지에 관심을 가지고 있었으며, 이 주제에 대해 마르크스는 때때로 메인에게 약간의 친근감을 표명했다. 마르크스는 아일랜드의 클랜 해체에 관한, 메인의 논의의 대부분을 노트에 적었다. 여기서도 마르크스는 이 전환에서 기독교 이전의 성직자가 수행한 역할을 지적했다. 또한 그는 계급 분화의 과정에서 중요한 것으로서 가축, 특히 소의 축적에 관한 메인의 논의를 상세하게 추적했다.

고대 클랜 구조에서 계급 시스템으로의 전환은 결국 국가를 형성하기에 이르는데, 이 주제는 마르크스가 메인을 더욱 비판하고 있는 주제이다. 토머스 홉스(Thomas Hobbes), 제러미 벤담(Jeremy Bentham), 존 오스틴(John Austin) 등을 언급하면서, 메인은 국가는 "반드시 행사되는 것은 아니지만,

행사될 수 있는 항거할 수 없는 폭력의 소유"에 근거를 둔다고 썼다(Marx [1880~1882] 1974: 328; Maine 1875: 350). 마르크스는 이 명령설적 견해를 비난하면서 "(원시 공동체 등 이후의) 국가, 즉 정치적으로 조직된 사회가 존재하는 곳에서, 국가는 결코 왕이 아니며, 그렇게 보일 뿐이다"라고 썼다(Marx [1880~1882] 1974: 329). 대신 마르크스는 국가 발생의 원천으로 경제적 토대의 변화를 지적하는데, 이 노트에서 가장 긴 코멘트로 그것을 언급한다. 이 점에서 마르크스에게 특히 문제가 되는 것은, 첫째, 경제적 토대에서 분리된 메인의 "도덕" 개념이다. "이 '도덕'은 메인이 문제를 얼마나 이해하지 못하고 있는지를 보여준다. 이러한 영향력(무엇보다도 경제적 영향력)이 **"도덕적인"** 존재양식을 가지고 있는 한, 이 도덕적 존재양식은 항상 이차적·파생적 양식이며, 결코 주된 것은 아니다"(329; 강조는 원문). 둘째 문제는, 국가 권력에 관한 영국의 법학자들의 분석적 구성이 역사를 사상(捨象)하려 한다는 것이다. 예를 들어, 메인은 마르크스가 노트에 기록하지 않은 구절에서, 자신의 "주권론"은 "페르시아의 대왕, 아테네의 데모스, 후기 로마 황제, 러시아 황제, 영국의 국왕 및 의회의 강제적 권위를 모두 같은 종류로 분류하는" 것이 가능하다고 썼다(Maine 1875: 360).[22] 마르크스에게 이런 생각은 비역사적이고 추상적이며, 전혀 다른 생산양식에서 유래하는 여러 제도를 무비판적으로 혼동하는 것이다.

그러나 마르크스에게 가장 문제가 되는 것은 오스틴의 명령설적 이론에 관한 메인의 논의였다. 나는 다음에서 이 구절을 길게 인용했는데, 그것은 이 구절이 마르크스의 국가론이 그의 인류학적 연구에 기초해 만년

---

22 Smith(근간)는 메인의 이 문단에 주의를 환기하고 있다. 이 문단은 마르크스의 노트에는 없지만 이하의 비난을 이해하는 데 중요하다.

에 발전하고 있다는 것을 보여주기 때문이다.

　메인은 훨씬 더 깊은 측면을 무시한다. 그것은 **국가** 자체의 외관상 최고의 독립적인 존재는 **환상**에 지나지 않는다는 사실이다. 왜냐하면 국가의 모든 형태가 사회의 혹이기 때문이다. 국가가 사회 발전의 어떤 단계 이후에 처음으로 **출현하듯이**, 사회가 지금까지 아직 도달된 적이 없는 어떤 단계에 도달하자마자 국가는 다시 사라질 것이다. 첫째, 집단의 속박으로부터의 개성의 분리 — 이것은 **개성**의 일면적인 발전을 의미한다. 이러한 **속박**은 원래 (바보 메인이 이해하고 있는 것과는 달리) **전제적이지 않고 집단의 사회적 유대,** 즉 본원적 공동체를 **구성하고 있다.** 그러나 후자의 본질은 우리가 그 내용을 분석할 때, 즉 "궁극적"으로 **이해**(利害)를 분석할 때 비로소 나타난다. 그때 우리는 이러한 이해가 어떤 사회집단에 공통적이라는 것을 알게 된다. 그것은 **계급적 이해**이며, 그것은 궁극적으로 **경제적 관계**를 토대로 한다. 국가는 경제적 관계를 토대로 해서 구축되며, 또한 국가의 존재는 계급적 이해의 존재를 전제하고 있다. …… 근본적인 오류는 …… **정치적 지배** — 그 특정한 형태가 무엇이든, 그 요소의 총체가 무엇이든 — 가 사회 위에 서 있는 것으로 받아들여지고, 전적으로 그 자체에 의존한다는 것이다. …… 예를 들어, **더 나은 무기는 생산수단의 진보** — 직접적인 예를 들자면 이것은 사냥과 수렵에서의, **파괴 수단,** 즉 전쟁 수단과 직접적으로 일치한다 — 에 직접적으로 의존한다. …… 좋은 예는 반미치광이 이반 4세이다.[23] 이반 4세는 귀족과 모스크바의 폭도들에게 분노하면서도, **소농의 이해의 대표자로서** 자신을 나타내려고 노력했으며 또한 그럴 수밖에 없었다(Marx [1880~1882]

1974: 329~330; 강조는 원문).

아마 이 인용문에서 가장 주목할 만한 새로운 특징은, 마르크스가 경제적 이해라는 개념에 근거하고 있던 자신의 국가 이론을 업데이트하기 위해 모건과 메인의 클랜 사회에 관한 자료를 도입한 것이다. 우리가 살펴보았듯이, 메인에 대한 마르크스의 빈번한 비난은, 그가 메인을 비판하면서도 이 영국인 법학자의 데이터와 논의를 비판적이기는 하지만 일부 영역에서 받아들였다는 사실을 가린다. 이것은 특히 (1) 아일랜드 클랜 내부에서의 계급 분화의 발생, (2) 전근대적 농업 사회에 대한 포괄적인 용어로서의 "봉건제"라는 범주의 포기 등과 관련된다. 그러나 마르크스는 대부분의 경우 메인을 진정한 학자라기보다는 자본과 제국을 옹호하는 이데올로그로 묘사했다.

무슬림과 유럽 정복으로부터 충격을 받은 인도의 공동체적 사회형태

메인 노트는 일부 인도에 관한 논의를 포함하고 있었지만, 1879~1882년 발췌노트의 주요 부분에서 마르크스는 완전히 그 사회에 초점을 맞추었다. 이것은 젊은 인류학자 막심 코발레프스키의 『공동체적 토지 소유: 그 해체의 원인, 경과 및 결과(Communal Landownership: The causes, Course, and Consequences of Its Decline)』라는 1879년에 러시아어로 출판된 저서(그 대부분이 인도에 관한 것이다)에 관한 마르크스의 긴 노트에 잘 나타나 있다. 그리고 이것은 젊은 역사학자 로버트 슈얼의 『인도의 분석적 역사(Analytical History of India)』(1870)에 관한 역시 긴 노트와, 민족학자 존 버드피어의 『인도와 실론의 아리아인 촌락(The Aryan Village in India and Ceylon)』(1880)에 관한 노트에서도 발견된다. 이 시기의 마르크스의 인도 대륙에 관한 노트는 대략 9만 단어에 이르고 있다. 그러나 모건 노트, 러벅 노트, 메인 노트 등과는 달리, 마르크스가 인도 노트에서 자신의 목소리로 말하고 있는 부분은 극히 적다.

주로 독일어로, 일부 절은 러시아어로 작성하면서, 마르크스가 코발레프스키의 공동체적 소유에 관한 저서를 발췌한 것은, 모건과 러벅, 메인 등에 대한 노트를 작성하기 1, 2년 전인 1879년 가을이라고 생각된다. 1879년 9월 19일 『자본』 러시아어판 역자 중의 하나인 니콜라이 대니얼슨에게 보낸 편지에서, 마르크스는 젊은 코발레프스키를 "내 '학문상의 친구' 중 하나"라고 말한다(MECW 45: 409). 코발레프스키는 이 시기 마르크스와 런던에서 꽤 자주 만나고 있었으며, 모건의 『고대 사회』 한 권을 마르크스에게 제공한 인물이었다(Krader 1974; White 1996).[24]

인도를 다룬 코발레프스키 노트에서 마르크스는 사회적 관계를, 특히 공동체적 소유의 관점에서 연구했다. 그것은 인도 역사 전체에 이르고 있으며, (1) 무슬림 정복 이전 시대, (2) 무슬림 지배 시대, (3) 영국 식민지 시대 등을 망라하고 있다. 이 발췌의 시작 부분에서 마르크스는 인도 이외의 "어떤 국가도 인도만큼 다양한 형태의 토지 관계"를 경험하지 않았다는 코발레프스키의 언급을 인용했다(Marx [1879] 1975: 346).[25]

---

24 마르크스가 코발레프스키에게 보낸 편지들 대부분은 러시아 경찰의 처벌을 두려워했던 코발레프스키의 친구들에 의해 소각되었다(White 1996). 그것이 남아 있다면, 현재 논의되는 주제들이 해명될 수 있었을 터인데 말이다.

25 나는 여기에서, 또 이하에서 코발레프스키에 대한 마르크스의 노트 대부분을 현재까지 간행된 유일한 영어 번역본인 크레이더의 번역본(Marx [1879] 1975)에서 인용한다. 하지만 나는 노라이르 테르-아코피안과 게오르기 바가투리아(및 위르겐 로얀)의 새로운 해설이 추가된 해독문도 고려했다. 이것은 MEGA² IV/27로 간행되었으며, 찰스 레이츠, 라스 리(Lars Lih)와 내가 번역하고 주석을 달아 Marx(근간)로도 간행될 것이다. 마르크스의 노트는 주로 독일어로 쓰였으며, 어떤 문단들은 러시아어로 되어 있다.

우선 제1부에서 마르크스는 세 단계로 구성된 농업국 인도의 공동체적 형태의 역사적 유형에 관한 코발레프스키의 논의를 상세하게 추적하고 있다. (1) 토지를 공동으로 소유하고 경작하는 클랜에 기초한 공동사회, (2) 친족 관계가 촌락 전체에 연결되지는 않았지만, 토지가 어느 정도 친족 관계를 기초로 분배되는, 더 분화된 촌락 공동사회, (3) 친족 관계를 기초로 조직되지는 않았지만, 정기적으로 공유지를 균등하게 분배하는 촌락 공동사회 등으로, 후자는 "인도의 토지 소유 형태의 역사에서 비교적 후기 형태"이다(Marx [1879] 1975: 351). 조금 후에 마르크스는 이러한 공동체 촌락에서 "개개의 분할지조차도 사적 소유지가 아니다!"라고 말한다(362).

　　인도의 공동체적 형태의 광범위한 변화에 초점을 맞추면, 마르크스에게 힌두교의 인도는, 그가 1853년에 생각한 사회 — 어떠한 진정한 역사도 갖지 않는 "변하지 않는" 사회 — 가 더 이상 아니라는 것이 밝혀질 것이다(MECW 12: 217). 마르크스는 자신의 코멘트를 코발레프스키의 발췌에 통합해(내가 다음 인용문에서 강조했다), 고대 인도 촌락 내부의 사회적 적대 관계에 대해 기술하고 있다. 즉, "혈연관계의 정도에 의해 결정된 분배지 제도가 혈연이 먼 자손과 신참 이민자에 의해 위협받을 위험이 생기며, **이러한 적대 관계가 마침내** 공동체의 토지를 균등하게 정기적으로 재분배하는 **제도로 이끌었다**"(Marx [1879] 1975: 357). 따라서 마르크스에게는 코발레프스키 이상으로, 오래된 클랜이나 친족관계 시스템과 더 넓은 범위의 공동체 촌락 내부의 평등 시스템 간의 모순이, 고대 인도 촌락의 사회적 변화를 초래하는 주된 요인이었다.

　　다른 단계에서, 마르크스는 고대의 마누 법전이 힌두교 법전으로 진화한 것이 공동체적 소유 자체의 붕괴도 촉진했다고 결론내린 것으로 보인다. 마르크스가 강조하고 있는 것처럼, 이것은 — 다음 절에서 언급하듯이 —

종교단체에 대한 유증(遺贈)과 기증에 유래한다. 코발레프스키의 인용에 마르크스 자신이 삽입한 부분은 다시 굵은 글씨로 강조한다.

성직자 **집단**이 가족 재산의 개별화 과정에서 **핵심적인** 역할을 하고 있다 (113). 미분할된 가족 재산의 주된 특징은 양도불가능성이다. 따라서 이 재산에 손을 대기 위해서는, 브라민의 영향하에 발전된 입법이 이 **보루**를 점점 더 공격해야 한다. …… [[증여에 의한 양도 ─ 어디에서나 성직자의 주특기!]] …… **다른 민족에 있어서도, 예를 들어 게르만·로마적 세계에서도**[메로베우스 왕조(Merovingians), 카롤루스 왕조(Carolingians) 등을 보라] **같은 서열이 발견된다 ─ 성직자에게 증여하는 것은 최초의, 다른 모든 방법에 선행하는 부동산 양도의 방법이다**(Marx [1879] 1975: 366~367).

위의 마지막 문장에서 마르크스는 다시, 인도의 타자성이라는 생각과는 정반대로, 인도 역사와 다른 문화 ─이 경우에는 초기 중세 유럽─와의 유사성을 강조하고 있다.

마르크스는 인도의 공동체적 소유에 관한 코발레프스키의 주장을 대부분 공유하는 것처럼 보이지만, 때때로 이 젊은 민족학자의 상정을 문제 삼고 있다. 예를 들어, 공동체적 토지 소유의 성립은 "클랜 성원에 의한 토지의 공동 이용"의 토대를 형성한다는 코발레프스키의 주장에 대해 반대하며, 마르크스는 "수렵 등이 필요로 하는" 협동은, 정착된 농경 이전의 "유목민이나 심지어 야만인들" 사이에서도 일어났다고 쓰고 있다(Marx [1879] 1975: 356~357). 마르크스주의적 휴머니즘 철학자 피터 후디스(Peter Hudis)가 쓴 것처럼, 마르크스는 "코발레프스키가 공동체적 사회관계와 공동체적 소유 형태를 동일시한 것"을 받아들이지 않았다(Hudis 2004: 63). 여기서 또한 『요강』에서와 같이, 마르크스는 생산의 공동체적 형태를 공동체적 소유보다 역사적으로 선행하고 더 근본적인 것으로 간주한다.

마르크스의 인도에 관한 코발레프스키 노트의 제2부는, 이러한 고대의 사회관계가 받은 무슬림 지배의 충격을 다루고 있는데, 이것은 식민지 이전의 인도가 봉건적이었다는 생각에 대한 가장 분명한 비판 중의 하나이다. 무슬림 정복자들은 **이크타**(iqta)를 도입했는데, 이것은 군대의 지휘자가 향후 군사적 봉사에 대한 대가로 토지 혹은 토지로부터의 수익을 얻는 일종의 은대지(恩貸地)이다. 그러나 서구 봉건제의 봉토와는 달리, 이크타는 일반적으로 세습되지 않았다. 또한 이크타로 양도되는 토지의 규모에 대한 엄격한 제한이 있었으며, 대부분의 경우 인도의 신민들은 토지의 점유를 유지하고 있었다. 마르크스는 긴 코멘트에서, 이러한 관계를 봉건적으로 해석한 자신의 친구 코발레프스키에 대해 격노를 표한다.

"은대지 제도", **"공직청부"**[[그러나 후자는 결코 봉건적이지는 않다. 로마가 증명하듯이]]와 탁신(託身)[26]이 인도에서 발견되기 때문에, 코발레프스키는 여기에서 서구적 의미에서의 봉건제를 발견한다. **코발레프스키**는 **농노제**를 잊고 있는데, 그것은 인도에는 존재하지 않지만 본질적인 계기이다. [[그러나 봉건 영주(수호자의 역할을 한다)에 의한 ─ 부자유 농민뿐만 아니라 자유 농민에 대한 ─ **보호의 개인적 역할**[팔그레이브(Palgrave)를 보라]에 대해 언급하면, 그것은 인도에서는 와쿠흐(wakuf)[27]를 제외하면 제한된 역할밖에 수행하지 않는다.]] [[로마적 ─ 게르만적 봉건제도에 고유한 **토지의 시학**(poetry of the soil)이[[마

---

26 소유관계를 자유롭고 명확한 것에서 조건부 소유권으로 변경하는 계약.
27 보통 waqf로 음역되며 이슬람의 종교적 증여로 조성된 토지를 의미한다.

우러(Maurer) 참조] 인도에서도 로마에서와 마찬가지로 거의 찾아볼 수 없다. **토지**는 인도에서는 어디서나 결코 **고귀**한 것은 아니므로, 따라서 평민들에게는 양도될 수 없다!]](Marx [1879] 1975: 383; 강조는 원문)

이 절은 때때로 정통 마르크스주의에서 주장하는, 전자본주의적 계급사회는 한결같이 "봉건적"이라는 시각에 대해, 마르크스가 단호하게 반대했음을 보여준다. 그는 20년 전 『요강』에서 품고 있던 생각을 기각했을 뿐만 아니라, "봉건적" 해석을 주장하는 인물들을 명시적으로 비난하기도 했다. 하스틱은 이 절에 대해 다음과 같이 말하고 있다. "마르크스는 아시아와 유럽의 역사를 차별화해 연구할 것을 제창하고 있으며, 그의 논의의 목적은 …… 특히 서구 모델에서 도출된 사회구조의 개념을 단순히 인도와 아시아 사회관계에 적용하는 것에 반대하는 것이다"(Harstick 1977: 13).

그들의 이견에도 불구하고, 마르크스의 친구 코발레프스키도 — 러벅, 메인, 슈얼 등과는 달리, 반면 모건과는 마찬가지로 — 공동체적 소유와 클랜 사회에 대해 감탄했다. 또한 이 젊은 러시아인 민족학자는 식민주의에 대한 마르크스의 증오를 많이 공유했는데, 이것이 식민주의에 침묵하고 있던 모건과는 다른 점이다.[28] 이것은 1857~1858년 세포이 반란까지 영국 식민주의 시대에 초점을 맞춘, 인도에 관한 코발레프스키 노트의 제3부에서 분명해졌다. 마르크스는 이전에 무굴 제국의 세습적인 세금 징수 청부업자였던 **자민다르**(zemindars)를 지주가 되게 한, 1793년의 콘월리스(Connwallis)의 "영구적 합의"를 상세하게 분석하는 것에서부터 시작한다. **자민다르**는 이

---

28 예를 들어, 모건은 멕시코에 대해 논의할 때, 스페인 식민주의자들이 선주민 문화에 대한 "정보"를 학문을 위해 기록하고 보존하는 "황금의 기회"를 "잃었다"는 것에 대해서만 비판했을 뿐이다.

전에 단지 세금을 징수했던 지역에 대해, 무제한의 자본주의적 소유권을 획득했다. 거기에는 지금은 차지인이 된 **라이야트**(ryots)를 배제하는 권리, 그리고 이러한 새로운 획득물을 그들의 상속자에게 양도하는 권리가 포함된다. 마르크스는 이전에 언급한 슈얼의 『인도의 분석적 역사』에서 일부의 발췌를 직접 코발레프스키 노트에 삽입하면서, 예를 들어 콘월리스를 "악당"이라고 부르는 문구를 추가했다(Marx [1879] 1975: 385; Sewell 1870: 153). 마르크스는 자신의 노트에 콘월리스의 반대자 중 한 사람이 "[동인도 회사의] 평의회에서 인도 전통의 전면적 파괴에 반대한다고 격렬하게 발언했다"라는 슈얼의 표현을 삽입했다(Marx [1879] 1975: 385; Sewell 1870: 153). 그러나 마르크스는 이러한 변화를 수동적으로 받아들이는 "비루하고 영혼이 없는 힌두인들"이라는 슈얼의 깔보는 듯한 묘사는 포함시키지 않았다(Sewell 1870: 153). 마르크스는 영국의 식민주의자를 "개", "당나귀", "소", "멍청이" 등으로 부르면서 "영국의 통치에 대해 전면적인 증오"를 표현했다(Marx [1879] 1975: 390~392). 1853년과 마찬가지로, 그는 또한 **라이야트**의 상황을 아일랜드 소농의 상황과 연결시키고 있다. "영국과 아일랜드가 합쳐졌다. 잘된 일이다!"(Marx [1879] 1975: 390)

코발레프스키는 촌락 공동체적 형태가 새로운 자본주의적 구조 아래에서 존속하고 있음을 인정했다. 마르크스는 이 점에 대한 코발레프스키의 논의를 다음과 같이 발췌 인용하면서 사회적 "원자"에 관한 구절을 강조해 삽입했다.

이러한 제도에서 정부는 특정 촌락의 공동체적 점유자들 전체와는 아무런 관련이 없지만, 개별 분할지의 세습적 이용자들과는 관계를 갖고 있으며, 그들의 권리는 조세를 기한 내에 지불하지 않을 경우 소멸한다. 그러나

이러한 원자들 간에는 예전의 공동체적 촌락의 토지 소유자 집단을 연상시키는 **특정한 결합 관계가 존속하고 있다**(Marx [1879] 1975: 388; 강조는 원문).

이 매우 중요한 구절은, 다음에서 논의하는 바와 같이, 마르크스의 인도 노트와 러시아에 관한 1877~1882년 저작과의 관련을 시사한다. 이 공동체적 "결합 관계"가 인도에서 존속한다면, 그것은, 러시아에서와 같이, 자본에 대한 저항 지점으로서의 역할을 하는 것 아닐까?

영국 식민주의 통치가 공동체 촌락에 미친 충격에 대해 논한 마지막 부분에서, 마르크스는 메인을 신랄하게 비판하면서 그의 편견을 비난한다.

영국인 인도 관료 및 그들의 지지를 받는 메인 경(Sir H. Maine) 등과 같은 정치평론가는 펀자브에서 공동적 소유의 붕괴를 — 골동품에 대한 영국인의 애정 어린 취급에도 불구하고 — **경제적 진보**의 단순한 결과에 불과하다고 서술하고 있다. 그들 자신이 이 붕괴의 (적극적인) **주된 담당자**이며 — 그것이 그들 자신에게 위협을 주고 있는데도 말이다(Marx [1879] 1975: 394; 강조는 원문).

이 매우 흥미로운 대목에서, 마르크스는 분명 식민주의와 자본주의에 대한 증오와 공동체적 사회형태에 대한 일정한 공감을 보여준다. 그러나 "그들 자신에 대한 위협"이라는 문구로, 그는 이 형태를 보존하는 것이 아니라 "경제적 진보"라는 명목하에 강제적으로 해체하는 것이야말로, 영국의 통치를 위협하는 새로운 사회적 힘을 촉발시킬 수 있음을 시사한다. 구래의 공동체적 형태는, 그 자체로는 혁명적이지 않을지도 모르지만, 자본주의적 근대와 충돌하면 사회 질서에 대한 "위협"이 될 수 있는 것이다.

마르크스는 아마도 피어의 『인도와 실론의 아리아인 촌락』이 출판된 1년 후인 1881년에, 1만 6000개의 단어로 된 노트를 작성했다.[29] 피어는 1860년대 및 1870년대에 인도와 실론(오늘날의 스리랑카)의 식민지 판사로 근무했으며, 그의 저서는 벵골과 실론의 촌락 생활을 자세히 설명한다. 마르크스는 주로 피어의 데이터를 발췌하고 있지만, 가끔 자신이 코멘트를 덧붙임으로써 이해를 돕는다. 피어는 인도 촌락민의 빈곤 상태에 약간의 동정을 보이고 있지만, 마르크스와 견해를 공유하고 있지는 않다. 마르크스는 이 빈곤 상태를, 현지의 지배 계급과 영국의 식민주의자들이 촌락민의 희생으로 부유해지는, 격렬한 경제적 양극화의 일부로 간주하기 때문이다. 이것은 마르크스가 피어의 문장에 괄호로 삽입한 메모에 나타나 있다. "인구의 대다수, 즉 벵골의(인도에서 가장 부유한 지역!) 인구 대부분의 극단적인 빈곤"(Marx [1880~1882] 1974: 249).

어떤 부분에서, 마르크스는 **라이야트**와 **자민다르**의 투쟁에 대한 피어의 구절을 발췌하고, 나아가 선출된 촌락장인 **만달**(mandal)을 언급하기도 했다.

> **만달(촌락장)에 관한 자민다르들의 소동** …… 새 **자민다르는 라이야트에게 지대를 올리기 위한 조치를 취했다.** 몇몇 라이야트에게 할증분을 받는 데 성공했지만, 모범으로서 가장 영향력 있는 **촌락의 만달**은 타협하지 않고 단호하게 반대했다. **자민다르**는 자신의 부하를 보내 만달을 잡아서 납치하려 했다(p. 118, 119). 결국 두세 명의 희생자가 나왔지만, 만달이 승리했다

---

29 이 발췌가 작성된 것은 코발레프스키 발췌 1~2년 후이지만, 아마도 같은 노트에 있는 피어 (Phear) 발췌에 선행하는 모건 발췌 직후일 것이다.

(p. 119, 120). 만달이 어떤 경우에는 자민다르에 크게 가담했기 때문에, 라이야트가 만달에 저항한 다른 사례도 있다. 거기서는, 만달이 **처벌 경고되어야** 한다는 "위원회"의 결의에 의해, 몇 명이 만달에게 몽둥이질을 "부과"했다(그로 인해 그는 죽었다)(Marx [1880~1882] 1974: 261; 강조는 원문).

이 구절은 라이야트의 계급적 연대와 저항의 정도를 보여준다. 마르크스 발췌노트는 피어의 원문보다 이 주제에 대해 비례적으로 더 큰 중요성을 부여하고 있다.

마르크스는 이러한 인류학 연구를, 인도의 정치적·군사적 역사의 연대기로 보완했다. 이 연대기는 1879년에 작성된 슈얼의 『인도의 분석적 역사』에 관한 노트 안에 있는데, 이것은 인도에 관한 코발레프스키 노트와 같은 노트에 있다. 불과 이십대 중반에 『인도의 분석적 역사』를 집필한 식민지 관료 로버트 슈얼은, 남부 인도에 관한 중요한 역사적·고고학적 저서를 몇 권 발간했다. 마르크스의 슈얼 노트는 4만 2000개의 단어에 달하며, 주로 독일어이지만 일부 절은 영어로 쓰여 있다. 사실 슈얼 노트와 보다 인류학적인 코발레프스키 노트는 마르크스의 수고(手稿) 노트에 산재해 있다. 코발레프스키 노트가 마르크스는 이제 인도 사회가 역사를 가지고 있다고 생각하고 있음을 시사한다면, 슈얼 노트는 마르크스의 1853년 인도론에서 문제가 있는 두 번째 견해, 즉 인도는 항상 외부의 정복에 수동적으로 반응했다는 견해가 철회되고 있음을 시사한다. 이는 마르크스가 무슬림과 영국의 정복이 지닌 우발적 성격을 강조하고 있기 때문이다. 1853년처럼 큰 역사적 힘의 불가피한 진행을 강조하지 않고 말이다.

마르크스는 슈얼 노트에서 몇 가지 중요한 코멘트를 덧붙이고 있지만, 그것은 그리 많지 않다. 그러나 슈얼의 텍스트와 마르크스 노트에 대한 면밀한 비교 연구는, 인도에 관한 마르크스의 견해가 진화하고 있다는 것을 보여준다. 많은 경우 마르크스는 슈얼의 원문에서는 그다지 중요하지 않은 구절을 강조하고 있다. 이처럼 마르크스 노트의 핵심 주장은 마르크스 자신이 발췌한 저자의 저서와는 종종 달랐다.

예를 들어, 슈얼은 무슬림 정복에 선행하는 시대에는 주의를 거의 기울이지 않은 반면, 마르크스는 이 시기의 자료를 노트에서 강조하고 있다. 슈얼에서 발췌한 다음의 첫째 문장은 마르크스 자신의 "가장 흥미로운"이라는 두 단어를 포함한다.

> **마가다 왕조**(Kingdom of Mgadha)는 가장 흥미롭다. 그 **불교도의 왕**들은 엄청난 권력을 행사했다. 그들은 오랜 **크샤트리아 카스트**(Kshatriya caste)에 속해 있었지만, 마지막에는 **수드라 카스트**(Sudra caste) — 마누(Manu)의 네 계급 중 네 번째로 최하층 — 의 한 사람이자 **찬드라굽타**(Chandragupta)라는 이름의 — 그리스인에 의해 산드라코투스(Sandracottus)라고 불린 — 사람이 왕을 살해하고 자신이 왕이 되었다. 그는 **알렉산더 대왕**의 시대에 살았다. 나중에 우리는 기원 436년에 **안드라**(Andhra) 왕조가 멸망할 때까지, 수드라 왕조를 세 개 더 발견한다(Marx [1879~1880] 1960: 54; 강조는 원문).[30]

마르크스의 "가장 흥미로운"이라는 문구는 카스트의 경계가 지닌 상대적인 유연성에 대해 놀라움을 표현한 것이다. 그렇다면 이 구절은 카스트

---

30 Sewell(1870: 6)도 보라. 나는 1960년 모스크바에서 발간된 노트의 번역본으로부터만 인용했다. 하지만 나는 MEGA² IV/27로 간행될 노라이르 테르 - 아코피안과 게오르기 바가투리아(및 위르겐 로얀)의 새로운 해독문과 Marx(근간)에 포함된 애슐리 패스모어(Ashley Passmore)와 나의 영역본도 참조했다.

를, 외국의 정복에 직면해 사회적 응집력을 약화시키는, 극복 불가능한 장애물로 간주했던 1853년 견해로부터 변화했음을 보여주는 것일 수 있다.

마찬가지로 마르크스는 1853년에는 동의했을 것으로 보이는 슈얼의 "인도의 진정한 역사는 …… 아랍인의 침략과 함께 시작된다"라는 문장은 노트에 삽입하지 않는다(Sewell 1870: 10). 또한 슈얼이 인도의 무슬림 정복자와 자신을 동일시하고 의심의 여지없이 영국인들이 무슬림의 발자취를 따르는 것이라고 간주하는 대목에서, 마르크스는 슈얼이 이 과거의 정복자들을 칭찬하는 구절을 종종 생략한다.

더욱이 마르크스는 슈얼이 인도인의 저항을 언급하는 구절을 강조하고 있지만, 인도의 군인과 통치자가 더 부정적으로 묘사되는 슈얼의 텍스트 부분은 생략하고 있다. 예를 들어, 마르크스는 슈얼로부터 다음과 같은 구절을 발췌하고, 어떻게 힌두 마라타(Hindu Maratha) 군대가 무굴(Mughal) 황제 아우랑제브(Aurangzeb)를 통치 말기에 수세로 몰았는지를 강조하고 있는데, 이것은 영국인이 인도에서 큰 발판을 얻기 이전이다.

> 1704년 …… 그의 생애의 마지막 4년 동안 정부 전체가 혼란에 빠졌다. **마라타인**(Marathas)은 요새를 탈환하고 병력을 모으기 시작했다. 심한 기근이 군대의 식량과 국고를 소모시켰다. 병사들은 급료 체불을 이유로 반란을 일으켰다. 마라타인에게 혹독하게 몰려 **아우랑제브**는 큰 혼란 속에서 아흐마드나가(Ahmadnagar)로 퇴각하고 병을 얻었다(Marx [1879~1880] 1960).[31]

다른 부분에서 마라타족 지도자를 묘사할 때, 슈얼의 "주권자(sovereign)"

---

31 Sewell(1870: 66)도 보라.

라는 용어를 "부족의 시조[Stammvater]"로 치환하고 있다(Marx [1879~1880] 1960: 80; Sewell 1870: 122).[32] 이것은 슈얼 노트와 좀 더 인류학적인 노트 간의 개념적 연관을 보여준다. 이것은 무굴인과 영국인 양자에 대한 인도의 저항이라는 가장 중요한 궤적을 형성하는 마라타족이 클랜적 토대를 기반으로 조직되어 있다는 생각을 나타내고 있다.

또한 마르크스는 14세기 후반 티무르(Timur)의 침략과 델리(delhi) 함락 직전에, 델리의 술탄이 강력한 저항에 직면하기 시작했다는 사실에 큰 관심을 기울인다. 다음에, 나는 슈얼의 구절에 마르크스가 삽입한 어구를 굵은 글씨로 강조했다.

1351년. 무하마드 투글락(Muhammad Tughlak) 델리 왕조가 붕괴하고 여러 새 왕조가 성립되었다. 1398년경(티무르의 침략 무렵) 전 인도가 델리의 주변 수마일을 제외하고는 **무하마드의 지배로부터** 해방되었다(Marx [1879~1880] 1960: 25).[33]

마르크스는 발흥한 여섯 왕조의 예를 기록하면서, 계속 "힌두"라는 단어를 노트의 왼쪽 가장자리에 반복해서 적고 있다.[34]

마르크스는 50년 후의 사건에 대해 슈얼로부터 발췌한 구절에서, 괄호 안과 같은 코멘트를 달았다.

---

32 1960년 모스크바판은 Stammvater를 forefather로 번역했는데, 이는 그렇게 정확하지 않다.

33 Sewell(1870: 33)도 보라.

34 유감스럽게도 마르크스는 인도의 이슬람 지배자에 대한 저항에 열중함으로써 델리의 술탄에 저항하는 인도의 소왕조가 힌두교도에 의해 지도되었다고 잘못 가정했다. 실제로는 그 지배자들도 이슬람 교도였다.

1452년 **자운푸르(Jaunpur)의 왕(Rajah)이 델리를 포위했고, 그 결과 26년 간 지속된 전쟁이 시작되었다**(이것은 중요하다. 그것은 선주민의 인도인 군주들 이 과거의 이슬람의 지배에 대해 충분히 강력했다는 것을 보여준다). 그것은 왕의 완전한 패배로 끝나고, 자운푸르는 델리에 합병되었다(Marx [1879~1880] 1960: 23; 강조는 원문).[35]

이 예에서, 마르크스의 괄호 안의 삽입구는 슈얼의 텍스트의 논조를 상 당히 바꾸고, "선주민의 인도인 군주들"이 결국 패배한 사실보다도, 그들 의 장기적인 저항을 강조한다.[36] 여기서도 이 구절은 정복에 대한 인도인 의 수동성이라는 1853년의 관점이 변화했음을 보여준다.

이러한 인용은 마르크스의 인도 노트가 반무슬림적이라는 것을 의미하 지 않는다. 왜냐하면 많은 부분에서 마르크스는 무슬림의 인도의 문화와 사회에 대한 상당한 기여를 기술하고 있기 때문이다.

어떤 부분에서 마르크스는 무굴 황제 아크바르(Akbar)에 대해 "그는 **델 리**를 당시 세계에서 가장 크고 번영하는 도시로 만들었다"라고 말했다 (Marx [1879~1880] 1960: 33). 여기에서 마르크스는 아크바르의 델리에 대해 "그 도시는 그 시기 세계에서 가장 크고 훌륭한 도시 중의 **하나**임에 틀림 없었다"라고 쓴 슈얼보다 솔직하게 요약하고 있다(Sewell 1870: 54; 강조는 저 자 추가). 마르크스는 슈얼보다 아크바르를 세속적인 관점에서 묘사했다. 마르크스는 아크바르를 "종교적인 문제에는 관심이 없었으며, 따라서 관 용적이었다"라고 묘사한 반면, 영국의 역사가 슈얼은 "종교적인 문제에 있

---

35 Sewell(1870: 32)도 보라.
36 그러나 여기에서도 델리에 대한 도전자는 힌두교 군주가 아니라 자운푸르의 샤루키(Sharqi) 술탄의 멤버였다.

어서 아크바르는 관용적이고 공평했다"라고 쓰고 있다(Marx [1879~1880] 1960: 32; Sewell 1870: 52).

마르크스는 슈얼 노트의 대부분을 영국 지배의 시대에 할애하고 있는데, 거기서 그는 그 지배의 우발적인 성격과 인도에서 영국 권력이 위기에 직면했다는 많은 예를 강조하고 있다. 마르크스는 종종 영국인을 "맷돌"이나 "개"로 부르고 있으며, 영국인들은 종종 인도인의 저항을 매우 두려워하고 있다고 언급했다. 노트 전체에 걸쳐 마르크스는 마라타족에 대한 동정을 보여주고 있지만, 때때로 그들의 군벌주의에 대한 경멸도 표현했다.

놀랍지 않게도, 마르크스는 영국의 인도 정복을 아시아적 야만에 대한 영웅적인 전투로 종종 묘사한 슈얼의 구절을 비웃으며 노트로 발췌할 때 삭제했다. 이것은 무굴 관리에 의해 투옥된 100명 이상의 영국인 포로가 1756년 질식사한 것 ─ 이것은 후에 "캘커타의 지하 감옥(Black Hole of Calcutta)"으로 알려진다 ─ 을 슈얼이 기술한 부분을 마르크스가 어떻게 발췌했는가라는 사실에서 잘 알 수 있다. 이때, 마르크스는 이 사건을 "세계 역사상 가장 끔찍한 비극 중 하나" 등으로 특징짓는 슈얼의 발언을 자신의 노트에 기록하지 않았다. 그 대신 마르크스는 "'캘커타의 지하 감옥', 여기에 대해 영국의 위선자들은 오늘날까지도 수많은 가짜 추문을 만들어내고 있다"라고 적고 있다(Marx [1879~1880] 1960: 65; Sewell 1870: 95도 보라).

추가로 마르크스는 영국 식민주의가 어떻게 자본주의의 가장 약탈적인 형태를 도입해, 토지 소유의 고대적 형태를 대부업자와 금융업자가 취득할 수 있는 무제한적 사적 소유물로 전환했는지를 기술하고 있다.[37] 마르

---

37 위에서 언급했듯이, 마르크스는 이 점에 관해 슈얼(Sewell)로부터 가져온 더 많은 자료를 코발레프스키 노트에 삽입했다. 특히 자민다르(zamindar)를 지주로 설정한 콘월리스(Cornwallis)의 1793년 "영구적 합의(permanent settlement)"에 대한 설명을 삽입했다.

크스는 슈얼에서 다음 구절을 기록해, 거기에 자신의 자료(다음의 강조 부분)를 일부 추가한다. 18세기 후반, 무함마드 알리는 무굴 고관이면서

> 최악의 방탕자, 술주정꾼, 난봉꾼이었는데, 민간인들로부터 거액을 빌리고는 상당한 면적의 토지에 대한 수입을 그들에게 할당함으로써 상환했다. 대금업자(일명 영어로 사기꾼 고리 대금업자)들은 이것이 "매우 유리한" 것임을 발견했다. 이것은 "**해충**"을[38] 단번에 대지주의 지위로 올라가도록 했으며, 그들이 라이야트를 억압해 거대한 재산을 축적할 수 있게 했다. **그러므로 그것은 이러한 졸부 유럽인(즉, 영국인) 자민다르에 의한 현지 소농들에 대한 — 가장 파렴치한 — 폭압이었다!**(Marx [1879~1880] 1960: 90)[39]

마르크스는 인도가 이렇게 전개된 책임이, 개혁자 윌리엄 피트(William Pitt) 시대의 영국에 있다고 생각했다.

마르크스는 여러 차례 영국인에 대한 저항을 지적하고, 그들에게 저항하기 위해 소집된 마라타족, 무굴인, 아프간인, 시크교도 등 다양한 군대에 동정을 보인다. 동시에 그는 종종 이러한 군대가 강도짓이나 잔학 행위로 인해 잠재적인 지지자로부터 어떻게 고립되었는지를 보여주고 있는데, 그럴 때면 영국인과 제휴한 인도인 지도자들을 항상 마음속으로 경멸했다. 마라타족이 마침내 정복된 후에도, 마르크스는 또한 북서부의 시크교도와 아프간인들의 영국인에 대한 새로운 도전에 주의를 환기하고 있다.

영국인은 아프가니스탄을 침략했지만 그 결과는 1842년의 대패였다.

---

38 영어로는 "화폐 대부업자(moneylenders)".
39 Sewell(1870: 145)도 보라.

산길로 철수하려고 할 때, 1만 5000명의 군대와 민간인이 희생되었다. 마르크스는 이 패주에 대해 기술한 슈얼의 구절을 "영국의 개들"이라는 조소적 호칭을 삽입해 발췌했다. **"선주민들이 고지에서 '영국의 개들'을 사살해, 산길 끝까지 쓸어버릴 정도로 수백 명이 사망하고, 오직 500~600명의 아사 직전의 부상자만 남겨져 퇴각을 강요당했다. 그들도 역시 국경 쪽으로 가려고 애쓰는 동안 양처럼 학살당했다"**(Marx [1879~1880] 1960: 136; 강조는 원문; Sewell 1870: 240도 보라). 심지어 마르크스는 아프가니스탄과 중간 지역을 탈환하기 위한 후속 군사 행동에서, 영국인이 정복한 도시를 어떻게 한 번 이상 약탈했는지에 초점을 맞추고 있다.

마르크스는 1857~1858년 세포이 반란을 꽤 상세하게 다루고 있지만, 인도인의 잔학 행위에 관한 슈얼의 장황한 기술을 생략하고 대신 영국인의 잔학 행위에 초점을 맞추었다. 마르크스의 발췌는 슈얼의 텍스트보다 반란군을 호의적으로 고려하는 경향이 있다. 이것은 1857년 5월의 상황에 관한 다음의 발췌에서 발견된다. 마르크스는 자신의 언어로 그 문장을 수정했는데, 여기에서 굵은 글씨로 강조된 부분이다.

반란은 힌두스탄(Hindustan) 전역에 확산되고 있다. 20여 곳의 지역에서 동시에 세포이의 반란과 영국인의 살해가 일어나고 있다. 주요 지역은 아그라(Agra), 바레일리(Bareili), 모라다바드(Moradabad) 등이다. 신드 교도(Sindhia)는 그들의 "군대"가 아닌 **"영국의 개들"**에게 충성한다. 파티아라 왕(Rajah of Patiala)은 ─ **부끄러운 줄 알아라!** ─ 영국인을 지원하기 위해 대규모 군대를 파견했다!

마인푸리(Mainpuri 북서 지방)에서는 **젊은 야수**, 드 칸초우(De Kantzow) 중위가 자금과 요새를 구했다(Marx [1879~1880] 1960: 149).[40]

반란군 지도자 나나 사히브(Nana Sahib)가 수백 명의 유럽 민간인과 군인을 칸푸르(Carnpore or Kanpur)에서 학살한 사건조차도 마르크스의 동정을 끌어내지 못했다. 그는 오히려 이 사건에 대해 슈얼에서 발췌하면서, "악마 같은"이나 "배신의 악마"라는 과도한 장식적인 단어를 삭제하고, 영국 사학자 슈얼이 "여기에서 나타난 공포는 역사상 거의 유례가 없는"이라는 기술한 내용을 삭제했다(Marx [1879~1880] 1960: 149~150; Sewell 1870: 268~270). 여러 곳에서 마르크스는 슈얼의 "폭도"라는 단어를 "반란자"로 대체했다. 슈얼 노트는 세포이의 대반란에 대한 마르크스의 동정이, 1850년대 후반 일어난 이 사건에 대한 그의 ≪뉴욕 트리뷴≫ 기사 이후 점점 증가하고 있음을 보여준다.

인도네시아, 알제리, 라틴 아메리카 등의 식민주의

인도 노트는 이슬람에 대한 몇 가지 논의를 포함하지만, 19세기에는 인도뿐만 아니라 오늘날의 파키스탄이나 방글라데시 등을 포함한 이 지역이 세계에서 가장 큰 무슬림 인구(비록 힌두교도와 비교하면 소수였다 하더라도)를 가진 지역 중 하나였다. 또한 마르크스는 주로 두 무슬림 사회, 인도네시아(자바)과 알제리 — 각각 네덜란드와 프랑스에 의해 식민지화된 — 에 관한 긴 노트를 작성했다.

머니(J. W. B. Money)의 『자바: 식민지 경영법, 영국령 인도에서 현재 발생하고 있는 문제의 실천적 해결 제시(Java; or, How to manage a colony. Showing a practical solution to the questions now affecting British India)』(1861)에 대한 마르크스의 노트는 전통적인 자바 촌락의 사회적 조직에 초점을 맞

---

40 Sewell(1870: 268)도 보라.

추었다. 인도 태생의 영국인 변호사 머니는 세포이의 반란이 가장 격렬했던 1858년에, 네덜란드의 식민지 자바를 방문했다. 그의 책은 네덜란드의 식민지 통치를 노골적으로 칭찬했다. 네덜란드인은 자바에서 — 영국인이 인도에서 그렇게 한 것보다 — 식민지화 이전의 시스템을 유지했다. 인도에서는 콘윌리스의 법률(Cornwallis Settlement)이, 전통적인 공동체 촌락을 심하게 파괴하는 시장의 힘을 작동하게 했다. 네덜란드인은 위에서 잉여를 착취했지만, 전통적인 토지보유 유형, 정치조직, 공동체적 촌락문화의 많은 요소들이 존속되는 것을 허용했다. 마르크스 사후 엥겔스는 머니의 저작을 읽은 것 같지만, 1880~1881년에 작성된 마르크스의 노트도 읽었는지 여부는 분명하지 않다. 1884년 2월 16일 카를 카우츠키에게 보내는 편지에서, 엥겔스는 네덜란드 통치의 강고함을 보수적인 "국가 사회주의"에 기인한다고 보고, 당시의 "인도나 러시아에서와 마찬가지로" 그것은 촌락 수준의 "원시 공산주의"에 입각하고 있다고 보았다(MECW 47: 102~103). 물론 엥겔스의 표현은 영국의 식민지 통치와 비교한 네덜란드 통치의 안정성에 관해, 머니의 중심적 테제와 관련되어 있다.

그러나 머니 노트에서 마르크스는 바로 이 테제를 무시하는 경향이 있었으며, 대신 머니의 데이터에 초점을 두었다. 마르크스는 자바의 생활에 관한 피상적인 연대기 기록자의 견해에 대해 직접적으로 비판적인 코멘트는 하지 않았다. 예외적으로 마르크스는 머니가 근대적 교육을 촌락에 도입하지 않은 네덜란드 정책을 칭찬하고 있는 구절에 느낌표를 찍었다. 객관성을 유지하기 위해 주의하면서, 마르크스는 머니의 설명에서 가장 의심스러운 부분은 내버려두었으며, 한편으로는 이 저작을 당시 외부의 관찰자가 식민지 자바의 삶에 대해 행한 몇 안 되는 상세한 보고 중의 하나로서 자신을 위해 잘 활용했다.

마르크스는 코발레프스키 노트의 다른 부분에서, 알제리에 관심을 갖고 있었는데, 그것은 전 식민지 시대와 식민지 시대의 공동체적 형태에 관한 것이었다. 비교적 간결한 7000개 단어의 발췌에서 마르크스는 마그레브 (Maghreb) 지역의 공동체적 소유의 강고함을 설명하는 것으로부터 시작한다. 상당수의 토지의 사적 소유가 오스만 제국하에서 출현했지만, 알제리 토지의 대부분은 클랜과 확대 가족에 의한 공동체적 소유로 남아 있었다.

19세기 프랑스 식민자들은 이 상황을 바꾸려고 했지만 강력한 저항에 직면했다. 마르크스는 공동체적 소유를 분해시키려고 한 1873년 프랑스 국민의회의 역할을 지적하고, 첫 번째 문장에 괄호를 삽입하면서, 코발레프스키로부터 다음과 같이 인용했다.

사적 토지소유의 확립은 (프랑스 부르주아의 눈에서 보면) 정치적·사회적 분야의 일체의 진보의 필수적인 조건이다. **공동체적 소유**를 더 유지하는 것은, "인민의 마음에 공산주의적 경향을 지지하는 형태로 되어"(1873년 국민 의회의 토론) 식민지에도 본국에도 위험하다. **클랜의 점유물** 분할은 장려되고 지시되기까지 했는데, 그것은 **첫째는 항상 반란을 도모하는 피정복 부족들을 약화시키는 수단으로서**였고, 둘째는 **토지소유**를 현지인의 손으로부터 식민자의 손으로 한층 더 **이행시키기 위한 유일한 방법**으로서였다(Marx [1879] 1975: 405; 강조는 원문).[41]

---

41 여기서도 나는 마르크스의 코발레프스키 노트에서 가장 이용하기 쉬운 영역본인 크레이더 판(Marx 1975)을 인용한다. 하지만 MEGA² IV/27로 출판될 노라이르 테르 - 아코피안과 게 오르기 바가투리아(및 위르겐 로얀)의 새로운 해독문도 고려했다. 이것은 또 찰스 레이츠, 라 스 리와 내가 영어로 주해를 붙여 번역했다.

이와 같이, 메인과 마찬가지로 프랑스 입법자는 선주민의 공동체적 소유와 당시의 사회주의 운동과의 연결고리를 찾아내고 있다. 그것은 양자가 "식민지에서도 본국에서도" 부르주아적 소유관계 확립에 중대한 걸림돌이 되었기 때문이다.

마르크스는 다시 프랑스 국민의회를 비난하며, 그들이 이른바 시골 지주임을 강조한다. "시골 지주"나 "수치스러운 국회"라는 단어는 프랑스 좌파가 베르사유 국민의회를 비웃는 호칭이다. 프랑스 좌파는 국민의회가 근대적인 공동체적 형태인 1871년의 파리 코뮌의 제압을 정당화했다고 비난했다. 마르크스는 다음에서 굵은 글씨로 강조한 구절을 발췌 중에 삽입함으로써 분노를 표현한다. 그것은 코발레프스키가 의회에 대해 비판적으로 묘사한 것을 더 첨예화시킨 것이다.

> 1873년. 따라서 **1873년 "시골 지주 회의"**의 첫 번째 고려 사항은 아랍인으로부터 **토지를 수탈**하기 위해 더 철저한 조치를 취하는 것이다. [[알제리에 "사적소유를 도입하는" 법안에 대한 이 **수치스러운 의회**의 토론은, 경제학의 소위 영구불변의 법칙이라는 가면에 숨어서 **악행**을 은폐하려는 것이다(224). **이 토론에서 시골 지주들은 집단적 소유의 파괴라는 목표에 대해서는 만장일치였다. 논쟁이 벌어진 것은 단지 그것을 파괴하는 방법, 즉 어떻게 그것을 실행하는가에 대해서였다.**]](Marx [1879] 1975: 410)

여기서 다시 마르크스는 파리의 노동자에 의해 설립된 근대적 "코뮌"을 억압한 사람들과, 알제리에서 선주민의 공동체적 토지 점유를 몰수하고 있던 사람들과의 관련을 묘사하고 있다. 조금 뒤의 부분에서, 마르크스는 클랜에 기초한 반식민주의적 반란에 대한 프랑스측의 공포를 다룬 코발레프스키의 언급을 자신의 발췌에 넣고 있다. "**아랍인을 토지에의 자연적인 결합에서 절단함으로써** 해체되고 있는 **클랜 단체**의 마지막 힘을 파괴했을 때, 이른바 **봉기의 위험**"(229)을 피할 수 있다고, 그들은 믿었다(Marx [1879] 1975: 412; 강조는 원문).

코발레프스키 노트의 또 다른 부분에서, 마르크스는 식민주의의 더 초기의 형태, 즉 신세계에서의 스페인의 식민주의를 다루면서, 여기서도 콜럼버스 시대 이전의 라틴 아메리카 및 카리브 국가의 공동체적 형태를 검토했다. 이 비교적 간단한 노트는 약 7500개 단어에 이르며, 주로 독일어로 작성되어 있지만 몇 구절은 러시아어와 스페인어로 작성되어 있다. 마르크스는 아메리카 선주민 사회에서 무리와 같은 존재로부터 클랜이나 가족으로 전화하는 것과 관련된 코발레프스키의 자료를 발췌하는 것으로부터 시작한다. 마르크스는 대응하는 소유관계의 변화에 선행한, 클랜적 생산에서 가족적 생산으로의 변화를 나타내기 위해, 코발레프스키 텍스트를 조금 변경해 다음과 같이 쓰고 있다. "사적 가족의 형성과 함께 개인 소유도 발생했지만, 처음에는 **동산에 한정된다**"(Harstick 1977: 19).[42] 마르크스는 또한 아메리카 대륙에 있는 유목 사회에서는 사적 소유가 사실상 없음을 강조한 코발레프스키 텍스트를 삽입했다.

덧붙여 마르크스는 농업으로의 이행에 관한 코발레프스키의 논의에 초점을 맞추고 있는데, 그것에 따르면 클랜은 대개 폭력으로 점거한 토지에 영주했다. 멕시코에서는 코발레프스키가 보고한 것과 같이, 클랜에 기초

---

42 코발레프스키 노트의 이 부분은 아직 영어로 출판되지 않았다. 따라서 나는 독일어판 (Harstick 1977)을 참조했다. 하지만 실제로는 MEGA의 테르 - 아코피안과 바가투리아의 최신 해독문을 인용했다. 이 번역은 아넷 쿨맨(Annette Kuhlmann), 찰스 레이츠, 라스 리와 나, 그리고 페레이라 디 살보(C. J. Pereira di Salvo)(스페인어)에 의해 Marx(근간)로 출판될 예정이다.

한 도시 공동체는 **칼풀리**(calpulli)로 토지를 공유하고, 그 점거자는 **칼리**(calli)로 불린다. 토지는 개인이 팔거나 상속할 수 없다. 토지를 경작하는 집단의 능력은 점유의 결정에서 점점 중요한 요인이 되므로, 몫은 불평등하게 된다. **칼리**는 자신의 점유권을 철저히 보호하고 비클랜 성원을 엄격하게 배제한다.

코발레프스키에 의하면, 다른 단계에서 아즈텍족이나 잉카족과 같은 정복 집단 출신의 지배자는, 제국을 운영하기 위해 유사한 공동체 연합을 활용한다. 코발레프스키를 발췌하면서 마르크스는 다음과 같이 쓰고 있다. "농촌 인구는 이전과 마찬가지로 **토지를 공동으로 계속 소유하되**, 동시에 자신들의 지배자를 위해 현물 지불로 실수입의 일부를 포기해야만 했다"(Harstick 1977: 28). 또한 마르크스는 러시아 민족학자의 구절을 인용하면서, 이것은 "대토지 소유의 발전"의 길을 준비하고 공동체적 토지 소유권의 해체 가능성을 만들어내지만, 이 과정은 "스페인 사람의 도래에 의해 가속되었다"(28)라고 덧붙였다.

다음 시대, 즉 초기 스페인 식민주의에 대한 마르크스의 발췌는 자신의 말을 드물게 코발레프스키의 말에 덧붙인다. 아마도 그의 책 『공동체적 토지소유』의 전체에 걸쳐 존재하는 코발레프스키의 식민주의 비판이 여기서는 너무나 명백했기 때문일 것이다. 여기서 마르크스는 자신이 발췌한 대표적인 구절을 강조하면서 인용한다.

아메리카 인디언(redmen)을 멸종시키려는 스페인의 당초의 정책(47). 그**들이 발견한 금 등을 약탈한** 후, [아메리카] **인디언은 강제적으로 광산에서 노동하도록 했다**(48). 금과 은의 가치가 떨어지자 스페인은 농업으로 전환해, [아메리카] 인디언을 노예로 만들고 자신들을 위해 땅을 경작하도록 명령했다(1.c)(Harstick 1977: 29).

레파르티미엔토 제도(repartimientos system)하에서 선주민 족장(caciques)
이나 클랜의 지도자는 농업 노동에 종사하는 사람을 스페인인에게 공급했
다. 마르크스는 이 제도의 극단적인 잔학성에 관한 구절을 발췌했다. 그곳
에서는 족장이 노동할 사람을 충분하게 공급하지 않으면, 아메리카 선주
민을 포획했다.

곧 교회인들에 의한 압력으로, 스페인은 선주민의 전면적인 노예화를
완화하기 시작했으며, 이것은 마르크스가 노트에 쓴 코발레프스키로부터
의 발췌에서 볼 수 있다. 코발레프스키가 성직자를 지지하는 이 대목에서
조차, 마르크스는 이들을 조롱하는 것을 참지 못하고, 코발레프스키의 발
췌에 "소란"이라는 단어를 삽입했다.

> [아메리카] 인디언의 노예화에 대한 **성 야곱 수도원 수도사들의 소란**. [아
> 메리카] 인디언을 "인간"이라고 선언하고 그들의 "노예 해방"을 선언한 1531
> **년의 바울 3세**(Pope Paul III)의 칙서, 1524년에 설립된 **서인도를 위한 국왕**
> **평의회** — 그 절반은 고위 성직자의 지도자로 구성된 — 는 [아메리카] 인디언의
> 자유를 선언했다. 그러므로 **카를 5세**(Charles V)(1542년 5월 21일 법률)는 "어
> 느 누구도, 전쟁에 종사하든 아니든, 인디언을 노예로 붙잡아 구속하고 점
> 유하고 판매하고 교환할 수 없으며, 인디언을 노예로 소유할 수 없다"라고
> 했다. 마찬가지로, **1546년 10월 26일 법률**은 [아메리카] 인디언을 노예로 파
> 는 것을 금지했다(Harstick 1977: 30; 강조는 원문).

그리고 마르크스는 식민자들의 이 법률에 대한 저항 및 이 법률의 최종

적인 시행에 대해 언급하고 있다. 그러나 코발레프스키로부터 발췌한 다음의 구절에서 볼 수 있는 것처럼, – 식민자에 대한 경멸적인 문구는 여기에서 강조되고 있다 – 이 법률은 신세계에서 실제로 노예를 감소시키지 못했다. "이 법률에 대한 스페인 식민자의 저항(1.c.) 라스 카사스(Las Casas), 돈 후안 수마라가(Don Juan Zumaraga) 및 기타 가톨릭 주교 등에 의한 **식민자 개들과의 싸움**(54). 그러므로 신사 식민자에 대한 '대리물'로서의 흑인 노예무역(30)." 이렇게 주교들의 개혁은 결국 아프리카 노예무역의 증가로 귀결되었고, 그것은 신세계 플랜테이션 노동력의 주요 원천이 되었다.

아메리카 선주민에 대한 잔인한 **레파르티미엔토** 제도는 이제 **엔코미엔다**(encomiendas) 제도로 대체되었다. 그것은 일종의 농노를 만들어냈다. 이 농노는 형식적으로는 공동체 촌락에서 생활하는 자유로운 주체이지만, 현물과 부역의 세금을 납부해야 하며, 모두 현지의 스페인 **엔코멘도로**(encomienderos)에 의해 관리되었다. 대체로 이러한 세금은 촌락당 엔코멘도로 한 명과 성직자 한 명을 부양할 정도로 정해졌다. 새로운 제도는 많은 가부장적 특징을 가지고 있으며, 엔코멘도로가 아메리카 선주민을 보호하고 그들의 기독교도화 등을 촉진할 것을 요구했다. **엔코멘도로**는 세금 납부가 지연될 경우 촌락의 연장자들을 배제할 권리를 가졌다. 이것은 공동체 시스템을 격렬하게 무너뜨렸다. 또한 엔코멘도로는 계약의 목적을 달성할 수 없는 경우에는 배제되고 추방되기도 했지만, 이 모든 규칙의 강제는 스페인인 식민자에게 맡겨졌다. 이것에 대해 마르크스는 "과연 정치가 카를 1세(Carlos I)(Charles V)와 필립 2세(Phillip II)"라고 외쳤다(Harstick 1977: 32). 엔코미엔다 제도의 강제 징수는 너무 엄격해서, 많은 아메리카 선주민은 도망치거나 자살했다. 아메리카 선주민은 엄밀하게는 촌락 공동체를 통해 토지를 소유할 수 있었지만, 그 적용은 실제로 경작 중인 토지에 한정되었고, 스페인인은 원한다면 그 부분을 황무지로 선언하고 합병해 버릴 수 있었다. 이들과 기타 법적 책략에 의해 아메리카 선주민은 가장 좋은 농경지의 대부분을 빼앗겼다.

마르크스는 요약 및 발췌를 계속한 후, 이제 자본주의적 사적 소유로 이동했고, 여기에서 첫 번째 문장에 삽입 괄호를 넣어 코발레프스키의 인류학적 카테고리를 더 정교하게 한다.

이 혈연관계의 (현실이든 허구이든) 해체는 일부 지역에서 **전래의 공동체적 분배로부터 소규모 토지 소유**를 창출했다. 이것은 이번에는 ─ 엔코멘도로에 의한 세금의 압력과 **스페인인에 의해 처음 허가된, 이자를 받고 돈을 빌려주는 제도에 의해 ─ 자본을 소유하는 유럽인의 손으로 조금씩 옮겨갔다.** 주리타(Zurita)는 "**선주민 지도자 밑에서 아메리카 인디언들은 고리대에 대해 알지 못했다**"라고 말했다(Harstik 1977: 36; 강조는 원문).

이것은 촌락 공동체와 클랜 간에 또한 그들 내부에서, 새로운 파괴적인 대립을 낳았지만, 그로 인해 아메리카 선주민의 권력과 권리가 더 무너졌다.

마르크스는 마지막으로 라틴 아메리카에 관한 코발레프스키 노트에서 다음을 발췌하고 몇 단어를 삽입하고 있다(다음의 강조 부분).

농촌 공동체가 **대체로** 잔존할 수 있었던 것은 한편으로는 아메리카 선주민의, 그들 문화 수준에 가장 적합한, 이런 종류의 토지 소유에 대한 선호에 따른 것이다. 다른 한편으로는 클랜 성원이 자신의 할당지를 판매하는 것을 가능하게 하는 규칙이 식민지 입법에 [[영국 통치하의 동인도와는 대조적으로]] 없었기 때문이다(Harstick 1977: 38).

마르크스의 "대체로"라는 수정은, 공동체적 형태의 해체에 대한 코발레프스키의 강조를 다소 약화한다. 인도에 관해 마르크스가 삽입한 괄호는 공동체적 형태가 인도보다도 라틴 아메리카에서 강고하게 남아 있음을 시사한다. 왜냐하면 인도는, 이후 시대에 선진 자본주의 강대국인 영국에 의해 식민지화되었고, 영국은 촌락에서 적극적으로 개인적 사적 소유를 창조하려고 했기 때문이다.

비서구 및 전자본주의 사회에 대한 1879~1882년 노트의 여러 곳에서, 마르크스는 공동체적 형태의 지속성에 관심을 가지고 있었다. 그것은 마르크스 자신의 시대에도 — 이 경우에는 식민지 통치가 시작되고 3세기 이상 지난 후에도 — 지속되고 있었다. 이러한 고찰은 바로 다음에서 서술하는 바의 중요한 배경이다. 즉, 마르크스가 1880년대에 러시아 농촌 공동체를 자본에 대한 잠재적인 저항의 원천으로 간주하게 되는 결정적인 배경이다.

러시아: "공산주의적 발전의 출발점"으로서의 공동체적 형태

이 책에서 논의된 주요한 주제의 대부분은, 1877년부터 1882년에 걸친 러시아에 관한 만년의 마르크스 저작에서 정점에 달한다. 첫째, 여기서 마르크스는 『공산당 선언』에서 채용된, 암묵적이고 단선적인 발전 모델에서 가장 멀어지고 있는 것으로 보인다. 둘째, 마르크스는 다른 곳에서보다 여기서, 비자본주의 사회가 그들 고유의 공동체적 형태를 기초로 해서, 최초로 자본주의 단계를 먼저 통과하지 않고 사회주의로 직접 이행할 가능성을 명확하게 주장한다. 그러나 1882년 출간된 『공산당 선언』의 러시아어판 서문에서 마르크스와 엥겔스는 다음과 같은 중요한 조건을 달았다: 이러한 새로운 유형의 혁명이 성공할 수 있는 것은 산업적으로 발전한 서구에서 이제 막 시작된 노동자계급의 혁명과 연결될 수 있을 때뿐이다.

이 장에서 논의된 다른 텍스트와 마찬가지로, 만년의 마르크스의 러시아에 관한 저작은, 마르크스 자신의 코멘트가 종종 덧붙여진 발췌노트를 포함한다. 이 노트들은 내용이 아주 풍부하다. 마르크스는 몇 년 동안 러시아어를 공부한 후, 1875년과 1876년에, 1861년 이후의 러시아의 사회적·정치적 발전에 관한 러시아어 저작에 대해 일련의 방대한 노트를 작성하기 시작했다.[43] 그는 1880년대를 통해 다른 노트에서도 러시아를 계속 연구했다. 이들 중 두 가지 텍스트가 MEGA^2 IV/27로 발간될 예정이다. 러시아 농업에 관한 짧은 연구와 니콜라이 코스토마로프(Nikolai Kostomarov)의 『역사적 모노그라프(Historical monographs)』에 관한 비교적 긴 노트로, 후자는 17세기 후반 스텐카 라진(Stenka Razin)의 지휘하에 발발한 코사크(Cossack) 폭동에 초점을 맞추고 있다.

그러나 만년의 마르크스의 러시아에 대한 저작은 발췌노트 ─ 거기에서는 마르크스 자신의 목소리는 당연히 듣기 어렵다 ─ 에 한정되지 않는다. 러시아 관련 저작은 편지, 초안, 그리고 앞에서 언급한 『공산당 선언』 서문과 같은 발간된 텍스트 등을 포함한다. 이러한 작품의 대부분은 공동체적 형태를, 적어도 러시아에 대해서는, 당시의 혁명의 전망과 결부시켰다. 러시아에 관한 이러한 노트 이외의 자료는 그리 많지 않아, 가장 유명한 편집본(Shanin 1983a)에서 약 30쪽 정도의 분량이지만, 마르크스가 러시아 공동체적 형태의 연구에서 도출한 결론을 밝히고 있다. 더 넓은 차원에서는, 그 자료는 마르크스가 다양한 비서구사회에 관한 1879~1882년 발췌노트의 소재를 어떻게 발전시키려 했는지를 들여다볼 수 있는 창문이 되고 있다.

이전에 서술한 것처럼, 러시아에 대한 마르크스의 새로운 관심은 1872

---

[43] 이 자료는 MEGA^2 IV/22 전체를 이룰 예정이다.

년의 『자본』 러시아어판 번역에서 촉발되었다. 이것은 독일어 이외의 첫 번째 판이며, 유럽의 가장 동쪽인 러시아 사회가 아직 자본주의의 충격을 심각하게 받지 않았던 사실을 고려하면 놀라울 정도로 광범위한 논의를 불러일으켰다(Resis 1970; White 1996). 1873년의 독일어 제2판 후기에서, 마르크스는 "독일의 속류 경제학의 솔직하지 못한 수다쟁이들"의 이데올로기적 반응을 "뛰어난 러시아어 번역"에 대한 진지한 비평과 비교하고 있다(Capital 1: 99). 농업국 러시아에서 정치적 저항은 나로드니키가 주도하고 있었는데, 그들은 자본주의를 회피하고 서구와는 다른 길로 러시아를 발전시킬 수 있는 농업 혁명을 주장하고 있었다.

1877년에 마르크스는 사회학자이자 나로드니키 지도자인 니콜라이 미하일로프스키(Nikolai Mikhailovsky)가 그해 초 러시아의 잡지 ≪조국 잡지(Otechestvennye Zapiski)≫에 게재한 『자본』에 관한 기사에 대한 답변을 집필했다. 미하일로프스키는 마르크스에 공감하고 있었다. 사실 그의 기사는 러시아인 율리 주코프스키(Yuli Zhukovsky)[44]가 쓴 『자본』에 대한 격렬한 비판에 응답하는 형식을 취하고 있었다. 마르크스를 고민하게 한 것은, 미하일로프스키가 마르크스를 옹호하면서 마르크스의 이론을 인류사에 관한 단선적인 모델로 간주한 것이었다. 즉, 미하일로프스키는 마르크스의 이론을, 다른 사회는 영국의 뒤를 쫓아 자본주의에 이르는 운명에 있다는 발전 이론에 결부시키고 있었던 것이다. 미하일로프스키는 다음과 같이 쓰고 있다.

『자본』 제6장에는 "소위 본원적 축적"이라는 제목이 붙어 있다. 여기서

---

[44] 자유주의자이자 자본주의 지지자인 주코프스키는 무엇보다 노동가치론을 비난했다.

마르크스는 자본주의적 생산 과정의 첫 단계를 역사적으로 스케치하는 것을 목적으로 하고 있는데, 그는 우리에게 더 큰 것, 즉 전(全)철학적 – 역사적 이론을 제공하고 있다. 이 이론은 일반적으로 매우 흥미로운데, 특히 우리 러시아인에게 더욱 그렇다(Mikhailovsky [1877] 1911: 167~168).[45]

또한 마르크스는 변증법에 관한 미하일로프스키의 노골적인 유보에 당황했던 것 같다.

만약 『자본』에서 헤겔 변증법의 무겁고 어색하고 불필요한 외피를 떼어 낸다면, 이 저서의 다른 장점과 독립적으로, 우리는 이 저서에서 인간 생활의 물질적 조건에 대한 형태의 관계에 대한 일반적 문제를 해결하기 위한 소재가 훌륭하게 조탁되어 있다는 것, 또한 특정 영역에서의 문제가 훌륭하게 정식화되어 있다는 것을 알 수 있다(186).

≪조국 잡지≫에 응답하기 위한 마르크스의 편지 초안은 『자본』이 "전철학적 – 역사적 이론"에 기초하고 있다는 미하일로프스키의 첫 번째 문제점에 특히 초점을 맞춘다.[46]

마르크스는 편지에서 1870년대에 그의 관심을 사로잡은 러시아 상황을 상세히 기술하고 있다. "충분한 지식을 가지고 러시아의 경제적 발전을 판단할 수 있도록, 저는 러시아어를 배웠고, 그 후 오랫동안 이 문제에 관련

---

45 러시아어로 된 이 자료를 번역해 준 라스 리에게 감사드린다.

46 마르크스의 편지는 프랑스어로 작성되었지만, 몇 줄은 러시아어로 작성되었으며, 미완성이다. 마르크스는 이 편지를 발송하지 않기로 결정했는데, 이는 아마도 코발레프스키가 이 편지가 러시아 잡지 ≪조국 잡지≫를 위험에 처하게 할 것이라고 마르크스에게 경고했기 때문일 것이다.

된 정부 간행물 및 기타 간행물을 연구해 왔습니다"(Shanin 1983a: 135).[47] 마르크스는 자신의 입장이 변화한 것을 인정하지 않았지만, 여기서 처음으로 다른 길을 통해 사회주의로 이행하기 위해서 자본주의 단계를 뛰어넘는다는 나로드니키 니콜라이 체르누이셰프스키(Nikolai Chernyshevsky)의 논의를 수용한다고 썼다. "제가 도달한 결론은 다음과 같습니다. 만약 러시아가 1861년 이후 걸어온 길을 앞으로도 계속 간다면, 러시아는 역사가 지금까지 민중에게 제공한 최상의 기회를 잃어버리고, 자본주의 시스템의 숙명적인 흥망성쇠를 겪게 될 것입니다"(135). 마르크스의 이 주장이 얼마나 잠정적인 것이었는지는 다음의 것이 시사하고 있다. 마르크스는 이 주장을 소극적으로 서술하고 있으며, 1861년 농노해방 이후, 촌락공동체에 대한 자본주의적 제도의 침투가 체르누이셰프스키와 기타 나로드니키에 의해 그려진 대안을 어떻게 봉쇄했는지를 강조하고 있다.

마르크스는 『자본』에서 러시아 및 기타 비서구사회의 미래를 스케치하려고 한 것은 아니라고 주장한다. "본원적 축적에 관한 장에서는, 서구에서 자본주의적 경제질서가 봉건적 경제질서의 태내에서 생겨나는 과정을 추적하는 것만을 목적으로 했습니다"(Shanin 1983a: 135). 이 주장을 뒷받침하기 위해 마르크스는 1872~1875년 프랑스어판을 인용했는데, 앞 장에서 논한 바와 같이, 거기에서 그는 더 복선적인 시각에 기초해 텍스트를 변경하면서 "농업 생산자의 수탈"에 대해 다음과 같이 기술했다. "이것이 근본적으로 수행된 곳은 아직 잉글랜드뿐입니다. …… 하지만 서구의 모든 나라도 이와 동일한 운동을 경과합니다"(Shanin 1983a: 135; Marx [1872~1875]

---

47 나는 마르크스의 후기 저작에 관한 가장 유명한 영어판인 샤닌(Shanin) 선집을 인용했지만, MEGA² I/25(112~117, 655~677)(부속자료)에서 발간된 프랑스어 원문에 근거해 간혹 번역을 약간 수정했다.

1985b: 169도 참조).

마르크스는 미하일로프스키 서평의 두 번째 문제점, 즉 "헤겔 변증법의 무거운 뚜껑"에 대한 비난에 간결하고 암묵적으로 응답한다. 이 점에 대해 마르크스는 『자본』에서 본원적 축적론의 마지막 구절을 인용한다. 여기에서 마르크스는 자본주의적 생산의 역사적 경향은 "자본주의적 생산이 '자연 과정의 불가피성을 가지고, 자기 자신의 부정을 스스로 낳고', 이것은 새로운 경제 질서의 요소들을 스스로 만들어낸다"는 사실에 있다고 썼다(Shanin 1983a: 135; Capital 1: 929 참조). 『자본』의 결론인 이 부분에서 마르크스는 자본이 노동자 혁명으로 "부정"될 것이라고 말하면서, 그 과정을 "부정의 부정"으로 특징지었다.

> 자본주의적 생산양식에 적합한 자본주의적 영유는, 독립된 개인적 노동의 필연적 귀결이 아닐 수 없는 사적 소유의[48] **첫 번째 부정이다. 그러나 자본주의적 생산 자체는 자연적 과정의 불가피성에 의해 자기 자신의 부정을 낳는다. 이것이 부정의 부정이다.** 이것은 노동자의 사적 소유를 재건하는 것이 아니라 자본주의 시대의 성취에 기반한, 즉 협업과 토지를 포함한 모든 생산수단의 공동 점유에 기초하여, 노동자의 개인적 소유를 재건한다 (Marx [1872~1875] 1985b: 207; 강조는 저자 추가).[49]

반헤겔주의자는 이 중요한 부분에서 핵심적인 헤겔적 개념인 "부정의 부정"을 마르크스가 사용한 데 대해 종종 비판했다.[50] 그중에는 마르크스

---

48 이는 주로 전자본주의적 질서에서의 개인적 농민 토지점유를 지칭한 것이다.

49 이것은 프랑스어판을 내가 번역한 것이다. 표준적 영어판(Capital 1: 929)의 번역은 약간 다르다.

가 헤겔의 삼단론법으로 경제 법칙을 교조적으로 증명하려고 했다고 주장하는 사람도 있다. 1877년의 편지의 초안에서, 마르크스는 "여기에서 나는 이에 대한 증명을 하지 않습니다. 나의 이 주장은 그에 앞서 자본주의적 생산에 대한 여러 장 속에 주어진, 긴 서술의 요약에 다름없다는 충분한 이유가 있기 때문입니다"(Shanin 1983a: 135)라고 응답하고 있다. 이와 같이 마르크스가 이 부분에서 헤겔적 용어를 사용한 것은, 증명을 목적으로 한 것이 아니라, 독자에게 다음 사항을 알리기 위한 방법론적 지시였다. 즉, 비록 헤겔에 대한 명시적인 언급 없이 논의를 전개하고 있다 해도, 자본주의적 생산과 그 최종적인 붕괴에 대한 자신의 모든 표현은 헤겔의 변증법에 기반을 두고 있다는 것이다. 변증법이 『자본』에 적용된 것은 − 마르크스는 이렇게 주장했다고 생각되지만 − 변증법을 현실에 적용했기 때문이 아니라, 현실 그 자체가 변증법적이기 때문이다.

≪조국 잡지≫에 대한 편지에서 세 번째 문제점은 비교사적 관점과 관련된 것이다. 마르크스는 "러시아가 서구 국가와 같은 자본주의 국가가 되는 것을 목표로 한다면" 바로 그때 (1) 러시아는 소농을 수탈하고 그들을 정처 없는 프롤레타리아트로 전화시켜야 하며, (2) 이들은 "자본주의 시스템에 끌려들어가 "무자비한 법칙"에 복종하게 될 것입니다"라고 썼다(Shanin 1983a: 136). 이 점에 대해서 마르크스는 자본의 본원적 축적과 유사하지만 자본주의에는 이르지 못한 발전경로의 예를 들고 있다. 그것은 고대 로마였다.

---

50 예를 들어, 알튀세르는 1969년 『자본』 프랑스어판 서문에서 이 개념을 "경솔한 공식화"라고 하면서, "스탈린이 '부정의 부정'을 변증법의 법칙에서 제외한 것은 옳았다"라고 덧붙였다 (Marx [1872~1875] 1985a: 22에 포함된 Althusser. 영어 번역은 Althusser 1971: 95).

나는 『자본』의 여러 부분에서 고대 로마 평민을 덮친 운명에 대해 언급했습니다. 그들은 처음에는 각자가 스스로 자신의 분할지를 경작하는 자유로운 농민이었습니다. 로마사의 경과 속에서 그들은 수탈되었습니다. 그들을 생산수단과 생활수단으로부터 분리시킨 동일한 운동이, 대토지 소유뿐만 아니라 대화폐자본도 형성했습니다. 그리하여 어느 날 갑자기 한편에서는 자기의 노동력을 제외하고는 모든 것을 빼앗긴 자유로운 인간이 나타났고, 다른 한편에서는 이 노동을 착취하기 위한, 획득한 부 전체의 소유자가 나타났습니다. 어떻게 되었을까요? 로마의 프롤레타리아는 임금 노동자가 되지 않고 미국 남부의 이른바 **가난한 백인**보다 더 비참한, 게으른 "폭도"가 되었습니다. 또한 이와 함께 자본주의적 생산양식이 아니라 노예제적 생산양식이 발전했습니다(se déploya)[51](136).[52]

마르크스는 고대 로마와 미국 남부를 비교하고 있지만, 강조점은 다른 곳, 즉 로마와 근대 자본주의 사회형태의 근본적인 차이에 있다.

마르크스의 주요 논점은 미하일로프스키가 논한 바와는 달리, 자신이 모든 시대와 장소에 타당한, 사회의 "전철학적 – 역사적 이론"을 전개하지는 않았다는 것이다.

따라서 현저하게 유사한 사건도 다른 역사적 환경 속에서 발생한다면 전혀 다른 결과를 도출합니다. 이러한 각각의 발전을 개별적으로 연구한다

---

51 이는 "전개되었다"라고도 번역할 수 있다.
52 사실 마르크스의 비서구 및 전자본주의 사회에 관한 1879년 노트는 공동체적 형태에 관한 코발레프스키 노트와 슈얼에 의거한 인도 역사에 관한 연대기 노트를 포함하지만, 이 문제를 검토한 4명의 고대 로마사가의 저작에 관한 노트도 포함하고 있다. 이들은 MEGA² IV/27과 Marx(근간)로 출판될 예정이다.

면, 사람들은 이 현상을 푸는 열쇠를 쉽게 발견할 것입니다. 그러나 초역사적인 것이 최고의 장점인, 일반적인 역사철학적 이론이라는 만능의 열쇠 [avec le passepartout]⁵³에 의해서는 결코 거기에 도달하지 못합니다(Shanin 1983a: 136).

마르크스는 미하일로프스키가 "서구에서의 자본주의의 기원에 대한 나의 역사적 스케치를, 모든 민족이 어떠한 역사적 상황하에 놓여 있다고 할지라도 불가피하게 통과할 수밖에 없는, 보편적 발전과정의 역사철학적 이론이라고 주장하고 있습니다"라고 비난했다(136).

이렇게 마르크스는 (1) 자신이 단선적인 역사이론을 만들어냈다는 것, (2) 사회적 발전에 관해 결정론적 모델을 사용했다는 것, 또는 (3) 특히 러시아는 서구 자본주의 방식으로 진화할 수밖에 없었다는 것 등을 부정했다. 이러한 논의는 어느 정도 새로웠지만, 그것은 『요강』이래 마르크스가 만들어낸, 보다 복선적 틀로의 이행에 기인한다.⁵⁴

---

53 프레임 또는 틀이라는 뜻도 된다.
54 1877년 마르크스가 단선적이며 결정론적 틀을 거부한 것의 새로움에 관해 논평자들의 의견은 심하게 갈린다. 어떤 이들은 이것을 너무 일반적 방식으로 자신의 과거와 단절한 것으로 간주한다. 즉, 샤닌은 이것을 『자본』의 "단선적 결정론"에서 떠난 것으로 특징짓는다(Shanin 1983a: 4). 또 와다 하루키는 미하일로프스키가 『자본』에서 단선적 틀이 작동하고 있다고 주장한 것은 "완전히 틀린 것"은 아닌데, 이는 "마르크스가 『자본』 독일어 초판을 쓴 후 중요한 변화를 경험"했기 때문이라고 주장했다(Wada 1983: 59~60). 반면 제임스 화이트(James White)는 마르크스가 1877년 이후 단선 결정론에서 떠났다는 해석은 "『자본』의 정신과 완전히 모순되는 해석을 『자본』에 소급해 덮어씌우는 것"이라고 과장했다(White 1996: 242). 한편, 마찬가지로 일면적 방식으로 어떤 근본적인 변화도 발생하지 않았다고 생각하는 연구자도 있다. 세이어와 코리간이 "샤닌은 '만년의 마르크스'와 …… 이전의 마르크스 간의 단절의 정도를 과장하고 있다"라고 말한 것은 설득력이 있다(Sayer and Corrigan 1983: 79). 그러나 이들은 이러한 변화를 "근본적 변화라기보다 '성숙기' 마르크스의 텍스트의 독해 방법의 **명료화일 뿐**"이라고 과소평가한다(Sayer and Corrigan 1983: 80). 최근의 박식한 분석에서 차토패드히야(Chattopadhyay 2006)는 샤닌과 와다에 대해 몇 가지 훌륭한 비판을 제기했지만, 동시에 마르크스가 후기 저작에 도입한 변화의 범위를 과소평가했다. 두나예프스카야는 새

마르크스가 이러한 점들을 논한 일반적 차원을 고려한다면, 그는 이러한 유보를 러시아뿐만 아니라 당시의 인도나 이 시기에 그가 연구하고 있던 그 외의 아직 산업화되지 않은 비서구사회 등에도 적용하려 했던 것으로 보인다. 인도는 러시아와 마찬가지로 촌락에서 공동체적 형태가 유지되고 있어서, 이에 따라 크레이더가 기술했듯이, 마르크스는 "인도와 러시아의 농촌의 집단적 제도에 열려 있는 대안을 상정했다"(Krader 1974: 29). 게다가 1879~1882년 노트에서 다루어진 인도네시아, 알제리, 라틴 아메리카 등도 농촌 공동체적 형태를 갖고 있었다. 식민주의로 인해 이러한 사회는 모두 러시아 이상으로 직접적으로 자본주의의 영향을 받았다. 하지만 우리는 마르크스가 이들 지역의 반자본주의적 발전 가능성에 대해, 즉 이들 지역이 그가 러시아에 대해 스케치하기 시작했던 길을 어느 정도 따를 가능성에 대해 관심을 갖고 있었다고 추측할 수 있다.

≪조국 잡지≫에 보낸 1877년의 편지는 마르크스의 복선적인 시각을 강조하고 있지만, 『자본』 제1권과 마찬가지로 러시아 사회를 분석하지는 않았다. 그러나 러시아의 혁명가 베라 자술리치에게 보내는 1881년 3월의 편지 초안에서, 마르크스는 1877년의 편지나 프랑스어판 『자본』에서 볼 수 있는 복선적인 시각에 기초해, 러시아 사회 발전의 길이 무엇일지를 스케치하기 시작했다. 데이비드 스미스(David Smith)는 러시아 – 마르크스에게 그 사회구조는 아시아적 사회형태의 일부였다 – 에 관한 논의에서 무엇이 문제인가를 보여주고 있다. "마르크스는 '아시아적' 발전의 독자적인 궤도를 강

로움 혹은 반대로 연속성을 일면적으로 강조하는 이러한 이분법을 넘어서 다음과 같이 말했다. "마르크스가 혁명의 새로운 길을 발견한 것이, 근자의 몇몇 사회학적 연구가 주장하듯이, 자신의 필생의 작업인 서유럽에서 자본주의 발전의 분석 결과를 포기하는 것을 통해서가 아니었다는 것은 분명하다"(Dunayevskaya 1985: 190).

조했는데, 이것은 오랜 세월 '마르크스주의 유물론'으로 가장되어 온, 고정적인 진화의 단계에 관한 무리하게 획일적인 이론으로부터 마르크스를 구별할 뿐만 아니라, 마르크스의 자본주의 이후의 사회에 대한 개념이, 과거에 대한 개념과 마찬가지로, 복선적이라는 것을 보여준다"(Smith 1995: 113). 1881년 2월 16일자 편지에서 자술리치는, 러시아 "사회주의 정당"의 성원이라고 자칭한 후, 다음과 같이 마르크스에게 질문했다. 즉, "농촌 공동체가 무제한의 조세 징수, 영주에 대한 지불, 자의적인 행정 등으로부터 일단 자유로워지면, 사회주의적 방향으로 자신을 발전시킬 수 있는지", 또는 "공동체가 사멸할 운명이며", 러시아 사회주의자들은 자본주의적 발전, 프롤레타리아트의 생성 등을 기다릴 필요가 있는지 등등의 여부이다 (Shanin 1983a: 98). 특히 ≪조국 잡지≫와 같은 잡지에서의 토론을 언급하면서, 자술리치는 러시아의 마르크스주의자가 후자의 입장을 취하고 있다고 덧붙였다. 자술리치는 마르크스에게 그의 답변을 러시아어로 번역해 출판해도 좋은지에 대해 문의했다.

1881년 3월 8일 답변에서 마르크스는 본원적 축적론을 서구에 한정한 프랑스어판 『자본』의 한 구절을 다시 인용한다. "그러므로 이 과정의 '역사적 숙명성'[fatalité]은 **서구에 명시적으로** 한정됩니다"라고 결론지었다 (Shanin 1983a: 124).[55] 서구에서 봉건적 소유로부터 자본주의적 소유로의 이행은 "사적 소유의 한 형태에서 사적 소유의 다른 한 형태로의 전화"이지만, 자본주의적 발전은 러시아의 소농으로 하여금 "이에 반하여 그들의 공동체적 소유를 사적 소유로 전화시키는" 것을 필요로 한다고, 마르크스는

---

55 1877년 편지와 마찬가지로 마르크스는 자술리치에게 보낸 편지와 그 초안을 모두 프랑스어로 집필했다. 나는 이들을 샤닌의 선집에서 인용했지만, MEGA² I/25: 219~242(본문)와 823~830: 871~877 및 911~920(부속자료)에 출판된 원본에 근거해 몇 군데 번역을 정정했다.

덧붙인다(124). 그러므로 『자본』은 러시아의 장래 문제에 대해서는 아무것도 말하지 않는다. 그리고 마르크스는 러시아에 관한 몇 가지 잠정적인 코멘트로 편지를 마쳤다.

> 내가 이 문제에 대해 수행한 특수 연구는 …… 나에게 이 공동체는 러시아의 사회적 재생의 거점이라는 것을 확신시켰습니다. 하지만 공동체가 그와 같이 기능하기 위해서는, 우선 모든 측면에서 이 공동체를 공격하는 유해한 영향을 제거해야 하고, 그리하여 자연발생적 발전을 위한 정상적인 조건을 확보해야 합니다(124).

1877년과 마찬가지로 마르크스는 발전의 다른 길이 러시아에서 가능하다고 말하고 있다. 그의 판단은 대부분 러시아 촌락의 사회구조나 그 공동체적 사회형태가 서구의 중세 촌락과는 명백히 다르다는 데 근거한다. 또한 그는 "공동체는 러시아의 사회적 재생의 거점이라고 …… 확신합니다"라고 말했다(Shanin 1983a: 124).

내용적으로 훨씬 충실한 이 편지의 준비 초안에서, 마르크스는 이러한 논점을 더 깊이 고찰했고, 또한 실제 자술리치에 보낸 회답에는 포함되지 않은 다른 논점도 고찰했다. 그는 유럽 끝의 대국이라는 러시아의 특수한 지위를 다음과 같이 서술하고 있다. "러시아는 근대 세계로부터 고립되어 생존하고 있는 것은 아닙니다. 그것은 또한 동인도와 같이 외국 정복자의 먹이로도 떨어지지 않았습니다"(Shanin 1983a: 106). 따라서 러시아의 오래된 공동체적 형태와 근대 기술을 자본주의에 비해 착취적이지 않은 방식으로 결합시킬 수 있을 것이다.

이 점은 강조할 필요가 있는데, 마르크스가 제시한 것은 자급자족 경제가 아니라 오래된 것과 근대적인 것의 새로운 종합이며, 그것은 자본주의적 근대의 가장 고차적인 성과를 이용하는 것이었다.

러시아의 고유한 여러 상황의 결합 덕분에, 아직도 전국적 규모로 현존하는 농촌 공동체가 점차 그 원시적 성격을 떨쳐버리고 전국적 규모의 집단적인 생산 요소로 직접 발전할 수 있을 것입니다. 러시아의 농촌 공동체는 자본주의적 생산과 동시에 존재하고 있다는 바로 그 사실 덕분에, 자본주의적 생산의 모든 **긍정적인 성과**를 자신의 것으로 하면서도 그 무서운 흥망성쇠를 겪지 않을 수 있습니다. …… 만약 러시아의 자본주의 시스템 숭배자들이 이러한 발전의 이론적 가능성을 부정한다면, 나는 그들에게 다음과 같은 질문을 제기하고 싶습니다. 러시아는 기계, 기선, 철도 등을 이용하기 전에, 서구처럼 기계공업의 긴 부화 기간을 거쳐야 합니까? 또한 그들로 하여금, 러시아 사람들은 어떻게 서구가 몇 세기에 걸쳐 만들어낸(은행이나 신용조합 등) 교환기구 전체를 순식간에 도입해 냈는지에 대해 설명하게 하고 싶습니다(Shanin 1983a: 105~106).

여기서 강조점은 단선적인 결정론과는 달리, 사회적 발전의 모순적이고 변증법적인 성격에 놓여 있다. 객관적인 차원에서는 서구의 자본주의적 근대가 존재하고 있다는 바로 그것이, 러시아 농촌 공동체가 그 성과에 의존할 수 있는 것을 의미했다. 주체적인 차원에서는 서구의 자본주의적 근대의 존재는 이전의 전자본주의 사회에서 민중 운동이 직면한 것과는 전혀 다른 상황을 만들어냈다.

편지 초안의 두 번째 주제는 자술리치에게 송부된 실제 편지에는 포함되지 않은 것이지만, 인류학과 인도에 관한 발췌노트 및 러시아론과 관련된다. 예를 들어, 마르크스는 장래에 서구 문명은 고대의 공산주의를 더 고차원적인 형태로 부활시킬 것이라는 모건의 생각을 언급했다. 또한 마르크스는 몇 세기에 걸쳐 공동체적 형태가 존속하고 있음을 강조했다. 그는 다음과 같이 쓰고 있다. "최근의 연구"는

다음의 것을 확인할 수 있을 정도로까지 진행되고 있습니다. (1) 여러 원시적 공동사회의 생명력은 셈인, 그리스인, 로마인 등의 사회의 생명력보다는 **물론이거니와**(a fortiori)[56] 근대 자본주의 사회의 생명력보다도 비교가 되지 않을 정도로 컸습니다. (2) 그들이 쇠퇴한 원인은 이러한 원시적 공동사회가 일정한 발전 정도를 넘어서 나아가는 것을 방해한 경제적 조건에 있었으며, 이것은 역사적인 맥락에서 오늘날의 러시아 공동체와는 조금도 닮은 점이 없습니다(Shanin 1983a: 107).

또 마르크스는 새로운 몇 가지 연구의 반공동체적 편견을 지적하면서, 다시 메인을 비난한다.

부르주아 저자가 쓴 원시 공동사회의 역사를 읽을 때는 조심할 필요가 있습니다. 그들은 거짓말마저 서슴지 않습니다. 그 예로 헨리 메인 경을 들 수 있습니다. 그는 영국 정부가 인도의 공동체를 폭력으로 파괴하는 일에 열심히 협력한 인물인데, 이러한 공동체를 유지하려는 동 정부의 모든 숭고한 노력이 경제법칙의 자연 발생적인 힘 때문에 좌절되었다고 위선적으로 단언하고 있습니다!(Shanin 1983a: 107)

---

56 "더욱 결정적으로".

이러한 반공동체적 이데올로기적 편견 아래서, 또한 영국식 사적 소유가 인도 촌락에 강제됨으로써 자행된 현실의 파괴에도 불구하고, 우리는 이러한 공동체의 지속성의 증거를 찾을 수 있다고 마르크스는 주장했다.

아마도 코발레프스키 노트에 의거해 마르크스는 다양한 사회에서 공동체적 형태의 좀 더 일반적인 유형을 만들어냈다. 클랜에 기초한 초기의 형태는 토지가 공동 분배되었을 뿐만 아니라 "경작도 집단적으로 공동으로 실시되었을 것입니다"(Shanin 1983a: 118). 이러한 고대의 공동체는 클랜 구조에서 실제의 또는 가상의 혈연관계에 기초를 두었다. "실제 혹은 입양된 친척이 아닌 한, 이 공동체에 들어갈 수 없었습니다"(119). 나중 단계에서 이 고대적 형태는 농촌 공동체로 전화하고, 그것은 혈연관계보다 거주에 기초한다. 마르크스는 바로 이 나중 단계의 형태가 매우 큰 "자연의 생명력"을 보인다고 말했다(118). 여기에서는 "양도될 수 없고 공동적 소유인 경지가 정기적으로 농촌 공동체의 성원에게 분할되었습니다"(119).

후의 "농촌 공동체"는 중요한 이중성을 포함한다. 마르크스는, 공동체적 토지 소유는 이 공동체를 공고히 하지만, "동시에 개별적인 가족의 영역인 가옥과 마당, 소규모 분할 경작과 그 과실의 사적 영유 등은 대부분의 원시적인 공동 사회의 유기체와는 양립할 수 없는 개인성의 발전을 초래"했다고 썼다(Shanin 1983a: 120). 이것은 이 사회형태의 생명력과 지속성의 근원을 형성하지만, 결국 이 이중성은 농촌 공동체를 "분해하는 하나의 맹아가 될 수 있습니다"(120). 소규모 사적 토지 소유가 확대되어 농촌 공동체의 해체의 요인이 된다. 하지만 더욱 근본적인 것은 이 생산양식 내부에서 발생한 노동 관계의 변화이다.

하지만 중요한 것은 사적 영유의 원천으로서의 분할 노동입니다. 그것은 가축, 화폐, 때로는 노예나 농노 등 동산의 축적을 야기했습니다. 이 동산 소유는 공동체로부터 통제되지 않고 많은 속임수와 기회가 따를 수 있는 개인적 교환의 대상으로 개방되었습니다. 그것은 점점 농촌 경제 전체에 큰 영향을 미치기 시작했습니다. 이것이야말로 원시적인 경제적·사회적 평등을 해체하는 것이었습니다(120).

그러나 이러한 해체가 결코 불가피한 것은 아니다.

편지 초안의 두 번째 주제는 러시아의 농촌 공동체와 다른 시대와 장소에서 공동체 간의 공통된 특징에 집중되었다. 확실히 마르크스는 러시아의 사회 발전 또는 혁명에 관한 이론을 만들어낸 것은 아니며, 식민지화된 아시아, 아프리카, 라틴 아메리카 등에 대해서도 마찬가지이다. 또한 그는 정치적으로 독립적인 러시아와 식민지 인도를 명백히 대조시키고 있다. "러시아는 근대 세계에서 고립되어 생존하고 있지 않습니다. 그것은 또한 동인도처럼 외국 정복자의 먹이로도 떨어지지 않았습니다"(Shanin 1983a: 106). 그러나 이 대조는 절대적인 것이 아니라 상대적인 것이다. 왜냐하면 거기에는 많은 공통점도 있으며, 그중 중요한 것은 이 두 큰 농업 사회의 촌락에서 농촌 공동체가 존재했다는 것이다. 러시아와 마찬가지로 인도에서도, 근대적 자본주의적 사적 소유의 발전은 어느 정도 사적인 봉건적 농민 소유로부터의 이행이 아니라, 공동체적 소유로부터의 이행을 필연적으로 포함하는 것을 의미했다. 1877년 초고와 이러한 1881년 저작에서, 마르크스가『자본』의 본원적 축적의 법칙을 농업국이나 식민지가 아니라 서구 국가에 한정한 것을 기억하라. 이 역사적인 시점에서 마르크스는 인도와 기타 비서구사회를, 적어도 어느 정도는, 자본주의적 근대의 논리 바깥에 두었던 것일까?

1881년 초고에서 마르크스의 공동체적 형태에 관한 역사적 유형을 슈얼이나 코발레프스키 인도론에 관한 1879년 노트와 함께 고려하면 또 다른 의문이 생긴다. 즉, 인도의 공동체적 형태가 식민주의와 자본에 대한 잠재적인 저항의 장소가 될 것인가 하는 의문이다. 코발레프스키 노트는, 식민지 인도나 알제리, 라틴 아메리카에서의 공동체적 형태가, 비록 마르크스가 러시아의 공동체적 형태에 대해 서술한 만큼은 아니지만, 아직도 약간의 생명력을 가지고 있음을 시사했다. 마르크스가 이 점에 대해서, 콘월리스 이후의 인도에 관한 코발레프스키의 논의에서 발췌한 다음의 문장을 추가했음(여기에서는 굵은 글씨로 강조한 부분)을 상기하라. "그러나 **이러한 원자들 사이에는 특정 결합이 존속하고 있으며,** 이것은 이전의 토지 소유자 집단을 연상하게 한다"(Marx [1879] 1975: 388; 강조는 원문). 나아가 마르크스의 슈얼 노트가 정복자 무슬림이나 영국인에 대한 인도 민중의 지속적인 저항을 강조하고 있으며, 마르크스가 코발레프스키 노트에 삽입한 코멘트는 바로 이 공동체적 형태에 집중하고 있음을 상기하기 바란다.

자술리치에게 보낸 편지 초안의 세 번째 주제는 러시아 혁명의 전망 및 혁명의 형태와 관련된 것이다. 여기에서 마르크스는 러시아의 공동체적 형태가 자본과 국가로부터의 위협에 대해 어느 정도의 저항력을 갖는지를 고찰했다. "러시아 공동체는 어느 정도의 생명력을 가지고는 있지만, 그것은 또한 '광대한 영토'에 걸쳐 분산된 촌락에 고립되어 있고, 그 위에 국가의 '중앙집권적 전제주의'가 우뚝 솟아 있습니다"(Shanin 1983a: 103). 그러나 현존하는 국가가 촌락의 고립성을 촉진하고 있지만, 이 고립성은 "정부의 속박이 제거되자마자 쉽게 극복될 수 있을 것"이다(103). 그러나 고립성의 극복은 혁명 없이는 성취될 수 없다. "따라서 전반적인 봉기만이, 이 '농촌 공동체'의 고립, 다른 공동체와의 결합 결여, 한마디로 농촌 공동체의 역사적 창의를 금압하는, 국지적 소우주성을 타파할 수 있을 것입니다"(112).

그러한 혁명을 수행하는 것은 농촌 공동체에게 시간이 다 되어가고 있기 때문에 쉽지 않을 것이다. "러시아 공동체의 생명을 위협하고 있는 것은 역사적 숙명도 아니고 이론도 아닙니다. 그것은 국가에 의한 억압이며, 또한 같은 국가가 농민들을 희생해서 강력하게 만든 자본주의적 침입자에 의한 착취입니다"(Shanin 1983a: 104~105). 그러나 국제적인 차원에서는 다른 객관적인 요인이 더 긍정적인 방향으로 기능했다. "세계 시장을 지배하고 있는 서구의 생산과 **동시대적으로 존재하고 있다는** 것은 러시아가 굴욕적인 강제[fourches caudines][57] 없이 자본주의 시스템의 모든 긍정적인 성과를 공동체 속에 편입하는 것을 가능하게 하고 있습니다"(110). 나아가 공동체의 고립은 최고 군주로서의 중앙집권적 국가를 제거하는, 보다 큰 민주화에 의해 완화될 수 있다. "이렇게 하려면 정부 조직인 군(volost) 대신 공동체 자체가 선출하는 농민 의회 – 공동체의 이익에 봉사하는 경제·행정 기구를 설치하는 것만으로도 충분합니다"(111). 이것은 서구에서 이미 발생하고 있는 과정과 병행하는 것이다. 서구에서 자본주의 시스템은 스스로가 "서구와 미국 모두에서 노동자 대중 및 과학과, 즉 이 시스템이 만들어내는 생산력 자체와 충돌하고 있다는 것을, 한마디로 말해 자신이 위기 속에 있다는" 것을 발견하고 있으며, "이 위기는 자본주의의 소멸에 의해 종결될 것이고, 또한 근대 사회가 집단적 소유와 생산의, '고대적인' 형태보다 고차원적인 형태로 복귀함으로써 종결될 것입니다"(111).

마르크스가 러시아에 관한 만년의 저작에서 처음으로, 외부의 주요한

---

57 '카우디네의 포크 문(Caudine forks)'. 기원전 321년 카우디네의 협곡에서 굴욕적 패배를 당한 로마군이 승자들에 의해 포크 모양으로 교차시킨 창 아래로 기어가도록 강요된 것을 가리킨다.

주체적 요인, 즉 서구와 북미의 자기 의식적이고 조직화된 노동자 계급 운동의 존재에 대해 언급한 것은 중요하다. 자본주의적 근대의 객관적 성과와 함께 이 주체적 요인도 러시아에 영향을 줄 수 있기 때문이다.

러시아 혁명의 특징은 무엇이 될 것인가? 그리고 그 혁명은 러시아 사회의 미래 발전에 어떤 영향을 미칠 것인가?

> 러시아 공동체를 구하기 위해서 러시아 혁명이 필요합니다. 게다가 러시아 정부와 "사회의 새로운 기둥들"은 전력을 다해 대중을 그와 같은 파국으로 내몰고 있습니다. 만약 혁명이 적시에 발생한다면, 그리고 만약 그 혁명이 농촌 공동체의 자유로운 비약(essor libre)[58]을 보장하기 위해 전력을[59] 집중한다면, 농촌 공동체는 머지않아 러시아 사회를 재생시키는 요소로, 그리고 자본주의 체제에 의해 예속된 나라들을 뛰어넘는 우월한 요소로 발전할 것입니다(Shanin 1983a: 116~117).

이 글은 러시아의 자생적인 혁명적 잠재력에 대해 매우 명확하게 기술하고 있다. 그러나 이처럼 농민 중심의 비자본주의적 사회 질서의 가능성을 열렬히 지지했다 해도, 이 주장이 자립적인 러시아 사회주의를 지지하는 논의로 간주되어서는 안 된다. 왜냐하면 자술리치에 대한 편지 초안의 다른 곳에서 볼 수 있듯이, 마르크스는 이러한 새로운 시스템은 서구의 노동자 계급을 포함한 더 넓은 사회 변화의 맥락에서만 실현될 수 있다고 생각했기 때문이다.

---

58 "붕 떠오른다", "비상한다".
59 여기에서 마르크스는 이 과정에서 러시아 인텔리겐치아의 중요한 역할에 대해 언급한 몇 단어를 삭제했다.

마르크스의 러시아에 관한 만년의 저작의 마지막 부분은 엥겔스와 공동으로 쓴 『공산당 선언』의 1882년 러시아어 제2판의 서문이다. 그것은 1883년 3월 사망 이전에 쓴 최후의 출판물이다. 독일어로 기초되고 1882년 1월 21일로 날짜가 붙은 서문은 러시아어로 번역되어 거의 즉시 나로드니키의 잡지 ≪인민의 의지(Narodnya Volya)≫에 게재되며, 또한 그해 하반기에는 게오르기 플레하노프(Georgi Plekhanov)[60]에 의해 『공산당 선언』의 새 번역으로 다시 발간된다. 마르크스와 엥겔스는 서문의 첫머리에서, 1848년 출판된 『공산당 선언』 초판에서는 러시아와 미국이 거의 등장하지 않으며, 특히 공산주의 운동에 관한 장에서는 전혀 다뤄지지 않았다고 말했다. 그리고 그들은 미국에서 자본에 의해 소규모 독립 농민이 쫓겨난 결과 높아진 위기에 대해 간략하게 분석했다. 그들은 러시아에서는, 유럽의 나머지 지역이 상대적으로 정지하고 있던 시대에, 심각한 혁명운동이 발흥한 것을 기술했다. "러시아는 유럽의 혁명적 행동의 전위[vanguard(Vorhut)]에 있다"(Shanin 1983a: 139).

러시아혁명은 어떤 형태를 취할 것인가? 마르크스와 엥겔스는 **옵시나**(obshchina)나 **미르**(mir) 같은 러시아 촌락의 공동체적 형태 안에 존재하는

---

60 완고한 단선주의자인 플레하노프는 아마도 이 서문에 당황했을 것이다(White 1996). 이 서문은 1882년 독일어로도 발간되었지만 이후 서구 마르크스주의자들에 의해 거의 무시되어 왔다. 마르크스 이후 세대 가운데 중요한 마르크스주의 사상가로서 전자본주의 공동 사회에 많은 관심을 보였던 이는 로자 룩셈부르크가 유일하다. 그는 독일 사회민주당 당학교 강의에서 이 문제를 광범위하게 다루었다. 여기에서 잉카, 러시아의 촌락, 인도의 촌락, 남아프리카, 고대 그리스에 대한 그의 고찰은 『경제학 입문』으로 사후 출판되었다. 그중 한 챕터인 「원시 공산주의의 해체」는 Hudis and Anderson(2004)에 번역되어 있다. 룩셈부르크는 보다 역사적인 접근을 하면서, 이러한 공동체적 형태가 근대 자본주의적 생산양식의 침투에 대해 완강하게 저항하고 있는 것에 주목했다. 하지만 그는 동시대의 공동체적 형태 — 러시아에서와 같은 — 가 자본에 대한 적극적이고 해방적인 저항 형태의 기초를 형성할 수 있으며, 나아가 서양의 노동운동과 동맹할 수 있다는 마르크스의 견해를 공유했던 것 같지는 않다.

혁명의 가능성을 고찰한다.

> 러시아의 옵시나는 — 비록 심하게 무너지고 있긴 하지만 태고의 공동체적 토지 소유의 한 형태이다 — 직접적으로 공산주의적인 공동체적 소유라는, 보다 고도의 형태로 이행할 수 있을까? 아니면 러시아 옵시나는 그전에 서구의 역사적 발전에서 나타났던 해체 과정을 거쳐야 하는 것일까? 이 문제에 대해 오늘 줄 수 있는 유일한 대답은 다음과 같다. 만약 러시아 혁명이 서구의 프롤레타리아 혁명에 대한 신호가 되어 양자가 서로 보완한다면, 현재의 러시아의 공동체적 토지 소유는 공산주의적 발전의 출발점이 될 수 있다(Shanin 1983a: 139).

여기에서 두 가지 점이 두드러진다. (1) 마지막 문장은 마르크스가 자술리치에게 보낸 편지의 초안에서 시사한 점을 명확히 하고 있다. 농업 공동체적 형태에 의거한 러시아 혁명은 근대적 공산주의 발전에 대한 필요조건이지만 충분조건은 아니다. 외부의 주체적 요인, 즉 서구의 노동자 계급의 혁명에 의한 도움이 더 필요하다.[61] 이것만이 자본주의적 근대의 성과가 전제적이고 기술적으로 지체된 러시아를 착취하기 위해 이용되는 것이 아니라, 이들과 공유될 수 있다. 그러나 주체적 요인은 다른 방향으로도 기능할 수 있다. 즉, 러시아 혁명은 서구의 혁명 후에 진행될 필요는 없을 것이다. 사실 러시아 혁명은 서구의 봉기의 "출발점"이 될 수도 있다. (2) 심지어 자술리치에게 보낸 편지의 초안에서 암묵리에 주장된 점이 여

---

61 엥겔스가 이 조건을 1882년 서문에 도입했으며 마르크스는 자신이 동의하지 않는 이 텍스트에 서명을 했다는 Wada(1983)의 주장은 설득력이 없다. 앞서 보았듯이, 이 조건은 마르크스가 자술리치에게 보낸 편지 초안에 이미 함축되어 있다.

기서 명확화되고 있다. 그것은 러시아 혁명은 "공산주의적 발전"에 이를 수 있다는 것이다(62).[62] 러시아는 만약 혁명이 더 민주주의적이고 기술적으로 발전한 세계에서 노동자 계급의 봉기를 일으킨다면, 근대 사회주의 성과를 획득하기 위해 자립적인 자본주의적 발전을 경험할 필요는 없을 것이다. 이것은, 중국의 경제공황이 유럽의 경제공황과 그 결과로서 혁명을 일으키는 것에 관한, 혹은 서구의 노동자 계급의 동맹으로서 인도의 세포이 반란 등에 관한, 1850년대의 마르크스의 주장과는 다르고 또한 더 급진적이다. 1850년대에 그는 중국과 인도의 국민적 저항 운동에서 기껏해야 그들 국가 내에서 민주주의적 변혁이 일어날 수 있는 잠재력을 보았다. 1870년대에는 그는 아일랜드의 국민적 혁명 – 그 성격상 공산주의적인 것은 아닐 것이다 – 을 영국의 공산주의적 변혁의 전제 조건으로 간주했다. 그러나 러시아에 관한 만년의 저작에서 마르크스가 주장하고 있는 바에 따르면, 근대적 공산주의적 변혁은 러시아와 같은 농업국이거나 기술적으로 지체된 국가에서도 가능하다. 하지만 이는 그 혁명이 서구의 노동자 계급의 혁명과 결합되어 서구 근대의 성과에 대해 협력적 기반에서 접근할 수 있을 경우이다.[63]

---

62 차토패드히야는 전체적으로 이 텍스트들을 주의 깊게 검토하고 있지만, 이 점과 관련한 다음과 같은 주장, 즉 마르크스의 러시아에 대한 후기 저작은 "러시아의 '프롤레타리아' 혁명 혹은 '사회주의' 혁명에 대한 어떤 언급도 포함하고 있지 않으며", 그냥 '짧게(tout court) '러시아혁명'"이라고만 말했다는 주장(Chattopadhyay 2006: 61)은 잘못되었다. 또 차토패드히야는 일종의 러시아 예외주의, 즉 공동체적 형태와 혁명에 대한 마르크스의 후기 저작은 단지 러시아라는 '특이한' 케이스에만 적용될 수 있다는 주장을 강력하게 펼치고 있다. 하지만 이 역시 설득력이 없다. 이에 반해 미국의 인류학자 토머스 패터슨(Thomas Patterson)은 "미래의 대안적 발전 경로의 가능성"은 인생의 끝자락에 "마르크스가 왜 그토록 많은 시간과 에너지를 인류학적 연구에 바쳤는지를 설명하는 이유의 하나"라고 결론지었다(Patterson 2009: 131).

63 1882년 서문에 관한 마르크스와 엥겔스의 토론은, 가령 그것이 존재했다 할지라도, 기록이 남아 있지 않다. 그러나 엥겔스는 『러시아의 사회관계』(1875)라는 팸플릿에서 이 같은 주제 중 일부에 대해 언급하고 있다. 이 팸플릿의 주안점은 러시아의 인민주의와 바쿠닌파의 주장

마르크스는 이 시기에 연구했던, 공동체적 형태를 가진 인도와 같은 지역에서도 유사한 가능성을 인정했을까? 그는 결코 이 문제를 명시적으로 밝히지 않았다. 우리가 앞에서 본 바와 같이, 자술리치 편지 초안에서 마르크스는 한편으로는 러시아의 독자성을 강조하고, 다른 한편으로는 인도나 다른 식민지화된 비서구사회와의 유사성을 강조했다. 하지만 나는 이 장에서 논한 발췌노트의 다수의 증거에 근거해, 마르크스는 자생적인 공동체적 형태를 기초로 공산주의 혁명으로 이행하는 것에 관한 새로운 고찰을 러시아에 한정하려고 했던 것은 아니라고 주장하고 싶다.

에 대항하는 것이었다. 그들은 러시아의 민중은 러시아의 촌락 공동사회의 구조에서 보듯이 본능적으로 공산주의적이기 때문에, 자본주의 단계를 거치지 않고 공산주의의 근대적 형태로 쉽게 이행할 수 있다고 주장했다. 엥겔스는 이러한 공동체 구조는 공산주의의 근대적 형태와는 거리가 멀며, 러시아가 근대화하면서 급속하게 붕괴되고 있다고 말했다. 그러나 부차적인 점으로서 그는 "서유럽에서 프롤레타리아 혁명이 승리하고, 그것이 러시아의 소농에게 이 이행을 위한 전제 조건을 창출한다"라는 조건하에서 "이 사회형태를 보다 고차적인 '공산주의' 형태로 이행시키는 가능성이 분명하게 존재한다는 것"을 인정했다(MECW 24: 48). 1882년의 '서문'은 이러한 주제의 일부와 일치하지만, 엥겔스의 1875년 논문과는 두 가지 점에서 다르다. (1) '서문'은 혁명의 원천으로서 촌락공동체의 잠재력을 강조하고 있으며, 그와 같은 생각에 관한 여러 문제를 강조하지 않았다. (2) '서문'에서는, 서유럽의 프롤레타리아 혁명을 러시아 혁명의 전제 조건으로 하는 것이 아니라, 러시아 혁명이 먼저 일어나서 서양의 혁명의 '신호'가 될 것이라고 언급하고 있다. 그러나 1875년 이후 변화하지 않은 것은, 러시아 혁명은 산업화된 서양에서 동시대의 공산주의 혁명의 지원 없이는 공산주의의 근대적 형태에 도달할 수는 없다는 생각이다.

| 결 론 |

    민족주의, 인종, 종족(ethnicity), 그리고 비서구사회에 대한 마르크스의 저작을 탐구하는 이 여정은, 마르크스의 전반적인 지적 프로젝트, 특히 만년의 그 프로젝트가 가진 다원적 성격을 밝혔다고, 나는 기대한다. 앞에서 살펴본 바와 같이, 마르크스의 자본 비판은 일반적으로 생각하는 것보다 훨씬 광범위했다. 분명 마르크스는 서구와 북미의 노동 – 자본 관계를 중점적으로 다루었지만, 동시에 상당한 시간과 에너지를 비서구사회, 인종, 종족, 민족주의 등의 분석에도 할애했다. 이러한 저작의 어떤 부분은 문제가 있는 단선적인 관점을, 경우에 따라서는 자종족중심주의의 흔적을 보여주지만 이러한 문제에 대한 마르크스 저작의 전반적인 궤적은 다른 방향으로 움직였다. 지금까지 살펴본 논의는 마르크스가 복선적 혹은 비환원주의적 역사 이론을 창조했다는 것, 비서구사회의 복잡성과 차이를 분석했다는 것, 그리고 자신을 발전 또는 혁명의 단일한 모델에 결부시키기를 거부했다는 것 등을 보여주었다.

    1848년 마르크스와 엥겔스는 자본주의 사회의 이론적 모델과 핵심적인 모순을 매우 선견지명 있는 방법으로 정리했으며, 지금까지도 『공산당 선언』의 서술의 힘에 필적하는 것은 없을 정도이다. 『공산당 선언』에서, 그들은 사회 진보에 대해 암묵적으로 그리고 문제가 있는 단선적 개념을 채택했다. 전자본주의 사회, 특히 중국은 종족중심적 술어로 "가장 야만적인" 사회로 특징지어졌고, 새롭고 역동적인 사회 시스템에 의해 강제로 침투되고 근대화되는 운명에 있었다. ≪뉴욕 트리뷴≫에 기고한 1853년의 논문에서, 마르크스는 이러한 관점을 인도로 확장했다. 마르크스는 자신이 당시 영국 식민주의의 진보적 특징으로 보고 있었던 것을 칭찬하고, 인도의 카스트가 지배하는 "불변의" 전통적인 사회 질서에는 반대했다. 이러한 의미에서, 그는 인도는 아랍에서 영국까지 외국 정복자의 역사를 제외하고는 역사가 없는 사회라고 주장했다. 더욱이 그는 인도 사회가 카스트 분열과 사회 전반의 수동성 때문에 이러한 정복에 저항할 수 없었다고 주장했다. 인도 촌락의 공동체적 사회관계와 공동체적 소유는 결과적으로 "동양적 전제주의"에 견고한 토대를 제공했다. 이 모든 것은 인도를 특히 영국의 식민주의에 대해 개방하게 했으며, 이 식민주의는 그 이후에 어떤 경우에도 계속해서 진보를 가져왔다. 탈식민지 및 포스트모던 사상가들, 그중 가장 저명한 에드워드 사이드(Edward Said)는 『공산당 선언』과 1853년의 인도 평론을 식민주의적 사고방식과 근본적으로 유사한 오리엔탈리즘적 지식의 한 형태라고 비판했다.

이러한 비판자의 대다수는 1853년에는 마르크스의 아시아에 대한 시각이 『공산당 선언』의 입장에서 벗어나기 시작해, 더 복잡하고 더 변증법적인 것으로 되고 있었다는 것을 깨닫지 못했다. 마르크스는 1853년의 ≪뉴욕 트리뷴≫의 기사에서, 근대화된 인도가 식민주의에서 탈출하는 길을 찾아낼 것이라고 썼기 때문이다. 마르크스는 이제 식민주의를 "야만"의 한 형태로 서술했다. 조만간 영국 노동자 계급의 지원을 통해 혹은 인도의 독립 운동의 형성에 의해, 인도에서 식민주의가 종식될 것이라고 마르크스는 주장했다. 이르판 하비브와 같은 인도의 학자가 지적했듯이, 마르크스가 1853년에 쓴 인도 평론이 가진 이러한 측면은 인도의 독립을 지원하는 주요 유럽 사상가의 첫 번째 사례였다.

1856~1857년에는 마르크스 사상의 반식민주의적 측면이 더 분명해졌다. 마르크스는 다시 ≪뉴욕 트리뷴≫에서, 제2차 아편전쟁과 인도의 세포이 반란 시기에 일어난 영국에 대한 중국의 저항을 지지했다. 이 기간 동안 마르크스는 인도에 대한 새로운 생각의 일부를 그의 가장 위대한 이론적 저작 중 하나인 『요강』(1857~1858년)에 도입하기 시작했다. 경제학 비판에 대한 이 맹아적 저작에서, 마르크스는 진정으로 복선적인 역사이론을 형성하기 시작했다. 거기에서 아시아 사회는, 마르크스가 서구에 대해 묘사한 생산양식의 계기적 발전 경로 ― 고대 그리스 로마적·봉건적·그리고 자본주의적 ― 와는 다른 경로를 거쳐 발전해 온 것이다. 더욱이 마르크스는 원초적 로마 사회의 공동체적 소유 관계와 더 넓은 공동체적 사회적 생산을 동시대 인도의 그것과 비교해 대조시켰다. 마르크스는 1853년에는 인도 촌락의 공동체적 사회형태를 전제(專制)의 버팀목으로 간주했지만, 이제는 이러한 형태가 민주적으로도 혹은 전제적으로도 될 수 있음을 강조했다.

1860년대에 마르크스는 유럽과 북미를 중점적으로 취급하고 아시아에 대해서는 조금밖에 쓰지 않았다. 마르크스가 『자본』 제1권 초판이나 제2권 및 제3권이 된 초고의 대부분을 쓴 것은 이 시기였다. 그러나 이 시기의 마르크스가 자본 관계와 계급투쟁에만 관심을 빼앗겨, 민족주의, 인종, 종족을 배제했다고 생각하는 것은 큰 잘못일 것이다. 『자본』을 쓰고 있던 이 시기에, 마르크스는 또한 남북전쟁(1861~1865)의 긴 세월 동안, 인종과 계급의 변증법에 관심을 갖고 있었다. 미국 북부는 자본주의 사회였지만, 마르크스는 반노예제의 대의에 투신해 남부연합에 대치하는 링컨 정부를 비판적으로 지지했다. 남북전쟁에 대한 저작에서, 마르크스는 몇 가지 중요한 방식으로 인종과 계급을 연결시켰다. 첫째, 마르크스는 백인의 인종차별은 노동자 전체를 저해했다고 주장했다. 둘째, 마르크스는 노예화된 흑인 노동자 계급의 주체성이 북군에게 유리한 결과를 가져올 결정적인 힘이 될 것이라고 썼다. 셋째, 마르크스는 — 최선의 국제주의의 예로 — 미국 북부가 남부 면화를 봉쇄함으로써 영국 맨체스터 및 기타 산업 중심지에 초래한 큰 경제적 손실에도 불구하고, 영국 노동자들이 미국 북부에 아낌없이 지원한 것에 대해 서술했다. 마지막으로, 마르크스의 제1인터내셔널은 미국이 해방 노예에게 충분한 정치적·사회적 권리를 부여하지 않는다면 다시 한번 국가가 피로 물들 것이라고 예언적으로 경고했다.

마르크스는 또한 1863년의 폴란드 봉기를 지지했다. 그것은 오랜 세월 고통받아 온 나라가 민족 독립의 회복을 요구하는 것이었다. 이미 『공산당 선언』에서 마르크스와 엥겔스는 노동 운동과 사회주의 운동의 핵심적 원리로 폴란드의 독립을 지원한다고 표명했다. 폴란드나 러시아에 대한 마르크스의 저작은 밀접하게 상호 관련되어 있다. 마르크스와 그의 세대는 러시아를, 유럽의 민주주의 운동과 사회주의 운동에 가장 큰 위협이 되는, 악의적이고 반동적인 강대국으로 간주했다. 마르크스는 러시아의 전제를 — 그는 그것을 몽골 정복으로부터 계승한 "동양적 전제주의"의 한 형태라고 생각했다 — 러시아 농업의 성격, 특히 러시아 촌락에서 지배적인 공동체적 형태나 공동체적 소유 관계에 근거하는 것으로 보았다. 인도나 중국에 대해서와 마찬가지로, 마르크스는 1858년에는 러시아에 대한 시각을 변화시키기 시작했다. ≪뉴욕 트리뷴≫에 게재한 러시아에 대한 마르크스의 여러 기사에서 볼 수 있듯이, 마르크스는 눈앞에 다가온 농노 해방과 농업 혁명의 가능성에 주목했다. 러시아에 점령된 폴란드는 러시아 본토와 서구 사이에 위치하고 있기 때문에, 폴란드의 혁명운동은 러시아 제국 내부의 깊은 모순을 나타내고 있었다. 이 모순은 1830년의 유럽 혁명, 그리고 어느 정도는 1848년 혁명까지 개입하려고 하는 러시아 제국의 노력을 방해했다. 동시에 마르크스는 프랑스나 기타 서구의 민주주의자를 강하게 비판했는데, 그 이유는 이들이 폴란드인 동맹자들이 서구의 민주주의 혁명운동을 지원한 것에 대한 보답이 될 만큼 폴란드인 동맹자들을 충분히 지원하지 못했기 때문이다. 더욱이 폴란드에 대한 이러한 배신은, 서구의 민주주의 운동 및 사회주의 운동을 약화시켜, 러시아의 개입 — 1849년 대규모로 일어났다 — 으로 인해 서구의 운동이 패배하는 하나의 요인이 되었다. 마르크스는 만년에 가까워지면서 폴란드 혁명운동에서 반자본주의적 성격을 강조하기 시작했다.

남북전쟁에서 나타난 북부의 대의, 폴란드의 1863년 봉기 등에 대한 노동자 계급의 지지의 결과로 노동자 활동가의 국제 네트워크가 성립되었다. 이 네트워크는 주로 영국인, 프랑스인, 독일인 등이 참가해 1864년 국제노동자연합(훗날 제1인터내셔널로 알려진)를 구성했다. 마르크스는 이 연합의 주요 조직자 및 이론가로서 활동했다. 마르크스의 생애 중 가장 지속적으로 이루어진 노동자 운동에의 관여는 이처럼 노예제, 인종차별, 민족적 억압에 대한 투쟁을 배경으로 했다. 또한 인터내셔널을 창설한 후 몇 년 동안, 인터내셔널은 아일랜드 독립운동에도 관여했다. 아일랜드에 대한 인터내셔널의 관여는 바로 『자본』 독일어 초판이 간행된 해인 1867년에 시작되었다. 영국 노동자의 인터내셔널 지도자들은 엄청나게 명예롭게도, 또 마르크스의 이론적·정치적 주장에 적지 않게 의거해, 처음에는 아일랜드에 대한 영국의 지배에 대해 놀라울 정도로 강경한 반대 입장을 취했다. 아일랜드 분쟁이 격화된 1867~1870년 동안, 민족해방과 계급투쟁의 관계에 대한 마르크스의 논의는, 순수 이론으로서가 아니라 그 시대의 가장 큰 노동조직 내부 논의의 결과로서 주장되었다.

시간이 지남에 따라 마르크스는 영국과 아일랜드에 대해 새로운 이론적 입장을 취하게 되었는데, 그것은 이 특별한 역사적 국민을 뛰어넘는 함의를 포함한다. 이 기간 동안 마르크스의 아일랜드에 관한 이론화는 종족, 인종, 민족주의 등에 대한 그의 저작 중 정점을 이루는 것이었다. 이전에 마르크스는 당시 가장 선진적인 자본주의 사회의 산물인 영국 노동운동이 근대주의적 방식으로 우선 권력을 잡고, 그다음 아일랜드가 독립을 회복하도록 하고, 이 새로 독립한 국가를 물질적·정치적으로 지원하게 될 것이라고 예언했었다. 그러나 1869~1870년에는 마르크스는 자신의 입장을 바꾸었다고 쓰고, 이제 아일랜드의 독립이 최우선으로 이루어져야 할 것이라고 주장했다. 마르크스는, 영국의 노동자들은 아일랜드인에 대해 민족주의적 자부심과 강대국의 오만함으로 가득 차 있기 때문에 그들 자신을 영국의 지배 계급에 결부시키는 허위의식을 발전시키고 있으며 이로 인해 영국사회 내의 계급투쟁을 약화시키고 있다고 주장했다. 이러한 난관은 영국 노동자들의 아일랜드 민족 독립에 대한 직접적인 지원으로만 돌파될 수 있을 것이다. 또한 이것은 아일랜드의 이민 노동자가 하층 프롤레타리아를 형성하고 있는 영국에서, 노동자들을 재결합하는 역할을 하게 될 것이다. 영국 노동자들은 종종 자신들의 임금 저하가 절망적으로 빈곤한 아일랜드인과의 경쟁에서 비롯된다고 비난하는 반면, 아일랜드 이민자들은 종종 영국의 노동운동을 국내외 모두에서 자신들을 지배하고 있는 바로 그 영국 사회의 다른 표현에 지나지 않는다고 불신했다. 마르크스는 영국과 아일랜드의 계급, 종족, 민족주의 등의 개념화를, 미국에서의 인종 관계와 한 번 이상 연결시켰다. 거기서 마르크스는 영국에서의 아일랜드인의 상황과 아프리카계 미국인의 상황을 비교했다. 마르크스는 또한 영국 노동자를 미국 남부의 백인 빈곤층의 태도와 비교했는데, 그들은 빈번히 자신들의 동료인 흑인 노동자와 대립하고 백인 농장주와 결합하고 있었다. 이러한 의미에서 마르크스는 인종, 종족, 계급 등에 대한 더 광범위한 변증법적 개념을 창조하고 있었다. 동시에 마르크스는 민족주의의 편협한 형태, 특히 종교적 정체성으로 후퇴하거나 영국 인민에 무관심해서 인터내셔널의 사업에 주의를 기울이지 않는 아일랜드판 민족주의를 비판했다.

이러한 고찰은 거의 모두, 단지 서브 테마로라도, 마르크스의 가장 중요한 이론적 저작인 『자본』에 포함되었다. 마르크스가 출간을 준비한 마지막 수정판인 1872~1875년의 『자본』 프랑스어판에서, 마르크스는 조셉 로이의 번역을 수정했을 뿐 아니라 저작 전체를 개정했다. 이러한 개정의 일부는 사회발전의 복선적 경로의 문제와 관련되어 있다. 마르크스가 프랑스어판에서 변경한 일부 핵심 구절은, 제8편 "자본의 본원적 축적"의 주제인, 서구 봉건제로부터 자본주의적 발전의 변증법과 관련이 있다. 마르크스는 직접적이고 명확한 문체로, 이제 본원적 축적에 관한 제8편에서 설명된 이행은 단지 서구에만 적용된다고 서술했다. 이러한 의미에서 비서구 사회의 미래는 열려 있으며, 서구의 미래에 의해 결정되어 있지는 않았다.

인도 역시 『자본』 텍스트의 다양한 부분에서 중요한 역할을 했다. 인도 촌락은 전자본주의 사회관계의 한 예로서 역할을 했다. 한편 전통적인 인도 제조업이 급격히 몰락하고 그 결과 수공업 노동자가 기아상태에 이르게 된 것은, 인간적 차원에서 자본주의적 글로벌화의 끔찍한 파괴적 효과를 설명하기 위해 사용되었다. 또한 마르크스는 『자본』 제1권의 주요 부분을, 영국 자본주의의 침투가 어떻게 아일랜드의 토지와 사람들을 파괴했는가에 대해 서술하는 데 할애했다. 수백만 아일랜드인이 미국으로 강제 이주한 것은 역사의 복수를 보여준 것이며, 아일랜드 노동자는 곧 영국의 세계 지배에 도전할 새로운 자본주의 강대국의 기초 형성에 기여했다고 마르크스는 결론을 내렸다. 마지막으로, 마르크스는 『자본』에서 노예제와 인종 차별을 분석하고, 아메리카 대륙의 선주민의 근절과 아프리카인의 노예화가 어떻게 초기 자본주의적 발전에서 중요한 요소를 이루고 있었는지를 보여주었다. 마르크스는 또한 몇 가지 핵심 국면에서, 미국에서 노예제와 인종차별이 초기 노동 운동에 가한 해로운 영향에 대해 지적하고, 『자본』에서 "흑인에게 낙인이 찍혀 있는 곳에서는, 백인 노동자는 스스로를 해방할 수 없다"(Capital 1: 414)라고 서술했다. 덧붙여 노예제의 붕괴는 미국 노동자들에게 중요한 새로운 가능성을 열 것이라고 결론을 내렸다.

1870년대에는 마르크스는 이전에 강한 관심을 가지고 있었던 아시아로 돌아왔으며, 한편 러시아에 대한 연구도 깊어졌다. 마르크스는 이전에는 러시아의 외교 정책에만 관심을 가지고 있었지만, 이제는 국내의 경제적·사회적 관계를 연구하기 위해 러시아어를 배우기 시작했다. 러시아에 대한 마르크스의 관심은 1872년에 『자본』이 러시아어로 출간되면서, 특히 『자본』이 독일보다 러시아에서 더 많은 논쟁을 불러일으킨 후 더욱 높아졌다.

1879~1882년에 마르크스는 근대 인도, 인도네시아(자바), 러시아, 알제리, 라틴 아메리카 등이 포함된 비서구사회와 비유럽 사회의 다양한 그룹에 대한 최신의 연구로 이루어진 일련의 발췌노트를 작성했다. 마르크스는 또한 아메리카 선주민과 호주 선주민과 같은 선주민 연구에 대한 노트도 작성했다. 이러한 발췌노트의 하나의 핵심적인 주제는, 많은 사회에서

발견되는 공동체적 사회관계 및 소유 형태였다. 다른 저자에 관한 이러한 연구 노트는, 마르크스 자신의 관점을 이따금 간접적으로밖에 표현하고 있지 않지만, 그럼에도 불구하고 몇 가지 광범위한 주제를 간파할 수 있다. 예를 들어, 마르크스의 인도 연구에서는 두 가지 문제가 등장한다. 첫째, 마르크스의 노트는 인도에 대해 역사가 없는 사회라고 했던 이전의 견해와는 대조적으로, 인도의 역사적 발전에 대한 새로운 이해를 보여준다. 마르크스는 여전히 인도 촌락의 공동체적 형태를 몇 세기에 걸쳐 상대적으로 연속적인 것으로 보고 있지만, 이제는 클랜에 기초한 형태에서 지연적 공동체로 발전하는 것과 같은, 그러한 공동체적 형태 내부에서 일어나는 일련의 중요한 변화에 주목하게 되었다. 둘째, 그 노트는 마르크스가 1853년 때처럼 인도의 수동성이 아니라, 중세 무슬림의 침략 혹은 당시 영국의 식민주의 등 외국의 정복에 직면했을 때의 분쟁이나 저항에 강한 관심을 가지고 있었다는 것을 보여준다. 마르크스는 또 이 저항의 일부가 클랜이나 공동체적 사회형태에 기초한 것이었다고 썼다.

마르크스는 인도, 알제리, 라틴 아메리카 등의 연구를 통해, 사적소유 형태를 도입하기 위해 공동체적 형태를 파괴하려는 서구 식민주의의 시도에 직면했을 때, 공동체적 형태가 갖는 견고함을 이해하게 되었다. 알제리 같은 일부 경우에는, 이러한 공동체적 형태가 직접적으로 반식민주의적 저항과 결합되어 있었다. 이때가 되면 마르크스는 이전에 가지고 있었던 식민주의의 진보성이라는 생각을 포기하고, 대신에 이를 끊임없이 신랄하게 비난하기 시작했다.

마르크스의 초기 저서 일부, 특히 1840년대의 저서에서와 마찬가지로, 젠더는 로마 사회는 물론 이로쿼이족과 같은 선주민에 대한 1879~1882년의 마르크스의 노트에서 중요한 주제였다. 여기에서는 젠더의 주제에 대한 마르크스와 엥겔스의 견해를 직접 비교할 수 있는데, 그것은 인류학자 루이스 헨리 모건의 『고대 사회』에 대한 마르크스의 노트가 1880년 또는 1881년에 작성되었기 때문이다. 엥겔스는 마르크스 사후 그 노트를 발견하고, 그것을 자신의 연구 『가족, 사적소유, 국가의 기원』(1884)을 위한 배경으로 이용했다. 엥겔스의 저서는 많은 단점을 가지고는 있지만, 긍정적인 의미로 특출했다. 엥겔스의 저서는 여성의 평등을 단호하게 방어하는 것으로, 초기 사회주의 운동의 주요 이론가가 젠더에 대해 전면적으로 다룬 유일한 저서였다. 그러나 엥겔스와는 대조적으로, 마르크스는 이로쿼이족 같은 문자 사용 이전 사회의 젠더 관계의 어떤 이상화도 피하는 경향이 있었다. 항상 변증법가였던 마르크스는 헤겔을 본받아, 각 사회 영역의 내부에, 평등하고 공동체적인 문자 사용 이전 사회 내부에서조차도, 이중성과 모순이 있음을 인정했다. "여성의 세계사적 패배"가 유럽과 중동에서 문자 사용 이전의 클랜 사회에서 계급 사회로의 이행기에 일어난다는 엥겔스의 단순한 견해를, 마르크스는 공유하지 않은 것으로 보인다. 엥겔스와는 대조적으로, 마르크스는 젠더 관계의 이러한 대안적 형태를 자신의 시대를 위해, 단지 계급사회 기원의 고찰로뿐만 아니라 자본에 대한 잠재적인 저항의 원천으로도 보고 있었던 것이다.

민족주의, 종족, 계급에 대한 마르크스의 이론화가 1869~1870년의 아일랜드에 관한 저작에서 정점에 도달했다면, 비서구사회에 대한 이론화의 정점은 1877~1882년의 러시아에 관한 고찰이었다. 엥겔스와 공저인 1882년의 『공산당 선언』 러시아어판의 서문은 물론 일련의 편지와 그 초안에서, 마르크스는 러시아의 사회발전과 혁명의 복선적 이론을 스케치하기 시작했다. 이 저작은 『자본』 프랑스어판의 복선적 주제를 기초로 해서 작성되었다. 러시아에 관한 저술에서 마르크스는 반복해서 그리고 단호하게 『자본』의 논의가 러시아의 미래에 대해 어떤 명확한 예언을 제공한다는 것을 부인했다. 마르크스는 러시아의 공동체적 촌락의 사회구조가 서구 봉건제의 전자본주의적 촌락의 사회구조와 명확히 다르다는 점에 주목했다. 서구와 러시아의 전자본주의적 사회구조의 차이는 만약 러시아가 자본주의에 흡수되는 것을 피할 수 있다면, 러시아에 사회적 발전과 근대화의 대안적 형태가 있을 수 있다는 가능성을 시사한다. 러시아 농촌 공동체는 서구의 산업 자본주의와 동시대에 존재하므로, 러시아 촌락에 기초한 사회혁명은, 자본주의적 발전의 고통을 회피하면서, 서구적 근대성의 자원을 활용할 수 있을 것이다. 그러나 마르크스는 결코 러시아에 대해, 자급자족 경제나 일국 사회주의를 제안한 것은 아니었다. 그것은 낮은 수준의 경제적·문화적 발전에 기초한 사회주의를 의미하는 것이며, 마르크스가 이미 1844년에 "조야한 공산주의"로 비판했던 것이다. 왜냐하면 마르크스와 엥겔스가 1882년 출간된 『공산당 선언』의 러시아어판 서문에서 서술하고 있듯이, 러시아 농촌 공동체에 기초한 급진적 변혁은 서구의 노동자 계급 운동 측에서 병행적인 혁명적 변혁과 결합해 진행함으로써만 가능할 것이기 때문이다. 그 서문에서 마르크스와 엥겔스는 그러한 러시아 혁명은 공산주의적 기초를 가질 수 있을 것이라고 단언했다. 앞서 마르크스는 중국과 인도의 반식민주의 운동을 서구 노동자 계급의 동맹으로 간주했다. 또한 폴란드 및 아일랜드에서의 민족 운동도 마찬가지로 보고 있었다. 마르크스는 여기 러시아에 대한 만년의 저작에서 더 나아가, 만약 러시아 혁명이 서구의 노동운동을 기반으로 한 혁명과 연결될 수 있다면 비자본주의적인 러시아에서 공산주의적 발전이 현실로 가능하다고 주장했다.

　요약하면, 나는 이 연구에서 마르크스가 단선적이지도 않고 배타적으로 계급에 의거하지도 않는 사회적 변화의 변증법적 이론을 발전시켰다고 주장했다. 마르크스의 사회 발전 이론이 보다 복선적인 방향으로 발전한 것과 같이, 마르크스의 혁명 이론도 시간이 지남에 따라 계급과 종족, 인종, 민족주의와의 교차성에 점점 더 집중하기 시작했다. 분명히 마르크스는 포스트모던적 의미에서 차이의 철학자(philosopher of difference)는 아니었다. 왜냐하면 전체를 지배하는 하나의 통일체, 즉 자본에 대한 비판이 마르크스의 지적 기획 전체의 중심을 이루고 있었기 때문이다. 그러나 중심성이 일의성 또는 배타성을 의미하는 것은 아니었다. 마르크스의 성숙한 사회 이론은 총체성의 개념을 둘러싸고 전개되었으며, 그 개념은 단지 특수성이나 차이에 대한 광범위한 관점을 제공할 뿐만 아니라, 때로는 인종, 종족, 민족과 같은 특수한 것들도 총체성에 대한 규정요인으로 삼는다. 그러한 경우는 마르크스가 아일랜드의 민족 혁명이 영국 자본주의의 전복을 돕는 "지렛대"가 될 수 있다고 주장했을 때, 혹은 마르크스가 러시아 농촌 공동체에 근거한 혁명이 유럽 규모의 공산주의적 발전에 출발점 역할을 할지도 모른다고 썼을 때 등에 해당된다.

한편으로 마르크스는 어떻게 해서 자본의 힘이 지구를 지배했는가를 분석했다. 자본은 모든 사회에 침투해, 산업과 무역의 보편화된 세계적 시스템을 처음으로 창조했고, 동시에 억압된 산업 노동자 계급이라는 새로운 보편적 계급을 창조했다. 그러나 다른 한편으로는 이러한 역사와 사회의 보편화 이론을 전개할 때 마르크스는 — 이 책에서 강조했듯이 — 형식적이고 추상적인 보편성을 피하려고 노력했다. 마르크스는 자본과 계급의 보편화하는 힘이 특정 사회나 사회 집단에서 — 러시아나 인도와 같이 아직 자본이 충분히 침투하지 않는 비서구사회에서이든, 혹은 산업적으로 보다 발전한 국가에서 나타나는 노동자 계급의식과 종족, 인종, 민족주의 간의 특수한 상호작용에서이든 —

어떤 특수한 방식으로 나타나는지의 문제를 해결하려고 거듭 시도했다.

*　*　*

그러나 또 하나의 문제가 떠오른다. 마르크스의 다문화적이고 복선적인 사회적 변증법은 오늘날 글로벌화된 자본주의에 대해 무엇을 밝히는 것일까? 러시아 ― 그리고 당시 다른 비자본주의국 ― 에서의 사회적 발전에 대한 마르크스의 복선적인 시각은, 오늘날 어떤 직접적인 관련성이 있는 것일까? 여기서 나는 오늘날 한정된 정도로만 그렇다고 주장한다. 물론 세계에는 토착의 공동체적 형태가 남아 있는 지역이 ― 멕시코 치아파스, 또는 볼리비아와 과테말라 고지, 라틴 아메리카, 아프리카, 아시아, 그리고 중동의 곳곳에 있는 유사한 공동체 같은 ― 존재한다. 하지만 이 모두가 마르크스가 살던 시대의 러시아 또는 인도의 공동체적 형태의 규모로는 존재하지 않는다. 그럼에도 불구하고 이러한 공동체적 형태의 흔적은 때로는 소농과 함께 도시로 들어갔으며, 게다가 중요한 반자본주의 운동은 최근 멕시코와 볼리비아 같은 장소에서 토착 공동체적 형태에 기초해 발전한 것이다. 그러나 전체적으로는, 이러한 지역조차 1880년대의 인도 또는 러시아 촌락보다도 훨씬 큰 정도로 자본에 침식되어 있다. 하지만 러시아, 인도, 그리고 다른 비자본주의 국가들에 대한 마르크스의 복선적인 접근은, 일반적인 이론적 또는 방법론적 수준에서는 오늘날 더 의미 있는 것으로 되고 있다. 그것은 마르크스의 변증법적 사회 이론의 주요한 예로서, 중요한 발견적 방법으로 도움이 될 수 있다. 거기에서 마르크스는 전 세계가 자본과 그 가치 형태에 의해 지배된다는 일반 원리를 기초로 해서 연구하는 한편, 동시에 아직도 충분히 그것에 의해 지배되지 않는 지구상의 많은 주요한 지역을 구체적이고 역사적으로 분석했다.

계급이 인종, 종족, 민족주의와 서로 교차하는 차원에서는, 마르크스의 이론적 결론의 대부분이 오늘날 더 직접적으로 우리에게 의미가 있다. 주요 산업 국가에서 종종 이민으로 인한 종족 분단은 노동자 계급을 변화시켜 왔다. 여기서는 남북전쟁 시대의 미국에서 인종과 계급의 관계에 대한 마르크스의 저작, 폴란드의 독립 투쟁과 더 광범위한 유럽혁명 간의 관계에 대한 그의 저작, 아일랜드 독립 운동과 영국 노동자 간의 관계에 대한 그의 저작 등에서 기저를 이루는 원칙이 더 명확하게 지속적으로 의미가 있다. 이 문제에 대한 마르크스의 저작은, 우리가 미국에서 인종차별과 감옥화의 유해한 혼합을 비판하는 것, 1992년 로스앤젤레스 폭동을 분석하는 것, 2005년 파리 교외에서 발발한 이민자 청년의 폭동을 이해하는 것 등을 도울 수 있다. 다시 강조하지만, 마르크스의 이론적 관점이 지닌 강점은 이러한 문제를 자본 비판과 분리하지 않으면서도, 종족, 인종, 민족주의를 계급으로 해소하는 것이 아니라 그것들에 더 광범위한 맥락을 부여하는 데 있다.

(1) 사회발전의 복선적인 변증법으로든, (2) 글로벌 자본주의에 직면한 오늘날의 토착적인 운동의 이론화에 대한 시사점을 제공하는 발견적 예시로든, (3) 계급의 인종, 종족, 민족주의 간 관계의 이론화로든, 나는 이 책에서 다룬 마르크스의 저작이 오늘날에 대해 몇 가지 중요하고 유용한 관점을 제공한다고 믿는다.

부록: 1920년대부터 오늘날까지의 『마르크스 - 엥겔스 전집(MEGA)』의 편력

오늘날까지 마르크스의 저작 중 많은 것이, 특히 이 책의 주제에 관한 것들이 아직 어떤 언어로도 간행되지 않았다. 마르크스 사후 한 세기 이상 경과했음에도 왜 아직 그런 상황인가?

이 문제는 사실 엥겔스에서부터 시작되었으며, 오늘날까지 계속되고 있다. 엥겔스는 『자본』 제1권의 결정판을 1890년 편집해 출판하기 위해 오랫동안 애썼고, 마르크스의 여러 초안을 주의 깊게 편집하고 배열해 『자본』 제2권과 제3권을 각각 1885년 1894년 간행했다. 하지만 엥겔스는 마르크스의 저작 전체의 출판은 계획하지도 제안하지도 않았다. 엥겔스 사후 제2인터내셔널하에서도 유고의 출간은 거의 진전되지 않았다.

랴자노프와 제1차 『마르크스 - 엥겔스 전집』

1917년 러시아 혁명이 돌파구를 제공했다. 레닌의 강력한 격려와 새로운 소련 국가의 재정 지원을 배경으로 탁월한 마르크스 연구자 데이비드 랴자노프와 그의 동료들이 1920년대 초 소련에서 제1차 『마르크스 - 엥겔스 전집』(이하 구 MEGA) 프로젝트에 착수했다. 비공산당 계열인 제2인터내셔널이 마르크스와 엥겔스의 초고와 편지를 여전히 소유하고 있었기 때문에, 새로 창립된 프랑크푸르트연구소 소장이자 공산당과 사회당 모두와 친분이 있던 카를 그루엔베르크(Carl Gruenberg)가 중재자가 되었다. 정식 계약서에 따르면, 프랑크푸르트연구소의 직원이 베를린의 독일 사회민주당 문서고에 있는 마르크스와 엥겔스의 문서를 모스크바의 랴자노프가 이끄는 마르크스-엥겔스 연구소를 위해 복사하는 책임을 맡았다. 그 책임에는 "복사에 의해 재현될 수 없는 원본의 모든 특이사항과 특징까지 완벽하게 기록하는 것"까지 포함되었다(Wiggershaus [1986] 1994: 32에서 재인용). 랴자노프의 구 MEGA 계획은 거창했지만, 실제로는 그 작은 부분만 1928~ 1935년 사이에 간행되었다. 랴자노프는 구 MEGA를 세 개 부문으로 나눴는데, 각 부문은 마르크스와 엥겔스의 저작을 그들이 사용했던 원래의 언어(대체로 독일어, 영어, 프랑스어) 그대로 포함하고, 엄밀한 학술 부속자료를 덧붙이는 것으로 구성될 계획이었다.

제I부문: 철학, 경제, 역사, 정치에 관한 저작

구 MEGA는 이 부문에서 최종적으로 여덟 권을 간행했는데, 이는 1850년까지의 저술을 포함한다. 그중에서도 특히 주목할 만한 것은 『1844년 수고』와 『독일 이데올로기』이다. 이 중 어느 것도 엥겔스나 제2인터내셔널이 출판하지 않았다. 랴자노프는 1927년 세계 최초로 『1844년 수고』 번역판을 러시아어로 출판했다.

제II부문: 『자본』과 관련 초고

이 부문은 『자본』 제1권의 모든 판본을 마르크스가 쓴 그대로, 혹은 엥겔스가 편집한 그대로 1867년 독일어 초판부터 엥겔스가 말한 '결정판'인 1890년 독일어 제4판까지 포함할 예정이었다. 또한 엥겔스가 편집한 『자본』 제2권과 제3권 및 이들의 원초고와 『요강』이나 『잉여가치학설사』와 같은 다른 텍스트도 포함할 예정이었다. 하지만 구 MEGA의 이 부문 중 어떤 책도 출간되지 않았으며, 단지 『요강』만이 1939~1941년 별권으로 출판되었다.

제III부문: 마르크스와 엥겔스의 편지

실제로 간행된 것은 네 권뿐이며, 이들은 1844~1883년 마르크스와 엥겔스의 알려진 왕복 서한을 모두 포함하지만, 제3자를 수취인 혹은 발송인으로 하는 편지는 포함되어 있지 않다.

랴자노프는 마르크스의 모든 것을 간행하기 위해 열심히 노력했지만, 그조차도 마르크스 저작의 한 유형은 출간할 생각이 없었는데, 그것은 다름 아닌 『민족학 노트』와 같은 발췌노트이다. 마르크스가 평생에 걸쳐 연구한 수많은 텍스트로부터 발췌하거나, 이들을 요약하고 또 이들에 대해 논평한 것들로 이루어진 것이 발췌노트이다. 1923년 랴자노프는 자신의 구 MEGA 간행 계획을 모스크바의 사회주의 아카데미에 보고하면서 ─ 이 보고서는 이듬해 독일에서 프랑크푸르트 연구소 소장 그루엔베르크에 의해 간행되었다 ─ 마르크스의 저작의 네 번째 혹은 "마지막 무더기"로서의 "발췌노트"에 대해 언급하고, 이 노트는 주로 마르크스의 전기를 집필하는 사람들에게 도움이 될 것이라고 말했다. 그는 특히 "1857년 경제위기에 대한 두꺼운 세 권의 노트 …… 17세기 중반까지의 세계사에 대한 연대기적 개관" 및 "일부 수학 노트"에 관해 언급했다. 랴자노프는 이 수학 노트만은 예외적으로 출간 대상으로 분류했다.

그런데 평상시 조심스러운 성격의 이 마르크스 편집자가 갑자기 마르크스를 깔보는 듯한 태도를 취하면서 놀랍게도 다음과 같이 말했다.

1881~1882년 마르크스는 집중적이고 독립적이고 지적인 창조 활동을 할 수 있는 능력을 잃었지만, 그럼에도 불구하고 연구 능력을 잃지는 않았다. 마르크스의 발췌노트를 검토하면 때로 다음과 같은 의문이 떠오른다. 왜 마르크스는 이렇게 체계적이고 철저한 요약을 위해 그토록 많은 시간을 허비했는가? 혹은 왜 1881년이라는 말년에 지질학 기본서 한 권을 장별로 요약하는 데 그토록 많은 에너지를 쏟아부었는가? 63세의 나이에 이는 변명의 여지가 없는 현학이 아닐까? 또 다른 예도 있다. 1878년에 마르크스는 모건의 책 한 권을 받았다. 마르크스는 아주 작은 글자로 무려 98쪽에 걸쳐(마르크스가 노트 한 쪽에 적은 내용은 인쇄하면 최소한 2.2쪽이 된다) 모건 책의 상세한 요약을 만들었다. 늙은 마르크스는 이런 방식으로 일했다.[1]

마르크스의 발췌노트에 대한 편집자 랴자노프의 시각이 이러했기에, 이것들은 구 MEGA에 포함되지 않았다. 독립적 정신의 소유자였던 랴자노프는 자신은 마르크스주의자이지만 레닌주의자는 아니라고 공언했다. 1920년대 말부터 랴자노프는 스탈린 체제로부터 억압을 느끼기 시작했다. 1931년 스탈린은 랴자노프를 체포하고 강제 노동수용소로 보냈으며, 랴자노프는 그곳에서 1938년 처형되었다. 구 MEGA는 1935년 간행이 중단되었다. 그것 역시 스탈린주의의 희생자였다.[2] 예컨대 마르크스의 『수학 초고』는 독일의 젊은 수학자 율리우스 굼벨(Julius Gumbel, 아인슈타인이

---

1 랴자노프의 보고서로부터 인용한 내용의 대부분은 Dunayevskaya([1982] 1991: 177~178)에 번역되어 있다. 보고서 전체(독일어)는 Riazanov(1925)를 보라.

2 독일사회민주당은 나름대로 나치의 불길에서 마르크스와 엥겔스의 필기 수고 원본을 구하기 위해 애썼다. 이들은 우선 네덜란드로 보내졌고 다시 영국으로 보내져 안전하게 보관되었다. 오늘날 이들 필기 수고 원본의 약 2/3가 암스테르담의 국제사회사연구소에 보관되어 있다. 마르크스 저작 원본의 나머지 대부분은 모스크바의 러시아국립사회정치사 문서고(RGASPI, 구 마르크스-엥겔스-레닌 연구소)에 있다.

추천한 사람)이 편집 완료해 이미 1927년에 교정쇄가 나왔음에도 불구하고 1968년까지 출판되지 못했다. 스탈린주의적 방식으로 1968년판 마르크스의『수학 초고』는 굼벨을 언급조차 하지 않았다(Vogt 1995).[3]

마르크스 엥겔스 전집(MECW)

랴자노프는 약간 작은 규모의 마르크스 엥겔스 전집도 기획했는데, 이는 1928~1946년 러시아어로 출판되었다. 이 판은 독어판『마르크스-엥겔스 전집(MEW)』(1956~1968) 및 영어판『마르크스-엥겔스 전집(Marx-Engels Collected Works: MECW)』과 같은 다른 언어 판본의 저본이 되었다. 영어판을 예로 들면, 영어판은 세 부분으로 구성되어 있다.

I. 제1권~제27권: 마르크스와 엥겔스의 출판 및 미출판 책, 논설 및 초고

II. 제28권~제37권:『요강』에서『자본』까지의 마르크스의 주요 경제학적 저작

III. 제38권~제50권: 마르크스와 엥겔스의 편지

모든 스탈린주의 판본처럼 영어판 전집 MECW에는 다른 문제들만 있는 것이 아니라 심각한 누락도 있다. 서문과 주석이 종종 교조주의적이고 때로는 오도되어 있다. 마르크스와 엥겔스의 이견이 이따금 은폐되어 있다. 러시아 제국의 영토 확장 야욕에 대한 마르크스와 엥겔스의 신랄한 비판과 폴란드인과 체첸인의 편에서 이루어진 반러시아 운동에 대한 그들의

---

3   영어 번역은 Marx([1968] 1983)를 참조.

강력한 지지는 때로는 은폐되었고 때로는 마르크스와 엥겔스의 잘못이라고 치부되었다. 그러나 MECW, MEW 및 유사 판본의 최대의 문제는 그것들이 MEGA가 아니라는 것이다. 예를 들어, 『자본』 제1권의 경우 하나의 버전만 포함되어 있을 뿐이며, 마르크스가 『자본』을 다양한 버전을 통해 변경하고 발전시킨 과정은 물론 엥겔스가 빠뜨린 프랑스어판 가운데 중요한 부분이 포함되어 있지 않다. 이들은 또 『자본』 제2권 및 제3권에 해당되는 마르크스의 초고를 재현하고 있지 않으며, 단지 엥겔스가 편집한 것들만 포함하고 있다. 게다가 마르크스와 엥겔스가 수취인으로 된 편지는 극소수만 포함되어 있다. 마지막으로, 이들에는 마르크스의 발췌노트는 거의 포함되어 있지 않다.

루벨이 편집한 프랑스어판 마르크스 전집(Oeuvres)

1989년 이전 오랫동안 소련과 동독이 마르크스의 저작 출판을 거의 독점하고 있었을 때, 프랑스의 마르크스 문헌학자 막시밀리앙 루벨이 독립적으로 간행한 마르크스의 여러 저작, 연표, 전기는 비록 작은 규모이긴 하지만, 마르크스 전집에 대한 하나의 자유지상주의적(libertarian) 대안을 제공했다. 1952년 루벨은 한 공저 논문에서 모스크바의 마르크스 - 엥겔스 - 레닌 연구소가 "랴자노프와 그의 프로젝트의 운명"에 대해 "침묵"하고 있다고 비판하면서, 스탈린이 "마르크스와 엥겔스 저작을 **그 전체로** 출판하는 것을 허용할 수 없었던 것"은 "루이 나폴레옹, 프로이센, 차르와 같은 경찰국가들에 대항해 마르크스와 엥겔스가 수행했던 가차 없는 투쟁이 자신의 독재에 대한 비난이 될 것이기 때문이었다"라고 말했다(Rubel and Bracke-Desrousseaux 1952: 113; 강조는 원문). 그 후 10년이 지나서 루벨은 프랑스의 학술기관으로부터 재정 지원을 받아 마르크스 전집(Oeuvres)을 프랑스의 가장 권위 있는 출판사인 갈리마르에서 간행하기 시작했다. 1963년에서 1994년 사이 네 권의 두꺼운 책이 출판되었는데, 각 권은 약 1500쪽의 마르크스 텍스트와 약 500쪽에 달하는 루벨의 학술적 서문과 각주로 구성되어 있었다. 루벨판에는 스탈린주의 판본들과 달리, 마르크스와 엥겔스의 차이, 특히 『자본』과 관련한 차이가 주기되어 있다.

그런데 루벨의 주석은 종종 극렬한 반혜겔주의 경향을 보인다는 흠이 있다(Anderson 1992, 1997a). 또 다른 문제는 루벨 역시 발췌노트를 간행하는 것에 반대했다는 것이다. 1996년 루벨은 죽기 직전의 인터뷰에서 "향후 출간될 2차 MEGA를 통해 뭔가 새로운 중요한 마르크스의 자료들을 볼 수 있을 것으로 예상합니까?"라는 질문에 대해 놀랍게도 다음과 같이 부정적으로 답했다. "솔직히 그렇게 생각하지 않습니다. 랴자노프가 단지 40권만 출간하려고 했던 것은 발췌노트 전체(200권 이상!)를 간행하는 것은 쓸모없다고 생각했기 때문입니다"(Weill 1995).

2차 마르크스 – 엥겔스 전집(신 MEGA): 1989년 이전과 이후

1975년 모스크바와 동베를린에서 신 MEGA가 시작되었다. 그 편집자들은 완전히 스탈린주의적 방식으로 작업해서 순교한 자신들의 걸출한 전임자인 랴자노프의 작업에 대해 전혀 언급하지 않았다. 또 그 서문과 주석은 MECW나 다른 유사 판본들처럼 교조주의적 성격을 띠고 있었다. 하지만 마르크스 텍스트의 실제 편집은 상당히 정확했다.

1989~1991년 소련과 동유럽이 붕괴한 이후, 신 MEGA의 재정은 심각하게 악화되었다. 한동안 어려움을 겪은 후 서방 재단들로부터 새로운 자금 지원을 받게 되어, 최근에는 주로 암스테르담의 국제사회사연구소와 베를린 – 브란덴부르크 과학아카데미(BBAW)의 지원을 받고 있다. 1989년 이전

과 비교하면 현재 재정 지원 규모는 훨씬 작아지고 출판 계획도 약간 축소된 반면, 편집권은 주로 서방의 마르크스 연구자들로 구성된 다양한 그룹으로 옮겨졌다. 예를 들어, 1989년 이후 자문위원회에는 슐로모 아비네리(Shlomo Avineri), 이링 페처(Iring Fetscher), 에릭 홉스봄(Eric Hopsbawm), 고 유진 카멘카(Eugene Kamenka), 버텔 올먼(Bertell Ollman), 고 막시밀리앙 루벨(Maximilien Rubel)(사망 직전 사임), 임마누엘 월러스틴(Immanuel Wallerstein) 등 국제적으로 저명한 인물들이 포함되어 있다. 현재 신 MEGA의 전반적인 편집 관리는 국제사회사연구소 지부인 국제마르크스엥겔스재단(IMES)과 베를린 – 브란덴부르크 과학아카데미가 맡고 있고, 편집 그룹들이 독일, 러시아, 프랑스, 일본, 미국 등의 나라에서 활동하고 있다.

신 MEGA는 네 개 부문으로 구성되어 있으며,[4] 마지막 제4부문이 발췌노트들로 구성되어 있다.

제1부문: 저작, 논설 및 초고

예정된 32권 중 현재 17권이 출판되었다. 이 부문에서 특히 주목할 만한 것은 $MEGA^2$ I/2인데, 거기에는 마르크스의 『1844년 수고』가 포함되어 있다. 여기에는 처음으로 이 수고의 두 버전이 출판되었는데, 하나는 구 MEGA로 간행되어 오늘날까지 영어 번역의 저본이 된 것이고, 또 하나의 새로운 버전은 모양은 거칠지만 원본에 더 가까운 것이다. 흥미롭게도, 새로운 버전 첫 10쪽에서 마르크스는 각 쪽을 세로로 칸을 나누어 세 편의 에

---

4   1991년 이후 신 MEGA의 변화된 사정에 관한 개관으로는 특히 Grandjonc and Rojahn(1995)을 참고하고, 영어로는 Rojahn(1998), Hecker(1998), Wendling(2005), Musto(2007)를 보라. 또 *Marx-Engels-Jahrbuch*(베를린), *MEGA-Studien*(암스테르담), *Beiträge zur Marx-Engels-Forschung*(베를린)은 MEGA 프로젝트와 역사에 대한 정기적 보고와 학술 토론을 게재하고 있다.

세이를 동시에 써내려갔다. MEGA² I/2는 마르크스가 오늘날 1844년 「헤겔의 변증법 비판」으로 알려진 부분을 적어도 두 부분으로 나누어 썼음을 보여주는데, 마르크스는 포이어바흐에 관한 부분과 분리된 텍스트에서 헤겔의 『정신현상학』의 "역동적이고 창조적인 원리로서 부정성의 변증법"을 칭송하고 있다(MEGA² I/2: 292).

제II부문: 『자본』과 예비적 연구

예정된 15권 중 현재 13권이 출간되었으며, 신 MEGA에서 가장 완성된 부분이다[2012년에 모두 간행되었다_옮긴이]. 간행된 것은 마르크스와 엥겔스가 간행을 위해 준비했던 『자본』 제1권의 모든 판본을 포함한다. 여기서 중요한 것은 MEGA² II/10인데, 이것은 1890년 엥겔스가 출판한 『자본』 제1권 독일어 제4판을 리프린트하면서 마르크스의 1872~1875년 『자본』 제1권 프랑스어판으로부터 60쪽 분량을 발췌해 부록을 추가한 것이다. 이 자료는 정작 1890년 엥겔스가 출판한 『자본』 제1권 독일어 제4판에는 수록되지 않았으며, 따라서 그 후 표준적인 독일어판이나 영어판 『자본』 제1권에도 포함되지 않았다. 제II부문의 다른 책들은 엥겔스가 『자본』 제2권과 제3권으로 편집해서 출판한 마르크스의 초고를 포함하고 있다. 따라서 이제 이 책들의 엥겔스 판본과 마르크스의 초고를 쉽게 비교할 수 있게 되었다.[5]

제III부문: 왕복 서간

예정된 35권 중 현재 1865년까지의 왕복 서간을 수록한 12권이 간행되

---

5 이 점에 대한 논의로는 Bellofiore and Fineschi(2009)를 참조.

었다. 신 MEGA는 현존하는 마르크스와 엥겔스의 모든 편지뿐만 아니라 그들을 수취인으로 한 편지들도 수록하고 있다.

제IV부문: 발췌노트

예정된 32권 중 현재 11권이 간행되었다. 여기서 가장 주목할 만한 것은, 여기에는 여태까지 어떤 언어로도 간행되지 않은 텍스트도 포함되어 있다는 점이다. 물론 마르크스의 『바쿠닌의 「국가제와 무정부」에 대한 노트』나 『아돌프 바그너 평주』는 MECW에 포함되어 있고, 1879~1882년 노트 중 비서구 및 전자본주의 사회에 대한 노트 일부와 『수학 초고』는 이전에 별도로 간행된 바 있지만, 많은 새로운 자료가 제IV부문으로 간행될 예정이다. 이미 간행된 것들 중 MEGA^2 IV/3이 있는데, 이 책은 1998년 환호와 함께 출판되었다. 이 책은 새로운 편집 규정에 따라 만들어진 첫 번째 책으로서, 편집자는 게오르기 바가투리아(Georgi Bagaturia), 레흐 쿠루바노프(Lev Curbanov), 올가 코로레바(Olga Koroleva), 류드미라 바시나(Ljudmilla Vasina), 위르겐 로얀(Jürgen Rojahn)이었다. 이 책은 장 바티스트 세(Jean Baptiste Say), 장 샤를 시스몽디(Jean-Charles Sismondi), 찰스 배비지(Charles Babbage), 앤드루 유어(Andrew Ure), 나소 시니어(Nassau Senior) 등과 같은 정치경제학자들에 대한 1844~1847년 마르크스의 노트를 포함하고 있다. 이 노트 중 어떤 것도 이전에는 어떤 언어로도 간행되지 않았다.[6] 출판 예정된 마르크스의 발췌노트에는 경제학에 대한 많은 자료뿐만 아니라 다음과 같은 내용들도 있다. (1) 1853년부터 1880~1881년까지의 노트로서 인도네시아에 관한 것(이것은 조만간 MEGA^2 IV/27 및 마르크스의 『공

---

6 이 책에 대한 논의는 Chattopadhyay(2004)를 보라.

동체, 제국 및 계급: 비서구 및 전자본주의 사회에 대한 1879~1882년 노트』로 간행될 예정이다), (2) 여성과 젠더 관계의 역사에 관한 1852년 노트, (3) 러시아 농업과 미국의 프레리(prairie) 농업에 대한 1870년대 및 1880년대의 많은 노트, (4) 1860년대 이후 아일랜드에 대한 노트, (5) 로마 시대와 카롤링거 왕조 시대의 농업에 대한 노트, (6) 1880년대에 작성된 대량의 세계사 연대기.

마르크스 저작 전집의 출간 작업은 스탈린주의와 나치즘의 억압을 딛고 살아남아 오늘도 계속되고 있다. 현재 진행 중인 신 MEGA 작업은 고난의 20세기에 때로는 자신의 목숨을 희생하면서까지 마르크스의 원래의 저작을 수집하고 보존하고 편집했던 사람들의 어깨 위에 서 있는 것이다.

참 고 문 헌

Adler, Victor. 1954. *Briefwechsel mit August Bebel und Karl Kautsky.* Vienna: Verlag der Wiener Volksbuchhandlung.

Ahmad, Aijaz. 1992. "Marx on India: A Clarification." In *In Theory: Classes, Nations, Literature,* 221~242, 337~339. London: Verso.

Alan, John. 2003. *Dialectics of Black Freedom Struggles.* Chicago: News & Letters.

Althusser, Louis. 1971. *Lenin and Philosophy and Other Essays.* Trans. Ben Brewster. New York: Monthly Review Press.

Anderson, Kevin B. 1983. "The 'Unknown' Marx's *Capital,* Vol. I: The French Edition of 1872~75, 100 Years Later." *Review of Radical Political Economics* 15, no. 4: 71~80.

_____. 1992. "Rubel's Marxology: A Critique." *Capital & Class* 47: 67~91.

_____. 1995. *Lenin, Hegel, and Western Marxism: A Critical Study.* Urbana: University of Illinois Press.

_____. 1997a. "Maximilien Rubel, 1905~1996, Libertarian Marx Editor." *Capital & Class* 62: 159~165.

_____. 1997b. "On the MEGA and the French Edition of *Capital,* Vol. I: An Appreciation and a Critique." *Beiträge zur Marx-Engels Forschung.* Neue Folge 1997: 131~136. Berlin: Argument Verlag.

_____. 1999. "Marx on Suicide in the Context of His Other Writings on Alienation and Gender." In *Marx on Suicide,* ed. Eric A. Plaut and Kevin Anderson, 3~27. Evanston, IL: Northwestern University Press.

_____. 2007. "The Rediscovery and Persistence of the Dialectic: In Philosophy and in World Politics." In *Lenin Reloaded: Toward a Politics of Truth,* ed. Sebastian Budgen, Stathis Kouvelakis and Slavoj Zizek, 120~147. Durham, NC: Duke University Press.

Anderson, Kevin and Russell Rockwell, eds. 2012. *The Dunayevskaya-Marcuse-Fromm Correspondence, 1954-1978: Dialogues on Hegel, Marx, and Critical Theory.* Lanham, MD: Lexington.

Anderson, Perry. 1974. *Lineages of the Absolutist State.* London: New Left Books.

Antonio, Robert. J., ed. 2003. *Marx and Modernity: Key Readings and Commentary.* Malden, MA, and Oxford: Blackwell.

Arthur, Christopher J. 1990. "*Capital*: A Note on Translation." *Science & Society* 54, no. 2: 224~225.

_____, ed. 1996. *Engels Today: A Centenary Appreciation.* London: Macmillan.

Avineri, Shlomo. 1968. *The Social and Political Thought of Karl Marx*. Cambridge: Cambridge University Press.

Bahro, Rudolf. 1978. *The Alternative in Eastern Europe*. Trans. David Fernbach. London: NLB.

Bakan, Abigail. 2008. "Marxism and Antiracism: Rethinking the Politics of Difference." *Rethinking Marxism* 20, no. 2: 238~256.

Barbier, Maurice. 1992. *La pensée politique de Karl Marx*. Paris: Éditions L'Harmattan.

Baylen, Joseph O. 1957. "Marx's Dispatches to Americans about Russia and the West, 1853~1856." *South Atlantic Quarterly* 56, no. 1: 20~26.

Beauvoir, Simone de. [1949] 1989. *The Second Sex*. Trans. H. M. Parshley. New York: Vintage.

Bellofiore, Riccardo and Roberto Fineschi, eds. 2009. *Re-reading Marx: New Perspectives after the Critical Edition*. Basingstoke, UK: Palgrave Macmillan.

Benner, Erica. 1995. *Really Existing Nationalisms: A Post-Communist View of Marx and Engels*. New York: Oxford University Press.

Bennett, Lerone Jr. 2000. *Forced Into Glory: Abraham Lincoln's White Dream*. Chicago: Johnson Publications.

Black, Dave. 2004. *Helen Macfarlane: A Feminist, Revolutionary Journalist, and Philosopher in Mid-Nineteenth Century England*. With a reprint of Macfarlane's 1850 translation of *The Communist Manifesto*. Lanham, MD: Lexington Books.

Blit, Lucjan. 1971. *The Origins of Polish Socialism: The History and Ideas of the First Polish Socialist Party 1878~1886*. New York and London: Cambridge University Press.

Bloom, Solomon F. 1941. *The World of Nations: A Study of the National Implications of the Work of Marx*. New York: Columbia University Press.

Bowman, Frank O. III. 2004. "*Pour encourager les autres?* The Curious History and Distressing Implications of the Sarbanes-Oxley Act and the Sentencing Guidelines Amendments That Followed." *Ohio State Journal of Criminal Law* 1, no. 2: 373~442.

Bourdieu, Pierre. 1977. *Outline of a Theory of Practice*. Trans. Richard Nice. Cambridge and New York: Cambridge University Press.

Braunthal, Julius. [1961] 1967. *History of the International, Volume One: 1864~1914*. Trans. Henry Collins and Kenneth Mitchell. New York: Praeger.

Bright, John. [1865] 1970. *Speeches on the American Question*. With an introduction by Frank Moore. New York: Kraus Reprint Co.

Brown, Heather. 2012. *Marx on Gender and the Family: A Critical Study*. Leiden: Brill.

Callesen, Gerd. 2002. "A Scholarly MEGA Enterprise." *Tijdschrift voor de Geschiednis van Soziale Bewegingen* 4: 77~89.

Carver, Terrell. 1996. "Engels and Democracy." In Arthur 1996, 1~28.

Chandra, Bipan. 1980. "Karl Marx, His Theories of Asian Societies and Colonial Rule." In *Sociological Theories: Race and Colonialism*, 383~451. Paris: UNESCO.

Chattopadhyay, Paresh. 1999. "Review Essay: Women's Labor under Capitalism and Marx." *Bulletin of Concerned Asian Scholars* 31, no. 4: 67~75.

_____. 2004. "On 'Karl Marx—Exzerpte und Notizen: Sommer 1844 bis Anfang 1847,' in *Gesamtausgabe(MEGA)*, vierte Abteilung, Band 3." *Historical Materialism* 12, no. 4: 427~454.

_____. 2006. "Passage to Socialism: The Dialectic of Progress in Marx." *Historical Materialism* 14, no. 3: 45~84.

Collins, Henry and Chimen Abramsky. 1965. *Karl Marx and the British Labour Movement: Years of the First International*. London: Macmillan.

Cummins, Ian. 1980. *Marx, Engels and National Movements*. London: Croom Helm.

Curtis, Michael. 2009. *Orientalism and Islam*. New York: Cambridge University Press.

Debs, Eugene V. 1908. "The American Movement." In *Debs: His Life, Writings and Speeches*, 95~117. Girard, KS: The Appeal to Reason.

Dennehy, Anne. 1996. "The Condition of the Working Class in England, 150 Years On." In Arthur 1996, 95~128.

Derrida, Jacques. 1994. *Specters of Marx*. Trans. Peggy Kamuf. New York: Routledge.

Draper, Hal. 1978. *The Politics of Social Classes*. Vol. 2 of *Karl Marx's Theory of Revolution*. New York: Monthly Review.

_____. 1985a. *The Marx-Engels Chronicle*. Vol. 1 of *The Marx-Engels Cyclopedia*. New York: Schocken.

_____. 1985b. *The Marx-Engels Register*. Vol. 2 of *The Marx-Engels Cyclopedia*. New York: Schocken.

_____. 1986. *The Marx-Engels Glossary*. Vol. 3 of *The Marx-Engels Cyclopedia*. New York: Schocken.

_____. 1996. *War and Revolution. Lenin and the Myth of Revolutionary Defeatism*. Ed. Ernest Haberkern. Atlantic Highlands, NJ: Humanities Press.

Du Bois, W. E. B. [1903] 1961. *The Souls of Black Folk*. New York: Fawcett.

_____. [1935] 1973. *Black Reconstruction in America: An Essay Toward a History of the Part Which Black Folk Played in the Attempt to Reconstruct Democracy in America, 1860–1880*. New York: Atheneum.

Dunayevskaya, Raya. [1958] 2000. *Marxism and Freedom. From 1776 until Today*. With a preface by Herbert Marcuse and a new foreword by Joel Kovel. Amherst, NY: Humanity Books.

_____. [1963] 2003. *American Civilization on Trial: Black Masses as Vanguard*. 5th ed. Chicago: News & Letters.

_____. [1973] 1989. *Philosophy and Revolution: From Hegel to Sartre and from Marx to Mao*. With a preface by Louis Dupré. New York: Columbia University Press.

_____. [1982] 1991. *Rosa Luxemburg, Women's Liberation, and Marx's Philosophy of Revolution*. 2nd ed., with additional material by the author and a foreword by Adrienne Rich. Urbana: University of Illinois Press.

_____. 1985. *Women's Liberation and the Dialectics of Revolution: Reaching for the Future*.

Atlantic Highlands, NJ: Humanities Press.

_____. 2002. *The Power of Negativity: Selected Writings on the Dialectic in Hegel and Marx*. Ed. Peter Hudis and Kevin B. Anderson. Lanham, MD: Lexington Books.

Dupré, Louis. 1983. *Marx's Social Critique of Culture*. New Haven, CT: Yale University Press.

Eaton, Henry. 1980. "Marx and the Russians." *Journal of the History of Ideas* 41, no.1: 89~112.

Ellis, Peter Berresford. 1996. *A History of the Irish Working Class*. London: Pluto.

Fetscher, Iring. 1971. *Marx and Marxism*. Trans. John Hargreaves. New York: Herder and Herder.

_____. 1991. *Überlebensbedingungen der Menschkeit*. Berlin: Dietz Verlag.

Foner, Philip S. 1973. *When Karl Marx Died: Comments in 1883*. New York: International Publishers.

_____. 1977. *American Socialism and Black Americans: From the Age of Jackson to World War II*. Westport, CT: Greenwood Press.

_____. 1981. *British Labor and the American Civil War*. New York: Holmes & Meier. Foucault, Michel. [1966] 1970. *The Order of Things* [French: *Les Mots et les choses*]. New York: Vintage.

Gailey, Christine Ward. 2006. "Community, State, and Questions of Social Evolution in Karl Marx's *Ethnological Notebooks*." In *The Politics of Egalitarianism: Theory and Practice*, ed. Jacqueline Solway, 32~52. New York: Bergahn Books.

General Council of the First International, 1864–1866, Minutes. 1962. Moscow: Progress Publishers.

General Council of the First International, 1866–1868, Minutes. 1964. Moscow: Progress Publishers.

General Council of the First International, 1868–1870, Minutes. 1966. Moscow: Progress Publishers.

Genovese, Eugene. [1968] 1971. "Marxian Interpretations of the Slave South." In *In Red and Black: Marxian Explorations in Southern and Afro-American History*, 315~353. New York: Pantheon.

Gluckstein, Ygael [Tony Cliff]. 1957. *Mao's China*. London: Allen & Unwin.

Godelier, Maurice. 1970. Preface to *Sur les sociétés précapitalistes: Textes choisis de Marx, Engels, Lénine*, 13~142. Paris: Éditions sociales.

Goethe, Johann Wolfgang von. 1914. *West-Eastern Divan*. Trans. Edward Dowden. London: J. M. Dent & Sons.

_____. 1949. *Gedichte und Epen*. Vol. 2 of *Werke*. With editorial notes by Erich Trunz. Hamburg: Christian Wegner Verlag.

Gouldner, Alvin W. 1980. *The Two Marxisms*. New York: Oxford University Press.

Grandjonc, Jacques and Jürgen Rojahn. 1995. "Aus der MEGA-Arbeit. Der revidierte Plan der *Marx-Engels-Gesamtausgabe*." *MEGA-Studien* 2(1995): 62~89.

Habib, Irfan. 2006. "Introduction: Marx's Perception of India." In *Karl Marx on India*, ed. Iqbal

Husain, xix-liv. New Delhi: Tulika Books.

Hammen, Oscar. 1969. *The Red '48ers. Karl Marx and Friedrich Engels.* New York: Scribner's.

Harstick, Hans-Peter, ed. 1977. *Karl Marx über Formen vorkapitalistischer Produktion.* Frankfurt: Campus Verlag.

Hazelkorn, Ellen. 1980. "*Capital* and the Irish Question." *Science & Society* 43, no. 3: 326~356.

Hecker, Rolf. 1998. "The MEGA Project: An Edition Between a Scientific Claim and the Dogmas of Marxism-Leninism." *Critique* 30~31: 188~195.

Hegel, G. W. F. [1807] 1977. *Phenomenology of Spirit.* Trans. A. V. Miller. New York: Oxford University Press.

_____. [1831] 1969. *Science of Logic.* Trans. A. V. Miller, with a foreword by J. N. Findlay. London: Allen & Unwin.

_____. 1956. *Philosophy of History.* Trans. J. Sibree. New York: Dover.

Henderson, F. O. 1976. *The Life of Friedrich Engels.* 2 vols. London: Frank Cass.

Henze, Paul B. 1958. "The Shamil Problem." In *The Middle East in Transition: Studies in Contemporary History.* Ed. Walter Z. Laquer, 415~443. New York: Praeger.

Hodgson, Peter. 1988. "Editorial Introduction" to *Lectures on the Philosophy of Religion,* by G. W. F. Hegel, 1~71. One vol. ed. Berkeley: University of California Press.

Hudis, Peter. 1983. *Marx and the Third World.* Detroit: News & Letters.

_____. 2004. "Marx Among the Muslims." *Capitalism Nature Socialism* 15, no. 4: 51~67.

Hudis, Peter and Kevin B. Anderson, eds. 2004. *The Rosa Luxemburg Reader.* New York: Monthly Review Press.

Husain, Iqbal, ed. 2006. *Karl Marx on India.* With an introduction by Irfan Habib. New Delhi: Tulika Books.

Inden, Ron. 2000. *Imagining India.* Bloomington: Indiana University Press.

Ingram, David. 1988. "Rights and Privileges: Marx and the Jewish Question." *Studies in Soviet Thought* 35: 125~145.

Ito, Narihiko. 1996. "Überlegungen zu einem Gedanken beim späten Marx." In *Materialien zum Historisch-Kritischen Wörterbuch des Marxismus,* ed. Frigga Haug and Michael Krätke, 38~44. Berlin: Argument Verlag.

Jacobs, Jack. 1998. "Friedrich Engels and 'the Jewish Question' Reconsidered." *MEGA-Studien* 2: 3~23.

James, C. L. R. 1943. "Negroes in the Civil War: Their Role in the Second American Revolution." *New International* 9, no. 11: 338~342.

Jani, Pranav. 2002. "Karl Marx, Eurocentrism, and the 1857 Revolt in British India." In *Marxism, Modernity, and Postcolonial Studies,* ed. Crystal Bartolovich and Neil Lazarus, 81~97. New York: Cambridge University Press.

Kapp, Yvonne. 1972. *Eleanor Marx.* Vol. 1. New York: Pantheon.

Kelly, Brian. 2007. Introduction to *Labor, Free and Slave: Workingmen and the Anti-Slavery Movement in the U.S.,* by Bernard Mandel, xi~lxix. Urbana: University of Illinois Press.

Kiernan, Victor G. 1967. "Marx and India." In *The Socialist Register*, ed. Ralph Miliband and John Saville, 159~189. New York: Monthly Review Press.

Krader, Lawrence. 1974. Introduction to *Ethnological Notebooks*, by Karl Marx, 1~93. 2nd ed. Assen: Van Gorcum.

_____. 1975. *The Asiatic Mode of Production: Sources, Development and Critique in the Writings of Karl Marx*. Assen: Van Gorcum.

Krings, Torben. 2004. "Irische Frage." In *Historisch-kritisches Wörterbuch des Marxismus*. Vol. 6: 2, 1505~1518. Hamburg: Argument Verlag.

"Le Conseil Général." 1869. *L'Égalité* 47(December 11).

Le Cour Grandmaison, Olivier. 2003. "F. Engels et K. Marx: le colonialisme au service de l'Histoire." *Contretemps* 8: 174~184.

Ledbetter, James. 2007. Introduction to Marx 2007, xvii~xxvii.

Leeb, Claudia. 2007. "Marx and the Gendered Structure of Capitalism." *Philosophy & Social Criticism* 33, no. 7: 833~859.

Lenin, V. I. [1916] 1964. "The Discussion of Self-Determination Summed Up." In *Collected Works* 22: 320~360. Moscow: Progress Publishers.

Levine, Norman. 1973. "Anthropology in the Thought of Marx and Engels." *Studies in Comparative Communism* 6, nos. 1 & 2: 7~26.

Lichtheim, George. 1961. *Marxism: An Historical and Critical Study*. New York: Praeger.

_____. 1963. "Marx and the 'Asiatic Mode of Production.'" *St Antony's Papers* XIV: 86~112.

Lim, Jie-Hyun. 1992. "Marx's Theory of Imperialism and the Irish National Question." *Science & Society* 56, no. 2: 163~178.

Löwy, Michael. 1996. "La dialectique du progrès et l'enjeu actuel des mouvements sociaux." In *Congrès Marx International. Cent ans de marxisme. Bilan critique et perspectives*, 197~209. Paris: Presses Universitaires de France.

_____. 1998. *Fatherland or Mother Earth? Essays on the National Question*. London: Pluto Press.

Lubasz, Heinz. 1984. "Marx's Concept of the Asiatic Mode of Production: A Genetic Analysis." *Economy and Society* 13, no. 4: 456~483.

Lukács, Georg. [1923] 1971. *History and Class Consciousness*. Trans. Rodney Livingstone. Cambridge, MA: MIT Press.

_____. [1948] 1975. *The Young Hegel*. Trans. Rodney Livingstone. Cambridge, MA: MIT Press.

MacDonald, H. Malcolm. 1941. "Marx, Engels, and the Polish National Movement." *Journal of Modern History* 13, no. 3: 321~334.

Maine, Henry Sumner. 1875. *Lectures on the Early History of Institutions*. New York: Henry Holt and Co.

Mandel, Bernard. [1955] 2007. *Labor, Free and Slave: Workingmen and the Anti-Slavery Movement in the U.S.* Urbana: University of Illinois Press.

Marcus, Steven. 1974. *Engels, Manchester and the Working Class*. New York: Random House.

Marcuse, Herbert. [1948] 1972. "Sartre's Existentialism." In *Studies in Critical Philosophy*, 157~190. Trans. Joris de Bres. Boston: Beacon Press.

Marx, Karl. [1843] 1994. "On the Jewish Question." In *Early Political Writings*. Ed. and trans. Joseph O'Malley, 28~56. New York and Cambridge: Cambridge University Press.

_____. [1844] 1961. "Economic and Philosophical Manuscripts." Trans. Tom Bottomore. In *Marx's Concept of Man*, by Erich Fromm, 85~196. New York: Ungar.

_____. [1857~1858] 1973. *Grundrisse: Foundations of the Critique of Political Economy(Rough Draft)*. Trans. Martin Nicolaus, with notes and index by Ben Fowkes. New York: Penguin.

_____. [1872~1875] 1985a. *Le Capital. Livre I. Sections I à IV*. Traduction de J. Roy. Préface de Louis Althusser. Paris: Éditions Flammarion.

_____. [1872~1875] 1985b. *Le Capital. Livre I. Sections V à VIII*. Traduction de J. Roy. Préface de Louis Althusser. Paris: Éditions Flammarion.

_____. [1879] 1975. "Excerpts from M. M. Kovalevskij(Kovalevsky)." In *The Asiatic Mode of Production: Sources, Development and Critique in the Writings of Karl Marx*, trans. Lawrence Krader, 343~412. Assen: Van Gorcum.

_____. [1879~1880] 1960. *Notes on Indian History(664–1858)*. Moscow: Progress Publishers.

_____. [1880~1882] 1974. *Ethnological Notebooks*. Second Edition. Ed. Lawrence Krader. Assen: Van Gorcum.

_____. [1884] 1978. *Capital*. Vol. 2. Trans. David Fernbach, with an introduction by Ernest Mandel. London: Penguin.

_____. [1890] 1976. *Capital*. Vol. 1. Trans. Ben Fowkes, with an introduction by Ernest Mandel. London: Penguin.

_____. [1894] 1981. *Capital*. Vol. 3. Trans. David Fernbach, with an introduction by Ernest Mandel. London: Penguin.

_____. [1897] 1969. *The Eastern Question*. Ed. Eleanor Marx Aveling and Edward Aveling. New York: Augustus Kelley.

_____. 1939. *Capital: A Critical Analysis of Capitalist Production*. Vol. 1. With a supplement edited and translated by Dona Torr. New York: International Publishers.

_____. 1951. *Marx on China, 1853–1860*. Ed. Dona Torr. London: Lawrence and Wishart.

_____. 1963~1994. *Oeuvres*. 4 vols. Ed. Maximilien Rubel. Paris: Gallimard.

_____. 1965. *Pre-Capitalist Economic Formations*. Ed. Eric J. Hobsbawm. New York: International Publishers.

_____. 1968. *Karl Marx on Colonialism and Modernization*. Ed. Shlomo Avineri. New York: Doubleday.

_____. [1968] 1983. *Mathematical Manuscripts*. Trans. C. Aronson and M. Meo. London: New Park.

_____. 1969. *Secret Diplomatic History of the Eighteenth Century and The Story of the Life of Lord Palmerston*. Ed. Lester Hutchinson. New York: International Publishers.

_____. 1971. *Przyczynki do historii kwestii polskiej(Rekopisy z lat 1863~1864)*. With an introduction by Celina Bobinska. Warsaw: Ksiazka i Wiedza.

_____. 1971~1977. *The Karl Marx Library*. 7 vols. Ed. and trans. Saul K. Padover. New York: McGraw-Hill.

_____. 1983. *Le Capital*. Livre 1. Traduction de la 4e édition allemande sous la responsabilité de Jean-Pierre Lefebvre. Paris: Messidor/Éditions Sociales.

_____. 1996. *Later Political Writings*. Ed. and trans. Terrell Carver. New York and Cambridge: Cambridge University Press.

_____. 2007. *Dispatches for the New York Tribune: Selected Journalism of Karl Marx*. With an introduction by James Ledbetter and a foreword by Francis Wheen. London: Penguin.

_____. 2008. *Capital*. Vol. 1 [Persian]. Trans. and with a preface by Hassan Mortazavi. Tehran: Agah Publishing. [Preface, trans. Frieda Afary, available at http:// iranianvoicesin translation.blogspot.com/2009/07/translators-preface-to-new-persian.html(accessed July 31, 2009)].

_____. Forthcoming. "Commune, Empire, and Class: 1879~1882 Notebooks on Non-Western and Precapitalist Societies." Ed. Kevin B. Anderson, David Norman Smith and Jürgen Rojahn. With Georgi Bagaturia and Norair Ter-Akopian.

Marx, Karl and Frederich Engels. 1920. *Gesammelte Schriften 1852 bis 1862*. 2 vols. Ed. David Riazanov. Trans. Luise Kautsky. Stuttgart: Dietz Verlag.

_____. [1934] 1965. *Selected Correspondence*. 2nd ed. Ed. S. Ryazanskaya. Moscow: Progress Publishers.

_____. 1937. *The Civil War in the United States*. Ed. Richard Enmale [Richard Morais]. New York: International Publishers.

_____. 1952. *The Russian Menace to Europe*. Ed. Paul W. Blackstock and Bert F. Hoselitz. Glencoe, IL: The Free Press.

_____. 1956~1968. *Werke*. 42 vols. plus 2 suppl. vols. Berlin: Dietz Verlag.

_____. 1959. *The First Indian War of Independence 1857–1859*. Moscow: Progress Publishers.

_____. 1966. *The American Journalism of Marx and Engels*. Ed. Henry M. Christman, with an introduction by Charles Blitzer. New York: New American Library.

_____. 1972a. *On Colonialism: Articles from the New York Tribune and Other Writings*. New York: International Publishers.

_____. 1972b. *Ireland and the Irish Question*. Moscow: Progress Publishers.

_____. 1975. *China. Fósil viviente o transmisor revolucionario?* With an Introduction and notes by Lothar Knauth. Mexico City: Universidad Nacional Autonoma de Mexico.

_____. 1975~. *Gesamtausgabe*. Sections I~IV. Berlin: Dietz Verlag, Akademie Verlag.

_____. 1975~2004. *Collected Works*. 50 vols. New York: International Publishers.

McLellan, David. 1973. *Karl Marx: His Life and Thought*. New York: Harper & Row.

_____, ed. [1977] 2000. *Karl Marx: Selected Writings*. 2nd ed. New York: Oxford University Press.

Megill, Allan. 2002. *Karl Marx: The Burden of Reason(Why Marx Rejected Politics and the Market)*. Lanham, MD: Rowman & Littlefield.

Mehring, Franz. [1918] 1962. *Karl Marx: The Story of His Life*. Trans. Edward Fitzgerald. Ann Arbor: University of Michigan Press.

Mikhailovsky, Nikolai Konstantovich. [1877] 1911. "Karl Marks pered sudom g. Yu. Zhukovskogo" [Karl Marx Before the Tribunal of Mr. Yu. Zhukovsky]. In *Polnoe Sobranie Sochinie*, 4: 165~206. St. Petersburg: M. M. Stasiulevich.

Moore, Barrington. 1966. *Social Origins of Dictatorship and Democracy: Lord and Peasant in the Making of the Modern World*. Boston: Beacon.

Morgan, Lewis Henry. 1877. *Ancient Society*. New York: Henry Holt & Co.

Musto, Marcello. 2007. "The Rediscovery of Karl Marx." *International Review of Social History* 52, no. 3: 477~498.

_____, ed. 2008. *Karl Marx's* Grundrisse*: Foundations of the Critique of Political Economy 150 Years Later*. New York: Routledge.

Newsinger, John. 1982. "'A Great Blow Must Be Struck in Ireland': Karl Marx and the Fenians." *Race & Class* 24, no. 2: 151~167.

Nimni, Ephraim. 1994. *Marxism and Nationalism: Theoretical Origins of a Political Crisis*. With a preface by Ernesto Laclau. London: Pluto Press.

Nimtz, August H. 2000. *Marx and Engels: Their Contribution to the Democratic Breakthrough*. Albany: State University of New York Press.

Ollman, Bertell. 1993. *Dialectical Investigations*. New York: Routledge.

Padover, Saul K. 1978. *Karl Marx: An Intimate Biography*. New York: McGraw-Hill.

Patterson, Thomas C. 2009. *Karl Marx, Anthropologist*. Oxford: Berg.

Perelman, Michael. 1987. "Political Economy and the Press: Karl Marx and Henry Carey at the *New York Tribune*." In *Marx's Crises Theory: Scarcity, Labor, and Finance*, 10~26. New York: Praeger.

Phillips, Wendell. 1969. *Speeches, Lectures & Letters*. New York: New American Library; Negro Universities Press.

Plaut, Eric A. and Kevin Anderson, eds. 1999. *Marx on Suicide*. Trans. Eric Plaut, Gabrielle Edgcomb and Kevin Anderson. Evanston, IL: Northwestern University Press.

Postone, Moishe. 1993. *Time, Labor, and Social Domination: A Reinterpretation of Marx's Critical Theory*. New York: Cambridge University Press.

Prawer, S. S. 1976. *Karl Marx and World Literature*. London: Oxford University Press.

Raffles, Thomas Stamford. [1817] 1965. *The History of Java*. 2 vols. With an introduction by John Bastin. Kuala Lumpur: Oxford University Press.

"Refléxions." 1869. *L'Égalité* 47(December 11).

Reitz, Charles. 2008. "Horace Greeley, Karl Marx, and German 48ers: Anti-Racism in the Kansas Free State Struggle, 1854~1864." In *Marx-Engels Jahrbuch 2008*, 1~24. Berlin: Akademie Verlag.

Resis, Albert. 1970. "*Das Kapital* Comes to Russia." *Slavic Review* 29, no. 2: 219~237.

Riazanov, David. 1925. "Neueste Mitteilungen über den literarischen Nachlass von Karl Marx und Friedrich Engels." In *Archiv für Geschichte des Sozialismus und der Arbeiterbewegung*, 11: 385~400.

_____. 1926. "Karl Marx on China." *Labour Monthly* 8: 86~92.

_____. [1927] 1973. *Karl Marx and Friedrich Engels: An Introduction to Their Lives and Work*. New York: Monthly Review.

Rich, Adrienne. [1991] 2001. "Raya Dunayevskaya's Marx." In *Arts of the Possible: Essays and Conversations*, 83~97. New York: Norton.

Robinson, Cedric. [1983] 2000. *Black Marxism*. Chapel Hill: University of North Carolina Press.

Roediger, David, ed. 1978. *Joseph Weydemeyer: Articles on the Eight Hour Movement*. Chicago: Greenleaf Press.

_____. 1994. *Towards the Abolition of Whiteness: Essays on Race, Politics, and Working Class History*. London and New York: Verso.

Rojahn, Jürgen. 1995. "Parlamentarismus-Kritik und demokratisches Ideal: Wies Rosa Luxemburg einen 'dritten Weg'?" In *Die Freiheit der Andersdenkenden: Rosa Luxemburg und das Problem der Demokratie*, ed. Theodor Bergmann, Jürgen Rojahn and Fritz Weber, 11~27. Hamburg: VSA Verlag.

_____. 1998. "Publishing Marx and Engels after 1989: The Fate of the MEGA." *Critique* 30~31: 196~207.

Rosdolsky, Roman. [1968] 1977. *The Making of Marx's "Capital."* Trans. Pete Burgess. London: Pluto Press.

_____. 1986. *Engels and the "Nonhistoric" Peoples: The National Question in the Revolution of 1848*. Glasgow: Critique Books.

Rosemont, Franklin. 1989. "Karl Marx and the Iroquois." In *Arsenal: Surrealist Subversion*, 201~213. Chicago: Black Swan Press.

Rubel, Maximilien. 1956. *Bibliographie des Oeuvres de Karl Marx. Avec en appendice un répertoire des oeuvres de Friedrich Engels*. Paris: Marcel Rivière.

_____. 1960. *Supplément à la Bibliographie des Oeuvres de Karl Marx*. Paris: Marcel Rivière.

_____. 1964. "Marx et la Première Internationale. Une Chronologie." *Études de Marxologie* 8(August): 9~82.

_____. 1965. "Marx et la Première Internationale. Une Chronologie. Deuxième Partie." *Etudes de Marxologie* 9(January): 5~70.

_____. [1973] 1981. "The Plan and Method of the 'Economics.'" In *Rubel on Karl Marx: Five Essays*, ed. Joseph O'Malley and Keith Algozin, 190~229. New York: Cambridge University Press.

_____. 1997. "L'Emancipation des femmes dans l'oeuvre de Marx et d'Engels." In *Encyclopédie politique et historique des femmes*, ed. Christine Faure, 381~403. Paris: Presses Universitaires de France.

Rubel, Maximilien and [Alexandre] Bracke-Desrousseaux. 1952. "L'Occident doit à Marx et à Engels une édition monumentale de leurs oeuvres." *La Revue socialiste* 59(July): 113~114.

Rubel, Maximilien and Margaret Manale. 1975. *Marx without Myth: A Chronological Study of His Life and Work.* New York: Harper & Row.

Runkle, Gerald. 1964. "Karl Marx and the American Civil War." *Comparative Studies in Society and History* 6, no. 2(January): 117~141.

Said, Edward. 1978. *Orientalism.* New York: Vintage.

San Juan, E. Jr. 2002. "The Poverty of Postcolonialism." *Pretexts: Literary and Cultural Studies* 11, no. 1: 57~73.

Sartre, Jean-Paul. [1949] 1962. "Materialism and Revolution." In *Literary and Philosophical Essays*, 198~256. Trans. by Annette Michelson. New York: Collier.

Sayer, Derek and Philip Corrigan. 1983. "Late Marx: Continuity, Contradiction, and Learning." In Shanin 1983a, 77~93.

Schlüter, Hermann. [1913] 1965. *Lincoln, Labor and Slavery: A Chapter in the Social History of America.* New York: Russell and Russell.

Schumpeter, Joseph A. 1949. "*The Communist Manifesto* in Sociology and Economics." *Journal of Political Economy* 47, no. 3: 199~212.

Seigel, Jerrold. 1978. *Marx's Fate: The Shape of a Life.* Princeton, NJ: Princeton University Press.

Sewell, Robert. 1870. *Analytical History of India: From the Earliest Times to the Abolition of the Honourable East India Company in 1858.* London: W. H. Allen & Co.

Shanin, Teodor, ed. 1983a. *Late Marx and the Russian Road: Marx and the 'Peripheries' of Capitalism.* New York: Monthly Review Press.

_____. 1983b. "Late Marx: Gods and Craftsmen." In Shanin 1983a, 3~39.

Slater, Eamonn and Terrence McDonough. 2008. "Marx on Nineteenth-Century Colonial Ireland: Analysing Colonialism as a Dynamic Social Process." *Irish Historical Studies* 23, no.142: 153~171.

Smith, David Norman, 1995. "The Ethnological Imagination." In *Ethnohistorische Wege und Lehrjahre eines Philosophen. Festschrift für Lawrence Krader zum 75. Geburtstag,* ed. Dittmar Schorkowitz, 102~119. New York: Peter Lang.

_____, ed. Forthcoming. *Patriarchy and Property: The Ethnological Notebooks of Karl Marx.* New Haven, CT: Yale University Press.

Spence, Jonathan. 1996. *God's Chinese Son: The Taiping Heavenly Kingdom of Hong Xiuquan.* New York: Norton.

Stekloff, G. M. 1928. *History of the First International.* Trans. Eden and Cedar Paul. London: Martin Lawrence.

Suny, Ronald Grigor. 2006. "Reading Russia and the Soviet Union in the twentieth century." In *The Cambridge History of Russia.* Vol. III. *The Twentieth Century,* ed. Ronald Grigor

Suny, 8~64. New York: Cambridge University Press.

Sylvers, Malcolm. 2004. "Marx, Engels und die USA—ein Forschungsprojekt über ein wenig beachtetes Thema." In *Marx-Engels-Jahrbuch 2004*, 31~53.

Szporluk, Roman. 1997. Review of *Really Existing Nationalisms*, by Erica Benner. *American Journal of Sociology* 102, no. 4: 1236~1238.

Taylor, Miles. 1996. "The English Face of Karl Marx." *Journal of Victorian Culture* 1, no. 2: 227~253.

Thorner, Daniel. [1966] 1990. "Marx on India and the Asiatic Mode of Production." In *Karl Marx's Social and Political Thought: Critical Assessments*, ed. Bob Jessop and Charlie Malcolm-Brown, 3: 436~465. New York: Routledge.

Tichelman, Fritjof. 1983. "Marx and Indonesia. Preliminary Notes." In *Marx on Indonesia and India*, 9~28. Trier: Schriften aus dem Karl-Marx-Haus.

Traverso, Enzo. 1994. *The Marxists and the Jewish Question: History of a Debate, 1843~1943*. Trans. Bernard Gibbons. Atlantic Highlands, NJ: Humanities Press.

Trotsky, Leon. [1933] 1967. "Appendix II: Socialism in a Separate Country?" In *The History of the Russian Revolution*, 3: 349~386. London: Sphere Books.

———. [1939] 2006. "Presenting Karl Marx." In *The Essential Marx*, ed. Leon Trotsky, 1~43. New York: Dover(originally published as *The Living Thoughts of Karl Marx*, 1939).

Tucker, Robert, ed. 1978. *The Marx-Engels Reader*. 2nd ed. New York: Norton.

Turner, Lou, and John Alan. 1986. *Frantz, Fanon, Soweto & American Black Thought*. 2nd ed. Chicago: News & Letters.

Vileisis, Danga. 1996. "Engels Rolle im 'unglücklichen Verhältnis' zwischen Marxismus und Feminismus." *Beiträge zur Marx-Engels Forschung*. Neue Folge 1996: 149~179.

Vogt, Annette. 1995. "Emil Julius Gumbel(1891~1966): der erste Herausgeber der mathematischen Manuscripte von Karl Marx," *MEGA-Studien* 2(1995): 26~41.

Wada, Haruki. 1983. "Marx and Revolutionary Russia." In Shanin 1983a, 40~75.

Walicki, Andrzej. 1982. "Marx, Engels, and the Polish Question." In *Philosophy and Romantic Nationalism: The Case of Poland*, 359~391. Oxford: Oxford University Press.

Weill, Nicolas. 1995. "Un penseur du XXe siècle et non du XIXe. Un entretien avec Maximilien Rubel." *Le Monde des Livres*, Sept. 29, viii.

Welsh, John. 2002. "Reconstructing *Capital*: The American Roots and Humanist Vision of Marx's Thought." *Midwest Quarterly* 43, no. 3: 274~287.

Wendling, Amy E. 2005. "Comparing Two Editions of Marx-Engels Collected Works." *Socialism and Democracy* 19, no. 1: 181~189.

Wheen, Francis. 2000. *Karl Marx: A Life*. New York: Norton.

White, James D. 1996. *Karl Marx and the Intellectual Origins of Dialectical Materialism*. New York: St. Martin's.

Wielenga, Bastiaan. 2004. "Indische Frage." In *Historisch-kritisches Wörterbuch des Marxismus*, Vol. 6: 2, 904~917. Hamburg: Argument Verlag.

Wiggershaus, Rolf. [1986] 1994. *The Frankfurt School: Its History, Theories, and Political Significance*. Trans. Michael Robertson. Cambridge, MA: MIT Press.

Wittfogel, Karl A. 1957. *Oriental Despotism*. New Haven, CT: Yale University Press.

Wolfe, Bertram D. 1934. *Marx and America*. New York: John Day.

Wood, Ellen Meiksins. 2008. "Historical Materialism in 'Forms which Precede Capitalist Production.'" In Musto 2008, 79~92.

찾아보기

두나예프스카야, 라야(Dunayevskaya, Raya)
　47, 78주32, 181, 182주4, 210주21, 307,
　375, 383주4, 385, 386, 391, 395,
　437주54
두 보이스, W. E. B.(Du Bois, W. E. B.)　179,
　180주3, 183, 186, 237, 373주44
듀퐁, 유진(Dupont, Eugène)　261
듀프레, 루이스(Dupré, Louis)　49
드레이퍼, 할(Draper, Hal)　47주3, 121주9,
　223주32, 256주5
≪디 프레세(Die Presse)≫(빈 신문)　101, 190,
　222
디즈레일리, 벤저민(Disraeli, Benjamin)　198,
　202
디지, 티모시(Deasy, Timothy)　258

ㄹ

라살레, 페르디난트(Lassalle, Ferdinand)　190,
　210, 210주22
라이베리아　212
라진, 스텐카(Razin, Stenka)　430
라킨, 마이클(Larkin, Michael)　259, 262
라틴 아메리카　382, 424, 428, 445
라파르그, 폴(Lafargue, Paul)　174주38, 237,
　259, 373
라파르그, 프랑수아(Lafargue, François)　237
랑게, 루트비히(Lange, Ludwig)　385, 394주17
래플스, 토머스 스탬퍼드(Raffles, Thomas
　Stamford)　62, 65, 82, 367
랴자노프, 데이비드(Riazanov, David)　47주3,
　120주6, 166, 383, 383주4, 466
러벅, 존(Lubbock, John)　384, 396, 404, 408
러셀, 존(Russell, John, 경)　198, 202, 222
러시아　42, 113, 153, 158, 167주36, 169, 170,
　171, 174, 320, 329, 347, 382, 429, 455,
　461
『러시아의 사회관계(Social Relations in
　Russia)』(엥겔스, 1875)　450주63
「러시아의 융자(Russian Loan)」　131주18
런던(마르크스의 거주지)　40, 45, 56
「런던 노동자들의 집회(London Workers'
　Meeting)」(마르크스, 1862)　203
런던 노동조합 협의회 회의　223
「런던 타임스와 파머스턴 경(London Times and
　Lord Palmerston)」(마르크스, 1861)　200
런클, 제럴드(Runkle, Gerald)　184주6
레닌, V. I.(Lenin, V. I.)　140, 241
레드베터, 제임스(Ledbetter, James)　58주8, 92,
　104주42
레이츠, 찰스(Reitz, Charles)　206주18

렐레벨, 요하임(Lelewel, Joachim)　143, 151
로디거, 데이비드(Roediger, David)　183주5,
　191주10
로마(고대)　313, 393, 436
로버츠, 윌리엄(Roberts, William)　257, 263
로빈슨, 세드릭(Robinson, Cedric)　185
로스돌스키, 로만(Rosdolsky, Roman)　126주13,
　310, 310주3
로얀, 위르겐(Rojahn, Jürgen)　141, 385주8, 475
로이, 조셉(Roy, Joseph)　338, 340, 343주20
『로자 룩셈부르크, 여성해방, 마르크스의
　혁명철학(Rosa Luxemburg, Women's
　Liberation, and Marx's Philosophy of
　Revolution)』(두나예프스카야)　339주18
로즈몬트, 프랭클린(Rosemont, Franklin)
　386주9
뢰비, 미카엘(Löwy, Michael)　63
루게, 아르놀트(Ruge, Arnold)　145
루마니아　169, 313, 330주14
루바슈, 하인츠(Lubasz, Heinz)　309주2
루벨, 막시밀리앙(Rubel, Maximilien)　47,
　47주3, 122주11, 143주26, 148, 153,
　308주1, 339주18, 343주20, 471
루소, 장자크(Rousseau, Jean-Jacques)　85,
　146, 388
루이 필리프(Louis Philippe, 프랑스 왕)　161,
　163
루카치, 죄르지(Lukács, Georg)　47, 98,
　339주17
루크래프트, 벤자민(Lucraft, Benjamin)　261
『루트비히 포이어바흐와 독일고전철학의
　종말(Ludwig Feuerbach and the End of
　Classical German Philosophy)』(엥겔스,
　1886)　46
룩셈부르크, 로자(Luxemburg, Rosa)　140,
　140주24, 386주9, 448주60
르 루베즈, 빅토르(Le Lubez, Victor)　164
르페브르, 장 피에르(Lefebvre, Jean-Pierre)
　343주20
리, 로버트 E.(Lee, Robert E.)　225
리치, 아드리엔(Rich, Adrienne)　386
리카도, 데이비드(Ricardo, David)　247, 250
리투아니아　125
리히트하임, 게오르게(Lichtheim, George)　321
립셋, 시모어 마틴(Lipset, Seymour Martin)　179
『링컨, 노동, 그리고 노예제(Lincoln, Labor, and
　Slavery)』(슐뤼터)　178
링컨, 에이브러햄(Lincoln, Abraham)　177, 182,
　189, 197, 212, 213주26, 216, 224, 228,
　231

옮긴이의 말

이 책은 케빈 앤더슨(Kevin B. Anderson)의 *Marx at the Margins: On Nationalism, Ethnicity, and Non-Western Societies*(Expanded edition, University of Chicago Press, 2016. 초판은 2010년 출판)를 완역한 것이다. 정구현이 서문, 서론, 1~4장과 색인을, 정성진이 5~6장, 결론과 부록을 번역했다.

저자 케빈 앤더슨은 1948년생으로 캘리포니아대학교 산타바바라캠퍼스 사회학과 교수이다. 주된 연구 분야는 마르크스, 헤겔, 푸코, 프랑크푸르트학파, 페미니즘 등이고, 이 책 이전에 출판한 단독 저서로는 『레닌, 헤겔 및 서구 마르크스주의: 비판적 연구(Lenin, Hegel, and Western Marxism: A Critical Study)』(1995)가 있으며, 『마르크스 엥겔스 전집(MEGA)』의 편집위원이기도 하다. 또 라야 두나예프스카야(Raya Dunayevskaya)에서 비롯된 미국의 트로츠키주의 정치조직 '국제 마르크스주의 휴머니즘(The International Marxist- Humanist: IMH)'[앤드루 클라이먼(Andrew Kliman) 등이 2009년 분리되어 나온 '마르크스주의 휴머니즘 발의(Marxist-Humanist Initiative: MHI)' 그룹과는 다른 조직이다]에서도 활동하고 있다.

이 책의 한국어판 제목 『마르크스의 주변부 연구』를 접하면 독자들은 이 책이 세계자본주의의 주변부 지역에 대한 마르크스의 사상을 다룬 책일 것이라는 인상을 받기 쉽다. 하지만 이 책의 내용은 그보다 훨씬 풍부하다.

이 책에서 저자는 인도, 아일랜드, 폴란드, 러시아 등 주변부 지역에 대한 마르크스의 연구뿐만 아니라, 그동안 마르크스의 사상에서 지엽적인 것들로 간주되어 온 민족, 종족, 인종, 젠더 등의 주제에 대한 마르크스의 연구를 검토하고 있다. 또 저자는 이 책에서 이와 같은 주변부 지역/주제에 대한 마르크스의 연구를 개별적으로가 아니라 전체적으로, 또 '청년', '중기', '만년' 등 특정 시기에 한해서가 아니라 마르크스의 생애 전 시기에 걸쳐 검토하고 있다. 게다가 저자는 주변부 지역/주제에 관해 마르크스가 출판한 저작은 물론이거니와 각종 초고와 편지, 기존 연구에서는 거의 이용하지 못했던 만년의 마르크스의 '발췌노트'들까지 빠짐없이 본격적으로 검토하고 있다. 주변부 지역/주제들에 대한 마르크스의 사상을 이렇게 철저하게 총체적으로 연구한 책은 아직까지 이 책이 유일하다.

이 책에서 저자가 주변부 지역/주제들에 대한 마르크스의 사상을 총체적이고도 철저한 검토에 기초해 재구성한 마르크스의 상(像)은 기존의 전통적 마르크스주의에 지배적이었던 경제주의, 생산력주의, 서구중심주의, 노동계급 중심주의와 완전히 다르다. 저자는 이 책에서 초기 마르크스 사상에서 일부 생산력주의, 서구중심주의, 계급환원주의적 요소들이 발견되는 점을 인정하면서도, 마르크스의 역사관과 변혁론이 중기 이후, 특히 만년에 복선적인 것으로 결정적으로 전환했으며, 마르크스가 계급 문제뿐만 아니라 인종과 젠더 문제가 포스트자본주의 변혁에서 제기하는 쟁점들에도 주목했음을 엄밀하게 입증했다. 이를 통해 저자는 계급, 인종, 젠더를 고려한 복합적이고 개방적인 마르크스주의를 제안하고 있다. 이 책에서 제시된 진화하는, 열린 체계로서의 마르크스 사상의 재인식은 21세기 마르크스주의의 혁신과 포스트자본주의 프로젝트의 주요 부분이 될 수 있을 것이다. 이 책의 개요와 현재적 의의에 대한 좀 더 상세한 내용은 저자 서문과 한국어판 서문을 참고하기 바란다.

이 책의 번역은 평소 저자의 레닌 해석 및 마르크스주의 휴머니즘에 공감해 오던 정성진이 2015년 봄 도쿄의 MEGA 학술대회에서 저자와 만난 자리에서 기획되었지만, 실제 번역은 2018년 여름 정구현이 공역자로 참여하면서 시작되었다. '뼛속까지' 주변부적인 이 책의 출간 제안을 흔쾌히 받아주고, 4년 넘게 번역을 기다려 준 한울엠플러스의 김종수 사장과 윤순현 차장께 감사드린다. 또 번역 원고를 깔끔하게 편집 교열해 준 신순남 편집자와 번역 용어 선택에서 도움말을 준 사이토 고헤이(齋藤幸平) 교수(이 책의 일본어판 공역자이다)와 임지현 교수께 감사드린다. 색인 작업을 도와준 대학원생 고민지 씨에게도 감사를 표한다.

끝으로 이 책의 번역은 2018년 대한민국 교육부와 한국연구재단의 지원을 받아 수행된 연구(NRF-2018S1A3A2075204)의 일부로 이뤄졌음을 밝힌다.

2020년 6월
정구현, 정성진

지은이

케빈 앤더슨 Kevin B. Anderson ┃ 캘리포니아대학교 산타바바라캠퍼스 사회학과 교수이
며, 『마르크스 엥겔스 전집(MEGA)』 편집위원을 맡고 있다. 『레닌, 헤겔, 서구 마르크스주
의』를 비롯해 마르크스, 헤겔, 레닌, 마르크스주의 휴머니즘, 푸코, 프랑크푸르트학파, 오
리엔탈리즘 등에 대한 다수의 논저를 집필했다.

옮긴이

정구현 ┃ 경상대학교 대학원에서 정치경제학을 공부하고 있다. "Trends of Marxian
Ratios in South Korea, 1980–2014"(2020, 공저) 등의 논문을 썼다.
정성진 ┃ 경상대학교 경제학과 교수이며, 『21세기 마르크스 경제학』(2020) 등의 저서와
『마르크스의 자본론의 형성 2』(2003) 등의 역서가 있다.

한울아카데미 2234

마르크스의 주변부 연구
민족주의, 종족, 비서구사회

지은이 ┃ 케빈 앤더슨   옮긴이 ┃ 정구현·정성진
펴낸이 ┃ 김종수   펴낸곳 ┃ 한울엠플러스(주)   편집 ┃ 신순남
초판 1쇄 인쇄 ┃ 2020년 6월 10일   초판 1쇄 발행 ┃ 2020년 6월 19일

주소 ┃ 10881 경기도 파주시 광인사길 153 한울시소빌딩 3층   전화 ┃ 031-955-0655
팩스 ┃ 031-955-0656   홈페이지 ┃ www.hanulmplus.kr   등록번호 ┃ 제406-2015-000143호

Printed in Korea.
ISBN 978-89-460-7234-3 93300(양장)
     978-89-460-6913-8 93300(무선)

※ 책값은 겉표지에 표시되어 있습니다.
※ 이 책은 강의를 위한 학생판 교재를 따로 준비했습니다.
   강의 교재로 사용하실 때에는 본사로 연락해 주십시오.